지적장애 학생 교육 3판

송준만 · 강경숙 · 김미선 · 김은주 · 김정효
김현진 · 이경순 · 이금진 · 이정은 · 정귀순 공저

Teaching Students with Intellectual Disabilities

학지사

[3판 머리말]

2012년 문화체육관광부 추천 우수학술도서로 선정되었던 『지적장애아교육』을 2016년에 개정한 후 다시 6년이 지났다. 2판은 10번의 인쇄를 거듭할 만큼 독자들로부터 많은 관심과 사랑을 받았다. 이에 보답하고자 지적장애를 전공한 10명의 저자는 의기투합하여 『지적장애 학생 교육』이라는 새로운 제목으로 3판을 집필하기로 하였다. 이를 위해 저자들은 그간 배우고 연구하고 현장에서 경험한 내용을 토대로 특수교육을 전공하는 예비교사와 현장의 교사들이 최신의 이론과 실제를 두루 접할 수 있도록 15개 장의 내용을 전면적으로 정비하였다.

이번 『지적장애 학생 교육(3판)』은 다음과 같은 세 가지 측면에서 개정 집필을 위한 노력이 이루어졌다.

첫째, 국제적 혹은 국가 수준에서 새로 개정되거나 변화된 부분을 찾아 소개하였다. 지적장애 정의체계, 교육과정, 법·제도·정책 등을 다룬 제1, 6, 7, 11, 15장에서는 관련 내용을 최신 내용으로 교체하거나 추가했다. 지적장애 정의체계를 다룬 제1장에서는 2021년에 개정된 미국 지적장애 및 발달장애 협의회(AAIDD)의 '지적장애 12차 정의'를 새롭게 소개하면서 그 의의와 시사점을 살펴보았다. 또한 최신 문헌을 참고하여 지원체계의 내용을 보강하고 그 성과를 구체화하였다. 제6장에서는 2019년 개정된 '누리교육과정'을 소개하고, 제7장에서는 국가 수준 교육과정인 '2015년 개정 특수교육 교육과정'뿐만 아니라 새롭게 개정된 '2022 개정 특수교육 교육과정'과 관련된 내용도 추가로 제시하였다. 성인기 교육적 접근을 다룬 제11장에서는 「평생교육법」의 개정, 「발달장애인 권리보장 및 지원에 관한 법률」의 제정, 지적장애인들의 고등교육 요구 증대 등을 고려하여 지적장애인의 고등교육, 평생교육, 직업교육으로 구분하여 설명하였다. 이 외에도 최근 정부의 탈시설화 로드맵을 반영하여 성인 장애인의 주거를 위한 커뮤니티 케어 정책을 소개하였다. 우리나라 특수교육 관련 법과 정책을 다론 제15장에서는 최근 발표된 특수교육 통계와 정책 자료를 반영하여 기존 내용을 수정·보완하였고, 관련 법령도 개정된 내용을 중심으로 전면 수정하였다. 또한 현재 추진 중인 '특수교육발전 5개년 계획'에 따른 구체적인 정책 내용을 소개하였고, 각 시·도교육청 특수교육 행정조직 분석을 통해 현장에서 특수교육 행정체계에 대해 쉽게 이해할 수 있도록 하였다.

둘째, 15개 장에 걸쳐 최신 이론과 연구를 기반으로 내용을 좀 더 충실하게 다루고자 하였다. 예를 들어, 지적장애 원인 및 예방을 다룬 제3장과 지적장애인의 특성을 다룬 제4장에서는 전체적으로 주요한 내용을 중심으로 좀 더 쉽게 이해할 수 있도록 내용을 정비하고 최신 연구를 추가하였다. 제5장에서는 지적장애 진단을 위한 지능검사 및 적응행동검사도구의 최신판을 소개하고, 최근 개발된 새로운 검사도구도 추가로 소개하였다. 제6장에서는 영유아기 특수교육의 필요성에 대한 당위성, 목적 및 목표 등을 최신 문헌을 참고하여 집필하였고, 지적장애 영유아를 위한 특수교육 교육과정의 이론적 접근방법도 최근 이론을 기반으로 하여 이해에 도움을 주고자 하였다. 또한 장애 영유아를 위한 교수적 접근의 기본 원리와 장애 영유아를 위한 교수전략으로 교육과정 수정, 활동 중심 삽입교수, 자연적 교수전략, 교사 주도 교수전략, 또래 중개 교수전략 방법을 포함하였다. 제13장은 보완대체의사소통 개념과 지도방법을 중점적으로 개정·보완하였다. AAC 평가방법으로 AAC 환경 및 어휘조사, 선호도 조사, 언어 및 의사소통 능력 평가를 소개했고, 중재방법으로는 의사소통별 단계에 따른 중재목표 및 중재전략을 소개하였다. 제14장은 사회성 기술 증진을 위하여 유아, 초등학생, 청소년기로 나누어 효과가 입증된 사회성 기술 중재와 프로그램을 소개하였다.

한편, 지적장애 학생을 어떻게 하면 가장 잘 가르칠 수 있을 것인지, 즉 최선의 교수전략은 무엇인지에 대해 '증거기반 실제(EBP)'를 기반으로 내용을 구성하는 데 역점을 두기도 하였다. 예를 들어, 학령기 교육적 접근에서의 교수방법과 전략을 다룬 제8장에서는 행동주의, 인지주의, 구성주의 관점에서 증거기반 교수전략의 이론적 근거, 교육 실제, 연구 증거 및 적용 시 유의사항을 체계적으로 설명하였다. 전환기 교육적 접근을 다룬 제10장에서도 증거기반 실제(EBP)를 토대로 많은 부분을 새롭게 집필하였다. 여러 연구를 통해 증거기반 실제로 밝혀진 전환 프로그램 분류체계 및 생애주기별 전환 프로그램을 소개하였고, 전환기의 학업기술과 생활기술 교수를 위한 다양한 증거기반 교수전략에 대해 구체적으로 제시하였다. 아울러 우리나라 전환교육 실태 변화에 따라 해당 부분을 최신 내용으로 교체하였다.

셋째, 독자의 이해를 돕기 위해 내용 구조에 변화를 주고 관련 사례를 제시하고, 현장성을 담기 위해 노력하였다. 예를 들어, 지적장애에 대한 진단과 평가를 다루는 제5장에서는 진단평가 절차에 따라 내용 기술을 구조화하였다. 선별의 구체적 절차, 근거 법령, 선별검사도구를 소개하였고, 우리나라의 진단과정 및 특수교육대상자 선정 및 배치 절차를 단계별로 설명하고 진단평가 결과보고서 사례를 제시하였다. 제8장에서도 내용 구성체계에서 전체적인 변화를 주었는데, 각 교수전략을 소개할 때 기본개념, 교수방법, 특징, 실제, 연구증거를 구분하여 구체적으로 제시한 것이 그 예이다. 특히 학령기 지적장애 학생의 교과지도를 다룬 제9장에서는 현직 특수교사들의 여러 차례에 걸친 자문을 받아 2판에 비해 많은 수정과 보완이 이루어졌다. 교육과정의 개정에 따라 '통합교과'의 신설, 초등학교에서의 진로교육과 교과목과의 연계 교육 등에 관한 내용을 추가하고, 교과별 지도에 있어 교수법을 어떻게 적용할 수 있는지 제시하였다. 그리고 교과별 지도방법에 대한 독자의 이해를 높이기 위해 제시했던 기존의 '표'와 '그림'을 대부분 새로운 내용으로 교체하였다. 이 외에도 제12장 문제행동 지도의 실제에 대한 이해를 돕기 위해 긍정적 행동지원을 중심으로 최근 교육 현장에서 실행되고 있는 학교 차원의 긍정적 행동지원의 내용을 다루었다.

아무쪼록 앞에서 소개한 내용 외에도 교재 곳곳에서 볼 수 있는 『지적장애 학생 교육(3판)』을 집필하기 위해 기울인 저자들의 노력과 정성을 독자들이 발견해 주길 바라는 마음이다. 끝으로 2022년 봄을 맞이하며 3판 개정을 위해 애쓴 저자들에게, 그리고 3판이 나올 수 있도록 여러모로 지원해 주신 학지사 김진환 사장님과 편집을 도와준 편집부 박지영 대리에게 감사함을 전한다.

2022년 3월
대표 저자 송준만

[1판 머리말]

　특수교육의 역사를 살펴보면, 현대 특수교육 영역의 발달은 지적장애(정신지체) 영역의 발달에 힘입은 바가 크다는 것을 알 수 있다. 마리아 몬테소리를 비롯하여 많은 전문가가 새로운 이론과 교육방법을 창안하여 지적장애 아동을 교육하였고, 그 결과로 얻은교수 실제는 다른 특수교육 영역의 발전에 커다란 영향을 주었음을 알 수 있으며, 지금도 영향력은 줄어들지 않고 있다. 특히 장애를 가진 아동은 그 장애의 발생 원인이 달라도 공통적으로 지적 능력과 학습적 활용에 어려움을 겪고 있으며, 이를 극복하기 위해 중점적으로 노력을 기울이는 지적장애 영역의 교육적 실제는 타 영역에 많은 실질적인 도움과 시사점을 제공하고 있다.

　이 책은 그간 대학과 교육 현장에서 연구와 실천에 심혈을 기울여 왔던 10명의 전문가들이 오랜 지식과 경험을 바탕으로 3년간의 노력 끝에 이론과 실제를 갖춰 엮은 것으로, 특히 다년간 지적장애 학생을 실제로 가르치면서 얻은 경험에 기초한 교수학습에 중점을 두었고, 이론에 기초한 학습전략 및 최근의 경향 등을 심도 있게 다루고 있다.

　이 책은 총 15개 장으로 이루어졌다. 제1장은 지적장애 정의체계에 대한 내용으로, 정의의 역사적 변천과 지원체제에 대한 내용을 다룬다. 제2장은 신체적인 장애는 물론 정신적인 장애도 뇌의 온전한 발달과 정상적인 기능에 따라 그 특성이 좌우되기 때문에 최근에 급속도로 발전하고 있는 뇌 연구를 특수교육과 연계하여 전개하고 있다. 제3장은 지적장애 발생의 여러 원인들 및 예방 전략을 설명하고 있다. 제4장 지적장애를 가진 아동의 특성을 다룬 부분에서는 인지, 학습 특성, 심리 및 사회·행동적 특성, 언어 및 의사소통적 특성, 신체적·건강적 특성과 지원 요구들을 다뤘다. 제5장은 지적장애의 진단, 평가 그리고 배치를 다루고 절차와 진단 도구 등을 상세히 설명하였다. 제6장 영유아기의 교육적 접근에서는 영유아기의 이해를 바탕으로 교육과정 방법의 특성, 진단평가상의 특징, 가족 참여와 통합교육을 다뤘다. 제7장은 경도 그리고 중등도 지적장애 학생을 위한 실질적인 교육과정 운영과 개별화교육계획 등에 대해 설명하였다. 제8장은 교수방법 및 전략을 중심으로 효과적인 교수 및 학습 결과, 그리고 학습이론에 의거한 교수방법 등을 다뤘다. 제9장은 특수교육학과 학생 및 현장 교사들에게 실질적 도움을 줄 교과지도의 실제를 자세히 과목별로 설명하고 있다. 제10장은 생애주기별 전환교육 프로그램의 구성과 운영방안 그리고 우리나라의 전환교육 실태를 다루고 있다. 제11장은 성인기의 교육적 접근을 지역사회의 독립적 생활기술, 여가 지원, 주거 지원, 성과 결혼 등을 중심으로 보여 주고 있다. 제12장은 특수교육 현장에서 일어나고 있는 아동의 문제행동을 원인, 지도, 행동중재의 구체적인 전략, 그리고 가족과 학교를 기반으로 한 행동 지도 문제로 정리해서 설명하고 있다. 제13장은 의사소통 지도를 의사소통의 특성, 언어능력의 진단과 평가, 언어 및 의사소통 지도방법, 그리고 보완대체의사소통 개념과 지도법을 중심으로 다뤘다. 제14장에서는 지적장애 아동의 사회적 능력의 개념, 특성, 평가 그리고 사회능력 증진을 위한 중재를 설명하고 있다. 제15장에서는 지적장애인을 위한 행정 및 법 이해를 제도 및 행정조직, 지적장애 관련 특수교육법의 이해, 그리고 기타 장애인 관련법의 이해를 중심으로 자세히 설명하고 있다.

이 책은 교육이론과 현장의 교육 실천을 연결하자는 기본 원칙하에 꾸며졌으며, 가능한 한 교육이론이나 원리를 쉽고 간편하게 기술하려고 노력하였다. 10명의 전문가들이 3년 동안 수많은 논의를 거쳐 용어와 개념을 통일하고 다듬어 왔으나 아직도 부족한 점이 많음을 인정하지 않을 수 없다. 이 책의 장점 중 하나는 교육 현장에서 지적장애 학생을 가르친 오랜 경험을 바탕으로 저자들이 직접 실천한 교육의 실질적 내용을 독자들에게 전달한다는 점이다. 그리고 지적장애 연구 분야를 전공 동문수학한 교수들이 합심하여 교수와 연구에 바쁜 여건 속에서도 지적장애 분야의 발전을 위하여 집필에 참여하여 이 책을 완성하였다는 점에 자부심을 가지며, 이 책은 앞으로 더 좋은 저술을 위한 출발이라는 점에서 그 의의가 크다. 이 책의 처음 기획부터 시작하여, 중간에 수시로 만나 의견을 조율·수정하고, 집필을 격려하며, 책의 마지막 마무리까지 헌신적 노력을 기울인 이정은 박사, 김정효 박사, 그리고 강경숙 박사의 노고를 치하하며, 끝으로 3년이라는 세월이 흐르는 동안 이 책이 출판될 수 있도록 지원해 주신 학지사 김진환 사장님과 편집부 이지혜 부장에게 감사를 드린다.

2012년 1월
대표 저자 송준만

제1장

지적장애 정의체계에 대한 이해

이정은

이 장에서는 지적장애의 정의체계에 대해 살펴보고자 한다. 현재 지적장애를 정의하기 위한 방법으로는 크게 두 가지 접근방식이 사용되고 있다(Wehmeyer et al., 2008). 첫 번째 방식은 관찰되고 측정될 수 있는 핵심적인 요인을 조작적으로 정의하여 접근하는 방식이다. 지적장애 정의의 핵심적 구성요인인 '지적 기능성에서의 심각한 제한성' '적응행동에서의 심각한 제한성' '22세 이전의 발생'이라는 개념과 그 기준을 제시하여 지적장애를 정의하는 것이 바로 이러한 접근방식이다. 지적장애를 정의하는 다른 하나의 방식은 지적장애를 구성하는 요인과 요인 간의 관계를 밝혀 정의하는 것이다. 지적장애를 타고난 '기질'로서가 아닌 현재의 기능 '상태'로서 이해하며 개인이 기능하는 현재 상태에 영향을 주는 여러 요인의 관계에 대해 이론적 모델을 개발하여 지적장애를 설명하는 것이 바로 이러한 접근방식이다.

이 장에서는 지적장애를 정의하기 위한 이와 같은 두 가지 접근방식에 대해 구체적으로 살펴본 후 이론적 모델에 의한 접근방식에서 반드시 이해해야 할 주요한 개념인 '지원체계'와 그 적용 절차 등에 대한 최신 이론을 살펴보고자 한다. 아울러 현재의 지적장애 정의체계에서 지적장애에 대한 분류가 어떠한 의미를 가질 수 있는지 고찰해 보고자 한다.

1. 지적장애에 대한 조작적 정의

역사적으로 지적장애[1]를 정의하고자 하였던 다양한 노력은 다음과 같이 크게 네 가지로 분류해서 살펴볼 수 있다.

- 사회적 접근: 자신이 살아가는 환경에서 사회적으로 적응에 실패한 사람들을 지적장애인으로 보았다. 이 시기는 '지능' 개념이 등장하기 이전으로, 지적장애인이 보이는 일반적이고 보편적인 '사회적 행동'에 초점을 두었다(Doll, 1941; Goodey, 2006; Greenspan, 2006).
- 임상적 접근: 유전이나 병리를 다루는 의학이 발달하면서 지적장애에 대한 정의는 개인이 갖고 있는 임상적 증후로 초점이 옮겨졌다. 이러한 접근은 마치 병원에 환자를 격리시켜서 입원시키듯 일반인으로부터 지적장애인을 분리시키는 분리정책을 실시하는 근거가 되었다(Devlieger, 2003).
- 심리측정적 접근: 지능에 대한 연구가 활발해지고 지능검사가 유행함에 따라 검사에 의해 측정되고 지수점수로 표현될 수 있는 지적 기능성이 강조되었다. 이를 근거로 지적장애를 정의하고, 지능지수의 수준에 따라 분류하기 시작하였다(Devlieger, 2003).
- 이중기준 접근(dual-criterion approach): 지적장애를 정의하기 위해서는 지적 기능성뿐만 아니라 적응행동을 기준으로 할 필요성이 제기되었다. 미국정신지체협회(American Association on Mental Deficiency: AAMD, AAIDD의 전신)의 1959년 정의에서부터 이러한 접근방식이 적용되기 시작하였다. 이 협회의 1961년 정의에서 '성숙, 학습, 사회적 적응'이 하나의 포괄적인 새로운 개념인 '적응행동'으로 제시되기 시작하였다. 이후 이러한 이중기준 접근은 지적장애를 정의하기 위해 지속적으로 사용되고 있다.

지금도 지적장애와 관련된 연구와 경험이 누적됨에 따라 지적장애를 어떻게 정의하고 분류할 것인가에 대한 노력은 계속되고 있다. 미국지적장애 및 발달장애

---

[1] AAIDD에서 '지적장애'라는 용어를 2010년 11차 정의에서부터 공식적으로 사용하기 시작하였고, 그 이전에는 '정신박약' '정신지체' 등의 용어를 이 장애에 대한 명칭으로 사용하였다.

협회[American Association on Intellectual and Developmental Disabilities: AAIDD, 미국 정신지체협회(AAMD)의 현 협회명]에서는 2021년에 개정된 12차 지적장애 정의에서 〈표 1-1〉과 같이 지적장애를 정의하고 있다.

〈표 1-1〉　AAIDD의 지적장애 정의(2021)

지적장애란 지적 기능성과 개념적·사회적·실제적 적응기술로 표현되는 적응행동 양 영역에서 심각한 제한성을 보이는 것이다. 이 장애는 발달기 동안 발생하며, 발달기는 한 개인이 22세가 되기 전이라고 조작적으로 정의한다. 이러한 정의를 적용하기 위해서는 다음과 같은 가정이 반드시 전제되어야 한다.

1. 현재 기능성에서의 제한성은 개인의 동년배와 문화에 전형적인 지역사회 환경의 맥락에서 고려되어야 한다.
2. 타당한 평가는 의사소통, 감각과 운동 및 행동적인 측면에서의 차이뿐만 아니라 문화와 언어의 요인도 함께 고려되어 실시되어야 한다.
3. 한 개인은 제한성만 갖고 있는 것이 아니라 동시에 강점도 갖고 있다.
4. 제한성을 기술하는 중요한 목적은 그 개인에게 필요한 지원이 무엇인지 파악하기 위해서이다.
5. 개별화된 적절한 지원이 장기간 제공된다면, 지적장애인의 생활기능은 일반적으로 향상될 것이다.

2. 지적장애 조작적 정의의 핵심 구성요인

1) 지적 능력에서의 제한성

(1) 지적 능력(지능)

지적 능력은 단순히 학습기술이나 시험을 잘 볼 수 있게 하는 능력을 의미하지 않는다. 지적 능력이란 자신을 둘러싼 환경과 사건을 이해하고, 무엇을 해야 할지를 판단해 낼 수 있는 보다 광범위한 능력을 의미한다(Gottfredson, 1997). 각 개인이 복잡한 생각을 이해하고, 환경에 효과적으로 적응하며, 경험으로부터 학습하고, 다양한 방식으로 추론하며, 사고하고 의사소통함으로써 문제를 해결해 나가는 능력 면에서 차이가 있다는 사실을 설명하기 위해 '지능'이라는 개념이 사용된다(Neisser et al., 1996). 지능은 전통적인 심리측정이론(psychometric theory)과 정보처리이론(information processing theory), 다중지능이론(multiple intelligence theory)에 근거하여 정의될 수 있다. 심리측정이론에서는 단일 특성이나 다특성, 다요인 등으로 정신능력을 설명하는 데, Spearman의 g요인, Thurstone의 다요인, Carroll의 3계층 인지능력이론, Cattell
과 Horn의 유동지능-결정지능이론(Gf-Gc Theory), CHC 이론(Cattell-Horn-Carroll
Theory) 등이 그 대표적인 예이다.

　CHC 이론은 Cattell과 Horn의 유동지능-결정지능이론과 Carroll의 3계층 인지능력
이론을 통합한 것이다. CHC 이론에 따르면 지능은 일반지능 g요인 아래 16개의 넓은
인지능력과 80개가 넘는 좁은 인지능력으로 구성된다. 16개의 넓은 인지능력에는 유
동추론, 결정지능, 일반지식, 양적 지식, 읽기/쓰기능력, 단기기억, 장기기억과 인출,
시각처리, 청각처리, 후각능력, 촉각능력, 정신운동능력, 운동감각능력, 처리속도, 결
정속도/반응시간, 정신운동속도가 포함된다. CHC 이론은 웩슬러 지능검사를 포함한
대부분의 지능검사의 이론적 토대가 되었으며 지능검사의 구조와 해석에도 큰 영향을
미쳤다.

(2) 평균보다 심각하게 낮은 지적 기능성

　지적장애에 대한 조작적 정의의 핵심 요인 중 하나는 '지적 기능성(intellectual
functioning)의 제한성'이다. 지적장애로 진단되기 위해서는 '지적 기능성이 평균보다
심각하게 낮다.'라는 첫 번째 요건을 충족시켜야 한다. 지적 기능성, 즉 지적 능력은 일
반적으로 지능지수(Intelligence Quotient: IQ)로 표현된다. 지능지수란 지적 능력을 검
사하기 위해 표준화된 검사를 실시한 후, 검사 수행 결과를 평가해서 계산한 원점수를
자신이 속한 연령의 평균적인 수행과 비교하여 환산한 점수를 말한다. 과거에는 정신
연령을 생활연령으로 나눈 후 100을 곱하여 지능지수를 산출하였으나, 최근에는 [그림
1-1]에서 볼 수 있는 바와 같이 원점수를 표준점수로 변환하여, 평균을 100, 표준편차
를 15(또는 16, 17 등)로 하는 편차 지능지수(능력점수)를 사용하여 산출한다. 그러나 이
러한 표준화된 지능검사는 평균이 항상 100이 될 수밖에 없기 때문에, 지능검사를 통
해서는 시간 혹은 시대의 변화에 따른 지능의 변화에 관해 알 수 없다. 실제로 사람들
의 지능지수 점수는 더 나아지고 있으며, 미국의 경우 한 세대, 즉 30년 동안 총 9점이
증가하였다고 한다. 이런 문제로 인해 지능검사는 100점을 평균점수로 유지하기 위해
서 검사 개발 후 일정 기간이 지나면 표준화 작업을 다시 하는 개정과정을 거치게 된다
(Nisbett, 2009). 이러한 지능지수의 변화는 학교교육에서의 변화와 같은 강력한 환경의
변화에 의한 것으로 그 원인이 추정되기도 한다(Flynn, 2009).

　한 개인의 지적 능력을 완벽하게 측정할 수는 없겠지만, 현재까지는 개별적으로 진

단을 실행할 수 있는 신뢰도와 타당도가 입증된 표준화된 지능검사도구의 '전체 검사로부터 산출된 지능지수 점수(full scale IQ score)'가 지적 능력의 수준을 가장 잘 나타낸다고 본다. 그리고 '평균보다 심각하게 낮은 지능 수준'은 이러한 검사도구를 통해 산출된 지능지수 점수가 대략 평균으로부터 2표준편차 이하인 것을 의미하며, 그 특정 검사도구의 '측정의 표준오차'를 반드시 고려해서 해석되어야 한다(AAIDD, 2021).

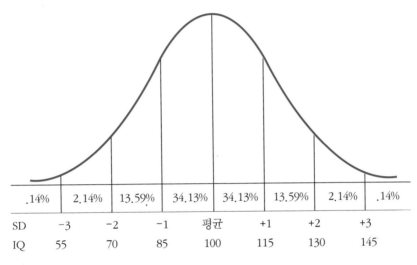

SD	−3	−2	−1	평균	+1	+2	+3
	.14%	2.14%	13.59%	34.13%	34.13%	13.59%	2.14%	.14%
IQ	55	70	85	100	115	130	145

[그림 1-1] 지능지수의 정규분포곡선

2) 적응능력에서의 제한성

(1) 적응행동

다양한 학문 영역에서 적응능력에 대해 설명하고 있지만 지적장애를 정의하기 위해서는 '적응행동'이라는 용어를 사용하여 적응능력에 대해 설명한다. 적응행동은 일상생활 능력뿐만 아니라 삶의 변화 및 환경적 요구에 반응하는 능력에 영향을 미친다. 적응행동은 다면적인 구조를 갖고 있다. 다면적인 구조를 갖고 있다는 것은 쉽게 말해서 여러 기술로 구성되어 있으며, 그 기술들이 서로 다른 속성을 갖고 있다는 의미이다. AAIDD(2010)에서는 이러한 적응행동 기술들을 세 가지 요인군으로 구분하였으며, 개념적 기술(conceptual skill), 사회적 기술(social skill), 실제적 기술(practical skill)로 제시하였다.

개념적 기술이란 인지적인 문제 해결이나 의사소통과 학업에 사용될 수 있는 기술로서 언어와 문해 기술, 금전·시간·수 개념, 자기지시가 포함된다. 사회적 기술이란 사회적 기대와 다른 사람의 행동을 이해하고 사회적 상황에서 적절하게 행동하는 데 필요한 기술이다. 대인관계 기술, 책임감, 자기존중, 속기 쉬움, 규칙 준수, 법률 준수, 희생되는 것을 피하는 것 등이 해당된다. 실제적 기술이란 평범한 일상생활에서 독립된 인간으로서 자신을 유지하고 보호하며 도구를 활용할 수 있는 기술로서 일상생활 활동(식사, 신변처리, 옷 입기, 이동 등), 작업기술, 금전 사용, 건강과 안전, 여행/대중교통 이용, 일과 계획, 전화 사용 등에 사용되는 기술이 포함된다.

한 개인이 자신의 환경에 적응하기 위해 필요한 적응행동은 고정된 것이라기보다는 삶의 다양한 상황에서의 사회적 요구나 환경적 요구에 의해 쉽게 영향을 받을 수 있으며, 삶의 시기별로도 달라질 수 있다는 사실도 주지해야 한다. 한 개인이 모든 적응행동 능력에서 제한성을 보이는 것이 아니라 특정 영역의 적응능력에서 제한성을 보인다 할지라도 또 다른 영역에서는 강점을 보일 수 있다는 사실도 중요하다. 이러한 적응능력에서의 제한성과 강점은 그 개인이 속한 동년배 및 지역사회와 문화적인 환경의 맥락 안에서 상세하게 파악되어, 향후 그 개인에게 필요한 개별화된 지원을 계획할 때 적절하게 반영되어야 한다.

(2) 적응행동의 심각한 제한성

지적장애에 대한 조작적 정의의 두 번째 핵심 요인은 '적응행동에서의 심각한 제한성'이다. 지적장애를 정의하기 위해 사용된 적응행동이라는 용어는 Heber(1959) 등에 의해 처음 소개되었으며, 적응행동상의 결함은 성숙이나 학습 혹은 사회적 적응(adjustment)상의 문제로 나타날 수 있다고 보았다. 적응행동에서 결함이 있는 사람은 일상생활을 하는 데 필요한 평범한 요구들에 맞추어 생활하기에 어려움이 있다고 이해되었다.

역사적으로 볼 때, 초기에 지적장애를 정의하기 위해 자신의 환경에 사회적으로 적응하는 데 실패한 사람을 지적장애인으로 보았음에도 불구하고 적응행동에 대한 본격적인 논의는 1969년에 미국에서 대도시로의 대규모 이주로 인한 저소득층 가정의 문제와 그 자녀들에 대한 공교육의 문제점을 지적하는 '6시간 지체된 아동(the six hour retarded child)'이라는 보고서에서 촉발되었다고 볼 수 있다. '6시간 지체된 아동'이란 가정이나 지역사회에서 생활하는 데는 별다른 지체를 보이지 않지만 학교에서 보내는 6시간 동안에 학업기술과 또래들과의 상호작용에 필요한 의사소통 기술 등에서 지체된 모습을 보임으로써 지적장애(정신지체)로 낙인이 찍힌 아동들에 대한 보고서이다. 이 보고서에서는 학교에서와는 달리 가정과 지역사회에서 지체를 보이지 않는 아동들을 지적장애로 진단할 것이 아니라 이들에게 적절한 교육이 우선되어야 함을 강조하는 등 이들을 위한 다양한 지원책과 연구의 방향이 제안되었다. 이러한 계기를 통해 적응행동에서의 제한성이 지적장애 진단에서 중요한 요인으로 인식되기 시작하였다 (Hallahan & Kauffman, 2003).

적응행동의 제한성은 '부적응행동' 혹은 '문제행동'과는 개념적으로 다르다. 일반적으로 적응행동과 부적응행동 간 상관관계는 낮다고 보고되고 있으나, 지적장애가 심한 경우일수록 그 상관관계가 높게 나타나는 것은 사실이다(Harrison, 1987). 그렇다 하더라도 많은 연구자는 심각한 수준의 문제행동의 존재가 '적응행동상의 심각한 제한성'이라는 준거와 일치하는 것은 아니라고 말하고 있다(Borthwick-Duffy, 2007; Greenspan, 1999). 그러므로 한 개인이 자신의 일상활동이나 주변 사람들의 활동에 방해가 되는 행동을 보인다면, 이는 적응행동이 결여된 것보다는 문제행동이 있는 것으로 보아야 한다. 또한 이러한 문제행동도 다양한 자극에 대한 일종의 반응으로서, 자신의 욕구를 전달하기 위해 나타나는 것으로 이해하고 접근할 필요가 있다.

모든 적응행동을 완벽하게 평가할 수는 없지만, 적응행동을 측정하는 대부분의 표준화된 검사도구는 앞서 설명한 적응행동의 세 가지 요인군이라고 보는 개념적 기술, 사회적 기술, 실제적 기술에 대한 점수를 제공한다. 그러나 적응행동에 대한 종합적인 평가는 표준화된 검사도구로 측정하여 나온 검사 결과뿐만 아니라 당사자나 그 개인을 잘 아는 사람들과의 면담이나 관련된 기록 등을 통해 파악되는 개인의 가족사, 의료사, 학교기록, 고용기록 등에 대한 체계적인 검토 후에 이루어져야 한다.

한 개인이 심각한 적응행동상의 제한성이 있다고 진단되기 위해서는 개념적 · 사회적 · 실제적 적응행동 기술에 대해 검사하는 개별적으로 시행된 표준화된 적응행동검사에서 세 가지 적응행동 유형 중 최소한 하나의 영역 점수가 평균보다 대략 2표준편차 이하의 점수를 보여야 한다. 또한 이 점수를 해석하기 위해서는 진단 시 사용한 특정 검사도구의 '측정의 표준오차'를 고려하여야 한다(AAIDD, 2021).

3) 장애의 발생 시기

지적장애에 대한 조작적 정의의 세 번째 핵심 요인은 장애의 발생 시기이다. 발생 시기란 장애가 시작되는 연령을 말한다. 발생 시기는 지적장애로 진단받음으로써 서비스나 지원, 혜택, 보호를 받을 자격을 갖게 된다는 측면에서 중요한 의미를 갖는다. AAIDD에서는 2021년 12차 개정을 통해 지적장애는 발달기 동안 발생할 수 있으며, 지적장애 발생 시기로서의 발달기는 '22세가 되기 전'이라고 조작적으로 정의한다고 하였다. 이제까지 지적장애가 발달기 동안 발생한다는 것에 대한 동의는 있었지만, 발달기를 언제까지로 볼 것인가에 대해서는 관점에 따라 달랐다. 이에 대해 2010년 11차 정의에서는 발달기를 확대할 경우에는 대개의 경우 진단 당시 학교기록을 확인하기 때문에 학령기 이후의 발생에 대해 정확하게 확인하기가 쉽지 않다는 점과 18세 이후의 외상성 뇌손상과 같은 다른 인지적 장애를 유발하는 경우를 모두 포함함으로써 발생률에 영향을 미칠 수 있다는 점 등을 들어 18세까지를 발생 시기로 유지했다.

미국 AAIDD에서 11차 정의에서 제시하였던 18세 기준을 12차 정의에서 '22세 이전'으로 변경한 이유는 발달기가 행정적 관점에서는 서비스와 지원을 위한 적격성과 관련된 연령이므로 「발달장애 지원 및 권리장전법 수정안(Developmental Disabilities Assistance and Bill of Rights Act Amendmensts of 2000)」과 사회보장국의 지적장애 진단 연령 기준인 22세와 일관성을 갖기 위해서라고 밝히고 있다(AAIDD, 2021).

3. AAIDD 지적장애 정의의 역사적 변천

1876년에 설립된 AAMD(현재 AAIDD의 초기 명칭)는 1921년 지적장애(정신지체) 정의를 위한 지침서 초판을 출판한 이래 2021년 12번째 지적장애 정의를 개정한 지침서를 출판하였다. 12차례에 걸쳐 개정된 지적장애 정의 중 ① 지원 개념이 본격적으로 나타난 9차 정의와 ② 지적장애 정의와 분류, 지원체계를 정교화하고 인간 기능성 모델을 제시하고 있는 10차 정의, ③ 정신지체라는 용어 대신 '지적장애'라는 용어를 채택하여 공식적으로 사용하게 된 11차 정의, 그리고 ④ 가장 최근에 발표된 12차 정의를 중심으로 살펴봄으로써 지적장애에 대한 이해의 주요 변천을 살펴보고자 한다.

1) 1992년 9차 정의체계

정신지체란 현재 기능성에서의 실제적인 제한성을 말한다. 이는 유의하게 평균 이하의 지적 기능성과 '의사소통, 자기관리, 가정생활, 사회적 기술, 지역사회 활용, 자기지시, 건강과 안전, 기능적인 학업기술, 여가, 직업과 같은 적응기술 영역 중 두 영역 이상과 관련된 제한성이 동시에 존재하는 것이다. 지적장애는 18세 이전에 나타난다.

1992년 9차 개정 정의체계에서는 이제까지의 연구와 실제를 토대로 지적장애를 정확하게 정의하기 위해 시도되었던 정의에 대한 개정 중 가장 획기적인 변화를 가져왔다. 주요 변화는 다음과 같다. 첫째, 적응행동이라는 전반적 개념이 보다 구체적인 열가지 적응기술 영역으로 대체되었다. 둘째, 적응행동의 제한성을 평가하는 것에 그치는 것이 아니라 강점과 제한점을 동시에 평가하는 것의 필요성을 강조하였다. 셋째, 지능지수에 따라 지적장애의 수준을 분류하는 것을 삭제하고, 개인에게 요구되는 지원에 따라 분류할 것을 요구하였다. 넷째, 한 개인에게 지적장애 정의를 적용하기 위해서는 몇 가지 가정이 전제되어야 함을 제시하였다. 다섯째, 진단 이후 지원 프로파일을 작성할 때 심리적 및 정서적 차원, 건강 및 신체적 차원, 환경의 차원에서의 강점과 요구를 검토하는 것을 포함하였다. 여섯째, 부적응행동은 적응행동 차원에서 다루지 않기로 하였다. 일곱째, 진단과 지원 프로파일 작성 시 임상적 판단의 활용에 대한 관심이 증가하였다. 9차 개정 정의는 '지원'이라는 개념을 제시하여 지적장애를 어떤 관점에서 바라보고, 어떻게 분류할 것이며, 그 논리적 근거와 이유는 무엇인지에 대해 획기적인 방향성을 제시했다는 데 의의가 있다.

2) 2002년 10차 정의체계

정신지체란 지적 기능성과 개념적·사회적·실제적 적응기술로 표현되는 적응행동 양 영역에서 유의하게 제한성을 보이는 장애이다. 이 장애는 18세 이전에 시작된다.

2002년 10차 개정 정의체계는 앞서 제시한 1992년 정의와 분류, 지원체계를 보다 정교화하고 발전시켜 지적장애의 이론적 모델을 제시하였다. 이론적 모델에서는 '지적장애인의 현재 기능성'에 영향을 주는 다섯 가지 차원[2]은 ① 지적 능력, ② 적응행동, ③ 참여, 상호작용, 사회적 역할, ④ 건강, ⑤ 맥락(context)이며, 이 모든 것을 고려한 지원에 의해 개인의 기능성은 변화할 수 있다고 보았다. 또한 지원과 개인의 기능성의 상호작용을 강조하여, 개인의 기능성에 따라 그에 필요한 지원이 영향을 받을 수 있음을 나타내었다. 이는 뒤에서도 다시 설명하겠지만, 한 개인에게 있어 적절한 지원이란 고정불변의 것이 아니라 삶의 상황이나 단계에 따라 기간과 강도 모두에서 변화 가능하다는 것을 나타낸다고 하겠다. 이러한 이론적 모델은 세계보건기구에서 제안한 기능성 장애 및 건강의 국제분류(International Classification of Functioning, Disability, and Health: ICF) 모델과 일관성을 갖는다. ICF 모델에 따르면, 인간 기능이라는 개념은 모든 삶의 활동을 포괄하는 개념이며, 신체 구조와 기능, 인간 활동, 참여를 포함하고 있으며, 개인의 건강과 환경 및 맥락적 요소에 의해 영향을 받는다.

3) 2010년 11차 정의체계

> 지적장애란 지적 기능성과 개념적 · 사회적 · 실제적 적응기술로 표현되는 적응행동 양 영역에서 유의하게 제한성을 보이는 것이다. 이 장애는 18세 이전에 시작된다.

2010년 11차 개정 정의체계에서는 이제까지 사용하였던 정신지체(mental retardation)라는 용어 대신에 지적장애(intellectual disability)라는 용어를 채택하여 공식적으로 사용한다는 데 주목할 필요가 있다. 이는 다음과 같은 몇 가지 이유에서이다(Schalock et al., 2007).

첫째, 한 개인이 장애가 있다고 할 때 그것은 무엇을 의미하는가에 대한 관점이 역사적으로 변화되어 왔고, 이러한 관점이 보다 명확하게 정의에 반영될 필요가 있었다. '정신지체'라는 용어에는 개인의 내적 조건에 의해 기능이 제한된 상태가 장애라는 관점이 내포되어 있지만, '지적장애'라는 용어에는 그 개인이 갖고 있는 잠재력과 맥락(context)이 잘 맞지 않아 생기는 제한된 기능 상태가 '장애'라는 관점이 내포되어 있다(Wehmeyer et al., 2008). 앞에서도 언급했듯이, WHO의 ICF 모델에서도 제한된 기능 상태란 신체 기능 및 구조와 개인 활동상에서의 문제로부터 기인하는 '장애'라고 보았

---

2) 이후 11차 정의에서 ① 지적 능력, ② 적응행동, ③ 건강 ④ 참여, ⑤ 맥락 순으로 제시되었다.

으며, 더 나아가 이 모델에서 제시한 신체 기능(손상된 지적 기능성)과 활동(적응행동에서의 제한성) 영역은 지적장애에 대한 조작적 정의에서 구체화된 진단기준과 일맥상통한다. 지적장애라는 용어의 채택은 이러한 AAIDD와 WHO의 장애에 대한 변화된 관점을 반영한 결과라고 볼 수 있다.

둘째, 지적장애인을 명명할 수 있는 좀 더 적절한 새로운 용어의 출현에 대한 요구에 부응하였다. 역사적으로 지적장애인들은 바보(fool), 천치(idiot), 박약(imbecile), 얼간이(moron)와 같은 말로 명명되었다. 이 밖에 정신박약(feeble-mindedness)이나 정신결함(mental deficiency)이라는 용어가 사용되기도 하였다(Beirne-Smith et al., 2006). 이러한 용어들이 장애 특성에 대한 정확한 정보나 긍정적 이미지를 제공하지 못하고, 개인의 존엄성을 훼손하고 그 개인을 낙인(stigma)찍는 효과가 있는 것을 비판하며, 정신지체라는 용어를 최근까지 사용하였다. 정신지체는 1913년 Leonard Ayre가 도시지역 학교의 중도 탈락과 졸업에 대한 연구에서 한 학년에서 다음 학년으로 진급하지 못하는 학생들을 남들보다 무엇인가를 성취하는 데 시간이 좀 더 많이 걸리는 사람을 칭하는 단어인 laggard 혹은 retarded라고 명명한 것에서 유래하였다. 이 연구에서는 retarded가 지적장애(당시의 feeble-mindedness)를 의미하는 바가 전혀 아니었지만, 그 이후 retarded는 정신적으로 느리게 진보하거나 진보를 보이지 않는 학생을 의미하게 되었고, 이 장애(지적장애)가 본질적으로 정신적 느림으로 인해 수행에 제한을 갖는 정신적 결함이라는 생각에서 지적장애를 명명하는 데 사용하게 된 것이다(Wehmeyer et al., 2008). 그러나 현재는 더 이상 '정신지체'라는 용어로는 존엄성과 존중을 담고 소통할 수 없게 되었고, '정신지체'라는 용어조차 그 개인을 가치절하고 낙인찍는 효과를 갖게 되어, 그들을 명명할 수 있는 새로운 용어가 필요하게 되었다.

이 외에도 '지적장애'라는 용어가 기능적 행동과 맥락적 요소에 중점을 둔 최근 이 영역의 실제(practice)에 더 적합한 표현이며, 사회적·생태학적 틀에 기반하고 있기 때문에 개별화된 지원을 위한 논리적 기반을 제공한다는 점, 현재 국제적으로 사용되고 있는 용어들과 비교해 더 일관성 있는 표현이라는 점 등이 지적장애라는 용어를 공식적으로 채택하게 된 이유로 제시될 수 있겠다.

4) 2021년 12차 정의체계

> 지적장애란 지적 기능성과 개념적·사회적·실제적 적응기술로 표현되는 적응행동 양 영역에서 심각한 제한성을 보이는 것이다. 이 장애는 발달기 동안에 발생하며, 발달기는 한 개인이 22세가 되기 전이라고 조작적으로 정의된다.

2021년 12차 개정 정의체계는 11차 개정 정의체계와 비교해 보았을 때 장애가 발생하는 시기에 대한 변화를 보인다. 이전 정의에서 장애는 18세 이전에 시작한다고 하였으나 12차 정의에서는 이 장애는 발달기 동안 발생하고, 발달기란 한 개인이 22세가 되기 전까지라고 조작적으로 정의한다고 명시하고 있다. 앞에서도 밝혔듯이 이는 서비스나 지원, 혜택, 보호를 받을 자격을 갖게 되는 연령이 확장되었다는 측면에서 중요한 의미를 갖는다.

AAIDD(2021)는 지적장애 정의에 대한 12차 개정을 하면서 몇 가지 점을 강조했는데, 그중에서도 지적 기능성과 적응행동이 서로 상관을 보이나 명확하게 구분되는 요인이라는 점을 강조했다는 사실을 주목할 필요가 있다. 역사적으로 볼 때 지적장애를 정의하기 위해서 지적 기능이라는 용어가 먼저 사용되었기에 사람들은 지적 기능이 적응행동보다 더 중요하다고 생각하는 경향이 있다. 또한 지적장애를 진단하는 데 있어서 지적 기능을 먼저 살피고, 적응행동을 평가해야 한다고 보는 경향도 있다. 이러한 경향으로 인해 지적 기능상의 제한성으로 인해 적응행동에서의 어려움이 유발된다고 오해하거나 지적 기능에서의 제한성이 지적장애 진단의 우선 조건이라고 보는 오류를 범하기 쉽다. 그러나 지적 기능과 적응행동 간의 관계는 일관성 있게 인과관계가 아닌 상관관계로 이해되어 왔다. 지능지수와 적응행동 점수 간에는 낮거나 중간 정도의 통계적 상관을 보이고 있으나 지적 기능과 적응행동의 관계를 인과론으로 설명할 만한 실험적 증거는 없다. 다만 지능검사가 적응행동검사보다 표준화된 검사도구로서 더 먼저 개발되어 발전해 왔고, 적응행동보다 개념에 대한 이해가 높았던 것은 사실이다. 그러나 지적장애를 진단하는 데 있어 적응행동은 지적 능력과 동일한 비중을 갖고 함께 고려되어야 한다(AAIDD, 2021).

〈표 1-2〉 AAIDD 정의의 개정 변화에서의 주요 내용

회차 (연도)	주요 내용			
	지능지수 절사점	적응행동	발생 시기	의의
9차 (1992)	대략 70~ 75, 그 이 하의 지능 지수 점수	• 상황의 요구에 따라 행동을 변화시키고, 환경에 적절하 게 맞추어 가는 능력 • 열 가지 적응기술 영역 제시 • 지적 기능성의 제한성과 동 시에 존재	임신~ 18세 이전	• 지능지수 수준에 따른 분류 체계 삭제 • 지원 수준에 따른 분류체계 제시 • 정의 적용을 위한 네 가지 가 정 제시 • 정신지체의 일반적 구조 제 시
10차 (2002)	평균에서 2 표준 편 차 이하	• 일상생활에서 기능하기 위 해 배워야 하는 개념적·사 회적·실제적 적응기술의 집합체	임신~ 18세 이전	• 정의 적용을 위한 다섯 가지 차원 제시 • 정신지체에 대한 이론적 모 델 제시 • 측정의 표준오차와 평가도 구의 강점과 제한점 고려
11차 (2010)	평균에서 2 표준 편 차 이하	• 10차와 동일	임신~ 18세 이전	• 정신지체에서 지적장애로 용어 변경 • 이론적 모델 정교화
12차 (2021)	평균에서 2 표준 편 차 이하	• 11차와 동일	발달기 (임신~ 22세 이전)	• 장애 발생 시기 변경 • 발달기를 조작적으로 정의 • 적응행동을 지적 능력과 동 일한 비중으로 고려할 것을 강조

 4. 지적장애 정의를 위한 인간 기능성의 다차원적 모델

1) 인간 기능성에 대한 다차원적 모델에 대한 이해

앞에서 지적장애란 무엇인가를 이해하기 위한 접근방법에는 이 장애를 조작적으로 정의하는 방법이 있고, 또 다른 접근방법으로서 이 장애와 다른 요인들 간의 관계를 밝히는 이론적 모델을 통해서 이해하는 방법이 있다고 하였다. 여기에서는 지적장애를

이해하기 위한 두 번째 방법으로서 인간 기능성에 대한 다차원적 모델을 살펴보고자 한다. 인간 기능성에 대한 다차원적 모델은 지적장애를 '인간 기능성에서의 제한성'이라는 관점에서 정의하고, 생태학적이며 다면적인 관점에서 장애를 개념화하며, 개인의 기능을 향상시키기 위한 개별화된 지원이 하는 역할의 중요성을 제시하고 있다. 인간 기능성에 대한 다차원적 모델은 AAIDD의 1992년 9차 정의에서부터 제안되어 2021년 12차 정의에 이르기까지 조금씩 수정·보완되었다. [그림 1-2]에 제시한 1992년 지적장애 정의의 일반적 구조에서는 지적장애를 이해하기 위해서는 개인적 측면(능력)뿐만 아니라 기능에 영향을 미치는 환경도 이해해야 함을 보여 주고 있다. 또한 지원이 개인의 기능에 상호 영향을 미칠 수 있음을 나타낸다.

[그림 1-3]에 제시한 2021년 AAIDD의 인간 기능성에 대한 다차원적 모델은 11차 정의에서 제시한 모델을 보완하였다. 여전히 이 모델에서는 인간 기능성의 제한성, 즉 지적장애 상태를 이해하기 위해서 생태학적인 접근을 하고 있으며, 인간 기능성 성과에 대한 다섯 가지 차원(지적 능력, 적응행동, 건강, 참여, 맥락)의 요인들과의 관계와 중개적 역할을 하는 지원체계로 구성되어 있다. 그러나 이 모델에서 사용하는 용어에서 약간의 변화가 보인다. 11차 정의에서 사용하였던 '지원'이라는 용어가 12차 정의에서

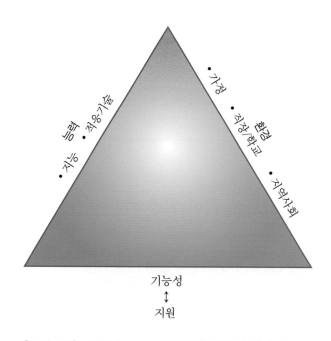

[그림 1-2] **1992년 AAMR 정신지체 정의의 일반적 구조**

출처: AAMR (2002), p. 54.

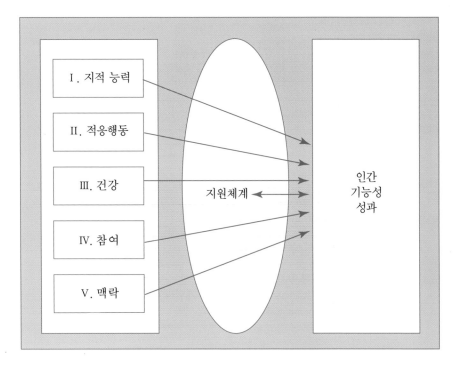

[그림 1-3]　**인간 기능성의 개념적 틀**

출처: AAIDD (2021), p. 10.

는 '지원체계'라는 용어로 변경되었고, '인간 기능성'이라는 용어가 '인간 기능성 성과'
라는 용어로 변경되었다. 이러한 변화를 통해 지원의 체계적인 접근과 그에 따른 인간
기능성에서의 구체적인 성과가 이 모델에서 더 강조되고 있음을 확인할 수 있다.

　이러한 인간 기능성에 대한 다차원적 모델은 이미 앞에서도 밝혔듯이 인간의 기능
성과 장애에 대한 ICF의 모델과 일관성을 갖는다. [그림 1-4]에서 볼 수 있듯이, ICF 모
델은 장애가 단순히 주요한 손상만으로는 설명될 수 없음을 나타낸다. 신체 기능과 구
조(예: 지능)는 활동에서의 제한성(적응행동)과 상호작용할 수 있으며, 이것이 사회적
참여에 영향을 줄 수 있다. 또한 이러한 활동에서의 제한성은 개인이 갖고 있는 요소
뿐만 아니라 환경적 요소에 의해서도 상호 영향을 주고받는다. 이렇듯 ICF 모델에서는
인간의 기능성을 인간이 갖고 있는 다면적인 요소들과 환경 사이의 상호작용 과정으
로 이해하고 있다.

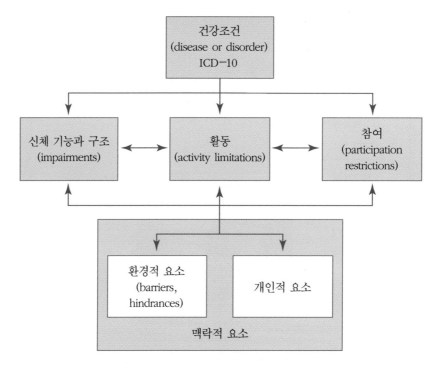

[그림 1-4]　**인간의 기능성과 장애에 관한 ICF 모델**

출처: WHO (2001), p. 18에서 수정함.

2) AAIDD 다차원적 모델을 구성하는 요인

AAIDD에서 지적장애 정의를 위한 이론적 모델로서 제안하는 '인간 기능성에 대한 다차원적 모델'을 구성하는 각 차원의 요인에 대해 간략하게 살펴보면 다음과 같다 (Wehmeyer et al., 2008).

(1) 차원 1: 지적 능력

지능은 일반적인 정신적 능력이다. 이는 추론하기, 계획하기, 문제 해결하기, 추상적으로 사고하기, 복잡한 생각 이해하기, 신속하게 배우기, 경험으로부터 배우기 등을 포함한다. 지능은 단순히 학업기술을 배우거나 시험을 치르는 데 필요한 능력만을 의미하지 않는다. 그보다는 우리 주변을 이해하는 데 필요한 보다 광범위한 능력을 의미한다(Gottfredson, 1997). 지능은 일생에 걸쳐 개발될 수 있다. 또한 지능은 모든 인지적 기능성을 포함하는 다양한 정신적 기능을 포괄하는 개념으로 이해되는 지적 기능성에 대한 ICF의 정의와도 일치한다.

(2) 차원 2: 적응행동

적응행동은 일상생활에서 사람들이 학습하고 수행하는 개념적 · 사회적 · 실제적 기술의 총합이다. 적응행동에 대한 평가는 개인이 갖고 있는 최대 수행능력을 알아보기 위한 것이 아니다. 오히려 개인이 일상적인 일과와 변화하는 상황에서 보일 수 있는 전형적인 수행능력을 알아보기 위한 것이다. 또한 특정한 적응행동 기술에서 보이는 제한성은 다른 적응행동 기술에서의 강점과 동시에 존재한다. 이러한 적응행동 기술에서의 개인의 강점과 제한성은 개인이 속하는 연령대의 전형적이고 평범한 지역사회 환경의 맥락 내에서 기록되어야 하고, 지원에 대한 개인의 요구를 파악하는 데 기반이 되어야 한다.

(3) 차원 3: 건강

세계보건기구(WHO, 1999)에서는 건강을 '완전한 신체적 · 정신적 · 사회적 웰빙 상태'라고 정의했다. 건강은 다른 차원의 요인에 직간접적으로 영향을 주어 인간 기능성에 영향을 줄 수 있다. 지적장애인은 건강상 별 어려움이 없는 경우에서부터 뇌전증이나 뇌성마비, 심장장애 등 건강에 심각하게 문제가 있는 경우에 이르기까지 그 건강 상태가 다양하다. 신체적 건강뿐만 아니라 정신장애로 인해 활동과 참여에 제한을 받거나 다른 차원에 제한성을 초래할 수 있다. 지적장애인은 지적 능력이나 의사소통상의 제한성으로 인해 자신의 건강상 문제나 증상에 대해 인지하고 다른 사람에게 알리는 데 어려움을 겪을 수 있다.

(4) 차원 4: 참여

참여란 가정생활, 직업, 교육, 여가, 종교, 문화적 활동 영역에서의 역할과 상호작용을 말한다. 참여란 사회생활에서 실제 활동을 수행하는 것을 말하며, 사회에서 그 개인의 기능성과 관련이 있다. 참여는 한 개인의 학습과 발달과정에 있어 주요한 역할을 한다(Bronfenbrenner, 1999; Dunst, Bruder, Trivette, & Hamby, 2006). 참여는 ① 각종 활동과 행사, 조직에서의 참여, ② 친구, 가족, 동년배, 이웃과의 상호작용, ③ 가정, 학교, 지역사회, 직장, 여가 및 오락에서의 사회적 역할 수행에 대한 관찰을 통해 그 강점과 제한점이 평가될 수 있다.

(5) 차원 5: 맥락

맥락은 한 개인의 삶의 전반적인 배경으로서 환경적 요소와 개인적 요소를 포함한다. 환경적 요소는 물리적·사회적·태도적 환경으로 구성되어 있으며, 개인적 요소와 상호작용하여 적응행동을 촉진하기도 한다. 예를 들어, 긍정적인 고용주의 태도와 편의시설이 잘 갖추어진 물리적 환경은 '작업하기'와 같은 적응행동에 도움을 줄 수 있는 촉진적 역할을 한다. 반면, 편의시설이 갖추어져 있지 않은 건물이나 고용주 또는 동료들의 부정적인 태도는 인간의 기능성을 저해하게 된다. 개인적 요소는 그 개인의 성, 인종, 연령, 동기, 생활양식, 습관, 양육, 문제 해결 양식, 개인적인 심리적 상태 등의 특성을 말한다.

이제까지 살펴본 한 개인이 갖고 있는 이상의 지적 능력, 적응행동, 건강, 참여, 맥락의 다섯 가지 차원의 요인들은 그 개인의 기능성에 영향을 주게 된다. 그러나 이러한 영향은 개별화된 지원을 통해 변화될 수 있으며, 그로 인해 기능성이 향상될 수 있다. 즉, 한 인간의 기능성은 그 개인의 다섯 가지 차원의 요인들뿐만 아니라 그것들의 제한점과 강점을 충분히 고려하여 세심하게 계획된 지원에 의해 달라질 수 있다. 이제 인간 기능성에 대한 이론적 모델의 또 다른 중요한 구성요소인 지원체계에 대해 살펴봄으로써 개별화된 지원을 통해 역동적이고 상호적인 인간 기능성의 향상이 어떻게 가능한지 알아보겠다.

5. 지원체계에 대한 이해

1) 지원체계 개념

지원체계는 개인의 발달과 권익을 증진시키고, 개인의 기능성과 개인적 웰빙을 향상시키는 상호 연결된 자원 및 전략 네트워크이다(AAIDD, 2021). [그림 1-5]에 제시된 AAIDD 지원 모델(AAIDD, 2010)에서 볼 수 있듯이, ① 지적장애인들이 경험하는 자신의 능력과 환경적 요구 간의 불일치로 인해 지원에 대한 요구가 생기게 되고, ② 이러한 지원 요구를 바탕으로 개별화된 지원계획을 개발하고 적용하여, ③ 그 개인이 좀 더 독립적이게 되고, 더 나은 대인관계를 갖고 사회에 기여하고, 학교나 지역사회에서의 활동 참여가 증진되며, 더 높은 삶의 만족도를 느끼게 되는 성과를 얻게 된다.

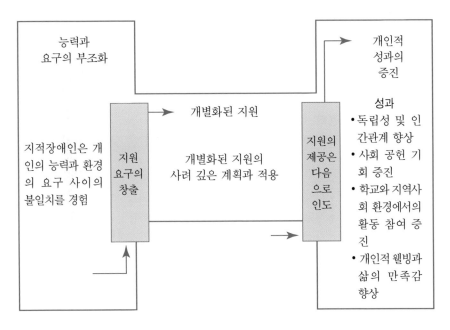

[그림 1-5]　**지원 모델**

출처: AAIDD (2010), p. 112.

AAIDD(2021)는 효과적인 지원체계는 다음과 같은 네 가지 특징을 가지고 있다고 설명하고 있다. 첫째, 효과적인 지원체계는 개인중심적이다. 개인은 자신의 지원 요구에 대해 신뢰할 수 있고 타당한 표준화된 도구를 통해 개별적으로 평가를 받고, 그 평가 결과에 근거해서 개인중심적인 지원 계획과 실행이 이루어진다. 둘째, 효과적인 지원체계는 포괄적이다. 지원체계가 포괄적이라는 의미는 지원을 통해 개인의 '선택 및 자율성을 향상'시킬 수 있으며, '통합된 환경'에서 비장애인과 함께 성장해 살아 나갈 수 있도록 하며, 누구에게나 가능한 지원 혹은 주어진 환경과 일과 내에서 가족, 직장동료, 친구, 이웃들로부터 자연스럽게 제공될 수 있는 '자연적 지원'과 같은 '일반적인 지원'과 전문가에 의해 실행되는 '특화된 지원' 등을 포괄하고 있는 측면을 강조하고 있다. 셋째, 효과적인 지원체계는 협응적이다. 지원체계에서는 개인의 권리에 중점을 두어 체계적인 사고과정을 거쳐 의사결정이 이루어지고, 강점 기반의 접근을 하며, 개인의 요구를 파악하는 데 있어 정보공학을 이용하고, 활동 참여를 촉진하기 위해 보조공학을 활용하는 것 등을 포함한다. 즉, 지원이 계획되고 실행되는 전체 과정에서 다양한 영역에서의 협응적인 접근이 이루어진다. 마지막으로, 효과적인 지원체계는 성과 지향적이다. AAIDD(2021)에서는 성과 지향성을 설명하기 위해 인간 기능성 모델의 다섯 가지 차원(지적 능력, 적응행동, 건강, 참여, 맥락)에서 주요 성과 및 구체적이고 측정 가능한 성과지표를 제시하였다. 또한 Schalock 등(2018)은 이러한 지원계획과 실행에 활용할 수 있는 〈표 1-3〉과 같은 일반적으로 사용되는 성과체계 및 성과범주를 제시하였다.

〈표 1-3〉 일반적으로 사용되는 성과체계 및 성과범주

성과체계 (outcome framework)	성과범주(outcome category)	
	아동	성인
생활 활동 영역	• 의료 • 행동 • 가정생활 • 지역사회 및 이웃 • 학교참여 • 학교학습 • 건강과 안전 • 사회성 • 자기옹호	• 의료 • 행동 • 가정생활 • 지역사회 생활 • 평생학습 • 고용 • 건강과 안전 • 사회성 • 참여와 옹호
삶의 질 영역	• 개인의 성장 • 자기결정 • 대인관계 • 사회적 통합 • 권리 • 정서적 웰빙 • 신체적 웰빙 • 물질적 웰빙	• 개인의 성장 • 자기결정 • 대인관계 • 사회적 통합 • 권리 • 정서적 웰빙 • 신체적 웰빙 • 물질적 웰빙

출처: 서효정, 임경원, 정병운 역(2020), p. 27.

2) 지원 강도 및 유형

AAIDD의 1992년과 2002년 분류체계에서는 지적장애인의 지능 수준보다는 개인의 강점에 초점을 두고 요구되는 다음과 같은 지원 강도에 따른 유형을 제시하였다.

- 필요할 때나 위기 상황에서 일시적으로 제공되는 간헐적(intermittent) 지원
- 제한된 일정 시간 동안 일관성 있게 제공되는 제한적(limited) 지원
- 몇몇 환경에서 정기적으로 제공되는 확장적(extensive) 지원

• 항구성을 가지는 고강도의 지원을 지속적으로 거의 모든 환경에 걸쳐 제공하는 전반적(pervasive) 지원

그러나 AAIDD는 2010년 개정된 지적장애 정의체계에 대한 11차 지침서에서 이러한 지원 강도에 따른 지원 유형 분류방법보다는 인간 기능성의 모델에 근거한 다차원적 분류방법을 강조하고 있다. 지원 요구를 평가하기 위해 현재 미국에서 사용하고 있는 지원정도척도(Support Intensive Scale: SIS)에서도 지원이 각 활동에 얼마나 자주 요구되는지(빈도), 지원할 때마다 얼마나 많은 시간이 소요될 것인지(지원시간), 어떤 유형의 지원이 필요한지를 구체적으로 평가하도록 되어 있을 뿐, 그것이 간헐적 · 제한적 · 확장적 · 전반적 지원 중 어느 지원에 해당되는지는 제시하고 있지 않다. 특히 지원 유형과 관련해서는 관리감독이 필요한 수준, 언어 및 자세 촉진이 필요한 수준, 부분적인 신체 도움이 필요한 수준, 완전한 신체 도움이 필요한 수준으로 구분한다. 이러한 평가방식의 변화는 지적장애 분류체계에서의 명명적 분류의 필요성이 약화되었음을 의미한다.

3) 지원 요구에 대한 평가

한 개인의 지원 요구는 자기보고나 지원 요구척도 등을 통하여 평가될 수 있다. 지원 요구에 대한 객관적인 평가를 통해 어느 지원 영역에 어떤 유형의 지원이 얼마나 빈번하게 제공되어야 하는지 등이 분석된 이후에 개별화된 지원계획이 개발되어야 한다. 지원 요구에 대한 평가도 개인의 일상생활에서의 전형적인 수행과 관련되어 있지만 적응행동에 대한 평가와는 다르다. 적응행동 평가에서는 특정 적응기술과 관련하여 개인이 나타내는 현재의 숙련도가 평가되지만, 지원 요구 평가에서는 그 개인이 일상생활에 참여하기 위해 필요한 지원의 강도와 유형이 무엇인지가 평가된다.

4) 지원의 평가 및 계획, 실행 과정

개인에게 필요한 지원의 평가 및 계획과 실행 과정은 [그림 1-6]에서 볼 수 있는 바와 같이 ① 그 개인이 원하는 삶의 경험과 목표 확인하기, ② 지원 요구 평가하기, ③ 개별화된 계획을 개발하고 실행하기, ④ 실행되고 있는 계획 점검하기, ⑤ 개인적 성과 평가하기로 이루어져 있다.

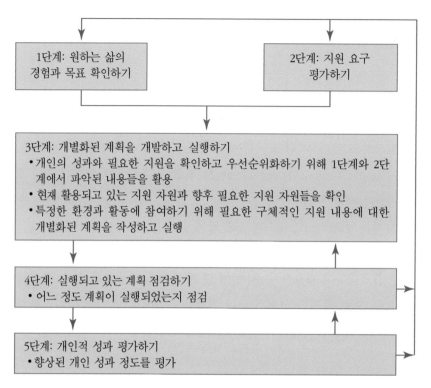

[그림 1-6] **개별화된 지원의 평가, 계획 및 감독을 위한 과정**

출처: AAIDD (2010), p. 118.

(1) 1단계: 원하는 삶의 경험과 목표 확인하기

첫 번째 단계에서는 그 개인의 꿈과 선호도와 관심에 초점을 둔 '개인중심계획 (person-centered planning)' 과정을 사용한다. '개인중심계획'의 핵심은 당사자가 자신에게 중요하다고 생각하는 것이 무엇인지를 파악하는 것이고, 그 과정에서 현재 제공되는 서비스나 재정 상태 혹은 그 개인의 능력 등에 국한하지 않고 논의한다(O'Brien & O'Brien, 2002). 따라서 이러한 계획과정에 장애 당사자뿐만 아니라 주요 주변인들도 함께 참여해야 하며, 현재의 삶뿐만 아니라 미래의 삶에 대해서도 다루어야 한다.

(2) 2단계: 지원 요구 평가하기

두 번째 단계에서는 표준화된 평가도구인 지원정도척도(Supports Intensity Scale: SIS)를 통한 평가나 관찰 혹은 심층 면담 등을 통해 다양한 삶의 영역에서 필요한 지원 요구를 평가한다. 이러한 평가를 통하여 앞서 '개인중심계획' 단계에서 밝혀진 그 개인이 원하는 활동에 성공적으로 참여하기 위해 어떠한 지원이 필요한지에 대한 주요 정보가 수집된다. 지원정도척도에 대한 상세한 내용은 제5장의 내용을 참조하기 바란다.

(3) 3단계: 개별화된 계획을 개발하고 실행하기

세 번째 단계에서는 개인의 성과와 필요한 지원을 확인하고 우선순위화하기 위해 1단계와 2단계에서 파악된 내용들을 활용한다. 현재 활용되고 있는 지원 자원과 향후 필요한 지원 자원을 확인한다. 특정한 환경과 활동에 참여하기 위해 필요한 구체적인 지원 내용에 대한 개별화된 계획을 작성하고 실행한다. 특정한 환경과 활동에 참여하기 위해 필요한 구체적인 지원 내용, 즉 일주일에 몇 번, 어느 정도의 시간을 소요해서, 누구에 의해, 어떤 지원이 필요할지에 대한 구체적인 계획을 작성하고 실행에 옮긴다.

(4) 4단계: 실행되고 있는 계획 점검하기

네 번째 단계에서는 지원계획 팀이 정기적으로 만나서 개인의 개별화된 계획이 실제로 어느 정도 실행되었는지에 대해 체계적으로 점검해 나가는 과정이 필요하다. Schalock 등(2018)은 이러한 점검과정에서 다음과 같은 세 가지 질문에 대해 답을 해 나가야 한다고 하였다. 첫째, 어떤 지원목표가 완전히 실행되었다면 그것을 유지할 필요가 있는가? 유지할 필요가 있다면 같은 기간과 정도로 지원이 실행되어야 하는가? 둘째, 지원목표가 부분적으로 실행되었다면 부분적 실행의 이유는 무엇인가? 셋째, 그 목표가 실행되지 않았다면 그 이유는 무엇인가? 이러한 질문에 답을 하면서 어느 정도 계획이 실행되었는지에 대해 체계적으로 점검할 수 있다.

(5) 5단계: 개인적 성과 평가하기

다섯 번째 단계에서는 계획했던 지원을 실행함으로써 개인이 원하던 삶의 경험과 목표들이 어느 정도 성취되었는지에 대해 평가한다. 이 단계에서는 개인목표 달성, 즉 개인적 성과를 평가하는 것에 초점을 둔다. 또한 이러한 개인의 성과가 과연 그동안 제공되었던 지원에 의해 얻어진 것인지에 대해서도 평가한다. 이러한 평가를 통해 개인적 성과를 도출하는 데 효과적이었던 전략들을 판별할 수 있다. 더 나아가 지원체계의 효능을 평가하는 기초를 제공할 수 있다(Schalock et al., 2018).

6. 지적장애 분류체계에 대한 이해

　지적장애를 정의하고 분류하는 목적은 지적장애인의 교육 및 재활과 고용 등 삶의 다양한 측면에서의 권리를 보호받고 적절한 서비스와 지원을 받기 위한 적격성을 판단받기 위해서이다. 지적장애 학생의 교육과 관련된 분류체계는 역사적으로 계속 논쟁의 대상이 되어 왔다. 최근까지 장애 수준과 그 손상에 기초하여 분류하기 위해 지능지수 범위와 연관된 명칭을 사용하였다. 예를 들어, 1983년까지의 AAIDD의 지적장애 정의체계 지침서에서도 지능지수 수준에 따라 평균인 100에서 2~3표준편차의 차이(IQ 55~70)를 보이는 학생들은 경도 지적장애 혹은 교육가능급으로 분류되었고, 평균에서 3~4표준편차 떨어진 지능지수(IQ 55~40)를 보이는 학생들은 중등도 지적장애 혹은 훈련가능급으로 분류되었다. 또한 4~5표준편차 떨어진 학생들은 중도 지적장애(IQ 40~25), 그리고 그 이하(IQ 20~25 이하)는 최중도 지적장애라고 분류되었다.

　이러한 분류체계가 갖는 가장 큰 논쟁점은 지적장애인 각각이 갖고 있는 교육과 생활에서 필요한 지원 요구는 지적 수준에 따른 분류체계에 의해 획일적으로 제시될 수 없다는 점이다. 한 개인이 일련의 진단과 평가 과정을 거쳐서 지적장애의 조작적 정의에 따라 '지적 기능성과 개념적·사회적·실제적 적응기술로 표현되는 적응행동 양 영역에서 유의하게 제한성이 있는 상태'로 판단된다면, 그 이후에 다시 지적 수준에 따라 경도인지 또는 중도인지를 구분하는 것이 어떤 의미를 가질 수 있는지 생각해 볼 여지가 있다. 앞서 우리는 한 개인의 지적장애라는 상태에 영향을 미치는 여러 요인이 있다는 것을 살펴보았다. 지적장애인들 개개인은 서로 다른 환경 맥락에서 서로 다른 지원 요구를 갖고 있다. 그럼에도 불구하고 최근까지 대다수의 지적장애 학생들은 지적 수준에 따라 교육 배치를 받아 왔다. 이러한 교육 배치는 지적 수준에 따라 획일적으로 교육과정을 적용하게 하며, 그 개인의 능력과 성과에 대해 고정관념을 갖게 한다. 대개의 경우 이러한 고정관념은 낮은 기대감이나 편견으로 나타나서 그 개인이 갖고 있는 장점을 키우거나 잠재력을 충분히 이끌어 내지 못한다. 결과적으로는 지적장애인으로 진단된 후 또다시 지적 수준에 따라 분류됨으로써 한 개인의 성인기 성과에 영향을 끼치게 된다.

　1992년 AAIDD에서는 지적 수준이 아니라 한 개인이 자신의 환경에서 성공적으로 기능하는 데 필요한 지원의 강도(간헐적·제한적·확장적·전반적)에 따라 분류할 것을 제안하였다. 2002년 지침서에서는 지원에 따른 다차원적 분류체계에 대해 다루면서 이러한 분류는 한 개인의 생의 국면과 영역에 따라 언제라도 변화할 수 있음을 제시하였다. 지원 패러다임에 기초한 2021년 AAIDD 지침서에서도 지적장애 영역에서의 분류는 진단 이후에 진행되는 선택사항이고, 분류가 되어야 한다면 지원 정도에 따른 분류체계가 가장 적절하다고 하였다. 또한 어떤 분류체계도 목적이 있어야 하며, 그 개인에게 이익이 되어야 하고, 관련된 정보를 토대로 더 나은 개인의 요구에 대한 이해를 제공해야 한다고 지적하고 있다.

따라서 모든 교사는 교육적 결정과 실제에 영향을 미치는 AAIDD의 다차원적 모델과 지원 패러다임을 이해하는 것이 중요하다. 이는 지적장애 학생 개개인에게 특정한 분류체계를 적용하기보다는 그 개인을 둘러싼 생태학적인 맥락을 이해하고 지원 요구를 파악하여 지원계획을 개발하고 적용하는 것이 중요함을 의미한다.

7. 우리나라의 지적장애인에 대한 법률적 정의

우리나라의 경우 지적장애에 대한 정의는 법 제도를 통해 살펴볼 수 있다. 먼저 장애인 및 특별한 교육적 요구가 있는 사람들에게 특수교육적 지원을 제공하기 위한「장애인 등에 대한 특수교육법」의 특수교육대상자 선정기준을 살펴보면, 지적장애를 지닌 특수교육대상자를 "지적 기능과 적응행동상의 어려움이 함께 존재하여 교육적 성취에 어려움이 있는 사람"이라고 정의하고 있다. 반면, 장애인의 복지와 사회활동 참여 증진을 위해 제정된「장애인복지법」에서는 지적장애인이란 "정신발육이 항구적으로 지체되어 지적 능력의 발달이 불충분하거나 불완전하여 자신의 일을 처리하는 것과 사회생활에 적응하는 것이 상당히 곤란한 사람"이라고 정의하고 있다.

이 두 법 제도에서의 지적장애에 대한 정의는 앞서 살펴본 AAIDD의 지적장애에 대한 조작적 정의와 매우 흡사하다. 두 법에서 지적장애 정의를 구성하는 '지적 기능에서의 어려움'이나 '지적 능력 발달의 불완전함'이라는 요인과, '적응행동상의 어려움'이나 '자신의 일을 처리하는 것(실제적 적응행동 기술)과 사회생활에 적응하는 것(사회적 적응행동 기술)이 상당히 곤란함'이라는 요인은 AAIDD에서 제시하고 있는 지적장애의 조작적 정의의 핵심 요인에 해당함을 알 수 있다.

「장애인 등에 대한 특수교육법」에서는 특수교육이 필요한 지적장애인을 지능 수준 등의 특정한 기준에 따라 분류하지 않는다. 이는 각 개인에게 필요한 특수교육적 지원은 개인의 지능뿐만 아니라 그 개인의 다양한 측면을 고려한 개별화된 교육적 요구에 기초하여 제공되어야 하기 때문이다. 「장애인복지법」에서는 이전에는 지적장애인을 장애의 정도에 따라 3개의 등급으로 분류하였으나 2021년 개정을 통해 장애인 분류를 장애가 심한 장애인과 장애의 정도가 심하지 않은 장애인으로 분류하고, 지적장애인의 경우에는 장애가 심한 장애인으로 분류하면서 "지능지수가 70 이하인 사람으로서 교육을 통한 사회적·직업적 재활이 가능한 사람"이라고 제시하고 있다. 이 밖에 「발달장애인 권리보장 및 지원에 관한 법률」(약칭 「발달장애인법」)에서는 「장애인복지법」에서 정의하고 있는 지적장애인과 자폐성장애인 그리고 "그 밖에 통상적인 발달이 나타나지 아니하거나 크게 지연되어 일상생활이나 사회생활에 상당한 제약을 받는 사람으로서 대통령령으로 정하는 사람"을 '발달장애인'이라고 정의하고 있다.

 요약

1. 지적장애에 대한 조작적 정의
- 역사적으로 지적장애는 사회적 접근, 임상적 접근, 심리측정적 접근 그리고 이중기준 접근을 통해 정의되었다.
- 2021년 개정된 AAIDD의 12차 정의에서는 "지적장애란 지적 기능성과 개념적·사회적·실제적 적응기술로 표현되는 적응행동 양 영역에서 심각한 제한성을 보이는 것이다. 이 장애는 발달기 동안 발생하며, 발달기는 한 개인이 22세가 되기 전이라고 조작적으로 정의한다."라고 명시하고 있다.

2. 지적장애 조작적 정의의 핵심 구성요인
- 지적 능력이란 자신을 둘러싼 환경과 사건을 이해하고 무엇을 해야 할지를 판단해 낼 수 있는 보다 광범위한 능력을 의미한다.
- 적응행동은 일상생활을 하는 데 영향을 미치며, 삶의 변화 및 환경적 요구에 반응하는 능력에 영향을 미친다.
- 발생 시기란 장애가 시작되는 연령을 말한다. 발생 시기 기준을 마련한 목적은 발달기 이후 시기에 발생할 수 있는 다른 장애와 구분하기 위해서이다.

3. AAIDD 지적장애 정의의 역사적 변천

- 9차 개정 정의체계에서는 '지원'의 중요성이 강조되고, 적응행동이라는 전반적 개념이 보다 구체적인 열 가지의 적응행동 기술로 대체되었다.
- 10차 개정 정의체계에서는 적응행동이 개념적 · 사회적 · 실제적 적응기술로 표현된다고 하였으며, 지적장애의 이론적 모델을 제시하였다.
- 11차 개정 정의체계에서는 이제까지 사용하였던 정신지체라는 용어 대신에 지적장애라는 용어를 채택하여 공식적으로 사용하였다.
- 12차 개정 정의체계에서는 지적장애는 발달기 동안 발생하고 발달기란 한 개인이 22세가 되기 전까지라고 조작적으로 정의한다고 명시하였고, 지적 기능성과 적응행동이 서로 상관을 보이나 명확하게 구분되는 요인이라는 점을 강조하였다.

4. 지적장애 정의를 위한 인간 기능성의 다차원적 모델

- 인간 기능에 대한 이론적 모델은 지적장애를 '인간 기능에서의 제한성'이라는 관점에서 정의하고, 생태학적이며 다면적인 관점에서 장애를 개념화한다.
- 이 모델은 다섯 가지 영역(지적 능력, 적응행동, 건강, 참여, 맥락)의 요인들과 인간 기능성의 관계와 인간 기능에 대한 중개적 역할을 하는 지원으로 구성된다.
- 12차 개정 정의체계에서 '지원체계'와 '인간 기능성 성과'라는 용어를 사용함으로써 지원의 체계적인 접근과 그에 따른 인간 기능성에서의 구체적인 성과가 이 모델에서 더 강조되고 있음을 확인할 수 있다.

5. 지원체계에 대한 이해

- 지원체계는 개인의 발달과 권익을 증진시키고, 개인의 기능성과 개인적 웰빙을 향상시키는 상호 연결된 자원 및 전략 네트워크이다.
- 지원 요구에 대한 객관적인 평가를 통해 어느 지원 영역에 어떤 유형의 지원이 얼마나 빈번하게 제공되어야 하는지 등이 분석된 이후에 개별화된 지원계획이 개발되어야 한다.
- 지원의 평가 및 계획과 실행 과정은 ① 그 개인이 원하는 삶의 경험과 목표 확인하기, ② 지원 요구 평가하기, ③ 개별화된 계획을 개발하고 실행하기, ④ 실행되고 있는 계획 점검하기, ⑤ 개인적 성과 평가하기로 이루어져 있다.

6. 지적장애 분류체계에 대한 이해

- 최근까지 장애 수준과 그 손상에 기초하여 분류하기 위해 지능지수 범위와 연관된 명칭을 사용하였다.
- 1992년 AAIDD에서는 지적장애를 지적 수준이 아닌 한 개인이 자신의 환경에서 성공적으로 기능하는 데 필요한 지원의 강도(간헐적 · 제한적 · 확장적 · 전반적)에 따라 분류할 것을

제안하였다.

- 개인에게 특정한 분류체계를 적용하기보다는 그 개인을 둘러싼 생태학적인 맥락을 이해하고 지원 요구를 파악하여 지원계획을 개발·적용하는 것이 중요하다.

7. 우리나라의 지적장애인에 대한 법률적 정의

- 「장애인 등에 대한 특수교육법」의 특수교육대상자 선정기준과 「장애인복지법」에서의 지적장애인 정의를 통해 우리나라의 지적정애인에 대한 법률적 정의에서도 '지적 기능상의 어려움'과 '적응행동상의 어려움'이 지적장애를 정의하는 핵심적인 요인임을 알 수 있다.

참고문헌

서효정, 임경원, 전병운 역(2020). 지원정도척도(SIS)를 활용한 발달장애인 개인지원계획(Schalock, R. L., Thompson, J. R., & Tassé, M. J. 저). 서울: 학지사.

American Association on Intellectual and Developmental Disabilities (AAIDD). (2010). *Intellectual disability: Definition, classification, and system of support* (11th ed.). Washington, DC: Author.

American Association on Intellectual and Developmental Disabilities (AAIDD). (2021). *Intellectual disability: Definition, classification, and system of support* (12th ed.). Washington, DC: Author.

American Association on Mental Retardation (AAMR). (2002). *Mental retardation: Definition, classification, and system of support.* Washington, DC: Author.

Beirne-Smith, M., Patton, J. R., & Kim S. H. (2006). *Mental retardation: An introduction to intellectual disabilities* (7th ed.). Upper Saddle River, NJ: Prentice Hall.

Borthwick-Duffy, S. A. (2007). Adaptive behavior. In J. W. Jacobson, J. A. Mulick, & J. Rojahn (Eds.), *Handbook on intellectual and developmental disabilities* (pp. 279-291). Washington, DC: Springer.

Bronfenbrenner, U. (1999). Environments in developmental perspective: Theoretical and operational models. In S. L. Friedman & T. D. Wachs (Eds.), *Measuring environments across the life span: Emerging methods and concepts* (pp. 3-28). Washington, DC: American Psychological Association.

Devlieger, J. P. (2003). From "idiot" to "person with mental retardation": Defining differences in an effort to dissolve it. In J. P. Devlieger, F. Rusch, & D. Pfeiffer (Eds.), *Rethinking disability: The emergence of new definition, concepts, and communities* (pp. 169–188). Antwerp, Belgium: Garant.

Doll, E. A. (1941). The essentials of an inclusive concept of mental deficiency. *American Journal of Mental Deficiency, 46*, 214–219.

Dunst, C. J., Bruder, M. B., Trivette, C. M., & Hamby, D. W. (2006). Everyday activity settings, natural learning environments, and early intervention practices. *Journal of Policy and Practice in Intellectual Disabilities, 3*, 3–10.

Flynn, J. R. (2009). *What is intelligence? Beyond the Flynn effect.* New York: Cambridge University Press.

Foreman, P. (2009). *Education of students with an intellectual disability: Research and practice.* Charlotte, NC: Information Age Publishing, Inc.

Goodey, C. F. (2006). Behavioral phenotypes in disability research: Historical perspectives. *Journal of Intellectual Disability Research, 50*(6), 397–403.

Gottfredson, L. S. (1997). Mainstream science on intelligence: An editorial with 52 signatories, history, and bibliography. *Intelligence, 24*(1), 13–23.

Greenspan, S. (1999). A contextualist perspective on adaptive behavior. In R. L. Schalock (Ed.), *Adaptive behavior and its measurement: Implications for the field of mental retardation* (pp. 61–80). Washington, DC: American Association on Metal Retardation.

Greenspan, S. (2006). Functional concepts in mental retardation: Finding the natural essence of an artificial category. *Exceptionality, 14*, 205–224.

Hallahan, D., & Kauffman, J. (2003). *Exceptional learners: Introduction to special education* (9th ed.). Boston, MA: Allyn & Bacon.

Harrison, P. L. (1987). Research with adaptive behavior scales. *Journal of Special Education, 21*, 37–68.

Heber, R. (1959). A manual on terminology and classification in mental retardation: A monograph supplement to the American. *Journal on Mental Deficiency, 64* (Monograph Supplement).

Neisser, U., Boodo, G., Bouchard, T., Boykin, A., Brody, N., Ceci, S., et al. (1996). Intelligence: Knowns and unknowns. *American Psychologist, 51*, 77–101.

Nisbett, R. E. (2009). *Intelligence and how to get it: Why schools and cultures count.* New York: W. W. Norton and Company, Inc.

O'Brien, C. L., & O'Brien, J. (2002). The origins of person–centered planning. In S. Holburn & P. Vietze (Eds.), *Person–centered planning: Research, practice, and future direction* (pp. 3–27). Baltimore, ML: Brookes.

Schalock, R. L., Luckasson, R. A., & Shogren, K. A. et al. (2007). The renaming of metal retardation: Understanding the change to the term intellectual disability. *Intellectual* and Developmental Disabilities, 45(2), 116-124.

Schalock, R. L., Thompson, J. R., & Tassé, M. J. (2018). A systematic approach to personal support plans. Washington, DC: AAIDD.

Thompson, J. R., Bradley, V., Buntinx, X. H. E., Schalock, R. L., Shogren, K. A., Snell, M. E., et al. (2009). Conceptualizing supports and the support needs of people with intellectual disability. Intellectual and Developmental Disabilities, 47(2), 135-146.

Wehmeyer, M. L., Buntinx, W. H. E., Coulter, D. L., Lachapelle, Y., Luckasson, R., Verdugo, M. A., et al. (2008). The intellectual disability construct and its relation to human functioning. Intellectual and Developmental Disabilities, 46(4), 311-318.

World Health Organization (WHO). (1999). ICD-10: International statistical classification of disease and related health problems (10th ed.). Geneva, Switzerland: Author.

World Health Organization (WHO). (2001). International classification of functioning, disability, and Health (ICF). Switzerland: Author.

「발달장애인 권리보장 및 지원에 관한 법률」 법률 제18214호(일부개정 2021. 6. 8.)

「장애인 등에 대한 특수교육법」 법률 제18298호(일부개정 2021. 7. 20.)

「장애인복지법」 법률 제18417호(일부개정 2021. 8. 17.)

제2장

뇌발달과 지적장애

송준만

　최근에 개발되고 있는 뇌활동 기제, 뇌탐색 기술, 그리고 컴퓨터를 이용한 뇌의 기능과 역기능에 대한 연구는 지적장애 연구의 새로운 가능성을 열어 주고 있다. '최후의 미개척지'라고 일컬어지는 뇌의 신비가 새로운 기술에 의하여 조금씩 벗겨지기 전까지, 특수교사들은 뇌가 지적장애와 직접 연관되어 있다는 점을 느끼면서도 이에 대한 지식이 없어 장애현상에 대한 이해와 교육적 활용이 어려웠다. 매일 장애 아동을 교육하는 일에 매달리며 독특한 행동이나 발달상의 문제가 뇌의 이상 때문이라는 편리한 이유를 대면서도, 특수교육에서는 정작 장애를 일으키는 뇌에 대한 연구에 전념하지는 못했다.

　인간의 인지, 정서 및 신체 행동 영역은 뇌와 긴밀히 연결되어 있기 때문에 인간을 이해하는 데 있어 뇌 관련 정보는 필수불가결한 요소로 받아들여지고 있다. 특히 신체적인 장애는 물론 정신적인 장애도 뇌의 발달과 정상적인 기능 여부에 따라 그 특성이 좌우되기 때문이다. 따라서 뇌에 대한 기본 지식은 특수교육의 기초로서 장애 현상을 이해하고 특수교육을 통하여 장애를 극복하고 개선하는 일에 있어서 없어서는 안 되는 것이다. 따라서 이 장에서는 뇌의 구조와 기능, 뇌 분리와 기능의 차이, 뇌 피질의 부위와 기능, 뇌손상의 유형과 원인, 뇌 훈련 프로그램의 단계, 그리고 외상성 뇌손상 아동의 특성과 뇌에 기반한 교육 프로그램에 대해 소개하고자 한다.

1. 뇌의 구조 및 기능과 분리현상

2000년대의 특수교육을 예측한 연구에서 Rowitz는 1990년대에 신경 해부 영역에서 주요 돌파구가 열릴 것이며, 이는 기초적 신경 해부학에 대한 우리의 지식을 증진시킬 뿐 아니라 궁극적으로 지적장애나 정신 관련 질병의 발현을 감소시킬 것이라고 주장했다. 뇌 연구의 중요성은 여러 분야에서 점차 인정하고 있다. Winters(1994)의 신경생물학적 연구의 특수교육 현장 적용에 관한 글에서 뇌의 특별한 부위가 행하는 역할을 이해하는 것은 특수교사들이 장애학생을 위한 개별화교육 프로그램을 적절하게 개발하는 데 도움을 줄 것이라고 주장한 바와 같이, 특수교육 영역에서 뇌 연구의 중요성은 날로 커지고 있다(Hynd & Hiemenz, 1997; Obrzut & Hynd, 1991).

더욱 세련된 연구기법들은 개인의 발달에 영향을 미치는 뇌의 정상적 기능과 기능장애의 병인적 차이를 밝히면서, 교육에서도 이를 위해 좀 더 차별적인 접근방법을 적용할 것을 권하고 있다(Dykens & Hodapp, 2001). 최근에 개발된 방법론에 의하여 급속도로 발전하고 있는 뇌 신경심리학적인 연구는 장애의 원인별 학습 특성을 밝히는 데 기여하고 있다.

'지적장애의 신경심리학을 위하여'라는 연구에서 Pennington과 Bennetto(1998)는 지적장애에 대한 신경심리학적 연구의 성과를 논의하면서 지적장애인의 뇌 변화는 국부적이라기보다는 전체적이라는 주장을 하였다. 또한 지적장애의 실례를 수집하여 이론화할 필요성을 강조하며 도처에 편재한 신경심리학적인 지식을 뇌와 인지의 용어로 번역하여 특수교육 분야에 제공할 필요가 있다고 주장하였다. 예를 들어, 다운증후군 증상을 지닌 사람은 불균등하게 작은 뇌간과 소뇌를 가져 약 25% 적은 뇌 중량을 갖는다. 약체 X 증후군(fragile X syndrome)에서도 후부 소뇌의 크기 감소를 확인할 수 있고, 해마융기, 말초신경 그리고 시신경과 같은 뇌 구조의 확대로 인하여 머리 둘레가 큰데, 이러한 현상은 지적장애에서 발견되는 이상 소두증과 대조를 이루며, 초기 뇌발달에서 신경제어 기제가 실패되어 있음을 암시한다.

앞에서도 밝힌 바와 같이, 최근 장애가 뇌의 기능장애와 연관되는지를 밝히려는 연구가 진행되면서 여러 가지 연구기술이 활용되고 있다. 신경생리학적 방법으로 ① 사후 해부에 의한 세포구조학, ② 뇌영상학, ③ 뇌파검사, ④ 유발전위 기록장치, ⑤ 국부 뇌 혈류검사, ⑥ 양전자 방출 단층촬영 등이 있고, 행동적 방법으로는 ① 양분청취법,

② 반시야 관찰법, ③ 촉지각 과정방법, ④ 측면 안분화 운동검사법이 있다. 독특한 유형이나 뇌손상을 입은 집단을 대상으로 하는 연구로는 특정 임상집단 연구 등 다양한 연구방법이 활용되고 있다.

　최근 발달한 뇌에 대한 지식은 인간에 대한 탐구에 있어 필수불가결한 영역으로 자리 잡고 있다. 뇌에 대한 지식은 이제 우리의 일상생활에 활용되고 있으며, 의학, 심리학, 인류학은 물론 교육 현장에서 그 중요성이 점점 커지고 있고 그 활용 범위도 점차 증가하고 있다. 특히 아동의 정신적·신체적 특성을 연구하여 이해하고, 현장에서 실천하는 특수교육에서는 뇌 관련 지식이 점차 핵심 영역으로 자리 잡아 가고 있다. 인지와 학습, 교수, 정서적 반응, 신체적 발달과 행동, 적응 등 수많은 특수교육의 본래 영역에 새로운 뇌 지식의 깊이가 더해지고 있으며, 뇌기반 학습 등은 교육 현장에서 길라잡이 역할을 하고 있다. 따라서 뇌에 관한 지식은 지적장애 현상을 이해하고 교육하는 데 있어 빼놓을 수 없는 기초 지식이라고 할 수 있다.

　이와 같이 뇌와 지적장애의 관련성을 염두에 두고, 이 절에서는 뇌손상을 이해하기 위하여 뇌의 구조와 기능, 분리현상을 살펴보고, 이를 통하여 뇌와 지적장애의 연관성, 그리고 뇌 관련 교육 및 훈련 프로그램을 이해하는 데 필요한 부분을 간략하게 기술하고자 한다.

1) 뇌의 삼층 구조

　MacLean은 삼층 구조로 뇌의 진화를 설명하고 있다. 그는 인간의 신경구조가 발달해 온 단계를 크게 세 단계로 나누고 있고, 각각 특징적인 기능과 독자성을 지녔으나 서로 연관된 삼층 구조라고 보고 있다. 다시 말해, 뇌의 삼층 구조란 맨 아랫부분에 해당하는 가장 오래된 뇌 구조의 기본 틀이 되는 부분 없이는 그 윗부분의 기능이 정지되거나 정상적인 기능을 할 수 없을 것이라는 주장이다.

　그는 계통 발생적으로 다른 3개의 뇌 구조와 기능에 대하여 다음과 같이 기술하고 있다. 이 각각의 뇌는 전혀 다른 정신력을 통하여 독자적으로 자기 자신과 세계를 볼 수 있게끔 되어 있다. 삼층 구조 중 아래층에 있는 두 층은 언어적 능력을 가지고 있지 않으며, 이 세 구조로 이루어진 뇌는 상호 연결된 컴퓨터에 비유할 수 있다. 그 각각의 뇌는 특유한 기능과 주체성, 그리고 시간과 공간에 대한 감각, 기억능력, 운동능력, 그 밖에 각기 특유한 기능을 보유하고 있고, 이는 각각 별개의 진화과정을 거치는 동안에

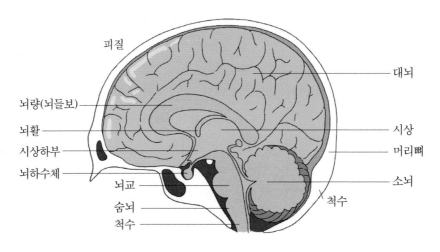

[그림 2-1] **신경의 기본 틀**

형성된 것이다.

   인간의 가장 오래된 신경구조는 척수이며, 그 위에 연수(medula oblonga)와 뇌교
(pons), 소뇌(cerebellum) 그리고 중뇌(midbrian)가 있다. [그림 2-1]에서 보듯이 이렇게
척수와 연수, 중뇌가 합쳐져서 이루어진 부분을 MacLean은 신경의 기본 틀(chassis)이
라고 부르고 있다. 뇌의 이 부분은 심장운동, 피순환, 호흡을 맡아 보는 곳으로 자손 번

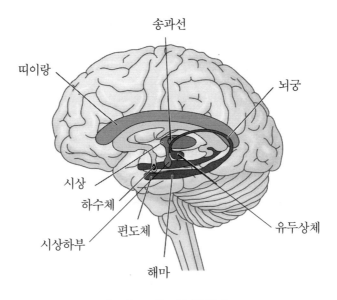

[그림 2-2] **대뇌변연계**

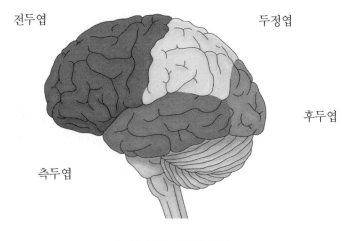

전두엽

두정엽

후두엽

측두엽

[그림 2-3] **뇌의 피질**

식을 위한 생식과 자기 보존을 위한 기본 신경구조이다.

극단적인 경우 이 부위만 있으면 최소한의 생명 유지가 가능하게 되는 셈이다. MacLean은 이 부위를 파충류의 복합구조(reptilian complex)라고 불렀는데, 편의상 이 복합구조를 '파충류의 뇌'라고 부른다.

다음으로, 인간과 포유동물이 공유하지만 파충류에는 없는 위층 부분이 소위 대뇌 변연계(limbic system)인데([그림 2-2] 참조), 이는 포유류의 특징을 많이 포함하고 있기 때문에 '포유류의 뇌'라고 부른다. 이 부분은 파충류의 신경구조의 틀 위에 얹어 놓은 듯한 구조로서 상당히 감정적인 요소를 가지고 있는 뇌이며, 이러한 요소가 파충류의 뇌와 다음 단계인 인간의 뇌 피질과 구별되는 점이라 할 수 있다.

마지막으로, 뇌 계층의 최상부인 뇌 피질(cortex)([그림 2-3] 참조) 부분은 진화상 가장 최근에 형성된 신경구조이며, 다른 뇌에서는 찾아보기 힘든 기능을 수행해 낼 수 있는 능력을 갖추고 있다. 이 부분은 고등동물인 영장류에서 발견되는 것으로 더 진보된 고등동물일수록 더 잘 발달되어 있으며 '뇌 피질'이라고 부른다. 특히 인간은 다른 동물에 비하여 상당히 많은 뇌량을 가지고 있고, 뇌 피질과 신체 간의 비율에서 인간이 단연 우세한 위치를 점유하고 있다. 뇌 피질은 소위 고등 정신기능이 자리 잡고 있는 곳이며, 고도로 분화된 기능을 수행할 수 있는 신경계의 중추이다.

2) 뇌의 구조와 기능

이와 같은 순서로 진화해 오면서 형성된 것이 인간의 뇌이다. 이러한 뇌의 구조적 진화는 각기 그 기능을 발달시켜 왔으며, 부위의 발달 여하에 따라 그 기능상 장애가 생기게 되는 것이다.

'파충류의 뇌'는 척수와 연수 그리고 중뇌로 이루어졌으며, 이 부분이 반사운동이나 자율신경계 운동 등 우리의 기초생명 유지기능(vegetative function)을 담당하고 있다. 출생 후 인간의 발달 초기에 중심적인 역할을 하는 온갖 반사작용은 추후 모든 발달의 기초가 되며, 반사작용의 충분한 발달이 저해되는 경우 많은 기능상의 장애를 불러일으키게 되므로 그 중요성이 강조되고 있다. 어떤 이유에서든 이 시기의 건전한 반사작용이 제한되거나 억제될 경우 다음 단계로 옮겨 가지 못하며, 운동과 지각 등에 많은 문제를 일으킨다고 주장하는 학자들이 많다.

또한 이 부위는 공격적 행위, 사회적 행위, 의식적 행위를 통제하는 중요한 정신기능을 담당하고 있으며, 많은 정신질환 환자가 일정한 행동을 반복하는 의식적(儀式的, ritual) 측면은 이 파충류의 뇌가 지나치게 활발해진 데서 오는 것은 아닌지 혹은 뇌 피질에서 이 파충류의 뇌를 억제하거나 통제하는 능력을 상실했을 때 이런 일이 일어나는 것은 아닌지 추측된다. 전두엽에 손상을 입은 환자에게서 유아 시절의 젖을 빼는 행위와 같은 반사작용이 다시 나타나기도 하는데, 이는 전두엽이 손상을 당함으로써 억제되어 숨어 있던 예전의 반사기능이 재현되는 현상으로 보인다. 이와 같이 아동들에게서 흔히 나타나는 의식적 행동은 아동의 뇌 피질 부분의 불완전한 발달이나 손상으로 인하여 나타나는 현상이 아닌가 하는 의문이 제기되곤 한다.

'포유류의 뇌'는 뇌의 가운데 깊숙이 자리 잡고 있다. 이는 [그림 2-2]에 나타나 있듯이 피질 안쪽에 자리 잡고 있는 구조이다. 이 부위는 강한 감정을 불러일으키는 부위로 생각되고 있으며, 앞에서 언급한 파충류의 뇌가 하는 기능과는 상당히 대조적인 면을 보이고 있다. 명령받은 것을 아무런 감정 없이 의무적으로 묵종하는 파충류의 그것에 비한다면 열정과 모순을 느끼는 것 등은 포유류 뇌의 특징이라 하겠다. 이곳은 기억력, 보상과 벌, 체온 조절, 성적 활동 등을 조절하며 사고 영역인 피질과 연결시켜 주고 있다. 감정의 핵심인 포유류의 뇌는 모순을 감수할 수 있는 포용력이 있으므로, 세층의 뇌 조정자로서 특유한 기능을 발휘할 수 있게 되어 있는 것 같다.

[그림 2-3]에서 볼 수 있듯이 뇌의 피질은 크게 네 영역으로 나누어지는데, 전두엽

(frontal lobe), 두정엽(parietal lobe), 측두엽(temporal lobe) 그리고 후두엽(occipital lobe)
이 그것이다. 뇌는 많은 부분으로 나누어져 있고 감각이나 운동 부위에는 비교적 신
체의 감각·운동기능이 거의 그대로 뇌에 투사(project)되고 있다. [그림 2-4]에서 볼
수 있듯이, 감각·운동 기관의 각 부위는 피질 대뇌중심구를 기점으로 앞쪽에 위치하
고 있으며, 그 반대쪽에는 감각기관에서 들어온 최후의 신경 연결이 닿아 있는 곳이
있다.

   뇌 피질 부위에 대해 간략하게 서술하면, 전두엽은 의식적 행동을 조절하는 기능을
갖추고 있다. 그리고 후두엽은 인간과 영장류에서 두드러진 감각기관인 시각과 관련
이 있다. 측두엽은 청각·언어기능과 다양하고 복잡한 지각작용을 해낼 수 있는 능력
에 관련된 부위이다. 두정엽은 공간적인 지각, 뇌와 그 밖의 감각 사이의 정보 교환과
관련 있는 것으로 여겨진다.

   좀 더 구체적으로 살펴보면, '전두엽'은 인간의 미래에 대한 예측력을 통제하며, 두
려움을 일으키는 부위이기 때문에 수술로 전두엽을 절단하면 불안이 감소한다. 즉, 전
두엽을 손상시키면 인간이 인간다워질 수 있는 능력을 상실하게 된다고 볼 수 있는데,
인간이 미래를 예측하는 데 치러야 할 대가는 불안감이기 때문이다. 또한 전두엽이 손
상된 사람들에게서 유아기에 가지고 있었던 반사기제, 즉 젖꼭지를 입가에 갖다 대면
그쪽을 향해 반사적으로 움직이는 행동이나 혹은 손바닥에 무언가를 갖다 대면 잡는
행동을 하는 접근반사(approach reflex)가 다시 나타나는 사실을 보아도, 전두엽은 우리

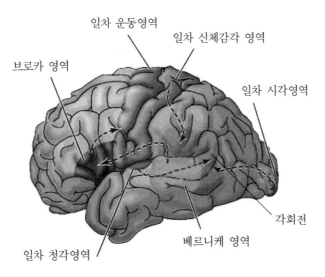

[그림 2-4] 피질 부위와 연결

가 유아 시절부터 가지고 있던 반사작용을 통제하고 억제하는 기능을 하고 있음을 알 수 있다.

시각적인 정보는 눈을 통하여 인간 뇌의 '후두엽'에 도달되고, 청각적인 인상은 측두엽의 윗부분 깊숙한 데 도달된다. 이 후두엽이 총상이나 그 밖의 원인으로 손상을 입으면 시야에 장애를 일으키는 경우가 종종 있으며, 이런 환자는 다른 면에서는 정상이지만 눈의 한가운데에 놓인 것만 볼 수 있게 된다. 또 다른 심한 경우에는 이상한 지각 현상이 나타나는데, 환자의 오른쪽 마룻바닥에 있는 물체가 순간적으로 왼쪽 머리 위에 떠돌아 다니는 것 같은 착각을 하기도 한다. 그러나 이러한 아동에게도 영구적인 시각장애는 잘 일어나지 않는데, 이를 통해 아동의 뇌는 스스로 장애를 보완하거나 그 근처 뇌 부위에 손상된 부위가 지니고 있던 기능을 전이시킬 수 있는 능력이 있음을 알 수 있다.

'측두엽'은 시각과 청각을 연결시킬 수 있는 능력이 있다. 측두엽의 손상은 말을 식별하지 못하는 실어증(失語症, aphasia)을 불러일으킬 수 있다. 뇌에 손상을 입은 환자가 구어(oral)에는 완전한 능력을 가지고 있으면서도 씌어 있는 언어, 즉 글씨를 알아보지 못한다든가, 반대로 문자는 잘 식별하면서도 말로 된 단어를 식별하여 사용하는 능력이 결여되어 있는 경우를 발견할 수 있다. 이와 같이 글을 쓸 수는 있어도 읽을 수가 없거나, 숫자는 읽어도 글자를 알지 못하거나, 물체의 이름은 댈 수 있어도 색깔을 말하지 못하는 문제 등이 나타난다. 읽고 쓰고 단어나 숫자를 인식하는 것들이 비슷한 기능인 것 같지만, 뇌의 피질에서는 이런 기능이 두드러지게 분리되어 있다. 많은 실험이 보여 주듯이 오른쪽 측두엽의 손실은 어떤 비언어적 자료 형태에 대한 망각증을 자아내고, 왼쪽의 손상은 언어적 기억력의 두드러진 상실을 자아낸다.

'두정엽'은 인간의 읽을 수 있는 능력, 지도를 만드는 능력, 입체 상태에서 공간적으로 방향을 알아내는 능력, 상징체(象徵體)를 적절하게 사용할 수 있는 능력과 연관성이 있다. 뇌 피질의 두정엽에 있는 후두엽, 두정엽 그리고 측두엽이 만나는 지점인 각회전(angular gyrus; [그림 2-4] 참조)에 손상을 입으면 인쇄된 단어를 식별해 내는 능력이 결여된 실독증(alexia)을 일으키게 된다. 이 두정엽은 인간의 상징인 언어와 관련되어 있는 것 같고, 특히 이 부분의 손상은 일상활동에 있어서 지적 능력의 커다란 저하를 가져오는 원인이 된다. 뇌 피질의 추상능력 가운데 가장 중요한 것은 인간의 상징인 언어, 특히 읽기와 쓰기 그리고 산수 능력인데, 이러한 능력들은 전두엽, 측두엽, 두정엽 그리고 아마도 후두엽의 기능을 통합·조정하는 활동을 필요로 하는 것으로 보인다.

　　두정엽의 손상이 심한 환자들의 경우, 이미 경험한 싫은 자극은 무조건 반사적으로 회피하는 반응인 '바빈스키 반사(Babinski reflex)'가 나타나는데, 일례는 발바닥에 무언가를 갖다 대면 발 전체가 그 자극에서 멀어지려는 과장된 행동을 나타내고, 쓴맛을 지닌 것을 입에 대면 그것으로부터 얼굴 전체를 피하려는 과장된 반응을 보이는 것이다. 이로 보아 우리가 태어날 때부터 가지고 있던 이러한 회피반사 작용은 두정엽이 통제·억제하고 있는 것으로 생각된다. 이렇게 뇌의 상부, 즉 피질에 가까울수록 그 하위 부분과 연결되어 있어서 그 부분의 통제·조화·연합 작용을 관장하고 있다.

　　지금까지 서술한 세 부분으로 구성된 뇌의 모형은 간단하게 설명하기 위해 지나치게 단순화한 것이다. 이러한 주의점을 감안한다면 다음과 같이 요약하여 설명할 수도 있을 것이다. 인간 생활에 있어서 의식적(儀式的)이며 위계적(位階的)인 측면은 '파충류의 뇌'에 의하여 강한 영향을 받고 있으며, 먼 옛날의 파충류와 같은 기능을 나누어 가지고 있다. 이타적 행동(altruistic behavior)이나 감정적·종교적 측면은 상당한 정도가 포유류의 뇌인 대뇌변연계(limbic system)에 자리 잡고 있으며, 우리 영장류 이전의 포유류와도 같은 면을 가지고 있다. 이성적(理性的)인 것은 두뇌 피질의 기능이며, 이는 어느 정도 고등 영장류, 돌고래 또는 고래와 매우 흡사하다. 인간이 인간다울 수 있는 것은 추상적으로 연상하고 생각하는 능력을 지녔기 때문이며, 수학, 자연과학, 공학, 음악, 예술 등을 이러한 능력으로 들고 있는데, 이는 피질의 힘으로 습득·활용될 수 있다는 것이다. 이렇게 뇌의 각 부분이 제각기 구조와 기능을 가지고 있어 그 부분이 손상을 받거나 혹은 제대로 발달되지 않으면 장애가 발생할 수 있으며, 그 주변과의 소통이나 협응이 이루어지지 않으면 기능상의 다양한 문제가 복합적으로 드러나게 된다.

3) 뇌 분리현상

　　심한 뇌전증의 발생을 줄이기 위한 노력으로 인공적으로 뇌의 양 반구를 연결하는 '뇌량(腦梁, corpus callosum)'을 절단하기도 한다. 이는 한쪽 반구에서 시작된 신경전기자극이 다른 반구로 이동하여 상승작용을 일으키는 전기 폭풍으로 인해 전신이 마비되고 의식을 잃는 뇌전증의 확산을 방지하기 위함이었다. 반쪽으로 나뉜 뇌의 의식 상태와 행동 등 흥미 있는 현상에 대한 다양한 연구가 진행되면서 양쪽 뇌에 대한 중요한 정보를 얻을 수 있었다.

　　뇌량 절단으로 인하여 척수에서 뇌 피질로의 진화적 발달을 해 오는 동안 주어진 기능을 나누어 수행하던 평면적인 분화 협동작용이 단절되면서 뇌 분리(split brain)가 일어났다. 특히 뇌 피질 부분에서는 그 이하에서 일어나고 있는 좌우분화(左右分化)를 넘어서서 각 부분에서의 전문화 경향이 두드러지게 일어나고 있다. 앞에서도 기술한 바 있는 언어 중추의 두드러진 편재(왼쪽 부위에 치중해 있는 것)는 이미 많이 알려졌고 일상생활에서도 뇌출혈 등의 사례에서 발견되곤 한다.

그 발달상의 특징을 보면, 뇌신경계에는 거의 같은 역할을 할 수 있는 능력을 두루 갖춘 좌반구와 우반구의 두 반구가 있는 셈이며, 시간적으로 출생 시에 가까울수록 덜 분화된 미숙한 기능을 발휘한다. 반면, 그 시기에는 뇌의 한 부분이 손상을 당하면 다른 부분이 그 역할을 대신하여 수행할 수 있는 가소성(plasticity)과 융통성을 가진다. 동물의 실험을 보면 초기에 뇌의 한쪽 부분이 손상을 당해도 남은 한쪽의 뇌가 주어진 발달 과업을 훌륭하게 수행할 수 있다는 연구 결과가 많고, 인간도 발달 초기 뇌의 일부 손상은 그 시기가 빠를수록 다른 부위가 그 부위의 역할을 맡아 행하여 그 기능이 회복될 가능성이 높다. 조기교육의 가능성은 바로 이러한 뇌의 성향에 근거하고 있다.

뇌의 각 반구는 주로 신체의 한쪽 부위와 연관되어 있어서, 오른쪽 반구는 몸의 왼쪽을 관장하고 있고, 왼쪽 반구는 몸의 오른쪽을 관장하고 있다. 그러나 각 반구가 항상 이런 식으로 기능하는 것은 아니고, 한쪽 반구의 어떤 부분이 손상되면 다른 반구의 그 부분에 해당하는 부위가 그 역할을 대신하게 되므로 신체의 양쪽 부위 전부에 관련된 기능을 통제하게 된다. 쉽게 말하여, 뇌는 어느 반구든 그 자체만으로 상당한 정도의 독립된 완전한 작용을 할 수 있다. 극단적으로 말하면, 우리는 한쪽 뇌만 가지고도 살 수 있다는 이야기가 된다. 그러나 이는 아주 어린 시절에 손상을 당한 경우에 해당된다.

이렇게 양쪽 뇌가 상보적인 작용으로 조화된 행동을 할 수 있도록 만드는 뇌의 생리적인 구조는 [그림 2-5]에서 볼 수 있듯이 좌반구와 우반구를 잇는 뇌량이며, 거기에 또 전횡 연합(anterior commissure)과 해마 횡연합(hippocampal commissure) 연결이 있다. 이것들이 절단되면 좌우 반구는 한쪽이 다른 한쪽이 하는 일을 알 수 없게 된다. 이러한 양분화 현상은 발작이 잦은 뇌 손상자의 뇌 양 반구 절단 사례에서 발견할 수 있다.

앞에서도 지적한 바와 같이, 이 두 형태의 사고 양상이 뇌 피질에 자리 잡고 있다는 증거가 뇌 연구에서 밝혀지고 있다. 뇌출혈로 인하여 왼쪽 뇌량의 단면 반구의 측두엽이나 두정엽이 손상을 받으면 두드러지게 나타나는 특징으로서 읽고, 쓰고, 말하고, 계산하는 능력에 장애가 나타난다. 오른쪽 반구의 같은 부분에 손상을 입으면 삼차원적

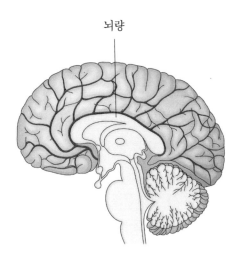

뇌량

[그림 2-5] **뇌량 단면**

지각, 형태 식별, 음악적 능력과 총체적 사고에 장애가 나타난다. 얼굴을 알아보는 기능은 우반구가 선택적으로 맡고 있다고 볼 수 있으므로, 얼굴을 기억하지 못하고 쉽게 잊어버리는 실인증(agnosia)을 가진 사람은 우반구의 후두엽 쪽 형태 식별 능력이 잘 수행되지 않고 있는 셈이다. 사실상 우측 두정엽에 상처를 입은 사람은 때때로 거울이나 사진 속의 자기 얼굴마저 알아보지 못하는 경우가 있다고 한다.

이러한 관찰을 통해 살펴보면, 소위 언어능력이라고 하는 기능들은 뇌의 좌반구와, 그리고 형태 식별이라고 하는 기능들은 뇌의 우반구와 주로 연관이 있다. 그런데 사람에 따라서 좌뇌나 우뇌의 선호가 나타난다. 즉, 좌뇌를 더 많이 활용하는 사람이 있는가 하면 우뇌를 더 많이 활용하는 사람도 있다. 소위 좌뇌를 우세 뇌라고 하는데, 이는 인간에 있어서 언어적 문화가 지배적이기 때문에 좌뇌가 지배적인 힘을 행사하는 경향이 있다는 뜻이다. 그러나 우뇌의 기능 분화에서 보았듯이 우뇌를 잘 활용하면 좌우 뇌의 균형 잡힌 능력을 발휘할 수 있다. 따라서 요즘에는 양쪽 뇌를 활용하기 위한 우뇌 활용 프로그램들이 소개되곤 한다.

4) 뇌의 발달과 연령

뇌의 발달에 대한 연구가 최근에 새로 개발된 기재(예: MRI) 덕분에 더욱 정교하고 신뢰할 수 있는 연구 결과를 가져오게 되었다. 전에는 출생 후 초기 몇 년 사이에 두

뇌가 발달하는 것으로 가정하였으나, 이제는 아동기에 뇌의 발달이 끝나는 것이 아니라 오히려 청소년기를 거쳐 20대 그리고 30대까지 계속해서 발달하는 것으로 밝혀지고 있다. 특히 최근에 우리의 관심을 끄는 것은 청소년기에 전전두엽(prefrontal cortex)이 가장 두드러지게 발달한다는 것이다. 두뇌는 아동기에 용량이 최대한으로 커져서 청소년 초기에 뇌 용량이 최대로 발달하며, 남자 청소년은 여자에 비하여 성숙 시기가 2년 정도 느려서 이에 따라 여러 가지 특성이 나타난다.

한편, 청소년기에는 역설적으로 전전두엽의 회백질(gray matter)이 줄어드는 현상이 나타난다. 이는 뇌가 성숙 시기에 만개한 뇌 세포의 수많은 가지 중 필요한 신경과의 연결을 제외한 나머지 필요 없는 가지들을 없애는 가지치기(pruning) 현상이 일어나는 것으로 볼 수 있으며, 필요한 연결 부분은 다른 신경과의 신경연합작용(synapses)이 일어나는 것을 방지하여 누전이 되지 않도록 감싸 주는 수초화(myelin) 작업이 일어나기 때문이다(Gazzaniga, 2011).

전전두엽은 광범위한 수준의 인지 기능에 관련된 부위로 의사결정, 계획하기, 부적절한 행동의 억제 등 수많은 지적 기능을 수행하는 곳으로, 앞서 말한 가지치기를 통하여 아주 세세한 연결을 가능케 하여 특수한 기능을 수행할 수 있도록 만들어 준다. 그리하여 환경에 대하여 차별화된 세밀한 특수 기능을 가능하게 해 주기 때문에 차별화된 고등 인지 기능이 생겨나는 것이다. 또한 이 청소년기는 급속히 발달하는 시기이기 때문에 불안하기는 하지만 사회성의 발달에도 중요한 시기로서, 이 기간에 어떻게 다른 사람과 상호작용하며 사회적 행동이 획득되었는가가 평생에 지대한 영향을 미친다.

따라서 이 기간은 청소년에게 가장 민감한 시기이며, 좀 더 변화하고 적응할 수 있는 기회이기 때문에 청소년기는 빠르게 배우고 창조할 수 있는 황금기로서 그 중요성이 자못 크다. 그러므로 이 시기의 특성에 맞추어 어떻게 교육할 것인가가 교육, 재활, 중재와 적응에 커다란 영향을 미치며 중대한 의의를 지닌다.

2. 뇌손상과 지적장애

1) 부위별 뇌손상

이상으로 뇌의 구조와 기능을 살펴보았다. 결국 뇌손상은 이러한 뇌구조나 기능의 이상으로 작동하지 못하여 학습과 적응에 문제를 가져오는 것이다. 부위별 손상의 가능성을 간단히 정리해 보면 〈표 2-1〉과 같다.

뇌발달의 과정을 보면, 인간이 출생하고 성장하며 발달이 이루어지는 전 과정을 통하여 뇌는 수많은 위험에 노출되어 있고 실제로 다양한 손상을 받지만, 많은 경우 인간이 가진 치유력으로 극복된다. 그렇지 못한 경우에는 뇌의 구조와 기능이 장애를 입어 정상적인 발달이 힘들어지고, 이에 따라 다양한 문제가 발생하게 된다. 전에는 기능적 관점에서 뇌손상을 입은 아동의 교육적 요구를 특수교육 현장에서 다양한 형태로 대처하였으나, 최근 뇌 연구의 발달과 원인별 치료방법의 필요성에 의해 미국 「장애인교육법(IDEA)」에서는 별도의 범주로 분류하여 개입하도록 권장하고 있다.

미국 「장애인교육법」에 의하면 '외상성 뇌손상(traumatic brain injury)'은 '외부의 물리적 힘에 의해 생겨난 뇌손상으로, 그 결과 전체나 부분의 기능상 장애 혹은 심리사회적 손상, 또는 둘 다 손상을 입어 아동의 교육적 수행에 불리하게 영향을 미치는 것'을 의미한다. '외상성 뇌손상'은 머리가 열리거나 닫힌 채로 상처를 입은 결과로, 인지, 언어, 기억, 주의력, 추리력, 추상적 사고, 판단력, 문제 해결력, 감각 및 지각 그리고 운동능력, 심리사회적 행동, 신체 기능, 정보처리 능력, 회화 등의 영역 중 한 영역 혹은 그 이상의 영역에 손상을 초래하는 것을 말한다. '외상성 뇌손상'은 선천성 혹은 출산 시 외상에 의해 생겨난 뇌손상에는 적용하지 않는다. 미국에서는 외상성 뇌손상을 「장애인 교육법」의 수정안에 새로운 특수교육 영역으로 포함시켜 특수교육 서비스를 받을 수 있게 하였으며, 질병이나 타고난 기형으로 인한 뇌손상은 포함하지 않으나, 지적장애의 경우 외상성 뇌손상에서 제외되는 선천성 혹은 출산 시 외상에 의해 생겨난 뇌

〈표 2-1〉 **뇌 부위별 손상 시 담당하기 어려운 역할**

뇌 부위	부위별 역할
전두엽	정서, 표현언어, 단어 연상, 습관과 운동활동을 위한 기억, 문제 해결, 추리력
후두엽	시각
측두엽	듣기, 회화, 기억 습득, 물체 범주 나누기
두정엽	다른 감각 통합, 시각 주의력 장소, 촉지각 장소, 물체 조작
소뇌	균형과 평형, 반사적 운동활동을 위한 기억
뇌간	신체 기능 조절(숨쉬기, 심장박동, 삼키기), 듣기, 반사작용(놀라는 반응), 자율신경계 조절(땀 흘림, 혈압, 소화, 내부온도), 각성 상태에 영향

손상을 모두 포함하고 있어 그 범주가 매우 넓다는 것을 알 수 있다.

Heward(2006)는 아동들이 출생하여 성장하는 기간에 뇌손상이 수없이 일어나는데도 지금까지 특수교육에서 특정 영역으로 분류되고 있지 않은 이유를 다음과 같이 제시하고 있다.

- 뇌가 자연적으로 손상을 받으면 손상된 부분을 치유·보충하는 능력을 가지고 있어, 대부분은 뇌손상으로부터 회복이 잘되므로 특수교육을 받지 않아도 된다.
- 대부분의 아동이 지니고 있는 뇌손상은 경미하여 교육에 불리하게 작용할 만큼 심하지 않다.
- 경미한 뇌손상을 입은 아동들은 타 장애로 발견·분류되어 치료받는데, 학습장애와 정서장애 혹은 행동장애로 분류되는 경우가 많다.
- 심한 뇌손상 아동들은 다른 장애로 분류되어 특수교육 서비스를 받는다.

이러한 외상성 뇌손상 장애인의 출현율만 보더라도, 한 통계에 의하면 100만 명에 1명꼴로 나타난다고 한다(Heller, Alberto, Forney, & Schwartzman, 1996). 약 500명에 1명꼴로 아동이 외상성 뇌손상으로 입원을 하며, 15세에 이르기까지 30명에 1명꼴로 상당한 뇌손상을 지속적으로 입는다. 또한 1만 명에 1명 비율로 사망하여 아동 사고에 의한 사망자 수의 1/3에 해당하는 것으로 가장 큰 원인이라고 한다. 지적장애에 포함된 뇌손상 아동의 통계는 정확히 알 수 없으나, 지적장애의 경우 선천성 혹은 출산 시 외상에 의해 생겨난 뇌손상까지를 포함하고 있어 그 대상 범위가 광범위함을 짐작할 수 있다.

2) 뇌손상의 유형과 원인

일반적으로 뇌는 상처를 입으면 ① 의식 회복 후 심한 정신병을 일으키며, ② 만성적 행동장애인 정서 불안정, 반사회적 행동, 파괴적인 성향, 불복종, 우울증, 움직임의 불안정성, 거짓말하기, 야뇨증, 쉽게 피로해지는 경향 그리고 찡그리는 경향이 나타나며, ③ 발작 증세가 일어나고, ④ 실어증, 기억상실, 지적 감퇴 등 뇌기능의 결손이 나타난다. 뇌손상은 두개골이 열린 혹은 닫힌 형태인지, 즉 뇌에 의해 지속되는 손상의 종류와 위치에 따라 분류된다.

(1) 외상성 뇌손상

① 개방형 뇌손상

딱딱하거나 예리하고 날카로운 물체나 물건의 강한 힘으로 머리를 때려서 두개골 깊숙이 상처가 생겨 발생하는 것이다. 치명적이지 않은 개방형 뇌손상(open head injury)은 흔히 상처 난 뇌 부위에 의해서 조절되는 특정한 행동이나 감각 기능에 문제가 있거나 결핍 현상이 일어나는 것이다([그림 2-6] 참조).

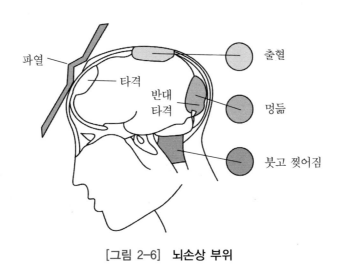

파열

타격

반대
타격

출혈

멍듦

붓고 찢어짐

[그림 2-6] 뇌손상 부위

② 폐쇄형 뇌손상

가장 흔한 형태로 두개골 깊숙이 침투하지 않는 형태이며, 정지되어 있는 물체에 머리를 강한 힘으로 부딪혀 뇌의 두개골 내벽에 강하게 충격이 가해져 생겨나는 것이다. 이렇게 빠른 운동과 충격의 스트레스는 신경섬유나 축색돌기를 잡아당기거나 찢어 놓아 뇌의 각 부위 간의 연결을 끊어 놓는다. 낙상이나 자동차·자전거 충돌사고는 폐쇄형 뇌손상(closed head injury)의 가장 주된 원인이기도 하다. 아기를 거칠게 다루거나 강하게 흔들면 머리가 심하게 앞뒤로 젖히게 되어 뇌가 두개골 안에서 휘둘리고 부딪히게 되는 '흔들린 아이 증후군(shaken baby syndrome)'은 불행하게도 아동의 외상성 뇌손상의 가장 흔한 원인이다. 학습과 행동에 미치는 외상성 뇌손상의 영향은 손상의 심각성, 손상이 유지되고 있는 뇌의 부위에 따라 결정된다.

첫째, 경미한 뇌손상의 경우, 먼저 잠깐 동안(몇 초에서 몇 분 혹은 30분) 의식을 잃는 뇌진탕(concussions)은 부수적으로 동반되는 손상이나 부작용이 없기도 하지만, 경미한 뇌진탕은 종종 뇌진탕 후속 증상인 일시적인 두통, 어지럼증, 피로감 등이 따르기도 한다.

둘째, 타박상(contusions, 멍듦, 부어오름, 출혈)은 흔히 경미한 뇌손상을 동반한다. 뇌 속의 혈관이 파열되어 피가 고이거나 응고된 혈종이 점점 커져서 뇌 구조에 치명적인 압력을 가하게 된다. 경도 뇌손상은 흔히 30분에서 24시간까지 지속되는 동안 의식을 잃게 만들고, 며칠에서 몇 주 동안 지속되는 혼란 상태를 초래한다. 경미한 뇌손상을 입은 사람은 여러 달 동안 심각한 인지적·행동적 손상을 경험하게 된다. 그러나 대부분은 완전히 혹은 거의 완쾌된다.

셋째, 심한 뇌손상은 거의 언제나 혼수상태, 무의식 상태(며칠, 몇 주 혹은 더 장기간 지속된 상태)를 불러온다. 혼수상태에 빠진 사람은 깨울 수 없으며 그 상태에서는 외부 자극에 의미 있는 반응을 할 수 없다. 뇌진탕이나 신경손상에 더하여, 심한 뇌손상을 입은 사람은 일정 기간 동안 뇌에 산소공급이 끊어진 산소결핍증(anoxia)을 겪게 된다. 비록 심한 뇌손상을 입은 사람들이 손상 후 첫해 동안 상당한 호전을 보이고 이후 몇 년간 느리게 계속적으로 상태가 좋아지기도 하지만, 대부분은 영구적으로 신체, 행동 혹은 인지적 손상을 갖게 된다. 뇌손상 시의 징후와 증상을 정리하면 〈표 2-2〉와 같다.

〈표 2-2〉 **뇌손상 정도에 따른 증상**

〈경미한 외상성 뇌손상 증상〉
몇 초 혹은 몇 분간 의식을 잃는 뇌진탕으로 부수적으로는 다음과 같은 증상을 나타낸다.

- 의식을 잃지는 않으나 멍한 상태, 혼돈 혹은 방향감 상실 상태
- 기억과 집중에 문제가 생김
- 두통
- 어지럼증 혹은 균형 상실
- 메스꺼움 혹은 구토
- 감각문제들(이명, 눈이 흐려짐, 입맛의 변화 등)
- 빛이나 소리에 민감함
- 기분이 자주 변하고 불안정함
- 우울증, 불안
- 피로와 졸림
- 수면이 어려움
- 지나치게 잠을 잠

〈보통 혹은 심한 외상성 뇌손상 증상〉
보통 혹은 심한 외상성 뇌손상은 다음과 같은 뇌손상 징후와 증상을 포함하며, 머리를 다친 후 몇 시간이나 며칠 후까지 다음과 같은 증상을 나타낸다.

• 몇 분에서 몇 시간 동안 의식을 잃음
• 심한 혼돈 상태
• 불안, 싸우려 하거나 다른 이상한 행동
• 말하는 것이 어눌함
• 잠에서 깨어나지 못함
• 사지가 약해지거나 무감각해짐
• 협응력 상실
• 대소변을 조절하지 못함
• 지속적인 두통 혹은 두통이 심해짐
• 계속 구토 혹은 메스꺼움
• 발작이나 뇌전증
• 동공이 한쪽 혹은 모두 열림
• 귀나 코에서 많은 액이 흐름

〈뇌손상 영아나 유아의 증상〉
뇌손상을 입은 영아나 유아는 두통, 감각문제, 혼돈, 그리고 그와 유사한 증상을 전달할 의사소통 기술이 결여됐을 수 있다. 외상성 뇌손상을 입은 아동에게서는 다음과 같은 것들을 관찰할 수 있다.

• 젖 마시는 것이나 먹는 습관의 변화
• 쉬지 않고 울어 댐
• 평상시와 다르거나 쉽게 짜증을 냄
• 주의 집중 능력의 변화
• 달래지 못함
• 수면 습관의 변화
• 슬프거나 우울한 기분

(2) 선천성 혹은 퇴행변성 뇌손상

선천성 뇌손상은 어떤 것이든 출산 전에 생겨난 뇌손상을 뜻한다. 선천성 뇌손상은 유전 결함, 감염, 독극물, 태만이나 부주의에 의한 과실, 산소결핍증과 외상에 의해 생겨날 수 있고, 지적장애, 뇌성마비, 뇌전증, 자폐, 난독증, 선천성 수두증, 태아알코올증후군을 포함하여 다양한 장애 형태로 나타난다.

선천성 뇌손상은 다음의 유형으로 나타난다. 유전적 원인에 의하여 생기는 염색체 이상, 단일 유전자 장애, 대사장애, 뇌발생 장애, 산모질환, 부모 연령 등이 뇌 구조의 발달과 기능에 장애를 불러온다. 또한 다운증후군, 약체 X 증후군, 윌리엄스 증후군, 레쉬 니한 증후군, 프래더 윌리 증후군 등이 생겨나며, 터너증후군, 클라인펠터 증후군 등의 유전장애도 생겨난다. 이러한 증후군들은 유전 발현 시 정상적 뇌 구조를 갖지 못하게 하며, 따라서 기능에도 문제가 있어 지적장애 아동으로 분류된다. 이 밖에도 신진대사장애로 인하여 갈락토스혈증, 페닐케톤뇨증, 테이삭스병 등이 뇌 구조와 기능상의 문제로 지적장애가 될 수 있다. 자폐 아동의 경우 뇌 구조상의 이상이 사후 검사로 밝혀지고 있다.

선천성 농(deaf), 선천성 맹(blind), 선천성 각종 질병, 결절성 경화(tuberos sclerosis), 성염색체의 이상 증후군 등 다양한 형태의 장애가 직접적인 유전인자의 결함에서 생겨나며, 특수교육의 대상이 되는 심한 중증장애인들이 이러한 요인에 의하여 생겨난다. 질병 또한 태아의 성장에 지대한 영향을 미친다. 실례로 모친이 임신기간 중 풍진(rubella)에 감염되는 경우, 특히 초기 3개월 동안에 일어나는 경우는 태아의 뇌가 손상을 받을 확률이 높다. 풍진 세균은 세포를 파괴하고 성장 속도를 저하시키며 혈액공급을 방해하여 조직에 항구적인 발달장애, 심장질환, 소뇌증, 농 그리고 백내장과 같은 안과 관련 질병을 유발한다. 이 중 농이 가장 많이 발생하며, 지적장애도 풍진이 많이 전염되었을 때 나타나고, 감염자 중 1/4 정도가 심한 지적장애로 나타났다.

(3) 출생 시 그리고 출생 후 뇌손상

태아가 출생 시 정상적인 분만 과정을 마치는 경우에는 별 문제가 없으나, 난산의 경우 시간의 연장 등으로 인해 생기는 문제가 심각하다. 특히 문제가 되는 것은 정상적인 태내 성장기간(마지막 월경 후 약 288일±1주 혹은 2주)을 보내지 못하고 출산하는 경우 혹은 그 기간을 초과하여 출산하는 경우이다. 조산(prematurity)의 경우, 지금과 같은 의학적인 발달이 이루어지기 전에는 대부분의 아동이 사망하거나 살아남는다고 해도 정상적인 성장을 할 수 없었다. 조산은 정상 분만의 시기에 비추어 약 33주 미만의 출산을 가리키지만, 우선 조산은 뇌성마비를 야기할 가능성이 높다고 한다. 한편, 기간은 정상이라 하더라도 출생 시 몸무게가 2,500g이 안 되는 아기를 미숙아, 조산아라고 부른다. 출산 시 몸무게와 그에 따르는 위험성이 많이 밝혀지고 있는데, 출산 시 사망률도 몸무게와 관련이 깊고 그 밖의 신경학적 손상과도 깊은 관계가 있는 것으로 밝혀지고 있다.

1972년에 Niswander와 Gordon은 저체중 아동의 사망률이 일반 아동에 비해 25배나 많으며, 이러한 적은 몸무게의 아동이 출산 시 사망의 70%를 차지한다고 하였다. 그 밖에 신경학적 손상도 세 배나 된다고 한다. 출산 시 탯줄이 엉켜 산소공급이 제대로 되지 않아서 이러한 현상이 빚어지는 경우가 종종 있으며, 인간의 뇌는 산소를 가장 많이 소모하고 있는 곳으로 산소 결핍이 생기면 가장 먼저 손상을 입는다. 그러므로 난산이나 그 밖의 복합적인 원인으로 가사질식 상태가 되면 항구적인 뇌손상이 일어날 수 있으며, 이로 인해 장애가 발생할 가능성이 높아진다. 인공분만 시 각종 도구에 뇌가 직접적으로 상처를 입기도 한다.

과거에는 겸자 분만과 같은 출산 방법과 산파 역할의 미숙으로 많은 아동이 사망하거나 상해를 입었다. 출산한 아동의 뇌 모양을 보면 뇌손상의 가능성을 충분히 볼 수 있다. 앞에서도 언급했듯이 출산 시 모든 아동은 약간의 뇌손상을 받지 않을 수는 없으나, 아동이 가지고 있는 탄력성에 의하여 그 손상을 극복하고 정상적으로 발달한다.

현재 뇌손상을 일으키는 문제로 그 심각성이 날로 증가하고 있는 것은 환경오염이라 할 수 있다. 적게는 수은, 납 등의 환경오염 물질이라고 할 수 있는 무서운 환경인자들이 있다. 또한 각종 약품이나 음료수, 음식 속에 포함되어 있는 유해물질 등도 있으며, 방사선 등 핵물질에 의한 감염도 있다. 이 외에도 우리가 아직 알지 못한 장애 유발 요인들이 인간이 만든 환경 속에서 증가하고 있다.

수은 중독은 뇌나 콩팥을 손상시키는데, 일본에서 이러한 두드러진 예를 확인할 수 있다. 일본의 미나마다 만에서는 비닐성 염화물(chloride)과 아세트알데히드(acetaldehyde)를 생산하고 남은 노폐물을 근처의 개울에 버렸는데, 그 노폐물은 메틸수은을 포함하고 있었다. 1년이 지나자 그 근처의 어부 가족에게 이상한 병이 나타났다. 기억력이 감퇴하고, 걸음걸이에 균형이 없어졌으며, 시야가 좁아지고, 정서적 불안정이 생겨났다. 어린 아동들에게는 뇌성마비와 인지적 장애가 나타났다. 메틸수은을 먹은 조개류를 사람이 먹게 되면 메틸수은이 혈관을 통하여 뇌에 전달되어 뇌에 독소로 작용하므로 이와 같은 상태에 이르게 된 것이다. 멕시코에서는 씨앗용으로 수은 처리한 곡물을 먹인 돼지를 먹은 사람에게 유사한 증상이 일어났다.

납 중독의 경우 주로 페인트 공장 주변에서 일어나는 직업병으로 낡은 페인트가 공기 중에 섞여 호흡기관이나 소화기관을 통하여 흡수된다. 그러나 이제는 자동차의 배기물질에서 적지 않은 양의 납이 방출되고 있으므로, 공장 지역이나 빈곤 지역에만 이러한 문제가 발생하지 않고 전 도시에 확산되고 있다. 자동차가 계속 늘어 가고 있으므로 이러한 납오염은 대기오염과 더불어 증가하게 될 것이다. 납에 중독되면 사망률이 높고 뇌에 영구적인 상해가 일어난다. 납의 함유량 정도에 따라 경미한 뇌손상 혹은 과잉행동 증상이 일어난다.

이와 같은 중금속 중독을 통해 아동에게 뇌손상이 일어나며, 지적장애, 경련성 장애인 발작(seizures), 뇌성마비 등이 발생한다. 태아나 아동은 어릴수록 신경계에 더욱 심각한 영구적인 손상을 받게 된다. 농약이나 다른 중금속도 이와 비슷한 현상을 불러일으킨다. 최근에는 게임기, 컴퓨터, 휴대폰, TV 등 다양한 통신기기의 지나친 사용으로 전자파에 과다 노출되는 경우 뇌손상은 물론 다양한 종류의 장애를 유발할 가능성이 있음을 전문가들이 경고하고 있다. 아울러 우리가 모르는 사이에 장난감, 놀이기구, 기계 등에서 나오는 환경 호르몬 등이 아동의 일상생활에 파고드는 유해물질이 되어 장애를 발생시키는 주요한 요소라는 사실을 간과해서는 안 될 것이다.

3. 뇌 관련 교육 및 훈련 프로그램

1) 교육 프로그램 단계

대부분의 신경심리학자는 지각, 운동 그리고 언어가 뇌 피질 속에 따로 조직화되어 있다는 것을 받아들이고 있다. 상세한 뇌 기능에 대한 지식은 학교심리학자로 하여금 학업이나 사회적으로 성취 수준이 낮은 학생들이 가질지도 모르는 주의 집중, 지각, 언어적·운동적·발달적 결함 가능성에 체계적이고 철저하게 주의를 기울이게 해 준다.

Gaddes와 Edgell(1994)은 뇌에 대한 전반적인 혹은 부분적인 기능에 대한 최소한의 이해가 있는 교사라면 학교심리학자들이 제공한 지식을 더 잘 활용할 것이며, 뇌에 대한 체계적인 지식으로 인해 교육에 대한 성공적인 계획을 세우는 데 있어 검증 가능한 가설을 세울 수 있을 것이라고 주장한다. 그들은 적절한 교육적 중재를 형성하는 데 뇌 관련 지식을 기반으로 한 진단이 활용될 수 없다면 장애의 진단명 자체는 별 가치가 없다며, 장애 아동을 위한 적절한 교육·치료 프로그램 개발에 포함되는 네 가지 일반적인 단계를 다음과 같이 제시하고 있다.

제1단계는 앞서 기술한 대로 아동의 현재 수행 수준과 아동이 갖고 있는 독특한 장점과 단점에 대해 전반적인 신경심리학적 평가를 실시하는 것이다. 대부분의 아동이 다양한 방식을 통해 성공적으로 학습할 수 있지만, 신경학적 또는 신경심리학적 결함을 갖고 있는 아동들은 사용하는 전략에 따라 상당히 다르게 반응할 수 있다. 예를 들어 음소와 청각적 처리과정에 어려움을 보이는 아동이라면, 다른 유형의 학업 문제를 나타내는 아동들에 비해 '분석적 음소 프로그램'을 통해서는 별 도움을 받지 못할 것이다. 아동의 구체적인 강점과 약점에 대해 알지 못한다면, 학급 교사와 여타의 전문가들은 교육 전략들을 무작위로 적용하게 되거나 특정 아동에게는 적절하지 않음에도 불구하고 자신들이 선호하는 교육방법들을 활용하고자 할 것이다(Sattler, 1988).

제2단계는 교육·치료 프로그램을 구성하기 위한 하나의 접근을 선택한다. Rourke, Bakker, Fisk와 Strang(1983)은 발달적 학습장애 아동들을 위한 중재 프로그램에 적용 가능한 세 가지 접근법을 설명하였다. 그중 하나는 '약점을 공략하는 것'으로서 신경심리학적 결함이나 명백한 학업 문제를 강조하고 있다. 나머지 두 가지 접근법은 신경심리학적 강점을 부각시키거나 결함을 보완하기 위해 강점을 활용하면서도 약점을 공략하는 혼합된 전략들을 활용한다.

제3단계는 신경심리학적 평가 결과물과 후속 교육이나 치료에 대해 아동과 관련된 사람들이 의사소통하는 것을 포함한다. 교육환경에서 일반적으로 교사 회의 시간이나 교사, 부모 및 기타 관련 인사들이 참석한 학제 간 회의를 통해 이루어진다. 신경심리학자가 그 회의에 참석할 수 없어 문서를 통해 관련 정보를 제출한다고 할지라도, 결과와 제안들이 명확하게 전달되어 특수교육 배치 결정과 적합한 중재 실시에 있어 그 정보가 유용하게 사용되도록 해야 한다.

제4단계는 실제 프로그램을 실시하는 것이다. 어떤 중재라도 효과적으로 실시될 수 있도록 훈련받거나 기술을 갖고 있는 사람들에 의해 이루어지는 것이 확실히 중요하다. 이와 함께 중재기간 동안 장애 아동의 진전 상황을 지속적으로 점검하는 것도 중요하다. 만일 현재의 교육환경이나 교육방법 아래 아동이 진전을 보이지 않는다면, 아동의 필요에 따라 더 적합한 방법들로 다시 수정하여 적용해야 하기 때문이다.

2) 뇌 훈련

모든 행동은 뇌와 중추신경계 그리고 그들을 통합하고 지지하는 생리적인 체계에 의하여 중재된다. 좌우 반구의 손상은 거의 영구적으로 지각과 인지에 부정적인 영향을 미치며, 시간이 지나도 변화되지 않는 손상으로 인해 인지적인 능력은 고정된다 하더라도 학습전략은 증진될 수 있다. 우리는 뇌 양 반구에 대한 고려를 통해 뇌 좌반구의 언어와 우반구의 공간구조 능력 간의 예상되는 균형에 관심을 쏟아야 하며, 이렇게 신경심리학적 지식은 뇌의 과정에 대해 주의를 기울이도록 할 것이다.

Rourke(1982)는 모든 학습의 공통적인 형태는 뇌의 우반구가 총체적이며 비언어적 개념에 관련된 새로운 경험을 하는 것을 돕는다고 설명한다. 우반구 체계는 개념에 대한 내용을 제공하는 반면, 좌반구 체계는 특별히 조음 부연과 전형적인 사용을 돕도록 형성되어 있다는 것이다. 처음에는 읽기가 새로운 경험이기 때문에 시각적 투입에 대해 아마도 우반구에 의해서 중재되지만, 생소하던 글자로 형성된 음소가 연습에 의하여 회화 패턴으로 연결된다는 것이다. 그리하여 읽기가 자동화되고, 대부분의 아동에게서는 우반구가 부호를 풀어내는 것보다는 좌반구가 더 많은 일을 해내게 된다. 그러면 좌반구는 읽은 것의 개념적인 내용을 분석하고 조직하고 종합하는 이해의 필수적인 과정을 수행하게 된다.

이 모델은 어떤 아동들이 자신의 연령집단과 비교하여 정상적으로 해독하고 소리 내어 구어를 읽을 수 있는데도 왜 이해가 부적절하거나 제한되는지를 설명할 수 있다. 이러한 아동들은 아마도 정상적으로 자동화된 읽기를 할 수 있는 적절한 왼쪽 반구의 기능을 갖추었지만 성공적으로 개념 이해를 마련해 주는 활동에 결함이 있거나 부분적으로 접근 불가능하기 때문인 것으로 여겨진다. Rourke의 가설은 잠정적이기는 해도 학습장애 아동에 관한 임상적 발견들을 설명하고 교정교육을 위한 기초를 마련하는 데 매우 가능성이 큰 이론이다.

뇌손상 아동들을 연구한 Luria(1973)는 행동의 심리 구조를 인정함과 동시에 특정한 행동을 중재하는 조직화된 뇌 피질 활동도 인정했다. 특히 이러한 활동을 돕는 피질 영역은 수많은 뇌검사 방법과 새로운 연구기법의 출현에 의하여 관찰이 가능하게 되었다(Gaddes & Edgell, 1994). 교정(remedial) 훈련은 특수교사들이 관심을 갖는 영역이며, 주어진 조작의 심리 구조뿐만 아니라 피질 조직 자체를 변화시키는 것이다. 습득된 바람직한 기술은 계속된 연습으로 인해 미래에 그 기술이 구현될 수 있도록 신경 흔적이 형성되면서 자동화 단계에까지 이를 수 있다. 정신 활동의 자동화된 형태는 기능들에 내재하는 다양한 피질구조의 재조직화를 의미한다.

심한 뇌손상자에 대한 Luria(1973)의 인상적인 평가와 치료 등 1950년대에서 1960년대를 지나, 특수교육에서는 Cruickshank, Myklebust, Kephart 등으로 이어지는 특수교육 선구자들에 의해 신경심리학적 아이디어를 교육에 실천하려는 노력이 이루어져 왔다. 그리고 최근에 뇌와 행동의 관계에 대한 더 많은 지식이 소개되면서, 몇몇 연구자는 이러한 지식을 뇌의 직접 훈련을 통한 학습 증진에 적용하고 있다. 여기서는 뇌 훈련을 직접적인 접근방법과 간접적인 접근방법으로 나누어 살펴보고자 한다.

(1) 직접적인 접근방법

이런 유형의 방법 중 인상적인 것 하나로 네덜란드 Bakker의 시도를 들 수 있다. 처음 읽기를 배우는 사람은 인쇄한 것이나 쓰인 것의 시각적 투입을 처리할 때 오른쪽 반구에서 더 많이 처리하는 경향이 있다는 이론에 기초하여, 그는 훈련과 연습을 통해 1년 정도 이후에는 피질의 처리에서 형태 지각은 줄어들고 보다 언어 개념적인 것이 되기 때문에, 정상적으로 언어적 처리를 왼쪽 반구로 전환하게 된다고 하였다(Bakker, 1979). 그러나 만일 좌반구가 이 과정에서 과도하게 발달하게 된다면 양 반구 간에는 균형이 깨어져 아동은 난독증(dyslexia)을 갖게 된다고 한다. 그는 이런 유형의 읽기장애를 언어형 L타입(Linguistic-type) 난독증이라 부른다.

읽기기간 동안에 오른쪽 반구 기능이 지나치게 발달한 아동 또한 어려움을 갖게 되는데, 이러한 장애는 지각형 P타입(Perceptive-type) 난독증이라 부른다. Bakker는 양분 청취, 시각, 반시야 자극 그리고 전기생리적인 증거들이 이 이론을 지지한다고 보고하였다. 오른쪽 시야에 오랫동안 단어를 시각적으로 제시해 줌으로써, 그는 P타입, 즉 지각형 아동의 단어와 문장 읽기를 증진시킬 수 있었고, 전기생리적인 측정에 나타난 바와 같이 읽기 증진은 증가된 좌측 반구의 활동과 상관관계를 보였다(Obrzut, Paquette, & Flores, 1997).

Gaddes와 Edgell(1994)은 신경학적으로 손상이 심한 학습장애 아동을 위한 기숙학교에 전문가로 참여하였다. 거기서는 교정과정이 각 아동의 뇌에 대한 신경심리 지식에 기초하여 시행되고 있어서 입학을 하면 모두가 신경전문가에게 검사를 받고, 아동 뇌의 현 상태에 대한 자료를 임상 신경심리학자들에게 제공하여 그에 따른 교정교육을 실시하였다고 한다. 다음의 세 가지 사례는 뇌에 대한 지식이 어떻게 중재계획의 수행을 촉진하였는가를 잘 보여 준다.

- 뇌 피질 양 측면의 기능장애와 언어 사용 지연에 대한 신경학적인 증거가 있는 몇몇 지적장애 아동에게 우반구가 좌반구에 비하여 덜 손상되었으면 블리스 심볼(Bliss symbol)을 사용하여 어휘력과 의사소통 능력을 증진시켰다. 이러한 결과는 인쇄된 철자나 단어에 반응하지 못하는 손상된 좌반구 대신에 우반구가 그림 형

태를 잘 처리할 수 있었기 때문인 것으로 추측된다.

- 철자를 학습하는 데 심한 어려움을 겪고 있는 아동들의 경우, 먼저 노래로 부르고 나서 쓰는 것을 배우게 하면 보다 쉽게 학습하게 된다. 이러한 현상은 좌반구보다 더 나은 우반구 기능을 가진 아동에게서 가능한데, 이러한 사례가 그들의 연구에 자세히 기술되어 있다. 이러한 기제는 기질적 말더듬이에게 노래 속에서 그 단어를 노래하게 함으로써 완전히 유창하게 만드는 것과 같은 원리이다.

- 교사가 사전에 편마비를 가진 아동의 뇌에 대한 지식을 가지고 있다면, 아동이 언어와 공간 능력 간의 두드러진 분리현상을 나타내도 의아해하지 않을 것이다. 이러한 유형의 사례에서 신경심리학적인 관계를 이해한다는 것은 교사나 심리학자들이 아동에게 일어날 수 있는 학업 문제를 예측하고 교정하기 위해 어떻게 해야 하는가에 대한 지식을 증진시켜 준다.

(2) 간접적인 접근방법

학습을 증진시키기 위한 간접적인 뇌 훈련의 영향력 있는 주창자는 Ayers이며 그의 방법론은 감각운동 훈련을 통하여 이루어진다(강경숙, 이명희, 2007). 그는 지각·언어·심리검사 문항을 정밀하게 발전시킨 도구를 만들었으며, 이 검사를 통하여 발견된 것으로부터 중추신경계의 기능장애를 추정해 냈다. 모든 신경계의 감각운동 통합을 증진시키기 위하여 운동을 통하여 신경근육을 증진시키려고 노력하였다. 그는 뇌가 지각하고 기억하고 운동계획을 세우는 능력을 발전시킬 능력이 있다면, 그것이 특정한 내용에 관계없이 모든 학업과 과업 영역의 숙달에 적용될 수 있을 것이라고 주장하였다. 그의 방법은 지체장애와 지적장애를 위한 클리닉에서 주로 운동과 뇌 기능을 증진시키기 위하여 많이 이용되었다(Gaddes & Edgell, 1994).

다른 종류의 간접적인 훈련은 다양한 인지훈련에서 그 예를 찾아볼 수 있다고 한다. 이러한 훈련은 지난 20여 년간 재활병원과 외래 진료소에서 교통사고로 인하여 외상성 뇌손상을 입은 환자에 대한 신경심리학적인 치료에 적용하면서 형성된 것으로, 뇌와 신경계를 훈련시키기 위하여 고안된 감각운동 훈련이며 잃어버린 지적 능력과 학업능력을 회복하기 위한 정신적인 훈련이다. Reitan(1994)의 REHABIT 프로그램은 뇌손상 및 기능장애와 관련된 특정한 신경심리학적 손상과 결함을 교정하기 위하여 고안된 것으로, 할스테드-라이탄(Halsted-Reitan) 신경검사를 사용하여 뇌손상을 입은 아동과 성인을 검사하고 뇌-행동 관계모형의 체계하에 손상되거나 결핍된 개인의 신경심리학적인 기능에 대한 프로파일을 찾아내어 그 평가를 기반으로 교정하는 프로그램이다.

이 프로그램은 다섯 가지의 훈련방식에 의하여 다섯 가지 인지능력 집단으로 나누어 구성되고 이 다섯 영역은 추상적 추리능력을 주로 훈련하는데, 언어, 공간, 좌반구, 우반구 기능의 훈련계획에 따라서 강조점이 다를 뿐이다. 진단은 이 영역에 대한 강점과 약점을 찾아내는데, 그 훈련 프로그램의 주된 근거는 이러한 필요한 영역에 '교정훈련'을 마련해 주는 것이다. 뇌를 훈련할 것인가 혹은 아동을 총체적으로 훈련할 것인가에 대해 살펴보면, 전자의 경우 Montessori가 90여 년 전에 신경근육 기능의 통합을 의식하여 프로그램을 만들었고, 특수교육 분야에서는 오래전부터 학습장애 연구의 선구자인 Kephart, Barsch, Cruickshank, Johnson, Myklebust 등 많은 전문가가 학습장애인을 훈련하는 데 지각운동 영역을 활용하여 왔다. 반면에 지각운동 훈련에 회의적인 연구자들은 학습에서의 장애는 전반적인 것이기 때문에 전체 뇌를 훈련시켜야 한다는 입장에서 총체적인 접근을 주장하였으며, 감각통합이 학업을 증진시킨다는 결과를 제시하고 특히 저학년에서 우수하다는 것을 보여 주었다.

3) 외상성 뇌손상 아동의 특성과 교육

선천성이나 출산 시 뇌손상이 아닌 외부의 충격으로 인하여 생긴 외상성 뇌손상은 비록 항상 알아챌 수는 없고 때로는 별로 두드러지지도 않지만 복합성을 띤다. 증상은 손상의 심각성, 부위와 크기, 손상 시 아동의 연령, 그리고 손상 이후 경과된 시간에 따라 상당히 다르다. 뇌가 받은 상처에 의해 생겨난 손상은 일시적 혹은 영구적으로 지속되며, ① 신체 및 감각적 변화(즉, 협응력의 결여, 근육의 경직성), ② 인지적 손상(단기 혹은 장기 기억 결핍, 주의력과 집중력을 유지하기 힘듦), ③ 사회적 행동, 정서적 문제(정서적 책임과 안정성의 부족, 자기중심주의, 동기 결여)의 세 유형에 속한다.

뇌손상을 입은 학생의 교육적·평생교육적 요구는 전반적 학업 프로그램과 가족의 지원을 필요로 하는 경우가 많다. 손상으로부터 회복되는 정도는 종종 일관성이 없어, 어떤 학생은 빨리 진전되다가 초기 단계로 퇴행하고 이후에 일련의 빠른 성취를 하는 경우가 있다. 뇌손상을 입은 사람은 때로 회복기에 고원(plateau)점에 도달하여서는 한동안 진전이 없는 경우가 있다. 이 고원점이 기능적 증진이 끝났음을 보여 주는 것은 아니다. 뇌손상 때문에 입원한 학생들은 상처와 장기결석으로 인해 복합적으로

야기된 결손을 가지고 다시 학교로 돌아오게 된다. 외상성 뇌손상을 지닌 학생이 재입학하면 학교 프로그램은 〈표 2-3〉과 같은 몇 가지 방식으로 아동을 도와줄 수 있다(Heward, 2006).

　의학적인 발달이 가속화되면서 뇌과학, 신경정신과, 소아정신과 등 과학적 연구 분야가 획기적인 발전을 이루고 있고, 장애에 대한 뇌 연구 결과들이 축적되어 이에 기초한 교육 및 치료 방법이 개선되고 발전하면서 특수아동 교육에 실제로 활용되고 있다. 그러나 아직 광범위하게 적용되고 있지는 못하다. 이러한 뇌 연구 결과를 활용한 교육 추세는 앞으로 가속화될 가능성이 높다(Jensen, 2008). 좀 더 과학적인 방법의 개발로 장애에 대한 뇌의 기능 및 기능장애에 대한 지식이 증가할 것이며, 이러한 지식을 기반으로 전개될 뇌 상태에 따른 교육 및 치료 방법의 개선이 이루어지고 있어 특수교육에 적지 않은 영향을 미칠 것이다. 이제 암상자처럼 뇌 기능에 대한 지식을 알 수 없는 것으로 여기거나 교육 실제에 활용하지 못하던 시대는 지나갔다. 병인(etiology)에 대한 연구는 아동 문제의 특성을 근본적으로 이해하는 데 적지 않은 도움을 주고 있으며,

〈표 2-3〉 **아동을 도울 수 있는 학교 프로그램의 몇 가지 방식**

- 수업시간을 단축시키거나, 아동이 최상으로 수행할 수 있는 상태일 때 집중적으로 학업 지도를 받고 자주 휴식을 갖게 한다. 수업 부담을 줄여 주는 것은 뇌손상을 입은 학생들이 1년 혹은 그 이상 기간 동안 경험하는 만성적 피로 때문에 필요하기도 하다.
- 아동에게 적절하고 분명한 교수법을 마련하여, 사전에 사회적 상황을 시연하고, 사람과 사람 사이의 간격이나 목소리 크기를 유지하는 등 사회적인 상호작용을 촉진한다.
- 분명하고 복잡하지 않은 수업을 제공하기 위해 다단계 교수를 단순화된 단계로 나누어 가르친다.
- 청각교수를 시각적 단서와 짝 지어 가르친다.
- 특수학급에서는 교사, 상담교사, 보조원이 그날의 일과를 계획하고 검토하는 하루의 처음과 마지막에 숙제를 계속적으로 점검하고, 기억이나 조직화 능력을 잃어버려 문제가 생길 때 진도를 점검하는 것이 필요하다.
- 집에서 사용할 수 있는 별도의 수정 교과서를 마련해 주는 것, 아동이 효율적으로 한 학급에서 다른 학급으로 이동하도록 도울 수 있는 동급생을 마련해 주는 것, 다른 반으로 이동할 수 있는 시간을 여유 있게 주기 위해 미리 수업시간에 나갈 수 있도록 허락하는 것 등은 이동이나 몸의 균형 혹은 협응에 어려움을 겪는 학생들을 위해 필요하다.
- 뇌손상을 지닌 학생들이 경험하는 미숙한 판단, 충동성, 과잉행동, 공격성, 파괴 행위, 그리고 사회적으로 억제되지 않은 행동 등의 문제를 돕기 위해서는 행동 관리(수정) 혹은 상담이 필요하다.
- 녹음기 강의 등 교수법이나 검사 절차의 수정, 노트필기 자료 제공, 검사를 받을 때의 추가 시간 허용 등이 필요하다.
- 개별화교육계획의 목적과 목표는 가능한 한 자주, 한 달마다 검토되고 수정되는 것이 필요하다. 왜냐하면 어떤 아동들은 회복의 초기 단계에 행동과 수행에 있어 극적인 변화가 필요하기 때문이다.

뇌장애에 따른 차별화된 교육 프로그램의 적용 가능성은 점차 확대되고 있다. 아직 이 분야는 연구의 초기 단계에 와 있기 때문에 장애에 대한 자료가 부족하며, 장애 전반을 대상으로 한 연구보다는 지적장애나 학습장애, 언어장애 등 특정 영역을 다루는 것에 한정되어 있다. 하지만 앞으로는 장애 영역 전반으로 확대될 것으로 전망된다.

이상에서 살펴본 바와 같이, 장애에 대한 뇌 관련 연구 및 발견은 교육 실제에 직접적인 영향을 주고 있다. 그러나 특수교육 영역에서 기초 연구, 특히 뇌 관련 기초 연구의 부재는 특수교육의 발달을 더디게 할 수 있으며, 뇌발달과 장애 관련, 뇌의 기능과 기능장애에 대한 지식 없이는 효과적이고 체계적인 교육이 어려울 수 있다. 학제 간 연구를 통해서 이 영역의 지식과 기술을 습득하여 교육에 활용하는 방안이 모색되어야 하며, 특수교사의 양성에 있어서도 이 부분에 대한 체계적인 교육이 절실히 요구된다.

 요약

1. 뇌의 구조 및 기능과 분리현상
- 인간의 뇌는 삼층 구조, 즉 파충류의 뇌, 포유류의 뇌, 뇌 피질로 나누어 설명할 수 있다. 각각의 뇌는 특정한 기능과 주체성, 시간과 공간에 대한 감각, 기억능력, 운동능력, 그 밖에 각기 특유의 기능을 보유하고 있다.
- 뇌 피질 부위에서 전두엽은 의식적 행동을 조절하는 기능을 갖추고 있다. 두정엽은 공간적인 지각과, 뇌와 그 밖의 감각 사이의 정보 교환에 관련되어 있다. 측두엽은 청각, 언어기능과 다양하고 복잡한 지각작용을 해낼 수 있는 능력과 관련된 부위이다. 그리고 후두엽은 인간과 영장류에서 두드러진 감각기관인 시각과 관련이 있다.
- 뇌량은 뇌의 양 반구를 연결하는 것으로, 뇌의 분화현상은 발작이 잦은 뇌손상자의 양 반구 절단 사례에서 발견할 수 있다. 뇌의 각 반구는 주로 신체의 한쪽 부위와 연관되어 있어서 우반구는 몸의 왼쪽, 좌반구는 몸의 오른쪽을 관장하고 있다.

2. 뇌손상과 지적장애
- 뇌손상은 뇌의 구조와 기능상의 장애로 인해 학습과 적응에 문제를 가져오는 것으로, 손상 부위별로 기능이 제한된다.
- 외상성 뇌손상으로는 개방형과 흔들린 아이 증후군과 같은 폐쇄형 뇌손상이 있으며, 경도

뇌손상과 중도 또는 심한 뇌손상으로 구분할 수 있다.

- 선천성 뇌손상은 유전 결함, 감염, 독극물, 태만이나 부주의에 의한 과실, 산소결핍증과 외상에 의해 생겨날 수 있고, 출생 시와 출생 후 뇌손상으로 구분할 수 있다. 아동에게 뇌손상이 자주 일어나며, 이로 인해 지적장애, 경련성 장애인 발작(seizure), 뇌성마비 등이 생겨난다.

3. 뇌 관련 교육 및 훈련 프로그램

- 장애 아동을 위한 적절한 교육 · 치료 프로그램 개발로는 일반적으로 네 단계가 제시되어 있다.
- 우반구는 총체적이며 비언어적인 개념에 관련된 새로운 경험을 하도록 돕고 개념에 대한 내용을 제공하는 반면, 좌반구는 특별히 조음 부연 그리고 전형적인 사용을 돕도록 되어 있다.
- 양 반구의 균형이 깨진 난독증 아동을 위한 뇌 훈련을 직접적인 접근방법과 감각통합 훈련을 통한 간접적인 접근방법으로 구분할 수 있다.
- 학교 프로그램은 외상성 뇌손상 아동의 특성에 따라 구성될 수 있다. 과학적 방법론의 개발을 통해 전개될, 뇌 상태에 따른 교육 및 치료 방법의 개선이 이루어지고 있어 향후 특수교육에 큰 영향을 미칠 것이다.

참고문헌

강경숙, 이명희(2007). 뇌과학 이론에 기초한 장애아동의 교육적 적용 탐색. 유아특수교육연구, 7(3), 165-188.

송준만(1981). 정신문화와 두뇌. 서울: 교문사.

송준만(2000). 두뇌장애 형태에 따른 특수아동의 인지 및 학습특성에 관한 연구. 특수교육학연구, 35(3), 45-69.

Bakker, D. J. (1979). Hemispheric difference and reading strategies: Two dyslexia. *Bulletin of the Orton Society, 29,* 84-100.

Dykens, E. M., & Hodapp, R. M. (2001). Research in Mental Retardation: Toward an Etiologic Approach. *Journal of Child Psychology and Psychiatry, 42*(1), 49-71.

Gaddes, W. H., & Edgell, D. (1994). *Learning Disabilities and Brain Function: A Neuropsychological Approach.* New York: Springer-Verlag.

Gazzaniga, M. S. (2011). *Who's in charge: Free will and the science of the brain* (pp. 34-

35). New York: Harper Collins Pub.

Heller, K. W., Alberto, P. A., Forney, P. E., & Schwartzman, M. N. (1996). *Understanding Physical, Sensory and Health impairments*. Pacific Grove, CA: Brooks/Cole.

Heward, W. L. (2006). *Exceptional Children: An Introduction to Special Education* (8th ed.). Hoboken, NJ: Prentice Hall.

Hynd, G. W., & Hiemenz, J. (1997). Dyslexia and gyral morphology variation. In C. Hulme & M. Snowling (Eds.), *Dyslexia: Biology, cognition and intervention* (pp. 35-38). London, UK: Whurr.

Jensen, E. (2008). *Brain Based Learning: The New Paradigm of Teaching*. Thousand Oaks, CA: Crown Press A Sage Company.

Luria, A. R. (1973). *The working brain: an introduction to neuro-psychology*. New York: Penguin Book Ltd.

Luria, A. R. (Author), & Solotaroff, L. (Translator). (1972). *The Man with a Shattered World: The History of a Brain Wound* [Paperback]. Cambridge, MA: Harvard University Press.

MacLean, P. D. (1989). *The Triune Brain in Evolution: Role in Paleo cerebral Functions*. New York: Plenum Press.

Niswander, K. R., & Gordon, M. (1972). *The women and their pregnancies*. The Collaborative Perinatal Study of the National Institute of Neurological Diseases and Stroke Saunders (Philadelphia).

Obrzut, J. E., & Hynd, G. W. (Eds.). (1991). *Neuro-psychological Foundations of Learning Disabilities*. New York: Academic Press.

Obrzut, J. E., Paquette, A., & Flores, M. M. (1997). On the Neurobiological and Neuropsychological Basis of Learning Disabilities. In A. M. Horton, D. Wedding & J. Webster (Eds.), *The Neuro-psychology handbook: treatment issues and special populations* (pp. 237-266). New York: Springer Pub. Co.

Pennington, B. F., & Bennetto, L. (1998). Toward a neuro-psychology of mental retardation. In J. A. Burack, R. M. Hodapp, & E. Zigler (Eds.), *Handbook of mental retardation and development*. Cambridge, UK: Cambridge University Press.

Reitan, R. M. (1994). Ward Halstead's contributions to neuro-psychology and the Halstead-Reitan Neuro-psychological Test Battery. *Journal of Clinical Psychology, 50*(1), 47-70.

Rourke, A. P. (1982). Central processing deficiency in children: Toward a developmental neuropsychological model. *Journal of clinical neuropsychology, 4*(1), 1-18.

Rourke, A. P., Bakker, D. J., Fisk, J. L., & Strang, J. D. (1983). *Child neuropsychology: An introduction to theory, research and clinical practice*. New York: Guilford Press.

Rowitz, L. (1992). *Mental Retardation in the Year 2000* (Disorders of Human Learning,

Behavior, and Communication) (p. 389). New York: Springer-Verlag, LLC.

Sattler, J. M. (1988). *Assessment of children* (3rd ed.). San Diego, CA: Author.

Winters, C. A. (1994). The Application of neurological research in Special Education Instruction. *Threshold in Education*, *20*(2-3), 36-42.

제3장

지적장애의 원인 및 예방

이정은

　이 장에서는 지적장애의 원인을 제공하는 여러 요인에 대해 살펴보고, 지적장애를 예방하기 위해서는 어떠한 노력을 해야 하는지 알아보고자 한다. 지적장애의 원인은 전통적으로 생물학적인 원인과 환경적인 원인으로 구분하였으나 최근에는 다중위험요인 접근법을 통해 이해하고자 하는 노력을 하고 있다. 다중위험요인 접근법은 한 개인에게 현재 나타난 지적장애 상태는 생물학적인 요인 또는 환경적인 요인만이 원인이 되는 것이 아니라 복잡하고도 다양한 차원의 요인들의 상호작용을 통해 나타날 수 있음을 강조하고 있다. 또한 장애 아동 당사자뿐만 아니라 부모나 지역사회, 더 나아가 국가가 갖고 있는 요인들에 영향을 받을 수 있음에 주목하고 있다. 이에 따라 지적장애를 유발하는 위험요인들에 대한 이러한 접근법에 대해 체계적으로 고찰하고, 이를 근거로 지적장애를 예방하거나 그 영향을 최소화하기 위한 노력인 포괄적인 예방지원 전략이란 무엇이며, 그것이 어떤 절차를 통해 실행될 수 있는지에 대해 살펴보고자 한다. 이 장에서 함께 살펴볼 지적장애를 예방하기 위한 지원전략들은 장애 아동이나 장애 위험 아동에게 제공되는 특수교육과 관련 서비스의 맥락에서 이해될 수 있을 것이다.

1. 지적장애 원인에 대한 이해의 중요성

지적장애 학생을 가르치거나 지원하는 교사나 관련 전문가들은 다음과 같은 이유에서 지적장애의 원인을 이해하는 것이 매우 중요하다(AAIDD, 2010).

첫째, 원인은 지적장애인의 신체적인 기능과 심리적인 기능에 영향을 줄 수 있는 건강과 관련된 다른 다양한 요인과 연관되어 있을 수 있다. 예를 들어, 다운증후군은 심장 결함이나 갑상선기능부전과 같은 건강과 관련된 문제를 가지고 있을 수 있다. 따라서 지적장애의 원인에 대해 정확하게 앎으로써 아동의 발달 문제와 함께 의학적 상태에 대해서도 예의 주시할 수 있다.

둘째, 모든 지적장애의 원인이 그런 것은 아니지만 어떤 원인은 예방할 수 있고, 적절한 접근을 통해 지적장애를 최소화하거나 예방할 수도 있다. 예를 들어, 단백질 대사이상으로 인해 생길 수 있는 페닐케톤뇨증(PKU)은 신생아 시기의 검사를 통해 진단할 수 있으며, 이후 적절한 식이요법을 통해 그 영향을 최소화하고 장애를 예방할 수 있다.

셋째, 행동표현형(behavioral phenotype)을 보인다면, 현재나 미래를 위해 필요한 기능적 지원 요구를 예측할 수 있다. 행동표현형이란 겉으로 관찰 가능한 개인의 행동 특성을 말한다. 몇몇 유전장애의 경우에는 유사한 성향의 행동 특성을 보이기도 한다. 예를 들어, 다운증후군 아동들은 대개 언어나 청각적 과제보다는 시공간적 과제를 더 잘 수행하며, 사회성이 좋고 사람들에게 친밀하게 대하는 경향이 있다. 반면, 약체 X 증후군 아동들은 대개 시공간적 과제보다는 언어적 과제를 더 잘 수행하며, 일상생활이나 자조기술에서 상대적인 강점을 보이고, 종종 주의산만이나 충동성, 자폐 성향의 행동들을 보이기도 한다. 물론 유전적 장애의 행동표현형은 그 아동의 성장 환경이나 발달 여건 등의 영향을 받기 때문에 과잉 일반화되어서는 안 된다. 그러나 교사나 서비스 전문가들은 장애 원인으로 인해 나타날 수 있는 강점과 약점 및 임상적인 쟁점들이 무엇인지에 대해 정확하게 파악하여 교육과 지원을 계획해야 할 것이다.

이 외에도 연구를 통해 다양한 원인에 대한 지식과 정보를 구축함으로써 임신 전 상담을 포함하여 유전상담을 활성화하고, 가족의 선택과 의사결정에 도움을 제공할 수 있다. 특정한 원인으로 인해 지적장애를 갖게 된 경우라면, 동일한 원인으로 진단받은 다른 사람과 가족들을 통해 다양한 정보를 얻고 필요한 지원에 대해 조언을 구할 수 있다. 또한 지적장애인 당사자는 자신이 가진 장애의 원인을 앎으로써 자기 자신을 더 잘 이해하고 인생에 대한 계획을 세울 수 있다.

무엇보다도 지적장애를 유발할 수 있는 다양한 위험요인을 연구하고 명확하게 밝혀 나감으로써 그 원인에 대한 이해를 높인다면 지적장애를 예방할 기회가 증대될 것이다. 예를 들어, 조산으로 인한 저체중아가 지적장애를 보일 위험은 산모의 교육수준이 낮은 경우에만 의미 있게 증가한다는 연구 결과(Chapman, Scott, & Stanton-Chapman, 2008)가 제시된다면, 교육 수준이 낮은 산모에 대한 육아교육을 강화하고 관련 지원을 제공하여 향후 아동의 지적장애를 예방할 수 있을 것이다. 따라서 특정한 지적장애를 예방하고, 지원하기 위한 프로그램을 계획하고 평가하기 위해서는 원인에 대한 정확한 정보가 필요하다.

2. 지적장애 원인에 대한 다중위험요인 접근법

1) 지적장애 원인에 대한 다중위험요인 접근의 필요성

전통적으로 지적장애의 원인은 생물학적(생의학적) 원인과 환경적(문화-가족적) 원인으로 구분되어 왔다(Beirne-Smith, Patton, & Kim, 2006). 생물학적 원인이란 병리적으로나 임상적으로 명확하게 분류되는 구체적인 원인이다. 예를 들어, 유전적 장애, 염색체 이상, 모체의 질병, 조산 등으로 인해 지적장애가 나타나는 경우를 말한다. 반면, 환경적 혹은 문화-가족적 원인은 아동 성장을 둘러싼 심리사회적인 영향을 말한다. 예를 들어, 빈곤, 영양 결핍, 부적절한 양육방식, 아동학대 등으로 인해 지적장애가 나타나는 경우를 들 수 있다.

지적장애의 원인에 대해 명확한 진단을 할 수 없는 경우가 50% 이상이지만, 장애가 심할수록 원인을 알 수 있는 비율은 상대적으로 높게 나타난다. 일반적으로 중도장애의 70% 정도와 경도장애의 25% 정도는 생의학적 원인으로 설명될 수 있다고 한다. 지난 10년 동안 새로운 유전적 정보가 제시되어 왔으며, 유전학이 발달하여 다양한 위험요인 간의 관계를 더 잘 이해하게 될수록 지적장애의 원인에 대해 더 많은 부분이 설명될 수 있을 것이라 예측된다. 예를 들어, 일란성 쌍둥이인 경우 한 명이 자폐아인 경우 다른 한 명이 자폐아일 확률은 60%이지만, 이란성 쌍둥이인 경우에는 그 확률이 5%로

내려간다. 유전학이 발달할수록 유전적인 요인을 점검하고 유전검사를 권장하고 있는
것도 사실이다(Foreman, 2009).

그러나 지적장애의 모든 경우의 원인을 생의학적으로 설명할 수는 없다. 가장 최신
의 유전 및 생의학적 검사를 통해서도 지적장애의 절반이 그 원인을 찾을 수 없음을 주
목해야 한다. 완벽하게 정상적인 염색체를 갖고 태어난 사람도 출생 시의 상해나 성장
하면서 겪게 되는 영양 부족, 아동학대, 극단적인 사회적 자극의 박탈 등으로 인해 지
적장애가 나타날 수 있다. 또 어떤 경우에는 다양한 위험요인이 상호작용하여 복잡하
게 영향을 주기도 한다. 그뿐 아니라 동일한 생의학적 원인을 가지고 있다 하더라도
그 기능성에 있어서는 매우 다양함을 보일 수 있다. 이는 다른 요인들이 상호 영향을
준 결과이다. 예를 들어, 〈미투(Me Too)〉라는 영화에 나오는 주인공 다니엘은 다운증
후군을 보이고 있지만 대학을 졸업한 재원이다. 어려서부터 부모의 적극적인 교육, 자
극이 풍부하고 화목한 가정환경 등 타고난 생의학적 원인에도 불구하고 자신이 갖고
있는 잠재력을 한껏 발휘할 수 있는 환경에서 성장한 인물로 묘사된다(실제 이 인물을
훌륭하게 연기한 파블로 피네다도 다운증후군을 보이는 사람이다). 만약 다니엘이 다운증후
군을 갖고 태어났는데 설상가상으로 가정은 빈곤하고 가정폭력을 일삼는 아버지 밑에
서 자라났다고 가정해 보자. 혹은 특수교육을 전혀 받을 수 없었고, 필요한 교육과 지
원을 거의 받지 못한 상태로 성장했다고 가정해 보자. 현재의 다니엘과는 사뭇 다른
지적장애 상태를 보일 것이라고 쉽게 예측할 수 있다.

이렇듯 생의학적 위험요인을 가지고 있는 지적장애인에게 환경적 위험요인들이 나
타날 수도 있고, 반대로 환경적 위험요인을 가지고 있는 지적장애인에게 생의학적 요
인이 부가적으로 나타날 수도 있다. 따라서 전통적으로 지적장애의 원인으로 분류되
었던 '생물학적 원인'과 '환경적 원인'의 이분적인 접근법은 수정될 필요가 있다. 이러
한 생각을 반영하여 AAIDD에서는 지적장애 원인을 설명하기 위해 다중위험요인 접근
법을 제시하였다.

2) 다중위험요인 접근법의 구성요인

AAIDD에서는 1992년 지침서 이후 지속적으로 다중위험요인 접근법(multiple risk
factor approach)을 제시하고 있다. 다중위험요인 접근법에서는 지적장애를 초래하는
원인에 대해 전통적으로 제시되었던 이분적인 접근법을 지양하고, 지적장애의 원인이

될 수 있는 위험요인을 네 가지의 범주(생의학적 위험요인, 사회적 위험요인, 행동적 위험요인, 교육적 위험요인)로 나눈다. 또한 이러한 요인들이 부모로부터 자녀에 이르기까지 세대에 걸쳐 혹은 한 사람의 일생에 걸쳐 장기간 동안 영향을 줄 수 있으며, 제각기 분리되어 개별적으로 지적장애의 원인으로서 작용하기보다는 상호작용하여 영향을 끼침을 강조하고 있다. 이러한 접근방법은 제1장에서 설명한 것처럼 지적장애가 타고난 '기질'이 아니라 개인에게 영향을 주는 여러 요인의 상호작용을 통해 나타난 개인의 현재 기능 '상태'임을 강조하는 지적장애에 대한 이론적 모델에서의 접근방식과 맥을 같이한다고 할 수 있다.

다중위험요인 접근법에서는 네 가지 범주의 위험요인 유형과 그것이 발생하는 세 가지 범주의 시기(출생 전, 출생 전후, 출생 후)를 축으로 지적장애를 초래하는 위험요인을 〈표 3-1〉과 같이 제시하고 있다. 우선 위험요인 유형의 네 가지 범주를 살펴보면 다음과 같다.

- **생의학적 위험요인**: 생물학적인 처리과정과 관련 있는 다양한 위험요인이다. 예를 들어, 출생 전 염색체 이상이나 유전자 장애, 출생 전후 겪을 수 있는 뇌손상과 신생아 질환, 출산 후 사고로 인한 뇌손상이나 영양실조, 지적장애 상태를 초래하는 각종 질병 등이 해당된다.
- **사회적 위험요인**: 아동 발달에 영향을 줄 수 있는 자극과 상호작용의 질을 좌우하는 여건에서 초래되는 위험요인들이다. 예를 들어, 출생 전 빈곤 상태나 산모의 영양실조, 산모가 겪고 있는 가정폭력, 출생 전후 출산과 관련된 적절한 관리를 받지 못한 채 진행되는 출산 경험, 출생 후 빈곤이나 적절한 자극이 부족한 가정환경 등이 해당된다.
- **행동적 위험요인**: 당사자뿐만 아니라 부모세대의 부적절한 행동으로 인해 야기될 수 있는 잠재적인 위험요인들이다. 예를 들어, 출생 전 부모의 약물 복용, 음주나 흡연과 같은 행동, 산전 관리에 도움이 안 되는 미성숙한 행동들, 출생 전후에 나타나는 부모의 육아 거부행위, 출생 후 부모의 아동학대나 가정폭력, 부적절한 안전 조치, 사회로부터 아동을 격리하는 행위, 아동의 다루기 힘든 행동 등이 해당된다.
- **교육적 위험요인**: 지적 능력과 적절한 적응기술을 발달시킬 수 있는 정보 제공 및 교육 지원의 부재로 인해 야기될 수 있는 위험요인들이다. 예를 들어, 출생 전 임신 및 출산과 관련하여 전혀 지원을 받지 못한 지적장애가 있는 부모의 상태, 부

〈표 3-1〉 **지적장애의 원인이 되는 위험요인**

발생 시기	생의학적 요인	사회적 요인	행동적 요인	교육적 요인
출생 전	• 염색체 이상 • 단일유전자 장애 • 증후군 • 대사이상 • 뇌발육부전 • 산모 질병 • 부모 연령	• 빈곤 • 산모의 영양실조 • 가정폭력 • 산전 관리 부족	• 부모의 약물 복용 • 부모의 음주 • 부모의 흡연 • 부모의 미성숙	• 지적장애를 보이는 부모에 대한 지원 결여 • 부모 역할에 대한 준비 부족
출생 전후 (주산기)	• 조산 • 출생 시 손상 • 신생아질환	• 출산 관리를 받지 못함	• 부모의 양육 거부 • 부모의 아동유기	• 퇴원 시 중재서비스 에 대한 의료적 의 뢰 부족
출생 후	• 외상성 뇌손상 • 영양실조 • 뇌막염 • 경련성 장애 • 퇴행성 질환	• 아동-양육자 간의 상호작용 문제 • 적절한 자극 부족 • 가정 빈곤 • 가족의 만성질환 • 시설 수용	• 아동학대 및 방치 • 가정폭력 • 부적절한 안전조치 • 사회적 박탈 • 다루기 힘든 아동행동	• 부적절한 양육 • 지체된 진단 • 부적절한 조기중재 서비스 • 부적절한 특수교육 서비스 • 부적절한 가족 지원

출처: AAIDD (2010), p. 60.

모로서의 준비가 부족한 상태, 출생 전후에 필요한 중재를 위한 의료적인 의뢰를 하지 못한 상태, 출생 후 부모의 양육기술이 부족하거나 조기중재 서비스나 특수교육, 가족 지원 등이 적절하게 제공되지 못한 경우 등이 해당된다.

다중위험요인 접근법에서 제시하고 있는 또 다른 축인 발생 시기를 살펴보자. 발생 시기는 임신 시부터 출생 전까지의 시기, 출생 전후 시기인 주산기(prenatal: 임신 후 20주부터 분만 후 28일 사이), 출생 이후 18세까지의 시기로 구분하고 있다. 〈표 3-1〉에서 볼 수 있듯이 시기별로 살펴볼 수 있는 지적장애를 초래하는 요인들은 아동뿐만 아니라 부모 혹은 아동과 부모 모두에게 영향을 끼칠 수 있는 위험요인들이다. 이러한 장애 위험요인들에서 세대 간 효과(intergenerational effect)가 나타날 수 있다. 즉, 부모에게 직접적인 영향을 끼치는 요인이 있다면 그 영향이 다음 세대인 자녀에게서 결과로 나타날 수 있다. 예를 들어, 부모가 미성숙하고 부모 역할에 대해 충분히 교육받지 못한 상태라면, 그로 인해 아동의 인지와 언어 발달에 필수적인 충분한 자극과 상호작용을 하지 못하는 상태가 초래되거나 혹은 아동을 소소한 질병에 자주 노출시키고 필요한 교육을 받을 기회를 제공하지 못하는 상태가 된다면, 이는 장애 위험요인의 세대 간 효과가 나타났다고 할 수 있을 것이다.

장애 위험요인의 세대 간 효과를 이해하는 것은 매우 중요하다. 왜냐하면 장애의 원인을 이해하는 것의 가장 중요한 목적 중 하나가 장애의 영향을 최소화하고 예방하기 위해서이기 때문이다. 이러한 장애 위험요인의 세대 간 효과는 아동의 장애를 예방하기 위한 다양한 지원을 아동뿐만 아니라 부모(혹은 예비부모)에게 그리고 가족 모두에게 제공해야 하는 가장 근본적인 이유를 제공한다.

③. 생의학적 위험요인

1) 세포, 염색체, 유전자 그리고 유전

생물체를 구성하는 가장 기본적인 단위는 세포이다. 인간의 세포에는 어머니와 아버지로부터 각각 전달받은 23개씩의 염색체가 쌍을 이룬 23쌍(46개)의 염색체가 있다. 세포는 체세포와 생식세포로 구분된다. 체세포는 유사분열(mitosis)을 통해 자신과 동일한 세포를 증식하여 신체의 성장과 유지를 가능하게 한다. 하나의 세포가 분열하여 자기가 맡아야 할 기능에 맞게 형태와 능력을 변형해 가는 것을 세포분화(cell differentiation)라고 한다. 세포분화 과정을 통해 근육세포, 신경세포, 피부세포, 간세포 등 200여 종류의 세포가 만들어진다.

반면, 생식세포는 감수분열(meiosis) 과정을 통해 가지고 있던 염색체 수가 반으로 줄어들어 각각 23개씩의 염색체를 갖게 되어서 결국 난자나 정자가 된다. 감수분열 과정에서 각각의 염색체는 자신과 쌍을 이룬 또 다른 염색체(상동염색체)와 서로 일부분이 섞이는 교차(crossover)현상을 통해 아버지와도 다르고 어머니와도 다른 새로운 조합의 유전정보를 갖게 된다. 지적장애의 중요한 생의학적 원인 중 하나인 염색체 이상은 이와 같은 세포의 분열과정에서 문제가 생겨 발생하게 된다. 모든 임신의 7%에서 염색체 이상이 있고, 임신 초기 유산의 40~50%는 염색체 이상 때문이며, 출생아의 0.5~1%에서 염색체 이상을 가진 아기가 출생한다. 염색체 이상은 유전자의 불균형을 초래하므로 많은 경우 임신을 지속하지 못하고 유산을 하게 되며, 결함이 있는 염색체의 부분이 적더라도 수많은 유전자의 이상을 초래하므로 심각한 증상을 나타낸다.

이제 유전에 대해 알아보자. 개개의 생물체에 들어 있는 유전정보 전체를 유전체(genome)라고 하는데, 이 유전체는 유전자(gene)와 염색체(chromosome)의 두 단어를 합성한 말이다. 인간의 모든 세포에 있는 23쌍의 염색체 중 22쌍은 상염색체이고, 나머지 한 쌍은 인간의 성을 결정하는 형질의 유전을 담당하는 성염색체이다. 성염색체가 XX로 구성되면 여성으로, XY로 구성되면 남성으로 결정된다.

각각의 염색체는 [그림 3-1]과 같이 아데닌(adenine), 티민(thymine), 시토신(cytosine), 구아닌(guanine)이라는 4개의 화학적 염기와 당, 인산으로 구성된 뉴클레오티드(nucleotide)가 쌍을 이루어 서로 사슬처럼 꼬여 이중나선 구조를 보이는 DNA 분자로 가득 차 있다. 바로 이 DNA가 생물체의 특정한 형질을 전달하는 유전자를 구성하게 된다. 알파벳이 어떤 순서로 나열되는가에 따라서 단어와 문장이 달라지는 것과 같이, DNA의 염기서열이 어떻게 배열되는가에 따라서 유전자의 기능은 결정된다.

세포분열은 하나의 세포에 존재하는 염색체의 DNA 염기쌍(base pair)을 이루는 부분의 구조가 풀리면서 분리되어 복제되고, 두 개의 새로운 세포(자세포)로 나누어져 분열되기 이전의 세포(모세포)와 동일한 DNA 구조를 갖게 되는 과정을 통해 진행된다. 따라서 인간의 모든 세포에 있는 DNA는 동일하다. 단지 특정 세포에서 특정한 유전자가 기능할 뿐이다. 인간의 경우, 세포 하나에는 약 60억 개의 뉴클레오티드 쌍이 들어 있으나 그중 약 1.5%만이 유전자의 기능을 하고, 나머지는 유전정보가 없기 때문에 유전자의 기능을 하지 않는 DNA이다(최현석, 2007). 정리해 보자면, 유전자는 DNA의 일부분으로서, 신체 내의 하나 또는 여러 유형의 세포들에 작용하는 특정 정보를 포함하고 있고, 염색체는 이러한 유전자를 담고 있는 세포 내의 구조이다.

모든 형질이 부모로부터 자녀에게로 동일하게 유전되는 것은 아니다. 또 유전된 형질이 모두 겉으로 드러나는 것도 아니다. 생식세포의 결합을 통해 수정란이 형성될 때 부모 양쪽으로부터 특정한 형질에 대해 동일한 유전자형이 결합되는 경우, 동형접합체(homozygote)라고 한다. 그리고 다른 형태의 유전자형이 결합되는 경우, 이형접합체(heterozygote)라고 한다. 그런데 특정 형질이 유전자형의 동형접합을 통해서만 겉으로 표현되는 경우라면 그 유전자형은 열성유전(recessive inheritance)의 특성을 갖는다. 사람의 신체 특성 중 푸른색 눈, 붉은색 머리카락, 근시, 큰 키 등은 열성유전이 되는 형질로 알려져 있다. 반면, 이형접합된 상태에서도, 다시 말해 어머니나 아버지

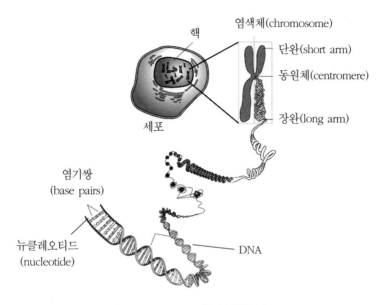

[그림 3-1]　**DNA와 염색체 구조**

어느 한쪽에서 형질을 전달받아도 그 형질이 겉으로 표현된다면 우성유전(dominant inheritance)의 특성을 갖는다. 일반적으로 곱슬머리, 새치, 주근깨, 보조개 등의 신체적 특징들은 우성유전이 되는 형질로 알려져 있다.

　[그림 3-2]를 통해 특정한 형질이 전달되어 나타나는 확률을 이해해 보자. A가 열성유전이 되는 형질이라면 AA로 결합된 경우에만 A형질이 표현되고, aA나 Aa로 결합된 경우는 그 형질의 속성은 가지고 있지만 겉으로 표현되지는 않는 보인자 상태로 남게 된다. 반면, A가 우성유전이 되는 형질이라면 AA, aA, Aa로 결합된 경우 모두에게서 A형질은 대립유전자형인 a형질이 표현되는 것을 억제하고 겉으로 표현된다. 지적장애의 생의학적 원인 중 일부는 부모로부터의 유전을 통해 자녀에게 나타나게 된다.

		어머니	
		A	a
아버지	A	AA	Aa
	a	aA	aa

[그림 3-2]　**우성유전과 열성유전의 확률**

2) 염색체 이상

염색체 이상(chromosomal disorders)은 세포가 분열되는 과정에서 나타날 수 있는 문제로서, 염색체 수의 이상과 구조의 이상으로 나누어 살펴볼 수 있다.

(1) 염색체 수의 이상

염색체 수의 이상은 생식세포가 감수분열되는 과정에서 염색체쌍이 비분리(nondisjunction)되는 현상이 일어나는 경우에 발생한다. 감수분열 중 염색체가 분리되지 않아서 자세포에 한 쌍의 염색체가 한꺼번에 전달되기도 한다. 그러면 수정란에서 3개의 염색체가 한 그룹으로 나타나는 삼염색체(trisomy)가 생기게 되어서 47개의 염색체를 갖게 된다. 이러한 현상으로 인해 지적장애가 나타나는 대표적인 경우로는 다운증후군을 들 수 있다.

섞임증(mosaicism)도 염색체 수 이상의 한 유형이다. 섞임증이란 정상적인 수정란이 유사분열을 계속해 나가는 과정 중에 어느 단계에서 염색체 절단이나 비분리현상으로 인해 세포분열에 이상이 생겨서 정상 세포계열과 이상 세포계열이 함께 나타나는 경우를 말한다. 즉, 어떤 세포는 46개의 염색체를 정상적으로 가진 세포로 분열되고, 어떤 세포는 삼염색체를 포함하여 47개의 염색체를 갖는 세포로 분열된다. 이런 경우 정상 세포계열이 함께 존재하기 때문에 장애의 정도가 심각하게 나타나지는 않는다. 주로 발견되는 상염색체 섞임증은 13번, 18번 그리고 21번 염색체가 삼염색체로 변이하는 것이다. 일반적인 증상으로는 자궁 내 성장장애, 지적장애, 심장기형이나 신장기형 및 얼굴기형 등이 보고되고 있다. 성염색체 섞임증의 대표적인 경우는 클라인펠터 증후군과 터너 증후군이 있다.

① 다운증후군

다운증후군(Down syndrome)은 주로 정상적으로 2개 존재해야 하는 21번째 상염색체가 3개가 되는 삼염색체 현상으로 인해 나타난다. 그 형태에 따라서 전형적인 삼염색체성 다운증후군(감수분열성 비분리), 전위형(translocation) 다운증후군, 섞임증 다운증후군의 세 가지로 분류할 수 있다. 임상증상은 삼염색체성이나 전위형 다운증후군에서 전형적이며, 섞임증 다운증후군에서는 증상이 경미하다. 다운증후군은 인종, 종족, 경제적 여건 등과 관계없이 출생아 600명에서 800명 중 1명의 빈도로 발생한다.

일반적으로 낮은 지능을 보이며, 전형적인 얼굴 모양을 가지고 있다. 안과적인 문제 (사시, 눈떨림, 굴절 이상)와 청력 문제도 종종 발견된다. 이외에 소화기계 기형이나 심장의 기형이 동반되는 경우가 많다. 구강과 콧구멍이 작아 수유곤란증이 있을 수 있고 이유식을 먹일 때에는 딱딱한 고형식을 먹이는 시기를 늦출 필요가 있다. 선천성 심장 기형이 약 40~50% 정도 발생하는데, 다운증후군 영아가 호흡기 감염에 잘 걸리고 오래 걷지 못하거나 평상시에도 숨을 거칠고 가쁘게 쉰다거나 우유를 잘 빨지 못하고 힘들어하며 얼굴이 검푸른색으로 변하는 등의 증상을 보이면 심장기형을 의심해야 한다. 또한 세균이나 바이러스로 인하여 일어나는 감염증에 대한 면역성이 일반인과 비교해 떨어져 있어 감염이 12배 이상 많다고 알려져 있다. 백혈병은 일반인의 18배 정도의 발병률을 보이고 있으며, 1~10세에 그 위험이 증가한다고 보고된다(McDermott, Durkin, Schupf, & Stein, 2007).

② 클라인펠터 증후군

클라인펠터 증후군(Klinefelter syndrome)은 가장 흔한 성염색체 이상 증후군으로 정상적인 남성 염색체 XY에 X염색체가 추가되어 발생한다. 부모의 생식세포 감수분열 시 성염색체의 비분리현상으로 인해 발생하거나 수정 후 유사분열 단계에서의 성염색체 비분리현상으로 인해 발생하기도 한다(섞임증). 일반적으로는 섞임증으로 인해 나타나는 증후군의 증상은 경미하다. 주요 증상으로는 운동발달 지연, 언어지연, 읽기장애 등이 있고 청소년기 중 · 후반기에는 대부분 생식샘 자극 호르몬 과다와 함께 남성 호르몬 수치가 정상이거나 감소하며, 치료받지 않으면 80%는 남성 호르몬 결핍증을 보인다. 이차 성징의 발현은 남성 호르몬이 결여되어 빈약한 체모와 고음, 여성형 지방분포를 보일 수 있다(권경훈, 정해원, 2010).

③ 터너증후군

터너증후군(Turner syndrome)은 여성의 성염색체 이상으로 인해 발생한다. 터너 증후군이 있는 여성의 약 50%에서 모든 세포에 X염색체가 하나 없으며, 약 30~40%에서는 X염색체가 1개 있는 세포와 2개 있는 세포가 섞여 있다. 일반적으로 여아 2,500~3,500명당 1명의 발생 빈도를 보인다(Sybert & McCauley, 2004). 이 증후군은 이차 성징 발달이 되지 않거나 미약한 것이 특징이다. 이러한 특징이 나타나는 이유는 난소가 제대로 발달하지 않아서 여성 호르몬인 에스트로겐을 분비하지 못하기 때문이다. 또한 목이 두껍고 짧으며, 머리카락 선이 목덜미의 아랫부분까지 내려와 있다. 주로 학습장애를 보이며, 지적장애가 있을 수 있다. 언어성 지능지수는 평균이거나 높을 수 있지만 시공간 지각력, 수학능력, 기억능력 등에서 문제가 있는 것으로 알려져 있다(Wodrich & Tarbox, 2008).

(2) 염색체 구조의 이상

또 다른 염색체 이상은 염색체를 구성하는 일부가 떨어져 나가 자신의 쌍이 아닌 다른 염색체와 결합하거나, 2개의 서로 다른 염색체 일부가 바뀌어 결합하는 등의 전위(translocation)현상이 일어나거나, 일부가 결손(deletion)이 되는 등 염색체 구조상의 문제로 인해 발생한다. 염색체 구조 이상의 예로는 프래더-윌리 증후군, 안젤만 증후군, 묘성증후군, 윌리엄스 증후군, 스미스-마제니스 증후군 등을 들 수 있다.

① 프래더-윌리 증후군

프래더-윌리 증후군(Prader-Willi syndrome)의 약 70%에서는 아버지로부터 전달받은 15번째 염색체의 장완 부분에 미세한 결손이 있다. 또한 이 증후군을 보이는 사람 중 일부에서는 15번째 염색체 쌍이 모두 어머니에게서 전달받는 현상인 UPD(uniparental disomy)가 나타나기도 한다. 프래더-윌리 증후군의 발생 빈도는 1~2만 명당 1명이다. 신생아와 영아기에 근긴장 저하와 수유 곤란, 발달 지연이 나타나다가 유아기부터 심각하게 비만해진다. 그리고 특이한 얼굴 모양과 저색소증(hypopigmentation)을 보일 수 있으며, 작은 손발, 저신장, 성선기능저하증(hypogonadism) 등도 특징이다. 프래더-윌리 증후군이 보이는 가장 심각한 증상은 비만이다. 비만이 심장병, 당뇨병, 고혈압, 뇌혈관 질환, 수면장애 등의 합병증을 초래할 수 있기 때문이다. 비만은 시상하부의 병변으로 인한 과식증, 적은 신체활동과 신진대사율 때문으로 추정된다. IQ 20~90 정도의 다양한 지능 수준을 나타내며 다방면으로 학습에 어려움을 보인다(이지은 외, 2002).

② 안젤만 증후군

안젤만 증후군(Angelman syndrome)의 약 70%는 어머니로부터 전달받은 15번째 염색체의 장완 부분에 결손이 있다. 프래더-윌리 증후군과 마찬가지로, 이 증후군에서도 15번째 염색체를 한쪽 부모에게서 전달받는 현상인 UPD가 나타나기도 한다(안젤만 증후군은 아버지에게서 전달받음). 안젤만 증후군의 발생 빈도는 프래더-윌리 증후군과 비슷하다. 안젤만 증후군이 있는 아동은 생후 6~12개월에 발달지연이 나타나기 시작한다. 수용언어 기술과 비언어적인 의사소통 기술은 표현언어 기술보다는 상대적으로 좋은 편이다. 움직임과 균형감각에 이상이 생겨 걸음에 장애가 생기며, 자주 웃고, 쉽게 흥분하는 경향을 보이며, 집중시간이 짧다(조현찬, 2011).

③ 묘성증후군

묘성증후군(cri du chat syndrome)은 고양이 울음소리와 같은 특징적인 울음소리 때문에 명명되었다. 5번 염색체 단완의 부분 결실이 원인이고, 발생 빈도는 3~5만 명 중 1명으로 나타난다. 특징적인 고양이 울음소리는 후두의 결함이 원인이며, 영아기 후반부터 사라진다. 소두증, 둥근 얼굴, 양안격리증, 넓은 콧등, 사시 등의 외양적 특성을 보이며, 근긴장 저하, 심장기형, 발달지연을 나타낸다. 평균 IQ 20 이하의 지능을 보이며, 대부분 성인까지 생존한다(McDermott et al., 2007).

④ 윌리엄스 증후군

윌리엄스 증후군(Williams syndrome)은 7번 염색체 장완의 미세결실이 원인이다. 출생아 2만 명 중 1명의 발생 빈도를 보인다. 윌리엄스 증후군을 보이는 아동들은 위로 솟은 작은 코끝, 긴 인중, 큰 입, 두툼한 입술, 작은 볼, 부운 듯한 눈두덩이, 손톱의 형성부전, 엄지발가락의 외반증 등의 외양적 특성을 보인다. 소리에 대단히 민감하게 반응하고, 종종 근력이 저하되거나 관절의 이완성을 보인다. 매우 사교적이고 친숙한 성격을 나타내며, 지나칠 정도의 정중함과 친밀감을 표시하기도 한다. 낯선 사람을 두려워하지 않고 자신의 또래보다는 어른들과 더 가까이하려고 하는 성향이 있다. IQ 범위는 20~106이고, 평균 IQ는 58 정도로 나타난다. 발달지연이 있고 집중력 결함을 보이기도 하지만, 성장함에 따라 상태가 좋아지는 경향이 있다. 학습능력에 있어서는 미세한 운동능력과 시공간적인 사고를 필요로 하는 과제에서는 어려움을 보이지만 상대적으로 기억력과 언어능력은 강한 편이다(Hodapp & Dykens, 2007).

⑤ 스미스-마제니스 증후군

스미스-마제니스 증후군(Smith-Magenis syndrome: SMS)은 17번 염색체 단완의 일부가 결실되어 나타나며, 2만 5,000명 중 1명 정도 발생한다. 스미스-마제니스 증후군을 보이는 아동들은 튀어나온 턱, 넓은 사각형 얼굴, 납작한 후두골 등의 특징적인 얼굴 형태를 갖고 있다. 약 62%의 아동들이 자주 깨거나 수면 주기가 감소하는 등의 수면장애를 보이기도 한다. 낮은 지능과 전반적인 발달지연을 보이는데, 특히 언어 지연이 심각하고 연속적인 인지처리과정이 필요한 과제나 수학적 학습에 어려움을 보인다. 머리를 흔들거나 특정 행동을 반복하는 상동행동, 상대적으로 통증에 민감하지 않아 팔목이나 손톱, 발톱 등을 물어뜯는 자해행동 등의 행동문제도 관찰된다.

3) 유전자 장애: 유전자 돌연변이 및 유전

유전자 돌연변이로 인한 유전자 장애는 크게 두 유형으로 구분될 수 있다. 첫째, 부모의 생식세포가 분열되기 위해 DNA를 복제하는 과정에서 유전정보를 담고 있는 DNA 분자의 염기 순서에 이상이 생겨서 잘못된 유전정보가 만들어지고, 이로 인해 자녀에게서 새로운 유전형질이 발현되는 유형이다. 이 경우 비록 부모는 질환이 없어도 부모의 세포분열 과정에서 생기는 유전자 돌연변이로 인해 자녀에게 질환이 나타나게 된다. 둘째, 부모의 생식세포 수정 후 진행되는 세포분열 과정에서 새롭게 돌연변이가 생기는 유형이다. 이 경우 부모는 질환을 보유하고 있지 않을뿐더러 가족력도 전혀 갖고 있지 않을 수 있다. 유전자 돌연변이로 인한 여러 장애는 이러한 두 가지 유형의 돌연변이가 모두 원인이 되기도 한다.

유전자 유전은 유전자 돌연변이와는 달리 부모 중 하나 또는 양쪽의 특정 질환의 원인이 되는 유전자가 있는 경우에 생식세포를 통해 자녀에게 전달될 수 있다. 이러한 유전성 질환은 부모 모두에게서 전달받아야 표현되는 열성유전의 특성을 갖거나 부모 중 한 명에게라도 전달받으면 표현되는 우성유전의 특성을 갖는다.

인간의 형질이나 질환은 단일 유전자에 의해 결정되기보다는 여러 유전자의 작용으로 결정된다. 유전은 매우 복잡하다. 부모의 형질이 자녀에게 전달된다고 해서 자녀 모두가 부모를 닮는 것도 아니다. 생물의 형질은 유전뿐만 아니라 환경에 의해서도 영향을 받기 때문이다. 이는 현대인에게 급증하고 있는 알레르기 질환의 예를 통해 이해될 수 있다. 현재 알레르기 질환을 일으키는 유전자는 20~30가지 정도 밝혀져 있으며, 부모 모두 알레르기 질환이 있는 경우 자녀의 약 75% 정도가 그 영향을 받는다. 그러나 알레르기 질환이 발생하는 것은 유전적 원인 외에도 환경적 원인 때문일 수 있다. 우리나라의 경우 1960년대에 비해 2000년대에 호흡기 알레르기 질환이 3~5배 증가하였다. 이는 단기간에 유전자가 변화했다고 보기보다는 생활환경의 변화가 주된 요인이라고 볼 수 있다(최현석, 2007).

(1) 상염색체 우성유전 장애

① 신경섬유종증

신경섬유종증(neurofibromatosis: NF)은 신경계에 영향을 주는 가장 흔한 단일 유전자 질환의 하나로 제1형과 제2형으로 구분된다. 이 중 제1형이 지적장애와 연관이 있으며, 약 3,500명당 1명의 발생률을 보여 전체 신경섬유종증의 약 85%를 차지한다. 제1형 신경섬유종증의 경우 약 50%가 17번째 염색체의 유전자로 인해 우성유전이 되는 경우이고, 나머지는 유전자의 자연발생적인 돌연변이로 인해 생긴다. 흔하게 나타나는 증상으로는 밀크커피색 반점(cafe-au-lait spots), 겨드랑이 부위의 주근깨 양상, 피하의 신경섬유종 및 홍채에 나타나는 작은 색소를 가진 양성종양인 리쉬 결절(lisch nodule) 등이 있다. 뇌 신경계 관련 증상으로는 지적장애, 뇌전증, 뇌수종, 양성 뇌종양, 시신경 종양 등이 있을 수 있다(Beirne-Smith et al., 2006).

② 아퍼트 증후군

아퍼트 증후군(Apert syndrome: 첨두유합지증, acrocephalopolysyndactyly)은 10번 염색체에 위치한 유전자 돌연변이나 우성유전을 통해 발생한다. 6만 5,000명 중 1명 정도로 발생한다. 경도에서 중도의 지적장애를 보이기도 하지만, 정상적인 지능을 보이기도 한다. 아퍼트 증후군은 신생아기에 두개골의 특정 부위에 섬유성 관절이 일찍 봉합되어 머리가 비정상적으로 위로 뾰족하게 솟은 모양이 나타난다. 뇌가 커지면서 그 압력으로 두개골과 얼굴의 다양한 뼈가 왜곡된다. 또한 엄지손가락이 비정상적으로 크거나, 발가락이 크고 손가락이 짧다. 특정 손가락과 발가락이 부분적으로나 모두 붙어 있는 합지증(syndactyly)이 나타나기도 한다(Foreman, 2009).

(2) 상염색체 열성유전 장애

지적장애를 초래하는 상염색체 열성유전으로 인해 생기는 장애의 대표적인 경우는 대사이상 질환이다. 대사이상 질환은 특정 물질을 대사시키는 효소의 결함 및 결손으로 인해 발생한다. 대사되어야 할 물질이 그대로 신체에 축적되고 최종 산물의 생성에도 문제가 생겨 여러 가지 장애를 초래한다. 몇몇 대사이상 질환은 조기에 발견하면 치료할 수 있고, 지적장애를 최소화하거나 예방할 수 있다.

우리나라에서는 2021년 현재 신생아를 대상으로 6종의 선천성 대사이상에 대한 선별검사를 무료로 실시하고 있다. 신생아 선별검사의 대상이 되는 6종의 선천성 대사이상 질환은 페닐케톤뇨증, 선천성 갑상선기능저하증, 갈락토스혈증, 호모시스틴뇨증, 단풍당뇨증과 선천성 부신과형성증이다. 선별검사 결과를 토대로 2차 정밀검사를 한다. 2차 정밀검사에서 확진되면 검사비용과 특수조제 분유 및 저단백 식품 등 식이요법을 위한 지원과 의료비 지원을 받는다.

이 중 지적장애를 초래할 수 있는 질환을 중심으로 살펴보고자 한다. 다음 내용은 질병관리청 홈페이지에서 제공하는 희귀질환 관련 정보(helpline.kdca.go.kr)를 중심으로 정리한 것이다.

① 페닐케톤뇨증

페닐케톤뇨증(phenylketonuria: PKU)은 필수아미노산인 페닐알라닌(phenylalanine) 대사에 필요한 효소가 없거나 부족해서 생기는 질환이다. 대사되지 못한 페닐알라닌은 신체 내에 쌓이게 되고, 치료하지 않으면 심한 지적장애, 발작, 과다행동, 공격적인 행동 등 여러 가지 신경학적 이상이 나타난다. 한국인의 발생 빈도는 4만 명 중 한 명 정도이다. 치료는 페닐알라닌이 적은 특수 분유를 먹는 식이요법으로 시작한다. 출생 직후부터 꾸준하게 유지하는 식이요법을 통해 지적장애와 신경학적 증상과 행동 문제, 피부에 생기는 문제 등을 예방할 수 있다.

② 선천성 갑상선기능저하증

선천성 갑상선기능저하증(congenital hypothyroidism)은 선천적으로 갑상선의 기능이 저하된 상태이다. 대부분 갑상선이 잘못 형성되어 발생하지만, 유전적으로 갑상선호르몬이 합성되지 못해서 발생하기도 한다. 생후 1개월 이내에 발견하여 치료하지 않으면 지적장애를 초래할 수 있다. 신생아 3,000~5,000명당 1명의 비율로 발생한다. 영아기에는 황달, 변비, 수유 곤란과 근긴장 저하 등이 나타날 수 있다. 영아기 이후에는 성장·발달이 지체되고, 지능 저하, 행동 및 언어 장애와 신경학적 증상들이 나타날 수 있다. 갑상선호르몬 제제인 타이록신을 투여해서 치료한다. 생후 4주 이내에 치료를 시작하면 대부분 성장과 발달에 대한 예후가 좋다.

③ 갈락토스혈증

갈락토스혈증(galactosemia)은 갈락토스(모유와 일반 우유에 포함된 당분)를 포도당으로 전환하는 능력이 손상되어 체내에 갈락토스가 축적되는 질환이다. 3만 5,000~6만 명당 1명의 발생 빈도를 보이며, 남녀 모두에게 같은 비율로 나타난다. 출생 후 즉시 식욕부진과 심한 구토를 보인다. 조기에 치료받지 못하면 신체발달과 지적 발달이 지체될 수 있으며, 유아기나 아동기 때 백내장에 걸릴 확률이 높다. 진단되면 즉시 갈락토스가 함유되지 않은 분유와 우유 대체식품을 섭취해야 한다. 이후 우유, 치즈, 버터, 유청분말과 카제인 함유 식품은 엄격하게 제한해야 한다. 유제품 제한으로 인해 비타민 D와 칼슘의 보충이 필요하기도 하다.

④ 호모시스틴뇨증

호모시스틴뇨증(homocystinuria)은 메치오닌이라는 아미노산의 대사과정 중 시스타치오닌 합성효소의 장애로 인해 발생한다. 발생 빈도는 18만 명당 한 명 정도이다. 이 질환의 영향으로 지적장애, 골격계 이상, 혈관장애, 안과적 질환 등을 보이게 된다. 진단되면 즉시 저(low) 메치오닌 고(high) 시스틴 식사요법을 해야 한다.

⑤ 단풍당뇨증

단풍당뇨증(maple-syrup-urine disease, 단풍시럽뇨병)은 필수아미노산인 류신(leucine), 이소류신(isoleucine), 발린(valine)의 대사장애로 나타나는 질환으로 땀과 소변, 귀지 등에서 특유의 단내가 나는 것이 특징이다. 발생 빈도는 18만 5,000명당 1명 꼴이며, 여성과 남성에게 동일한 비율로 발생한다. 심각한 경우에는 치료하지 않으면 생후 몇 달 이내로 지적장애가 나타난다. 지속적이고 세심한 관리와 단백질 제한 식이요법이 필요하다. 특히 류신, 이소류신, 발린을 인공적으로 제거하고 성장과 발달에 필요한 비타민, 무기질 등이 들어 있는 반합성(semi-synthetic) 음식이 필요하다.

(3) 성염색체 유전자 장애

① 약체 X 증후군

약체 X 증후군(fragile X syndrome)은 X염색체 장완의 끝부분이 끊어져 유전된다. 그러나 전형적인 성염색체 열성유전 방식을 따르지 않고 무증상의 남자(Normal

Transmitting Male: NTM)에게서 유래하여, 보인자인 딸을 거쳐, 여러 대를 거치면서 표현형이 심해지고 뚜렷해지는 양상을 보인다. 이러한 현상을 유전학에서는 표현촉진 (genetic anticipation)이라고 한다. 남아의 경우 10만 명당 16~25명의 발생 빈도를 보이고, 여아의 경우는 남아 발생 빈도의 절반 정도이다.

약체 X 증후군의 특징으로 남아의 경우 행동장애와 지능 저하를 보이며, 긴 얼굴, 튀어나온 턱, 크고 뚜렷한 귀 등의 특징적인 얼굴 형태를 보인다. 그러나 여아의 경우는 대개 다양한 정도의 지능 저하만을 보인다. 50~60%의 아동 중 생후 1년쯤에 반복성 중이염이 나타나기 시작하고 영구적인 전도성 난청을 보인다. 행동 특성으로는 과잉행동, 충동성, 부주의, 불안 그리고 자폐증과 유사하게 손 흔들기나 손 물어뜯기, 눈맞춤의 어려움, 반향어 등이 있다(Tarleton & Saul, 1993).

② 레트증후군

레트증후군(Rett syndrome)은 주로 X염색체의 특정한 단백질 생산을 조절하는 유전자의 자연적 돌연변이로 인해 발생한다. 발생 빈도는 여아 1만~1만 5,000명당 1명 수준이다. 생후 6~18개월까지는 비교적 정상 발달을 하지만 이후 머리둘레의 성장과 발달이 둔화되고, 습득했던 인지 및 운동능력과 언어기능이 급격하게 상실되며, 특징적인 손의 상동행동이 나타난다(김진경, 기창석, 김종원, 2002). 레트증후군의 주된 증상 중 하나인 손의 상동행동은 손의 기능적인 사용이 퇴행하면서 나타나게 된다. 손의 상동행동은 두 손 모두를 사용하여 몸의 상체 부분에서 손을 모아 비틀고 씻는 듯한 동작을 하거나, 입 속에 손을 넣어 침을 묻히거나, 자신의 몸을 지속적으로 치는 등 다양하고 복합적으로 나타난다.

③ 레쉬-니한 증후군

레쉬-니한 증후군(Lesch-Nyhan syndrome)은 X염색체의 퓨린 대사에 관여하는 HPRT 효소의 완전한 결핍으로 인해 몸에 요산이 축적되어 나타난다. 열성유전 질환이지만, 약 30%에서는 가족력 없이 새로운 돌연변이로 인해 발생하기도 한다. 발생 빈도는 남아 10~38만 명당 1명으로 매우 드물게 나타난다. HPRT 효소는 체내의 모든 세포 내에 있으나 뇌에, 특히 기저핵 세포에 가장 농도가 높게 존재한다. 이 효소가 완전 결핍(1.5% 미만)된 상태인 레쉬-니한 증후군을 갖고 있는 아동은 지적장애, 충동적 자해행동, 경련, 발달장애, 뇌성마비로 인한 불수의적 운동, 고요산혈증, 요산뇨, 요로 결석, 통풍성 관절염 등을 보인다(권병운 외, 2009).

　이상에서 살펴본 지적장애를 초래할 수 있는 생의학적 위험요인으로서 염색체 이상 및 유전이나 유전자 돌연변이로 인한 증후군을 정리하면 〈표 3-2〉와 같다.

〈표 3-2〉　염색체 이상 및 유전, 유전자 돌연변이 등에 의한 생의학적 원인

원인			사례
염색체 이상	상염색체	염색체 수 이상	다운증후군
		염색체 구조 이상	프래더-윌리 증후군, 안젤만 증후군, 묘성증후군, 윌리엄스 증후군, 스미스-마제니스 증후군
	성염색체	염색체 수 이상	클라인펠터 증후군, 터너증후군
유전 및 유전자 돌연변이	상염색체	우성유전	신경섬유종증, 아퍼트 증후군
		열성유전	페닐케톤뇨증, 선천성 갑상선기능저하증, 갈락토스혈증, 호모시스틴뇨증, 단풍당뇨증
	성염색체	유전(표현촉진)	약체 X 증후군
		유전자 돌연변이	레트증후군
		열성유전, 유전자 돌연변이	레쉬-니한 증후군

4) 행동표현형에 대한 이해

　이제까지 살펴본 몇몇 증후군에서는 진단과정과 연구를 통해 분석된 행동표현형이 보고된다. 행동표현형이란 특정 유전 증후군이 없는 개체보다 특정 유전 증후군이 있는 개체에서 더 자주 발생하는 관찰 가능한 특성을 말한다(Waite et al., 2014).

　원래 행동표현형 개념 자체는 유전자 변이를 한 동물들에 대한 동물행동학 실험 연구에서 비롯되었다. 그러나 인간의 행동표현형에 대한 연구는 특정 증후군 문제에 대한 인식을 불러일으켰고, 연구와 옹호 활동을 촉진하기 위한 부모옹호회에 의해 독려되었다. 다양한 행동 특성을 갖고 있는 지적장애 아동의 가족들이 모임을 갖고, 그들이 보이는 문제들에 대해 공유하는 과정을 통해 임상가나 의사들이 미처 알지 못했던 증상들이 보고되기 시작하였다(O'Brien, 2000). 이후 여러 연구에서 각각의 증후군에서 많이 관찰될 수 있는 행동표현형에 대해 발표를 하였다. 예를 들어, 프래더-윌리 증후

군에서 보이는 이상식욕 증상, 레쉬-니한 증후군에서 보이는 극도의 자기상해 행동, 레트증후군의 손을 씻거나 비트는 듯한 상동행동, 묘성증후군의 고양이 울음소리, 스미스-마제니스 증후군의 자기 자신을 감싸 안는 행동 등이 이제까지 밝혀진 대표적인 증후군의 행동표현형이다(Hodapp & Dykens, 2007). 〈표 3-3〉에서는 여러 연구에서 최근까지 밝힌, 다양한 증후군이 보이는 전형적인 행동들을 제시하고 있다.

〈표 3-3〉 증후군별 빈번하게 관찰되는 행동표현형

증후군	종종 발견되는 인지 · 언어 · 행동 특성
다운 증후군	• 언어나 청각적 과제보다 시공간적 과제 수행이 더 우수함 • 장기기억 능력이 요구되는 과제에서의 수행능력이 동일한 정신연령 아동에 비해 지체됨 • 수용언어 능력이 표현언어 능력보다 상대적으로 우수함 • 지능에 비해 상대적으로 적응행동에서 강점을 보임 • 명랑하고 사회적인 성격을 보임 • 성인기에 우울증과 치매 성향이 나타남
윌리엄스 증후군	• 언어 및 청각적 기억, 얼굴 인지에서 강점을 보임 • 시공간적 기능, 지각-운동 계획과 소근육 기술에서 제한을 보임 • 마음이론 측면에서 강점을 보임(대인지능) • 사회적 지능은 낮으나 사람들에게 친밀하게 대함 • 모든 연령에서 불안장애가 나타남
약체 X 증후군	• 수용 및 표현 언어능력이 단기기억 능력이나 시공간적 기술보다 우수함 • 순차적인 처리보다는 동시적인 처리가 요구되는 과제에서 강점을 보임 • 일상생활 기술과 자조기술에서 상대적 강점을 보임 • 부주의, 과잉행동, 자폐증과 유사한 행동 등을 보임 • 모든 연령에서 불안장애를 보임
프래더-윌리 증후군	• 이상식욕과 비만 증상을 보임 • 순차적인 처리보다는 동시적인 처리가 요구되는 과제에서 강점을 보임 • 단기기억 능력보다 장기기억 능력이 우수함 • 시공간적 처리능력이 요구되는 과제와 직소 퍼즐에서 강점을 보임 • 타인을 꼬집는 행동 및 심한 짜증을 보임 • 모든 연령에서 강박장애와 충동조절장애가 나타남
스미스- 마제니스 증후군	• 언어 습득이 지체됨 • 순차적 처리과정이 요구되는 과제에서 상대적으로 약점을 보임 • 일반적으로 수면장애를 보임 • 상동행동과 자기상해 행동을 빈번하게 보임 • 아동기에 일반적으로 충동조절장애를 보임

안젤만 증후군	• 아동기와 청소년기에 종종 부적절한 웃음발작을 보임 • 모든 연령에서 일반적으로 행복해하는 기질을 보임 • 젊은층에서 과잉행동 및 수면장애가 보임
레트 증후군	• 손을 씻거나 비트는 듯한 비정상적인 손의 상동행동을 보임 • 수면장애를 보임 • 자폐증과 유사한 행동들이 나타남
묘성 증후군	• 과잉행동을 보임 • 자기자극 행동 및 자해행동을 나타냄 • 고양이 울음소리와 같은 소리를 냄

출처: AAIDD (2010)의 〈표 6-3〉; Hodapp & Dykens (2007)의 〈표 6-1〉〈표 6-2〉에서 발췌·수정함.

그러나 이러한 사실이 동일한 증후군을 갖고 있는 아동은 모두 동일한 행동표현형을 갖고 있다는 것을 의미하지는 않는다. 행동표현형은 유전자의 직접적인 결과라기보다는 다음과 같은 다양한 요인의 영향을 받아 변화할 수 있기 때문이다. 첫째, 동일한 증후군을 보이는 아동들이라도 그들의 유전자나 염색체 변이과정의 다양성으로 인해 부적응행동이나 언어 및 지적 능력 등에서 다양한 수준을 보일 수 있다. 둘째, 행동표현형은 아동의 성별, 가족 배경, 일상생활 양식, 제공되는 자극 정도, 가족의 의사소통 유형이나 부모의 문제 해결 양식 등에 따라 다르게 발달할 수 있다. 예를 들어, 특정 증후군을 보이는 아동에게 폭력장애라는 부적응행동이 관찰된다고 하자. 이 경우 그것이 유전자형으로 인해 전적으로 표현되었다기보다는 아동이 폭력성을 보일 때 나타나는 상대방의 반응으로 인해 다시 폭력적인 행동이 강화되는 악순환 속에서, 다시 말해 환경적인 상호작용을 통해서 행동표현형으로 정착될 수 있다. 셋째, 표현형은 연령이 증가함에 따라 변화할 수 있다. 예를 들어, 윌리엄스 증후군 아동들에 대한 종단 연구(Jarrold et al., 2000)에서는 그들의 수용어휘 능력이 시공간 지각능력보다 연령이 증가할수록 더 많이 발달함을 발견할 수 있었다. 그 이유는 특정한 유전이나 신경적 요소가 시간의 경과에 따라 변화하기 때문일 수도 있고, 아동들이 선택하는 일상생활에서의 놀이나 여가 활동과 같은 환경적 영향 때문일 수도 있다.

따라서 행동표현형은 유전적 요인이 환경 및 발달 요인과 복잡하게 상호작용하면서 지속해서 변화하며 형성된다는 것을 이해해야 한다. 아울러 이제까지 파악된 다양한 행동표현형을 맹목적으로 받아들이기보다는 한 개인에 대한 면밀한 관찰과 평가를 통해 실제적이고 잠재적인 장점과 약점을 확인하여 그들의 지원에 대한 요구를 파악해야 한다(Waite et al., 2014).

5) 기타 생의학적 위험요인

(1) 신경관 손상

신경관 손상(Neural Tube Defects: NTD)은 뇌나 척수에 발생하는 손상을 말한다. 이 분척추(spina bifida), 무뇌증(anencephaly), 뇌류(encephalocele) 등이 대표적인 예이다 (Foreman, 2009). 이 중 이분척추는 척주(spinal column)의 특정 부분이 불완전하게 닫혀 있어 척주관의 내용물 중 일부분이 밖으로 튀어나오는 장애이다. 신생아 1천 명당 1~2명의 비교적 높은 발생률을 보인다. 엽산의 섭취 부족이 주원인으로 제시되고 있으나 아직도 정확한 원인은 알 수 없다. 척추가 어느 정도 결손되었느냐에 따라 증상들은 매우 다양하게 나타난다. 가장 경한 유형인 잠재성 이분척추증(spina bifida occulta)은 겉으로 보아서는 이상을 찾을 수 없고 증상이 거의 나타나지 않아서 발견되지 못할 수도 있지만 주로 방광 조절의 장애가 나타난다. 신경조직이 척추강 밖으로 나와 있는 척수수막류(myelomeningocele)는 결손 부위에 따라 증상이 다양하게 나타난다. 결손 부위의 위치가 높을수록 심각한 장애가 동반된다. 주로 다양한 하지마비, 특히 발목 주위의 마비로 심한 보행장애가 있을 수 있고, 방광과 항문의 괄약근 기능이 저하되어 배뇨, 배변의 장애가 흔하게 발생한다. 또한 수두증(hydrocephalus)이 동반되기도 한다. 이분척추와 같은 신경관 손상을 입은 아동들의 지적 능력은 다양하게 나타나며, 그들 중 일부만이 지적장애로 진단된다(McDermott et al., 2007).

(2) 모체의 감염

모체의 감염(maternal infection)에 의한 질환도 선천적으로 지적장애를 초래하는 생의학적 요인 중 하나이다. 선천성 풍진증후군(Congenital Rubella Syndrome: CRS), 거대세포바이러스증(cytomegalovirus: CMV), 톡소플라스마증(toxoplasmosis) 등이 있다. 태아에 미치는 모체 감염의 영향은 독소에 의한 직접적인 원인과 태반이나 자궁의 정상적인 기능의 방해로 초래된 결과일 수 있다. 잘 알려져 있듯이, 풍진(rubella)의 경우 모체에는 가벼운 바이러스 감염이지만 태아에는 치명적인 영향을 줄 수 있다. 임신 초기 3개월 동안 임산부가 풍진을 앓을 경우, 태아는 지적장애뿐만 아니라 청각장애, 백내장, 소두증, 심장기형 등 다양한 선천적 장애를 보이는 선천성 풍진증후군을 갖고 태어날 수 있다. 또한 신생아 시기에는 별 증상이 나타나지 않아도 성인이 되면 다양한 건강문제가 나타날 수 있다(Penner & Brown, 2007). 초기 3개월 동안 풍진에 노출된 태아에게서 문제가 일어날 확률은 90%이다. 이 장애는 청소년기의 예방접종을 통해 예방할 수 있다.

또 다른 모체 감염의 예는 거대세포바이러스증(CMV)이다. CMV는 제5형 인간헤르페스바이러스(Human Herpesvirus 5: HHV-5)에 감염된 질환이다. 가장 심한 형태인 거대세포바이러스 포함병(CMV inclusion disease)은 약 5% 미만의 감염 태아에게서 발생한다. 피부의 점상 출혈(피부나 점막에 1~2mm 정도의 점 모양으로 관찰되는 출혈 반점), 황달, 간과 비장의 비대가 주로 나타나며, 소두증이나 성장지연, 조산도 나타날 수 있다. 태어난 직후에는 이상 증상이 발견되지 않는 경우라도 약 5~25%는 수년 내에 지적 발달지체, 치아발육 이상, 청력이나 시력 문제가 발견되기도 한다(Ledgar, 2008).

이 외에 톡소플라스마증은 임산부에게서 태아에게로 전염될 수 있다. 임산부가 톡소플라스마 원충에 감염되면 유산이나 사산이 일어나거나 태아의 청각장애, 소두증, 지적장애 등이 초래될 수 있다. 고양이와 고양이가 사용했던 대소변 깔개에 대한 노출이 주요 원인이라고 지적되고 있지만, 톡소플라스마증은 다른 동물과 새(비둘기 등)에 의해서도 전염될 수 있고 날것을 먹거나 덜 익힌 고기를 먹어도 감염될 수 있어 주의해야 한다(Ledger, 2008).

(3) 영양실조

생후 최초 2년 동안 발생하는 심각한 영양실조(malnutrition)는 일반적으로 지적 발달에 영향을 주는 것으로 알려져 있다. 세계보건기구(WHO)는 2020년에 전 세계적으로 1억 4,900만 명의 5세 미만 아동이 발육부진을 겪고 있으며, 5세 미만 아동 사망의 약 45%가 영양실조와 관련이 있다고 보고했다(WHO, 2021). 단백질과 열량 섭취가 모두 부족하면 단백-열량 영양실조(Protein-Energy Malnutrition: PEM)가 나타난다. 기아나 기근에 시달리는 지역에서 볼 수 있는 콰시오커(kwashiorkor)는 극심한 단백질-열량 영양실조의 한 형태이다. 최근 인도의 뱅골 지역에서 만성적인 PEM 상태를 갖고 있는 아동들을 조사한 결과, 작업기억, 시지각, 인지적 융통성 등을 포함한 인지처리과정상의 결함이 있는 것으로 밝혀졌다(Kar, Rao, & Chandramouli, 2008). 파키스탄의 한 지역에서 649명의 아동들에 대한 종단적 연구를 실시한 결과, 경도 지적장애로 판별된 40여 명의 아동 중 28%가 사회적 박탈과 영양실조 때문인 것으로 나타났다고 보고되었다(Yaqoob et al., 2004).

4. 사회적 · 행동적 · 교육적 위험요인

1) 사회적 위험요인

지적장애를 초래할 수 있는 사회적 위험요인은 아동 발달에 영향을 줄 수 있는 자극과 상호작용의 질을 좌우하는 여건에서 비롯된다. 예를 들어, 출생 전 빈곤한 상태나 산모의 영양실조, 산모가 겪고 있는 가정폭력, 출산과 관련된 관리를 적절하게 받지 못한 채 진행되는 출생 경험, 출생 후 빈곤하거나 적절한 자극이 부족한 가정환경 등이 해당한다.

(1) 빈곤한 가정환경

일반적으로 가정환경은 지적 능력을 결정하는 중요한 요인으로 인식되고 있다. 출산 전 빈곤한 가정환경은 산모에게 영향을 주어 궁극적으로 태아에게 영향을 끼칠 수 있다. 산모의 부적절한 영양 섭취나 규칙적이고 적절한 산전 관리의 부재, 폭력에 노출된 가정환경 등은 태아에 악영향을 끼칠 확률이 높다. 빈곤가정의 여러 가지 상황이 상호작용하여 아동의 지적 잠재력이 충분히 나타나지 못할 수 있다. 그러나 많은 빈곤가정의 아동이 정상적인 지적 능력을 보이는 것도 사실이다. 그렇다 하더라도 아동 발달을 위해 필요한 기본적인 환경 자극을 제공할 수 없는, 즉 문화적 박탈(cultural deprivation) 상태는 일반적으로 사회경제적 지위(socioeconomic status: SES)가 낮은 경우와 연관성이 있는 것으로 보인다(Beirne-Smith et al., 2006). 한 연구(Duyme et al., 1999)에서 학대받은 낮은 IQ의 4~5세에 입양된 아동들을 14세에 다시 검사했더니, 평균 14점 이상 IQ 점수가 향상되었으며, 이러한 향상은 입양가족의 사회경제적 지위와 상관관계를 보였다.

Hart와 Risley(1995)는 부모의 언어 사용방식에 대한 연구를 실시하였다. 이 연구에서는 백인 전문직, 노동자 계층의 흑인과 백인, 최하층 생활보호대상자 흑인 가정을 방문하여 부모와 자녀의 상호작용을 관찰하였다. 그 결과, 전문직 가정의 부모가 자녀와 대화를 더 많이 시도하는 것으로 관찰되었다. 전문직 부모의 경우 자신의 경험과 정서에 대해 자세히 설명하고, 자녀의 필요, 요구, 관심거리에 대해 질문을 하고, 저녁식사를 하면서 함께 대화를 나누고, 특정 사안에 관한 대화에 자녀를 참여시키려고 노력하는 경향이 있었다. 전문직 부모는 자녀와 시간당 평균 2,000단어를 말하고, 꾸중보다는 칭찬을 더 많이(꾸중 한 번에 칭찬 여섯 번) 하는 것으로 관찰되었다. 반면, 노동자 가정의 부모는 자녀에게 말을 별로 걸지 않고, 말하는 내용은 대개 '요구' 형태이며, 자녀의 지적 호기심을 자극하지 못하고, 부모의 대화 주제에 자녀가 관심이 없을 것이라고 단정하여 대화에 참여시키지 않는 경향을 보였다. 노동직 부모는 자녀와 시간당 1,300단어를 말하고, 꾸중 한 번에 칭찬 두 번 정도의 비율로 아동과 상호작용을 하였다. 이 연구의 연구자들은 이런 식의 상호작용을 지속하게 되면 자녀가 3세 정도가 될 때 전문직 가정의 아동들이 노동직 가정의 아동들보다 50% 더 많은 어휘를 구사하게 된다고 주장하였다.

이 외에도 빈곤한 가정의 경우 잦은 이사를 경험하고 이사로 인한 스트레스와 준비되지 않은 상태로 학급에 배정받거나, 학습 진도가 다른 학교로 전학하거나 전학이 잦은 분위기의 학교에 출석하게 될 확률이 높아질 수 있다. 또한 빈곤한 가정일수록 규칙 위반 시 더 가혹하게 처벌하는 경향이 있는데, 이것이 아동기의 정서에 영향을 주고, 이는 결국 뇌발달에 악영향을 줄 수 있다(McLoyd, 1998).

이상에서 살펴봤듯이 빈곤 자체가 지적 발달을 저해하는 것은 아니다. 빈곤과 연관될 수 있는 다른 요인들로 인해 지적 발달을 위한 자극이 충분히 제공되지 않을 수 있다. 예를 들어, 지적장애를 유발하는 사회적 위험요인으로서의 빈곤은 출생 전 부모의 약물 복용이나 음주, 흡연과 같은 행동이나 출생 후 아동학대나 가정폭력, 부적절한 안전조치 등과 같은 다양한 '행동적 위험요인', 그리고 출생 전 임신 및 출산과 관련하여 전혀 지원을 받지 못하거나 부모로서의 준비가 덜 된 상태, 출생 후 부모의 양육기술이 부족한 상태 등의 '교육적 위험요인'과 밀접하게 연관되어 있다. 따라서 이러한 다양한 위험요인의 상호 영향을 고려하지 않고 지적장애의 원인을 밝히기는 어렵다.

(2) 모체의 영양 부족

임산부는 영양을 잘 섭취해야지만 극단적인 경우를 제외하고는 임산부의 영양 부족이 태아의 인지발달에 심각한 영향을 준다는 연구는 거의 없다. 왜냐하면 임신기 동안 모체의 호르몬 체계의 변화를 통해 모체의 영양 섭취와 상관없이 태아가 충분한 영양을 공급받게 되어 있기 때문이다(Osteria, 1982). 물론 극도의 기아 상태이거나 임신의 특정한 단계에 영양실조가 심각하게 발생한다면 결과는 달라질 수 있다. 또한 신생아의 출생 시 저체중은 임산부의 열악한 영양 상태 및 부적절한 체중 증가와 관련이 매우 높다(Widerstrom & Nickel, 1997). 그러나 일반적으로는 모체의 영양 부족만이 지적장애를 유발한다고 보지는 않는다. 단, 앞에서 살펴본 선천성 갑상선기능저하증의 경우 유전적 요인 외에도 임산부의 요오드 섭취 부족으로 인해 발생하기도 하니 주의해야 한다(Foreman, 2009).

(3) 납 중독

일반적으로 납에 노출될 수 있는 환경인 공장지대나 오래된 주거시설, 먼지나 오염물질 노출 등은 빈곤과도 연관된 요소들이다. 빈곤은 지적장애의 원인으로 지적되고 있으며, 이로 인해 납 중독의 영향과 빈곤과 연관된 다른 요인들의 영향이 혼재되어 있을 가능성도 있으나 최근 납이 아동의 건강과 지적 기능에 심각한 영향을 준다는 것이 밝혀졌다(Fewtrell et al., 2004). 납은 다른 중금속에 비해 생물학적 반감기(농도가 반으로 줄어드는 데까지 걸리는 시간)가 길어서 납에 중독되지 않도록 주의를 해야 한다. 납 중독은 치료보다는 예방이 중요하다. 선진국에서 혈중 납 농도 수준을 낮추는 데 결정적인 역할을 한 환경 변화는 납 성분이 함유되어 있지 않은 가솔린의 도입이다. 개발도상국에서 납 중독 아동의 90%는 여전히 납 성분이 함유된 가스를 사용하는 나라들에서 발견된다(Foreman, 2009).

2) 행동적 위험요인

행동적 위험요인은 당사자뿐만 아니라 부모의 부적절한 행동으로 인해 야기될 수 있는 잠재적인 위험요인들이다. 예를 들어, 출생 전 부모의 약물 복용이나 음주, 흡연과 같은 행동, 산전 관리에 도움이 안 되는 미성숙한 행동들, 출산 전후에 나타나는 부모의 육아 거부행위, 출생 후 부모의 아동학대나 가정폭력, 부적절한 안전조치, 사회로부터 아동을 격리하는 행위, 아동의 다루기 힘든 행동들 등이 해당된다.

태아가 자궁 내에서 독성물질에 노출될 때 태아 발달에 손상을 입는 대표적인 경우가 바로 모체의 알코올 섭취로 인한 태아알코올증후군(Fetal Alcohol Syndrome: FAS)이다. 1973년 Jones 등의 연구에 의해 많은 알코올 중독 임산부에게서 태어난 아이들이 특정한 유형의 안면기형을 갖고 있다는 것이 보고되었다. 연구 초창기에는 이러한 기형이 알코올 중독 임산부들이 보이는 낮은 학력, 부실한 영양 상태와 산전 관리 등의 영향 때문일 것이라고 추정되었다. 그러나 에탄올 자체가 가장 심각한 기형 유발물질

(teratogen)임이 이후 연구들을 통해 밝혀졌다. 알코올을 섭취하게 되면 단백질 합성이 저해되고, 세포 성장이 손상되며, 주요한 대사물질의 생성이 감소되고, 신경발달이 방해된다(Conlon, 1992). 태아알코올증후군의 주된 증상은 안면기형, 성장장애, 중추신경계 장애이다. 미국에서는 최근 신생아의 약 1% 정도를 차지할 정도로 높은 발생률을 보이고 있으며, 지적장애를 초래하는 주원인으로 주목받고 있다(Harris, 2006).

3) 교육적 위험요인

교육적 위험요인은 지적 능력과 적절한 적응기술을 발달시킬 수 있는 정보 제공 및 교육 지원의 부재로 인해 야기될 수 있는 위험요인들이다. 예를 들어, 출생 전 임신 및 출산과 관련하여 전혀 지원을 받지 못한 지적장애를 가진 부모의 상태, 부모로서의 준비가 덜 된 상태, 출산 전후에 필요한 중재를 위한 의료적인 의뢰를 하지 못한 상태, 출생 후 부모의 양육기술이 부족하거나 조기중재 서비스나 특수교육, 가족 지원 등이 적절하게 제공되지 못한 경우 등이 해당된다.

동일한 수준의 빈곤가정이라 할지라도 어머니가 지적장애를 가지고 있는 경우에는 그렇지 않은 경우에 비해서 자녀의 지능과 학업성취가 더 낮고, 더 많은 행동문제를 가지고 있으며, 가정환경과 어머니에 대한 사회적 지원도 더 부족한 것으로 나타났다. 일반적인 사회적 지원의 부족은 낮은 사회경제적 지위와 함께 자녀의 발달에 더 악영향을 끼치게 된다(Feldman & Walton-Allen, 1997). Ramey와 Ramey(1992)는 어머니의 지능 수준이 자녀가 3세가 되었을 때의 발달지체 위험을 예측해 주는 강력한 지표라고 주장하였다. 지적장애인 한부모가정에서 양육된 아동들의 발달에서 발견될 수 있는 문제점을 지적한 연구(Baroff, 1999)에서는 지적장애인 부모의 부적절한 양육은 아동을 거부하거나 아동의 복지에 대해 무관심해서가 아니라 부모 능력의 한계 때문일 가능성이 크다고 하였다. 이런 이유에서 지적장애인 가정의 자녀들의 적절한 성장을 돕기 위해서는 사회적 관심과 지원이 요구된다.

초저체중(1,000g 이하)으로 태어난 경우에도 장애 위험이 매우 크다고 알려져 있다. 그러나 약 30만 명의 광범위한 표집자료를 분석한 연구(Chapman et al., 2008)에 의하면, 이러한 저체중 신생아가 지적장애를 갖게 되는 데 결정적인 영향을 미치는 요인은 어머니의 학력 수준이었다. 이 연구에서는 어머니의 낮은 학력 수준(12년 이하의 교육 수준)은 극도의 저체중아로 태어난 아동 중 경도(24.2배)와 중등도(4.8배)/중도

(1.8배) 지적장애를 갖게 되는 것과 매우 밀접한 상관을 보였다. 이 외에도 낮은 어머니의 교육 수준이 아동의 높은 혈중 납 농도나 영양 결핍, 가정환경에서의 인지적 자극의 부족, 조기중재 서비스에 대한 지식과 접근에서의 제한성 및 아동기의 높은 상해율에 영향을 준다는 연구 결과들이 있다.

5. 지적장애 예방을 위한 지원

1) 1차, 2차, 3차 예방지원 전략

　지적장애 예방을 위한 지원은 장애 예방에 대한 전통적인 의학적 모델이 더 이상 적절하지 않다는 인식을 기반으로 AAIDD의 새로운 진단, 분류, 진단체계와 맥락을 같이 하며 제시되었다(AAIDD, 2010). 앞서 살펴본 지적장애 원인에 대한 다중위험요인 접근법은 아동의 지적장애를 초래하는 개인과 가족의 삶의 여러 위험요인을 어떻게 예방할 것인가와 직접 연관된다. 이 접근법에서는 생의학적 요인뿐만 아니라 사회적·행동적·교육적 요인들이 복잡하게 상호작용하고, 한 개인이 가진 위험요인뿐만 아니라 그 개인의 부모 세대가 가진 위험요인도 결국 지적장애를 초래하는 원인으로 작용할 수 있다는 것을 보여 준다. 따라서 지적장애의 원인에 대한 이러한 접근법에서는 그 개인과 가족이 건강한 삶을 살 수 있도록 지원하는 것이 지적장애에 대한 최선의 예방책이라는 결론이 도출될 수밖에 없다.

　AAIDD에서는 이러한 기본적인 관점을 토대로 지적장애를 초래할 수 있는 위험요인에 대한 예방적 노력을 다음과 같이 세 단계로 제시하였다.

　첫째는 1차적 예방이다. 1차적 예방이란 질병이나 장애 자체의 출현을 예방하기 위한 지원을 말한다. 예를 들어, 예방접종을 통해 아동들이 심각한 질병에 노출되지 않게 한다든지, 임산부에게 술이나 약물과 같은 기형 유발물질에 접근하지 못하도록 교육하고 지원한다든지, 낙상의 위험이 있는 장소에는 아동이 접근하지 못하게 하는 등의 사전 예방 프로그램을 말한다. 이러한 지원을 통해 태아와 아동 그리고 부모는 건강한 상태를 유지할 수 있게 된다.

　둘째는 2차적 예방이다. 2차적 예방이란 이미 어떤 상태나 질병의 영향을 받고 있는 개인에게서 장애나 증상이 나타나는 것을 예방하는 지원을 말한다. 다시 말해, 장애를 초래할 위험이 현재 있음을 조기에 파악하고, 즉각 조치해서 장애로 진척되지 않도록 하는 노력을 말한다. 예를 들어, 극도의 저체중아로 태어난 아동은 여러 가지 질병에 노출되거나 발달이 지체될 위험이 있다. 그러나 적절한 의학적 관리와 치료를 하고 적절한 조기중재 프로그램을 제공한다면, 저체중이라는 상태를 없앨 수는 없지만 그로 인해 초래될 수 있는 문제는 발생하지 않게 예방할 수 있다. 또 다른 예로는 페닐케톤뇨증과 같은 대사장애가 있는 신생아를 위해 선별검사를 하는 것을 들 수 있다. 모든 신생아를 대상으로 생후 7일 이내에 신생아 선별검사를 실시한다면, 페닐케톤뇨증 자체를 없앨 수는 없지만 즉시 식이요법을 시작하여 질환의 영향을 최소화하고 정상적으로 건강한 상태를 유지하게 할 수 있다. 이렇듯 2차적 예방은 장애 위험을 조기에 발견하는 것뿐만 아니라 발견된 위험의 영향을 최소화하여 장애로 발전하지 않도록 조치하거나 중재를 하는 과정 모두를 포함한다.

셋째는 3차적 예방이다. 3차적 예방은 장애로 인해 나타날 수 있는 기능상의 어려움을 최소화하기 위한 지원이다. 3차적 예방은 개인의 전반적인 기능을 향상시키는 것을 목표로 한다. 예를 들어, 중도 지적장애가 있는 아동에게 통합된 지역사회에서 독립적인 삶을 살 수 있도록 기능적인 교육과정으로 교수하고, 적절한 전환교육을 통해 직업기술과 태도를 갖추게 하고 취업할 수 있도록 지원하는 것이 3차적 예방에 해당될 것이다. 이미 장애가 있는 아동의 가정에서 빈곤으로 인해 겪는 여러 어려움을 최소화하기 위해 부모에게 직업교육을 하여 취업 기회를 제공하고, 위험하지 않은 주거지역에 정착하여 살 수 있도록 지원하며, 자녀가 꾸준히 특수교육을 받을 수 있도록 안정된 삶의 기반을 마련해 준다면, 이 역시 3차적 예방이 될 것이다. 이렇듯 3차적 예방은 장애의 영향을 최소화하여 전반적인 기능을 향상시키는 것에 중점을 둔다.

제1장에서 설명하였듯이, 건강이란 신체적 · 정신적 · 사회적 안녕 상태로 정의될 수 있다. 지적장애 예방을 위한 지원은 개인과 가족의 건강한 삶에 초점을 둔다. 예를 들어, 납 중독은 사회적으로 열악한 환경에서 지적장애를 초래할 수 있는 위험요인이다. 이에 대한 예방지원 활동은 주택과 주변 환경을 철저하게 검사하여 납에 오염된 환경인 것을 밝혀, 가족 모두가 납에 노출되지 않고 건강하게 살 수 있도록 좀 더 안전한 환경을 제공하는 것이다.

어떤 예방지원 전략은 맥락에 따라 1차적 예방이 되기도 하고 2차적 예방이 되기도 한다. 또 어떤 전략의 경우에는 2차적 예방지원 전략이면서 동시에 3차적 예방지원 전략으로 제공될 수도 있다. 예를 들어, '적당한 의학적 관리 및 치료'는 장애를 유발하는 상태가 되거나 질환이 나타나는 것을 예방할 수도 있고(1차적 예방), 페닐케톤뇨증이나 저체중아처럼 이미 생리적으로 장애를 유발할 수 있는 질병이나 상태에 있다 하더라도 장애로 발전하지 않도록 예방할 수도 있으며(2차적 예방), 만성적인 심장 결함이 있는 다운증후군 아동의 경우 꾸준한 관리와 진료를 통해 신체적 기능이 저하되지 않도록 예방할 수도 있을 것이다(3차적 예방). 이뿐 아니라 어떤 예방지원 전략의 경우 맥락에 따라 사회적 위험요인과 행동적 위험요인을 모두 다룰 수도 있다. 예를 들면, 빈곤 퇴치를 위해 실시하는 정부의 정책은 일자리를 늘리고 기초수급자를 관리하는 등의 활동으로 이어질 것이고, 결국 빈곤과 연관된 여러 요인(예: 열악한 환경, 가정폭력, 알코올 중독, 자녀와의 상호작용 질 등)이 개선될 수 있다.

2) 출생 전 예방지원 전략

(1) 유전상담

유전상담은 현재 유전적 장애를 갖고 있거나 장애의 위험이 있는 개인에게 유전질환에 대해 이해하도록 하여 장애를 예방하거나 경감시키는 방법에 대한 조언을 제공하는 과정이다. 유전상담은 진단과정상 필요한 유전검사의 종류를 설명하고, 이를 통해 기대할 수 있는 정보와 효과 등을 제시하여, 유전 진단 참여 여부를 선택할 수 있도록 돕는다. 또한 보인자, 발병, 임신 확률 등에 대한 정보를 제공하여 유전질환의 두려움에서 벗어나 긍정적이고 적극적으로 대처할 수 있도록 지원한다. 가장 중요한 유전상담의 원칙은 당사자 스스로 결정할 수 있는 자율성을 보장하도록 하는 비지시적 상담(non-directive counseling)이다. 즉, 상담 과정에서 강제가 없이 관련 사실이나 대안과 기대되는 효과 등에 대한 모든 정보를 제공해야 한다. 아울러 개인의 비밀을 보장하는 것도 매우 중요한 상담의 원칙이다. 상담 의뢰자에게만 정보가 제공되어야 하며, 다른 가족에게 사실을 알리는 것은 당사자가 결정해야 한다.

(2) 유전검사

유전질환의 진단을 위해 실시하는 유전검사는 대상에 따라 세 종류로 구분된다. 첫째, 세포유전검사는 염색체 수의 이상과 구조상의 이상을 분석한다. 둘째, 분자유전검사는 원인 유전자가 알려진 유전자 질환에서 DNA 염기서열의 이상을 분석하여 질환을 진단한다. 셋째, 생화학적 유전검사는 유전자의 산물을 검사한다. 유전질환의 진단을 위해서는 이 중 한 검사를 수행할 수 있지만, 실제로는 세 검사 모두 상호 보완적인 성격이 강하다. 따라서 하나의 질환을 진단할 때 여러 검사방법을 종합적으로 실시하는 것이 바람직하다.

(3) 유전질환의 산전 검사

산전 검사는 유전질환 중 아동에게 증상이 나타나더라도 치료방법이 없는 질환에 대해 실시하는 것이 일반적인 원칙이다. 또한 가계 내에 정확하게 유전질환으로 진단된 사례가 있을 때만 실시한다. 산전 진단은 임신 9~10주 사이의 융모막 검사나 15~18주 사이의 양수 채취를 통해 진행된다.

3) 출생 시 예방지원 전략

출생 시 예방지원 전략은 다양한 선별검사 과정을 통해 발생 가능한 문제를 예측하고 진단하여 그에 적합한 조치를 할 수 있도록 계획하는 것에 중점을 둔다.

(1) 아프가 점수

아프가 점수(apgar score)는 출산 직후 신생아의 건강 상태를 빠르게 평가하기 위해 만든 점수체계이다. 아프가 점수는 신생아를 다섯 가지 항목에 따라 한 항목에 최소 0점, 최대 2점을 주고, 이 점수를 다 합해서 상태를 평가한다. 다섯 가지 항목은 ① 피부색, ② 맥박, ③ 반사와 과민성 ④ 근긴장도, ⑤ 호흡이다. 검사는 출산 1분 후와 5분 후에 이루어진다. 3점 이하면 치명적으로 낮은 점수, 4~6점은 약간 낮은 점수, 7~10점은 정상 점수로 해석한다. 아프가 점수를 이용한 선별검사는 장애 위험 영아에 대한 조기 판별이 적극적으로 진행되고, 즉각적이고 집중적인 조기중재가 시작될 수 있도록 돕는다(Beirne-Smith et al., 2006).

(2) 신생아 대사질환 선별검사

신생아 선별검사는 조기 치료와 중재로 장애를 예방하거나 최소화하기 위해서 유전적인 대사질환을 가진 신생아를 발견하기 위해 실시된다. 검사방법은 대사산물을 분석하는 장비를 이용하고, 특정 돌연변이의 빈도가 높은 경우에는 분자유전검사를 시행하기도 한다. 우리나라의 경우 2006년부터 6종(페닐케톤뇨증, 갑상선기능저하증, 갈락토스혈증, 호모시스틴뇨증, 단풍당뇨증, 선천성 부신과형성증)의 선천성 대사질환의 검사 비용을 국가에서 전액 지원하고 있다. 검사 후 대사장애를 가진 것으로 판별되면 적극적이고 체계적인 식이요법이나 호르몬 요법 등을 계획하여 대사질환이 심각한 장애로 발전하지 않도록 지원한다.

4) 출생 후 예방지원 전략

출생 후 예방지원 전략은 1차, 2차 및 3차 예방이 모두 진행될 수 있다. 의료적 · 특수교육적 · 공중보건 정책적 차원에서 계획되고 실행되어야 한다. 지적장애에 대한 네 가지 위험요인 모두를 고려하여 진행되어야 한다. 이는 지적장애가 선천적으로 개인이 가진 생물학적 요인에 의해서 결정되는 것이 아니라 다양한 요인의 상호작용을 통해 나타나는 기능 상태이기 때문이다. 출생 직후부터 영유아기와 학령기 그리고 성인기에 이르기까지 한 개인의 기능을 향상시켜서 궁극적으로 건강한 상태를 유지하며 독립적인 삶을 살 수 있도록 지원하기 위해 다양한 특수교육적인 노력이 이 장에서 다룬 예방지원 맥락에서 이해될 수 있다.

5) 포괄적 예방지원 프로그램 개발

포괄적 예방지원 프로그램은 개별화된 접근을 통해서 개발된다. 앞에서 밝혔듯이 개별화된 포괄적 예방지원 프로그램은 개인뿐만 아니라 가족 구성원 모두를 고려한다. 〈표 3-4〉는 예방지원 프로그램 개발이 앞에서 제시한 다중위험요인 접근법과 어떤 방식으로 연결될 수 있는지를 잘 보여 준다. 또한 1차적 예방뿐만 아니라 2차적 · 3차적 예방을 위한 프로그램이 어떻게 유기적으로 연결될 수 있는지도 잘 보여 주고 있다. 이러한 예방지원 프로그램을 계획하고 실천하기 위해서는 1단계에서는 특정한 사례에서 확인할 수 있는 모든 유형의 위험요인과 요인들 간 상호작용을 확인하여 기술하고, 2단계에서는 확인된 위험요인과 그 요인 간 상호작용을 다룰 수 있는 예방전략을 기술한다. 3단계에서는 지원을 실시하고 그 결과로서 개인과 가족의 기능이 향상되고 건강한 상태를 회복했는지를 확인해야 한다.

〈표 3-4〉　태아알코올증후군 아동을 위한 지적장애 예방지원 프로그램 계획의 예

범주	확인된 위험요인	예방지원
생의학적 요인	• 태아알코올증후군 • 선천적 심장질환	• 영양섭취 지원하기 • 심장질환에 대한 의료적 처치 및 수술 치료
사회적 요인	• 가정의 경제적 어려움 • 주택이 없음(노숙) • 부적절한 양육기술	• 가족 지원하기 • 부모의 직업기술 훈련 제공하기 • 양육기술 개발하기
행동적 요인	• 부모의 중독성 물질 남용 • 아동학대 및 방임	• 알코올 중독 치료 제공하기 • 가정폭력 예방 프로그램 제공하기
교육적 요인	• 적절한 조기중재 서비스 부족	• 조기중재 프로그램에 등록시키기
위험요인 간 상호작용	• 어머니의 빈곤한 상태와 폭음이 산전 관리 부족과 태아알코올증후군을 초래함 • 노숙으로 인해 적절한 조기중재 서비스를 받기 힘듦	• 알코올 중독 치료와 직업훈련을 통해 산전 관리와 임신 시 음주를 방지할 수 있음 • 가족 지원과 직업훈련을 통해 정착된 주거생활과 지역사회 내 조기중재 프로그램에 등록할 수 있도록 함

출처: AAIDD (2010), p. 131.

 요약

1. 지적장애 원인에 대한 이해의 중요성

- 지적장애의 원인은 지적장애인의 건강과 관련된 다른 요인들과 연관되어 있을 수 있다.
- 행동표현형을 보이는 원인을 이해하여 필요한 기능적 지원 요구를 예측할 수 있다.
- 지적장애의 원인을 이해함으로써 적절한 접근을 통해 장애를 최소화하거나 예방할 수 있다.

2. 지적장애 원인에 대한 다중위험요인 접근법

- 다중위험요인 접근법은 지적장애를 초래할 수 있는 위험요인을 생의학적 요인, 사회적 요인, 행동적 요인, 교육적 요인으로 구분한다.
- 다중위험요인 접근법은 위험요인이 발생하는 시기를 출생 전, 출생 전후, 출생 후로 구분한다.
- 장애 위험요인의 세대 간 효과는 장애 예방지원을 아동뿐만 아니라 가족 모두에게 제공해야만 하는 가장 근본적인 이유를 제공한다.

3. 생의학적 위험요인

- 생의학적 위험요인은 생물학적인 처리과정과 관련 있는 다양한 위험요인이다.
- 생의학적인 위험요인에 대해 이해하기 위해서는 세포, 염색체, 유전자 그리고 유전에 대한 기본적인 지식이 필요하다.
- 염색체 이상은 세포가 분열되는 과정에서 나타나는 염색체 수의 이상과 염색체 구조의 이상으로 구분된다.
- 유전자 이상에는 유전자 돌연변이와 상염색체의 유전자 유전 및 성염색체의 유전자 유전이 있다.
- 행동표현형은 장애 아동이 갖고 있는 유전자 질환에 따라 나타나는 행동 유형들이다.
- 행동표현형뿐만 아니라 아동 개인과 환경에 대한 면밀한 관찰과 평가를 통해 실제적이고 잠재적인 장점과 약점을 확인하고 분류하여 지원 요구를 파악해야 한다.

4. 사회적 · 행동적 · 교육적 위험요인

- 사회적 위험요인은 아동 발달에 영향을 줄 수 있는 자극과 상호작용의 질을 좌우하는 여건에서 초래되는 요인들이다.
- 행동적 위험요인은 당사자뿐만 아니라 부모의 부적절한 행동으로 인해 야기될 수 있는 잠재적인 위험요인들이다.
- 교육적 위험요인은 지적 능력과 적절한 적응기술을 발달시킬 수 있는 정보 제공 및 교육지원의 부재로 인해 야기될 수 있는 위험요인들이다.

5. 지적장애 예방을 위한 지원

- 1차적 예방은 질병이나 장애 자체의 출현을 예방하기 위한 지원을 통해 이루어진다.
- 2차적 예방은 이미 어떤 상태나 질병의 영향을 받고 있는 개인에게서 장애나 증상이 나타나는 것을 예방하는 지원을 통해 이루어진다.
- 3차적 예방은 장애로 인해 나타날 수 있는 기능상의 어려움을 최소화하기 위한 지원을 통해 이루어진다.
- 포괄적 예방지원 프로그램은 장애 아동 개인뿐만 아니라 가족 구성원 모두를 고려한 개별화된 접근을 통해서 개발된다.

참고문헌

권경훈, 정해원(2010). 염색체 모자이즘의 임상적 의의. *Journal of Reproductive Medicine and Population, 23,* 66-70.

권병운, 현경희, 한진형, 김소미, 이상석, 추영광, 이은경(2009). 뚜렷한 신경학적 증상없이 통풍성 관절염만으로 발현된 HPRT 완전결핍증(Lesch-Nyhan 병) 1례. *The Korean Journal of Nephrology, 28,* 58-62.

김진경, 기창석, 김종원(2002). MECP2 유전자 돌연변이가 확인된 Rett 증후군 1례. 소아과, 45(4), 540-544.

이지은, 문광빈, 황종희, 권은경, 김선희, 김종원, 진동규(2002). Parader-Willi 증후군의 임상양상 및 유전학적 진단에 관한 고찰. 소아과, 45(9), 1126-1133.

조현찬(2011). 프라다 윌리 증후군 진단적 접근. http://www.korea healthlog.com/3524

질병관리청 희귀질환헬프라인(2021). http://helpline.kdca.go.kr

최현석(2007). 유전자의 비밀지도. 서울: 지성사.

희귀난치성질환센터(2009). 희귀난치성질환자료 33: 유전성 대사질환. 서울: 희귀난치성질환센터.

American Association on Intellectual & Developmental Disabilities (AAIDD). (2010). *Intellectual disability: Definition, classification, and system of supports* (11th ed.). Washington, DC: Authors.

Baroff, G. (1999). *Mental retardation: Nature, cause, and management* (3rd ed.). Philadelphia, PA: Brunner & Mazel.

Beirne-Smith, M., Patton, J. R., & Kim, S. H. (2006). *Mental retardation: An introduction to intellectual disabilities* (7th ed.). Upper Saddle River, NJ: Prentice Hall.

Chapman, D. A., Scott, K. G., & Stanton-Chapman, T. L. (2008). Public health approach to the study of mental retardation. *American Journal on Mental retardation, 113*(2), 102-116.

Conlon, C. J. (1992). New threats to development: Alcohol, cocaine, and AIDS. In M. L. Batshaw & Y. M. Perret (Eds.), *Children with disabilities: A medical primer* (pp. 111-136). Baltimore, MD: Paul H Brookes.

Duyme, M., Dumaret, A., & Tomkiewicz, S. (1999). How can we boost IQs of dull children? A late adoption study. *Proceedings of the National Academy of Sciences of the United States of America, 96,* 8790-8794.

Feldman, M. A., & Walton-Allen, N. (1997). Effect of maternal mental retardation and poverty on intellectual, academic, and behavior status of school-age children. *American Journal on Mental Retardation, 101,* 352-364.

Fewtrell, L. J., Pruss-Ustun, A., Landrigan, P., & Ayuso-Mateos, J. L. (2004). Estimating the global burden of diseases of mild mental retardation and cardiovascular diseases from environmental lead exposure. *Environmental Research*, *94*, 120-133.

Foreman, P. (2009). *Education of students with an intellectual disability: Research and practice*. Charlotte, NC: Information Age Publishing Inc.

Harris, J. C. (2006). *Intellectual disability*. New York: Oxford University Press.

Hart, B., & Risley, T. R. (1995). *Meaningful differences in the everyday experience of young american children*. Baltimore, MD: Paul H. Brooks.

Hodapp, R. M., & Dykens, E. M. (2007). Behavioral effects of genetic mental retardation disorders. In J. W. Jacobson, J. A. Mulick, & J. Rojahn (Eds.), *Handbook of intellectual and developmental disabilites* (pp. 115-131). New York: Springer.

Jarrold, C., Hartley, S. J., Phillips, C., & Baddeley, A. D. (2000). Word fluency in williams syndrome: Evidence for unusual semantic organization? *Cognitive Neuropsychiatry*, *5*, 292-319.

Kar, B. R., Rao, S. L., & Chandramouli, B. A. (2008). Cognitive development in children with chronic protein energy malnutrition. *Behavioral and Brain Function*, *4*(31), 1-12.

Ledgar, W. L. (2008). Perinatal infections and fetal/neonatal injury. *Current Opinion in Obstetrics and Gynecology*, *20*, 120-124.

McDermott, S., Durkin, M. S., Schupf, N., & Stein, Z. A. (2007). Epidemiology and etiology of mental retardation. In J. W. Jacobson, J. A. Mulick, & J. Rojahn (Eds.), *Handbook of intellectual and developmental disabilities* (pp. 3-40). New York: Springer.

McLoyd, V. C. (1998). Socioeconomic disadvantage and child development. *American Psychologist*, *53*, 185-204.

O'Brien, G. (2000). Behavioral phenotypes. *Journal of the Royal Society of Medicine*, *93*, 618-620.

Olson, L., & Houlihan, D. (2000). A review of behavioral treatments used for lesch-nyhan syndrome. *Behavior Modification*, *24*(2), 202-222.

Osteria, T. S. (1982) Maternal nutrition, infant health and subsequent fertility. *Philippine Journal of Nutrition*, *35*(3), 106-111.

Penner, J. D., & Brown, A. S. (2007). Premorbid anomalies and risk of schizophrenia and depressive disorders in a birth cohort exposed to prenatal rubella. *School Psychology Quarterly*, *22*(1), 58-73.

Ramey, C. T., & Ramey, S. L. (1992). Effective early intervention. *Mental Retardation*, *30*, 337-345.

Steffenburg, U., Hagberg, G., & Hagberg, B. (2001). Epilepsy in a representative series of rett syndrome. *Acta Paediatrica*, *90*, 34-39.

Sybert, V. P., & McCauley, E. (2004). Turner's syndrome. *The New England Journal of medicine, 351*(12), 1227-1238.

Tarleton, J. C., & Saul, R. A. (1993). Molecular genetic advances in fragile X syndrome. *The Journal of Pediatrics, 122*(2), 169-185.

Waite, J., Heald, M., Wilde, L., Woodcock, K., Welham, A., Adams, D., & Oliver, C. (2014). The importance of understanding the behavioural phenotypes of genetic syndromes associated with intellectual disability. *Paediatrics and Child Health, 24*(10), 468-472.

WHO (2021). Malnutrition. http://who.int/news-room/fact-sheets/detail/malnutrition

Widerstrom, A. H., & Nickel, R. E. (1997). Determinents of risk in infancy. In A. H. Widerstrom, B. A. Mowder, & S. R. Sandall (Eds.), *Infant development and risk* (2nd ed., pp. 61-88). Baltimore, MD: Brookes.

Wodrich, D. L., & Tarbox, J. (2008). Psychoeducational implications of sex chromosome anomalies. *School Psychology Quarterly, 23*(2), 301-311.

Yaqoob, M., Bashir, A., Zaman, S., Ferngren, H., von Dobeln, U., & Gustavson, K. H. (2004). Mild intellectual disability in lahore, pakistan: Aetiology and risk factor. *Journal of Intellectual Disability Research, 48*(7), 663-671.

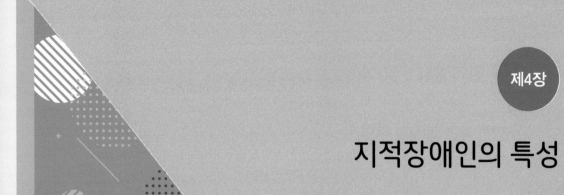

제4장

지적장애인의 특성

김미선

이 장에서는 지적장애의 일반적인 특성에 대해서 살펴보려고 한다. 지적장애인의 특성을 알기 위해서 가장 확실하고 바람직한 것은 가까이서 그들과 함께 시간을 보내면서 직접 배우고 느끼는 것이다. 우리가 할 수 있는 최선은 그동안 입증된 부분에 대한 탐색이다. 그럼에도 이 작업에서 독자들이 유의해야 할 점은 여전히 우리는 지적장애인의 모든 것에 대해서 이야기할 수 없으며 모든 사례에 적용할 수는 없지만 가장 일반적인 이야기를 통해서 지적장애의 특성을 이해한다는 것이다. 우리가 알게 되는 특성에 대한 지식은 일반적으로 지적장애인의 정도에 따라 적용될 것이나 실제로는 이와 사뭇 다르고 매우 다양하다.

특수교육과 관련된 사람들은 왜 장애의 특성에 대해 관심이 있으며 이해하고자 하는가? 아마도 교육에 종사하는 사람이라면 지적장애를 지닌 사람을 위해서 어떻게 보다 효율적이고 효과적으로 일할 것인가의 문제를 해결하기 위해서일 것이다. 또 지적장애 학생의 현실과 그 특성의 전제 사이의 차이를 줄이기 위해서일 것이다. 우리 모두가 다르듯이, 실상은 우리가 만나는 지적장애인들도 다르다. 많은 사람이 아직까지 지적장애를 떠올릴 때 부정적인 면들을 먼저 생각할 것이다. 그러나 우리에게 보다 유익한 것은 그들이 무엇을 할 수 없거나 취약하다는 것보다 할 수 있는 것이 무엇인가로 이해하고 설명하는 것이다. 또한 지적장애인의 문화적 환경의 취약성에 주목하여 지적장애의 특성은 지적장애인이 도전하게 될 교육적 과제와 연결되며, 곧 그것이 그들이 요구하는 교육적 필요와 지원이라고 생각하는 것이 교육적으로 더 효과적이고 타당할 것이다.

1. 인지발달

1) 양적 측면 대 질적 측면

　지적장애는 발달 시기에 나타나는 장애이다. 발달의 지체(delay)를 보이는 지적장애 학생의 경우 동기나 다른 비인지적 요소가 개입되지 않는다면 단순한 인지능력은 일반 아동과 차이가 나지 않는다. 혹은 최고 발달 수준은 일반 학생에 비해 낮지만 유사한 양상을 보인다. 발달의 차이(difference)를 보이는 지적장애 학생은 일반 학생에 비해 과제 수행능력이 낮고 발달단계의 규칙도 다르다. 지적장애를 지닌 학생의 인지능력에 대한 발달론과 차이론은 아직도 논쟁 중이다.

　발달론의 관점은 발달 속도는 느리지만 정상과 같은 순서로 같은 단계를 거쳐서 발달한다는 것이다. 이는 주로 경도 지적장애를 설명할 때 유용하다. 경도 지적장애 학생은 비록 속도가 늦고 궁극적인 기능 수준이 낮다고 해도 그보다 어린 아동과 같은 발달 순서로 같은 발달단계를 거친다는 것이다. 이러한 모델을 통해서 지적장애 학생의 교수전략은 주로 정신연령에 초점을 맞추어 조정된다.

　그러나 차이론은 지적장애의 인지발달이 일반 아동과는 다르며 인지과정과 정보처리 방식 등에서 질적으로 차이가 있다는 관점이다. 이 접근의 교육적 함의는 지적장애의 결함을 없애거나 감소시키는 특별한 교수방법과 교재가 필요하다는 것이다. 인지발달에 영향을 주는 요소는 다양하다. 지적장애의 인지발달 특성의 일부가 환경의 영향에 기인한다는 것은 일반적인 견해이다(Neiss & Almeida, 2004). 제한된 환경자극, 체계적인 설명의 부족, 제한적인 동기부여 등은 지적 발달에 제한을 일으킨다.

2) Piaget의 인지발달 이론

　Piaget는 환경과의 계속적인 상호작용과 환경에 대한 적응 그리고 환경에 대한 지각을 통해 아동의 발달이 이루어진다고 보았다. 그에 따르면 인지발달은 〈표 4-1〉과 같이 반드시 거쳐야 하는 네 단계를 거치고 각 발달단계를 통해서 다음 단계로 성장한다.

　Piaget의 이론은 지적장애 학생에게도 적용된다. 지적장애 학생의 경우 각 발달단계에 도달하는 연령이 늦을 것이고, 지적장애의 수준이 심각할수록 발달 속도도 느릴 것이다. Inhelder(1968)는 경도 지적장애 학생은 구체적 조작기에, 중도 지적장애 학생은 전조작기 이전에 머무를 것이라고 하였다.

〈표 4-1〉 Piaget의 인지발달 단계

단계	특징	예
감각운동기: 출생 후 2세까지	목표지향 행동	손에 닿지 않는 곳에 있는 물체를 꺼내기 위해 그것에 달려 있는 끈을 잡아당기거나 깔개를 잡아당겨 손에 넣을 수 있다.
	대상영속성	장난감이 치워졌어도 엄마 뒤에 있다는 것을 알고 찾는다.
전조작기: 2세에서 7세까지	언어능력 성장과 과잉일반화	"할아버지도 식사하고 동생도 식사하셔."라고 말한다.
	상징적 사고	베개를 아기처럼 업고 다니고 토닥거리며 재우는 시늉을 한다.
	지각에 의한 지배	수도꼭지 안에 물이 담겨 있다고 생각한다.
구체적 조작기: 7세에서 11세까지	구체물의 논리적 조작	저울에서 평형을 이룬 물체는 하나가 다른 것보다 부피가 커도 무게가 같다고 한다.
	분류와 서열화	접시를 큰 순서대로 배열한다.
형식적 조작기: 11세 이후	추상적이고 가상적인 문제 해결	생각할 일이 많아서 잠이 안 오는 것이 아니라 지금 해야 할 일이 많아서 잠이 안 오는 것이라고 판단한다.
	조합적인 사고	햄, 치즈, 계란, 빵으로 몇 가지 샌드위치를 만들 수 있을지 생각할 수 있다.

3) Vygotsky의 사회문화 이론

Vygotsky는 아동의 인지발달에는 사회문화적 요인이 기여한다고 하였다. 인지발달에는 문화적 맥락 속에 내포된 사회적 상호작용과 언어가 직접적인 영향을 준다. 학습은 더 많은 지식을 가진 사람과 상호작용하는 경험을 통해 일종의 교육적 혜택으로 증진될 수 있는데, 이와 같은 상황을 근접발달영역(zone of proximal development)에서 이루어지는 경험이라 한다. 지적장애 학생은 그들이 숙달해야 하는 과제에 대해서 근접발달영역을 가지고 있어야 한다. 또한 새로운 것을 학습할 때는 비계(scaffolding, 발판)가 제공되어야 한다. 비계설정은 지적장애 학생이 혼자 완수할 수 없는 과제를 완수하도록 도와주는 성인이나 보다 기술이 뛰어난 다른 학생의 안내와 지원으로 지적장애

학생의 필요에 따라 교수활동을 조정하는 것이다. 〈표 4-2〉는 비계의 유형과 예를 나타낸다.

〈표 4-2〉 비계의 유형과 예

유형	예
모델링	교사가 학생에게 먼저 시범을 보인다.
소리 내어 생각하기	교사가 문제를 풀면서 문제풀이의 과정을 소리 내어 말한다.
질문	중요한 시점에서 관련 질문을 던져 학생이 쉽게 문제를 이해할 수 있도록 한다.
교수학습 자료 조정하기	뜀틀 높이를 낮추었다가 익숙해지면 뜀틀 높이를 높여 준다.
조언과 단서	운동화 끈을 끼울 때 엇갈려 가면서 끼우는 것에 대한 힌트를 준다.

Piaget와 Vygotsky의 이론은 오늘날 교육 현장에서 아동이 주위와 상호작용하면서 어떻게 학습하고 발달하는지에 대한 우리의 이해를 돕는다. 또한 지적장애 학생을 위한 교육과정에서 실제의 경험을 강조하면서 느린 발달 속도와 기능의 최적 수준을 고려할 수 있도록 하고 발달과 차이에 대한 아이디어를 제공한다.

2. 학습 특성

1) 주의

우리가 학습하는 과정은 수행 중인 과제에 필요한 자극에는 주의를 기울이고 관련 없는 자극은 무시하는 선택적 주의 집중(selective attention)과 시간의 흐름에 따라 일정 시간 동안 환경에서 방해하는 자극을 억제하면서 집중된 주의 유지로 이루어진다. 지적장애 학생들은 흔히 교사들로부터 산만하고 주의 집중 시간이 짧다고 묘사되기도 한다. 그들은 그 정도에 차이가 있지만 선택적 주의 집중과 주의 유지(sustained attention)에 어려움을 보일 수 있으며, 이는 장애가 심각할수록 더 심한 경향이 있다. 대체로 지적장애 학생은 일반 학생에 비해 계획하는 것에 어려움을 보이고, 문제의 결정적인 측면에 어떻게 주의를 기울이지는 모르거나, 동시에 많은 차원에 주의를 기울이거나, 학습 상황에서 관련된 자극에 초점을 맞추거나, 필요할 때 불필요한 자극을 버리거나, 한 과제에서 다른 과제로 주의를 이동하는 데 어려움을 보인다(Kittler, Krinsky-McHale, & Devenny, 2004; Richard et al., 2015). 결과적으로 지적장애 학생의 주의문제는 단기기억의 어려움을 가져올 수 있고, 따라서 학습에 어려움을 가져오게 된다.

　지적장애 학생이 과제의 특성을 이해하는 데 시간을 더 많이 사용하는 것은 확실하다. 그러나 주의 집중 능력은 연습이나 컴퓨터 기반의 방법을 통해서 증진될 수 있고 중도 지적장애를 지닌 경우도 환경자극을 통해서 주의가 개선될 수 있다(김성남, 2010). 주의 집중 결함은 지적장애 학생을 위한 효과적인 교수전략에서 반드시 고려되어야 하며 그들이 지니는 차이를 보상할 수 있도록 계획되어야 한다.

2) 기억

　일반적으로 지적장애 학생은 기억력에 결함을 보이며 학습 속도가 느리다. 인지적 손상이 심각하면 기억에서의 문제가 더 심하다(Owens, 2009). 지적장애 학생의 문제 영역은 단기기억(short-term memory) 또는 작동기억(working memory)과 정보처리 과정에서의 어려움이라 여긴다. 지적장애 학생은 비효과적인 시연전략을 지닌다. [그림 4-1]은 정보처리의 과정을 나타낸다.

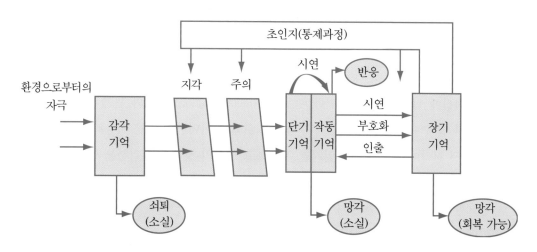

[그림 4-1] **정보처리과정**

출처: 신종호 외 역(2011).

환경으로부터 보고, 듣고, 맛보고, 냄새 맡고, 느낄 수 있는 자극이 우리에게 끊임없이 밀려든다. 감각기억(sensory memory)은 이러한 자극들을 최초로 처리하여 그 의미를 파악하게 한다. 정보들은 감각등록기에서 부호화되는데, 그중 어떤 정보를 단기기억으로 보낼 것인지는 지각(perception)과 주의(attention)가 결정하게 된다. 지각은 자극을 탐지하고 그에 의미를 부여하는 과정으로 감각정보를 해석하는 것이다. 그러나 우리는 모든 자극을 지각할 수 없다. 감각이 등록되면 학습을 위해서 어떤 자극에 마음을 기울이게 된다. 주의는 매우 제한적이어서 과제가 어려울 경우는 하나의 과제에만 주의를 기울일 수 있다.

정보를 기억하는 데는 주의도 기여하지만 학습전략도 중요하다. 단기기억은 단기간의 사용을 위해 정보를 보유하는 것으로, 몇 초나 몇 분에 걸쳐 내용을 회상할 수 있는 능력으로 투입된 정보를 조작하는 것을 강조한다. 작동기억은 다른 과제를 하면서 동시에 정보를 잊지 않고 기억해 두는 능력이다. 예를 들면, 학교에서 몇 분 전에 교사로부터 들은 일련의 작업과제를 순서대로 기억하면서 첫 번째 해야 할 일을 하는 것이다. 지적장애 학생은 단기기억이나 작동기억 속에 정보를 유지하는 시연활동과 정보를 범주화하는 데 문제가 있고 정보조작 속도가 느리다. 보통 단기기억의 용량이 7±2의 범위이나 지적장애 학생은 일반적으로 기억의 용량에도 제한이 있다.

장기기억(long term memory)은 기억된 정보가 시간이 경과한 후에도 회상되는 것이다. 지적장애 학생의 장기기억은 단기기억에 비해 덜 손상되어 일반 학생과 차이가 거의 없다고 한다. 따라서 단기기억에서 여러 가지 전략을 사용하고 훈련을 통해서 장기기억이 되고 필요할 때 인출하여 사용할 수 있다면 정보를 처리하는 데는 큰 어려움이 없게 된다. 그러나 그들은 자료의 조직화에는 어려움을 보인다(Burack, Hodapp, & Zigler, 1998).

지적장애 학생의 기억력 결함은 초인지(metacognition) 문제와 관계된다. 초인지는 주어진 일이나 문제를 해결하고 수행하기 위해서 어떠한 전략을 사용해야 할지, 그리고 어떤 전략이 가장 효율적인지를 평가하고 노력의 결과를 점검하는 능력이다. 지적장애 학생은 일반 학생에 비해 낮은 초인지를 지닌다. 새로운 상황에서 어떤 전략이 필요한지 잘 모르고 좋은 기억전략을 자발적으로 사용하지 못한다. 또한 자신이 하는 일에 대해 지속적으로 검토하며 결과와 효과성에 대해 점검하는 데 어려움이 있다. 이러한 문제는 자기조절(self-regulation) 능력의 어려움으로 나타난다. 자기조절이란 건설적으로 정서를 관리하고 초점을 잃지 않는 주의의 유지를 통해 자신의 행동을 조절하는 것이다. 그러나 대부분의 지적장애 학생은 자신의 통제과정을 바꾸는 법을 배울 수 있기 때문에 다양한 자기관리(self-management) 방법이 활용되고 있다. 이에 대해서는 제12장 '문제행동 지도의 실제'를 참조하기 바란다.

3) 모방과 일반화

지적장애 학생은 모델을 관찰하거나 모방하는 것을 통해서 학습하는 능력과 참여하는 것만으로 학습할 수 있는 우발학습(incidental learning, 우연학습) 능력이 부족하다(Gast, Doyle, Wolery, Ault, & Farmer, 1991). 우발학습은 다른 기능이나 개념 혹은 다른 상황으로 전이하거나 일반화하는 것과 관계가 있다. 지적장애 학생은 지식이나 기술을 새로운 과제, 상황, 환경에 적용하는 일반화와 이전의 경험을 새로운 상황에 활용하는 학습의 전이에 어려움을 보인다(Richard et al., 2015). 예를 들어, 한 교과에서 배운 단어를 다른 교과에서는 읽지 못하거나 교실에서 배운 것을 다른 곳에서는 적용하지 못하거나, 학교 안에 있는 카페에서는 음료를 사고 돈을 지불하고 거스름돈을 확인할 수 있지만 지역사회에 있는 가게나 식당에서는 계산할 때 어려움을 경험할 수도 있다. 또한 한 가지를 배우면 다른 것에 지나치게 적용하는 과잉일반화의 문제를 나타내기도 한다. 이러한 능력의 부족은 경도 지적장애 학생의 경우 학업 수행의 어려움으로 직결되며 또래에 비해 뒤떨어지는 학업성취를 보이게 된다. 중도 지적장애 학생은 학습이 가능하다고 해도 더 많은 시간이 필요하고, 모방과 일반화에 많은 어려움이 있으며, 더 적은 기술을 배우게 된다. 일반화는 자동적으로 이루어지지 않기에 교사의 명시적인 계획이 필요하다. 즉, 지적장애 학생의 현재와 미래를 고려한 일반화를 위해서는 기능적인 기술을 실생활에서 적용할 수 있도록 직접적이고 세부적이며 다양한 환경에서의 지도와 가능한 다양한 예와 자료를 포함하여 배운 내용을 적용해 볼 수 있는 충분한 참여와 집중적인 기회의 제공이 필요하다. 교사나 부모들은 중도 지적장애 학생일수록 모방과 우발학습의 기회 자체가 적다는 것을 기억해야 한다. 이에 대한 자세한 내용은 제8장을 참조하기를 바란다.

4) 교과 관련 학업성취

지적장애 학생은 또래에 비하여 학업기술의 문제로 주요 교과에서의 낮은 성취 수준을 보이고 체육이나 작업 등과 같은 비형식적인 교과에서도 어려움을 보인다(신진숙, 2010). 그러나 한 교과의 어려움이 지적장애 학생의 운동이나 예술 영역에서의 어려움을 담보하는 것은 아니다. 지적장애 학생의 낮은 학업성취는 평균 이하의 지능, 낮은 동기, 주의 집중과 유지의 문제, 느린 지각 속도, 더딘 학습 속도, 비효율적인 전략의 사용, 학업기술의 부재 등 인지처리 특성과 관계가 있다. 일반적으로 지적장애 학생은 순차적 사고기술 및 배경 지식이 부족하고 추론이나 문제 해결을 위한 개념 적용에 어려움이 있다. 이러한 전략 사용의 어려움은 수학과에서 두드러진다(김지예, 신진숙, 2008; 김현진, 2008). 교과 및 생활 관련 기술은 경제생활, 금전 관리 등으로 연결되며 이는 화폐계산 능력의 지도로 이어진다(이수진, 김우리, 2020). 그러나 많은 지적장애 학생은 자기교수와 자기평가, 최소 및 최대촉진법, 또래 모델링, 비디오 모델링, 컴퓨터중심 교수 및 지역사회중심 교수, 모델링, 사진자료 활용, 모의훈련, 역할놀이 등 적합한 교수전략을 선택하여 반복적인 학습을 통해 기초적인 읽기 · 쓰기기술과 수학기술을 발달시킬 수 있다(남윤석, 2008; 신진숙, 최진성, 2011; 이수진, 김우리, 2020).

지적장애 학생의 언어발달 지체도 학업성취에 어려움을 가중시킨다. 합성어 규칙의 이해 부족이나 음운 인식능력의 결손은 지적장애 학생의 문장 이해나 읽기발달 그리고 학습문제뿐 아니라 가정, 사회, 직장에서의 적극적인 참여와 일반적인 삶의 질 향상에 영향을 미친다(남영인, 정연수, 2013; Van Bysterveldt, Gillon, & Moran, 2006). 읽기는 지적장애 학생이 겪는 어려움이며 읽기 이해영역이 가장 취약하다(Taylor, Smith, & Richards, 2015). 읽기 기능은 일상적인 생활과 의사소통 및 지식 습득의 수단이 되기에 지적장애 학생은 국어과 등에서 학업 수행에 어려움을 겪을 수 있다. 지적장애 학생에 대한 읽기 중재는 주로 일상생활 기술 향상에 중점을 두어 지도하여 왔으나 최근 증거기반의 읽기 교수로 변화하고 있다(김영석, 2021; Hill, 2016). 지적장애 학생의 교육적 배치에 있어서 일반학급의 통합 혹은 특수학급에 배치되는 비율이 점차 증가하고 있으므로(Brock, 2018) 읽기 및 쓰기 등 국어과 중심으로 지도 영역이 확장될 필요가 있다(조영희, 김동일, 2020). 그렇다고 해서 아래 학년의 교과서로 가르치거나 내용을 단순화하는 것만으로는 이루어질 수 없고, 낮은 인지능력을 지닌 지적장애 학생에게는 더 긴 시간의 강도 높은 중재가 제공되어야 한다(Afacan et al., 2018). 국어과 관련 지적장애 학생을 대상으로 한 증거기반의 전략들은 일견단어, SQ3R 독해전략, 반복읽기, 빠른이름대기 훈련, 흥미를 반영한 쓰기, 자기조절전략의 활용, 독서지도 프로그램과 교과서의 연계, 반복학습형 CAI 프로그램 활용, 이야기문법 중심의 언어중재, 자기결정모델 활용, PASS 읽기 프로그램 활용, 그래픽 조직자, 심상정교화, 개별시도 교수, 컴퓨터 활용, 스마트러닝 기반의 언어경험 접근법, 인터넷 신문 활용, 북윔앱을 활용한 직접교수 등이 제안되고 있다(김영석, 2021; 조영희, 김동일, 2020). 따라서 앞서 언급한 여러 인지 특성을 고려하여 지적장애 학생 각자에게 맞는 교육계획에 대한 숙고가 필요하다. 이에 대한 내용은 제7장과 제8장 그리고 제13장에 구체적으로 언급되어 있으므로 참고하기를 바란다.

3. 심리 및 사회 · 행동적 특성

1) 동기와 실패에 대한 예상

학업 수행의 성공과 실패에 관련된 요소 중 하나는 동기이다. 동기는 우리의 행동을 일어나게 하고 지시하고 유지하게 하는 내적 상태이다. 지적장애인의 행동이나 수행에 결정적인 영향을 주는 것이 지적 결함이라는 인식 때문에 지적장애인의 인지적인 기능에 비해 동기적인 요소는 그동안 간과되어 왔다(김정은, 2007). 지적장애 학생은 그들의 지적인 능력에 비해 수행이 빈약하고 동기 소재에 따라 성취도의 차이를 보인다. 지적장애 학생의 학업 수행과 사회적 적용에 있어서 비인지적 요인이 인지적 요인보다 중요하게 작용하고 성격과 같은 정의적 특성이 성공적인 학교생활을 설명해 준다는 연구 결과에 주목할 필요가 있다(강영심, 황순영, 2006).

지적장애 학생 중에는 학습 동기가 높지 않아서 문제가 되는 경우가 있다. 어떤 학생은 어려운 문제를 해결하는 데 큰 즐거움을 느끼지 못한다는 것이다. 학교에서 새로운 과제나 어려운 과제를 수행할 때 적극적으로 참여하지 않거나 학습문제에 흥미를 보이지 않는 학생들이 더러 있다. 이러한 것은 처음부터 동기유발이 잘 안 되는 문제이기보다는 실패에 대한 높은 예상과 관계되는 학습된 무기력(learned helplessness) 때문이다. 학습된 무기력은 아무리 노력해도 성공할 수 없다고 믿는 것으로 인지적인 요소와 정서적인 요소를 모두 가지고 있다. 지적장애 학생은 실패에 대해 높은 예상을 한다. 즉, 그들은 잦은 실패로 인해 환경이나 사건 내에서 스스로 행동을 조절할 수 없다고 느낄 때 자신에 대해서 매우 낮은 기대를 하고, 과제를 열심히 하지도 않고 과제를 빨리 포기하는 등의 학습된 무기력을 보여 결과적으로 자신의 능력보다 낮은 과제 수행을 보이므로 예상된 실패가 현실로 나타나게 된다.

2) 외부지향성

　실패를 회피함으로써 생기는 또 다른 문제는 외부지향성(outer-directedness)이다. 이것은 문제를 해결할 때 자신의 내적인 인지능력을 사용하기 이전에 외부에서 단서를 찾으려고 하는 것이다. 지적장애 학생의 경우 해결해야 할 문제가 있을 때 교사나 부모의 도움으로 해결하려는 모습을 종종 보이곤 한다. 외부지향성은 지적장애만의 특성은 아니다. 그렇지만 대부분의 지적장애 학생은 그들의 낮은 능력 때문에 스스로 할 수 없다고 믿어 결과적으로 잦은 실패를 경험하게 된다. 성공했을 경우에도 그들의 힘이 아니라 교사나 부모가 도와주었거나 문제가 쉬웠기 때문이라고 여기기 쉽다. 이와 같은 부적절한 귀인(attribution)은 학업과 사회성에서의 자신감 결여와 같은 부정적인 자아인식을 가져오게 되고, 이는 다시 학업과 사회적 실행에 부정적인 결과를 가져오게 된다(Montague, 1997).

　물론 효율적인 문제 해결을 위해서는 자신의 내적 자원뿐만 아니라 외적 단서를 사용해야 한다. 그러나 지나친 외적 단서에의 의존은 자신의 능력으로 해결할 수 있는 문제에서도 의존하는 결과를 가져오게 된다. 외적 단서에 지나치게 의존하는 것은 자기결정(self-determination)에 어려움을 갖게 한다. 자기결정이란 자신의 환경에 어떻게 반응할 것인가를 결정하는 과정으로 스스로 행동하는 능력과 관계가 있고 삶의 전 영역에서 나타난다. 자기결정은 중요한 교육 성과 중 하나이다. 과거 지적장애 학생은 자기결정력이 없다고 간주되었지만 다른 특성과 마찬가지로 지적장애 학생의 자기결정력은 매우 다양하다. 높은 외부지향성은 지적장애 학생의 대표적인 특성으로 보고되었지만, 최근 연구에 따르면 효능 동기가 높은 유형을 나타내는 학생들이 있다(손성화, 강영심, 김지훈, 2006). 따라서 교사는 동일 집단 내에서의 차이를 고려하여 각 학생들의 특성에 맞는 지원을 실시하여야 한다.

3) 통제소

　통제소(locus of control)는 성과의 원인관계를 어디에 두느냐의 문제로 어떤 사람이 자신의 긍정적 혹은 부정적 행동 결과를 어떻게 지각하는가를 뜻한다. 내적 통제소(internal locus of control)의 경향을 지닌 사람은 긍정적이든 부정적이든 사건의 결과를 자신의 행동 결과로 인식한다. 외적 통제소(external locus of control)를 지닌 사람은 모든 결과를 운명, 요행, 다른 사람의 힘과 같은 외적인 요인으로 돌린다. 어린 아동의 경우 외적 통제소를 지니지만, 나이가 들수록 점차 내적 통제소를 갖게 된다. 그러나 지적장애 학생의 경우는 과거의 실패 경험이 외적 통제소를 보이게 하며, 또래에 비해 더 외적으로 지향되며, 이런 특성은 청소년과 성인으로의 적응능력에서도 어려움을 보이게 한다.

　익숙하지 않은 환경에서는 외적 통제소를 갖는 것이 전형적이다. 지적장애 학생의 경우 인지적인 어려움, 기술의 전이와 일반화의 어려움 등으로 새로운 환경에 덜 익숙하기 때문에 외적 통제소를 보일 수 있다. 일반적으로 외적 통제소를 지니게 되면 자신의 성공과 실패에 대한 책임을 받아들이지 못하고 자립심과 자기조정적 행동을 발달시키지 못하게 된다. 이는 자기결정과 자기지시와 관련이 있다. 자기지시(self-direction)는 목표를 세우고 그 목표에 도달할 수 있는 방법을 찾고 진전사항을 점검하고 그에 따라 계획을 세우는 것과 관계된다. 지적장애 학생의 경우 외적 통제소로 인해 자기지시와 자기결정에 어려움을 겪기도 한다.

4) 사회성 발달

　사회적 기술은 정상적인 행동에 대한 기대를 충족시킬 수 있는가의 문제로서 더 제한적인 환경에 배치되는 원인이 되기도 한다. 사회적 기술 결함은 지적장애 학생과 일반 학생을 구분하는 중요한 요소 중 하나이며(나운환, 이민규, 정명현, 2002), 진단에서도 전제가 된다(American Psychiatric Association, 2000). 지적장애 학생의 사회성 문제는 그들의 지적 능력과 적응행동의 문제이기도 하고 낙인과 열악한 사회적 환경 때문이기도 하다. 지적장애 학생은 학습장애 학생들이 겪는 문제와 비슷한 사회성 문제를 보인다. 즉, 사회적 단서에 주의를 기울이지 못하고 중요한 장면을 기억하지 못하여 사회적 어려움을 겪게 된다. 더구나 성공적인 대화기술이 부족하고 사회적 참여가 낮다. 지적장애 학생이 자주 보이는 사회적 기술 결함은 대화 시작하기, 상호 호혜적인 관계 유지하기, 관심 공유하기, 다른 사람의 관점에서 생각해 보기 등이다. 기본적인 의사소통 기술과 대인관계 기술의 문제는 자기관리 및 일상생활에서 다양한 어려움을 야기한다(Gresham, Sugai, & Homer, 2001). 일반적으로 지적장애 학생은 학습장애 학생보다 사회적 기술 수준이 더 낮고 주장기술과 통제기술도 떨어진다(조용태, 2000). 지적장애 학생에게 또래와 상호작용하는 방법과 자기관리 대화를 가르치는 것은 이러한 특성에서 벗어날 수 있게 한다(Carter & Hughes, 2007). 사회적 기술을 가지고 있지 못한 경우는 문제행동, 화내기, 우울 등을 보인다(Murray & Greenberg, 2006).

지적장애 학생은 때로는 수행해도 되거나 수행하지 않아야 하는 행동을 구별하는
데 어려움이 있어서 부적절한 행동을 하기도 한다. 이러한 부적절한 행동은 타인과
의 상호작용을 어렵게 만든다. 일반적으로 그들은 놀이 친구로 선택될 가능성이 적다
(Strain, Lambert, Kerr, Stagg, & Lenkner, 1983). 또한 교사나 또래 친구들로부터 대체로
낮은 사회적 능력을 가진 것으로 여겨지고(Friend & Bursuck, 2015), 또래관계를 불안해
하고 만족하지 않는다고 생각된다(정재희, 2006). 이와 같은 사회적 거부의 순환 패턴
은 성인기까지 이어져 참여의 문제로 발전된다.

약간의 언어적 기술이나 사회적 기술을 가진 지적장애 학생도 부적절한 사회적 반응
과 판단을 한다. 이러한 것은 일반인처럼 보이기(necessity for passing), 다른 사람을 기
쁘게 하려는 바람(desire to please), 속기 쉬움(gullibility), 순진성(naivete)과 관련이 있다.
즉, 그들은 지적장애라는 표찰을 피하기 위하여 '정상인처럼' 지내려고 하거나 '능력 있
는' 이미지를 보이기 위해서 노력하기도 한다. 또 지적장애 학생은 다른 사람에게 인정
받고 사랑받기 위해서 스트레스를 받거나 강압적인 상황에서도 위험하거나 부적합한
것에 동의를 하거나 다른 사람이 원하는 것을 묵묵히 하기도 한다. 과잉 친절성이 장점
이 될 수도 있지만, 신뢰할 수 없는 사람과 함께하면 이해하지 못하는 가운데 동의하거
나 개인의 취약성으로 두드러질 수 있다. 속기 쉬움은 지적장애의 중요한 특성 중 하나
로 쉽게 놀림을 당하거나 속임을 당하거나 이용당하는 것이다(Greenspan, 2006). 또한
지적장애 학생은 다른 사람을 쉽게 믿는 경향이 있는데, 말하는 사람이 힘이나 권위가
있을 때는 더욱 그렇다. 이러한 특성은 상황 파악을 어렵게 하고 잦은 실패를 경험했을
경우 타인에게 의지하는 경향으로 나타난다. 그러나 예측할 수 있는 일과와 믿을 만한
사람들이 있는 상황에서는 이와 같은 특성이 덜 나타난다. 따라서 이러한 특성을 고려
한 일련의 교육적 중재를 통해 사회적 기술이 학습 및 훈련될 필요가 있다(김예리, 박지
연, 2020). 특히 성인기 지적장애인의 경우 사회성 결함이 개인적·사회적 안녕에 부정
적인 영향을 끼친다는 보고가 있어(안혜신, 이숙향, 2019; Walton & Ingersoll, 2013) 사회
성 중재에 주목할 필요가 있다. 자세한 내용은 제14장을 참조하기 바란다.

5) 정서발달

지적장애 학생의 정서발달은 일반 학생과 크게 다르지 않으며 발달지연이 나타난

다. 지적장애 학생의 기본 심리 수준은 배경변인에 따라 차이가 없었으며 자율성, 유능성, 관계성의 세 가지 욕구 중 자율성은 남학생이 여학생보다 높은 것으로 나타나 비장애 중·고등학생과 유사한 결과를 보였다(손성화, 강영심, 2018). 또한 전반적인 행복감, 삶의 만족, 긍정적 정서에서 남학생이 여학생보다 높은 것으로 나타나 정신장애인의 연구와 비슷한 결과를 보이지만(황정우, 2014), 장애 영역으로 비교했을 때는 성별의 차이가 없었다(정세영, 박재국, 2013). 이러한 일관적이지 않은 결과는 비장애 학생의 행복감도 남학생이 여학생보다 높게 나타나는 경우와 차이가 나타나지 않는 경우와 동일한 양상을 보인다. 지적장애 학생의 경우 자율성이 행복감에 영향을 주기에 일상의 작은 부분에서부터 스스로 선택하고 행동할 수 있는 기회를 제공하는 등 자율성을 강화하는 구체적인 실천방안이 필요하다.

　우리가 누군가와 상호작용하기 위해서는 상황을 해석하고 말하는 활동에 의존하여 선택된 활동을 수행해야 한다. 지적장애 학생이 지각하는 관계성은 중요하다. 지적장애 학생들은 다른 사람과 긍정적인 관계를 맺고 있다고 느끼고 행복감을 더 많이 느낀다. 실제로 지적장애 학생이 부모나 또래와 느끼는 애착이 높을수록 정서적인 우울감이 감소하는 것으로 보고되고 있다(손성화, 강영심, 양금화, 2016). 지적장애 학생은 갈등해결, 지시 따르기, 대화, 또래와의 상호작용 등에서 어려움을 지닌다. 정서적 표현을 상황에 따라 적절하게 조절하는 능력이 부족하다. 또한 상호작용을 할 때 해석 실패로 인해 다른 사람의 정서를 잘 파악하지 못하거나 이해 부족으로 인해 공격이나 위축 등의 부적절한 반응을 하기 쉽다(Moffatt, Hanley-Maxwell, & Donnelan, 1995).

　지적장애 학생은 학습된 무기력으로 인해 낮은 자아존중감과 불안이나 우울의 문제를 나타내기도 하며, 사회적 기술 결함으로 인해 불안이나 우울의 문제를 보이기도 한다. 또한 실패 상황에서 인내하는 것이 부족하며 부정적인 자아개념을 지니고 있다. 특히 경도 지적장애인이거나 지원 요구가 거의 없는 사람들도 자주 거부당하기 때문에 대인관계를 확립하고 유지하는 데 어려움이 있는 것으로 나타났다(Heiman, 2000). 이와 같은 문제는 이차적으로 사회적인 행동이나 적응에 어려움을 일으키게 된다. 따라서 지적장애 학생이 학교생활에서 느끼는 감정과 만족감, 정서적인 안정감과 같은 심리적 변인에 주목할 필요가 있으며 학급 차원의 또래지원 프로그램이나 여가활동 프로그램 등의 제공에 관심을 가질 필요가 있다. 이에 대한 구체적인 지도방법은 제11장과 제14장을 참조하기 바란다.

6) 행동문제

지적장애 학생은 일반 학생들보다 문제행동을 더 많이 보이는 경향이 있다. 비판적인 수용이나 자기통제에 어려움을 보이고 파괴적인 행동, 과잉행동, 산만함 등 특정 영역에서의 문제도 나타난다. 일반적으로는 지적장애의 수준이 심각할수록 또래에 비해서 문제행동이 일어날 확률이 높다. 최근 상동행동에 대한 기능은 지적장애 학생과 일반 학생을 구별 짓는 전형적인 행동이다(박찬웅, 2009; 이익동, 이영선, 2012). 상동행동의 경우 자동적 강화뿐 아니라 다른 기능이 보고되고 있어서 행동적 지원, 결과기반 중재와 혼합 중재가 효과적인 것으로 보고되었다(김영표, 김지연, 2019; Mulligan et al., 2014). 지적장애를 지닌 어떤 사람은 이중 진단을 받거나 정신장애를 수반하기도 한다. 지적장애인의 20~35%는 정신장애의 영향을 받는다(Fletcher, Blair, Scott, & Bolger, 2004). 행동문제는 산만함, 과잉행동, 불안장애, 외상후 스트레스장애, 위축, 성격장애 등을 포함한다. 이러한 문제는 학습에도 어려움을 초래한다. 지적장애 학생의 문제행동은 스스로 판단하여 도움을 요청하는 의사소통 능력의 부족과 관계가 있다. 지적장애 학생의 다양한 행동문제를 개선하기 위해서 긍정적 행동지원(Positive Behavioral Support: PBS)이 제안되고 있다(김미선, 2008). 지적장애인의 과잉행동, 불안, 우울 등 다양한 행동문제는 사회적 기술 결함과도 연관이 된다(Segrin, 2000). 따라서 대체행동 교수와 관련하여 사회적 기술 교수가 고려되어야 하며, 초등학교 학생의 효과가 중·고등학생에 비해 높은 것으로 나타난 것에 주목해서 현재의 수준을 고려한 적합한 중재목표 설정과 실행이 필요하다(김동일, 임진형, 안제춘, 2020). 이에 대해서는 제12장과 제14장에서 소개하고 있다. 특히 임상적인 수준의 정서·행동 문제를 지적장애인의 특성으로 오인하여 적절한 시기에 중재를 제공하지 못하는 것에 주의할 필요가 있다(김옥희, 2004).

지적장애와 관련된 유전적인 증후군들은 이상행동을 포함하기도 한다. 여러 행동 특성 가운데 공격성, 자해행동, 강박증, 청각적 민감성은 다른 지적장애와 약체 X 증후군, 윌리엄스 증후군, 프래더-윌리 증후군 등의 유전적 지적장애를 구별하게 한다(신진숙, 2008). 윌리엄스 증후군의 1/3은 공격성을 지니고 있는데, 이러한 문제는 성인기까지 계속된다(Gosch & Pankau, 1996). 약체 X 증후군은 자신을 자해하거나 다른 사람 혹은 주위 환경을 공격하기도 한다. 청각적 예민성 때문에 자신의 주변에서 나는 소리가 교사의 목소리만큼 들리게 되는 문제로 집중하고 싶어도 집중하기가 어렵다. 윌리엄스 증후군은 다양한 강박 증상을 보이며 시끄러운 환경 속에서도 특정 소리를 감지해 내는데, 일반적으로는 거슬리는 소리에 흥미를 보인다(Semel & Rosner, 2003).

4. 언어 및 의사소통적 특성

1) 언어 및 의사소통 발달

의사소통을 목적으로 언어를 사용하기까지는 여러 가지 기본적인 의사소통 기술이 필요하다. 예를 들면, 다른 사람과 상호작용하려는 의도가 있어야 하고, 의사소통의 여

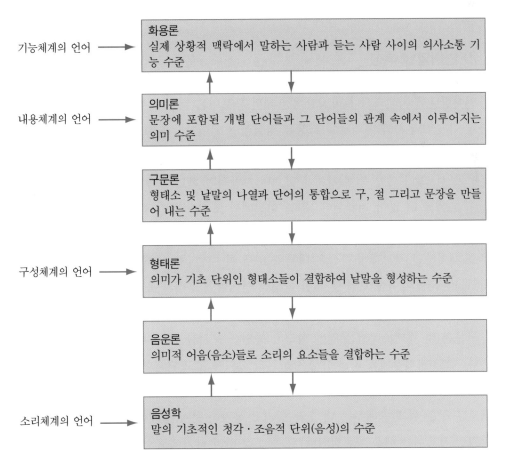

[그림 4-2] **언어 및 의사소통의 발달 수준**

출처: 정해동 외(2010), p. 40.

러 가지 기능을 습득하여야 하며, 표현언어 기술과 수용언어 기술 혹은 비언어적인 의
사소통 기술을 익혀야 한다. 언어는 언어적·인지적·사회적 발달영역의 통합적 능력
으로 [그림 4-2]와 같이 구문론, 의미론, 화용론 등의 다원적 영역으로 구성되어 있다.

언어 및 의사소통의 발달에서 언어가 먼저인가 혹은 인지가 먼저인가에 대한 논의
는 학자 간에 계속되고 있다. Piaget나 Bowerman은 인지가 언어에 선행한다고 하고,
Whorf는 언어가 인지에 영향을 끼친다고 한다. 그리고 Vygotsky는 언어와 인지는 발
생론적으로 다른 계통을 따르지만 발달의 어느 시기에서 양자가 상호작용한다고 보
았다. Chomsky는 언어를 인지와 독립된 체계로 보고, 언어발달은 인지나 다른 능력
과 비교적 무관하다고 하여 양자의 긴밀성을 인정하지 않았다. 이러한 관점에서 지적
장애 학생의 언어 및 의사소통의 발달에는 어려움이 있을 것이라는 사실을 인지할 수
있다.

2) 언어발달 특성

언어발달이 지체되거나 비정상적인 패턴을 보이는 것은 대부분의 지적장애 학생의
특징이다. 대부분의 지적장애 학생은 정상적인 언어발달을 보이지만 발달 속도가 느
리다. 언어적 능력은 개개인에 따라 다양하나, 일반적으로 어음 변별력, 어휘 수, 문법,
문장 구성, 의미 파악 등에 지체가 있으며 자발적 발화도 부족하다. 대체로 복잡한 구
문 구조에서 더 많이 지체된다. 문장 회상에서 또래의 일반 학생보다 떨어지고 의미
를 파악하기 위해 상황에 더 많이 의존한다(정해동 외, 2010). 중도 지적장애를 가진 경
우를 제외하면 지적장애 학생은 대체로 10세 이전까지는 말 속도, 발화 길이, 발화 양
(quantity)에서 차이를 보일 뿐 일반 학생의 언어발달 형태와 유사하다. 그러나 10세 이
후가 되면 질적으로 다른 언어 형태를 나타낸다(Owens, 2002).

구문론 및 형태론에서는 일반 학생과 동일한 순서를 지니지만 발달의 속도가 지체
된다. 경도 지적장애를 지닌 학생은 문장의 길이가 짧고 단순한 문장을 사용하나 일반
학생과 동일한 형태를 보인다(McLeavey, Toomey, & Dempsey, 1982). 지적장애 학생은
새로운 구문 형태를 배우는 데 오래 걸리고 복잡한 문장 형태를 학습할 수 있으나 자
발적인 사용에는 매우 제한적이다. 또한 문장 따라 하기에도 어려움을 보인다(Kernan,
1990).

지적장애 학생은 대체로 조음장애, 음성장애, 말더듬을 보인다. 음운적 특성은 언어

연령과 밀접한 관계를 지닌다(석동일, 김유경, 2006). 지적장애 학생들의 조음 및 음운 발달은 상대적으로 더 어린 일반 아동에게서 나타나는 지체된 형태를 보인다. 또래아동보다 오조음이 더 많고 그것의 사용도 불규칙적이다. 자음 생략은 대표적인 조음문제이고 음운 변동을 또래보다 더 오래, 많이 사용한다. 경도 지적장애 학생은 동일 연령의 또래와 유사한 형태의 음운적 특성을 보인다. 중도 지적장애 학생은 일반 학생에 비하여 발성이 적고 자음의 산출도 적다. 의사표현에 어려움이 있는 중도 지적장애 학생은 보완대체의사소통(AAC) 체계를 사용하기도 한다. 지적장애 학생의 음운 기억능력이 발달적으로 지체되어 있는지 혹은 질적으로 다른지에 대해서는 여전히 논의 중이다(Van der Molen, Van Luit, Jongmans, & Van der Molen, 2007). 지적장애 학생의 일반적인 언어 특성은 〈표 4-3〉과 같다(정해동 외, 2010).

〈표 4-3〉 지적장애 학생의 언어 특성

언어기능 (화용론)	• 몸짓과 의도의 발달 패턴은 일반 학생과 유사함 • 덜 우세한 대화적 역할을 함 • 또래의 일반 학생보다 명료기술이 떨어짐
언어 내용 (의미론)	• 단어의 의미가 보다 구체적임 • 어휘발달이 느림 • 의미론적 단위의 다양성이 제한됨 • 또래의 일반 학생보다 수용언어 기술이 떨어지나 또래의 일반 학생처럼 상황에 노출됨으로써 단어의 의미를 학습할 수 있음
언어 구성 (형태론, 구문론, 음운론)	• 길이-복잡성의 관계가 학령 전 일반 학생과 유사함 • 일반적인 문장발달은 일반 학생과 유사함 • 일반 학생보다 주제의 정교함이 조금 떨어지거나 혹은 원인과 결과의 관련성이 적으면서 보다 덜 복잡한 문장을 사용함 • 더 높은 수준으로 할 수 있으면서도 덜 성숙한 형태에 의존함 • 학령 전 일반 학생과 같은 순서의 형태발달을 보임 • 학령 전 일반 학생과 유사한 음운론적 형태를 나타내나 더 높은 수준으로 할 수 있으면서도 덜 성숙된 형태에 의존함

3) 의사소통 특성

많은 지적장애 학생은 사회적 기능에서 결함을 지니고 있다. 그로 인해 정상적인 언어기술을 가지고 있어도 다양한 맥락의 대화에서 단어 멈춤 길이를 조절하거나 말을 주고받는 시간을 조절하는 언어의 사회적 사용 면에서도 어려움을 나타낸다. 지적장애 학생들은 일반 학생에 비해 낱말의 의미를 더 구체적이고 글자 그대로 사용하는 경향이 있다(심현섭 외, 2019). 예를 들어, '따뜻한'이라는 낱말을 온도와 관련하여 정의할 수 있지만 '따뜻한 성격'과 같이 심리학적인 측면과 연결하여 이해하거나 사용하지 못하는 경우가 많다. 또한 형용사나 부사 등의 수식하는 말을 잘 사용하지 않으며, 비유나 속담 등의 추상적인 언어를 이해하고 표현하는 것에 제한적이다(김화수, 임소연, 2021). 단어의 소리와 순서에 초점을 맞출 수 있는 지적장애 학생에게 의미론적 측면을 강조하는 연습은 언어기술 사용을 증가시킬 수 있다(Abbeduto & Nuccio, 1991).

지적장애 학생의 화용적 기술 측면을 살펴보면 의사소통 시 이미 알고 있는 정보나 새로운 정보를 파악하여 적절한 정보를 제공하거나 주도적인 역할을 하는 데 어려움이 있고(김영태, 2014), 상황 맥락을 파악하여 상황에 맞는 행동을 하는 데도 어려움을 보인다(이수진, 김화수 2016). 조망수용 능력과 마음읽기 능력도 비장애 학생에 비해 낮은 수행을 보인다(천정민, 2020). 특정한 정보를 제공하고 이해하는 참조적 의사소통(referential communication), 명료화(clarification), 새로운 정보 획득, 문장을 매끄럽게 만드는 도구적 기술의 사용에 어려움을 보인다. 지적장애 학생의 경우 자신이 바쁘면 시계를 보는 행동을 해서 대화를 중단시키거나, 대화 상대자가 가방을 싼다거나 하면 바쁘다는 것을 알고 대화를 끝내는 데 어려움이 있다. 대화를 할 때 명료화가 떨어져서 다시 말해 보라는 요구를 일반 아동보다 더 많이 받는다(김성일, 황민아, 2006). 대화를 할 때 부적절하거나 이미 언급된 주제를 반복적으로 사용하는 구어적 고착현상을 보이고 자신의 명확한 의사를 밝히는 것을 어려워하기도 한다. 의사소통 능력이 있어도 대화 참여에 소극적이고 대인관계의 폭도 좁은 경향이 있다(Marcell & Jett, 1985). 일반적으로 의사소통 기술은 지적장애의 정도에 따른다. 경도 지적장애 학생의 경우 타인의 감정을 이해하고 받아들이는 조망수용 능력이 낮아 다양한 의미인식 능력과 관계된 다양한 중재가 필요하다(김화수, 임소연, 2021). 중도 지적장애를 지닌 아동의 경우는 요구하거나 주의를 끌기 위한 몸짓 사용의 산출에도 제한적이다. 지적장애 학생의 의사소통 특성은 전체적으로는 어린 아동과 비슷하지만 자세히 살펴보면 장애의 정도에 따라 차이점이 있으므로 이를 고려한 지도가 요구된다. 자세한 지도방법은 제13장 '의사소통 지도의 실제'를 참조하기 바란다.

5. 신체적 · 건강적 특성

1) 운동능력

　지적장애 학생은 운동활동이나 신체적 노력에서는 생활연령이나 정신연령이 같은 또래에 비해 비교적 큰 어려움이 없다. 그러나 한 영역에서 발달의 지체는 다른 영역에서의 지체로 나타날 수 있다. 지적장애 학생은 흔히 운동 수행의 발달과 함께 정서발달, 언어발달, 인지발달의 지체를 나타낸다. 이는 초기 신경계 발달의 부적절성과 관련이 있다(Owens, 2005).

　운동발달은 균형, 보행, 소근육 운동 등에서 문제를 나타낸다. 장애 정도가 심할수록 운동기능의 문제도 증가한다. 지적장애 학생은 형태적인 것보다 감각 · 운동기능, 기초적인 신체능력이 열세하고, 평형성이나 민첩성 등이 떨어져 자극이나 사태에 대해 임기응변의 동작을 신속하게 하지 못하는데, 이는 연령의 증가와 더불어 성취도의 차이로 나타난다(김경숙, 이정숭, 1999). 근력은 운동 수행에 결정적인 영향을 미친다. 지적장애 학생의 근력은 일반 아동에 비해 떨어지며 경도에 비하여 중도의 경우 더욱 심각하다(김경숙, 1999).

2) 신체적 · 건강적 특성

　유전적인 문제를 지닌 일부 지적장애인을 제외한 대다수의 지적장애인은 신체적 외모에서 일반인과 차이가 없다. 지적 결함이 심각한 경우는 정적 상관을 보이고 중복장애를 나타내는 경우가 많다(Horvat, 2000). 또한 지적장애 학생은 시력과 청력에서의 손상을 보이기도 하고 피로하기 쉽고 저항력이 약하다(Hardman, Drew, & Egan, 2006). 신체적 · 건강적 문제들은 조기진단으로 발견될 수 있으므로 조기진단과 중재가 중요하다.

　지적장애인의 건강문제는 유전적 요인과 관계가 있다. 종종 유전적인 문제나 염색체의 문제를 지닌 지적장애인은 건강상의 문제를 나타낸다. 다운증후군을 지닌 사람은 심장병과 호흡문제를 일으킬 가능성이 높고, 백혈병의 발병률도 높다(March of Dimes, 2004). 기타 건강문제로는 눈과 귀의 감염, 비만, 피부질환, 치아와 잇몸의 질환, 청각장애 등이 있다.

일부 지적장애인의 건강문제는 환경적 요인과도 관계된다. 경도 지적장애의 경우 또래보다 낮은 사회경제적 배경을 지님으로써 영양 불균형과 감염의 위험에 놓이게 된다. 또한 중도 지적장애인은 뇌성마비와 간질과 같은 의학적인 증상을 보인다. 위장 장애, 폐 기능의 문제, 간장 및 심장 장애, 시각이나 청각의 지각 결함 문제, 잦은 염증 등을 나타내기도 한다(Thuppal & Sobsey, 2004).

6. 지적장애 학생의 특성에 따른 지원 요구

1) 개인의 차이와 지원 요구

앞서 살펴본 것과 같이, 지적장애 학생은 여러 측면에서 다양하기는 하지만 전형적인 발달을 보이는 또래 일반 학생과는 다른 특성을 지니고 있다. 그러나 우리는 지적장애를 이해할 때 모든 지적장애인이 언제나 부적절한 사회적 대응을 하거나 열등한 특성만을 가지고 있다고 생각하지 않는다. 그럼에도, 특성들에 대해서 기술하게 되면 그들의 어려움은 두드러져 보인다. 일반적으로 그들은 무엇인가를 배우고 익히는 데 어려움을 지니고 있으며, 그로 인해 지역사회의 일상생활에 참여하기 어려운 것도 사실이다. 또한 그들의 특성으로 인해 부당한 대우를 받기가 쉬울 수도 있다. 그러나 여기에서는 독자들이 기억해야 할 가장 중요한 것을 다시 상기하고자 한다. 즉, 실제적 혹은 상대적 강점이 지적장애인에게 자주 나타난다는 것이다. 지적 능력과 적응행동이 심각하게 제한되어 있다고 해도 그들은 능력 있는 학습자가 될 수 있다. 지적장애인의 기능성을 향상시키기 위해 필요한 지원이 정확하게 제공된다면, 그들은 기능적 학업기술을 배울 수 있고 일상생활에 필요한 기술들을 익힐 수도 있다. 또한 지적장애인은 자신의 제한성을 인식하고 사회에 수용되기를 희망한다.

이 장 서두에서 언급했듯이, 지적장애 학생이 지니는 특성에 대해 우리가 관심을 갖는다는 것은 지적장애 학생은 '어떠하다'로 규정짓고자 함이 아니다. 지적장애 학생과 함께 일하는 사람들이 지적장애에 대해 어떤 관점을 갖는지가 중요한 것이다. 그들의 특성을 교육에 있어서 약점으로 여기는 것이 아니라 지적장애 학생이 지니는 특성은 곧 그들의 교육적 필요와 지원 요구이기 때문에 교육의 실행에서 고려해야 할 점으로 인식하는 것이 그 하나이다. 이는 예방전략과도 관계가 있다. 다수의 지적장애인이 문제행동을 보인다. 우리는 지적장애 학생이 문제행동을 극복하고 적절한 학업기술과 태도를 갖도록 긍정적 행동지원 계획을 수립하고 실행할 수 있다. 이러한 것은 지적장애 학생이 향후 맞이할 수 있는 활동의 제한성을 예방하는 것이 된다.

사회는 장애가 없는 일반인들에게도 너무 자주 혼란스럽고 강압적이고 도전하기를 요구한다. 일반인도 이러한 사회에서 적응하기 위해서는 적절한 지원 요구를 가질 수 있고, 때로는 적절한 지원이 필요하다. 그렇다면 과연 지금의 사회에서 지적장애인들은 어떠한가? 장애를 개인의 문제가 아닌 사회의 문제로 바라볼 때, 장애를 지닌 사람들이 지닐 수 있는 개인적인 문제들에 대해서는 이전보다 덜 집중하게 된다. 그들의 능력과 그들이 처한 사회환경의 요구 간의 차이나 부적합성을 어떻게 해결할 것인가에 더욱 관심을 가지게 된다. 예를 들어, 지적장애 학생의 학습 특성은 학습을 위한 보편적 설계(Universal Design for Learning: UDL)의 적용과 보조공학의 활용과 대안 교육과정의 개발 및 다양한 교수학습전략에 대한 관심을 유도한다. 또 그들이 지니는 학습 특성은 과제분석의 필요성과 또래 학생의 도움을 요구하게 될 수 있다. 의사소통적 특성은 보완대체의사소통 체계의 사용을 필요로 한다. 지적장애 학생의 심리·사회적 특성은 동기 유지를 위해서 긍정적 강화를 포함한 행동계약이나 개인의 흥미를 고려하게 만들 것이다. 그리고 지적장애 학생의 사회성 문제가 고용의 문제로 이어진다면 그들을 고용하는 기업에 대해 줄 수 있는 혜택에 대한 법이나 공공정책을 채택하게 될 것이다. 이러한 관점은 지적장애 학생의 수행에 영향을 주는 특성들이 그들의 요구에 부합하는 적절한 지원체계를 통해 다루어질 수 있다는 것을 나타낸다.

2) 경도 지적장애 학생을 위한 지원 요구

지적장애인의 운동기능, 사회성, 언어기술 등은 일반인에 비하여 떨어지지만 그들의 약 80~90%는 학교에 들어갈 때까지 알아차리지 못하기도 한다. 장애로 판별될 만한 원인을 찾을 수도 없고, 신체적으로도 일반인과 차이가 없으며, 특징적인 행동도 보이지 않는 경우가 있기 때문이다. 분명 그들은 지원을 필요로 하는 사람이지만 그들 중 일부는 최소한의 지원으로 직업을 가질 수 있고, 사람들과 관계를 맺을 수 있으며, 독립적인 생활과 만족스럽고 생산적인 삶을 살아갈 수 있다. 학습과 관련해서는 교육적 수정과 조정 그리고 편의시설 지원과 같은 최소한의 지원으로 일반교육과정에 참여할 수 있다. 일반적으로 고빈도 출현율을 보이는 이들을 우리는 경도 지적장애라고 불러 왔다(The AAIDD Ad Hoc Committee on Terminology and Classification, 2010). 경도 지적장애인들이 가지는 특성은 경계선에 속하는 사람들과 비슷하지만(Edgerton, 2001), 행동에 대한 기대 등으로 인해 중도 지적장애보다 더 어려운 문제에 처할 수 있다. 그들은 문제를 해결하고 복잡한 아이디어를 이해하고 경험으로부터 배우는 것에 어려움이 있을 수 있으나 체계적이고 형식적인 교수가 적합한 지원과 함께 제공된다면 능력이 개선될 수 있다(Snell, 2007).

잘 고안된 개별화된 지원은 그들이 지니는 특성의 개인적 문제를 최소화하고, 환경적 요구에 부응해야 하는 개인의 능력 간 차이를 좁힐 수 있다. 경도 지적장애를 지닌 사람들에 대한 개별화된 지원은 부분적으로 일상생활에서 성공적인 기능을 하도록 도와준다. 적절한 대인관계를 맺을 수 있고, 낯선 사람에 대해 경계를 하며, 또래와 비슷한 옷을 입고 비슷하게 말하고 행동하는 것을 배울 수 있다. 그러나 그들은 전환기 이후 대부분 낮은 사회경제적 지위를 지니고, 급여 수준이 낮으며, 시간제 고용 형태를 보이고, 잦은 이직의 문제에 노출되게 된다. 또한 비만, 영양 결핍, 잦고 장기적인 입원 경력 등의 어려움을 지니기도 하지만, 적절한 건강 지원은 건강한 생활양식을 만들 수 있다(Stancliffe & Lakin, 2007).

3) 중도 지적장애 학생을 위한 지원 요구

중도 지적장애 학생의 교육과 관련하여, 모든 아동은 기본적인 교육권을 가지고 있으며 그들이 자연스러운 환경에서 또래와 함께 교육을 받을 수 있도록 노력해야 한다는 것은 보편적인 합의이다. 중도 지적장애 학생과 함께 일하는 사람들은 그들의 필요가 무엇인지, 어떻게 교수하는 것이 최선인지, 그리고 어디에서 교수해야 할지를 결정해야 한다. 학생과 학교환경에서 지적장애 학생을 경도와 중도로 나눌 때의 가장 큰 특징은 교육의 초점이 어디에 있는가이다. 중도 지적장애 학생들에게는 학업적 능력 개발을 위한 노력에 중점을 둘지와 생활에 필요한 기능적 기술(functional skills)의 교수 결과에 대한 잠재적 이익을 검토해 보아야 한다. 이는 이분법적인 적용은 아니며 중도 지적장애 학생에게 과연 학업적인 내용이 우선되어야 하는가에 대해 이해하는 것이 요구된다는 것이다. 즉, 학교를 떠나서 전환할 때를 위한 교육과정이 무엇인가로 연결된다. 어떤 학생이 교과에서 어려움을 보이는가, 또 어떤 학생이 기능적 기술을 필요로 하는가에 대한 고려이다. 최근 다양한 환경에서 중도 지적장애 학생들의 개별적인 요구를 충족시키기 위해 생태학적 평가를 실시하고 그에 따른 학업적인 내용과 기능적인 내용을 연계한 교육과정이 제안되고 있다(Ward, Van De Mark, & Ryndak, 2006).

중도 지적장애 학생들은 대부분 처음부터 학습의 구체적인 측면에서 배제된다. 그들은 학습이 가능하다고 해도 더 많은 시간이 필요하고, 복잡한 기술의 습득에 많은 어려움이 있으며, 더 적은 기술을 배우게 된다(Brown et al., 1983). 그러므로 그들에게는 기능적 기술의 교수와 학습을 위해 충분한 참여와 기회의 제공이 매우 필요한데, 이러한 교수와 학습은 개인의 현재와 미래에 적용 가능해야 한다. 저빈도 출현율을 보이는 중도 지적장애 학생은 최대한의 능력에서부터 최소한의 능력까지를 보이는 다양한 수준이지만 학교환경을 떠나면 적어도 한 가지 이상의 적응기술 영역에서 평생에 걸친 지원과 서비스를 요구할 것이다. 중도 지적장애가 보이는 다양성은 관련인에게는 큰 도전이 될 수 있다. 이들은 기능적 학업, 가사기술, 지역사회 기술, 자조기술을 습득할 수 있다(Collins, 2007). 그러나 어떤 이들은 자해행동, 사회적 기술의 부재, 빈약한 의사소통보다 심각한 문제를 나타낼 수도 있고, 어떤 이들은 평생을 수용시설에서 보낼 수도 있다.

 요약

1. 인지발달

- 모든 지적장애인의 특성이 이 장에서 논의된 것은 아니다.
- 어떤 지적장애 학생의 인지발달은 일반 학생의 인지발달과 같은 순서와 같은 단계를 거쳐 발달하여 양적으로 차이가 나지 않는다.
- 또 다른 지적장애 학생의 인지발달은 일반 학생의 인지발달에 비해 과제 수행능력이 낮고 발달단계의 규칙도 달라 질적으로 차이가 있다.
- Piaget는 인지발달이 환경과의 계속적인 상호작용으로 이루어진다고 보고 발달단계를 감각운동기, 전조작기, 구체적 조작기, 형식적 조작기로 나누었다.
- Vygotsky는 인지발달에서는 문화적 맥락 속에 포함된 사회적 상호작용과 언어가 중요한 요소라고 하였다.

2. 학습 특성

- 지적장애 학생은 선택적 주의 집중과 유지에 어려움을 보인다.
- 지적장애 학생은 단기기억에는 어려움을 보이나 장기기억에서는 일반 학생과 큰 차이가 없다.
- 지적장애 학생의 기억력 결함은 초인지 문제와 관계되고 자기관리 방법이 활용되고 있다.
- 지적장애 학생은 모방과 우발학습 능력이 부족하다.
- 지적장애 학생은 일반화와 전이에 어려움을 보인다.
- 지적장애 학생은 평균 이하의 지적 능력으로 인하여 학습이 느리고 비효율적이다. 또한 학업성취에도 어려움을 보인다.

3. 심리 및 사회 · 행동적 특성

- 지적장애 학생의 학습 수행에는 동기요소가 관련되어 있다.
- 지적장애 학생은 아무리 노력해도 실패할 것이라는 학습된 무기력을 지니고 있다.
- 지적장애 학생은 문제 해결을 하고자 할 때 외부에서 단서를 찾으려고 하는 외부지향성이 강하다.
- 지적장애 학생은 주로 외적 통제소를 지닌다. 그리고 자기지시에 어려움을 보인다.
- 사회적 기술은 지적장애 학생과 일반 학생을 구분하는 중요 요소이다.
- 지적장애 학생의 부적절한 사회적 반응과 판단은 일반인처럼 보이기, 다른 사람을 기쁘게 하려는 바람, 속기 쉬움, 순진성 때문이다.
- 지적장애 학생의 정서발달은 일반 학생과 크게 다르지 않으나 사회적 상호작용과 관련된 어려움을 지닌다.
- 지적장애 학생은 다양한 문제행동을 지니고 이를 위해서는 기능적 행동평가와 긍정적 행동지원이 활용된다.
- 지적장애 학생은 유전적 증후군과 관련된 행동문제를 지니기도 한다.

4. 언어 및 의사소통적 특성

- 지적장애 학생은 지체되거나 비정상적인 언어발달을 보인다.
- 지적장애 학생은 사회적 기능의 결함과 관련된 의사소통 문제를 지닌다.

5. 신체적 · 건강적 특성

- 지적장애 학생의 기초 체력은 지체되어 나타날 수 있다.
- 지적장애 학생은 시력과 청력 등 감각에서의 문제를 나타낸다.
- 지적장애 학생의 건강문제는 유전적 요인들과 관계가 있다.

6. 지적장애 학생의 특성에 따른 지원 요구

- 지적장애 학생의 특성은 지원 요구에 부합하는 정확한 지원체계를 통해 다루어질 수 있다.
- 경도 지적장애는 최소한의 지원으로 일반교육에 참여할 수 있고 만족스럽고 생산적인 삶을 살아갈 수 있다.
- 중도 지적장애 학생은 전환을 위하여 기능적인 기술의 교수가 고려되어야 한다.
- 중도 지적장애 학생의 경우 학교를 떠나면 한 가지 이상의 적응기술 영역에서 정규적인 지원을 받아야 한다.
- 지적장애로 진단받은 대부분의 학생은 경도 지적장애이다.

참고문헌

강영심, 황순영(2006). 정신지체 학생의 학교생활적응도에 대한 지능과 성격의 예측력 비교. 특수교육연구, 13(1), 159-178.

김경숙(1999). 교육적 분류에 따른 정신지체아의 체력에 관한 연구. 고려대학교 대학원 박사학위논문.

김경숙, 이정승(1999). 수중활동이 정신지체아동의 자조기능에 미치는 영향(pp. 1197-1209). 서울: 국제스포츠과학회의.

김동일, 임진형, 안제춘(2020). 지적장애인 대상 사회성 중재에 대한 메타분석: 국내 집단설계연구를 중심으로. 지적장애연구, 22(4), 1-25.

김미선(2008). 한 학교와 세 명의 아이들 이야기. 서울: 한국학술정보.

김성남(2010). 지적장애 학생의 인지 기능 향상을 위한 소프트웨어의 개발. 특수교육학연구, 44(4), 237-257.

김성일, 황민아(2006). 정신지체 아동의 명료화 요구에 대한 반응. 특수교육학연구, 40(4), 37-54.

김영석(2021). 지적장애학생의 읽기영역별 읽기중재에 관한 메타분석. 특수교육교과교육연구, 14(3), 129-151.

김영태(2014). 아동언어장애의 진단 및 치료. 서울: 학지사.

김영표, 김지연(2019). 발달장애학생의 반복 상동행동중재 효과에 관한 메타 분석: 국내 학술지 연구를 대상으로. 지적장애연구, 21(4), 87-106

김예리, 박지연(2020). 발달장애 학생을 위한 사회성 기술 교수 프로그램의 개발과 평가. 정서·행동장애연구, 36(1), 25-45.

김옥희(2004). 중복장애(정신지체＋정신장애) 무엇이 문제인가? 외침, 45, 12-13. 광주: 사회복지법인 무지개공동회.

김정은(2007). 지적장애 학생의 성격 검사도구 개발에 관한 연구. 지적장애연구, 9(3), 41-66.

김지예, 신진숙(2008). 체계적 오류 교정 절차 지도가 수학학습장애아동의 곱셈과 나눗셈에 미치는 효과. 발달장애연구, 12(2), 3-47.

김현진(2008). 경도정신지체학생의 문제해결에 있어서 귀인양식의 변화에 대한 연구. 특수교육연구, 15(1), 73-87.

김화수, 임소연(2021). 경도지적장애 청소년의 조망수용 및 상위언어능력 비교 연구. 지적장애연구, 23(1), 67-87.

나운환, 이민규, 정명현(2002). 여가활동 프로그램이 정신지체아동의 사회적 기술에 미치는 효과. 특수교육저널: 이론과 실천, 3(4), 79-106.

남영인, 정인수(2013). 지적장애학생의 어휘력 및 읽기지도 단일대상연구의 동향분석. 특수교육학연구, 48(1), 103-123.

남윤석(2008). 스캐폴딩 기반 코스웨어의 적용이 지적장애 학생의 수학 문장제 문제 해결 능력과 독립적인 수행 능력에 미치는 효과. 특수교육학연구, 43(1), 203-231.

박찬웅(2009). 문제해결 과제수행에서 나타나는 지적장애 학생의 반복행동 특성. 지적장애연구, 11(4), 79-94.

석동일, 김유경(2006). 단어단위 접근 측정법에 의한 정신지체 아동의 음운특성 분석. 지적장애연구, 8(3), 39-53.

손성화, 강영심(2018). 지적장애학생의 기본심리욕구가 행복감에 미치는 영향. 지적장애연구, 20(2), 1-21.

손성화, 강영심, 김지훈(2006). 정신지체학생의 성격유형에 따른 HTP 반응특성 비교. 특수교육학연구, 41(1), 17-38.

손성화, 강영심, 양금화(2016). 지적장애학생의 보·모·또래 애착과 우울의 관계. 지적장애연구, 18(1), 57-76.

신종호, 김동민, 김정섭, 김종백, 도승이, 김지현, 서영석 역(2011). 교육심리학: 교육실제를 보는 창(Eggen, P. D., Kauchak, D 저). 서울: 학지사.

신진숙(2008). 유전적 지적장애의 특성과 교수적 방안 탐색. 지적장애연구, 10(4), 1-21.

신진숙(2010). 지적장애아 교육. 서울: 양서원.

신진숙, 최진성(2011). 지적장애학생의 인지처리양식과 수학문장제 문제의 오류유형 및 관계 분석. 지적정애연구, 13(2), 201-220.

심현섭, 김영태, 이윤경 김미선, 김수진, 이은주, 표화영, 한진순, 권미선, 윤미선(2019). 의사소통장애의 진단과 평가(3판). 서울: 학지사.

안혜신, 이숙향(2019). 발달장애 성인을 대상으로 한 사회성 기술 중재의 연구 동향 및 향후 과제 고찰. 지적장애연구, 19(2), 155-182.

이수진, 김우리(2020). 지적장애인의 화폐 계산하기 중재 연구 분석. 지적장애연구, 22(3), 155-179.

이수진, 김화수(2016). 설명담화에 나타난 경계성지능 언어장애 아동의 화용 특성. 지적장애연구, 18(2), 49-68.

이익동, 이영선(2012). 트레킹 프로그램이 발달장애학생의 문제행동에 미치는 효과. 지적장애연구, 14(3), 239-259.

정세영, 박재국(2013). 장애대학생의 행복감 수준과 배경변인에 따른 차이. 특수아동연구, 15(4), 99-123.

정재희(2006). 대인문제해결 훈련이 정신지체아동의 문제해결력과 사회성에 미치는 효과. 발달장애연구, 10(2), 111-125.

정해동, 권주석, 김미선, 김주영, 박경옥, 박순희, 이경면, 이성봉, 이옥인, 정영숙, 정주영, 조규영(2010). 특수교육 국어교육론. 경기: 교육과학사.

조영희, 김동일(2020). 지적장애학생 대상 읽기 관련 단일대상 중재연구의 메타분석. 지적장애연구, 22(3), 243-267.

조용태(2000). 정신지체아동과 학습장애아동의 사회적 기술 특성 비교. 미래유아교육학회지, 7(1), 113-136.

천정민(2020). 경도지적장애 청소년의 마음이론 발달과 어휘능력 간의 관계. 지적장애연구, 22(2), 1-17.

황정우(2014). 정신장애인의 행복감 영향요인 연구. 재활심리연구, 20(2), 191-222.

Abbeduto, L., & Nuccio, J. B. (1991). Relation between receptive language and cognitive maturity in persons with mental retardation. *American Journal on Mental Retardation, 96*(2), 143-149.

Afacan, K., Wilkerson, K. L., & Ruppar, A. L. (2018). Multicomponent reading interventions for students with intellectual disability. *Remedial and Special Education, 39*(4), 229-242.

American Psychiatric Association. (2000). *Diagnostic and statistical manual of mental disorders* (4th ed., text version). Washington, DC: Author.

Brock, M. E. (2018). Trends in the educational placement of students with intellectual disability in the United States over the past 40 years. *American Journal on Intellectual and Developmental disabilities, 123*(4), 305-314.

Brown, L., Nisbet, J., Ford, A., Sweet, M., Shiraga, B., York, J., & Loomis, R. (1983). The critical need for nonschool instruction in educational programs for severely handicapped students. *Journal of the Association for the Severely Handicapped, 8*, 71-77.

Burack, J. A., Hodapp, R. M., & Zigler, E. (1998). *Handbook of mental retardation and development*. Cambridge, MA: Cambridge University Press.

Carter, E. W., & Hughes, C. (2007). Social interaction interventions: Promoting socially supportive environments and teaching new skills. In S. L. Odom, R. H. Horner, M. Snell, & J. Blacher (Eds.), *Handbook on developmental disabilities* (pp. 310-329). New York: Guilford Press.

Collins, B. C. (2007). *Moderate and severe disabilities: A foundational approach*. London, UK: Pearson Education, Inc.

Edgerton, R. B. (2001). The hidden majority of individuals with mental retardation and developmental disabilities. In A. Tymchuk, K. C. Lakin, & R. Luckasson (Eds.), *The forgotten generation: The status and challenges of adults with mild cognitive limitations* (pp. 3-19). Baltimore, MD: Brookes.

Fletcher, K. L., Blair, C., Scott, M. S., & Bolger, K. (2004). Specific patterns of cognitive abilities in young children with mental retardation. *Education and Training in Developmental Disabilities, 39*, 270-278.

Friend, M., & Bursuck, W. (2015). *Including students with special needs* (7th ed.). Upper Saddle River, NJ: Pearson Education.

Gast, D. L., Doyle, P. M., Wolery, M., Ault, M. J., & Farmer, J. A. (1991). Assessing the acquisition of incidental information by secondary-age students with mental retardation: Comparison of response prompting strategies. *American Journal on Mental Retardation, 96*, 63-80.

Gosch, A., & Pankau, R. (1996). Longitudinal study of the cognitive development in children with williams-beuren syndrome. *American Journal of Medical Genetics, 61*, 26-29.

Greenspan, S. (2006). Functional concepts in mental retardation: Finding the natural essence of an artificial category. *Exceptionality, 14*, 205-224.

Gresham, F. M., Sugai, G., & Homer, R. H. (2001). Interpreting outcomes of social skills training for students with high-incidence disabilities. *Exceptional Children, 67*(3), 331-344.

Hardman, M. L., Drew, C. J., & Egan, M. W. (2006). *Human exceptionality: School, community, and family* (8th ed.). Boston, MA: Allyn & Bacon.

Heiman, T. (2000). Friendship quality among children in three educational settings. *Journal of Intellectual and Developmental Disability, 25*(1), 1-12.

Hill, D. R. (2016). Phonics based reading interventions for students with intellectual disability: A systematic literature review. *Journal of Education and Training Studies, 4*(5), 205-214.

Horvat, M. (2000). Physical activity of children with and without mental retardation in inclusive recess setting. *Education and Training in Mental Retardation, 35*(2), 160-167.

Inhelder, B. (1968). *The diagnosis of reasoning in the mentally retarded*. New York: Day.

Kernan, K. (1990). Comprehension of syntactically indicated sequence by Down's syndrome and other mentally retarded adults. *Journal of Mental Deficiency Research, 34*, 169-178.

Kittler, P., Krinsky-McHale, S. J., & Devenny, D. A. (2004). Semantic and phonological loop effects on visual working memory in middle-age adults with mental retardation. *American Journal on Mental Retardation, 109*(6), 467-480.

Marcell, M., & Jett, D. (1985). Identification of vocally expressed emotions by mentally retarded and nonretarded children. *American Journal of Mental Deficiency, 87,* 86-95.

March of Dimes. (2004). Down syndrome. Retrieved December 14, 2004, from http://www.modimes.org/professional/681_1214.asp

McLeavey, B., Toomey, J., & Dempsey, P. (1982). Nonretarded and mentally retarded children's control over syntactic structures. *American Journal of Mental Deficiency, 86,* 485-494.

Moffatt, C. W., Hanley-Maxwell, C., & Donnelan, A. M. (1995). Discrimination of emotion, effective perspective-taking and empathy in individual with mental retardation. *Education and Training in Mental Retardation and Developmental Disabilities, 30,* 76-85.

Montague, M. (1997). Cognitive strategy instruction in mathematics for students with learning disabilities. *Journal of Learning Disabilities, 30,* 164-177.

Mulligan, S., Healy, O., Lydon, S., Moran, L., & Foody, C. (2014). An analysis of treatment efficacy for stereotyped and repetitive behaviors in autism. *Review Journal of Autism and Developmental Disorders, 1*(2), 143-164.

Murray, C., & Greenberg, M. T. (2006). Examining the importance of social relationships and social contexts in the lives of children with high-incidence disabilities. *Journal of Special Education, 39,* 220-233.

Neiss, M., & Almeida, D. M. (2004). Age differences in the heritability of mean and intraindividual variation of psychological distress. *Gerontology, 50,* 22-27.

Owens, R. (2002). Mental retardation: Difference and delay. In D. K. Bernstein & E. Tiegerman-Farber (Eds.), *Language and communication disorders in children* (pp. 436-509). Boston, MA: Allyn and Bacon.

Owens, R. (2009). Mental retardation/intellectual disability. In D. Bernstein & E. Tiegerman-Farber (Eds.), *Language and communication disorders in children* (6th ed., pp. 246-313). Boston, MA: Pearson Education.

Owens, R. E., Jr. (2005). *Language development: An introduction* (6th ed.). Boston, MA: Allyn & Bacon.

Richard, S., Brady, M., & Taylor, R. (2015). *Cognitive and intellectual disability* (2nd ed.). New York: Routledge.

Segrin, C. (2000). Social skills deficit associated with depression. *Clinical Psychology Review,*

20, 379-403.

Semel, E., & Rosner, S. R. (2003). *Understanding williams syndrome: Behavioral patterns and interventions*. Mahwah, NJ: Lawrence Erlbaum Associates, Publishers.

Snell, M. E. (2007). Advances in instruction. In S. L. Odom, R. H. Horner, M. E. Snell, & J. Blacher (Eds.), *Handbook on developmental disabilities* (pp. 249-268). New York: Guilford Press.

Stancliffe, R. J., & Lakin, K. C. (2007). Independent living. In S. L. Odom, R. H. Horner, M. E. Snell, & J. Blacher (Eds.), *Handbook on developmental disabilities* (pp. 429-448). New York: Guilford Press.

Strain, P. S., Lambert, D. L., Kerr, M. M., Stagg, V., & Lenkner, D. A. (1983). A naturalistic assessment of children's compliance to teachers' requests and consequences for compliance. *Journal of Applied Behavior Analysis*, *16*, 243-249.

Taylor, R., Smith, L., & Richards, S. (2015). *Exceptional students* (2nd ed.). New York: McGraw-Hill Education.

The AAIDD Ad Hoc Committee on Terminology and Classification. (2010). *Intellectual disability: Definition, classification and systems of supports* (11th ed.). American Association on Intellectual and Developmental Disabilities.

Thuppal, M., & Sobsey, D. (2004). Children with special health care needs. In F. P. Orelove, D. Sobsey, & R. K. Silberman (Eds.), *Educating children with multiple disabilities: A collaborative approach* (4th ed., pp. 311-377). Baltimore, MD: Paul H. Brookes.

Van Bysterveldt, A., Gillon G. T., & Moran, C. (2006). Enhancing phonological awareness and letter knowledge in preschool children with down syndrome. *International Journal of Disability, Development and Education*, *53*, 301-329.

Van der Molen, M. J., Van Luit, J. E. H., Jongmans, M. J., & Van der Molen, M. W. (2007). Verbal working memory in children with mild intellectual disabilities. *Journal of Intellectual Disability Research*, *51*(2), 162-169.

Walton, K. M., & Ingersoll, B. R. (2013). Improving social skills in adolescents and adults with autism and severe to profound intellectual disability: A review of the literature. *Journal of Autism and Developmental Disorders*, *43*(3), 594-615.

Ward, T., Van De Mark, C. A., & Ryndak, D. L. (2006). Balanced literacy classrooms and embedded instruction for students with severe disabilities: Literacy for all in the age of school reform. In D. M. Browder & F. Spooner (Eds.), *Teaching language arts, math, & science to students with significant cognitive disabilities* (pp. 125-170). Baltimore, MD: Brookes.

제5장

지적장애 진단 · 평가 · 배치

김현진

잘 가르치기 위해서 교사들은 먼저 아동에 관한 정보를 모으고 분석하여 아동의 문제와 발달 수준, 장애의 유무, 장애 원인을 찾아내는 과정을 거친다. 이러한 과정에 대해 우리는 진단, 검사, 사정, 측정, 평가라는 용어를 혼용하고 있다. 따라서 이 장에서는 먼저 평가 관련 용어 및 진단 · 평가의 목적을 살펴본다.

지적장애 진단 · 평가의 목적은 개인의 특성을 측정하여 교육 배치 및 교육 내용을 결정하기 위한 것이며, 학생의 교육 요구에 대한 평가를 하기 위한 것이다. 진단 · 평가를 위해 얻은 자료는 특정 학생에 대해 하나로 통합되어 학생의 교육적 요구에 부응하는 교육계획을 수립하는 데 사용되어야 한다.

지적장애 진단 · 평가의 절차는 선별, 의뢰, 적격성 여부, 프로그램 계획 및 배치, 진도 점검, 프로그램 평가의 과정으로 이루어짐을 설명한다. 이어서 진단 · 평가 도구로서 사용되는 지능검사, 적응행동검사, 지원정도척도의 상세 내용을 알아본다.

1. 진단 · 평가의 개념 및 목적

1) 진단 · 평가 관련 용어

교사는 아동을 잘 가르치기 위해서 아동에 관한 정보를 수집하고 분석하여 아동이 어떤 문제가 있으며 어떤 장애가 있는지, 현재의 발달 수준은 어떠한지, 장애 원인은 무엇인지 등을 파악하는 일련의 과정을 거치게 되는데, 우리는 이러한 일련의 과정을 평가라고 부른다. 그러나 평가를 언급할 때 우리는 흔히 진단(diagnosis), 검사(testing), 사정(assessment), 측정(measurement), 평가(evaluation), 판별(distinction)이라는 용어를 혼용하고 있다. 따라서 먼저 평가 관련 용어에 대하여 살펴보고자 한다.

진단이란 어떤 상태의 특성과 원인을 파악하는 과정으로, 특정 장애의 유무와 장애의 원인이 무엇인지를 알아내는 것이다. 검사는 개인의 특성이나 속성을 체계적인 관찰을 통해 추정할 목적으로 사용하는 도구로, 행동표본을 알아보기 위해 사전에 정해진 규칙이나 절차에 따라 실시하고 채점하며 해석하는 것을 의미한다(국립특수교육원, 2009). 사정이란 양적인 특성뿐 아니라 질적인 특성을 파악하는 것을 말하는 것으로, 교육적 의사결정을 하기 위하여 아동에 대한 정보를 수집, 기록, 해석하는 과정이다. 측정이란 인간의 행동이나 사물, 사건의 증거를 수집하여 이를 '수'로 표시하는 것을 말하는 것으로, 검사도구를 이용하여 양적 또는 수량적 자료를 수집하는 과정이다. 평가란 평가대상의 장점과 가치를 결정하는 과정으로, 양적 및 질적인 특성을 파악한 후 가치판단을 통하여 미래 방향을 설정해 주는 것이다(서경희, 이상복, 이상훈, 이효신, 2009). 즉, 실제 수집된 자료에 근거하여 가치판단을 하여 교육적 의사결정을 내리는 과정이다. 판별이란 아동이 지닌 이상성 혹은 교육상의 현저한 문제성을 파악하기 위한 선별 및 평가 활동을 통하여 개인의 능력 및 심리적 특성이 같은 사람을 구분하는 진단활동을 말한다.

이러한 구분에 의하면 장애학생의 진단과 평가라는 의미는 사정이라는 의미에 더 가깝다. 사정이란 대상에 대한 정보를 제대로 갖고 있지 않은 상황에서 교육적 의사결정에 필요한 자료를 수집하는 과정이다(이승희, 2019). 사정을 통하여 수집되는 자료로는 양적 자료와 질적 자료가 있는데 어떤 자료가 수집되어야 하는지는 평가에서 내리고자 하는 의사결정의 유형에 따라 달라질 수 있다. 지적장애 진단 · 평가의 과정, 즉 사정의 과정은 지적장애 학생의 교육적 요구를 파악하는 활동인 동시에 교육계획 수립의 출발점이 되는 활동이다(Salvia, Ysseldyke, & Bolt, 2009).

〈표 5-1〉 검사 관련 평가 용어의 예

• 예: 아동 민우가 지능검사를 실시한 경우
  - 측정: 민우의 지능검사 결과 IQ가 65로 나왔다.
  - 평가: IQ 65는 다른 또래들과 비교하였더니 2표준편차보다 더 낮은 것을 알 수 있다.
  - 사정: IQ 65는 지적장애의 한 가지 필요조건이므로 적응행동검사와 교사관찰, 학부모 면담 등을 통하여 아동이 지적장애인지 아닌지를 평가하는 절차를 거친다.
  - 판별: 사정 결과, 민우는 지적장애 학생임이 명확하게 판단된다.

2) 진단・평가의 목적

우리나라에서 실시되는 진단・평가의 목적은 대상자 및 보호자 면담・관찰, 종합적인 심리검사 결과 등을 토대로 전문적이고 정확한 진단・평가를 하여 지적장애 학생을 적합한 교육환경에 배치하여 학습권을 보장하는 데 있다. 진단・평가의 근거 법령은 다음과 같다.

• 「장애인 등에 대한 특수교육법」 제10조(특수교육운영위원회)
• 「장애인 등에 대한 특수교육법」 제14조(장애의 조기발견 등)
• 「장애인 등에 대한 특수교육법 시행령」 제15조(특수교육대상자의 선정)
• 「장애인 등에 대한 특수교육법」 제16조(특수교육대상자 선정절차 및 교육 지원 내용의 결정)
• 「장애인 등에 대한 특수교육법」 제17조(특수교육대상자의 배치 및 교육)
• 「장애인 등에 대한 특수교육법 시행령」 제11조(특수교육대상자의 학교 배치 등)
• 「장애인 등에 대한 특수교육법 시행령」 제12조(배치에 대한 의의)

(1) 교육 배치 및 교육 내용 결정

교육 진단・평가는 각 개인이 가지고 있는 여러 가지 특성을 측정하여 교육 배치 및 교육 내용을 결정하는 데 그 목적이 있다. 지적장애 학생을 바르게 이해하기 위해서는 몇 가지 검사를 통한 단순한 수치만 가지고 기계적으로 판단할 수 없다. 양육자로부터의 정보 수집, 관찰방법, 검사 등을 통해 학생의 특성을 이해해야 한다. 즉, 지적장애 학생의 진단·평가에서는 여러 가지 측면을 동시에 밝혀내는 일이 필요한 것이다. 진단·평가는 학생에게 적합한 교육계획의 수립을 위해 합당한 절차에 따라 이루어져야 하며, 한 가지 영역보다는 학생과 관련된 전반적인 영역에 대한 사정이 이루어져야 한다(Bolt & Roach, 2009).

따라서 지적장애 학생의 진단 목적은 지적장애 학생이 학습이나 행동 면에서 정상(일반) 아동의 기준으로부터 얼마나 이탈되어 있는가를 알아내기 위한 개인 간 차이에 대한 정보보다는 지적장애 학생 자신이 가지고 있는 강점과 약점을 판별하기 위한 개인 내 차이에 초점을 두는 것이 더욱 의미가 있다.

(2) 교육적 요구 평가

지적장애로 진단·평가하는 것은 해당 학생에게 지적장애라는 명칭을 부여하기 위한 것이 아니라 학생의 교육 요구에 대한 정확한 진단·평가를 하기 위함이다. 따라서 지적장애 학생의 진단·평가는 학생의 교육적 요구를 평가하여 그에 부응하는 교육계획을 수립하는 과정이 되어야 하고 학습을 촉진하는 과정이 되어야 한다(Taylor, 2000). 이를 위해 학생이 자연적인 환경에서 행하는 행동에 관심을 가져야 하고, 이를 다양한 방법을 활용하여 측정해야 한다.

(3) 평가자료의 통합

진단·평가를 통해 얻어지는 다양한 자료는 수집된 이후 분리된 자료로서 활용되기보다는 특정 학생에 대해 하나로 통합되어야 한다. 진단·평가에 관여한 의사, 의료전문가, 임상심리학자와 심리전문가, 사회복지사, 교사, 학습전문가, 부모 등 전문가들의 상호작용을 통해 학생에 대한 폭넓은 이해를 얻기 위해 필요하며, 자료들을 효과적으로 통합하여 학생의 교육적 요구에 부응하는 교육계획을 수립하고 피드백(feedback)을 하는 데 사용되어야 한다.

지적장애 진단·평가의 절차는 [그림 5-1]과 같이 선별, 의뢰, 장애 진단, 특수교육대상자로서의 적격성 여부 결정 및 배치, 프로그램 계획, 진도 점검, 프로그램 평가의 절차를 통해 이루어진다.

단계	절차	기능	검사도구
7단계	프로그램 평가	프로그램의 효율성 진단	검사, 관찰, 교육과정중심 사정, 수행사정, 포트폴리오
6단계	진도 점검	학습 진도의 지속적인 평가	검사, 면담, 교육과정중심 사정, 수행사정
5단계	프로그램 계획	교육 프로그램 및 관련 서비스 결정	검사, 관찰, 교육과정중심 사정, 수행사정
4단계	적격성 및 배치	특수교육대상자로서의 적격성 여부 결정 및 배치	검사, 관찰, 교육과정중심 사정
3단계	장애 진단	문제 특성 및 원인 파악	지능검사, 사회성숙도검사, 적응행동검사, 기초학습검사, 운동능력검사
2단계	의뢰	특수교육대상 적합성 검사를 의뢰	학생의 발달기록, 면담, 건강기록, 학교생활기록 등 학생에 대한 전반적인 정보 수집
1단계	선별	심층적 평가 의뢰 여부 결정	한국 영유아 발달선별검사, 한국판 덴버 발달선별검사-II, 한국판 아동발달검사, 영유아 언어발달검사, ASQ 부모작성형 아동 모니터링

[그림 5-1] **지적장애 진단·평가의 절차, 기능 및 검사도구**

2. 진단·평가의 절차: 선별, 의뢰

1) 선별

(1) 선별이란

선별(screening)이란 학습에 심각한 어려움을 가지고 있는 아동을 확인하는 초기 단계에 수행되는 활동으로, 심층평가가 필요한 아동을 식별해 내는 과정이다. 지적장애 학생을 선별하기 위해서 신체활동 기능, 언어능력, 인지능력 등 전반적인 학생의 발달 상태에 대한 검사를 실시하여 지적장애가 있을 만한 학생을 파악한다. 이 단계에서 교사는 대상 아동을 관찰하고, 학업성취와 사회적 행동을 평가하며, 학부모에게 자신들의 자녀에게 학습문제가 있는지에 대한 자문을 요청할 수 있다. 주의를 요하는 학생을 발견하기 위해서는 정기적으로 특정 도구와 선별도구를 이용해야 한다.

선별을 실시했을 때 예상되는 결과는 다음과 같이 네 가지로 나누어 볼 수 있다(이승희, 2019). 선별에 의뢰된 아동이 특수교육을 필요로 하거나 그렇지 않을 수 있으며, 또한 심층평가에 의뢰되거나 의뢰되지 않을 수 있다. 〈표 5-2〉는 선별의 네 가지 가능한 결과를 나타내고 있다. A와 D의 경우는 선별에서 정확한 판단이 내려진 경우이다. B와 C는 부정확한 판단이 내려진 경우로 B는 위양, C는 위음이라고 한다. 위양(false positive)이란 선별에서 아동을 심층평가로 의뢰하였지만 특수교육이 필요하지 않은 것으로 판별된 경우이다. 위양은 가족들에게 불필요한 불안을 야기하고 평가 경비 면에서도 불필요한 지출을 초래할 수 있다. 위음(false negative)이란 아동을 심층평가로 의뢰하지 않았는데 나중에 특수교육이 필요한 아동으로 확인되는 경우이다. 위음은 선별과정의 실수로 인해 아동이 조기에 특수교육을 받지 못하게 되는 결과를 낳을 수 있다.

〈표 5-2〉 **선별의 네 가지 가능한 결과**

특수교육 필요 여부	심층평가로의 의뢰 여부	
	의뢰됨	의뢰되지 않음
필요함	A	C(위음)
필요하지 않음	B(위양)	D

우리나라의 경우 유치원, 초등학교에 입학한 이후, 학교에서는 보통 전체 아동을 대상으로 정상적인 학교생활 참여와 교육능력 수행에 어려움이 있는 아동들을 파악한다. 일반적으로 신체활동 기능, 언어능력, 인지능력 등 전반적인 아동의 발달 상태에 대한 검사를 실시하여 지적장애로 의심되는 아동을 파악하게 된다. 아동이 특수교육적 요구가 있다고 생각되는 경우에는 아동 자신 또는 보호자, 학교장이 특수교육대상자의 선정·배치를 신청할 수 있다. 선별은 앞서 언급하였듯이 특수교육대상 심사 의뢰를 위한 사전 과정으로 장애 여부와 특수교육의 적합성 등을 결정하지는 않는다.

(2) 선별 절차
장애의 조기발견을 위한 선별에 대한 구체적인 절차는 「장애인 등에 대한 특수교육법」 제14조(장애의 조기발견)와 「장애인 등에 대한 특수교육법 시행령」 제9조(장애의 조기발견 등)에 자세히 명시되어 있다. 「장애인 등에 대한 특수교육법」 제14조는 교육감 또는 교육장에 대하여 영유아의 장애 및 장애 가능성을 조기에 발견하기 위한 홍보 및 선별검사 무상 실시를 의무화하고 있다. 「장애인 등에 대한 특수교육법 시행령」 제9조는 교육감 또는 교육장은 장애의 조기발견을 위하여 관할 구역의 어린이집, 유치원 및 학교의 영유아 또는 학생을 대상으로 수시로 선별검사를 하여야 한다고 하였으며, 이 경우 「국민건강보험법」 제52조 제1항 또는 「의료급여법」 제14조 제1항에 따른 건강검진의 결과를 활용할 수 있다고 하였다. 또한 교육장 또는 교육감은 선별검사를 한 결과 장애가 의심되는 영유아 등을 발견한 경우에는 병원 또는 의원에서 영유아 등에 대한 장애 진단을 받도록 보호자에게 안내하고 상담을 하여야 한다. 교육장 또는 교육감은 선별검사를 받은 영유아 등의 보호자가 법 제15조에 따른 특수교육대상자로 선정받기를 요청할 경우 영유아 등의 보호자에게 영유아 등의 건강검진 결과통보서 또는 진단서를 제출하도록 하여 영유아 등이 특수교육대상자에 해당하는지 여부를 판단하기 위한 진단·평가를 하여야 한다고 명시하였다(「장애인 등에 대한 특수교육법 시행령」 제9조 제2, 3, 4항).

보건복지부 「의료급여법」 제14조는 시장·군수·구청장은 질병의 조기발견과 그에 따른 의료급여를 하기 위하여 건강검진을 할 수 있도록 명시하였다. 의료기관은 미숙아 및 선천성 이상아 발생 즉시 관할 보건소에 보고하고 대상자에 대한 기본 정보 확보와 집중관리 수요를 파악하고 지역 내 적절한 신생아 집중치료관리 자원을 공급·유지함으로써 영아 사망과 장애 발생을 최소화하도록 하였다. 지역사회에서는 미숙아 및 선천성 이상아에 대한 지속적인 보건·의료·재활서비스 등의 연계실시를 통하여 고위험 신생아의 건강한 성장·발달을 도모하고, 미숙아 및 선천성 이상아 출산으로 입원 및 수술 등 치료에 소요되는 비용의 부담 때문에 생기는 치료의 포기 및 지연 등으로 인해 발생하는 사망 및 장애 예방을 위한 의료비를 지원하고 있다.

「건강검진기본법」 제5조(국가와 지방자치단체의 의무), 「국민건강보험법」 제52조(건강검진) 및 같은 법 시행령 제25조, 「의료급여법」 제14조(건강검진)에 의거, 영유아의 성장·발달 사항을 추적 관리하고 보호자에게 적절한 교육 프로그램을 제공하여 영유아 건강증진을 도모하도록 하였다. 영유아 선별 목표 질환 중 발달 관련 선정 근거를 살펴보면 〈표 5-3〉과 같다(보건복지부, 2021).

〈표 5-3〉 영유아 건강검진 선별 목표 질환 선정 근거

구분	세부 질환	선정 근거
발달	발달지연	• 진단이 늦어질수록 치료가 어려우며 의료비 증가가 심화되는 대표적 질환 • 장기적으로 장애아가 될 수 있는 영유아에게 적절한 시기에 적절한 치료를 시행하여 치료 효과 극대화 • 장애의 최소화 외에도 학업성취 등 교육에 긍정적 효과가 예상되며, 사회 부적응에 대한 예방효과도 기대

출처: 보건복지부(2021).

(3) 선별검사도구

현재 특수교육 현장에서 주로 활용되고 있는 선별검사도구로는 한국 영유아 발달선별검사-개정판(K-DST; 대한소아과학회, 2017)과 한국판 덴버 발달선별검사-II(K-DDST-II; 신희선, 한경자, 오가실, 오진주, 하미나, 2002), 한국판 아동발달검사-2판(K-CDI; 김정미, 신희선, 2010)이 있다.

① 한국 영유아 발달선별검사-개정판(K-DST)

• 목적: 한국 영유아 발달선별검사-개정판(Korean Developmental Screening Test for Infants & Children: K-DST)은 영유아 건강검진 사업의 일환으로 보건복지부와 질병관리본부 등 정부지원하에 대한소아과학회, 대한소아재활 · 발달의학회, 대한소아청소년 정신의학회와 심리학 등 관련 분야의 전문가들이 함께 한국 영유아의 특성에 맞게 개발한 검사도구로, 2014년에 출시된 초판의 개정판이다(대한소아과학회, 2017). 다양한 영역에서 습득하는 발달기술을 종합적으로 평가하여 발달의 문제가 있는 영유아를 선별하기 위한 부모보고식 검사이다.

• 대상: 취학 전 연령인 6세 미만 영유아(4~71개월)를 대상으로 하였으며, 시간이 적게 걸리면서 부모가 쉽게 아이의 행동을 평가하여 답할 수 있는 부모작성형 설문지 형식으로, 인쇄된 검사 용지를 사용할 수도 있으나 인터넷을 이용하여 웹상에서도 사용 가능한 발달선별검사도구이다.

• 구성: K-DST는 나이에 따라 총 5~6개의 영역으로 구성되어 있다. 각 영역은 8개의 문항으로 구성되어 총 40~48문항이 한 연령구간별 검사지에 포함된다. 평가하는 발달영역은 대근육운동, 소근육운동, 인지, 언어, 사회성, 자조능력이다. 다만, 자조능력의 경우 일정한 발달기술을 획득한 후 계발되는 특성을 지니고 있기

때문에 18개월 이후의 월령부터 검사하도록 구성하였다. 생후 초기의 나이가 어린 월령 집단의 경우 발달 속도가 매우 빠른 반면, 상위 월령집단인 만 4~5세 집단은 상대적으로 발달 속도가 느린 영유아의 발달 특성을 반영하여 각 월령집단의 간격을 2개월에서 6개월 사이로 차이를 주었다. 이에 4~5개월용과 6~7개월용 등은 2개월 간격, 24~26개월용과 27~29개월용 등은 3개월 간격, 36~41개월용부터는 6개월 간격으로 구성되어 있다.

K-DST는 각 영역당 8문항으로 구성되어 있다. 월령별 검사 문항은 4~5개월용부터 16~17개월용까지, 즉 생후 18개월 미만의 영유아를 대상으로 하는 검사지는 40문항, 18~19개월용부터 66~71개월용까지의 검사지는 48문항으로 구성되어 있다. 이는 4~5개월용부터 16~17개월용까지는 대근육운동, 소근육운동, 인지, 언어, 사회성의 총 5개 발달영역을 다루고 있는 반면, 18~19개월용부터는 자조영역이 포함된 6개 발달영역을 다루기 때문이다. 자조는 일정한 발달기술을 획득한 후 계발되는 특성을 지니고 있어 18개월 미만 아이의 자조영역을 독립적으로 평가하기 어렵기 때문에 18개월 이후에서만 평가하도록 되어 있다.

각 질문지는 양육자가 이해하기에 간단하며 직접적인 용어를 사용한 문항으로 구성되어 있다. 일부 문항의 경우, 양육자가 질문을 보다 쉽게 이해할 수 있도록 그림을 제시하였다.

• **실시 및 결과 해석**: 검사를 실시하는 부모, 혹은 주 양육자에 해당하는 보호자는 각 문항을 잘 읽고 영유아가 해당 능력을 어느 정도 할 수 있는지를 판단하여 '전혀 할 수 없다'(0점), '하지 못하는 편이다'(1점), '할 수 있는 편이다'(2점), '잘할 수 있다'(3점) 중 알맞은 곳에 표시한다. 각 영역별 총점은 0~24점 사이의 분포를 보이게 된다. K-DST는 영역별로 총점(0~24점)과 설정된 절단점을 비교하여 네 가지 수준(빠른 수준, 또래 수준, 추적검사 요망, 심화평가 권고)으로 분류한다. '빠른 수준'은 해당 영역의 총점이 월령집단 내에서 +1표준편차 이상을, '또래 수준'은 −1표준편차 이상부터 +1표준편차 미만까지를, '추적검사 요망'은 =2표준편차 이상부터 −1표준편차 미만까지를, '심화평가 권고'는 −2표준편차 미만을 의미한다.

또한 K-DST에는 각 영역의 발달과 관련된 문항뿐만 아니라, 발달과정에서 매우 중요하기에 별도로 고려되어야 하는 항목과 발달의 양적인 지연이 뚜렷하지 않으면서도 질적으로 변형된 발달을 보이는 신경발달장애를 탐지할 수 있는 항목을 다루는 추가질문이 포함되어 있다(질병관리본부, 2014).

② **한국판 덴버 발달선별검사-II(K-DDST-II)**

- **목적**: 한국판 덴버 발달선별검사-II(Korea Denver Developmental Screening Test-II: K-DDST-II; 신희선 외, 2002)는 1990년 William Frankenburg 박사가 덴버 발달선별검사(Denver Developmental Screening Test: DDST)를 수정·보완하여 개발한 DDST-II를 재표준화한 것이다. 해당 연령에 적합한 검사 항목에서 발달지연 또는 문제의 가능성이 있는 아동을 선별하기 위한 목적으로 사용된다.

  K-DDST-II는 지능검사가 아닌 발육 선별검사로 미래의 적응능력이나 지적 능력을 예견하는 도구는 아니다. 언어능력, 운동능력, 사회성 발달 등이 늦다고 느껴지는 경우, 발달장애 위험이 큰 경우, 현재의 발달 수준을 확인하고 싶은 경우에 도움이 되는 검사이다. K-DDST-II는 있을 만한 문제에 대하여 전문가의 주의를 환기시킨다. 그러나 검사 결과로 학습장애, 정서장애와 같은 진단명을 붙일 수 있는 진단적 검사가 아니다. 또한 정확한 검사를 위해서는 정해진 검사 용지를 사용하여 표준화된 방법으로 실시하여야 하므로 검사자의 훈련이 필요하다.

- **대상**: 적용 범위는 여러 가지 이유로 발달장애가 의심되는 출생~6세 사이의 아동이며 해당 연령에 적합한 검사 항목에서 발달지연 또는 문제의 가능성이 있는 아동이 대상이 된다.

- **구성**: 검사 구성은 4개의 발달영역(개인-사회성 발달, 미세운동 및 적응발달, 언어발달, 운동발달)에 걸쳐 총 110항목으로 구성되어 있는데 각 발달영역별 문항 수는 22개, 27개, 34개 그리고 27개이다. K-DDST-II는 검사자가 주관적으로 검사 도중 유아가 보이는 전반적 행동을 평정하도록 5개의 검사행동 문항(일상적인 행동, 순응 정도, 환경에 대한 관심도, 두려움 정도, 주의 집중력)도 포함하고 있다.

  검사지에는 110개 문항이 가로막대로 나타나 있으며 검사지의 위와 아래에는 연령눈금이 24개월까지는 1개월 간격으로, 그 후부터는 3개월 간격으로 표시되어 있다. 검사자는 피검자의 생활연령을 계산한 후 검사지 위와 아래의 해당 연령을 연결하여 세로로 연령선을 긋는다. 검사자는 피검자의 연령과 검사능력에 따라 검사 문항 수를 다르게 실시하게 되는데 검사 문항 수는 검사에 주어진 시간과 검사의 목적, 즉 유아의 발달지연을 알기 위한 것인지 또는 유아의 상대적인 발달적 강점을 알기 위한 것인지에 따라 달라진다. 검사는 비교적 간단하여 아동 또는 부모가 답할 수 있고, 아동이 검사 항목을 해낼 수 있는지를 검사자가 관찰하고 채점하는 등의 방식으로 구성된다.

- 실시 및 결과 해석: 실시한 각 문항에 대해서는 'P(pass: 통과)' 'F(fail: 실패)' 'NO(no opportunity: 기회 없음)' 또는 'R(refusal: 거부)'로 표시한다. 각 영역별 항목 검사 결과는, '월등한(advanced)' '정상(normal)' '주의(caution)' '지연(delayed)' 또는 '기회 없음(no opportunity)'으로 해석한 후 검사 전체에 대해 '정상(normal)발달' '의심스러운(questionalble) 발달' 또는 '검사불능(untestable)'으로 판단하는데, 전체 해석에서 1개의 '지연' 그리고/또는 2개 이상의 '주의'는 '의심스러운 발달', 1개 이하의 주의는 '정상발달'로 분류한다.

  1차 검사에서 이상, 의문, 검사불능으로 평가된 경우 2~3주 후에 재검사를 하며, 재검사에서도 동일한 결과가 확인되는 경우 확실한 발육검사를 위해 다른 검사를 병행하는 등 전문가 진단이 필요하다.

③ 한국판 아동발달검사-2판(K-CDI)

- 목적: 한국판 아동발달검사-2판(Koreran Child Development Inventory: K-CDI)은 CDI(Child Development Inventory; Ireton, 1992)를 김정미와 신희선(2010)이 한국의 영유아들을 대상으로 표준화한 초판을 개정한 것으로, 아동의 영역별 발달상의 문제를 조기에 선별하는 데 목적을 두고 있다.
- 대상: 15개월부터 만 6세 5개월 사이 아동의 부모, 교사를 대상으로 한 보고 형태의 검사이다. 검사는 부모용과 교사용으로 구분되어 있다.
- 구성: 아동의 발달 정보를 확인하고 보다 심도 있는 검사가 필요한지 여부를 사정하기 위한 아동발달 선별검사로 하위 척도는 아동의 사회성, 자조행동, 대근육운동, 소근육운동, 표현언어, 언어이해, 글자와 숫자영역, 문제 항목으로 구성되어 있다.
- 실시 및 결과 해석: K-CDI는 교사(부모)가 일상에서 아동을 관찰하여 각 항목에 응답하는 방식으로 시행한다. 검사를 통하여 현재 아동의 발달 정도를 파악하고 정상 범위에 속하는지 여부를 사정함으로써, 영유아 교육 및 중재를 위해 각 아동의 발달에 적합한 교육 준거 마련에 활용 가능하다. 검사 결과는 영유아기 아동의 조기 발달적 문제나 장애 여부 선별에 유용하며, 부모와 교사의 교육계획 및 중재를 위한 기초자료로 사용할 수 있다. 다문화 가정의 경우 어머니의 언어적 제한으로 아동발달을 이해하는 데 어려움이 있어 다문화용 기록지(영어, 러시아어, 일본어, 중국어, 베트남어, 몽골어)를 통해 모국어를 사용한 검사 실시가 가능하다.

K-CDI는 부모나 양육자가 검사지를 작성하도록 되어 있다. 발달영역의 문항은 아동이 현재 하는 행동이거나 이전에 했던 행동일 경우는 '예', 아동이 현재하지 못하거나 요즘 막 시작하여 가끔씩 관찰되는 행동일 경우는 '아니요'로 표시한다. K-CDI는 발달영역의 척도별로 발달연령과 발달 프로파일을 제공하고 있는데, 1차 연령선은 생활연령선으로부터 연령 이하 20%(-1.3SD)로 정상발달범위, 2차 연령선은 연령선으로부터 연령 이하 25%(-1.5SD)로 경계선 발달범위, 3차 연령선은 연령선으로부터 연령 이하 30%(-2.0SD)로 지연발달범위로 해석한다. K-CDI는 발달영역의 9개 척도별로 발달연령과 발달 프로파일을 제공하고 있는데 발달 프로파일에는 9개 척도별도 발달 범위가 정상, 계선 또는 지연으로 나와 있다.

④ 국립특수교육원 지적장애 아동 선별검사

- 목적: 지적장애 아동을 선별하기 위해서 국립특수교육원에서 사용하는 특수교육대상자 선별검사 문항을 사용할 수 있다. 지적장애를 지닌 특수교육대상자는 지적 기능과 적응행동 모두에서 평균보다 현저하게 낮아 일상생활, 교육적 성취, 사회적 참여와 역할 수행 등에 어려움이 있으며, 18세 이전의 발달기에 나타난다라는 조작적 정의를 한 후 〈표 5-4〉와 같은 지적장애 아동 선별검사 문항을 사용한다(국립특수교육원 2009).

〈표 5-4〉 국립특수교육원 지적장애 아동 선별검사 문항

① 구어(말)로 의사소통을 못하거나 무슨 말인지 알아듣기 힘들다.
② 교사나 주변 사람이 평소와 다른 지시를 하면 알아듣지 못한다. 예를 들어, 종이를 나누어 주면서 오리라고 했는데 평소에 하던 대로 색칠하기만 한다.
③ 또래들에 비해 자연스럽게 노출되는 문자에 대한 관심이 없거나 이해력이 떨어진다.
④ 또래들에 비해 기초적인 수세기, 색깔이나 모양(동그라미, 세모, 네모 등)의 개념 이해력이 떨어진다.
⑤ 또래들에 비해 옷 입고 벗기를 제대로 수행하지 못한다.
⑥ 또래들에 비해 대소변 가리기를 제대로 수행하지 못한다.
⑦ 또래들에 비해 식사하기를 제대로 수행하지 못한다.
⑧ 위험한 상황을 잘 인식하지 못하고, 위험한 일이 벌어져도 해결하지 못한다. 예를 들어, 정수기에서 뜨거운 물을 먼저 담고는 그대로 잡고 있다.
⑨ 또래들에 비해 유치한 행동을 많이 하거나 또래들의 놀이 활동에 참여하지 못한다.
⑩ 수행하는 것이 없어서 교사나 또래가 보기에 대상 아동이 있는지 없는지 모를 정도로 소속감이 없다.
⑪ 활동을 할 때 산만하고 집중력이 짧아서 결국 과제를 완성하지 못하는 때가 많다.

출처: 국립특수교육원(2009).

- 대상: 모든 학교에서 교사들이 지적장애 아동으로 의심되는 아동을 대상으로 한다.
- 구성: 선별검사는 12개 문항으로 구성되어 있고, 문항별로 아동이 해당되는 모든 항목에 자주 나타남(2점, 1주일에 4회 이상 나타남), 가끔 나타남(1점, 1주일에 2~3회 나타남), 나타나지 않음(0점, 1주일에 1회 이하로 거의 일어나지 않음)으로 표시한 후, 전체 점수의 합이 4점 이상이 될 경우 지적장애 아동으로 선별하고 진단을 의뢰하게 된다. 지적장애 아동 선별검사 검사 문항은 〈표 5-4〉와 같다.

2) 의뢰

부모, 선생님, 학교관계자, 의사, 지역 특수교육 서비스 제공자 등 학생의 발달과 교육에 관련된 사람이면 누구나 학생이 장애로 인해 정상적으로 학습에 참여하고 학업을 수행하는 데 어려움이 있다고 판단될 때 특수교육대상 적격성 검사에 의뢰(referral)할 수 있다. 특수교육대상 적격성 검사에 의뢰하기 이전에 학교 선생님과 관계자는 일반교육을 통해서 학생이 정상적인 교육 수행을 할 수 있도록 필요한 조치를 취하기 위해 노력해야 하며, 이 노력이 별로 효과적이지 않다고 판정되어 특수교육이 필요하다고 여겨질 때는 특수교육 적격성 검사를 실시하여야 한다. 부모의 동의 후 학생의 발달에 장애가 있다고 여겨지는 부분에 관한 여러 가지 검사를 하게 되며, 검사자는 검사결과를 면밀히 기록해야 한다. 특히 장애가 염려되는 분야에 대한 검사를 세심하게 하며 학생의 현재 발달 상태와 교육 수행능력 그리고 학생에게 필요한 교육 내용이 어떤 것인지에 대해 세심하게 기록해야 한다. 더불어 학생의 발달기록, 부모 면담 자료, 건강기록, 학교생활기록 등 학생에 대한 전반적인 정보를 수집해야 한다.

우리나라의 경우 선별을 받아 지적장애로 의심되는 아동의 경우, 학교는 부모에게 이 사실을 통보하고, 부모의 동의를 받아 특수교육 의뢰 절차를 거친다. 부모의 동의 후 아동의 발달 및 지적장애 관련 검사를 실시하게 되는데, 이때에는 아동의 현재 발달 상태와 교육 수행능력, 아동에게 필요한 교육 내용에 대해 꼼꼼히 기록해야 한다. 또한 아동의 발달기록, 부모 면담, 건강기록, 학교생활기록 등 아동에 대한 전반적인 정보도 함께 수집한다. 특수교육대상자의 선별에는 형식적·비형식적 검사도구를 사용할 수 있다. 지적장애 아동으로 선별된 아동은 특수교육지원센터로 진단·평가가 의뢰된다.

3. 진단·평가의 절차: 특수교육대상자 진단

1) 진단이란

진단이란 의학적·교육적·발달적 장애 정도가 얼마나 되는가를 살펴본 후 그 장애에 맞는 특정 프로그램에 대한 아동의 배치를 결정하는 단계로서, 각 영역의 전문가들이 한 팀으로 아동이 갖는 여러 측면에서의 장애 특성을 찾아내고 처방을 결정하게 된다. 그러나 이 과정은 학생의 장애 관련 명칭을 붙이는 과정이 아니라 학생의 교육적 요구를 평가하여 그에 부응하는 교육계획을 수립하는 과정, 학습을 촉진하는 과정이 되어야 한다. 이를 위해서는 다양한 방법을 활용하여야 하며, 수집된 자료는 분리된 자료로 활용되기보다 특정 학생에 대해 하나로 통합·사용되어야 한다. 또한 진단과정은 의사, 의료전문가, 임상심리학자와 심리전문가, 사회복지사, 교사, 학습전문가, 부모 등 많은 사람의 협력을 통해 이루어지는 것이 바람직하다. 진단 단계에서 교사들은 진단의 과정이 목적에 적합하게 시행되도록 노력해야 하고, 합리적인 과정을 따라 이루어지도록 해야 하며, 그 결과로 얻어지는 자료들을 효과적으로 통합하여 학생의 교육적 요구에 부응하는 교육계획을 수립하고 피드백을 해야 한다.

진단과정에서는 해당 아동이 전반적인 발달영역에서 어느 정도의 능력이 있는지를 평가하고, 특수교육대상으로 적격한지를 결정하기 위해 다른 일반 아동들의 능력과 의미 있는 차이가 있는지를 비교한다. 특수교육대상으로 선정하기 위해서는 표준화된 규준참조형 검사도구를 주로 사용한다. 그러나 전문가들이 주로 활용하는 표준화된 규준참조형 검사도구만으로는 아동에 대한 정확한 판단을 보장할 수 없다. 따라서 아동의 가족은 물론 아동과 가까운 사람들과의 면담을 통해 아동에 대한 추가 정보를 제공받고, 자연스러운 상황에서 아동의 행동을 관찰하여 아동이 특수교육을 받아야 하는 대상자인지를 판단하게 된다. 이 경우 진단·평가를 실시하는 전문가들이 아동의 행동을 충분히 관찰할 수 있는 시간을 확보할 수 없으므로 아동을 오랫동안 관찰할 수 있었던 전·현직 교사들에게 얻은 간접적인 관찰 결과를 참고하기도 한다.

아동에 대한 가장 정확하고 다양한 정보를 수집하는 진단과정에서 교사 또는 전문가는 다양한 방법으로 정보를 수집하고, 가능하면 자연스러운 환경에서 진단·평가를 실시하도록 해야 한다. 또한 아동뿐 아니라 그를 둘러싼 가족에 대해서도 진단해야 하

며 의사결정을 위해 가능하면 다양한 분야의 전문가들이 참여할 수 있도록 해야 할 것
이다. 여기에서는 지적장애 평가도구를 진단검사와 지원검사로 구분하여 살펴보겠다.

2) 진단 절차

우리나라의 경우 특수교육대상자의 진단은 아동이 재학 중인 학교(유치원)의 관할
교육청 특수교육지원센터가 담당하며, 진단 · 평가 결과에 따른 교육적 사정은 시 · 도
교육청 또는 지역교육청 특수교육운영위원회가 담당하도록 하고 있다. 「장애인 등에
대한 특수교육법 시행령」 제7조에 따르면, "교육감은 특수교육지원센터의 진단 · 평가
과정에서 장애가 의심되는 영유아 또는 학생이 이전에 의료적 진단을 받지 아니한 경
우에는 이에 대한 의료적 진단을 보건소, 병원 또는 의원에 의뢰하여야 한다."라고 명
시하였으며 그 비용을 부담하도록 하였다. 우리나라 특수교육대상자의 선정 및 배치
처리 절차는 [그림 5-2]와 같다.

특수교육대상자 진단 · 평가 운영은 0세부터 만 17세까지 영 · 유아 및 초 · 중 · 고
등학교 학생을 대상으로 실시하며, 「장애인 등에 대한 특수교육법 시행규칙」 별표(제2
조 제1항)에 의거 특수교육대상자의 지원 요구를 파악하는 다양한 진단 · 평가를 실시
하기 위해 특수교육지원센터 내 진단 · 평가팀을 구성 · 운영하며 필요시 진단 · 평가
협력기관에 의뢰한다. 진단 · 평가 신청은 의뢰자 주민등록지 특수교육지원센터에서
수시로 가능하고 특수학교 신입생 입학에 따른 진단 · 평가는 별도 계획에 따라 시행
한다. 발달지체 학생 재선정 심의 시 장애인복지카드(장애인등록증), 의사진단서, 심리
평가 결과서(1년 이내)가 있을 경우 참고하여 진단 · 평가를 실시한다.

(1) 진단 · 평가 접수
① 보호자 또는 각급학교의 장은 장애가 있거나 장애가 있다고 의심되는 영유아 및
   학생 발견 시 교육(지원)청에 진단 · 평가를 의뢰한다([그림 5-3] 참조).
② 진단 · 평가를 의뢰받은 교육감 · 교육장은 특수교육지원센터에 진단 · 평가를
   의뢰한다.
③ 교육장의 진단 · 평가 의뢰 후 30일 이내에 특수교육지원센터에서 진단 · 평가를
   시행한다.
④ 진단 · 평가 의뢰 공문 접수 후 30일 이내 학부모와 연락이 안 되거나 진단 · 평

가가 전혀 진행되지 않을 경우 학교에서 사유를 기재하여 진단·평가 의뢰취소
신청 절차를 진행한다.

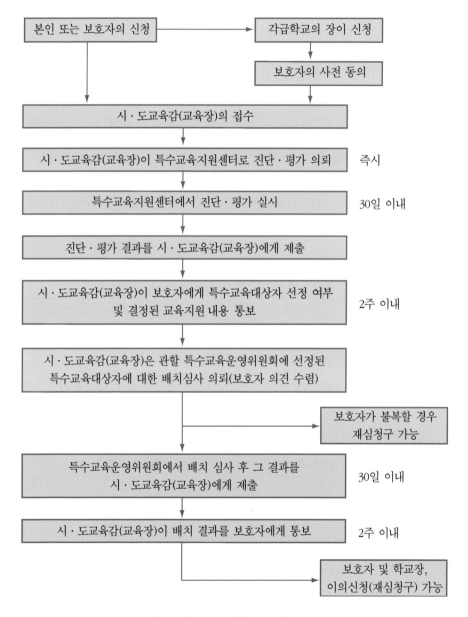

[그림 5-2] **우리나라 특수교육대상자의 선정 및 배치 처리 절차**

특수교육대상자 진단 · 평가 의뢰서

접수번호						
대상자	성명		생년월일		성별	
	주소					
	소속					
보호자	성명		대상자와의 관계		대상자의 ( )	
	주소			전화번호		

「장애인 등에 대한 특수교육법」 제15조, 제16조, 제17조 및 「개인정보보호법」 제15조, 제17조, 제23조에 따라 신청인의 개인정보를 수집 · 이용 · 제공하는 것에 동의하며, 「장애인 등에 대한 특수교육법」 제14조 제3항 및 같은 법 시행령 제9조 제4항에 따라 위와 같이 신청합니다.

년   월   일

보호자   (서명)

○○○교육감(교육장) 귀하

-------------------------- (절취선) --------------------------

특수교육대상자 진단 · 평가의뢰서(고등학교 과정 이하) 접수증

접수번호:

소속	학생명	성별	비고

위와 같이 접수하였음을 증명함.

접수자	년 월 일 성명 서명	년 월 일

학교

[그림 5-3] 특수교육대상자 진단 · 평가(선정) 의뢰서

(2) 진단·평가 절차

① 특수교육지원센터 진단·평가팀은 의뢰대상자(보호자 및 담당교사)에 대한 초기 상담을 한다.

② 의뢰 대상자의 교육진단을 실시한다. 보호자 면담, 학생 관찰, 사회성검사, 적응 행동검사, 기초학습능력 평가 등을 실시한다.

③ 진단·평가의 진단 영역을 결정하고 평가계획을 수립한다.

④ 초기 진단·평가 과정에서 학부모가 특수교육대상자 선정을 희망하지 않거나 센터로 내방하지 않을 경우 진단·평가를 중단하고 진단·평가 의뢰취소 공문을 학교에서 제출한다.

⑤ 학부모의 의사소통 능력이 극히 부족하거나, 생업으로 센터에 내방하지 못하는 경우 학교에서는 자체 서식에 의거 '진단·평가 위임 동의서'를 학부모에게 받은 후 담당교사와 학생이 센터에 내방한다.

(3) 협력기관 검사 실시

① 검사 영역(지능검사, 심리검사 등)별 검사를 실시한다.

② 특수교육지원센터에서 학부모 상담 후 협력기관 진단·평가 의뢰서를 발급하고, 학부모는 이를 지참하여 해당 병원에 방문한다.

(4) 특수교육대상자 진단·평가 결과보고서 작성

① 특수교육지원센터 진단·평가팀에서 특수교육대상자 선정을 위한 진단·평가를 실시한다.

② 특수교육지원센터의 초기 상담, 교육진단, 협력병원에서의 심리검사 결과, 학교의 제출서류, 학부모 상담 내용 및 기타 증빙서류를 종합하여 진단·평가 결과보고서를 작성한다([그림 5-4] 참조).

③ 진단·평가 결과보고서 작성과정에서 학부모 의견진술 기회를 보장하며 선정 절차에 대한 안내를 충분히 한다.

(5) 특수교육운영위원회 심의

특수교육운영위원회를 개최하여 심의자료를 가지고 심사 후 선정·배치하고, 선정 여부 및 필요한 교육 지원에 대한 최종 의견을 작성하여 교육장(교육감)에게 보고한다.

특수교육대상자 진단 · 평가 결과보고서(초등학교 예시)

성명	○○○	성별	남자	생활연령	5세 3개월
주소	○○시 ○○구 ○○○				
생년월일	2016년 ○월 ○일				
현재 소속	○○초등학교 병설유치원				
장애명	해당 없음	장애등급	무급	선정(희망) 영역	발달지체

진단 · 평가 실시 결과

진단 · 평가 도구명	검사 일시	검사 결과	비고
지능검사 (K-WPPSI-IV)	2021. ○. ○.	• 전체지능: 73(95% 신뢰구간 60~86, 경계선) • 언어이해: 68(매우 낮음), 시공간: 90(평균), 유동추론: 113(평균 상), 작업기억: 86(평균 하), 처리속도: 87(평균 하)	○○○상담클리닉
사회성숙도검사 (SMS)	2021. ○. ○.	• SA: 4세 2개월(1세 2개월 지연) • SQ: 78.8	○○○상담클리닉
아동발달검사 (K-CDI)	2021. ○. ○.	• 사회성: 18.5개월(지연), 자조행동: 2세 2개월(지연), 대근육: 3세 7개월(지연), 소근육: 2세 10개월(지연), 표현언어: 2세 1개월(지연), 언어이해: 2세 3개월(지연), 글자: 12개월(지연), 숫자: 2세 2개월(지연) • 전체발달: 2세 3개월(3세 지연)	○○특수교육지원센터

관찰평가 및 면담

• 해당 학생은 의사소통 지연 및 전반적인 발달지연으로 인해 '발달지체를 보이는 특수교육대상자'로 의뢰되었다.

• 평가자와 눈맞춤 및 문장 발화가 가능하였으나, 대부분의 발음이 불명확하여 대화가 유지되기가 어려웠다. 오아해요(좋아해요), 어마 배또 이-떠요(엄마 뱃속에 있었어요), 어이떠요(멋있어요) 애오양이에요(새 모양이에요) 등 ㅁ, ㅅ, ㅈ, ㄹ 초성발음을 일반적으로 ㅇ으로 바꾸어 발화하는 경향을 보였다. 의사소통이 이루어지는 경우, 평가자의 질문이 단순하게 명칭이나 색을 묻는 경우 알맞게 대답할 수 있었으나, 좋아하는 주제로 대화를 이어 가고자 시도하는 경우에는 맥락에 벗어난 대답을 하는 모습을 보였다.

• 좋아하는 놀잇감을 고르고 놀이하도록 하였을 때 한 가지 놀이에 집중하여 노는 시간이 3~5분 정도로 짧았으며, '정리하자'고 말하고 모두 정리한 후 다른 놀잇감을 찾았다. 입체물을 돌려 맞는 모양을 끼우도록 하였을 때 수행하기 어려웠으며, 자석블록으로 놀이할 때에도 구체물을 구성하지 못하였다. 주사위를 보고 '~차례예요'라고 말할 수 있으나 실제로 순서를 주고받으며 놀이하기는 어려웠다.

• 어린이집은 만 3세경 처음으로 다니기 시작하였고, 4세에는 장애통합 어린이집을 다니다가 5세에는 가정보육을 하였다고 한다. 화장실은 혼자 이용할 수 있으며 식사 시에는 식기 사용이 어려워 성인이 숟가락으로 떠먹여 주고 있다고 한다.

진단 · 평가 실시 결과에 대한 종합 의견

낮은 언어이해 및 적응행동상의 지연, 발음의 불명확성, 관찰 및 면담 결과에서 나타나는 사회적 상호작용의 어려움 등을 종합적으로 고려했을 때 '발달지체를 보이는 특수교육대상자'로 선정하여 특수교육 및 특수교육 관련 서비스를 제공할 필요가 있다고 사료된다.

교육적 지원 내용

특수교육지원(배치, 통합, 기타)	특수교육지원 관련 서비스	기타
○○초등학교 병설유치원 특수학급	치료 지원, 가족 지원	다문화가정

「장애인 등에 대한 특수교육법」제16조 제2항에 따라 진단 · 평가 결과를 보고합니다.

2021년 ○월 ○일

○○특수교육지원센터 ○○○(서명)

○○시 ○○교육지원청교육장 귀하

특수교육대상자 진단 · 평가 결과보고서(중학교 예시)					
성명	○○○	성별	남자	생활연령	13세 3개월
주소	○○시 ○○구 ○○○				
생년월일	2008년 ○월 ○일				
현재 소속	○○중학교 1학년				
장애명	해당 없음	장애등급	무급	선정(희망) 영역	지적장애

진단 · 평가 실시 결과				
진단 · 평가 도구명	검사 일시	검사 결과		비고
웩슬러 지능검사 (K-WISC-IV)	2021. ○. ○.	• 언어이해: 68, 지각추론: 76, 작업기억: 79, 처리속도: 59 • 전체지능: 64(매우 낮음, 90%신뢰구간 60~72)		○○○장애인종합복지관
사회성숙도검사	2021. ○. ○.	• 사회연령(SA): 8.8세 • 사회지수(SQ): 67		○○○장애인종합복지관
적응행동검사 (NISE-K · ABS)	2021. ○. ○.	• 개념적: 77, 사회적: 79, 실제적: 67 • 표준점수: 70(저조한 수준, 백분위 2.0)		○○특수교육지원센터

관찰평가 및 면담

• 해당 학생은 인지발달이 더디고, 학교생활에 어려움을 보여 '지적장애를 지닌 특수교육대상자'로 의뢰되었다.

• 부의 보고에 의하면 해당 학생은 한글을 초등학교 4학년쯤 떼었다고 한다. 학교생활을 잘하는 편이고 친구와도 잘 지내는 것 같아서 큰 문제로 생각하지 못하였다고 한다. 초등학교 6학년 때, 학교의 추천으로 NGO단체에서 실시하는 기초학력 수업을 듣게 되었고 현 소속교 상담선생님께 특수학급에 대한 안내를 받아 의뢰하게 되었다고 한다.

• '취미가 무엇이냐'는 평가자의 질문에 "취미가 뭐예요?"라며 단어의 뜻을 물어보았고, '위'의 반대말, '먹다'의 존댓말을 물어보았을 때 모른다고 답했다. 읽기 유창성이 떨어지며 발음도 어눌한 편이다. 혼자 글을 읽고 그 내용을 파악하는 것에 어려움을 보인다. 간단한 사칙연산은 가능하나 분수와 소수를 읽지 못한다. 아날로그 시계 읽기에 오류를 보였고, 화폐 개념은 있으나 정확한 계산이 어려웠다.

• 담임교사의 보고에 따르면 해당 학생은 학습 수준이 초등학교 3학년에 해당하며 중학교 교육과정을 학습하고 이해하기에 어려움이 있다고 한다.

• 상담교사의 보고에 따르면 교사의 지시사항을 잘 이해하지 못하거나 수행과제를 제대로 이행하지 못하는 경향이 있다고 한다.

• 심리학적 평가보고서에 따르면 해당 학생은 전체 지능지수를 통한 개인 간 비교에서 지적장애 3급 수준으로 낮게 나타났다고 한다. 지능의 지표별 분석에 의하면 지각추론과 작업기억이 개인 내에서 양호하여 일상적 상황에서의 모방학습을 통한 수행은 어느 정도 가능하지만 언어이해와 처리속도가 낮아 학년이 올라갈수록 학업성취는 더욱 어려움이 예상된다고 한다. 이에 아동의 인지 수준과 장점을 활용한 개별화된 교육이 학업성취 및 사회적응 기능 향상에 도움이 될 수 있을 것이라고 한다.

진단 · 평가 실시 결과에 대한 종합 의견

진단 · 평가 결과 및 관찰 · 면담 결과를 종합적으로 고려할 때 '지적장애를 지닌 특수교육대상자'로 선정하여 특수교육 및 특수교육 관련 서비스를 제공할 필요가 있다고 사료된다.

교육적 지원 내용			
특수교육지원(배치, 통합, 기타)	진로 및 직업교육	특수교육지원 관련 서비스	기타
○○중학교 특수학급	진로탐색	가족 지원	

「장애인 등에 대한 특수교육법」 제16조 제2항에 따라 진단 · 평가 결과를 보고합니다.

2021년 ○월 ○일

○○특수교육지원센터 ○○○(서명)

○○시 ○○교육지원청교육장 귀하

[그림 5-4] **특수교육대상자 진단 · 평가 결과보고서**

(6) 진단·평가 결과 안내

① 특수교육운영위원회의 심사에 따른 선정결과통지서와 배치결과통지서를 학교
와 기관에 안내한다.

② 진단·평가 결과 및 심리검사보고서([그림 5-4] 참조)는 특수교육대상자로 선정
되어 학교에서 개별화교육계획을 세우기 위해 결과를 열람하고자 하는 경우에
학부모의 동의를 거쳐 특수교육지원센터에 요청한다.

(7) 재선정 의뢰 신청

특수교육운영위원회의에서 특수교육대상자 선정이 부결된 학생의 재선정 의뢰 신
청은 6개월 이후에 신청(같은 유형으로 신청할 경우 검사 신뢰도를 고려하여 1년 이후를 권
장함)하도록 한다.

3) 진단검사도구

지적장애 아동 진단은 우리나라의 경우 「장애인 등에 대한 특수교육법」 제15조 및
동법 시행령 제10조에서는 지적장애를 지적 기능과 적응행동상의 어려움이 함께 존재
하여 교육적 성취에 어려움이 있는 사람으로 규정하고, 이를 진단하기 위한 진단도구
로 지능검사, 사회성숙도검사, 적응행동검사, 기초학습검사, 운동능력검사를 제시하
고 있다.

진단검사는 실시, 채점, 해석에 대한 명확한 지침을 가지고 자료를 수집하는 방법인
규준참조검사나 표준화 검사가 있다. 규준참조검사란 그 검사를 받은 또래 아동의 점
수 분포인 규준에 아동의 점수를 비교함으로써 또래집단 내 아동의 상대적 위치에 대
한 정보를 제공하는 검사이다. 이러한 진단검사는 표준화된 검사로 개개인은 다른 사
람들과 비교될 수 있으며, 검사로부터 얻은 자료는 양적으로 기록될 수 있다.

우리나라의 지적장애 진단을 위한 지능검사로는 한국 웩슬러 아동 지능검사 5판
(K-WISC-V), 한국판 그림지능검사(K-PTI), 한국 카우프만 아동 지능검사 2(KABC-II)
등이 있다. 학력검사로는 기초학습기능검사가 있으며, 적응행동검사로는 사회성숙도
검사, 적응행동검사(NISE-K-ABS)가 있다. 그 밖에 학교현장에서 많이 사용되고 있는
지각·운동 검사도구로는 언어학습능력 진단검사(ITPA), 시지각발달검사(DTVP), 시
각-운동통합 발달검사(DTVMI), 지각운동발달 진단검사(PMDT)가 있으며, 한국판 오

세레스키 운동기능검사가 있다.

〈표 5-5〉는 「장애인 등에 대한 특수교육법」에서 제시한 특수교육대상자 선별검사 및 진단·평가 영역이다.

〈표 5-5〉 **특수교육대상자 선별검사 및 진단·평가 영역(「장애인 등에 대한 특수교육법 시행규칙」 제2조 제1항 관련)**

구분		영역
장애 조기발견을 위한 선별검사		1. 사회성숙도검사 2. 적응행동검사 3. 영유아발달검사
진단·평가 영역	시각장애· 청각장애 및 지체장애	1. 기초학습기능검사 2. 시력검사 3. 시기능검사 및 촉기능검사(시각장애의 경우에 한함) 4. 청력검사(청각장애의 경우에 한함)
	지적장애	1. 지능검사 2. 사회성숙도검사 3. 적응행동검사 4. 기초학습검사 5. 운동능력검사
	정서·행동장애 자폐성장애	1. 적응행동검사 2. 성격진단검사 3. 행동발달평가 4. 학습준비도검사
	의사소통장애	1. 구문검사 2. 음운검사 3. 언어발달검사
	학습장애	1. 지능검사 2. 기초학습기능검사 3. 학습준비도검사 4. 시지각발달검사 5. 지각운동발달검사 6. 시각운동통합발달검사

비고: 특수교육대상자 선정을 위한 장애 유형별 진단·평가 시 장애인증명서·복지카드(장애인수첩) 또는 진단서 등을 참고자료로 활용할 수 있다.

현재 특수교육 현장에서 주로 활용되고 있는 지적장애 진단 · 평가 도구를 지능검사와 사회성숙도검사, 적응행동검사 중심으로 살펴보도록 하겠다.

(1) 지능검사

David Wechsler는 지능이란 단일 특성이며 인간의 성격이라는 넓은 구성개념의 일부라고 생각하며 웩슬러 검사를 고안하였다. 웩슬러 지능검사는 유아용, 아동용, 성인용이 있다.

① 한국 웩슬러 유아 지능검사 4판(K-WPPSI-IV)

- 목적: 한국 웩슬러 유아 지능검사 4판(K-WPPSI-IV)은 웩슬러 유아 지능검사 4판 (Wechsler Preschool and Primary Scale of Intelligence, 4th ed.: WPPSI-IV; Wechsler, 2012)의 한국어판으로, WPPSI-IV은 이론적 기반을 최신화하고, 사용자가 친근하게 사용하며, 심리측정학적 질과 임상적 유용성을 높이기 위해 WPPSI-III를 수정하여 만들었다.
- 대상: 2세 6개월~7세 7개월 사이 유아를 대상으로 인지능력을 임상적으로 평가하는 지능검사이다.
- 구성: 15개의 소검사로 구성되어 있고, 어린 연령의 아동에게 모든 소검사를 실시하는 부담을 줄이기 위해 2세 6개월~3세 11개월용과 4세 0개월~7세 7개월용 검사로 구분하여 기록용지와 검사체계를 구분한다. 두 연령 집단의 검사가 포함하는 소검사는 전체척도, 기본지표척도, 추가지표척도를 포함한 세 가지 수준의 검사로 구성되어 있다.
- 실시 및 결과 해석: 전반적인 지적 능력을 나타내는 전체 IQ와 특정 인지 영역(언어이해, 시공간, 유동적 추론, 작업기억, 처리속도)의 지적 기능을 나타내는 지표점수, 소검사 점수를 제공한다.

② 한국 웩슬러 아동 지능검사 5판(K-WISC-V)

- 목적: 한국 웩슬러 아동 지능검사 5판(Korean Wechsler Intelligence Scale for Children, 5th ed.: K-WISC-V)은 미국의 WISC-V(Wechsler Intelligence Scale for Children, 5th ed.)를 바탕으로 곽금주와 장승민이 2019년 한국의 아동들을 대상으로 표준화하여 출판한 것이다.

인지기능을 전반적으로 평가하고 아동이 지닌 강점과 약점을 파악할 수 있다. 따라서 임상장면 및 교육장면에서 치료계획이나 배치 결정을 내릴 때 유용하게 사용할 수 있다. 또한 인지능력이 평균 이하로 추정되는 아동, 인지기능을 재평가해야 하는 아동, 낮은 지적 능력이 아닌 신체적·언어적·감각적 제한이 있는 아동, 청각장애 아동 또는 듣는 데 어려움이 있는 아동 등에 대한 평가가 가능하다.

- **대상**: 6세 0개월부터 16세 11개월 사이 아동의 인지능력을 평가하는 개별검사이다.
- **구성**: K-WISC-V의 검사체계는 전체척도, 기본지표척도, 추가지표척도로 구성되며, 미국판 WISC-V의 보충지표척도는 삭제되었다.

기본지표척도는 언어이해지표, 시공간지표, 유동추론지표, 작업기억지표, 처리속도지표로 구성된다. 언어이해지표는 공통성과 어휘 소검사, 시공간지표는 토막짜기와 퍼즐 소검사, 유동추론지표는 행렬추리와 무게비교 소검사, 작업기억지표는 숫자와 그림기억 소검사, 처리속도지표는 기호쓰기와 동형찾기 소검사로 구성된다.

추가지표척도는 양적추론지표, 청각작업기억지표, 비언어지표, 일반능력지표, 인지효율지표로 이루어져 있다. 양적추론지표는 무게비교와 산수 소검사로 구성된다. 청각작업기억지표는 작업기억 중에서도 특히 청각작업기억을 측정하고 숫자와 순차연결 소검사로 구성된다. 비언어지표는 언어적 요구를 최소화한 토막짜기, 퍼즐, 행렬추리, 무게비교, 그림기억, 기호쓰기 소검사로 구성된다. 일반능력지표는 작업기억과 처리속도의 영향을 가장 적게 받는 지표로 공통성, 어휘, 토막짜기, 행렬추리, 무게비교 소검사로 구성된다. 마지막으로 인지효율지표는 숫자, 그림기억, 기호쓰기, 동형찾기 소검사로 이루어져 있다.

- **실시 및 결과 해석**: K-WISC-V의 검사체계는 CHC 이론에 기반을 두고 있으며, CHC 이론의 넓은 인지능력과 좁은 인지능력 중 일부를 K-WISC-V의 소검사들로 측정할 수 있다. CHC 이론에서 가장 상위에 위치한 일반지능 g는 K-WISC-V의 전체 IQ와 상응한다. 그리고 CHC 이론의 2층에 해당되는 16개의 넓은 인지능력 중에서 결정지능, 시각처리, 유동추론, 단기기억, 처리속도는 각각 언어이해지표, 시공간지표, 유동추론지표, 작업기억지표, 처리속도지표와 상응한다. 또한 CHC 이론의 1층에 해당하는 80여 개의 좁은 인지능력 중에서 총 11개의 좁은 인지능력은 K-WISC-V 소검사로 측정할 수 있다.

K-WISC-V의 전체척도는 WISC-V와 마찬가지로 5개의 영역인 언어이해, 시공간, 유동추론, 작업기억, 처리속도로 구성되며, 각 영역에 해당하는 일곱 가지 소검사인 공통성, 어휘, 토막짜기, 행렬추리, 무게비교, 숫자, 기호쓰기를 바탕으로 전체 IQ를 산출한다.

[그림 5-5]는 K-WISC-IV와 K-WISC-V 전체척도 비교, ⟨표 5-6⟩은 K-WISC-V의 추가지표척도, ⟨표 5-7⟩은 K-WISC-IV와 K-WISC-V 소검사의 주요 변화를 나타낸 것이다.

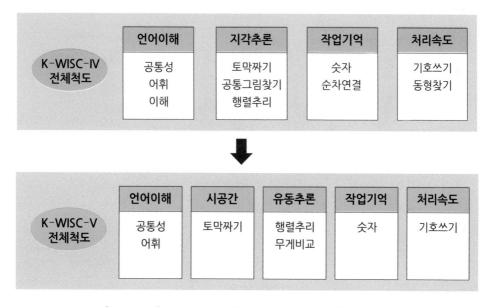

[그림 5-5] K-WISC-IV와 K-WISC-V의 전체척도 비교

⟨표 5-6⟩ K-WISC-V의 추가지표척도

	양적추론지표	청각작업기억지표	비언어지표	일반능력지표	인지효율지표
K-WISC-V 추가지표척도	무게비교 산수	숫자 순차연결	토막짜기 퍼즐 행렬추리 무게비교 그림기억 기호쓰기	공통성 어휘 토막짜기 행렬추리 무게비교	숫자 그림기억 기호쓰기 동형찾기

〈표 5-7〉 K-WISC-IV와 K-WISC-V 소검사의 주요 변화

K-WISC-IV 소검사	변경 사항	K-WISC-V 소검사
토막짜기	실시방법, 채점방법 변경	토막짜기
공통성	문항 변경	공통성
행렬추리	문항 변경	행렬추리
숫자	순서대로 따라 하기 과제 추가	숫자
기호쓰기	문항 변경	기호쓰기
어휘	문항 변경	어휘
동형찾기	실시방법 변경	동형찾기
상식	문항 변경	상식
공통그림찾기	문항 변경	공통그림찾기
순차연결	문항, 실시방법, 채점방법 변경	순차연결
선택	문항 변경	선택
이해	문항 변경	이해
산수	문항, 실시방법 변경	산수
단어추리	삭제	
빠진곳찾기	삭제	
	새롭게 추가	무게비교
	새롭게 추가	퍼즐
	새롭게 추가	그림기억

② 한국 카우프만 아동 지능검사 2(KABC-II)

• 목적: 한국 카우프만 아동 지능검사 2(Kaufman Assessment Battery for Korean Children, 2nd ed.: KABC-II)는 정보처리 능력과 인지능력을 측정하기 위해 개발된 개인지능검사로서 미취학 아동부터 고등학생들의 심리, 임상, 심리교육 그리고 신경심리적 평가를 위한 목적으로 개발되었다.

사고력과 전반적 인지능력을 모두 측정할 수 있고, 인지능력과 사고력에 있어서 개개인의 강점과 약점을 파악할 수 있도록 되어 있다. 특히 기본적인 사고처리 과정의 장애를 파악하는 데 유용하다. 교육적 또는 심리적으로 문제가 있는 아

동들을 이해하기 위해 필요한 순차처리, 동시처리, 학습력, 추리력 그리고 결정성 지적 능력을 포함하는 광범위한 인지능력들을 측정할 수 있다.

- 대상: 사용 연령은 만 3~18세이다.

- 구성: KABC-II는 다음과 같은 18개의 하위검사로 구성되어 있다. ① 이름기억, ② 관계유추, ③ 얼굴기억, ④ 이야기완성, ⑤ 수회생, ⑥ 그림통합, ⑦ 빠른길 찾기, ⑧ 이름기억-지연, ⑨ 표현어휘, ⑩ 언어지식, ⑪ 암호해독, ⑫ 삼각형, ⑬ 블록세기, ⑭ 단어배열, ⑮ 형태추리, ⑯ 손동작, ⑰ 암호해독-지연, ⑱ 수수께끼.

  18개의 하위검사는 핵심하위검사와 보충하위검사의 두 가지 유형으로 나누어져 있고 핵심하위검사와 보충하위검사의 수는 피검자의 연령에 따라 달라진다.

  또한 하위검사는 검사 실시시간을 효율적으로 쓸 수 있도록 핵심하위검사와 보충하위검사로 구성되어 있으며, 핵심하위검사를 통해 전체척도 지수와 각 하위척도의 지수를 산출한다. 보충하위검사는 핵심하위검사를 통해 측정된 능력과 처리과정을 보다 심도 있게 탐색하고자 할 때 보충적으로 실시한다.

- 실시 및 결과 해석: KABC-II는 인지처리지수(Mental Processing Index: MPI)와 유동성-결정성지수(Fluid-Crystallized Index: FCI)의 2개 전체척도가 있는데, 피검자의 특성에 따라 검사자가 Luria 모델과 CHC(Cattell-Horn-Carroll) 모델 중 어느 하나를 선택하여 검사를 할 수 있게 되어 있어 결과를 해석할 때 다양한 관점에서 진단이 가능하다. Luria 모델을 선택하면 인지처리지수(MPI)가 산출되고 CHC 모델을 선택하면 유동성-결정성지수(FCI)가 산출된다.

  따라서 한 검사를 통해 피검자의 지적 능력을 평가함에 있어서 두 가지의 보완적인 이론적 관점에서 진단하고 해석할 수 있다. KABC-II는 Luria와 CHC 모델의 처리 영역 및 광범위적 능력들과 일치하는 다섯 가지 하위척도로 분류된다.

  첫째, 순차처리는 연속적 또는 시간적 순서로 정보를 처리하여 문제를 해결하는 능력을 측정하는 척도이다. 하위검사로는 수회생, 단어배열, 손동작이 있다. 둘째, 동시처리는 한꺼번에 주어진 정보를 통합해서 전체 형태 구성방식으로 처리하여 문제를 해결하는 능력을 측정하는 척도이다. 하위검사로 블록세기, 관계유추, 얼굴기억, 형태추리, 빠른길 찾기, 이야기완성, 삼각형, 그림통합이 있다. 셋째, 학습력은 습득된 사실적 지식을 측정하는 척도이다. 하위검사로 이름기억, 암호해독이 있다. 넷째, 계획력은 하위검사로 형태추리, 이야기완성이 있다. 다섯째, 지식은 하위검사로 표현어휘, 수수께끼, 언어지식이 있다.

(2) 적응행동검사

우리나라에서 많이 소개되어 사용되고 있는 적응행동검사로는 사회성숙도검사, 지역사회 적응검사, KISE 적응행동검사가 있다.

① 사회성숙도검사

- 목적: 사회성숙도검사(김옥기, 김승국, 1985)는 미국의 바인랜드 사회성숙척도(Doll, 1965)를 모체로 하여 개발한 적응행동검사의 한 종류로, 자조, 이동, 작업, 의사소통, 자기관리, 사회화 등과 같은 변인으로 구성되는 개인의 적응행동을 평가 혹은 측정하는 데 그 목적이 있다. 한국판 사회성숙도검사는 개인의 성장 또는 변화를 측정하고 혹은 치료나 교육을 위한 기초자료나 교육 후 향상을 측정하는 것으로 지적장애 여부나 그 정도를 판별하는 데 이용할 수 있다.
- 대상: 이 검사는 0세부터 만 30세까지의 모든 사람에게 사용할 수 있다.
- 구성: 6개의 행동 영역(자조, 이동, 작업, 의사소통, 자기관리, 사회화)에 걸쳐 117문항으로 구성되어 있다. 사회성숙도검사의 구성요소는 〈표 5-8〉과 같다.

〈표 5-8〉 **사회성숙도검사의 구성요소**

유목	구성				
	하위 유목	내용	문항 수(번호)	문항 수	전체
1. 자조 (SH: Self-Help)	일반 (SHG)	이동의 예비적 단계	5(2, 5, 7, 13, 16)	14	39
		자조능력	4(3, 4, 15, 24)		
		대소변	2(32, 50)		
		이동능력	1(23)		
		자기관리 능력	1(37)		
		의사소통 능력	1(68)		
	식사 (SHE)	음료	3(11, 26, 40)	12	
		식사도구 사용	4(28, 47, 61, 64)		
		통제력과 변별력 유무	4(14, 21, 31, 33)		
		전반적인 종합력 표현	1(72)		
	용의 (SHD)	옷을 입고 벗기	6(19, 39, 42, 52, 54, 60)	13	
		씻고 닦기	5(38, 51, 55, 63, 77)		
		몸단장	2(69, 81)		

2. 이동 (L: Locomotion)	기어 다니는 능력부터 어디든지 혼자 다닐 수 있는 능력까지를 알아보는 것으로, 단순한 운동능력뿐만 아니라 그와 관련된 사회적 능력을 의미	10
3. 작업 (O: Occupation)	단순한 놀이에서부터 고도의 전문성을 요하는 직업에 이르는 다양한 능력	22
4. 의사소통 (C: Communicatioin)	동작, 음성, 문자 등을 매체로 한 수용과 표현	15
5. 자기관리 (SD: Self-Direction)	금전의 사용, 구매, 경제적 자립 준비와 지원, 기타 책임 있고 분별 있는 행동 등의 독립성과 책임감	14
6. 사회화 (S: Socialization)	사회적 활동, 사회적 책임, 현실적 사고	17
6개 유목	117문항	

- 실시 및 결과 해석: 이 검사는 피검사자를 잘 아는 부모나 형제, 친척, 후견인과의 면담을 통해서 실시되어야 하며, 정보 제공자의 응답이 신뢰성 있지 못한 경우에는 대상 아동을 직접 만나서 행동을 관찰하고 판단하는 것이 좋다. 검사 결과는 사회연령(Social Age: SA)과 사회지수(Social Quotient: SQ)로 분석된다.

피검사자의 행동이 영역별로 측정될 뿐만 아니라 행동 제시가 발달단계별로 이루어져 있으므로 프로그램의 계획 및 효과의 측정이 용이하다. 그러나 전문가가 아닌 보호자의 판단에 의존하여 검사를 수행하여야 하므로 검사 실시상의 문제가 발생할 수 있고, 동일 연령 아동과 비교하는 검사이므로 나이가 많은 지적장애 아동은 사회지수가 낮게 나올 수 있다. 또한 영유아기 아동들의 행동에 관해서는 자세히 나와 있으나 나이가 들어 갈수록 문항이 자세히 분류되어 있지 않고 추상적이다.

② 지역사회 적응검사-2판(CISA-2)

- 목적: 지역사회 적응검사-2판(Community Integration Skills Assessment-2: CISA-2; 김동일, 박희찬, 김정일, 2017)은 그림을 이용하여 적응기술을 평가하도록 개발한 검사이다. 이 검사도구는 개인의 적응력 및 기능적 독립성 정도를 구체화하기 위한 목적으로 다양한 일상생활 영역에서 지적장애 아동의 적응행동 수준을 평가하고 교육목표 및 프로그램 계획을 위한 정보를 제공하고, 지적장애인이나 발달장

애인을 대상으로 지역사회에 통합되는 데 필수적인 적응기술을 포괄적으로 평가하는 검사이다.

- 대상: CISA-2는 5세 이상의 지적장애인과 자폐성장애인을 포함한 발달장애인을 대상으로 하고 있다.
- 구성: CISA-2는 기본생활 영역, 사회자립 영역, 직업생활 영역의 세 영역으로 구성되어 있다. 기본생활 영역은 기초 개념, 기능적 기호와 표지, 가정관리, 건강과 안전의 4개 요인으로 구성되어 있고, 사회자립 영역은 지역사회 서비스, 시간과 측정, 금전관리, 통신서비스의 4개 요인으로 구성되어 있으며, 직업생활 영역은 직업기능, 대인관계와 예절의 2개 요인으로 구성되어 있다.
- 실시 및 결과 해석: CISA-2는 검사자와 피검자 외에 다른 사람이 없는 검사실에서 실시된다. 간혹 원만한 진행을 위해서 보호자가 검사 시 피검자가 볼수 없는 곳에 조용히 앉아 있도록 허락될 수 있다.

  이 검사는 표준점수(평균 100, 표준편차 15)인 세 영역별 기본지수(기본생활 영역 지수, 사회자립 영역 지수, 직업생활 영역 지수)와 전반적 적응지수인 지역사회 적응 지수를 제공하며, 일반집단 규준과 임상집단 규준에서 각각 지수를 산출하도록 한다. 또한 하위 영역별로 표준점수인 환산점수(평균 10, 표준편차 3)도 제공한다. 이러한 지수와 환산점수에 따라 적응 수준을 분류하고 있다.

  CISA-2는 적응기술 수준을 측정하는 데 그치지 않고, 검사 결과를 분석하여 부족한 부분을 체계적으로 훈련시킬 수 있는 지역사회 통합교육과정(CIS-C)이라는 추후 훈련 프로그램을 함께 제공한다.

③ 국립특수교육원 적응행동검사(NISE-K-ABS)

- 목적: 국립특수교육원 적응행동검사(NISE-SAB)는 2003년 개발·보급되어 웹기반 무료 간편선별검사로 현장에 자리 잡았으나, 변화된 시대적·문화적 맥락을 반영할 필요성이 있다는 현장의 목소리를 반영하여 NISE-K-ABS(National Institute of Special Education Korean-Adaptive Behavior Scale)로 2017~2018년에 개발하였다.
- 대상: 유아용, 초·중등용으로 구분되어 개발되었는데, 유아용은 만 2세에서 6세 5개월(77개월)까지이며, 초·중등용은 만 6세에서 만 18세까지이다. 그러나 생활 연령이 만 18세를 넘는 지적장애로 의심되는 경우에도 초·중등용 NISE-K-ABS

를 부분적으로 사용할 수 있다. 이는 환산점수를 통하여 적응연령 18세까지를 확인할 수 있기 때문이다. 예를 들어, 비록 30세가 넘지만 지적장애가 있는 경우 적응연령은 18세 미만이다. 이때 피검사자의 적응행동검사 환산점수를 근거로 해당 적응연령를 찾으면, 피검사자가 현재 몇 세 수준의 적응행동을 하는지를 알 수 있다. 18세 이상의 적응연령에 해당하는 경우는 이 검사도구를 사용할 수 없다.

- 구성: 검사 문항은 개념적 기술, 사회적 기술, 실제적 기술의 하위 소검사 순으로 구성되어 있다. 유아용 본검사는 10개 소검사에서 총 125개 문항이다. 개념적 기술의 소검사는 인지, 언어, 수로 3개 소검사에서 총 33개 문항이다. 사회적 기술의 소검사는 자기표현, 타인인식, 대인관계로 3개소검사에서 총 49개 문항이다. 실제적 기술의 소검사는 운동 및 식사, 의복, 위생, 일상으로 4개 소검사에서 총 43개 문항이다.

　초 · 중등 본검사는 10개 소검사에 총 158개 문항으로 구성되어 있다. 개념적 기술의 소검사는 인지, 언어, 수로 3개 소검사에서 총 49개 문항이다. 사회적 기술의 소검사는 자기표현, 타인인식, 대인관계로 3개 소검사에서 총 46개 문항이다. 실제적 기술의 소검사는 기본생활, 가정생활, 지역적응, IT활용으로 4개 소검사에서 총 63개 문항이다.

〈표 5-9〉 **유아용 적응행동 소검사 영역 및 문항 수**

영역	소검사	문항 수
개념적 기술	인지	18
	언어	8
	수	7
사회적 기술	자기표현	9
	타인인식	14
	대인관계	26
실제적 기술	운동 및 식사	14
	의복	9
	위생	7
	일상	13

〈표 5-10〉 초·중등용 적응행동 소검사 영역과 문항 수

영역	소검사	문항 수
개념적 기술	인지	25
	언어	12
	수	12
사회적 기술	자기표현	10
	타인인식	17
	대인관계	19
실제적 기술	기본생활	27
	가정생활	10
	지역적응	14
	IT활용	12

• 실시 및 결과 해석: 주어진 문항을 읽었을 때 피검사자가 매우 잘한다고 생각할 경
우에는 '매우 잘함'에, 때때로 잘한다고 생각할 경우에는 '가끔 함', 거의 하지 못하
는 경우에는 '거의 못함'에 표시한다. 매우 잘함은 2점, 가끔 함은 1점, 거의 못함
은 0점이다. 지필검사의 경우는 해당 문항의 점수를 모두 더해서 각 소검사의 원
점수 합을 구한다. 10개의 소검사로 이루어졌기 때문에 10개 소검사 점수의 합을
구하면, 이것이 전체 적응지수를 파악하는 원점수 합이 된다.

지필검사의 경우 모든 원점수의 합을 해당 칸에 기록하고, 그에 해당하는 각 소
검사의 척도 점수를 규준표에서 확인하여 기입해야 한다. 규준표에서는 피검사
자의 성별과 연령을 확인하고, 각 소검사에 해당하는 원점수의 척도 점수를 기입
한다. 필요에 따라 각각의 소검사에 해당하는 백분위 점수를 찾아 기록한다. 〈표
5-11〉는 적응행동검사 결과의 예이다.

〈표 5-11〉 피검사자 기본 정보와 적응행동검사 결과의 예

적응행동검사 결과			
원점수	적응지수	표준점수	백분위 점수
233	118	118	88
적응행동검사 결과 해석			
표준점수가 116 이상인 경우는 적응행동이 상당히 높은 수준입니다.			

하위 영역별 결과				
영역	원점수	척도 점수	표준점수	백분위 점수
개념적 기술	54	30	100	50
사회적 기술	94	37	118	88
실제적 기술	85	51	127	96
하위 소검사 유형별 검사										

구분	인지	언어	수	자기 표현	타인 인식	대인 관계	운동 및 식사	의복	위생	일상
원점수	24	16	14	18	28	48	28	17	14	26
척도 점수	4	12	14	11	14	12	11	10	15	15
백분위	2	75	91	63	91	75	63	50	95	95

출처: 국립특수교육원(2018).

적응행동검사 결과는 개념적·사회적·실제적 기술의 모든 문항을 합한 전체 적응행동검사를 의미한다. 원점수에 따른 전체 적응행동 표준점수 118점은 원점수만을 기준으로 규준표에서 확인할 수 없다. 이를 위해서는 모든 소검사의 척도 점수의 합을 먼저 확인해야 한다.

적응행동 환산표에는 성별과 연령을 기준으로 표준점수, 개념기술, 사회기술, 실제기술, 적응지수가 제시되었다. 이때 적응행동검사 결과의 표준점수 118점을 확인하기 위해서는 적응행동 환산표에서 적응지수를 먼저 확인해야 한다. 적응지수는 모든 소검사 척도 점수의 합이고, 이는 당연히 개념적 기술, 사회적 기술, 실제적 기술 척도 점수의 합이다. 〈표 5-11〉의 하위 소검사 유형별 결과의 모든 소검사의 척도 점수를 합하면 4+12+14+11+14+12+11+10+15+15=118이다. 이 점수가 곧 적응지수이다.

적응행동 결과의 표준점수는 평균 100, 1표준편차 15로 규준이 개발되었다. 따라서 앞의 예인 원점수 233의 적응지수 118, 적응지수에 따른 최종 점수인 표준점수 118의 경우, 평균 100, 1표준편차 15에 근거해 볼 때, +1표준편차에 해당하는 115점보다 3점이 높다. 따라서 표준점수 118은 보통의 수준인 85~115의 범위에서 3점 높은 것에 불과하다. 이 경우 적응행동이 매우 높다고 할 수 없다. 즉, 이 유아는 지극히 평균 수준의 적응행동 점수를 획득했다고 해석하는 것이 상식적일 것이다. 표준점수 118인 이 유아의 백분위는 백분위 환산표를 통하여 살펴보면 88이다. 이는 동일한 성별과 연령 100명을 기준으로 했을 때 이 유아의 등수는 상위 22위에 해당하는 것이며, 이 아동보다 적응행동의 점수가 낮은 유아가 100명 기준으로 88명이라는 뜻이다.

(3) 지원정도검사

지적장애로 진단된 개인의 지원 요구에 대한 평가 시 사용할 수 있는 도구로서 지원정도척도가 있다. AAIDD(2010)는 지적장애 학생의 사회적응과 관련된 가능성의 다차원적 관점에서 지원도구의 유형과 정도를 결정하기 위한 표준화된 도구로 지원정도척도를 소개하였다.

성인용 지원정도척도(Supports Intensity Scale-Adult Version: SIS-A)와 아동용 지원정도척도(Supports Intensity Scale-Children's Version: SIS-C)는 개인의 지원 요구 패턴과 정도에 관한 정보를 제공하는 표준화된 검사도구이다. SIS-A와 SIS-C는 지원팀이 정보를 보다 손쉽게 활용할 수 있도록 하기 위해 사용자 친화적이고 사용자의 요구에 따른 지식 형태로 변환될 수 있는 충분한 자료를 제공한다.

- 특징: 지원정도척도(Supports Intensity Scale: SIS)는 지원이 각 활동에 얼마나 자주 요구되는지(빈도), 지원할 때마다 얼마나 많은 시간이 소요될 것인지(지원시간), 어떤 유형의 지원이 필요한지를 구체적으로 평가하고 있다.

  SIS는 인쇄용지와 지필 형식, CD-Rom으로 된 전자검사, SIS 온라인 웹기반 검사, 태블릿이나 노트북 또는 데스크용으로 된 표준화된 검사로 지원 요구에 대한 객관적인 평가를 통해 어느 지원 영역에 어떤 유형의 지원이 얼마나 빈번하게 제공되어야 하는지 등을 분석한 후 개별화된 지원계획을 수립할 수 있도록 한다.

- 강점: SIS는 다음과 같은 강점을 가지고 있다. 첫째, SIS는 전통적인 평가와 다르게 사람들이 부족한 것을 보지 않고 사회에서 성공적으로 살아가기 위해 개인이 필요로 하는 일상의 지원이 무엇인지를 본다. 둘째, SIS는 직접적이고 타당한 결과를 제공해 준다. 셋째, SIS는 직접 의사소통을 하면서 각 장면마다 개인의 참여를 요구하여 지원의 유형, 빈도, 강도를 측정한다. 넷째, 가족, 장애인 친구, 사례관리자와의 면담을 통해 어떻게 개인이 성장하고 있는지를 고려한다. 다섯째, SIS 점수는 장애인의 개별화지원계획을 수립하는 데 도움을 줄 뿐만 아니라, 개인의 요구 순

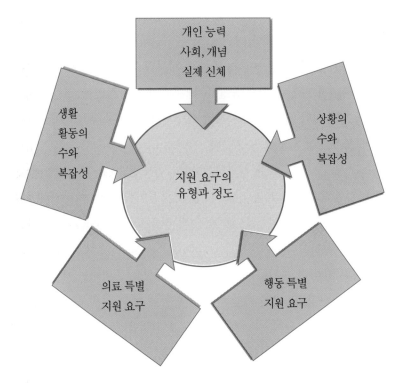

[그림 5-6] **개인의 지원 요구에 영향을 미치는 다섯 가지 요인**

위 및 필요한 지원 영역을 시각적으로 제공해 줌으로써 서비스 결정을 하는 데 실질적인 정보를 제공해 준다.

• 구성: 이 검사의 대상 연령은 16~72세이며, 검사도구는 면접지와 3개 장의 프로파일로 구성되어 있다. 1장은 지원 요구 척도로 49개의 생활활동으로 구성되었으며, 가정생활, 지역사회생활, 평생교육, 고용, 건강과 안전, 사회활동의 6개 영역에 대한 지원 요구 검사이다. 2장은 보충용 안전과 옹호에 대한 검사로서 자기 옹호, 돈과 재정생활, 자기 신체 보호, 법적인 책임을 경험하기, 조직에 참여하기, 법적 서비스 받기, 결정하기, 다른 사람을 옹호하기의 8개 활동으로 구성되어 있는데, SIS의 지원 요구 지수를 결정할 때 제2장 보충용 보호 · 권리주장 척도는 사용하지 않는다. 3장은 예외적인 의학적이고 행동적인 지원 요구로서 15개의 의학적인 상태와 13개의 문제행동이 나열되어 있다. 어떤 의학적인 상태과 문제행동은 다른 생활 영역에서 나타나는 지원 요구의 상대적 정도와 상관없이 어떤 사람에게 필요한 지원의 수준을 증가시키리라 예측된다는 것이 기본 가정이다. 예를

들어, 호흡기계 보호에서 지원 요구가 높은 사람은 가정생활, 지역사회생활 등과 연관된 특정 활동에서 필요한 지원 요구의 수준과 상관없이 일상생활을 영위하는 데 최대의 지원이 필요할 것이다. 또한 신체적인 공격성을 나타내는 사람은 생활의 다른 영역에서 가진 자립의 수준과 관계없이 부가적인 지원을 필요로 할 것이다. 의학적인 상태와 문제행동이 지원 요구와 관련하여 갖는 상대적 중요성을 평정할 때에는 0~2점 척도를 사용한다.

- 평가 척도: 지원정도척도에서 평가하는 지원 빈도란 특별 지원, 즉 대다수의 비장애인에게 일반적으로 필요한 빈도 이상의 지원이 표적활동 각각에 대해 얼마나 자주 필요한지와 연계된다. 빈도는 0~4점 척도로 평정되고, 점수가 높을수록 지원 요구가 더 큰 것이다.

  일일 지원시간이란 지원을 제공하는 날에 지원을 준비하는 데 일반적으로 소용되는 시간을 의미한다. 어떤 사람은 어떤 활동에 대한 지원을 자주 필요로 하지는 않지만(낮은 빈도), 지원이 필요할 때에는 그 지원을 준비하는 데 상당이 많은 시간이 필요할 수 있다(높은 일일 지원시간). 0~4점 척도로 평정한다.

  지원 유형이란 어떤 사람이 참여해야 하는 활동을 할 때 필요할 수 있는 지원의 성격이다. 지원 유형의 범위는 없음부터 비교적 중간 정도의 수준, 강한 수준까지이며, 0~4점 척도도 평정한다.

- 지원정도척도는 개인 능력을 측정하는 도구와 어떻게 다른가: 지능검사는 개인이 개념지능과 관련된 과제에서 나타내는 최대의 수행에 초점을 두고 있고, 적응행동척도는 어떤 사람이 자신의 환경에서 여러 과제를 수행할 때 보이는 전형적인 기술 수준에 초점을 두고 있는 반면, 지원정도척도(SIS)는 어떤 사람이 가치 있다고 평가되는 상황과 활동에 참여하는 데 필요한 지원의 유형과 정도에 초점을 두고 있다. 또한 지능검사와 적응행동검사가 다방면의 개인 능력을 직접적으로 측정하는 반면, 지원정도척도는 지원 요구를 직접 측정한다. 따라서 지원정도척도와 적응행동검사는 상호 관련성이 있지만 측정하는 구성개념이 다르기 때문에 이들 검사를 사용하는 목적도 달라야 한다.

〈표 5-12〉　**적응행동검사와 지원정도척도의 차이점**

특징	적응행동검사	지원정도척도(SIS)
측정하는 구성 개념	어떤 사람이 학습한 적응기술-이는 성취 또는 수행의 측정치임	어떤 사람이 일상생활 활동에 참여하는 데 필요한 특별 지원
초점	개인의 적응행동 패턴	가정생활과 지역사회생활 참여를 증진시키는 데 필요한 지원의 패턴과 정도
사용 목적	지적장애의 진단과 개별화교육/훈련 계획에 나열할 수 있는 적합한 교육목적과 훈련 목적의 확인	생활의 다른 영역에서 개인이 지닌 요구, 발달장애인과의 비교에서 나타나는 상대적인 지원 요구의 결정 및 개별화지원계획의 개발
문항계통	성공적인 사회적 기능에 필요한 일련의 적응행동 또는 적응기술	사회에 참여할 때 관계되는 일련의 생활 활동
문항반응	개인의 적응기술 관련 숙달도 또는 능숙함의 수준	특정 생활 활동에 참여하는 데 필요한 특별 지원의 정도와 패턴
추가문항	일부 척도에 문제행동 지표가 포함되어 있음	① 특별 지원 요구에 영향을 미치는 문제행동과 특별한 의료 조건 ② 지원이 필요한 보호/권리주장 활동

출처: 한현민, 신진숙, 윤광보 역(2011).
참고 사이트: http://www.kaidd.or.kr

4. 특수교육대상자로서의 적격성 여부 결정 및 배치

1) 적격성 여부

이 단계에서는 선별과정보다는 좀 더 구체적인 정보 수집이 요구된다. 이 단계에서는 사정을 통하여 아동이 특수교육대상자로 적격한지를 결정하게 된다. 이는 장애를 가졌어도 특수교육대상자로 선정되지 않을 수도 있다는 의미이다. 따라서 특수교육대상자로 선정되기 위해서는 아동이 가진 장애의 유형과 정도가 이러한 선정기준에 적합해야 한다.

지적장애 아동을 특수교육이 필요한 아동으로 결정할 때는 다음과 같은 사항을 주의해야 한다. 첫째, 특수교육이 필요한 아동은 교육능력을 수행하는 데 어려움을 겪는 장애학생만 해당되는 것이 아니며, 교육 수행능력은 정상이지만 사회성 및 행동 발달, 운동능력 등 다른 영역의 장애로 정상적인 학교활동이 어려운 아동에게도 장애에 따라 필요한 서비스와 도움이 제공되어야 한다. 둘째, 특수교육 의뢰와 관련된 전반적인 절차에서 부모의 참여와 의견이 존중되어야 한다. 셋째, 학생의 발달과 장애에 대한 진단을 위해서는 표준화된 검사도구를 사용해야 한다. 넷째, 표준화된 검사도구를 사용할 때는 검사 이외에 학생에 대한 전반적인 발달장애 검사, 일상생활에서의 관찰, 의료검사, 주변 인물 면접 등 다양한 자료와 전문가의 검사 결과를 보조로 사용해야 한다.

우리나라는 학생의 특수교육 적격성 여부를 결정하기 위해 장애 유형과 조건에 대한 법적 규정에 따라 다양한 형식적 검사와 비형식적 검사를 이용하도록 하고 있다. 「장애인 등에 대한 특수교육법」의 시행령과 시행규칙에서는 ① 시각장애, ② 청각장애, ③ 정신지체, ④ 지체장애, ⑤ 정서·행동장애, ⑥ 자폐성장애, ⑦ 의사소통장애, ⑧ 학습장애, ⑨ 건강장애, ⑩ 발달지체, ⑪ 그 밖에 대통령령으로 정하는 장애를 지닌 사람 중에서 특수교육을 필요로 하는 사람으로 진단·평가된 사람을 특수교육대상자로 선정한다고 규정하고 있다. 그리고 동법 시행령에서는 장애 영역별로 그 조건을 분명히 정의하고 있고, 동법 시행규칙에서는 진단·평가에 사용해야 하는 도구들을 규정하고 있다.

특수교육지원센터에서 지적장애 진단·평가와 관련된 검사를 실시하여, 아동의 발달과 장애에 대한 검사 결과가 나오고 자료 수집이 완료되면 진단·평가 결과를 시·도 교육감(교육장)에게 제출하게 되는데, 이때에는 아동의 장애 유무뿐만 아니라 특수교육적 요구를 밝힐 수 있는 각종 교육적 사정 자료들을 수집하고 그 내용을 분석한다. 이렇게 수집되고 분석된 자료는 특수교육운영위원회에 제출되며, 특수교육운영위원회에서는 이를 바탕으로 아동에 대한 특수교육대상자로서의 적격성 여부와 배치 형태를 결정하게 된다.

2) 프로그램 계획

아동이 특수교육대상자로 선정된 후에는 아동에게 제공될 교육이나 관련 서비스에 대한 프로그램을 계획해야 한다. 진단 단계에서 장애의 원인이 파악된 경우에 중재나 교육 프로그램 계획을 위한 유익한 정보를 얻을 수 있으나, 원인이 파악되지 않은 경우라 할지라도 교육적 요구 파악과 그 요구에 기반한 교육목표 및 교육 내용을 결정하는 평가가 이루어지는 과정을 통해 아동에게 어떤 교육 및 관련 서비스를 제공할지와 개별화교육 프로그램 작성에 필요한 정보(아동의 인적사항, 현행 수준, 장기 교육 목적, 단기 교육목표, 배치기관, 정규교육 참여 정도, 관련 서비스, 평가계획 관련 전문가 및 부모의 동의 등)를 얻어야 한다.

아동의 특수교육 계획은 IEP 회의를 통해 결정된다. IEP에는 아동의 장애와 그것이 아동의 교육에 미치는 영향, 현재 발달 상태 그리고 장애 아동에게 제공되는 서비스를 자세히 기록하도록 하고 있다. IEP에 담길 내용은 〈표 5-13〉과 같다.

〈표 5-13〉　IEP 내용

- 객관적인 검사를 통한 현재 학업성취도와 기능적인 능력
- 측정할 수 있는 연간 교육목표와 기능적인 능력 향상을 위한 목표
- 연간 교육목표를 얼마나 달성하고 있는지에 대한 중간보고 계획서
- 특수교육과 그 외 필요한 서비스, 그리고 프로그램에서 아동의 장애를 어떻게 배려할지에 대한 계획
- 장애로 인하여 일반적인 검사도구를 이용해 아동의 학업성취도를 정확히 검사할 수 없을 경우 대체검사 방안에 대한 계획
- 교육, 직업 훈련, 취업, 독립생활 등 학교 졸업 후 생활에 필요한 능력 준비를 위한 계획(16세 이상)

3) 진도 점검

아동이 적절한 진전을 보이는가를 점검하는 형성평가 단계이다. 프로그램을 운영하면서 수시로 실시하는 주기적 형성평가는 아동에 대한 자료 수집으로서 교육적 의사결정을 하는 데 도움이 된다. 아동이 수행한 것을 양적으로 분석한 자료는 일반적이기는 하지만 차트나 그래프로 제시할 수 있다. 아동이 수행한 것을 분석하여 새로운 목표를 수립하거나 중재방법에 대해서 결정하거나 수정할 수도 있다. 진도 점검을 하는 형성평가 단계의 주요한 관심은 교수학습이 진행되는 과정에서 아동의 진전을 점검하고 필요한 경우 교과과정이나 수업방법을 개선하기 위해 실시하는 평가라는 것이다. 진도 점검은 프로그램에 직접 관여하는 교사들에 의해 실시되는데, 검사, 관찰, 면담, 교육과정중심 사정, 수행사정을 통하여 학습 진도의 지속적인 평가를 하게 된다.

4) 프로그램 평가

아동이 예상된 진전을 보였는가를 결정하는 총괄평가 단계이다. 일정 단위의 교육

프로그램이 실시된 후에 처음에 설정된 프로그램의 성공기준에 비추어 프로그램이 산출한 가치를 판단하기 위해 실시하는 평가를 말한다. 이 단계에서는 프로그램의 효율성을 진단하게 된다. 프로그램 평가는 IEP 개발 시 사용된 진단 · 평가 도구와 절차를 사용하는 것이 바람직하다. 프로그램 평가는 중재 영역을 점검하고 평가할 수 있도록 해 준다. 이때에는 최소한 교육과정중심 평가, 전문가의 판단, 그리고 생태학적 진단 · 평가방법이 통합적으로 이루어져야 하며, 모든 발달영역이 평가되어야 하고 가족구성원들로부터 정보가 수집되어야 한다. 검사, 관찰, 교육과정중심 사정, 수행사정, 포트폴리오를 통해 프로그램을 평가하게 된다.

 요약

1. 진단 · 평가의 개념 및 목적

- 지적장애의 진단 · 평가 관련 용어로는 진단, 검사, 사정, 측정, 평가, 판별이 있다.
- 진단이란 어떤 상태의 특성과 원인을 파악하는 과정이며, 평가는 어떤 특성, 활동 프로그램 등이 얼마나 바람직하고 능률적이며 가치 있는가를 판단하는 체계적인 과정으로 프로그램이나 어떤 처치를 시행하고 난 이후 그 효과를 측정한다는 의미를 많이 포함하고 있다.
- 지적장애 진단 · 평가란 특수교육을 받을 필요가 있는 지적장애 학생을 선별하기 위하여 그들의 특성 또는 교육상의 현저한 문제점을 파악하는 과정이다.
- 지적장애 진단 · 평가의 목적은 개인의 특성을 측정하여 교육 배치 및 교육 내용을 결정하며 학생의 교육 요구에 대한 평가를 하기 위한 것이다.

2. 진단 · 평가의 절차: 선별, 의뢰

- 선별은 지적장애 진단 · 평가의 첫 번째 단계로서 학습에 심각한 어려움을 가지고 있는 아동을 확인하는 초기 단계에 수행되는 활동으로, 심층평가가 필요한 아동을 식별해 내는 과정이다.
- 장애의 조기발견을 위한 선별의 구체적인 절차는 「장애인 등에 대한 특수교육법」 제14조(장애의 조기발견)와 「장애인 등에 대한 특수교육법 시행령」 제9조(장애의 조기발견 등)에 명시되어 있다.
- 특수교육 현장에서 주로 활용되고 있는 선별검사도구로는 한국 영유아 발달선별검사-개정판과 한국판 덴버 발달선별검사-Ⅱ, 한국판 아동발달검사-2판이 있다.

- 다음 단계는 의뢰 단계로, 선별을 거쳐 지적장애로 의심되는 아동의 경우 부모의 동의를 받아 특수교육 의뢰 절차를 거친다.
- 지적장애 아동으로 선별된 아동은 특수교육지원센터로 진단 · 평가가 의뢰된다.

3. 진단 · 평가의 절차: 특수교육대상자 진단

- 지적장애 진단은 아동이 전발적인 발달영역에서 어느 정도 능력이 있는지를 평가하고, 특수교육대상으로 적격한지를 결정하기 위해 다른 일반 아동들의 능력과 의미 있는 차이가 있는지를 비교한다.
- 우리나라의 경우 특수교육대상자의 진단은 아동이 재학 중인 학교(유치원)의 관할 교육청 특수교육지원센터가 담당하며, 진단 · 평가 결과에 따른 교육적 사정은 시 · 도교육청 또는 지역교육청 특수교육운영위원회가 담당하고 있다.
- 진단 절차는 진단 · 평가 접수, 협력기관 검사 실시, 특수교육대상자 진단 · 평가 결과보고서 작성, 특수교육운영위원회 심의, 진단 · 평가 결과 안내, 재선정 의뢰 신청의 절차를 거친다.
- 지적장애 진단검사도구로는 지능검사, 사회성숙도검사, 적응행동검사, 기초학습기능검사, 운동능력검사가 있다. 우리나라에서 많이 소개되어 사용하고 있는 지능검사로는 한국 웩슬러 지능검사, 한국 카우프만 아동지능검사 2가 있으며, 적응행동검사로는 사회성숙도검사, 지역사회 적응검사-2판, 국립특수교육원 적응행동검사가 있다. 그 외 지원정도검사가 있다.

4. 특수교육대상자로서의 적격성 여부 결정 및 배치

- 이 단계에서는 사정을 통하여 아동이 특수교육대상자로 적격한지를 결정하게 된다.
- 우리나라는 학생의 특수교육 적격성 여부를 결정하기 위해 장애 유형과 조건에 대한 법적 규정에 따라 다양한 형식적 검사와 비형식적 검사를 이용하도록 하고 있다.
- 아동이 특수교육대상자로 선정된 후에는 아동에게 제공될 교육이나 관련 서비스에 대한 프로그램을 계획해야 한다.
- 프로그램을 운영하면서 아동이 적절한 진전을 보이는가를 점검하는 형성평가 단계로 진도 점검 단계가 있다.
- 진도 점검을 하는 형성평가 단계의 주요한 관심은 교수학습이 진행되는 과정에서 아동의 진전을 점검하고 필요한 경우 교과과정이나 수업방법을 개선하기 위해 실시하는 평가라는 것이다.
- 다음 단계는 아동이 예상된 진전을 보였는가를 결정하는 프로그램 평가인 총괄평가 단계가 있다.

참고문헌

곽금주(2021). K-WISC-V 이해와 해석. 서울: 학지사.

국립특수교육원(2009). 특수교육대상자 선별·진단 검사 지침. 경기: 국립특수교육원.

국립특수교육원(2018). 국립특수교육원 적응행동검사(NISE-K-ABS) 개발. 충북: 국립특수교육원.

권준수 외 공역(2015). DSM-5 정신질환의 진단 및 통계 편람 제5판(DSM-5). (American Psychiatric Association 저). 서울: 학지사.

김동일, 박희찬, 김정일(2017). 지역사회적응검사-2판(CISA-2). 서울: 인싸이트.

김동일, 이대식, 신종호(2009). 학습장애아동의 이해와 교육(2판). 서울: 학지사.

김옥기, 김승국(1985). 사회성숙도검사. 서울: 중앙적성출판사.

김정미, 신희선(2010). 한국판 아동발달검사-2판(K-CDI). 서울: 학지사.

대한소아과학회(2017). 한국영유아 발달선별검사-개정판(K-DST). 충북: 질병관리본부.

문수백(2014). 한국 카우프만 아동 지능검사 2(KABC-II). 서울: 학지사.

박혜원, 이경옥, 안동현(2016). 한국 웩슬러 유아 지능검사 4판(K-WPPSI-IV). 서울: 학지사.

백은희, 이병인, 조수제(2007). 한국판 적응행동검사(K-SIB-R). 서울: 학지사.

보건복지부(2021). 2021년 건강검진사업안내.

서경희, 이상복, 이상훈, 이효신(2009). 발달장애아동 평가. 대구: 대구대학교출판부.

신희선, 한경자, 오가실, 오진주, 하미나(2002). 한국형 DENVER 2 검사지침서. 서울: 현문사.

이근(1990). 한국판 덴버 발달선별검사(K-DDST). 서울: 이화여자대학교출판부.

이소현(2003). 유아특수교육. 서울: 학지사.

이승희(2019). 특수교육평가(제3판). 서울: 학지사.

질병관리본부(2014). 한국 영유아 발달선별검사 사용 지침서. 충북: 질병관리본부.

한현민, 신진숙, 윤광보 역(2011). 지원정도척도(Thompson, J. R., Bryant, B. R., Campbell, E. M., & Craig, E. M. 저). 서울: 시그마프레스.

AAMR. (2005). http://www.aamr.org

American Association on Intellectual & Developmental Disabilities (AAIDD). (2010). *Intellectual disability: Definition, classification, and system of supports*. Washington, DC: Authors.

American Psychiatric Association (APA). (2013). *Diagnostic and statistical manual of mental disorders, 5th ed. (DSM-5)*. Washington, DC: American Psychiatric Association.

Bolt, S. E., & Roach, A. T. (2009). *Inclusive assessment and accountability*. New York: The Guilford Press.

Carroll, J. (1993). *Human cognitive abilities: A survey of factor analytic studies*. New York:

Cambridge University Press.

Cohen, L. G., & Spenciner, L. J. (2003). *Assessment of children and youth with special needs*. Boston, MA: Allyn and Bacon.

Das, J. (1973). Structure of cognitive abilities: Evidence for simultaneous and successive processing. *Journal of Educational Psychology, 65*, 103–108.

Das, J., Naglieri, J., & Kirby, J. (1994). *Assessment of cognitive processes: The PASS theory of intelligence*. Boston, MA: Allyn & Bacon.

Doll, E. A. (1965). *The measurement of social competence: A manual for the vineland social maturity scale*. Educational Test Bureau, Educational Publishers.

Lambert, N., & Windiller, M. (1981). *AAMD adaptive behavior scale: Public school version*. Silver Spring, MD: American Association on Mental Retardation.

Overton, T. (2003). *Assessing learners with special needs*. Columbus, OH: Merrill Prentice Hall.

Pierangelo, R., & Giuliani, G. A. (2002). *Assessment in special education*. Boston, MA: Allyn and Bacon.

Salvia, J., Ysseldyke, J. E., & Bolt, S. (2009). *Assessment in special and inclusive education* (11th ed.). Boston, MA: Wadsworth Cengage Learning.

Snell, M. E., & Brown, F. (2006). *Instruction of students with severe disabilities* (6th ed.). New York: Prentice Hall.

Spearman, C. (1927). *The abilities of man: Their nature and measurement*. New York: MacMillan.

Sternberg, R. (1993). *Sternberg triarchic abilities test*. Unpublished manuscript. New Haven, CT: Yale University.

Taylor, R. L. (2000). *Assessment of exceptional students: Educational psychological*. Boston, MA: Allyn and Bacon.

Thompson, S. J., Quenemoen, R. F., Thurlow, M. L., & Ysseldyke, J. E. (2001). *Alternate assessments for students with disabilities*. Thousand Oaks, CA: Corwin Press.

Wechsler, D. (2003). *Wechsler Intelligence Scale for Children-IV*. San Antonio, TX: Psychological Corporation.

Wechsler, D. (2012). *Technical and interpretative manual: WPPSI-IV*. New York: Pearson Inc.

Wehmeyer, M. L., & Agran, M. (2005). *Mental Retardation And Intellectual Disabilities*. Boston, MA: Pearson Custom Publishing.

제6장

영유아기 교육적 접근

이금진

지적장애 아동을 위한 영유아기 특수교육은 출생에서 5세까지의 학령기 이전에 특수교육을 필요로 하는 영유아들에게 적절한 서비스를 제공하는 것을 말한다. 이 시기의 특수교육은 지적장애아뿐만 아니라 다른 장애나 장애 위험을 지닌 영유아들에게 적절한 교육적 접근을 통해서 장애가 미칠 수 있는 부정적인 영향을 최소화하고, 영유아기 특수교육을 통해서 장애 영유아들의 가족을 지원하며, 더 나아가 사회경제적인 혜택으로도 연결될 수 있다는 면에서 그 필요성이 더욱 강조되고 있다. 그러므로 영유아기 특수교육은 특수교육의 핵심이라고 할 수 있으며 재활의 열쇠라 할 만큼 중요하다.

현재 장애 아동을 위한 영유아기 특수교육의 실제는 다양하고 폭넓은 전문가, 서비스, 소비자들로 구성되어 있다. 이러한 구성 내에서 효과적으로 일하기 위해서는 장애 영유아 특수교육 전문가들이 이러한 다양성을 의식해야 하며, 복잡한 문제와 요구들을 다룰 수 있는 기술을 지니고 있어야 한다.

이 장에서는 지적장애 아동을 위한 영유아기 특수교육을 이해하기 위해서 지적장애아의 영유아기 특수교육의 필요성, 영유아기 특수교육 교육과정, 교육방법과 특성, 지적장애 영유아의 교육, 가족 참여, 통합교육, 전환 프로그램에 대해서 살펴보고자 한다.

1. 지적장애아의 영유아기 특수교육의 이해

1) 지적장애아의 영유아기 특수교육의 필요성

지적장애아의 영유아기 특수교육의 필요성을 살펴보기 위하여 일반적인 장애 아동의 영유아기 특수교육을 살펴보면, 장애 아동의 영유아기 특수교육이란 특별한 도움을 필요로 하는 장애 영유아와 그 가족을 위한 다양한 서비스를 의미한다. 장애 아동의 영유아기 특수교육은 장애를 지닌 어린 영유아에게 교육 또는 치료를 제공하는 것으로 교육적·치료적 활동을 포함하고, 가족이 장애 아동을 한 사람의 가족 구성원으로서 긍정적으로 받아들이고 인정하며 적절하게 보살피고 교육적인 자극을 제공할 수 있도록 돕는 것을 말한다.

역사적으로 장애 아동의 영유아기 특수교육을 뒷받침하는 이론적 배경은 영유아기 경험의 중요성을 강조한 Locke, Rousseau, Pestalozzi 등과 같은 철학자들에게서 발견할 수 있다. 근대로 넘어오면서 Hunt(1961), Bloom(1964), White(1975) 등의 학자들은 인간의 생애에서 초기의 환경과 경험이 얼마나 중요한지를 강조하였다. 이와 같은 이론적 주장들은 풍부한 자극과 환경이 인간의 발달에 미치는 영향을 조사한 많은 임상 연구를 통해서 입증되어 왔다(이소현, 2003; Gray, Ramsey, & Klaus, 1982; Kirk, 1958; Schwiengart & Weikart, 1988; Skeels & Dye, 1939). 영유아기 특수교육의 중요성에 대해 Bloom(1964)은 아동이 4세까지는 총 지적 능력의 50%, 8세까지는 80%를 개발시킨다는 것을 발견하였고, White(1975)는 생후 8개월에서 3세까지의 기간이 아동의 지적 및 사회적 기술 발달에 가장 중요한 시기라고 하였다. 그리고 그 외의 여러 학자도 신체적·사회적·정서적·정신적 장애를 갖고 있는 아동들에게는 출생 직후부터 교육 프로그램을 제공해야 한다고 하였다.

또한 영유아기 특수교육의 중요한 요인으로 아동의 발달과정 중 결정적 시기(critical period)를 들 수 있다. 결정적 시기란 유기체를 둘러싼 내적·외적 사건들이 발달에 최대의 영향을 미치는 짧은 기간을 말한다(정옥분, 2014). 이 시기에는 특정 학습 경험에 대하여 가장 민감하고 수용적이므로 이 시기를 놓쳤을 경우 다른 보상에 의하여 동등한 발달을 기대하기가 어렵다(Bee, 1985; Spreen, Tupper, Risser, Tuokko, & Edgell, 1984). 이것은 장애 영유아들의 경우 일반 영유아들이 자연스럽게 습득하는 기술들을 적절한 시기에 습득하지 못하게 됨으로써 발달과 학습에 부정적인 영향을 줄 수 있다는 것을 말해 준다. 그러므로 지적장애 아동뿐만 아니라 다른 장애가 있는 영유아 또는 '장애위험아와 발달지체 등으로 진단받은 영유아들'의 경우 영유아기 특수교육이 더욱 중요하며 예방 차원에서도 매우 중요하다.

한편, 이소현(2020)은 장애 영유아에 대한 영유아기 특수교육의 필요성에서 이론적 배경을 통한 당위성을 다음과 같이 설명하고 있다.

> 첫째, 조기학습의 중요성으로는 ① 조기학습이 발달의 성격과 속도에 미치는 영향, ② 발달과정의 결정적 시기, ③ 인간의 지능 및 기타 능력의 신축성, ④ 환경과 조기경험이 학습과 발달에 미치는 영향이 있다.
> 둘째, 장애의 예방 및 최소화로는 ① 장애로 인한 부수적인 문제 및 장애의 발생 예방, ② 장애가 발달과 학습에 미치는 영향 최소화이다.
> 셋째, 가족의 필요 지원으로는 ① 장애 자녀 이해 및 적응 지원, ② 양육을 위한 필요 지원, ③ 적절한 양육과 교육으로 자녀의 발달 촉진이다.
> 넷째, 사회-경제적 혜택으로는 ① 장애인의 시설 수용률 감소 및 고용률 증대를 통한 사회적 혜택, ② 특수교육 비용 절감을 통한 경제적 혜택을 설명하고 있다.

그러므로 지적장애 영유아가 가능한 한 이른 시기에 전문가에 의하여 영유아기 특수교육 프로그램을 제공받는다면 그들의 발달은 촉진될 수 있고, 그들이 궁극적으로 살아가야 하는 지역사회에서 필요한 신체 기능, 의사소통 기능, 사회성 및 정서 등의 생활기능을 발달시킬 수 있을 것이다. 또한 장애의 악화 및 2차적 장애를 예방하고, 조기교육과 함께 학령기 동안 지역사회에서 교육을 하는 경우, 시설에 수용하는 경우에 비해 상당한 교육비 절감을 초래하며, 영유아 조기교육 활동을 통해 부모들 또한 상당한 도움과 교육을 받을 수 있게 된다.

2) 지적장애아의 영유아기 특수교육의 개념

(1) 연령 및 대상 범위

영유아기 특수교육은 연령 면에서 학령전기의 장애 영유아를 대상으로 한다. 우리나라의 경우 발달 면에서 영아기를 0세에서 2세까지, 유아기를 2세부터 초등학교 입학

이전인 6세까지의 시기를 유아기라고 한다(정옥분, 2014).

한편, 특수아 조기교육에서 특수아 조기교육의 대상 연령을 대체적으로 영아는 0~36개월, 유아는 36~60개월로 구분하고 있으며, 교육과학기술부와 보건복지부는 2011년 9월 '5세 누리과정'을 '공통과정'으로 제정하여 고시하고, 2012년 3월부터 유치원과 어린이집에 다니는 5세 모든 유아에게 공통으로 시행하였으며, 유아교육·보육에 대한 국가 책임이 강화됨에 따라 국가는 누리과정 적용대상을 5세에서 3~4세 유아까지 확대하였다.

이 장에서는 지적장애아의 영유아기를 대상으로 하고 있으나 장애 영유아기의 특성상 지적장애뿐만 아니라 장애 표찰의 부적절성과 예방적 목적에 따른 발달지체와 장애 위험 대상 아동을 포함하여 장애 영유아기로 확장하여 사용하기로 한다. 또한 이 시기의 교육에 대하여 장애 영유아 교육, 조기교육, 조기개입, 조기중재, 유아특수교육 등 여러 용어가 사용되고 있으나 아직 용어 사용이 확정되지 않아 이 장에서는 장애 영유아, 영유아기 특수교육, 조기중재 등의 용어를 사용하기로 한다.

(2) 지적장애아의 영유아기 특수교육의 목적 및 목표

장애 영유아와 그 가족들을 위하여 제시한 영유아기 특수교육의 목적에 대하여 이소현(2020)은 다음과 같이 일곱 가지로 설명하고 있다. 첫째, 가족들이 그들 자신의 목표를 성취하도록 지원한다. 이는 유아를 가족과 분리하게 되면 제한적이고 단편적인 성과를 얻을 수밖에 없기 때문에 가족의 조직이나 가치 또는 기능과 일치하는 형태로 이들을 교육해야 함을 의미한다. 둘째, 유아의 참여와 독립성 그리고 습득을 촉진한다. 유아는 다양한 활동에 적극적으로 참여하게 되면서 점차 다양한 기술을 습득하게 되고 궁극적으로는 활동에 독립적으로 참여하게 된다. 셋째, 주요 영역의 발달을 촉진한다. 영유아기 특수교육은 발달상의 지체에 초점을 맞추어 그 정도를 감소시키고 발달을 촉진시킨다. 넷째, 유아의 사회적 능력을 형성시키고 지원한다. 삶의 모든 기술 중에 다른 사람과 적절하게 상호작용하는 기술은 가장 중요한 기술의 하나로 인식되고 있으므로 사회적 능력의 형성 및 지원은 장애 영유아기 특수교육의 주요 목표라고 할 수 있다. 다섯째, 기술의 일반화된 사용을 촉진한다. 학습한 기술을 실생활에서 다양하게 사용할 수 없다면 기술의 습득은 그 가치를 인정받지 못하게 되므로 일단 학습된 행동이 다른 상황에서도 발생할 수 있도록 기술의 일반화된 사용을 촉진시킨다. 여섯째, 전형적인 생활 경험을 제공하고 준비시킨다. 장애 유아와 그 가족에게 가능한

2. 지적장애인의 영유아기 특수교육의 교육과정, 교육방법 및 특성

한 전형적인 삶을 살 수 있도록 도와주어 이들의 전형적인 생활 경험의 가치를 인정하고 그러한 경험을 신장시키기 위한 교육에 초점을 맞춘다. 일곱째, 장래의 문제나 장애의 발생을 예방한다. 장애 영유아 특수교육에서는 특정 상태를 지닌 것으로 판정된 영유아가 장래에 보이게 될 문제까지도 다루기 때문에 장애 영유아 특수교육의 주요 목표 중 하나는 이러한 문제나 장애의 발생을 예방하는 것이라 할 수 있다.

한편, 교육부(2019)에서 발표한 「2019 개정 누리과정 해설서」에서는 유아기의 특성을 반영하여 누리과정이 지향해야 하는 목적을 '유아가 놀이를 통해 심신의 건강과 조화로운 발달을 이루고 바른 인성과 민주시민의 기초를 형성한다.'에 두고, 이를 실현하기 위한 목표는 다음과 같이 정하고 있다.

- 자신의 소중함을 알고 건강하고 안전한 생활습관을 기른다.
- 자신의 일을 스스로 해결하는 기초능력을 기른다.
- 호기심과 탐구심을 가지고 상상력과 창의력을 기른다.
- 일상에서 아름다움을 느끼고 문화적 감수성을 기른다.
- 사람과 자연을 존중하고 배려하며 소통하는 태도를 기른다.

이와 같이 지적장애 영유아를 위한 특수교육의 목적 및 목표는 일반 영유아들의 교육목적 및 목표와 같이 장애 영유아들에게 그들의 발달과 성취 가능성을 최대화하기 위하여 특수 서비스를 제공하고, 특수한 필요나 부담을 경험하게 되는 가족들에게는 그들이 지니는 독특한 특성, 요구, 지원을 기반으로 한 최적의 성과를 거둘 수 있도록 하는 데 도움을 주는 것이다.

2. 지적장애아의 영유아기 특수교육의 교육과정, 교육방법 및 특성

지적장애아의 영유아기 특수교육은 일반적인 영유아 교육에서의 교수 방향과 동일하다. 그러나 앞에서 살펴본 바와 같이, 지적장애아의 영유아기 특수교육은 장애 영유아들의 특성을 고려하여 가능한 한 조기에 문제를 발견하고, 조기에 발달 이정표를 기

준으로 한 각 영유아의 목표를 설정하고, 그 목표를 달성할 수 있도록 촉진시킬 것을 강조하고 있다.

따라서 지적장애아의 영유아기 특수교육을 이해하기 위하여 영유아기 특수교육 교육과정에서는 영유아기 특수교육 교육과정의 이론적 접근방법과 교육과정의 개발, 국가 수준의 교육과정 및 상업용 교육과정을 알아보고 영유아기 특수교육 교육방법에서는 발달영역과 장애 영유아를 위한 프로그램의 구성요소를 살펴본다. 그리고 지적장애아의 영유아기 특수교육의 특성으로 다학문적 서비스 영역이 무엇인지, 또 전문 영역의 협력 형태에 따른 프로그램의 접근방법, 장애 영유아기 특수교육의 서비스 전달체제, 장애 영유아를 위한 협력팀의 구성원 및 역할, 팀원으로서 부모 참여의 확대 그리고 개별화 가족서비스 계획과 개별화교육 프로그램에 대해서 살펴보도록 한다.

1) 지적장애아의 영유아기 특수교육 교육과정

(1) 영유아기 특수교육 교육과정의 이론적 접근방법

지적장애아의 영유아기 특수교육 교육과정을 살펴보기 위하여 장애와 장애 위험이 있는 영유아를 위한 교육과정 개발에서 사용되는 이론적 접근방법들을 살펴보기로 한다. 일반적으로 장애와 장애 위험이 있는 영유아기 특수교육에서 사용되는 이론적 접근방법들에 대해서 이소현(2020)은 발달주의 이론, 행동주의 이론, 인지발달 이론, 기능주의 이론, 학업중심 접근을 소개하고 있다. 지적장애아의 영유아기 특수교육 교육과정 개발에 영향을 미친 이론적 배경 및 교수원리를 살펴보면 〈표 6-1〉과 같다.

이들 접근방법은 장애 영유아들의 발달을 촉진하고 적합한 학습 경험을 제공하기 위해 개발된 프로그램으로 다양한 발달적·철학적 관점으로부터 개발되었다. 프로그램의 다양한 발달적·철학적 구조는 프로그램의 특성과 중재전략의 기초를 형성하고 영유아와 교사, 가족 그리고 환경의 역할을 제시해 준다(Gargiulo & Kilgo, 2000; Noonan & McCormick, 1993).

〈표 6-1〉 지적장애의 영유아기 교육과정 개발에 영향을 미친 이론적 배경 및 교수 원리

이론적 견해	배경이론	교수 원리
발달주의 이론	전형적인 발달 순서를 근거로 하며, 이러한 능력은 풍부한 환경에서 자연스럽게 발달한다고 가정한다.	풍부한 환경을 통해서 운동기능, 인지, 의사소통, 사회-정서, 적응행동 기술의 학습 기회를 제공한다.
행동주의 이론	환경 내 사건을 통제함으로써 행동을 변화시킬 수 있다.	직접교수, 행동형성법, 촉진, 강화 등의 행동교정 기법을 사용한다.
인지발달 이론	직접적인 경험과 활동을 통해서 사고 기술을 발달시킨다.	학습환경은 사고 기술을 발달시킬 수 있는 기회를 제공한다.
기능주의 이론	유아의 개별적인 환경(예: 가정, 학교, 지역사회)이 발달에 영향을 미친다.	중재 활동은 기능적이어야 하며 유아가 유아교육기관 환경에 잘 적응하도록 제공된다.
학업중심 이론	발달은 기본적인 학업(전학문) 기술의 학습을 통해서 이루어진다.	학업(전학문) 기술을 구성하는 하위 기술을 학습시킨다.

출처: 이소현(2020), p. 318.

(2) 영유아기 특수교육 교육과정의 개발

　장애 영유아가 어떤 환경에 있든지 발달지체 또는 장애 영유아를 위한 교육과정은 적절한 진단·평가방법을 이용하여 영유아 및 가족의 요구를 알아내어 올바른 개별화 교육계획의 장단기 목표를 찾아내는 것과 일반 유아 교육과정의 수정을 통해 어떻게 영유아의 참여를 유도할 것인지를 고려하는 것이다. 이러한 방법을 따르기 위한 몇 가지 추천방법은 다음과 같다.

- 영유아의 발달적 요구 외에 영유아의 환경에서 요구하고 있는 기능적 요구를 교육과정에 포함시켜 교육활동을 계획할 수 있어야 한다.
- 영유아가 다양한 활동에 참여했을 때 발달적·기능적 목표를 통합하여 교육과정의 목표를 달성하도록 교육과정을 운영할 수 있어야 한다.
- 기능적 목표는 현재 영유아의 환경뿐만 아니라 앞으로의 환경에서 요구하는 기능적 기술들을 포함시켜 영유아의 독립적 기능을 최대한 발달시키도록 해야 한다.
- 장애 영유아의 중재는 고립된 상황에서 교사 지시적인 교수활동만으로는 불가능하다. 그러므로 영유아가 참여하는 하루 일과 및 활동에서 발생하는 다양한 상황을 교수의 기회로 적극 활용하고, 자연적인 교수방법을 활용한 중재를 실시하여

영유아의 발달과 학습에서의 변화가 나타날 수 있도록 교육과정을 운용하여야 한다(김경숙 외, 2009).

(3) 국가 수준의 교육과정 및 상업용 교육과정

우리나라에서는 장애 유아가 취학하는 유치원 또는 특수학교에서 편성·운영해야 하는 교육과정의 공통적이고 일반적인 기준을 제시하는 국가 수준의 교육과정이 「특수교육 교육과정」(교육부, 2015)으로 개발되어 있으며, 이 교육과정에 의하면 장애 유아를 위한 교육과정은 일반 유아 교육과정인 누리과정을 기본으로 하도록 하고 있다. 이에 따라 2019년 누리과정이 개정되면서 특수교육 교육과정 개정 및 자료 개발의 필요성이 대두되고 있다.

우리나라에서는 자체적으로 개발되어 사용되는 상업용 교육과정이 매우 부족한 실정이다. 외국의 상업용 교육과정을 번역한 것으로는 2004년 Johnson-Martin, Hacker와 Attermeier의 『장애유아를 위한 캐롤라이나 교육과정』(한경근, 신현기, 최승숙, 김은경 역, 2009)과 2002년 Bricker의 『영유아를 위한 사정·평가 및 프로그램 체계(AEPS)』(이영철, 허계영, 문현미, 이상복, 정갑순 역, 2015) 등이 있다(이소현, 2020).

2) 영유아기 특수교육 교육방법

(1) 발달영역

영유아기 특수교육의 발달영역은 일반적으로 인지발달, 사회 및 정서 발달, 의사소통 발달, 운동발달(소근육운동과 대근육운동), 자조기술/적응행동 발달 등이 포함되며, 이 다섯 가지 영역의 내용에 대해서는 이 장의 4절에서 자세히 살펴보도록 한다.

(2) 장애 영유아를 위한 프로그램의 구성요소

장애 영유아를 위한 교육 프로그램은 프로그램의 목적이나 특성에 따라 달리 구성된다. 즉, 프로그램의 운영 형태나 장소 또는 배치환경에 따라 달라질 수 있으며, 교육 대상자가 누구인가, 교육서비스 제공의 기본적인 목적이 무엇인가 등의 요소들에 따라 그 내용이 달라질 수 있다. 그러나 이렇게 다양한 형태의 프로그램들도 기본적으로 갖추어야 할 공통적인 요소들을 포함해야 한다.

미국의 특수교육협회(Council for Exceptional Children: CEC) 조기교육분과(Division for Early Childhood: DEC)에서는 장애 영유아를 위한 조기교육 프로그램이 최상의 질을 갖추기 위해서 포함해야 하는 기본적인 요소들을 14가지로 정리해서 각 요소들이 어떻게 실행되어야 하는지에 대한 최상의 방법론과 함께 발표하였다. 이들 14가지 프로그램 구성요소는 교육과정의 구체적인 다섯 가지 발달영역에 대한 교수법과 우수아 조기교육 및 교사의 자질요소이며, 나머지 일곱 가지 프로그램 구성요소는 직접적인 교육활동과 관련된 요소이다(DEC, 1993: Snadal, Mclean, & Smith, 2000). 장애 영유아 교육 프로그램에 있어서 포함되어야 할 요소들은 ① 진단, ② 부모의 참여, ③ 개별화 가족서비스 계획 및 개별화교육 프로그램, ④ 서비스 전달 유형, ⑤ 일반적인 교육과정 및 교수전략, ⑥ 인지기술 촉진을 위한 교수, ⑦ 의사소통 기술 촉진을 위한 교수, ⑧ 사회적 기술 및 정서적 발달 촉진을 위한 교수, ⑨ 적응행동 기술 촉진을 위한 교수, ⑩ 운동기능 기술 촉진을 위한 교수, ⑪ 전환,[1] ⑫ 교사의 자질, ⑬ 프로그램 평가, ⑭ 우수아 조기교육 등이다(이소현, 2003).

3) 지적장애아의 영유아기 특수교육 특성

(1) 다학문적 서비스 영역

장애 영유아를 위한 교육은 대상자의 연령이나 장애 정도에 따라 서비스 전달체제가 다양하고 신축성 있게 운영되어야 하며, 주요 영역의 발달을 균등하게 지원하는 포괄적 서비스를 제공하기 위해서 다양한 전문 영역의 협력적 접근을 필요로 한다.

우리나라의 경우 관련 통계 자료가 제시되지 않고 있지만 미국의 경우에는 조기특수교육 현장에서 가장 많이 제공되는 관련 서비스는 언어치료(말/언어병리학), 작업치료, 물리치료인 것으로 나타났다(이소현, 2020; Raspa, Hebbeler, Bailey, & Scarborough, 2010). 장애 영유아들에게 서비스를 제공하기 위한 이들 전문 영역에 대하여 살펴보면 〈표 6-2〉와 같다.

---

[1] 이소현(2003)의 '전이'를 이 장에서는 용어 통일을 위하여 '전환'으로 대체하여 사용하였음을 밝혀 둔다.

⟨표 6-2⟩ 장애 영유아에게 제공되는 서비스의 전문 영역과 서비스의 역할

전문 영역	서비스의 역할
청각학	의사소통장애 관련 문제의 발견을 포함하여 영유아의 청각적 결함에 관한 서비스를 제공하고 조정한다.
심리학	장애 영유아와 가족의 전체 관계를 파악하고, 심리학적 중재를 판별하고 측정한다.
유아특수교육	장애 영유아에게 자아개념, 효능감, 통제력과 독립심을 강화시키기 위하여 사회, 운동, 의사소통, 자조, 인지, 행동기술의 발달을 촉진시키는 환경을 제공한다.
간호학	질병에 대한 실제적이고 잠재적인 문제를 진단하고 치료하는 것을 목적으로 장애 영유아에게 가능한 한 최대한의 건강과 발달 상태를 촉진하고, 가족이 영유아의 장애로 인해 변화한 삶에 대해 올바르게 대처하는 능력을 발달시킨다.
의학	건강에 관한 서비스를 제공함으로써 장애 영유아가 최적의 성장 · 발달을 증진시킬 수 있도록 가족을 지원한다.
말/언어병리학	학교와 지역사회에서 또래와 가족 구성원과의 상호작용을 위하여 장애 영유아의 의사소통 기술을 증진시킨다.
사회복지	사회복지 서비스의 규정에 따라 장애영유아와 그 가족의 삶의 질을 향상시킨다.
작업치료	신체 · 정서 · 심리사회적 발달에서 영유아의 독립, 숙달, 자기존재감을 증진시킨다. 이러한 목적의 활동들은 자조기술, 적응행동, 놀이기술, 감각 및 운동기술, 자세발달과 같은 영유아의 기능적 능력들을 확장시키고, 이러한 서비스는 환경 안에서 가족과 다른 양육자가 영유아의 기능을 증진시키는 데 도움을 줄 수 있도록 계획된다.
물리치료	가족과 지역사회에서 장애와 장애 위험 영유아의 감각운동 발달, 신경학적 행동을 위한 조직화, 심장과 폐의 기능 상태를 강화시킨다.
영양학	가족과 지역사회 환경 내에서 발달적으로 적합한 영양 서비스를 통하여 장애 영유아의 건강과 영양 상태를 극대화시킨다.

출처: Gargiulo & Kilgo (2000), p. 245.

(2) 전문 영역의 협력 형태에 따른 프로그램의 접근방법

장애와 장애 위험이 있는 영유아들은 다양한 형태의 장애와 장애 정도로 인하여 복합적인 요구를 가지게 된다. 그러므로 다양한 분야의 전문가들의 지식과 기술은 장애와 장애 위험이 있는 영유아들뿐만 아니라 그 가족들에게 효과적인 중재를 제공하는 데 아주 중요한 요소가 된다. 다양한 전문가의 협력적 접근에는 다학문적 접근, 간학문적 접근, 초학문적 접근방법이 있다. 이에 대해 자세히 살펴보면 다음과 같다.

① 다학문적 접근(multidisplinary approach)

다양한 영역의 전문가들이 각각 대상 영유아를 평가하고 중재서비스를 제공하는 접근방법이다. 여기서 각 전문가들은 서로의 전문성에 따라 독립적으로 작업을 하기 때문에 서로 간의 협력이 거의 발생하지 않는다. 그러므로 영유아와 가족에 대한 개별적인 보고서를 작성하고 개별적인 목적을 가지고 분리된 교육과 치료를 하게 된다 (Bagnato & Neisworth, 1991).

② 간학문적 접근(interdisplinary approach)

학문 간 협력을 강조하는 접근방법이다. 각 전문가들은 개별적으로 평가하고 중재를 하지만 결과들을 의논하기 위해 팀들이 만나서 함께 중재계획을 개발한다. 그리고 이 접근방법에서는 가족이 팀 구성원으로 참여하게 된다. 그러나 여기에는 전문가들 간의 협력관계가 잘 형성되고 유지될 수 있도록 하기 위해 많은 노력이 필요하다 (Bailey, 1996).

③ 초학문적 접근(transdisplinary approach)

다양한 영역의 전문가들 간의 협력을 기초로 다양한 학문의 전문가들이 서로의 역할을 공유하는 접근방법이다. 효과적인 초학문적 팀은 각 구성원들 간의 협력에 의존하고, 결정은 팀의 합의에 의해 이루어진다. 그리고 초학문적 팀 안에는 가족이 포함되며 모든 팀 구성원 간의 지속적인 의사소통이 매우 중요한 역할을 하게 된다(Cook, Tessier, & Klein, 2004).

(3) 장애 영유아기 특수교육의 서비스 전달체제

장애 영아의 경우, 장애 영아와 그 가족들을 위한 프로그램의 유형은 서비스 전달방법에 따라 다양한 선택이 가능하다. 서비스 전달방법은 교육 프로그램이 어느 장소에서 제공되는가에 따라 분류된다. 이는 크게 가정중심 프로그램, 기관중심 프로그램, 혼합형 프로그램의 세 가지가 있다(McDonnel & Hardman, 1988). 이를 자세히 살펴보면 다음과 같다.

① 가정중심 프로그램(home-based program)

가정에서 신생아나 영아와 같은 아주 어린 아동들에게 주로 제공된다. 이상적인 가정중심 프로그램은 부모가 다양한 전문 영역의 전문가들과 함께 간학문적 팀을 구성하여 중재를 계획하고 가정에서 팀 협력을 통해 직접 중재를 실시하는 것이다.

② 기관중심 프로그램(center-based program)

기관에서 중재가 제공되는 프로그램이다. 여기서 기관이란 유치원, 어린이집, 초등학교 병설 유치원 특수학급, 유아특수학교, 특수학교 유치부, 복지관 조기교실, 교회부속 조기교실, 사설 조기교실 등의 다양한 기관을 말한다. 이러한 기관중심 프로그램에서 장애 영유아들을 위한 이상적인 방법으로 중재를 제공하기 위해서는 다양한 영역의 전문가들과 교사 그리고 무엇보다 부모를 포함한 팀을 구성하여 개별화교육 프로그램을 계획하고 이를 중심으로 프로그램이 실시되어야 한다.

③ 혼합형 프로그램(combination program)

장애 영유아들에게 최상의 서비스를 전달하기 위해 앞의 가정중심 프로그램과 기관중심 프로그램의 두 형태를 혼합해서 운영하는 프로그램이다.

(4) 장애 영유아를 위한 협력팀의 잠재적인 구성원 및 역할

장애 유아의 경우, 장애 유아를 가르치는 교사는 교육과정 운영을 위한 적절한 협력의 방안을 마련하고 진정한 의미에서의 실질적인 협력이 이루어지도록 노력을 기울여야 한다. 이를 위해서는 먼저 협력팀을 구성해야 하며, 팀 구성원의 역할을 정하고, 정해진 역할 수행을 통하여 교육과정 운영 전반에 걸쳐 서로 협력해야 한다. 교육 현장에서의 협력팀은 개별화교육지원팀과 동일하게 구성되고 운영될 수도 있다. 그러나 실제로 협력팀 구성은 기관의 사정이나 유아가 지니는 지원의 내용 및 정도에 따라서 달라진다. 예를 들어, 일반교사와 특수교사 2명이 될 수도 있고 필요에 따라서는 외부 전문가까지 포함한 확장팀이 구성될 수도 있다. 〈표 6-3〉은 장애 유아 교육기관에서 협력팀 구성에 포함될 수 있는 기본적인 인력 구성과 함께 교육과정 운영과 관련된 각 구성원의 잠재적인 역할의 예를 보여 준다(이소현, 2020; 이소현 외, 2017; 이소현, 박은혜, 2011).

〈표 6-3〉 **장애 유아를 위한 협력팀의 잠재적인 구성원 및 역할**

구성팀	역할
관리자	• 통합교육에 대한 신념 정립 • 기관 내 협력 및 의사소통 체계 마련을 위한 중추적 역할 • 교사 교육 및 연수 지원 • 교육과정 운영 중 교사 간 협력 지원 • 가족 지원을 포함한 연간 일정에 대한 총체적인 관리 및 지원 • 교육 성과 지표 마련 및 평가 • 자료 기반의 의사결정 • 구성원과의 효율적인 관계 형성 및 유지 • 책임 공유
일반교사	• 유아교육과정에 대한 계획과 실행 내용 협의 • 장애 유아의 사회적 통합을 위한 유아교육과정 운영 • 장애 유아의 활동 참여를 위한 교수 및 평가방법 논의 및 실행 • 교육활동 운영 중에 장애 유아를 위한 삽입교수 실행 • 통합학급 내에서 특수교육 보조인력에 대한 지도 및 관리 감독 • 장애 유아 필요에 따른 다양한 지원(예: 행동지원, 진학 지원, 가족 지원)을 위한 협의와 실행
특수교사	• 유아교육과정을 기반으로 한 교수적 수정에 대한 제안과 협의 • 장애 유아의 사회적 통합을 위한 구성원 관리 및 유아교육과정 운영 지원 • 장애 유아의 활동 참여를 위한 교수 및 평가방법 논의 및 실행 • 교육활동 운영 중 장애 유아를 위한 삽입교수 지원 및 직접교수 실행 • 특수교육 보조인력에 대한 지도 및 관리 감독 • 장애 유아 필요에 따른 다양한 지원(예: 행동지원, 진학 지원, 가족 지원)을 위한 협의와 실행
보조인력	• 필요한 경우 장애 유아를 위한 협력팀 구성원으로 협의회 참여 • 필요한 경우 연수 및 교육 참여 • 유아 교사 및 특수교사의 지도에 따른 교육활동 보조 • 유아 교사 및 특수교사의 지도에 따른 행정 업무 보조
관련서비스 제공자	• 장애 유아에게 필요한 치료 및 교육 지원(예: 서비스 제공, 역할 방출) • 필요한 경우 장애 유아를 위한 협력팀 구성원으로 협의회 참여 • 치료 및 교육 관련 경과의 공유
부모	• 장애 유아 관련 정보(예: 발달, 강점, 요구, 자원) 제공 • 개별화교육계획 등 자녀의 교육 관련 주요 의사결정 • 가정과의 연계를 위한 가정지도 실행 및 평가 결과 공유

출처: 이소현(2020), p. 341.

(5) 팀 일원으로서 부모 참여의 확대

앞에서 살펴보았듯이 최근의 장애 영유아 교육에서 부모는 매우 중요한 역할을 하고 있으며, 그 역할에 있어서 중요성이 강조되고 있다. 예를 들어, 부모는 장애 영유아에 대한 정보를 제공하여 발달 수준을 평가하고 진보를 점검하는 평가팀의 일원이 될 수 있다. 그리고 교육과 치료 중재 프로그램 계획에 부모의 요구, 우선권과 관심사를 반영할 수 있으며, 부모들은 전문가의 조언과 상담을 통해 가정이나 기관에서 자녀의 중재자 역할을 할 수도 있다.

실제로 조기중재에 관한 연구들은 중재과정에 부모가 참여했을 때 중재의 효과가 크고 또 오랫동안 지속되었음을 보고하고 있다(Bronfenbrenner, 1975; Shonkoff & Hauser-Cram, 1987). 그러므로 가족참여에 대해서는 다음 절에서 좀 더 자세히 살펴보기로 한다.

(6) 개별화 가족서비스 계획과 개별화교육 프로그램

개별화 가족서비스 계획(Individualized Family Service Plan: IFSP)과 개별화교육 프로그램(Individualized Educational Program: IEP)은 다학문적 평가와 계획을 거쳐서 개별적으로 작성되는 프로그램이다. 개별화 가족서비스 계획은 0~3세 영아를 대상으로 하며, 개별화교육 프로그램은 4~5세 유아를 대상으로 한다. 이 장에서는 개별화 가족서비스 계획에 대해서 살펴보고, 개별화교육 프로그램은 제7장에서 다룰 것이다.

영아를 위한 개별화 가족서비스 계획은 미국의 「공법」(99-457)에 명시된 것으로 0~3세 영아와 그 가족들에게 조기중재를 실시하기 위한 것이다. 개별화 가족서비스 계획은 가족과 전문가들 간의 공동 협력을 통해 개발되며, 가족의 요구, 신념, 가치를 존중하는 방법들로 가족의 희망과 바람이 격려되고 가능하게 하는 방법이다(Johnson, McGonigel, & Kauffman, 1989). 개별화 가족서비스 계획의 구성요소를 살펴보면 〈표 6-4〉와 같다.

〈표 6-4〉 **개별화 가족서비스 계획의 구성요소**

1. 유아의 현재 기능에 대한 항목
   a. 신체발달, b. 인지발달, c. 언어발달, d. 심리사회 발달, e. 자조기술 또는 적응행동
2. 가족의 자원, 우선순위, 관심사에 대한 서술
3. 성과들은 유아와 가족의 중재 결과에 의해 성취되어야 한다. 이것은 성공 여부, 목표를 달성해 가는 시간 순서, 그리고 서비스나 성과가 수정 또는 개선될 필요가 있는지의 여부를 판단하는 데

이용될 기준을 포함해야 한다.
4. 조기중재 서비스를 시행하는 데 이용될 구체적인 서비스들(빈도, 집중도, 방법)과 서비스를 시작할 구체적인 날짜와 서비스 예상기간이 포함되어야 한다.
5. '자연적 환경'을 포함한 중재를 실시할 장소에 대한 기술(예: 특화된 병원이나 학교환경과 반대되는 포괄적인 환경)
6. 계획의 시행을 감독하고 다양한 기관의 노력을 조정할 책임이 있는 서비스 조정자의 이름
7. 서비스가 시작하고 끝나는 예상 날짜
8. 대상 유아가 조기중재 프로그램에서 유치원 프로그램으로 성공적으로 전이하기 위해 필요한 서비스에 대한 설명

출처: 노진아, 김연아, 김정민(2011), p. 511.

그리고 〈부록〉은 개별화 가족서비스 계획의 예로, 이소현(2020)이 30개월인 다운증후군 영아를 위해 실제로 작성된 미국의 개별화 가족서비스 계획 예시를 개인적인 정보는 삭제하고 한국의 실정에 맞도록 이름과 기관명 등을 변경한 자료이다.

3. 가족 참여

1) 가족 참여의 이론적 배경

장애 영유아의 영유아기 특수교육 또는 조기중재에 있어서 가족 참여의 방법은 미국의 경우 특수교육의 조기중재 프로그램 발전의 철학적 이론이 지난 30여 년간 많이 변화해 왔다. 그리고 이러한 프로그램의 기초는 단지 아동에게 초점을 맞추는 것에서부터 시작하여 가족중심적으로 변화해 왔으며, 조기중재 프로그램의 주요 목적은 아동들의 삶을 관리하는 데 있어 가족의 역할을 강화하는 데 있다.

미국의 경우 1997년에 재개정된 「장애인교육법(Individuals with Disabilities Act)」에서 장애 영유아를 위한 프로그램이 가족에게 초점을 둔 가족중심적인 서비스를 제공해야 한다고 규정하였다. 그리고 이러한 프로그램에서는 가족들로 하여금 자녀들을 위해 자신감을 갖게 하고, 가족에게 정보를 제공하며, 독립적으로 옹호할 권한을 주고 역량을 강화할 것을 권장하고 있다(박지연 외, 2006). 그리고 이러한 방법들은 가족중심 접근, 직접적인 가족 지원, 개별화 가족서비스 계획(IFSP)에 기반한 조기중재의 실행에 반영되었고, 전문가들도 가족중심의 철학과 양립할 수 있는 기술과 지식에 대해 부

모에게 교수하는 것에 대한 중요성을 인식하게 되었다(Mahoney, Kaiser, & Girolarmetto, 1999). 그리고 이소현(2003)은 가족 참여를 위한 지원과 중재는 장애아 가족들이 자신들에게 필요한 정보를 제공받고 사회적 지원을 받을 수 있는 관계망을 만드는 능력을 지니도록 도와줌으로써 그들 삶의 질적 향상을 가져올 뿐만 아니라 결과적으로는 장애 아동의 교육과 삶에 긍정적인 영향을 미치는 것이라고 하였다.

2) 부모와 전문가의 협력

가족 참여의 방법들에 대해서 부모와 전문가의 협력방법으로 박지연 등(2006)은 진단 시 부모 참여, 목표 설정 시 부모 참여, 프로그램 실행 시 부모 참여를 통하여 그 역할을 담당할 수 있다고 하였다.

(1) 부모와 전문가의 협력방법

- 진단 시 부모 참여: 부모들은 영유아의 능력을 정확하게 진단하기 위해 공유해야 할 정보를 많이 갖고 있다. 그러므로 진단과정에 부모들을 참여시키기 위하여 전문가들은 부모와 영유아에게 가장 편리한 시간, 부모가 선호하는 환경, 부모에게 진단 유형이나 배경정보 등에 대한 정보를 미리 제공하여 그들로 하여금 정보를 공유하기 위한 준비를 하게 할 필요가 있다.
- 목표 설정 시 부모 참여: 부모는 인종, 문화적 배경, 자녀 양육의 실제에 대한 선호도, 가족의 우선순위와 같은 가족의 역동성에 관한 정보를 전문가들에게 제공함으로써 전문가들이 적절한 목표를 설정하도록 도울 수 있다. 그리고 목표 설정 및 프로그램 실행 시 부모의 참여가 증가할 때, 부모와 전문가 사이의 존중감과 신뢰감은 더 높게 형성될 수 있다. 이를 뒷받침하는 연구로는 Campbell, Strickland와 La Forme(1992)의 연구가 있다. 연구자들은 부모와 전문가 모두를 위한 훈련이 가족중심 개별화 가족서비스 계획의 개발에 가족 참여를 증진시킬 수 있다는 연구 결과를 발표하였다. 그러므로 전문가들과의 협력을 통한 가족중심 개별화 가족서비스 계획의 목표 설정 시 부모의 참여는 영유아의 능력 향상과 가족의 역량강화에 도움이 된다.
- 프로그램 실행 시 부모 참여: 프로그램을 성공적으로 실행하기 위해서는 부모와 전문가의 협력이나 효과적인 의사소통이 필수적이라고 할 수 있다. 그러므로 전

문가와 부모는 실행 단계에서 발생할 수 있는 문제들과 성공에 대해 서로 솔직하고 정직해야 하며, 상대방이 수행한 실행을 강화하기 위해 서로 의사소통을 잘해야 한다. 그리고 전문가들은 부모를 격려해야 하고, 부모는 따뜻한 말과 관심을 보여 줌으로써 전문가를 격려할 수 있어야 할 것이다.

(2) 가족 참여 중재를 위한 평가

장애 영유아를 위한 프로그램은 가족중심 중재의 개발을 위하여 가족의 강점, 요구, 우선순위 및 자원이 무엇인지를 파악하여야 한다. 최근에는 이미 장애가 있거나 장애 위험이 있는 영유아들과 가족들을 평가하기 위한 방법이 좀 더 적합한 방법으로 대체되어야 한다는 의견이 증가하고 있다(Neisworth & Bagnato, 1996). 영유아 특수교육의 평가 실제에서 새로운 강조점에 대한 내용을 좀 더 자세히 살펴보면 다음과 같다.

- 다차원적 정보 수집: 영유아에 대한 평가 정보는 다양한 도구를 사용하여 다양한 환경(집이나 학교)에서 다양한 평가(자연적 관찰, 부모 면담 등)를 통하여, 그리고 가족, 양육자, 전문가들을 포함하여 영유아에 대해 잘 알고 있는 정보 제공자로부터의 다차원적 평가에 의해 수집되어야 한다.
- 자연스러운 환경에서의 평가: 영유아에게 자연스러운 환경이란 그들이 매일 생활하는 곳으로 그들의 가정과 가족환경, 영유아 교육 프로그램, 탁아기관, 지역사회 환경을 말한다. 특별한 요구를 가진 학령 전 영유아의 평가는 생태학적 체제 안에서 영유아의 자연스러운 환경에 대한 모든 측면을 고려하면서 이루어져야 한다.
- 가족중심 평가: 가족 구성원은 다양한 기능적 영역에서 자녀의 수행을 평가하고 임상적 판단을 할 때 아주 중요한 정보원이므로, 초학문적 팀의 동등한 파트너로서 바람직한 범위까지 평가과정에 가족 참여가 이루어져야 한다.
- 팀 의사결정: 1997년 미국의 「공법」(105-117)과 미국 특수교육협회(CEC) 조기교육분과(DEC)에서 추천된 실제에서는 평가가 가족 구성원과 다양한 학문의 전문가를 포함한 팀에 의해 이루어져야 한다고 규정하고 있다. 그러므로 부모를 포함한 다른 팀 구성원들은 평가 결과에 전문가 팀의 의사결정과 가족의 정보를 포함하여 통합된 평가보고서를 완성하여야 한다.

4. 지적장애 영유아의 교육

　지적장애 영유아 교육은 영유아들의 발달을 돕기 위한 발달영역인 인지발달, 사회적 능력 발달, 의사소통 발달, 운동발달이 주가 된다. 그리고 그 외에 영유아의 장애 정도나 수준에 따라 나타나는 특징인 문제행동 영역에 대한 교수 등이 지적장애 영유아 교육에서 중요한 요소라고 할 수 있다. 이 절에서는 지적장애아의 영유아기 교육으로 인지발달, 사회적 능력 발달, 의사소통 발달, 운동발달에 대해서만 살펴보기로 하고 문제행동 지도에 관해서는 제12장을 참조하기 바란다. 또한 우리나라의 장애 영유아 교육방법에 대해서도 간략하게 살펴보기로 한다.

1) 장애 영유아 교육을 위한 발달영역

(1) 인지발달

　인지는 학습의 모든 영역에서 폭넓게 사용되는 능력이다. 영유아의 인지능력은 신생아부터 시작하여 영유아로 성장하는 동안 지속적으로 발달하게 된다. 영유아의 여러 가지 능력 중 자조능력, 운동기술, 언어능력, 의사소통 능력, 지각적 재인, 초기 문해능력, 사회적 관계, 문제 해결력에 이르기까지 모두 인지능력을 필요로 한다. 그러므로 영유아의 인지발달은 인간의 학습과 행동의 모든 측면에서 매우 중요한 능력이다. 인지능력의 발달에는 환경이 결정적인 역할을 하게 되는데, 지능이 고정되어 있거나 미리 결정되어 있지 않기 때문에 가능하면 빠른 시기에 지적인 자극을 줄 수 있는 환경을 제공해 줌으로써 아동의 인지능력을 향상시켜 주어야 한다(Hunt, 1961).

　인지발달을 위하여 조기에 인지교수를 시행할 때 고려해야 할 사항을 살펴보면, 1단계는 중재목표 설정, 2단계는 영유아의 능력을 촉진시키는 데 가장 적절한 환경을 알고 구성하기, 3단계는 영유아의 자발적이고 능동적인 참여 유도, 4단계는 영유아의 능력을 지원하고 강화하기 위한 반응적 교수전략 사용하기, 5단계는 반응적 교수를 시행할 때 영유아가 사회적 또는 비사회적 환경에 적극적으로 참여하는 시간을 많이 갖도록 고려하기, 6단계는 영유아의 발달 지원을 위한 잠재적인 상황에서 영유아-양육자의 상호작용 증진, 7단계는 필요한 경우 보조기구 등을 지원하여 영유아가 사회적·비사회적 환경을 조절하고 숙달할 수 있도록 배려하기를 권장하고 있다(Wolery &

Sainato, 1996: 이소현, 2003 재인용).

영유아기의 인지발달 중재는 연습하기, 탐색, 문제 해결을 포함하는 인지 관련 활동의 참여를 격려하고 증진시킬 수 있는 폭넓은 놀이 기회를 증가시킴으로써 그들이 환경에 대한 깨달음과 이해를 강화하는 데 초점을 두어야 한다. 장애로 인한 주변 환경과의 상호작용 부족은 결과적으로 장애 영유아들의 인지 결함을 초래하고 훗날 학령기의 학업기술 습득에 필요한 개념과 추론능력 발달을 저해한다. 그러므로 장애 영아의 경우 영아의 인지발달을 위한 교수는 활동 중심으로 이루어져야 하며, 중재목표와 목적은 즐겁고 발달에 적절한 놀이활동과 통합되고 구체화되어야 한다. 이때 의도성, 수단-결과 행동, 시행착오 탐구, 대상영속성, 지연모방에 대한 기술 지도가 필요하다. 그리고 장애 유아의 경우에는 ① 인지발달에 중요한 적극적 학습능력, 언어, 경험하기와 표상하기, 분류, 서열, 수, 공간관계, 시간 개념, ② 학문적 성취를 지원하는 인지기술로는 주의 집중 기술, 개념발달, 분류하기, 서열화, 공간 개념 지도하기, 상징적 표상하기, 추측하기와 발견 게임, 창의적 사고에 대한 지도 등이 필요하다(유수옥, 2005).

(2) 사회적 능력 발달

사회적 능력이란 어린 아동들이 자신의 인간 상호관계에서의 목적을 성공적이고도 적절하게 선택하고 수행하는 능력이라고 할 수 있다. 발달지체와 발달장애를 지닌 영유아들의 경우 이러한 사회적 능력에서의 어려움으로 또래들과의 단체놀이에 참여하는 능력의 결핍, 또래들을 자원으로 활용하는 능력의 결핍, 상호 우정을 발전시키고 유지하는 능력의 결핍, 사회적인 교환에 필요한 일상적인 과정의 사용능력의 결핍 등이 보고되고 있다. 그러므로 사회적 능력은 대부분의 발달영역과 마찬가지로 의사소통, 놀이, 인지 기술들에 의해서 영향을 받기도 하며, 아동이 처하는 다양한 사회적 상황과도 관련되어 있어서 효과적이고도 적절하게 행동하기 위해서는 꼭 필요한 기술이다.

사회적 능력 발달을 위한 방법으로는 대표적으로 긍정적인 양육자-영아/아동 상호작용 촉진, 또래 상호작용 및 사회적 놀이기술 촉진방법이 사용되고 있다. 긍정적인 양육자-영아/아동 상호작용 촉진방법으로는 질적으로 우수한 상호작용으로 빈번한 주고받기 기술, 일치되고 조화로운 기술, 빈번한 게임 놀이기술, 즐거움과 기쁨의 표현 기술, 시간의 흐름에 따른 적응과 수정 기술이 강조되고 있다. 그리고 또래 상호작용 및 사회적 놀이기술 촉진방법으로는 환경적 교수전략, 교사 주도의 전략, 또래 주도의 교수전략 방법 등이 사용되고 있다(이소현, 2003). 이에 대한 자세한 내용은 제14장 '사회적 능력 지도의 실제'를 참조하기 바란다.

(3) 의사소통 발달

의사소통이란 두 사람 또는 그 이상의 사람 간에 정보가 전달되는 과정으로, 자신의 감정이나 생리적인 상태, 바람, 의견 또는 인식을 다른 사람들에게 전달하는 행위를 말한다. 그러므로 의사소통장애를 지닌 지적장애 영유아들의 경우 그들의 의사소통 능력과 언어는 다른 사람들과의 사회적 관계 형성 및 학습에 결정적인 역할을 하게 되고, 이로써 가족들이 경험하게 되는 정신적인 부담이나 장애 영유아들의 행동문제 등은 조기교육의 필요성을 강조하게 된다.

지적장애 영유아의 의사소통 능력 발달을 위한 중재로는 전문가뿐만 아니라 부모, 준전문가, 비장애 또래를 통한 중재방법 등이 사용되고 있는데, 교사 개입이 적은 환경적 구조화를 통한 중재에서부터 시작하여 좀 더 복잡하고 교사의 개입이 많은 중재방법이 사용되고 있다(김경숙 외, 2009).

지적장애 영유아의 의사소통 능력을 발달시킬 수 있는 대표적인 중재방법으로는 환경적 구조화를 통한 의사소통 기회 제공방법(Halle, 1998), 자연적 교수법(Yoder et al., 1995), 교실에서의 중재방법 등이 사용되고 있다. 환경적 구조화를 통한 의사소통 기회의 제공에서는 의견 말하기, 질문하기, 요구하기, 항의하기 등의 방법이 활용되며, 자연적 교수법으로는 요구 모델, 우발교수법, 시간지연법을 사용하는 환경적 교수법과 확장, 부연설명, 평행말, 혼잣말의 방법이 사용되는 반응적 상호작용 중재법 등이 활용되고 있다. 그리고 고립된 치료실 상황에서뿐만 아니라 교실 내의 일상생활과 연합시켜 교실활동에서의 중재방법 등을 활용하여 지적장애 영유아의 의사소통 능력을 발달시킬 수 있다(유수옥, 2005). 그 구체적인 내용은 제13장 '의사소통 지도의 실제'를 참조하기 바란다.

(4) 운동발달

신생아나 영유아가 세상에 대하여 학습하고 주위를 통제하기 위해서는 기초적인 운동능력이 필요하며, 이러한 학습은 그들 자신의 신체적 움직임에서 시작된다고 할 수 있다. 그러나 장애나 환경의 문제로 인하여 정상적인 운동 경험이 부족하거나 운동발달이 지체되는 영유아의 경우 초기 학습과정의 기초가 박탈될 수 있어서 지적장애 영유아의 경우 대부분 운동발달 지체를 보이고, 신체운동 능력, 근력, 근육 숙련도, 평형성 등이 정상적으로 발달하는 영유아들에 비해 뒤떨어지며, 반응 속도가 느리고 유연성도 낮게 나타난다. 또한 그들은 정확한 동작과 반응을 필요로 하는 과제에서 낮은 수행력을 보이기도 하며, 손으로 작업하는 기술에도 많은 어려움을 보인다.

그러므로 지적장애 영유아의 운동발달 지도의 근본적인 목적은 영유아로 하여금 자기 신체에 대한 조절력을 신장시키고, 환경과 적절하게 상호작용하여 학습을 계속하게 하고, 연령과 능력에 적합한 기술을 습득시켜 독립적으로 생활을 이끌어 나갈 수 있도록 하는 것이다.

지적장애 영유아가 필요로 하는 기술을 습득하도록 촉진시키기 위해서는 모든 발달과 학습의 기초가 되는 운동발달을 위하여 부모, 유아특수교사, 치료사 등의 협력이 필요하며, 운동발달과 연계된 다른 영역과의 통합적 접근을 위한 초학문적 팀의 구성, 다양한 중재를 통한 기술 습득 후 일과 생활 속에서의 반복훈련 기회 제공, 교수환경 밖에서의 일반화를 위한 프로그램 제공 등이 이루어져야 한다. 그리고 지적장애 영유아들을 위한 질적인 운동 프로그램은 유아의 행동 목록 안에서, 다양한 환경에서, 하루의 여러 시간대에 그들이 필요로 하고 언제든지 활용할 수 있는 기능적인 운동기술들로 구성되어야 한다(김경숙 외, 2009).

2) 장애 영유아를 위한 교수방법

장애 영유아를 위한 교사는 장애 영유아들이 학습활동에 최대한 참여할 수 있도록 촉진시키고, 또 활동에 참여하는 동안에는 학습과 발달이 이루어질 수 있도록 특정 교수전략을 사용할 수 있어야 한다. 그러므로 이 절에서는 교수적 접근 시 고려해야 하는 기본적인 원리와 장애 영유아를 위한 교수전략을 살펴보기로 한다.

(1) 교수적 접근의 기본적인 원리
장애 영유아들을 위한 교수는 영유아나 교수목표의 특성 또는 교수 맥락에 따라 다양한 방법이 사용된다. 이소현(2020)은 이러한 특정한 교수전략을 선정하고 그것을 언제 어떻게 사용하여야 할지를 결정하기 위해서 장애 영유아를 위한 교수적 접근 시 고려해야 하는 기본적인 원리를 증거기반의 실제, 놀이 중심 접근, 일과 및 활동 중심의 자연적 접근, 근접발달영역과 비계교수, 과제분석에 따른 기술 교수, 예방 중심의 행동

지원을 소개하고 있다. 이를 간략하게 정리하면 〈표 6-5〉과 같다.

〈표 6-5〉 **장애 영유아를 위한 교수적 접근의 기본 원리**

원리	설명
증거기반의 실제	장애 영유아에게 사용하는 교수방법은 그 성과가 과학적으로 입증된 것이어야 한다.
놀이 중심 접근	장애 영유아를 위한 교수적 접근은 주요 교수목표로 놀이 행동을 포함시킴과 동시에 기타 발달영역의 기술 습득을 촉진하기 위한 장으로 놀이를 활용한다.
일과 및 활동 중심의 자연적 접근	일반 유아교육과정의 가장 자연적인 환경인 일과와 활동을 기반으로 하되 필요한 경우 개입의 정도가 가장 작은 교수전략부터 위계적으로 사용한다.
근접발달영역과 비계교수	유아의 발달 수준을 파악하고 약간의 도움으로 과제 수행이 가능한 근접발달영역 내에서 성인 및 또래의 지원을 통한 다양한 학습기회를 제공한다.
과제분석에 따른 기술 교수	복잡한 기술은 작은 단계로 나누어 수행과 학습을 쉽게 한 후 한 단계씩 점진적으로 교수한다.
예방 중심의 행동지원	부적절한 행동이 발생한 후에 교정적 접근을 하기보다는 행동의 기능을 파악하여 부적절한 행동 대신 적절한 대안적 행동을 학습하도록 지원한다.

* 장애 유아를 장애 영유아로 명칭을 바꾸어 사용하였다.
출처: 이소현(2020), p. 420.

(2) 장애 영유아를 위한 교수전략

장애 영유아들이 교수활동에 참여하고 학습과 발달을 성취시키기 위해서 교사는 교육 진단을 통하여 개별화교육계획을 수립하고, 교수계획에는 특정 교수 상황에서 특정 교수목표를 성취시키기 위한 교수전략을 명시하여야 한다. 이때 적용될 수 있는 구체적인 전략으로는 교육과정 수정, 활동 중심 삽입교수, 자연적 교수전략, 교사 주도 교수전략, 또래 중개 교수전략이 있다.

① 교육과정 수정

교육과정 수정은 영유아가 기존의 일과와 활동에 참여할 수 있도록 촉진하기 위해서 진행 중인 학급 활동이나 교재를 변경하여 영유아의 활동을 참여시키는 것을 말한다. 또한 이 방법은 또래와의 상호작용 증진에도 도움이 된다. 그 구체적인 방법을 살펴보면 〈표 6-6〉과 같다.

〈표 6-6〉 **교육과정 수정 전략의 유형 및 예**

유형	수정요소	수정대상	수정의 예
환경적 수정	환경의 물리적 요소	• 학급 환경 • 활동 영역 • 특수교구	• 쉽게 산만해지는 유아를 위하여 읽기 영역이 충분히 조용한지 점검하고 배려함 • 활동 영역을 유아가 좋아하는 주제로 구성함 • 독립적인 선택 활동 및 정리하기 활동을 위하여 교재와 선반에 라벨을 붙임 • 이젤을 사용할 때 스탠더를 사용하게 함
	환경의 시간적 요소	• 일과 및 활동 시간표 • 활동 내 과제의 순서	• 오후에 집중력이 떨어지는 유아를 위하여 집중력이 필요한 활동을 오전에 배치함 • 활동 중에 선호하는 과제를 수행하기 위해서 선호하지 않는 과제를 먼저 수행하게 함
	환경의 사회적 요소	• 성인 • 또래	• 대집단에 참여하지 않는 유아 옆에서 성인이 참여를 촉진하고 지원함 • 간식 시간이나 정리하기 시간에 또래와 짝을 지어 간식을 나누어 주거나 정리할 수 있게 함 • 놀잇감을 적절하게 가지고 놀지 못하는 유아가 모델링이 가능한 또래와 같은 소집단에서 활동하게 함
교수적 수정	활동	• 활동 방법 • 활동 난이도	• 이야기 나누기 시간에 잘 참여하지 않는 유아를 위하여 유아가 좋아하는 동물인형을 손에 끼고 진행함 • 복잡하고 어려운 과제를 여러 개의 작은 단계로 나누어 수행하게 함 • 종이 한 장을 모두 색칠하기 어려워하는 유아에게 색지를 이용해서 색칠하는 양을 줄여 줌 • 색종이를 오려 붙이는 활동 중 색종이 크기를 크게 잘라 줌
	교재	• 교재(놀잇감)	• 걸음걸이가 불안정하고 잘 넘어지는 유아가 워커 사용을 거부할 때 워커에 좋아하는 말 인형을 부착하여 사용하게 함 • 활동 영역에 유아가 좋아하는 주제의 놀잇감을 비치함 • 사회적 가치가 높은 놀잇감을 활동 영역에 비치하고 또래와의 상호작용에 참여하게 함 • 숟가락을 자주 떨어뜨리는 유아에게 손목 벨트가 달린 숟가락을 제공함

출처: 이소현(2011), p. 247.

② 활동 중심 삽입교수

활동 중심 삽입교수는 유아교육기관의 하루 일과나 활동 중에 장애 유아가 개별화교육계획의 교수목표를 연습할 수 있도록 특정 시간을 선정하여 짧지만 체계적인 교수를 실행함으로써 유아로 하여금 필요한 기술을 자연적인 환경에서 성공적으로 사용할 수 있게 도와주는 방법이다. 예를 들어, 사물 명명하기 기술을 교수하는 경우 일대일의 분리된 교수환경에서 가르치기보다는 활동 중에 인형놀이를 통한 신체 부위 명명하기를 한다거나, 상징놀이나 극놀이를 통해서 다양한 옷의 이름과 부위를 명명하기, 또는 간식시간을 활용하여 음식 이름이나 식사도구 이름 말하기 등의 활동을 활용하여 교수할 수 있다. 활동 중심 삽입교수의 효율적인 사용을 위한 체계적인 계획과 실행 방법은 〈표 6-7〉과 같다.

〈표 6-7〉 활동 중심 삽입교수의 실행 단계별 절차 및 내용

단계	절차	주요 실행 내용
1단계	교수목표 점검 및 수정	개별 장애 유아의 개별화교육계획 교수목표와 학급에서 진행될 일과와 활동의 교수목표를 검토하여 유아의 개별 교수목표를 기존의 일과와 활동 중에 삽입하여 교수할 수 있는 형태로 재서술한다.
2단계	학습 기회 구성	일과와 활동 계획을 분석하여 개별 장애 유아의 교수목표를 삽입하여 교수할 수 있는 적절한 학습 기회를 판별한다. 이때 활동기술 도표를 활용하면 학습 기회를 효율적으로 판별할 수 있을 뿐 아니라 하루 전반에 걸친 학습 기회를 한눈에 파악할 수 있다.
3단계	삽입교수 계획	개별 장애 유아의 교수목표를 판별된 학습 기회에 삽입하여 교수할 수 있도록 교수전략 및 평가계획을 포함한 구체적인 교수계획을 작성한다. 이때 교사 또는 학급에서 정한 특정 양식의 활동 중심 삽입교수 계획표를 사용하면 보다 편리하고 일관성 있는 교수계획이 가능하다.
	삽입교수 실시	전 단계에서 수립한 계획에 따라 삽입교수를 실시한다. 일과와 활동이 진행되는 중에 활동 중심 삽입교수가 성공적으로 실시되기 위해서는 교수계획에 대한 교사(들)의 숙지가 반드시 필요하며, 교수 실시에 대한 중재 충실도를 점검하는 것이 좋다.
	삽입교수 평가	삽입교수 실시에 대한 평가를 실시한다. 즉, 유아가 자신의 교수목표를 성취하였는지에 대하여 교수계획에 포함된 평가계획에 따라 진도점검을 실시한다. 이때 진도점검은 계획에 따라 정기적으로 실시하는 것이 좋으며, 그 결과는 이후에 교수계획을 수정하기 위한 기준 자료로 활용된다.

출처: 이소현(2020), p. 439.

③ 자연적 교수전략

자연적 교수전략은 다양한 유형의 장애를 지닌 유아에게 효과적이며, 특정 기술을 지도하기 위하여 자연적인 환경인 학급이나 기타 상황에서 일상적으로 일어나는 사건이나 활동을 활용하며, 환경구성, 촉진, 반응적 상호작용 등의 기술을 지도하는 데 사용된다. 이 방법은 환경교수(milieu teaching) 또는 강화된 환경교수(enhanced milieu teaching)라고도 불리는데, 통합교육 현장에서 이상적인 교수전략으로 나타나고 있다. 자연적인 교수전략에서 대표적인 교수전략으로 우발교수, 요구모델, 시간지연의 방법이 있다(자세한 내용은 제8장의 교수방법 및 전략을 참고하기 바란다).

④ 교사 주도 교수전략

교사 주도 교수전략은 교사가 특정 기술이나 행동 발생 등을 목적으로 유아에게 제공하는 직접적인 교수행동이다. 특정 행동이 기대되는 상황에서 유아의 행동이 나타나지 않는다면 교사의 직접적인 교수행동으로 이 전략을 사용하며, 특정 행동이 발생하도록 지원하는 촉진, 행동 후에 주어지는 피드백 등의 방법이 많이 사용된다.

- 촉진: 유아로 하여금 교사가 원하는 반응을 할 수 있도록 도와주는 방법들을 말한다. 이때 교육 현장에서 많이 사용되는 방법으로는 구어촉진, 몸짓촉진, 시범촉진, 접촉촉진, 신체촉진, 공간촉진, 시각적 촉진, 단서촉진 방법이 있다.
- 피드백: 특정 상황에서 유아가 자신이 수행한 행동에 대하여 바르게 행동했는지 아닌지를 알게 하기 위하여 제공하는 교사의 행동을 말한다.

⑤ 또래 중개 교수전략

또래 중개 교수전략은 장애 유아의 학습과 발달을 촉진하기 위하여 또래를 활용하는 전략으로, 또래로 하여금 특정 행동을 시범 보이게 하거나 놀이 중에 상호작용을 주도하게 하는 등의 방법을 말한다. 사회적 상호작용을 증진시키기 위한 사회적 지원과 특정 과제의 수행이나 기술을 습득시키기 위한 학업지원으로 나누어 볼 수가 있으며, 지원의 형태에 따라 또래 주도 중재와 협동학습으로 구분된다.

- 또래 주도 중재: 또래로 하여금 다른 유아의 학습이나 참여를 촉진하게 하는 방법으로 사회적 행동과 상호작용을 증진시키는 데 효과적인 전략이다. 또래 주도 중

재를 위하여 많이 사용되는 방법으로는 또래 감독, 또래교수, 또래 시범, 또래 상
호작용 훈련 방법이 있다.

• 협동학습: 다양한 학습자로 구성된 소규모의 집단이 적극적으로 참여하여 함께
활동을 성취하는 것으로 참여하는 유아들 간의 협력적인 상호작용을 증진시키고,
협력적인 학습기술을 교수하며, 긍정적인 자존감을 형성시킬 수 있다.

5. 지적장애 영유아의 통합교육

1) 지적장애 영유아 통합교육의 개념

통합교육에 대한 대부분의 정의는 모두 일반교육에 장애 아동을 포함시키는 것으
로 설명하고 있다. Kaufman, Gottlieb, Agard와 Kukic(1975)의 정의에 따르면, 통합교
육은 장애 아동이 일반교육 환경에 물리적(시간적 통합), 학문적(교수활동적 통합), 사회
적(사회적 통합)으로 통합되는 것을 의미한다. 여기서 시간적 통합(temporal integration)
은 일정 시간 동안 장애를 지니지 않은 또래들과 함께 동일한 교육환경에 배치되는 것
을 말하며, 교수활동적 통합(instructional integration)은 일반교육 환경에서 교수활동에
참여하는 것을 말한다. 그리고 사회적 통합(social integration)은 통합되는 학급의 교사
와 또래들에게 학급 구성원으로 수용되는 것을 의미한다. 진정한 의미에서의 통합이
란 이 세 가지 형태가 모두 이루어져 장애 아동이 일반교육 환경에 배치됨으로써 모든
교수활동에 동등하게 참여하고 교사나 또래들로부터 학급 구성원으로 인정받는 것
이다.

최근에는 통합교육(inclusive education)이 '모든 학생을 위한 교육'이라는 의미로, 이
와 같은 포함의 개념을 강조하는 정의가 주로 사용되고 있다. 특히 장애 영유아를 위
한 교육에서 통합교육은 "장애가 있는 영유아와 장애가 없는 영유아들이 함께 배우고
노는 것"(Abraham, Morris, & Wald, 1993) 또는 "중도장애를 포함하는 모든 장애 영유아
가 장애가 없는 영유아들과 같은 교실에서 서비스를 제공받는 것"(Bowe, 2000) 등으로
정의되고 있다(이소현, 2004).

2) 장애 영유아 통합교육의 형태 및 방법

(1) 장애 영유아 통합교육의 형태

장애 영유아[2]를 위한 통합교육은 그 형태에 있어 다양하게 운영되고 있으며 표준화된 형태는 제시되고 있지 않다. 그러나 일반적인 통합교육의 형태는 다음 네 가지의 유형으로 분류되고 있다(Guralnick, 2001: 이소현, 2004 재인용).

- 완전통합(full inclusion): 장애를 지닌 모든 영유아가 일반 영유아 교육 프로그램에 완전히 참여하는 모델이다. 완전통합 프로그램에서는 모든 영유아의 필요에 따라 교육활동이 계획되고 개별화교육 프로그램을 통하여 일반교육과정을 운영하는 중에 장애 영유아를 위하여 수정을 계획하고 실행한다.
- 소집단 통합(cluster inclusion): 영유아들의 완전한 통합을 추구하나 소규모의 장애 영유아들을 담당하는 교사(주로 특수교사)가 장애 영유아들과 항상 함께 있으면서 기존의 영유아 교육 프로그램에 합쳐지는 형태이다.
- 역통합(reverse inclusion): 장애 영유아들을 위해서 특별히 고안된 프로그램에 비교적 소수의 일반 영유아들(일반적으로 25~40%)이 참여하는 형태이다.
- 사회적 통합(social inclusion): 일반 영유아들과 장애 영유아들이 각각 다른 집단을 구성하여 각각의 담당교사에게 교육 프로그램을 제공받으면서 계획된 접촉을 하게 되는 형태로, 통합교육 형태 중에서 장애 영유아들이 일반 영유아들과 가장 적게 접촉하는 형태이다.

(2) 장애 영유아 통합교육의 방법

통합교육을 효율적으로 수행하기 위해서는 장애 영유아 특수교육과 일반 유아교육이 실제에서 통합됨으로써 교사 간의 협력으로 두 영역의 관점과 지식 및 교수방법이 하나의 포괄적인 형태로 운영되어야 한다. 그러나 장애 영유아 특수교육과 일반 유아교육은 교과 내용과 방법론에서 강조점이 다르기 때문에 일반 유아교사의 경우, 장애 영유아를 위한 교육과정의 내용이나 운영, 교수방법, 학급운영 등에 대한 지식이 부족하여 많은 도전을 받게 된다. 그리고 장애 영유아 특수교사의 경우에는 영유아들에게

---

2) 이소현(2004)의 '유아'를 이 장에서는 '영유아'로 대체하여 사용하였음을 밝혀 둔다.

직접 서비스를 제공하는 것에서부터 일반 유아교사를 자문하는 것까지를 포함하는 새로운 능력을 갖춘 교사로의 변화가 필요하다.

그러므로 장애 영유아의 통합을 위해서는 일반 유아교사와 장애 영유아 특수교사 간의 협력과 자문 관계가 잘 실현되어야 하고, 장애 영유아의 목표를 일과활동에 삽입해서 교수할 수 있는 일반 유아교사의 수행능력이 필요하다.

Voltz, Elliot과 Cobb(1994)은 장애 영유아의 성공적인 통합을 이루기 위해 일반 유아교사와 장애 영유아 특수교사 간의 협력관계 방법으로 다음의 네 가지 단계를 제시하고 있다.

- 의사소통과 계획 단계에서의 협력: 교사들은 장애 영유아에 대한 발달 정보를 교환하고, 평가의 책임을 공유하며, 협력하여 장단기 교육계획을 세우고, 부모와 협의한다.
- 문제 해결 단계에서의 협력: 통합교육을 실행하는 과정에서 일어나는 다양한 문제를 해결하기 위해 특수교사와 일반교사가 대등한 관계에서 각자의 전문성을 발휘하여 장애 영유아를 관찰하고, 문제를 파악하며, 효과적인 중재전략을 사용한다.
- 교수 단계에서의 협력: 통합교육에서 요구되는 기술들의 사전 · 사후 교수, 팀 티칭, 소집단 수업하기, 또래교사 훈련하기 등의 교수 자체의 역할이 필요하다.
- 정보 제공 단계에서의 협력: 교사의 장애 영유아에 대한 이해, 진단 및 판별에 대한 지침이나 자료 등이 필요하다.

그리고 협력교수의 형태에 따른 교사 간 협력방법에 대해서 Cook과 Friend(1995)는 교수지원 형태, 스테이션 교수 형태, 평행교수 형태, 대안적 교수 형태, 팀 티칭 형태로 나누고 있다. 이에 대한 자세한 내용은 제8장 '학령기 교육적 접근: 교수방법 및 전략'을 참조하기 바란다.

(3) 장애 영유아 통합교육을 위한 교수전략

장애 영유아[3]가 학급에서 진행되는 교육과정에 최대한 참여하여 학습을 잘 수행할

---

3) 조윤경과 김수진(2008)의 '장애 유아'를 '장애 영유아'로 대체하여 사용하였음을 밝혀 둔다.

수 있도록 도와주기 위해서는 다양한 교수전략이 필요하다. 이에 대하여 조윤경과 김수진(2008)은 교수전략을 적절하게 사용하기 위한 주요 원칙을 다음과 같이 말하고 있다.

- 개별화 원칙: 장애 영유아의 현재 수준에 근거하여 개별적인 접근이 이루어져야 한다.
- 자발성 원칙: 지나친 간섭이 아닌 장애 영유아의 자발적이고 적극적인 참여를 유도하는 지시적인 학습방법을 사용한다.
- 자립화의 원칙: 교육의 궁극적 목표인 장애 영유아의 개인적 · 사회적 · 경제적 · 직업적 자립이 이루어지도록 스스로 학습하도록 이끈다.
- 다양화의 원칙: 하나의 기술을 교육하는 데 있어 다양한 상황에서 여러 번 기술을 연습할 기회를 갖고자 하는 교육적인 목적을 가지고 진행한다.

그리고 이소현(2003)은 유치원 학급에서의 교육과정 수정전략을 〈표 6-8〉과 같이 소개하고 있다.

〈표 6-8〉 유치원 학급에서의 교육과정 수정전략

교육과정 수정	정의	전략
환경적 지원	참여와 학습을 촉진하기 위해서 물리적 · 사회적 · 시간적 환경을 수정함	• 물리적 환경의 변경 • 사회적 환경의 변경 • 시간적 환경의 변경
교재 수정	가능한 한 독립적인 참여를 촉진하기 위하여 교재를 수정함	• 교재 · 교구를 최적의 위치에 배치(예: 높이) • 테이프나 벨크로 등을 사용한 교재 고정 • 반응 수정 • 교재를 크게 또는 밝게 제작
활동의 단순화	수행단계의 수를 줄이거나 수행단계를 작게 나눔으로써 복잡한 과제를 간단하게 함	• 작은 단계로 세분화 • 수행단계의 수 줄이기/변경 • 성공하는 단계에서의 종료
선호도 활용	주어진 기회를 통해서 학습의 혜택을 누리지 못하는 경우 아동의 선호도를 판별해서 활동에 통합시킴	• 좋아하는 장난감 들고 있기 • 좋아하는 활동 활용 • 좋아하는 사람 활용

적응도구의 사용	유아의 참여를 돕거나 참여의 정도를 증가시키기 위하여 특별한 적응도구를 사용함	• 접근할 수 있도록 특별한 도구 사용 • 참여할 수 있도록 특별한 도구 사용
교사의 지원	유아의 참여와 학습 지원을 위한 성인의 중재	• 시범 • 아동의 놀이에 참여 • 칭찬과 격려
또래의 지원	중요한 목표 행동의 학습을 도와주도록 또래를 활용함	• 시범 보이기 • 도우미 • 칭찬과 격려
눈에 보이지 않는 지원	하나의 활동 중에 자연적으로 발생하는 사건을 의도적으로 구성함	• 참여의 가능성을 높이는 일련의 차례 설정 • 교육과정 영역에서의 일련의 활동

출처: Sandall & Schwartz (2002): 이소현(2003), p. 579 재인용.

6. 지적장애 영유아의 전환 프로그램

1) 전환 프로그램

전환(transition)이란 장애 영유아가 한 유형의 학습환경에서 다른 유형의 학습환경으로 이동하는 과정을 말한다. 발달지체 및 장애를 가진 영유아들의 경우 특수한 교육적 필요와 치료적 필요로 인하여 다양한 교육 기관이나 프로그램에서 연속적으로 혹은 동시에 두 가지 이상의 서비스를 받는 경우가 많아서 짧은 기간 동안 여러 번의 전환을 경험하게 된다(김경숙, 2001). 장애 영유아들이 경험하는 이러한 전환으로는 가정에서 영아 프로그램으로의 이동, 영아 프로그램에서 유아교육기관이나 유아특수교육기관으로의 이동, 그리고 유아교육기관이나 유아특수교육기관에서 초등학교로의 이동과 같은 시간의 흐름에 따른 이동이 있다(유수옥, 2005).

전환기간 동안 장애 영유아와 그 가족은 여러 가지 변화에 따른 문제들로 인하여 심한 스트레스를 받기도 한다. 장애 영유아들은 친숙하지 못한 환경이나 장소, 사람들, 일과나 활동에서 이미 학습했던 것을 잃어버리기도 하고, 일반화하는 데 어려움을 겪게 된다. 그러므로 이러한 전환 시 장애 영유아와 가족이 겪는 어려움을 해결하기 위하여 교사 및 서비스 제공자들은 장애 영유아와 가족이 전환과정에서 부딪히는 문제들을 잘 다루고 새로운 교육 기회를 활용하여 최대한의 이득을 얻을 수 있도록 지원해야 한다.

이러한 전환과정의 참여자로는 가족, 교사 및 서비스 제공자, 영유아 그리고 행정가를 들 수 있다. 교사는 가족과 함께 영유아의 전환계획을 시작하여야 하며, 교사와 서비스 제공자들—조기중재자나 유아특수교사들—은 계획된 전환 관련 절차를 잘 알고 모든 관련자의 임무, 역할, 책임, 임무 수행을 위한 적절한 시간 등에 대해서도 알고 있어야 한다. 또한 지역 내 서비스의 종류와 자원을 알고 있어서 장애 영유아에게 적절한 기관들을 추천할 수 있어야 한다.

우리나라에서 사용되고 있는 전이 또는 전환의 개념을 살펴보면, 미국에서 1980년대 중반에 쓰인 'transition'이 우리나라에서는 1990년대 중반 이후부터 전환교육이라는 용어와 함께 '전환과정' '직업전환' '전환서비스' '전이' '전이서비스' '진로교육' 등의 용어로 사용되어 왔다(조인수, 2002). 심리학 용어 사전에서는 전환과 더불어 전이를 사용하고 있는데, 전이는 한 가지 학습한 교과가 다른 학습이나 반응에 영향을 미치는 일로 정의한다. 이와 같이 'transition'을 어떻게 정의하느냐에 따라 전혀 새로운 개념으로 해석될 수도 있고 그렇지 않을 수도 있다.

이 장에서는 장애 영유아들의 발달 특성상 새로운 것을 학습할 때 기존 경험에 새로운 경험을 재구성하면서 새로운 지식 습득 및 학습이 이루어짐을 감안해 볼 때 '전환'보다는 '전이' 개념이 더 가깝다는 의견(홍태영, 2008)이 있으나 제10장 '전환기 교육적 접근: 생애주기별 전환교육'과 용어를 통일하기 위하여 전환으로 사용하기로 한다.

2) 전환 프로그램의 구성

장애 영유아들이 새로운 프로그램에 적응하는 능력은 성공적인 전환을 이루는 데 매우 중요하므로, 장애 영유아들을 보내는 기관의 교사들은 영유아들의 전환을 돕기 위하여 그들을 잘 준비시킬 수 있어야 한다.

통합환경에서 잘 적응하기 위한 전환기술로는 사회적 행동, 자조기술, 동기, 문제 해결 기술, 학습 전 준비기술, 학업적 지원기술, 과제 관련 행동, 의사소통 기술이 필요하다. 그리고 유치원과 1학년 교실에서 성공적으로 통합되기 위한 기술로는 독립적으로 작업하기, 집단에 참여하기, 다양한 지시 따르기, 다양한 자료 사용하기 기술이 필요하다. 그러나 무엇보다 이러한 전환과정이 성공적인 프로그램이 되기 위해서는 특히 교육기관의 운영자가 참여해야 하는데, 행정가의 전환과정에 대한 관심은 전환팀 구성원의 태도와 노력에 영향을 미칠 수 있다(김경숙 외, 2009).

3) 효과적인 전환 지원을 위한 단계별 절차

Noonan과 McCormick(1993)은 전환 프로그램이 효과적인 프로그램이 되기 위한 단계별 절차를 〈표 6-9〉와 같이 소개하고 있다. 이 절차는 장애 영유아의 전환 프로그램을 제공하고자 할 때 도움을 줄 수 있다.

〈표 6-9〉 효과적인 전환을 위한 단계별 절차

1. 부모, 현재 프로그램의 교사, 가장 가능성이 높은 전환을 할 프로그램의 교사를 포함하는 전환 지원 팀을 구성한다.
2. 회의 일정을 잡는다. 첫 번째 회의에서는 계획서를 작성하고 그 이후의 회의에서는 전환을 위한 특정 과제들에 대해서 논의한다.
3. 전환이 가능한 환경을 조사한다.
4. 전환 실행을 위해서 필요한 기본적인 전환 과제들을 결정한다.
5. 각각의 전환 과제들을 누가 수행할 것인지를 결정한다.
6. 입학 의뢰와 배치 전 활동을 포함하는 일정을 정한다.
7. 유아에 관한 기록 및 기타 정보를 전달하기 위한 의사소통의 방법을 결정한다.
8. 다음과 같은 배치 전 활동에 대해서 동의한다.
   ① 부모의 전환 대상 환경 방문
   ② 현재의 프로그램 및 전환 대상 프로그램 교사들의 정보 공유
   ③ 전환 대상 환경에서 필요로 하는 수정 결정을 위한 관찰
   ④ 필요한 가족 지원 계획
   ⑤ 치료 및 기타 특수 서비스
   ⑥ 앞으로의 상담 활동
9. 추후 활동을 위한 계획을 세우고 가족 및 기관과 함께 수행한다.
10. 필요한 환경적인 수정이 이루어진 후에 유아를 배치한다.
11. 상담과 치료 서비스를 제공한다.
12. 지원을 지속하고 평가한다.

* 전이를 전환으로 바꾸어 사용하였다.
출처: Noonan & McCormick (1993), p. 359: 이소현(2003), p. 337 재인용.

요약

1. 지적장애아의 영유아기 특수교육의 이해
- 장애 아동의 영유아기 특수교육이란 특별한 도움을 필요로 하는 장애 영유아와 그 가족을 위한 다양한 서비스를 의미한다.
- 장애 영유아를 위한 조기교육의 목표는 가족들이 그들 자신의 목표를 성취하도록 지원하고, 아동의 참여와 독립성, 주요 영역의 발달, 사회적 능력 형성, 기술의 일반화된 사용을 촉진시켜 정상화된 생활 경험을 제공하고 준비시키는 것이다. 이는 곧 지적장애아들의 장래의 문제나 장애의 발생을 예방한다.

2. 지적장애아의 영유아기 특수교육의 교육과정, 교육방법 및 특성
- 장애 영유아를 위한 교육과정 개발에서 사용되는 이론적 접근방법들은 발달주의 교육과정 모형, 인지주의 교육과정 모형, 학문적 교육과정 모형, 행동주의 교육과정 모형, 기능적/생태학적 교육과정 모형, 상호작용적 교육과정 모형 등이 있다.
- 장애 영유아들을 위한 서비스 제공 전문 영역들은 청각학, 심리학, 유아특수교육, 간호학, 의학, 말/언어병리학, 사회복지, 작업치료, 물리치료, 영양학 등이다.
- 장애 영유아와 그 가족들을 위한 서비스 전달방법으로는 크게 가정중심 프로그램, 기관중심 프로그램, 혼합형 프로그램이 있다.
- 다양한 전문가의 협력적 접근에는 다학문적 접근방법, 간학문적 접근방법, 초학문적 접근방법이 있다.

3. 가족 참여
- 장애 영유아 프로그램 중 가족 참여를 위한 지원과 중재는 매우 중요하다.
- 가족 참여 방법으로는 진단 시 가족 참여, 목표 설정 시 가족 참여, 프로그램 실행 시 가족 참여로 역량을 강화시킬 수 있다.

4. 지적장애 영유아의 교육
- 영유아를 돕기 위한 발달영역은 인지발달, 사회적 능력 발달, 의사소통 발달, 운동발달이 주가 된다.
- 장애 영유아를 위한 교수적 접근의 기본 원리는 증거기반의 실제, 놀이 중심 접근, 일과 및 활동 중심의 자연적 접근, 근접발달영역과 비계교수, 과제분석에 따른 기술 교수, 예방 중심의 행동지원이 있다.
- 장애 영유아를 위한 교수전략으로는 교육과정 수정, 활동 중심 삽입교수, 자연적 교수전

략, 교사 주도 교수전략, 또래 중개 교수전략이 있다.

5. 지적장애 영유아의 통합교육

- 장애 영유아를 위한 통합교육의 형태로는 완전통합, 소집단 통합, 역통합, 사회적 통합 등이 있다.
- 장애 영유아를 위한 협력교수의 형태는 교수지원 형태, 스테이션 교수 형태, 평행교수 형태, 대안적 교수 형태, 팀 티칭 형태로 나눌 수 있다.
- 장애 영유아 통합교육을 위한 교수전략으로는 환경적 지원, 교재 수정, 활동의 단순화, 선호도 활용, 적응도구의 사용, 교사의 지원, 또래의 지원, 눈에 보이지 않는 지원 등이 있다.

6. 지적장애 영유아의 전환 프로그램

- 전환이란 한 유형의 학습환경에서 다른 유형의 학습환경으로 이동하는 과정을 말하며, 전환과정의 참여자로는 가족, 교사 및 서비스 제공자, 영유아, 행정가 등을 들 수 있다.

참고문헌

교육부(2015). 특수교육 교육과정 총론. 세종: 교육부.

교육부(2019). 2019 개정 누리과정 해설서. 교육부 고시 제2019-189호.

김경숙(2001). 상급교육기관으로의 연계 및 전환교육. 현장특수교육, 8(5), 34-39.

김경숙, 김미숙, 김성애, 김수진, 박숙영, 백유순, 이성봉, 조광순, 조윤경, 최민숙, 허계영(2009). 유아특수교육개론. 서울: 학지사.

노진아, 김연아, 김정민(2011). 영유아 특수교육. 서울: 학지사.

박지연, 김은숙, 김정연, 김주혜, 나수현, 윤선아, 이금진, 이명희, 전혜인(2006). 장애인 가족지원. 서울: 학지사.

서울특별시 교육청(2014). 서울특별시 유치원 교육과정 편성 · 운영 지침.

유수옥(2005). 유아특수교육론. 서울: 학지사.

이근(1990). 한국판 덴버발달검사(K-DDST). 서울: 이화여자대학교출판부.

이소현(2003). 장애영유아를 위한 교육. 서울: 학지사.

이소현(2004). 장애유아 통합교육의 이해. 장애유아 통합교육의 기초적 이해. 서울: 이화여자대학교 특수교육연구소.

이소현(2011). 개별화 교육과정: 장애 유아를 위한 일반 유아교육과정 기반의 교수적 접근. 서울: 학지사.

이소현(2020). 유아특수교육. 서울: 학지사.

이소현, 박은혜(2011). 특수아동교육: 통합학급 교사들을 위한 특수교육 지침서(3판). 서울: 학지사.

이소현, 윤선아, 이명희, 김미영, 허수연, 박병숙(2017). 유치원 통합교육 가이드북. 인천: 인천광역
　　시 교육청.

이영철, 허계영, 문현미, 이상복, 정갑순 역(2015). 영유아를 위한 사정·평가 및 프로그램 체계(AEPS
　　Vol. 1~4)(Bricker, D. 저). 서울: 굿에듀북.

전병운, 조광순, 임재택, 이기현, 이은상(2004). K-DIAL-3 유아발달 선별 검사 지침서. 서울: 도서
　　출판 특수교육.

정옥분(2014). 발달심리학: 전생애 인간발달(개정판). 서울: 학지사.

조윤경, 김수진(2008). 유아교사를 위한 특수아동지도. 경기: 공동체.

조인수(2002). 전환교육의 발달과정과 실천적 과제. 특수교육학연구, 37(2), 175-202.

한경근, 신현기, 최승숙, 김은경 역(2009). 영유아 캐롤라이나 교육과정: 3-6세(3판)(Johnson-
　　Martin, N., Hacker, B., & Attermeier, S. 저). 서울: 굿에듀북.

허계형, Squires, J., 이소영, 이준석(2007). K-ASQ 부모작성형 유아 모니터링 체계. 서울: 서울장애
　　인복지관.

홍태영(2008). 유치원에서 초등학교로의 전이 시 요구되는 장애유아의 적응기술. 공주대학교 특
　　수교육대학원 석사학위논문.

Abraham, M. R., Morris, L. M., & Wald, P. J. (1993). *Inclusive early childhood education.*
　　Tucson, AZ: Communication Skill Builders.

Bagnato, S. J., & Neisworth, J. T. (1991). *Assessment for early intervention: Best practices
　　for professionals.* London, UK: Guilford.

Bailey, D. B. (1996). An overview of indisciplinary training. In D. Bricker & A. Widerstrom
　　(Eds.), *Preparing personnel to work with infants and young children and their
　　families* (pp. 3-22). Baltimore, MD: Paul H. Brookes.

Bee, H. (1985). *The developing child* (4th ed.). New York: Harper & Row.

Bloom, B. (1964). *Stability and change in human characteristics.* New York: Wiley.

Bowe, F. (2000). *Birth to five early childhood special education* (2nd ed.). Clifton Park, NY:
　　Delmar Publishers.

Bricker, D. (1996). Assessment for IFSP development and intervention planning. In S. J.
　　Meisels & E. Fenichel (Eds.), *New visions for the developmental assessment of infants
　　and young children* (pp. 169-192). Washington, DC: Zero to Three National Center
　　for Infants, Toddlers, and Families.

Bronfenbrenner, U. (1975). Is early intervention effective? In B. Friedlander, G. Sterritt, & G. Kirk (Eds.),
　　Exceptional infant: Assessment and intervention (Vol. III). New York: Brunner/Mazel.

Brown, F., & Snell, M. E. (1993). Meaningful assessment. In F. Brown & M. E. Snell (Eds.),
　　Instruction of students with severe disabilities (pp. 61-93). New York: Merrill.

Campbell, P. H., Strickland, B., & La Forme, C. (1992). Enhancing parent participation in the individualized family service plan. *Topics in Early Childhood Special Education, 11*, 112–124.

Cook, L., & Friend, M. (1995). Co-teaching: Guidelines for creating effective practices. *Focus on Exceptional Children, 28*(3), 1–16.

Cook, R. E., Tessier, M. D., & Klein, A. (2004). *Adapting early childhood curricular for children in inclusive setting.* Upper Saddle River, NJ: Prentice Hall.

Division for Early Childhood (DEC). (1993). *DEC recommended practices: Indicators of quality in programs for infants and young children with special needs and their families.* Reston, VA: Division for Early Childhood, Council for Exceptional Children.

Dunst, C. J., Trivette, C. M., & Deal, A. G. (1988). *Enabling and empowering families: Principles and guidelines for practice.* Cambridge, MA: Brookline Books.

Gargiulo, R. M., & Kilgo, J. (2000). *Young children with special needs: An introduction to early childhood special education.* Albany, NY: Delmar.

Gray, S., Ramsey, B., & Klaus, R. (1982). *From 3 to 20: The early training project.* Baltimore, MD: University Park Press.

Guralnick, M. J. (2001). Framework for change in early childhood inclusion. In M. J. Guralnick (Ed.), *Early childhood inclusion: Focus on change* (pp. 3–35). Baltimore, MD: Paul H. Brookes.

Halle, J. W. (1998). Adopting the natural environment as the context of training. In S. N. Calculator & J. L. Bedrosian (Eds.), *Communication assessment and intervention for adults with mental retardation* (pp. 155–185). Boston, MA: Little Brown. Harris.

Henderson, J. D. (1996). *Reflective teaching: The study of your constructivist practices.* Englewood Cliffs, NJ: Merrill.

Hunt, J. (1961). *Intelligence and experience.* New York: Ronald Press.

Johnson, B., McGonigel, M., & Kauffman, R. (1989). *Guidelines and recommended practices for the individualized family service plan.* Chaple Hill, NC: NECTAS.

Kaufman, M. J., Gottlieb, J., Agard, J. A., & Kukic, M. D. (1975). Mainstreaming: Toward and explication of the construct. In E. L. Meyen, G. A. Vergason, & R. J. Whelan (Eds.), *Alternatives for teaching exceptional children* (pp. 35–54). Denver, CO: Love Publishing Company.

Kirk, S. (1958). *Early education of the mentally retarded: An experimental study.* Urban, IL: University of Illinois Press.

Mahoney, G., Kaiser, A., & Girolarmetto, L. (1999). Parent education in early intervention. *Topics in Early Childhood Special Education, 19*(3), 131–140.

McDonnel, A., & Hardman, M. (1988). A Synthesis of "best practices" guidelines for early childhood services. *Journal of the Division for Early childhood, 12*, 328–341.

McLean, M. J., Bailey, D. B., & Wolery, M. (1996). *Assessing infants and preschoolers with special needs*. Englewood Cliffs, NJ: Prentice Hall.

Meisels, S. J. (1991). Dimensions of early identification. *Journal of Early Intervention, 15*, 26-35.

Neisworth, J., & Bagnato, S. (1996). Assessment for early intervention: Emerging themes and practices. In S. Odom & M. McLean (Eds.), *Early intervention/early childhood special education: Recommended practices* (pp. 23-58). Austin, TX; Pro-Ed.

Noonan, M. J., & McCormick, L. (1993). *Early intervention in natural environments: Methods & procedures*. Pacific Grove, CA: Brooks/Cole.

Peterson, N. L. (1987). *Early intervention for handicapped and at-risk children: An introduction to early childhood special education*. Denver, CO: Love Publishing Company.

Raspa, M., Hebbeler, K., Bailey, D., & Scarborough, A. (2010). Service provider combinations and the delivery of early intervention services to children and families. *Infants & Young Children, 23*, 132-144.

Sandall, S. R., & Schwartz, I. (2002). *Building blocks for teaching preschoolers with special need*. Baltimore, MD: Paul H. Brookes Publishing Co.

Schwiengart, L. J., & Weikart, D. P. (1988). The high/scope perry preschool program. In R. H., Price, E. L., Cowen, R. P. Rorion, & J. R. McKay (Eds.), *14 ounces of prevention* (pp. 53-65). Washington, DC: American Psychological Association.

Shonkoff, J., & Hauser-Cram, P. (1987). Early intervention for disabled infants and their families: A quantitative analysis. *Pediatrics, 80*(5), 650-658.

Skeels, H., & Dye, H. (1939). A study of the effects of differential stimulation on mentally retarded children. *Proceedings and Addresses of the American Association on Mentally Deficiency, 44*, 114-136.

Snadal, S., Mclean, M., & Smith, B. (Eds.). (2000). *DEC recommended practices in early intervention/early childhood special education*. Longmont, CO: Division for Early Childhood (DEC) of the Council for Exceptional Children(CEC).

Spreen, O., Tupper, D., Risser, A., Tuokko, H. Y., & Edgell, D. (1984). *Human developmental neuropsychology*. New York: Oxford University Press.

Voltz, D. L., Elliot, R. N., & Cobb, H. B. (1994). Collaborative teaching roles: Special and general educators. *Journal of Learning Disabilities, 27*(8), 527-535.

White, B. (1975). *The first three years of life*. Englewood Cliff, NJ: Prentice-Hall.

Wolery, M. R., & Sainato, D. (1996). General intervention and curriculum strategies. In S. Odom & M. McLean (Eds.), *Early intervention/early childhood education: Recommended practice* (pp. 125-158). Austin, TX: PRO-ED.

Yoder, P. J., Kaiser, A. P., Goldstein, H., Alport, C., Mousetis, L., Kaczmarek, L., & Fischer, R. (1995). An exploratory comparison of milieu teaching and responsive interaction in classroom applications. *Journal of Early Intervention, 19*, 218-242.

〈부록〉 개별화 가족서비스 계획의 예

개별화 가족서비스 계획 (1/4쪽)

I. 아동 및 가족 정보

이름 __김민희__ 성별 __여__	생년월일 __2016-9-16__ 나이(개월) __30__

이름 __김민희__ 성별 __여__ 생년월일 __2016-9-16__ 나이(개월) __30__

부모(보호자) __김상철, 이수연__ 주소 __(생략)__

전화(집) __(생략)__ 전화(직장) __(생략)__

언어 __한국어__ 통역 __예 ✓ 아니요__

II. 서비스 조정자

이름 __김수진__ 소속기관 __이화조기교육센터__

주소 __(생략)__ 전화 (1) __(생략)__

예약일 __(생략)__ 전화 (2) __(생략)__

III. IFSP 팀 구성원

이름	기관	연락처	직위/역할
김수진	이화조기교육센터	(생략)	서비스 조정자
김상철, 이수연		(생략)	부모
이유진	이화언어치료센터	(생략)	언어치료사
박영희	이화사랑유치원	(생략)	유치원 교사

IV. 점검일

작성일 __2019-3-21__	중간(6개월) 점검 __2019-9-21__	연말 평가 __해당 사항 없음__

V. 가족의 강점과 자원

민희의 부모는 대학교육을 받았으며 민희의 교육적 성취에 대한 현실적인 목표를 지니고 있다. 조부모를 포함하는 가족 구성원 모두가 민희를 도와주기 위해서 노력한다. 집의 위치상 현재 제공 가능한 서비스 자원이 제한되어 있다.

VI. 가족의 관심과 우선순위

관심	민희의 의학적 진단이 다운증후군이기 때문에 민희의 발달지체를 개선할 수 있는 적절한 조기개입 서비스에 대한 관심을 가지고 있다. 또한 현재 자연적인 환경에서 제공되고 있는 서비스를 통합이 아닌 기관중심 프로그램으로 변경하는 것에 대해서 거부감을 보였다.
우선순위	민희에 대한 우선순위는 의사소통 기술, 숟가락 사용, 소변 가리기이며, 동네 유치원에 일반 또래와 함께 다니게 된다는 목표를 가지고 가정에서 서비스를 받기 원한다. 민희의 부모와 조부모 모두 자연적인 환경에서 민희의 발달을 촉진하도록 도와줄 수 있는 방법을 배우기 원한다.

개별화 가족서비스 계획		(2/4쪽)

VII. 발달 및 능력의 현행 수준

대근육 및 소근육 운동기술	〈움직임〉 민희는 돌아다니기를 좋아하며 잘 걷는다. 그러나 근육의 강도와 지구력의 향상을 필요로 한다. 음악에 맞춰 움직이기를 좋아한다. 아무렇게나 낙서하기를 할 수 있으며, 커다란 사물을 잡을 수 있고, 책장을 넘길 수 있으며, 오른손의 사용을 선호한다. 숟가락과 쓰기 도구의 사용능력을 배울 필요가 있다.
인지기술	〈사고력, 추리력, 학습〉 민희의 인지능력은 20개월 수준이다. 민희는 매우 호기심이 강하고 단순한 사물의 개념을 이해하고 모방놀이를 보인다. 그러나 사물, 사람, 개념의 식별을 위해서 도움이 필요하다.
의사소통 기술	〈이해력, 다른 사람과의 의사소통, 의사 표현하기〉 의사소통/언어 능력은 18개월 수준으로 수용언어가 표현언어보다 더 발달되어 있다. 의사소통의 주요 수단으로 초보적인 몸짓을 사용한다. 다른 사람과 상호작용하기를 원하고 관심을 보인다. 언어 반응은 소리를 내거나 한 단어 발성을 주로 한다(예: 마마, 바바, 다다).
자조기술/적응기술	〈목욕, 식사, 옷입기, 용변〉 컵으로 마시기와 손으로 집어먹기와 같은 식사기술은 대체로 적절한 편이다. 옷입기와 용변 가리기를 위해서는 아직까지 많은 도움이 필요하다.
사회-정서 발달	〈감정, 협력하기, 다른 사람과 잘 지내기〉 민희는 매우 행복하고 사랑스럽고 사회성 좋은 아동이다. 관심받기를 좋아하며 상호적인 게임을 좋아한다. 그러나 혼자 놀 때가 많고 의사소통이 잘 안 될 때 성질을 부린다. 나누기와 차례 주고받기가 잘 안 된다.
건강/신체적 발달	〈청력, 시력, 건강〉 민희의 전반적인 건강 상태는 양호하다. 만성 중이염과 호흡기 감염 병력이 있다. 시력과 청력은 자주 검사하고 있다.

개별화 가족서비스 계획						(3/4쪽)
VIII. 교수목표						

1. 의사소통 능력의 향상을 위해서 모든 언어 통로(시각, 청각, 촉각)의 자극에 참여한다.

전략/활동	책임자	시작	종료	교수 빈도	장소	평가 기준
1.1. 민희는 두 가지 서로 다른 환경에서 3명의 사람에게 다섯 가지 다른 요구를 위해서 일관성 있는 몸짓과 함께 한 음절 (유사)단어를 사용할 것이다.	SLP	3/21	9/21	주1회	가정	유아 언어 검사
1.2. 민희는 두 가지 서로 다른 환경에서 3명의 사람에게 다섯 가지 다른 요구를 위해서 수어와 함께 단어를 사용할 것이다.	부모	3/21	9/21	주1회	가정	관찰 샘플

2. 옷입기와 용변 가리기 자조기술을 향상시킨다.

전략/활동	책임자	시작	종료	교수 빈도	장소	평가 기준
2.1. 민희는 속옷 하의를 최소한의 도움으로 혼자 올리고 내릴 것이다.	부모 SC	3/21	9/21	주1회	가정	관찰
2.2. 민희는 규칙적으로 대소변을 볼 것이다.	부모 SC	3/21	9/21	주1회	가정	빈도 기록
2.3. 민희는 몸짓과 발성을 이용해서 자발적으로 화장실에 가고 싶다는 의사 표현을 할 것이다.	부모 SC	3/21	9/21	주1회	가정	관찰 샘플

3. 시각/청각 자극을 식별하는 능력을 향상시킨다.

전략/활동	책임자	시작	종료	교수 빈도	장소	평가 기준
3.1. 민희는 사물의 같음과 다름을 가리키기와 발성으로 표시할 것이다.	부모 SC	3/21	9/21	주1회	가정	관찰
3.2. 민희는 몇 가지 색깔과 모양을 일관성 있게 분류할 것이다.	부모 SC	3/21	9/21	주1회	가정	관찰 샘플
3.3. 민희는 모델을 제시하면 노래에 나오는 단어와 율동을 모방할 것이다.	부모 SC	3/21	9/21	주1회	가정	관찰 샘플

개별화 가족서비스 계획 (4/4쪽)

IX. 전이계획

가능하다면 다음의 단계에 따라 (언제) 2020-3-2 (이름) 민희 를 유아교육 프로그램으로 전이시킬 것이다.

1. 서비스 조정자는 전이 과정과 이유에 대해서 설명하기 위해서 부모를 만날 것이며, 이들의 권리를 검토하고 우선순위와 필요한 지원을 확인할 것이다.

2. 서비스 조정자는 민희와 부모(및 조부모)가 기관을 방문해서 교사와 다른 아동을 만날 수 있도록 계획할 것이다.

3. 서비스 조정자는 적어도 전이 1개월 전에 3회(서로 다른 상황) 이상 민희가 자신이 다니게 될 학급을 방문하도록 계획할 것이다.

4. 만 3세가 되는 생일의 최소한 90일 전에 서비스 조정자는 민희의 전이계획을 개발하기 위해서 회의를 소집할 것이다.

X. 자연적인 환경

가정환경이 민희의 자연적인 환경으로 판단됨

자연적인 환경에서 서비스를 제공하지 않는 정당성: 해당 사항 없음

XI. 가족 서명

 김민희 의 부모(들)인 김상철 / 이수연 는 나(우리)의 아들/딸의 개별화 가족서비스 계획의 개발에 참여할 기회를 가졌음을 확인한다. 또한 이 계획은 나(우리)의 자녀와 가족에 대한 나(우리)의 관심과 우선순위를 정확하게 반영하였음을 확인한다. 나(우리)는 이 계획이 실행되도록 동의한다. 예 ✓ 아니요 _____

부모 서명 (날짜) 김상철 (2019-3-21)

부모 서명 (날짜) 이수연 (2019-3-21)

출처: 이소현(2020), pp. 301-304.

제7장

학령기 교육적 접근: 교육과정

강경숙

　이 장에서는 지적장애 학생을 대상으로 구성·운영하는 교육과정과 개별화교육계획(IEP)에 대해 알아보고자 한다. 먼저 교육과정 구성 및 운영의 기본 원리와 전제에 대해 논의한 후, 국가 수준 교육과정을 소개하여 지적장애 교육과정에 대한 기본을 다룰 것이다. 그리고 중등도 및 중도 지적 장애 학생을 위한 기능적 생활중심 교육과정, 지역사회중심 교수에 대해 살펴보고, 경도 지적장애 학생을 위한 기능적 교육과정과 일반교육과정의 연계, 교수적 수정에 대해 다룰 것이다. 끝으로, 교육의 실행 장면에서 교육과정과 연관성이 깊은 것이 개별화교육계획이기 때문에 실제 수업 상황에서 전개되는 개별화교육계획에 대해 다루고자 한다.

1. 지적장애 학생을 위한 교육과정의 기본 이해

교육과정은 교육에 있어 '무엇을' '어떻게' 가르칠 것인가에 해당된다. 지적장애 학생을 교육하기 위한 교육과정을 구성하는 방식과 접근에 있어 이론적 근간이 되는 발달론적 접근과 생태학적 접근에 대해 알아보고, 지적장애 학생의 교육과정 운영을 위해 기본적으로 고려해야 할 전제에 대해 살펴보고자 한다. 또한 우리나라에서는 지적장애 학생을 위한 국가 수준의 교육과정이 어떻게 구성되어 있는지 그 내용에 대해 간략하게 소개할 것이다.

1) 지적장애 학생의 교육과정 구성을 위한 접근

지적장애 학생을 위해 특수교육 프로그램을 계획하고 학생들에게 전달하기 위해 개발된 교육과정의 틀은 크게 기초기술 지도방법, 발달론적 방법, 학습전략 지도방법, 기능적 방법, 직업교육 방법의 다섯 가지 정도로 나누곤 하였다(Clark, 1994; Polloway, Patton, Epstein, & Smith, 1989: 신현기, 2004 재인용). 다른 분류로는 발달단계에 따라 선행기술 및 위계에 따른 기술 지도를 강조하는 '발달론적 교육과정', 현재 및 미래 환경에서 독립적으로 생활하고 기능하기 위해 필요한 기능적 기술을 지도하는 '기능적 교육과정', 비장애 학생과 동일한 학년 수준의 기준 중심 교육과정을 적용하고자 하는 '일반교육 기준 중심 교육과정'으로 구분하기도 한다(이숙향, 2013). 일반교육 기준 중심 교육과정은 일반교육과정 접근으로 경도 지적장애 학생을 위한 교육과정 운영 부분에서 좀 더 상세히 다루고, 이 절에서는 발달론적 접근과 기능적 교육과정의 근간이 되는 생태학적 접근에 대해 알아보고자 한다.

(1) 발달론적 접근

1980년대 이전에 지적장애 학생들을 위한 교육과정의 개발은 발달론적 접근에 토대를 두고 있다. 발달론적 관점에서 지적장애 학생들은 자신의 발달단계에 적합한 과제를 제공받으며, 내용은 단계 간 관련성이 있는 계열적 순서로 이루어진다. 교육과정 내용은 상대평가인 규준지향검사와 체크리스트 혹은 발달검사를 통해서 결정된다. 발달론적 교육과정은 교수계획과 우선순위를 제시하는 데 전형적인 발달계열을 이용하여 설계되며, 생활연령에 적합한 기술보다 발달에 필수적인 기술을 통해 발달을 촉진하는 상향식 접근법(bottom-up approach)으로 교육과정을 개발하게 된다(정동영, 김영환, 김부용, 1996). 지적장애 학생들에게 발달론적 관점을 적용하면, 비록 발달단계를 통과하는 속도가 느리고 도달하는 한계점이 낮아도 일반 학생과 동일한 단계를 거치기 때문에 동일한 발달연령의 일반 학생들에게 적용하는 발달 과제를 그대로 적용하게 된다. 따라서 발달론적 접근에서는 교과의 기초 기능에 중심을 두어 학생들을 지도하기 위한 전략의 개발에 주안점을 둔다(윤광보, 2002).

그러나 발달적 평가를 통해 나타나는 점수를 바탕으로 장애학생을 지도하기 때문에 생활연령보다 발달연령이 낮은 장애학생들은 나이가 많은 장애학생일지라도 발달 수준에 따라 매우 낮은 연령 수준, 때로는 유아 수준의 기초적인 프로그램을 확장하여 사용한다. 따라서 고등학교 학생일지라도 중도 지적장애이면 유아 수준의 교재로 자조기술, 소근육 및 대근육 운동, 기초단계의 의사소통, 기초적 학습기술과 같은 초보적 기술만 배우게 되는 경우가 많다. 또한 선수기술이 부족하면 다음 단계의 기술을 습득하기 어렵다는 가정하에 성인들에게 필수적인 일상생활이나 사회적 기술을 배우기 어려운 경우가 많다(Brown et al., 1979).

이와 같이 발달론적 모델에 대한 문제점으로 '준비성 함정(readiness trap)'을 들 수 있다. 이는 정상적인 발달 순서 및 단계별 필수 선수기술 습득의 강조로 인해 기능적 기술의 교수가 이루어지지 않고, 발달단계 혹은 정신연령을 강조함으로써 장애학생의 실제 생활연령과 차이가 많이 남에도 불구하고 교수내용을 선정하는 데 기술 습득을 근거로 사용한다는 것이다. 또한 어린 아동이 학습하는 수준의 기술을 교수함으로써 중도장애 학생에 대해 무능력한 부정적 이미지와 낮은 기대감을 형성하게 하는 점도 있다(박승희, 1999). 따라서 최근에는 이 접근이 지적장애 학생에게 적합한지를 두고 다양한 논의가 이루어지고 있다.

(2) 생태학적 접근

최근 지적장애 학생에게 최선의 교육 서비스를 제공하기 위해 생태학적 모델에 근거하여 교육적 접근을 하고 있다. 이 모델은 학생과 환경에 대한 상호 관계에 초점을 맞추는 것으로, 장애학생의 사정과 중재에서 새롭게 시도되는 접근방법으로 중요한 고려점을 제공하기도 한다. 또한 아동과 환경 사이의 상호작용 및 장애 발생 가능 요인들 간의 유기적 관계에 대해 분석하고 사정하여 팀 접근방식으로 지원체계를 제공하기도 한다(백은희, 2005). 이와 같이 지적장애 학생의 교육과정을 구성할 때는 다양한 맥락요인을 고려하는 생태학적 접근이 필요하다. 이 접근에 토대를 둔 기능적 교육과정은 장애학생이 현재나 미래 환경에 가장 필요한 기능적 기술(functional skills)을 익히도록 하는 것으로, 이와 관련된 기술을 실제 생활 장면에서 가르치고자 한다.

장애학생을 위한 사정과 중재에서뿐 아니라 지역사회 참여에 대해서도 생태학적 접근은 중요한 관점을 제시한다. 장애를 가진 사람도 지역사회의 교육적 · 경제적 · 사회적 측면에 참여할 권리가 있고, 교육 프로그램은 특히 지적장애가 심한 사람으로 하여금 그들이 좀 더 범위가 넓은 학교와 지역사회 활동에 완전하게 참여할 수 있도록 지원해 주어야 한다는 것이다. 분리된 환경에서 특정 기술을 배워 미래 환경에서 그것을 일반화하도록 시도하기보다는 중도 지적장애 학생으로 하여금 특정 기술이 필요한 바로 그 환경에서 학습할 수 있도록 해 준다(신종호, 김동일, 신현기, 이대식 역, 2008). 따라서 중도 지적장애 학생을 위한 교육 프로그램에서 가장 유용한 학습활동은 기능적이면서도 연령에 적합한 것으로, 일반적으로 지역사회에 기반을 두거나 실제 환경에서 자연적으로 발생하는 상황과 관련이 있다.

박승희(1999)는 생태학적 접근의 강점으로 중도장애 학생의 학습이 어려운 점에 부합하며, 기능적이고 생활연령에 적합한 기술을 실제 환경에서 교수하기 때문에 일반화 능력을 가정하지 않아도 되며, 교수하기로 선별된 기술들은 사회적 타당화(social validation)에 의해서 기능적이고 적절한 것으로 결정된다는 점을 지적했다. 또한 일반인이 수행하는 활동과 유사하거나 동일한 상황에 참여하는 기술을 교수하기 때문에 중도장애 학생에 대한 다른 사람의 기대감을 증진시키는 데 기여한다. 또한 일반인과 상호작용할 기회를 제공함으로써 일반 지역사회 환경에의 접근을 강조하기도 한다.

2) 지적장애 학생의 교육과정 구성 및 운영을 위한 기본 전제

지적장애 학생의 교육과정을 결정하고 운영할 때 경도와 중도 등 지체 수준에 대한 고려가 필요하지만, 여기에서는 장애 수준을 별도로 구분하지 않고 지적장애 교육과정에서 보편적이고 기본적으로 고려해야 할 원리를 먼저 살펴보고자 한다.

(1) 연령에 적합한 교육과정
발달론적 접근에서는 학생들이 위계적 기술 단계를 기본으로 전 단계를 습득하여 준비(readiness)되어야 다음 단계의 내용을 학습할 수 있다고 본다. 학생들이 다른 기술을 배우기 전에 꼭 숙달해야 하는 어떤 필수적인 전제기술이 있다는 것이다. 발달론적 접근은 아동이 독립적으로 특정한 기술을 사용할 능력이 생기기 전에는 그다음 단계의 기술을 가르치지 않아야 한다는 '준비도 가설(not ready hypothesis)'과 발달척도에 근거하여 배워야 할 기술을 선택해야 한다는 '조기단계 가설(early stage hypothesis)', 그리고 나이가 많은 학생이라 하더라도 생활연령보다는 정신연령에 근거하여 가르칠 기술을 선택해야 한다는 '정신연령-생활연령 불일치 가설(MA-CA discrepancy hypothesis)'에 근거한다.

그러나 이러한 접근에서는 또래들이 이미 가지고 있는 숙련된 기술을 장애학생이 습득하기 위해서는 계속해서 연습해야 한다는 이유 때문에 중도장애 학생은 또래 학생이 포함된 환경에 참여하지 못할 수도 있다. 또한 실제로 사용되는 일상생활을 고려하기보다는 오직 외형적 기술을 가르치는 경향이 있다(Collins, 2007). 그러나 수정과 조정을 통하여 중도장애 학생도 일반 또래가 포함된 환경에 접근할 수 있어야 한다.

결론적으로, 지적장애 학생의 교육과정은 생활연령에 적합한 내용으로 구성되고 적용되어야 한다. 특히 중도 지적장애 학생은 일반 또래 학생들을 위한 활동에도 참여할 필요가 있다. 그들을 위한 개별화교육 프로그램을 수립하기 위해서는 기능과 연령에 적합한 기술을 고려하는 것이 중요하다. 왜냐하면 지역사회에서도 이러한 기술이 요구되고 일반 학생과 활동하고 상호작용하기 위해서는 기능과 연령에 적합한 기술이 필요하기 때문이다. 이러한 기술은 자연스러운 환경에서 더 쉽게 강화되며, 더 잘 유지될 수 있다(강성종, 2005).

(2) 궁극적 기능성의 기준

지적장애 학생의 교육과정 내용을 결정할 때는 '궁극적 기능성의 기준(criterion of ultimate functioning)'을 고려해야 한다(Brown, Nietupski, & Hamre-Nietupski, 1976). 이는 중도장애 학생을 위한 교육목표로서, 그들이 성인이 되어 일반인과 함께 자신의 잠재력을 최대한 발휘하여 기능할 수 있도록 하기 위한 것이다. 그리고 사회적·직업적·가정적으로 통합된 성인기 사회환경에서 최대한 생산적이고 독립적으로 활동하기 위해서 개개인이 반드시 소유하고 있어야 할 요소들이다. 이러한 기준은 학생이 성인으로서 또는 다음 해나 5년 후에 궁극적으로 일하게 될 환경에서 학생과 가족의 선호도, 생활연령의 적합성(또래와 비교하기), 문화적 요소를 고려해야 한다는 것이기도

하다. 따라서 지적장애 학생의 교육과정은 '생태학적 접근'에서 논의되어야 한다.

가령 학교는 학생의 장애에 의거해서 제한을 두기보다는 다양한 기회를 제공할 의무가 있기 때문에 학생들의 장애만 보고 미래 환경을 정하거나, 패스트푸드 음식점 직원 또는 수리공과 같은 제한된 고용 기회만 고려하지 않아야 한다. 또한 정보에 기초한 선택을 할 수 있도록 다양한 환경에서의 다양한 경험을 제공해야 한다. 따라서 지적장애 학생의 교육목표는 일반인과 함께하는 최소제한환경에서 최대한 독립적으로 활동하는 성인이 되도록 하는 것이다.

(3) 최소위험가정 기준

최소위험가정 기준이란 교사는 결정적인 자료가 있지 않는 한, 학생에게 최소한의 위험스러운 결과를 가져오게 해야 한다는 가정에 기반하여 교육적 결정을 내려야 한다는 개념이다(이정은, 강경숙, 김미선 역, 2009). 예를 들면, 한 아동을 교육하기 위해 드는 비용이 향후 보호 · 관리를 위해 드는 비용보다 더 크지 않으며, 오히려 교육을 통해 독립성이 향상되고 관리가 쉬워지거나 관리할 부분이 줄어들 수 있도록 하는 기술을 배울 수 있다면 실제로 비용 효과적이고 더 이득이 되는 것이다. 지적장애 학생이 배우지 못한다는 것이 증명되지 않았기 때문에, 결정적인 증거가 없는 한 아무리 지적장애의 정도가 심하다 할지라도 최선의 시도를 통해 교육 가능성(educability)의 신념을 실현해야 한다.

(4) 영수준의 추측

궁극적 기능의 기준에 도달하기 위해서는 다양한 전략이 필요한데, 그중 영수준의 추측(zero degree of inference) 전략이 있다. 학급에서 배운 기술을 실제 사회생활에서 일반화하지 못할 수도 있다는 전제에 기반을 두고, 배운 기술을 여러 환경에서 일반화할 수 있는지를 시험해 봐야 한다는 개념이다(이정은 외 역, 2009). 일반화가 되지 않을 경우에는 기술이 사용될 실제 환경에서 가르쳐야 한다. 지역사회중심 교수(community-based instruction)와 기능적 교육과정(functional curriculum)의 적용이 그 예이다.

글자를 배운 학생인데도 실제 생활에서는 단어를 읽고 적용하지 못할 수도 있고, 숫자를 배운 학생이 가게에서 제품을 구입하고 적절한 비용을 지불하지 못할 수도 있다. 따라서 학생이 기능적 기술을 습득한 후 자연스럽게 적용할 것이라고 추측하는 대신, 지적장애 학생에게 성인이 된 이후에 필요한 기술을 가르치는 교육과정을 적용해야 한다. 이와 같이 지적장애 학생을 교육할 때는 가르치는 것을 자연스럽게 습득할 것이라고 '추측'하지 않아야 한다.

(5) 자기결정 증진

자기결정은 개인이 어떤 방식으로든 행동하게 하는 원인이 바로 자기 자신(자아)이라는 것을 의미하는데(이숙향 역, 2010), 지적장애 학생에게 자기결정 모델을 적용하는 것은 어려운 일일 수 있다. 인지능력과 대화기술이 제한되어 있기 때문에 지적장애 학생과 함께 선택과 선호에 대해서 대화하는 것은 대단히 어려운 일이며, 특히 장애 정도가 심한 학생의 경우 더 큰 어려움이 있다(이정은, 강경숙, 김미선 역, 2009).

지적장애 학생이 청소년이 되면 자기결정의 중요성이 부각되는데, 그 학생이 어른이 되기 전에 가능한 한 가장 높은 수준으로 자립할 수 있도록 해야 하기 때문이다. 자기결정을 위해 유익한 기술에는 선택하기, 의사결정, 문제 해결 기술, 목표 설정 및 달성, 독립성, 자기평가 및 자기강화, 자기교수, 자기옹호와 리더십, 효능성 및 성과기대에 대한 긍정적인 귀인, 자기인식, 자기지식 등의 기술이 포함된다(이숙향 역, 2010).

자기결정 과정은 자기결정 요소가 지적장애 학생의 교육과정에 포함됨으로써 촉진될 수 있으며, 학생은 조기에 선택하고 결정할 수 있는 기회를 가질 것이다. 따라서 지적장애 학생의 교육과정을 구성하여 운영하면서 자기결정을 고려하지 않을 수 없다. 이러한 자기결정은 하루 일정표의 활동과 학급 선택, 협력집단 내 파트너 선택, 간식 및 식사 시간 중 음식 선택, 휴식시간을 보낼 방법 선택 등에서 이루어질 수 있다. 삶에 있어서 전반적인 지원을 필요로 하는 지적장애인일지라도 자기결정 모델 내의 선택과 결정에 의해 인간적 존엄을 유지할 수 있다(이정은, 강경숙, 김미선 역, 2009).

지적장애 학생에게 교육과정을 운영할 때는 이상과 같은 교육과정 운영을 위한 기본 전제를 토대로 어떻게 접근해야 하는지에 대한 방법에 유의하여 적용해야 한다. 우선 현재 수행 수준이 정확하게 평가되어야 한다. 현행 수준이 신중하게 계획적으로 진단되고 정확하게 사정되어야 어떤 기술을 가르쳐야 할지를 제대로 결정할 수 있기 때문이다. 이를 토대로 가르쳐야 하는 기술이 명확하게, 세부적이고 단계적으로 제시되어야 한다. 교사는 명확한 촉구나 단서를 사용해야 하는데, 이는 지적장애 학생에게 어떤 행동이나 반응을 기대하고 있는지를 알게 하는 것이 중요하기 때문이다.

또한 교사는 적절한 피드백과 강화를 제공해야 하며, 일반화 유지를 촉진할 수 있는 전략을 사용해야 한다. 지적장애 학생은 배운 기술을 일반화하는 데 어려움을 지니고 있기 때문에 자신감을 가지도록, 다양한 단서 혹은 자료와 다른 환경의 기술도 수행하도록 해야 한다. 이 외에 교육활동으로는 전체적 참여와 부분적 참여를 동시에 계획해야 하며, 개별화교육과 함께 소집단 교수활동도 제공하고, 일상생활의 긍정적 행동지원을 통해 경험을 확대해 나가야 한다.

3) 교육과정 선택

지적장애 학생의 통합교육 장면을 고려할 때 '일반교육과정으로의 접근(access to the general curriculum)'이 통합교육이 궁극적으로 성취해야 할 문제라 하더라도, 장애학생은 그들의 독특한 특성과 요구로 인해 일반교육과정에 접근하기 어려운 것이 현실이다(Agran, Alper, & Wehmeyer, 2002; King-Sears, 2001; Mason, Thormann, O'Connell, & Behrmann, 2004). 수업의 실제에 적용하기 위해 '교육과정의 재구성' 과정을 거치게 되는데, 교육과정을 재구성하여 적용한다는 것은 단위학교에서 제시되는 교육과정의 추상화 수준을 낮추어 수업으로 전환하기 위한 사전 준비과정으로서 교사들의 본질적이면서도 통상적인 과업이다(정희섭, 2003). 또한 교육환경이나 교수방법, 교수자료들을 학생에게 적절하게 조정 혹은 수정하는 것이라 할 수 있다(박승희, 최재완, 홍정아, 김은하 역, 2014; 신현기, 2004; Udvari-Solner, 1992). Pugach와 Warger(2001)는 장애학생이 교육과정 운영에 제대로 참여하지 못하거나 성과를 거두지 못하는 것을 학생의 탓으로만 돌릴 것이 아니라 교육과정 그 자체의 문제일 수 있다는 점을 지적하였다. 교육과정이 다양한 학생의 요구에 맞게 전개되고 운영될 때 그 성취 여부는 좀 더 긍정적일 수 있을 것이다.

이에 다음과 같이 교육과정을 선택할 수 있는 폭을 다양하게 제시할 수 있다. Schultz와 Carpenter(1995)는 장애학생에게 적용될 수 있는 교육과정 유형으로 일반교육과정의 교과 내용을 보완하는 방법, 단순화하는 방법, 다른 교육과정으로 대체하는 방법 등을 제안하였다. 정희섭(2003)은 Wehmeyer(2002)가 일반형·보완형·대체형으로 구분한 것을 기반으로 일반형·수정형·대안형으로 구분하였다. 첫째, '일반형'은 일반학교 교육과정으로서 기본적인 특성은 일반 학생을 대상으로 고안된 교육과정을 장애학생에게 적용하는 형태로 통합교육 장면에서 일반 학생이 배우는 그 자체의 교육과정이라고 할 수 있다(Wehmeyer, 2002). 둘째, '수정형'은 일반 학생을 위해 고안된 일반학교 교육과정을 장애학생에게 적용하기 곤란하여 장애학생에게 맞게 목표, 내용, 방법, 평가와 환경 등을 수정한 교육과정이다. 이는 일반학교 교과 교육과정의 내용을 단순화하거나(Schultz & Carpenter, 1995), 다양한 지원을 전제로 교육과정 요소들을 수정하는 것이다(Wehmeyer, 2002). 셋째, '대안형'은 일반학교 교육과정을 적용하기 어려운 장애학생을 위해 그들의 독특한 교육적 요구에 맞게 별도의 교육과정을 구안하고 적용하는 것이다. 이는 기능적 교과기술, 일상생활 기술 등을 강조하는 것으로, 일반학교 교육과정 요소보다는 생활기능 중심 혹은 전환기술 중심 교육과정으로 완전히 대체된 교육과정이다(Wehmeyer, 2002). 이러한 특수교육 교육과정의 유형이 일반 교육과정인 공통교육과정, 특수교육 교육과정인 기본교육과정과 같은 전체 특수교육 교육과정의 구조를 형성하고 있다고 볼 수 있다.

[그림 7-1]은 일반교육과정 접근의 연속체 개념으로 각 학생의 개별화교육은 지적장애 학생이 일반교육과정의 과목을 배운다는 가정에서 출발한다. 생활연령에 적합한 교육과정을 위한 '조정' 혹은 '수정'은 학생의 현재 수행 수준에 근거하여 특수교육 서비스와 지원을 다양하게 제공할 것을 결정하는 것이다.

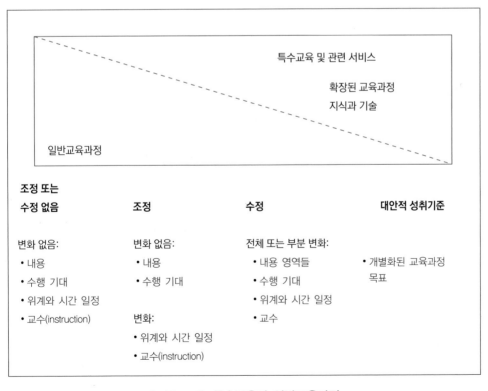

[그림 7-1] **특수교육과 일반교육과정**

출처: 박승희 외 역(2014), p. 42.

이 외 중도의 지적장애 학생이 통합된 경우 개별 학생의 요구에 부합하기 위해 교육과정 운영방식을 달리할 수 있는데, 이들을 위한 교육과정으로 동일 적용 교육과정, 중다수준 교육과정, 중복 교육과정, 대체 교육과정으로 구분하기도 한다(신현기, 2004; Giangreco, Cloninger, & Iverson, 1998: 이소현, 박은혜, 2011 재인용). 첫째, 동일 적용 교육과정은 일반학급의 활동과 동일한 활동을 하면서 동일한 교육목표를 추구하는 것이다. 둘째, 중다수준(multi-level) 교육과정은 다른 학생과 함께 동일한 교과 영역을 학습하되 수준을 달리해서 학습하는 것이다. 가령 같은 교과 수업시간이지만 지적장애 학생의 수준에 맞게 수준을 낮추어 제공할 수 있다. 셋째, 중복 교육과정(curriculum overlapping)은 동일한 학습활동을 하면서 서로 다른 교수목표를 추구하는 것이다. 가령 학습활동을 하면서 해당 교과의 학습목표보다는 사회성이나 의사소통 영역의 목표를 추구할 수 있다. 혹은 일반 학생이 과학을 배우는 동안 '지침 따르기'와 같은 기능적 교육과정이나 일상생활 기술을 적용하는 것이다(King-Sears, 2001). 넷째, 대체(alternative 혹은 substitute) 교육과정은 장애가 심해 일반교과에 접근하기 쉽지 않기 때문에 일반교과와 별개로 운영된다고 할 수 있는데, 학급 내 대다수 학생의 교육과정과 완전히 독립된 교육과정이 학생 개인 혹은 소집단에게 제공될 수도 있다. 다음에 소개할 기능적 생활중심 교육과정이 이에 해당된다고 할 수 있다.

다음으로 지적장애 학생을 위한 국가 수준 교육과정에 대해 살펴본 후, 지적장애의 수준에 따라 크게 두 갈래로 구분하여 교육과정 운영에 대해 제시하고자 한다. 지적장애의 정도에 따라 중도와 경도로 구분할 경우, 중도 지적장애 학생을 위해 기능적 생활중심 교육과정과 지역사회중심 교수전략을, 그리고 경도 지적장애 학생을 위해 일반교육과정에 접근하기 위한 방법으로 교수적 수정에 대해 알아보고자 한다.

4) 지적장애 학생을 위한 국가 수준 교육과정

우리나라의 교육과정은 국가 수준, 지역 수준, 학교 수준, 학급 수준의 위계에 따라 편성·운영되고 있다. 일반적으로 단위학교에서의 교육과정은 국가 수준에서 지역 수준을 거쳐 만들어진 학교 수준 교육과정을 중심으로 '교과별 단원계획'과 '개별화교육계획'의 연계를 통해 이루어진다.

2011 특수교육 교육과정 이후 2015년도에 우리나라 국가 수준 특수교육 교육과정

총론이 개정되었다(교육부 고시 제2015-81호). 「유아교육법」 제13조 제2항, 「초·중등교육법」 제23조 제2항, 「장애인 등에 대한 특수교육법」 제20조 제1항에 의거하여 고시한 것으로, 특수교육대상 학생이 취학하는 유치원, 초·중등학교 및 특수학교의 교육목적과 교육목표를 달성하기 위한 국가 수준 교육과정이다. 총론 및 교과 교육과정으로 구성되며, 교과 교육과정은 장애 유형 및 정도에 따라 선택할 수 있도록 구분되어있고, 별도로 개발된 특수교육 교육과정 외의 교육과정은 일반교육과정을 적용한다. 특수교육 교육과정 총론에 제시된 핵심 역량은 일반교육과정과 동일하게 '자기관리 역량' '지식정보처리 역량' '창의적 사고 역량' '심미적 감성 역량' '의사소통 역량' '공동체 역량'의 여섯 가지이다.

2015 개정 특수교육 교육과정은 유치원, 초·중등학교 및 특수학교에서 편성·운영하여야 할 학교 교육과정의 공통적이고 일반적인 기준을 제시하고 있으며, 유치원 교육과정, 공통교육과정, 선택중심 교육과정, 기본교육과정과 같이 네 가지 교육과정 유형으로 분류된다(〈표 7-1〉 참조).

〈표 7-1〉 **특수교육 교육과정의 유형 및 성격**

교육과정 유형	성격	적용 학년(연령)
유치원 교육과정	• 일반유치원 교육과정(누리과정)을 근간으로 하는 교육과정	만 3~5세
공통교육과정	• 일반교육의 보편성을 근간으로 편성·운영되는 교육과정 ※ 시각·청각·지체장애 학생들의 경우 특수교육 공통교육과정(국어, 영어, 체육)을 활용할 수 있음. 점자 익히기, 언어, 특수체육 등의 보완 조치를 강구한 교육과정	초 1~중 3학년
선택중심 교육과정	• 고등학교 1~3학년 과정에서 일반교육의 보편성을 근간으로 편성·운영되는 교육과정 ※ 장애 특성을 고려하여 특수교육 전문 교과 교육과정(직업, 이료)을 활용할 수 있음	고 1~3학년
기본교육과정	• 공통교육과정 및 선택중심 교육과정을 적용하기 어려운 학생을 위해 편성·운영하는 교육과정 ※ 일반교육과정을 재구성 및 수정하여도 적용이 어려운 학생을 위해 실생활 및 삶과 연계되는 내용을 중심으로 구성된 대안형 교육과정	초 1~고 3학년

'특수교육 공통교육과정'은 일반 '공통교육과정'에 대한 접근을 최대화하면서 시각 · 청각 · 지체장애 학생의 독특한 학습 요구를 반영한 교육과정이다. '2011 특수교육 교육과정'에서 일반교육과정에 장애 유형별 특성에 따라 요구되는 내용들을 일부 추가하는 방식으로 구성되어 있는 국어(시각 · 청각), 체육(시각 · 지체), 영어(시각 · 청각)는 그대로 유지하되, 장애 유형에 따른 특성 및 요구를 반영한 교과용 도서(보완교재)를 확대하여 적용한다. 이는 시각 · 청각 · 지체장애 학생의 학습자 특성을 고려하여 자기주도적인 학습능력을 향상시킬 수 있도록 하고, 이들의 학습매체 특성을 반영한 교육과정이라고 할 수 있다.

주요 내용으로는 일반 공통교육과정의 교과별 핵심 역량을 따르되, 시각 · 청각 · 지체장애 학생의 장애 특성과 의사소통 양식, 주요 학습매체를 고려한 목표 및 성취기준으로 구성되어 있다. 시각장애의 학습매체 특성과 시각환경, 청각장애 학생의 청력 수준과 언어 및 의사소통 특성, 지체장애 학생의 신체 기능을 고려한 교수학습과 이들의 특성을 반영한 대안적인 평가방법이 제시되어 있다.

'기본교육과정'을 적용하는 학생의 경우, 학생중심의 교육과정 운영과 현장 적합성을 높이기 위하여 해당 학년군 교육과정의 적용이 어려운 경우에는 타 학년군의 교과 내용을 대체하여 운영할 수 있도록 하였다. 기본교육과정 초등학교, 중학교, 고등학교 편제로는 교과(군)와 창의적 체험활동으로 편성되는데, 학교는 학교의 특성, 학생 · 교사 · 학부모의 요구 및 필요에 따라 교과(군)별 30% 범위 내에서 시수를 증감하여 편성 · 운영할 수 있다. 단, 체육, 예술(음악/미술) 교과는 기준 수업 시수를 감축하여 편성 · 운영할 수 없다.

〈표 7-2〉 초등학교, 중학교, 고등학교 편제[교과(군), 창의적 체험활동]

초등학교	교과(군)	국어, 사회, 수학, 과학/실과, 체육, 예술(음악/미술)
		초 1, 2학년: 국어, 수학, 바른 생활, 슬기로운 생활, 즐거운 생활
	창의적 체험활동	자율 활동, 동아리 활동, 봉사 활동, 진로 활동
		초 1, 2학년: 안전한 생활 포함
중학교	교과(군)	국어, 사회, 수학, 과학, 진로와 직업, 체육, 예술(음악/미술), 선택(재활, 여가활용, 정보통신활용, 생활영어, 보건)
	창의적 체험활동	자율 활동, 동아리 활동, 봉사 활동, 진로 활동

| 고등학교 | 교과(군) | 국어, 사회, 수학, 과학, 진로와 직업, 체육, 예술(음악/미술), 선택(재활, 여가활용, 정보통신활용, 생활영어, 보건) |
| | 창의적 체험활동 | 자율 활동, 동아리 활동, 봉사 활동, 진로 활동 |

　일반학교에서 통합교육을 받는 학생들의 교육과정으로 일반학교에 배치(일반학급 및 특수학급)된 특수교육대상 학생에 대한 교육과정 편제와 시간 배당은 해당 학년(학급), 즉 통합학급의 편제와 시간 배당을 따라야 한다. 이는 통합교육의 정신과 원칙을 학생들에게 보장해 주기 위한 것이다.

　다만 일반교육과정의 적용이 어려운 경우, 교과의 내용을 대신하여 '생활기능 및 진로와 직업교육, 현장실습' 등을 '교과 내용 대체'의 방식으로 조정하여 운영할 수 있다. 그 영역과 내용은 장애 특성 및 정도를 반영하여 학교가 정하며, 대체할 경우 교수학습과 평가 내용이 일치될 수 있도록 교육계획 및 평가계획 수립 시 이를 반영해야 한다.

　중도·중복장애 학생에 대한 교육과정 편성·운영은 교육과정 운영의 실효성을 위해 모든 특수학교에서 활용 가능하다. 지적장애가 심해 교과 교육과정 적용이 어려운 중도·중복장애 학생이 포함된 특수학교의 경우, 해당 학급 학생의 교육과정을 교과

〈표 7-3〉 교과별 대체 예시(안)

초·중등학교 교육과정	특수교육 교육과정	비고(대상)
• 국어	• 기본교육과정 국어 • 특수교육 공통교육과정 국어	• 중도 지적장애 학생 • 시각·청각·지체장애 학생
• 영어	• 기본교육과정 영어 • 특수교육 공통교육과정 영어	• 중도 지적장애 학생 • 시각·청각·지체장애 학생
• 체육	• 기본교육과정 체육 • 특수교육 공통교육과정 체육	• 중도 지적장애 학생 • 시각·청각·지체장애 학생
• 그 외 교과	• 기본교육과정 해당 교과	• 중도 지적장애 학생
• 중학교 선택 교과의 '진로와 직업'	• 기본교육과정의 '진로와 직업'	• 지적장애 학생
• 고등학교 보통 교과 일반 선택 과목의 '진로와 직업'	• 특수교육 선택중심 교육과정의 전문 교과 관련 과목	• 지적장애 학생 • 시각·청각·지체장애 학생
• 고등학교 전문 교과II	• 특수교육 선택중심 교육과정의 전문 교과 관련 과목	• 지적장애 학생 • 시각·청각·지체장애 학생

(군)별 50% 내에서 시수를 감축하여 창의적 체험활동으로 편성하여 생활기능 중심의 교육과정으로 운영할 수 있다. 그 영역과 내용은 학생의 장애 특성 및 정도를 고려하여 학교가 정하고, 감축을 할 경우 해당 교과는 학생의 수행 수준에 따라 재구성하여 운영할 수 있다.

교육과정을 구성하는 내용 중에서 기본적인 내용이란 각 학년(군)의 교과 내용 중에서 중핵적인 내용과 근본적인 내용을 의미한다. 따라서 최근 교육과정은 일반교육에서의 중핵적인 내용에 접근이 용이하도록 장애학생의 '교육과정적 통합'을 지원하고 있다. 또한 창의적 체험활동 시간을 활용하여 특수교육 현장에서 필요로 하는 교과를 선택적으로 지도함으로써 교육과정 운영 자율화를 통한 특수교육기관의 특성화를 도모하도록 하였다.

한편, 2022 개정 교육과정 총론 주요 사항은 다음과 같다. 디지털 전환, 기후환경 변화 및 학령인구 감소 등에 대응하여 미래사회에 필요한 역량을 함양하고 학습자 맞춤형 교육을 강화할 수 있도록 미래 교육 비전의 정립과 수업 및 평가 개선을 포함하는 교육과정 체제 전환이 필요하기 때문에 교육과정을 개정하였다.

교육과정 개정을 추진하기 위해 '국민과 함께 하는 교육과정' 개발 방식으로 초·중등학교 교육과정 개발에 대한 국민 참여를 제도화하여 교육에 대한 인식을 개선하고 패러다임을 전환하는 계기를 마련하였다. 다양한 분야의 전문가, 학계, 관계기관 등으로 구성된 상시협의체를 통해 교육과정 개발·운영을 위해 논의하고 의사결정을 진행하는 과정을 거쳤다. 의견 수렴을 분석한 결과, 목표(역량)는 '삶과 연계한 역량교육 강화', 방향으로는 '학생 맞춤형 교육과정, 교육과정 자율성 확대', 학습환경으로는 '디지털·AI 교육 학습환경 조성'으로 교육과정의 방향을 도출했다.

2022 개정 교육과정의 비전은 '포용성과 창의성을 갖춘 주도적인 사람'으로, 개정의 '주요 내용'은 다음과 같이 다섯 가지의 과제로 제시되었다. 첫째, 미래 변화에 대응하는 교육과정 혁신, 둘째, 현장의 자율적인 혁신을 지원·촉진하는 교육 강화, 셋째, 교육과정 혁신을 통한 학습자 맞춤형 교육 강화, 넷째, 교육환경 변화에 적합한 교과 교육과정 개발 및 지원, 다섯째, 특수교육 교육과정 개선 방안이다.

개정의 주요 내용에 특수교육 교육과정을 명시한 것은 2022 개정 교육과정에서 특수교육을 중요하게 다룬다는 점을 방증하는 것으로 볼 수 있다. 기본교육과정은 발달지체를 포함한 지적장애, 중도·중복장애 등을 지닌 특수교육대상자를 대상으로 장애특성 및 교육적 요구 등을 고려한 맞춤형 교육과정으로 편성·운영한다고 적시하였다.

기본교육과정의 편제는 교과, 창의적 체험활동, 일상생활 활동으로 개선되었다. 특수학교의 특수성과 학생별 장애 특성에 맞는 '일상생활 활동'을 신설한 것이다. 이는 의사소통, 자립생활, 여가활동, 신체활동 등의 영역 중심으로 구성되고, 각 교과(군)의 20% 증감 범위를 활용하여 시간을 배당할 수 있다. 또한 교과 내용과 성취기준을 적정화하기 위해 중도·중복장애 학생을 위한 생활중심 교육과정에서는 성취기준을 추가 제시할 수 있도록 교사의 자율권이 확대되었다.

통합교육을 강화하고 특수교육대상 학생 맞춤형 교육을 지원하기 위해 특수교육대상 학생의 배치환경(일반학교의 통합학급 및 특수학급)에 따른 교육과정 편성·운영 지침이 마련되었다. 또한 초·중등학교 교육과정 총론에 장애 특성을 고려한 성취기준 재구조화와 교수학습 및 평가방법 등에 대한 지원 근거가 마련되었고, 일반학급 특수교육대상 학생이 장애 유형, 장애 정도에 따라 차별받지 않도록 고려되었다.

끝으로 '특수학교의 고교학점제 적용 방안'으로, 과목별 이수기준을 별도의 규정(수업 횟수 2/3 이상 출석, 장애학생 교과학습 발달상황 평가)을 통해 학점 취득으로 인정하도록 허용되었다. 장애학생 교과학습 발달상황 평가는 장애 유형·정도에 따른 개별화교육계획 및 절차에 의해 추진할 수 있다. 또한 특수교육 교육과정 대상자들의 진로와 과목 선택권 확대 등을 고려하여 교과(군) 재구조화 및 교과가 신설되었다. '전문교과 III(특수학교)'는 직업 및 이료 과목으로 구분하여 운영할 수 있다.

지적장애 학생의 교육과정을 편성·운영할 때는 앞에서 제시한 지적장애 교육과정의 원리와 기본 전제를 참고하되, 지적장애 학생을 위해 우리나라의 특수교육 현장에서 실제로 구현되는 교육과정은 국가 수준 특수교육 교육과정이므로 특수교사들은 이를 숙지해야 할 것이다.

2. 중등도 및 중도 지적장애 학생을 위한 교육과정 운영

지적장애 학생은 장애 정도와 수준에 따라 적용하는 교육과정의 성격과 방법이 다를 수 있다. 통합교육 상황에 배치되기 어려운 중등도 및 중도 혹은 중복 장애 학생의 경우 지역사회의 한 구성원으로 최대한 독립적이고 만족스러운 삶의 질을 누리면서 살아갈 수 있도록 생활기능 중심의 교육이 필요하다. 이는 특수교육의 보편성과 특수성 중 특수교육 교육과정의 특수성 측면에서 논의될 수 있는 내용이기도 하다. 이 절

에서는 다양하게 선택할 수 있는 교육과정의 유형과 통합교육의 여부에 상관없이 중
등도 및 중도 지적장애 학생을 위해 기본적으로 운영되는 교육과정으로서, 기능적 생
활중심 교육과정과 지역사회중심 교수에 대해 중점적으로 살펴보고자 한다.

1) 기능적 생활중심 교육과정

기능적 생활중심 교육과정은 경도장애 학생을 대상으로 할 수 있는 전통적인 학업
중심 교육과정보다는 실생활에서 활용할 수 있는 기능을 중심으로 가르치자는 취지에
서 시작된 중등도 및 중도 장애 학생을 대상으로 한 교육과정으로 볼 수 있다. 물론 중
등도 및 중도 장애 학생들에게 일반교육과정 교과 수업에 참여하도록 하는 것은 간과
할 수 없는 교육의 책무성이며, 이를 위해 장애학생의 개별 학습목표와 연계하기에 적
합한 교육기준을 찾고, 단위 수업활동 속에 IEP 단기목표를 삽입하여 직접 가르치는
등 구체적인 방안도 제시되고 있다. 다만, 이 절에서는 기능적 교육과정 관련 내용을
먼저 별도로 다루고자 한다. 중등도 및 중도 장애 학생의 교육은 연령에 관계없이 기
본 기술 익히기, 이동하기, 의사소통하기, 화장실 가기, 섭식 등을 가르칠 필요가 있는
것으로 제안되는데, 이러한 기술을 습득하기 위해 특별한 교수방법을 필요로 한다(강
성종, 2005).

(1) 지적장애 학생의 기능적 교육과정 내용 구성

중등도 및 중도 지적장애 학생을 위한 교육과정은 현재 생활에 필요한 것이면서 미
래의 가정과 직업, 지역사회, 여가활동 등에 활용될 수 있는 기능적 기술 습득에 중점
을 두어야 할 것이다(강성종, 2005; 박승희, 1999). 학교를 졸업한 후에도 가능한 한 유용
하고 독립적으로 지역사회의 통합 장면에 참여할 때 필요한 기술을 가르치는 데 중점
을 두는 것이 중요하다는 전제에 따라 교육과정 구성을 위한 구체적인 내용을 제시하
면 다음과 같다.

첫째, 교수목표의 우선순위 결정이 중요하며 교육활동은 이를 전제로 해야 한다. 중
등도·중도 지적장애 학생은 개별화교육 목적 또는 교수목표를 수행하는 데 기술적
결함을 가지고 있다. 이에 교육 프로그램은 이들에게 나타나는 학습 욕구와 도전적 행
동을 동시에 지도할 수 있도록 구성하고 실행해야 한다(강성종, 2005).

둘째, 교육과정은 기능성을 우선하여 구성되고 적용되어야 한다. 기능적 기술은 학

교 내외 환경에서 자주 요구되므로 즉각적으로 유용하며, 다른 사람에 대한 의존심을 줄이게 하여 보다 제한이 적은 환경에 참여할 수 있게 한다. 지적장애 학생을 위한 기능적 기술이란 스스로 옷 입기, 식사하기, 개인위생, 대중교통 이용하기, 간단한 물건 사기, 지역사회 적응하기 등이다(박은혜, 1997; 신종호 외 역, 2008; 이정은, 강경숙, 김미선 역, 2009).

셋째, 선택하기 기술을 일상생활 또는 학교교육에서 가르쳐야 한다. 지적장애 학생을 둘러싼 거의 모든 보호자(가족, 교사, 지원자 등)는 학생들이 스스로 선택하기 전에 거의 모든 일상생활에 필요한 것들을 대신 선택해 주는 생활 특성을 가지고 있다. 즉, 지적장애 학생 스스로 좋아하는 것을 표현하고 선택할 기회를 가지기가 거의 어려웠으며 가능한 한 순응하도록 양육되어 왔다. 실제적으로 과잉보호되거나, 학습된 무기력 현상이 조장되거나, 인간으로서의 보람 있는 경험을 박탈당하고 있는 경우가 많기 때문에 이에 대한 대처가 매우 필요한 사항이다.

넷째, 의사소통 기술을 가르치는 것은 필수적인 교육활동이다. 효과적인 의사소통이란 자신의 욕구와 선택을 표현하거나 정보를 주고받는 데 가장 중요한 것으로 다른 사람과의 관계를 유지할 수 있게 하는 것을 말한다. 이는 본질적으로 인간의 삶의 질과 관련된다.

다섯째, 여가기술을 가르치는 것은 삶의 질을 향상시키는 것이다. 대부분의 학생은 여가활동을 통하여 스스로 놀이기술을 개발하거나 즐거운 자기 시간을 가질 수 있다. 이에 비하여 지적장애 학생은 특별히 가르치지 않는다면 적절하고 만족할 만한 여가기술을 자연스럽게 배우기가 어렵다. 적절한 여가기술을 가르치는 것은 중도·중복장애 학생이 사회적으로 상호작용할 수 있고 신체적 기술을 유지하는 데 도움을 주며, 지역사회 활동에 보다 적극적으로 참여할 수 있게 해 준다. 그러나 지적장애 학생은 여가시간을 적절하게 보내지 못하고 있다고 한다. 그들이 활동에 즐겁게 참여할 수 있도록 지원하기 위하여 과제분석, 그림촉진(picture prompts), 수정된 게임 자료 등을 이용할 수 있으며, 게임의 규칙을 수정하거나 특별한 지원을 강구함으로써 지적장애 학생의 적극적 참여를 촉진할 수 있다.

이와 같이 지적장애 학생에게 가르쳐야 할 우선적인 내용은 학교에서 이루어지는 교과활동에 의한 지식·이론적 접근보다는 실생활에 필요한 기능적 기술과 자신을 관리할 수 있는 기술이어야 한다.

(2) 기능적 접근에서 기능적 기술

기능적 기술은 다양한 환경에서 아동의 삶에 의미 있고 즉시 사용 가능한 기술을 말한다. 자연스러운 환경인 가정, 직장, 지역사회 환경에서 요구되는 기술로, 특히 중도장애 학생이 활동할 것으로 기대되는 환경에서 찾아볼 수 있는 기술을 의미한다.

일반 학생의 정상적인 발달과정에서 볼 수 있는 미리 정해진 순서대로 기술을 습득하는 상향식 접근법이나 발달적 접근법과는 달리, 기능적 접근법을 이용한 교육과정의 개발은 아동의 필수 전제기술 습득과는 상관없이 아동의 현재와 미래 환경에서 필요한 기술들을 교사가 조사하고 그 기술을 가르치는 하향식 접근법이라 할 수 있다.

또한 중등도 및 중도 지적장애 학생들의 교육과정은 다양한 환경에서 가르치는 기능들을 포함하고 생활연령에 적합해야 한다(Lewis, 1997). Lewis는 1997년 대릴이라는 18세 중도 지적장애 청소년이 발달적 접근법을 통해 12년의 교육을 받은 후에 할 수 있거나 할 수 없는 기술들을 비교해 놓았다(〈표 7-4〉 참조).

〈표 7-4〉 **발달적 기술 대 기능적 기술**

대릴이 할 수 있는 발달적 기술	대릴이 할 수 없는 기능적 기술
• 10분에 100개의 압정을 판에 꽂기	• 자동판매기에 동전 넣기
• 지시에 따라 손으로 몸을 부위별로 가리키기	• 코 풀기
• 퍼즐 맞추기나 색칠하기	• 라디오나 녹음기 사용하기
• 종이를 반이나 1/4로 접기	• 옷 개기
• 색깔별로 나무블록을 정리하기	• 세탁을 위해 흰 옷과 색깔 옷 구별하기
• 진흙으로 뱀 만들기	• 빵 반죽 굴리기
• 유리구슬을 색깔별로 교대로 끼우기	• 신발끈 매기
• 알파벳 노래를 하고 대문자 읽기	• 지역사회에서 '화장실' 읽기
• 달력 위 정확한 날짜에 날씨 그림 붙이기	• 언제 비옷이나 모자를 입어야 할지 결정하기
• 100가지 그림카드를 손으로 지적하기	• 손으로 가리켜서 햄버거를 주문하기
• 평균대 위에서 걷기	• 농구장 관중석 계단 올라가기
• 100까지 세기	• 식당에서 얼마를 내야 할지 알기
• 컵을 상자 안, 아래, 옆, 뒤에 놓기	• 식당에서 쓰레기통을 찾아서 쓰레기 버리기
• 원 안에서 '오리, 거위' 놀이하기	• 연령에 적절한 게임 하기

출처: Lewis (1997): Collins (2007), p. 97 재인용.

기능적 기술은 한 학생에게는 유용하고 의미 있지만 다른 학생에게는 기능적이 아닐 수 있다. 예를 들어, 빨래를 해야 할 때 세탁기를 사용하는 가정에서는 손빨래보다는 세탁기 사용법을 익히도록 해야 한다. 어떤 형식이 각 학생의 미래 환경에서 필요할 것인가를 아는 것은 중요하다. 그러나 이러한 기능들이 특수학교나 특수학급에서의 교과 수업 안에서 연계되어야 하기 때문에 기능적 기술은 일반교육과정의 핵심 과목인 국어, 수학, 과학 등과의 연관성을 고려해야 한다.

(3) 기능적 기술의 형식과 기능, 생태학적 목록

생활연령에 적절하게 기능적 기술을 선정하여 접근할 때는 기술의 형식과 기능을 고려해야 한다. 기술의 형식은 기술이 사용되는 모습, 즉 기술이 어떻게 보이는가에 대한 것이고, 기술의 기능은 기술을 통해 얻는 성과물을 말한다. 예를 들어, 지하철 타기, 버스 타기 등의 기술 형식을 통해 이동하기 기술을 가르칠 수 있기 때문에 다양한 기술 형식을 통해 하나 혹은 유사한 기능을 가르친다고 할 수 있다. Brown 등(1979)은 어린 아동에게 적절한 기술 형식이 나이 든 학생에게는 적절하지 않을 수도 있다는 점을 지적했다. 교사는 학생에게 필요한 기술의 기능을 결정한 다음, 그 기술의 기능이 연령에 적합한 형식으로 사용될 수 있도록 해야 한다. 또한 학생이 대부분의 또래가 실행하는 것과 같은 기능을 수행할 수 없다면, 교사는 그 학생에게 필요한 무난한 형식을 찾아야 한다. 그렇다고 중학생에게 유아들이 사용하는 형식으로 기술의 기능을 가르치는 것은 매우 부적절하다(Collins, 2007 재인용).

또한 기술의 기능을 결정할 때는 기능적 기술의 필요와 선호도를 조사해야 한다. '생태학적 목록(ecological inventory)'은 학생들이 현재와 미래의 생활에서 기능을 발휘하기 위해 필요한 개별 기술을 찾을 수 있는 방법을 제공하는 가치 있는 조사표 혹은 관찰지 또는 평가도구이기도 하다. 생태학적 목록의 주요 교육과정 영역은 보통 주요 생활 영역인 가정(주거), 지역사회, 여가활동, 교육적 혹은 직업적 환경으로 구분한다(Brown et al., 1979). 생태학적 목록을 작성하는 과정은 〈표 7-5〉와 같이 단계별로 제시할 수 있는데, 가족이나 학교에서 교사들은 이러한 순서에 따라 목록을 작성하여 학생들의 기술을 시험해 볼 수 있는 기회를 제공할 수 있다.

⟨표 7-5⟩ 생태학적 목록 작성 과정

단계	내용	설명 및 사례
1	교육과정 영역 정하기	구체적인 기술들을 가르치고 삽입해야 할 상황, 맥락으로 사용될 교육과정 영역을 정함 (예: 주거, 지역사회, 여가생활, 교육적 혹은 직업적 환경 등으로 구분하기)
2	각 영역에서 현재 환경과 미래 환경을 확인하기	현재 주거환경은 일반 아파트나 주택일 수 있지만, 미래 환경은 장애지원을 받는 아파트, 그룹홈 혹은 시설일 수 있음
3	하위 환경으로 나누기	각 학생들에게 필요한 활동을 파악하기 위해 그 활동이 일어날 수 있는 환경을 자세히 구분함 (예: 학생의 집은 거실, 부엌, 침실, 테라스 등으로 구분됨)
4	하위 환경에서 벌어지는 활동을 결정하고 활동 목록 만들기	무엇이 가장 적절한 활동인지 결정하기 전에 다양한 변인을 고려해야 함. 학생의 생활방식에 대한 정보를 제공함 (예: 식탁 혹은 조리대 앞 의자에서 식사, 거실 TV 앞에서 식사 등)
5	각 활동을 하기 위해 필요한 기술 정하기	활동을 가르칠 수 있는 단위 수준이나 과제분석으로 나누는 일이 필요함. 의사소통, 근육운동, 문제 해결력, 선택하기, 자기관리와 같은 요소의 기술을 익힘

출처: AAIDD (2010), p. 60.

한편, Ryndak과 Alper(2003)는 기능적인 교육과정만을 강조할 때 간과할 수 있다고 생각되는 잘못된 가정이나 오해에 대해 다음과 같은 점을 지적하고 있다. 첫째, 일반 교실 수업에서 일반교육과정의 내용을 배울 수 없다고 생각하는 가정이나 오해에 대해서는, 또래들과 함께 배울 수 있고 또래들이 배우지 않는 것을 배울 수 있다고 하였다. 둘째, 장애학생이 일반학급에 있으면 일반교사와 또래 학생은 그 학생을 학급의 일원으로 이해하고 받아들일 것이라는 가정이나 오해에 대해서는, 완전통합 시도가 사회적 통합을 보장하지 않으며 교육 내용이 충분히 진단되지 못하면, 일반 교실환경이라 해도 특수교사가 장애학생에게 제공하는 교육과 다르지 않다고 지적하였다.

2) 지역사회중심 교수

'지역사회중심 교수(Community-Based Instruction: CBI)'는 지역사회기반 교수라고도 한다. 생태학적 접근을 통해 지역사회 기능을 증진시키기 위하여 사용되는 교수적 접근으로, 기능적 생활중심 교육과정을 실현하기 위한 전략이라고 할 수 있다. 장애학생의 지역사회 통합을 기본 전제로 하고, 장애학생이 지역사회의 다양한 환경에서 일어나는 활동에 참여하는 데 필요한 기술을 그 환경에서 직접적으로 교수하는 것을 의미한다(박승희, 2001). 또한 교실에서 습득한 기술을 다른 환경에 적용하는 일반화 기술에 효과적이고, 지역사회 안에서 사람과 자연스럽게 접촉하는 경험을 갖게 되고(김진호, 권승희, 2008), 직업적인 측면에서는 다양한 직업훈련을 실습할 기회를 갖게 함으로써 직업 경쟁력과 적절한 근무 자세를 배우게 할 수 있다(Luecking & Fabian, 2000).

이와 같이 지역사회중심 교수가 토대를 두고 있는 생태학적 접근에서는 다양한 환경 자체가 교수할 '내용'을 제공하는 자원이면서 동시에 교수를 제공할 적합한 장소로서 인식된다. 생태학적 접근은 가르치는 행동의 형태보다는 행동의 결정적인 기능을 강조하며, 지역사회의 다양한 환경에서의 부분참여 원칙하에 개별화된 수정을 적용하여 장애학생의 기능을 확립시켜 나간다(장혜성, 박승희, 2005).

지역사회중심 교수의 교육과정 영역은 가정생활 영역, 지역사회 기능 영역, 기능적 학업교과 영역, 여가-오락 영역, 직업 영역 등으로 분류된다. 지역사회중심 교수는 체계적인 교수계획에 의해 이루어지는 것으로 단순한 현장학습이나 적용훈련과는 구분된다(국립특수교육원, 2009). 다시 말하면, 지역사회중심 교수는 자연적이고 실제적인 환경에서 기능적이고 의미 있는 기술을 지도하는 것으로 이동훈련, 쇼핑, 여가활동 참여 등을 꼽으며, 성공적 전환에 필요한 기술을 가르치기에 최상의 실제로도 고려된다. 지역사회중심 교수가 현장학습과 다른 점은 교사가 다양한 역할을 하고, 계획을 세우며, 학습 기회를 제공하는 교육과정적 접근이라는 점이다. 따라서 지역사회중심 교수를 '언제' 제공할 것인가에 대한 고민이 필요하며, 자연스러운 환경과 기능적 기술을 지도하는 직업, 일상생활, 지역사회 여가와 관련된다(Hamill & Everington, 2002).

또한 지역사회중심 교수는 중등도 및 중도 장애 학생이 성인으로서 최소제한환경으로의 전환에 필요한 기술을 습득할 수 있도록 하는 주요 구성요소이다. 지역사회중심 교수가 정규 교수 시간에 수행되지 못할 경우 학급 모의 상황이 실행 가능한 보조수단이 될 수 있고, 지역사회중심 교수의 실제를 강화하기 위해 관련 서비스와 일반 또래와의 통합활동을 병합할 수 있다(Collins, 2007).

학교 졸업 시기가 가까워질수록 성인기에 필요한 실제 기술을 지도하는 것이 중요해진다. 장애학생의 전환을 위해서는 발달적 교육과정에 기반을 둔 교실기반 교수보다는 기능적 교육과정에 중점을 둔 지역사회중심 교수(CBI)가 효과적이라고 알려져 왔다(Wehman, Kregel, & Barcus, 1985). 그러나 CBI가 장애학생들의 통합 기회와 일반교육과정 참여를 저해할 수 있다는 문제점이 지적되면서 실제 지역사회에서의 교수는 장애학생의 연령 증가에 따라 점차 늘어나는 한편, 학교 내 교육 경험과 모의교수를 통하여 그 효과를 갖고자 하는 흐름이 진행되고 있다. 〈표 7-6〉에서는 CBI의 이점을 학교현장에서 구현하기 위한 지역사회참조 교수(Community-Referenced Instruction: CRI)와 지역사회 시뮬레이션(Community Simulation: CS)의 차이점을 보여 주고 있다.

〈표 7-6〉 **지역사회참조 교수(CRI)와 지역사회 시뮬레이션(CS)의 차이**

기술	지역사회중심 교수(CBI)	지역사회참조 교수(CRI)	지역사회 시뮬레이션(CS)
옷 입기	지역사회로 가기 위해 코트 입기, 지역사회 목적지에 도착했을 때 코트 벗기(적절한 때), 백화점에서 옷 입어 보기, YMCA에서 수영 혹은 에어로빅 댄스에 참여하기 위해 옷 갈아입기	체육관에서 옷 갈아입기, 학교 등하교 시간에 코트 벗기/입기, 점심식사 후 셔츠 갈아입기(입고 있던 옷이 더러운 경우), 미술시간에 작업복 입기	옷 입기 프로그램 시간에 교실에서 셔츠 입고 벗기를 다섯 번 시행하기, 옷 입기 받침대 위에서 신발끈 매기, 인형 옷 단추 채우기
물건 구입하기	약국에서 물건 구입하기, 볼링 게임 비용 지불하기, 음식점에서 탄산수 사기, 우체국에서 우표 구입하기	학교식당에서 점심 사 먹기, 자판기에서 음료수 사기, 학교 농구 게임 티켓 구매하기, 학교 마크가 있는 단추/리본 사기	교실에서 돈 세기(예: "6달러 25센트를 선생님께 보여 주세요."), (교내 식품점에서 물건 구입하고 지불하는 역할놀이 하기, 동전 구별하기(5센트, 10센트, 25센트)
의사소통/ 그림 이해하기	그림으로 된 식료품 목록을 보고 그 가게에서 물품 찾기, 그림 메뉴를 사용하여 음식점에서 음식 주문하기, 화장실 위치를 알기 위해 상점 점원에게 그림 제시하기	학교 점심식사 종류를 검토하고 나서 원하는 음식 그림 선택하기, 일련의 그림 종류를 보고 여가활동 선택하기, 하루종일 학교에 있는 동안 그림 일정표 이용하기	다양한 음식 그림과 플라스틱 음식 복제 모형 짝 짓기, 교사가 구두로 "~을 내게 보여 주세요." 하고 요청하면 그 그림을 지적함으로써 판별해 내기

출처: Dymond (2004).

지역사회중심 교수의 실제는 학생들이 학교에서 배운 후 그 기술을 일반화할 것이라고 추측하지 말 것을 요구하는 '영수준의 추측' 전략과, 일반화가 저절로 된다는 증거가 없는 한 학생들로 하여금 자연스러운 환경에서 기능적 기술을 배울 수 있도록 하는 것이 학생들에게 덜 위험하다는 '최소위험가정'을 토대로 하기 때문에 교통수단 활용을 위한 비용이나 위험 등을 감수한다. 다만 통합된 환경에서 실행하기에는 현실적인 어려움이 있을 수 있으므로 지역사회참조 교수나 시뮬레이션 등의 방법도 활용하여 시간을 절약하고 위험성 등을 줄일 수 있다. 또는 지적장애 학생이 준비 없이 외부에서 직접 지역사회중심 교수를 적용할 경우 위험한 상황에 처할 수 있을 내용 등을 지역사회참조 교수나 시뮬레이션 등을 통해 먼저 실행해 보는 이점도 있다.

그렇다면 지적장애 학생에게 일반교육과정이 아닌 지역사회중심 교육만 지도할 것인가? 이러한 고민을 해결하기 위한 교사의 역할로는 교사로서 균형감을 갖고 지역사회중심 교수가 모든 학생에게 유용할 수 있는 방법으로 지도하는 것이 중요하고, 장애학생은 지역사회중심 교육과정이 필요하지만 그것을 위해 일반교육과정에서 제외되어서는 안 된다는 점, 그리고 장애학생을 위한 접근이 손바닥 뒤집듯 결정되어서는 안 되며, 학교와 지역사회 모두에서 이루어질 수 있어야 한다는 점을 염두에 두어야 한다 (Hamill & Everington, 2002).

장혜성(2007)은 선행 연구 결과를 토대로 지적장애 중·고등학생을 위한 지역사회중심 교수의 최선의 실제를 다음과 같이 제시하였다. 첫째, 지역사회중심 교수는 '지적장애 중·고등학생이 지역사회에서 최대한 독립적으로 살아갈 수 있도록 지원하는 성과중심 교수'를 실시해야 한다. 이를 위해 효과적인 교수전략들을 사용하여 지역사회 활용기술을 습득하도록 해야 한다. 둘째, 특수학교나 특수학급의 전일제 수업에서 점차 일반학급에서 교육을 받는 통합교육 환경으로 변화되고 있기 때문에 지역사회중심 교수도 일반학급 교육 맥락 안에서 제공되어야 한다. 셋째, 지역사회 중·고등학생을 위한 효과적인 지역사회중심 교수를 위해서 장애학생이 살고 있는 지역사회, 학교, 가정과 같은 실제 환경에서 다양한 방법의 효과적인 교수전략을 사용해야 한다.

이 연구에서는 이러한 교수전략을 분석하기 위해 1980년부터 2006년까지 출판된 72편의 국내외 연구 결과를 분석하여 생태학적 평가, 다양한 교수 장소 이용(지역사회 중재, 교실중재), 동료지원 활용, 일반사례교수, 시각적 단서 활용, 반응촉진법(최소촉진법, 시간지연법) 사용 등을 지적장애 중·고등학생의 지역사회중심 교수전략으로 제안하였다. 이 중 실제 일반화를 시켜야 할 환경에서 있을 수 있는 다양한 자극 조건에서 교수를 실시하는 '일반사례 교수방법(general case instruction)'을 소개하면 다음과 같다.

'일반사례 교수방법'은 학습한 기술은 어떤 상황이나 조건에서도 그 기술의 수행이 요구될 때 사용될 수 있어야 한다는 목표를 가지고 개발된 주요 전략으로 '교수 사례의 선택과 계열화를 강조'하는 교수방법이다. 일반사례 프로그램에서는 교수목표의 일반화를 강조하는데, 이를 위해 필요한 모든 자극과 반응의 다양성을 포함한 교수의 예를 선정하여 교수한다. 예를 들어, 물품의 위치나 계산대 화면은 식료품점마다 다를 수 있다. 상점 수에 따라 교수 단계에서의 변이와 자극은 매우 광범위할 수 있다. 이때 일반화는 정확성이 강조되는데, 첫째 일반적인 자료, 사람, 환경을 포함하는 비훈련된 자극 조건에서 학습한 기술을 적절하게 수행하며, 둘째 습득한 반응이 비훈련된 자극 조건에서 부적절하게 발생하지 않아야 한다(Horner, Bellamy, & Colvin, 1984: 박은혜, 김은영, 2000 재인용).

일반사례 교수를 사용할 때에는 다음의 다섯 단계를 거친다. 첫째, 어떤 것을 가르칠 것인지 교수 영역을 정의한다. 교수 영역은 학습자가 배운 행동이 수행될 다양한 자극 상황을 포함하는 환경이어야 하며, 학습자의 특성, 학습자의 의사소통 능력, 학습자의 현행 수준, 수행 환경의 특성을 고려하여 결정해야 한다. 예를 들어, 학습자가 '덧셈'을 배웠다면 가게에서 과자를 사기 위해 계산해야 하는 상황을 교수 영역으로 할 수 있다. 교수 영역을 정할 때는 우선 행동이 일어날 것으로 기대되는 상황은 무엇이며, 행동이 어떤 다양한 형태로 나타날 것인가라는 질문을 한다. 그다음 학습자의 수행에 영향을 미치는 자극은 무엇이며, 그 자극에 대해서 학습자는 어떻게 반응하는지를 구체적으로 서술한다.

둘째, 교수 영역이 정해지면 그 영역 범위와 관련된 자극과 반응의 다양성의 모든 범위를 조사한다. 교수 전 영역의 자극과 반응 다양성을 조사하여 교수를 실시하기 위하여 공통의 특징을 갖는 자극으로 묶고 일정한 반응으로 나타나는지 분류한다. 즉, 교수하고 평가할 사례를 선택한다. 교수 사례를 선택할 때에는 모든 자극 상황과 그때 요구되는 모든 반응이 포함되는 대표적인 사례이면서 최소한의 사례를 선택한다.

셋째, 교수와 평가에 사용될 교수의 예를 결정한다. 교수 사례를 계열화하기 위해서 활동 혹은 기술의 모든 구성요소를 한 중재 회기에서 모두 교수하며 가능한 한 많은 사례를 제시한다. 이때 학습자에게 새로운 정보를 제공하는 긍정적인 사례와 부정적인 교수 사례를 적절히 제공한다. 왜냐하면 기술을 일반화하기 위해서는 적절한 자극 상황에서 습득한 기술을 수행하는 것뿐만 아니라 부적절한 상황에서는 습득한 기술을 수행하지 않아야 하기 때문이다.

넷째, 교수될 예의 순서를 정하여 이에 따라 교수를 실시한다. 교수를 실시할 때에는 촉진, 소거, 용암법, 강화 등의 교수기술이 함께 제시되어야 기술의 습득을 촉진할 수 있지만, 일반사례 교수를 실시한 대부분의 연구에서는 교수전략으로 촉진을 사용한다. 또한 모든 교수 사례를 한 회기에서 중재할 수 없다면 한 번에 한두 가지 사례를 교수하고 중재 회기마다 새로운 사례를 기존에 학습한 사례에 부가하며, 일반적 사례를 교수한 후에 예외적인 상황을 교수한다.

다섯째, 비교수 상황에서 평가하는 것으로 자극 및 반응 다양성을 포함하는 새로운 예를 선택하여 평가한다. 다시 말해, 교수한 기술의 일반화 여부를 알아보기 위해 비교수 상황에서 학습자의 수행을 검토하는 것이다. 일반화 평가는 교수하는 동안 정기적으로 실시할 수도 있고, 교수를 종결한 다음에 실시할 수도 있다.

여러 연구에서 일반사례 교수가 지역사회 활용 기술의 일반화를 촉진시키는 데 성공적인 전략이라고 보고하고 있다. Horner 등(1986)은 중도장애 학생 3명에게 길 건너기 기술을 중재하기 위해 일반사례 교수를 실시하여 결과를 보고하였다. '대중음식점 이용기술'을 교수한 연구에서는 일반사례 교수를 지역사회 환경 그리고 모의환경과 연계한 지역사회 환경에서 동시에 실시하였는데, 중등도와 중도 장애 학생들은 교수환경에 상관없이 실제 환경에서도 기능적으로 잘 수행한 것으로 나타났다(이정은, 강경숙, 김미선 역, 2015).

3. 경도 지적장애 학생을 위한 교육과정 운영

중등도 및 중도 지적장애 학생뿐 아니라, 특히 경도 지적장애 학생은 통합되는 경우가 많고 '일반교육과정에 접근'하게 되는데, 이는 일반교육과정에 장애학생을 포함한 다양한 능력의 모든 학생이 '참여'하여 학업적인 '진보'를 이루는 것을 의미한다(Wehmeyer, Lance, & Bashinski, 2002). 이를 위해 교수적 수정 혹은 교수적합화 전략을 활용하여 장애학생이 일반학교 교육과정에 접근하도록 하기 위해 교사 수준에서 교육과정을 재구성한다.

장애학생으로 하여금 일반교육과정에 접근하여 교과학습 시간에 참여하는 '통합'을 성취하도록 하기 위해서 장애학생의 교육과정이 어떻게 선택되고, 통합 장면에서의 교육과정 연계 운영과 관련하여 어떠한 점들을 고려해야 하는지, 일반교육과정과 기능적 교육과정의 병합, 교수적 수정에 대해 살펴보고자 한다.

1) 통합 상황에서 일반교육과 특수교육의 연계

과거 특수학교 교육과정은 이제 특수교육 교육과정으로 그 명칭도 변경되었다. 현재 특수교육은 특수학교에서 특수학급이나 통합학급 중심 교육으로의 변화 혹은 전환이 요구되고 있는 상황이다. 따라서 특수학급 및 통합학급 교육대상 학생을 위한 교육과정의 개선을 위해서는 특수학급 및 통합학급 교육과정의 연계성 있는 운영과 이를 위한 교사 간 협력, 일반학급에 통합된 장애학생의 일반교육과정에의 접근을 위해 운영해야 할 교육과정이 논의되어야 할 것이다.

이러한 교육과정의 변화는 통합교육 상황을 고려한 측면에서 일반학교 교육과정 개정에 따른 특수교육 교육과정의 통합성 및 연계성 확보를 위한 수정·보완의 필요성에 대응한 것이기도 하다. 또한 단위학교의 실정과 필요를 고려하여 교육과정 편성·운영의 선택권(options)을 부여하는 측면은 단위학교에서 장애학생에게 교육과정을 전달하는 데 있어 학생의 요구에 맞게 교수적 수정을 할 수 있도록 근거를 마련한 것이라고 볼 수 있다.

그러나 지적장애 학생이 통합되어 있는 특수학급이나 통합학급에서는 국가 수준에서 제공하는 '특수학급 교육과정'이 부재하기 때문에 기본교육과정, 공통교육과정을 통해 수업을 받거나(강경숙, 권택환, 김수연, 김은주, 2000; 강경숙, 김진숙, 정해진, 황윤한, 2004), 일반학급에 효과적으로 통합되도록 하기 위해 특수교사가 지원하기도 하고(김은주, 권택환, 김정균, 박현옥, 2003; 이유훈, 김경진, 박정연, 2000), 통합학급에서 일반교사가 다양한 개인적 노력을 통해 장애학생의 교육적 요구에 부응하기도 한다. 이때 통합학급에서는 장애학생의 교육과정 운영을 위한 자료 지원이 미흡하기 때문에 교사의 재량권에 상당히 의존한다고 할 수 있다(강경숙 외, 2000; 김은주 외, 2003). 이 때문에 실제로 특수학급을 비롯한 통합교육 장면에서 교육과정이 어떻게 운영되고 있는지, 수업 상황에서 교사가 이를 어떻게 실행하고 있는지에 대한 교육과정 운영의 질 평가가 제대로 이루어지지 못하고 있으며 이를 위한 도구도 없는 실정이다(강경숙, 2006; 박승희, 2002).

일반학교 학교운영계획 안에 특수학급 교육과정이 자연스럽게 포함되어 한 권의 학교 교육과정 안에 통합교육의 내용이 함께 다루어지면 일반교사들도 특수학급 운영에 대해 관심을 가지게 되며(박승희, 강경숙, 2003), 통합된 장애학생에게 교과 수업을 지원하고 상호 협력하기 위해 특수교사에게 일반교과를 숙지할 것이 요구되는 것처럼 통합학급 교사도 특수교육 교육과정에 대해 인식의 폭을 넓혀 가야 한다.

특수학급, 일반학급 등 일반학교에 통합 배치된 지적장애 학생의 교육과정은 해당 학교의 교육과정을 적용하되 특수교육 교육과정을 고려하여 조정한다. 특수학급 교육과정의 구성을 보면, 우선 통합교육 장면에서 일반학교 교육과정 및 특수학교 교육과정의 내용을 장애학생의 독특한 교육적 욕구와 기술의 수행 수준에 적합하게 다양한 수준으로 수정·재구성하여 적용·활용한다. 둘째, 국가 수준 공통교육과정, 기본 교육과정에 명시되어 있는 교과 및 영역별 내용과 학년별 내용 가운데 대상 학생의 교육목표 달성에 필수적인 내용(성취기준 학습요소)을 추출하고, 그것을 '수정·보완'하여 체계화하는 재구성의 방법을 활용한다. 셋째, 교육 내용의 수정방법에는 크게 내용 보완하기, 내용 단순화하기, 내용 변화시키기 등이 있으며, 대상 학생에 따라 개별화된 수정이 반드시 고려되어야 한다. 이와 같이 지적장애 학생이 통합된 통합학급(일반학급) 교육과정의 구성은 교육과정적 통합을 위해 '교수적 수정'을 필요로 한다.

2) 일반교육과정과 기능적 교육과정의 병합

학교에서 지적장애 학생이 무엇을 배울 가치가 있는지, 즉 무엇이 가르칠 가치가 있는지를 결정하는 더욱 효과적인 방법이 있을 것이고, 경도 지적장애를 지니고 있다고 표찰된 학생들이 교육과정에서 소외되지 않도록 돕는 일은 계속적으로 도전이 될 것이다. 더욱 반응적이고 유연하게 교육과정에 대한 접근을 시도함으로써 문제를 최소화한다면, 결국 교사의 교육과정 개혁에 대한 참여를 확대하고 '무엇을 배울 것인가?'라는 교육과정의 기초적 이해를 위배하지 않는 유연한 조정 계획을 설계하게 될 것이다.

일반교육 기준 중심 교육과정만을 고집하면 학생의 개별화를 적절하게 고려하지 못하고 일반교육과정에의 접근 자체가 목적이 되어 버릴 수도 있다. 또한 원래 의도한 일반교육과정에의 접근은 학업과 기능이 연계됨에도 불구하고 교육과정 기준에 의거한 대안평가로 인해 현재 및 미래의 기능적 기술의 중요성을 간과하고 학업성취만이 강조될 수 있는 위험이 있다. 한편, 기능적 교육과정에 치중하면 사회에서 필요로 하는 보편적 지식 및 정보에 대해 접근하는 것이 제한될 수 있고, 일반교육과정에의 접근이 가능함에도 불구하고 너무 쉽게 대안 교육과정인 기능 중심 교육과정만 강조하면 일반교육과정에의 접근에 대한 학생들의 권리를 침해할 위험이 있다(이숙향, 2013).

따라서 일반교사와 특수교사가 상호 책무성을 가지고 그들이 가르치는 모든 학생을 위해 이 두 교육과정을 조화롭게 병합하는 작업에 함께 참여하는 것이 필요하다(Hunt, McDonnell, & Crockett, 2012; Pugach & Warger, 1996). 통합교육을 위해서는 일반교육과정과 기능적 교육과정에 대한 요구를 혼합하여 연간목표와 수업을 구성하는 것이 요구된다. 일반교육과정과 특수교육과정의 교과 내용을 일반교육의 수업에 어떻게 적용할 수 있는가? 교육 구성원은 두 유형의 교육과정에서 가장 빈도가 높은 내용을 알고 있어야 한다. Hunt 등(2012)은 개인의 삶의 질과 관련된 성과에 초점을 둔 생태학적 교육과정과 기준 중심 학업목표의 개발 및 교수와의 조화가 필요하다고 하면서, 학생에게 의미 있는 지식과 기술, 가족과 학생의 개별적 요구, 일상생활에 대한 적용 및 일반화를 고려한 기준 중심의 학업목표를 개발하고 지도할 것을 제안하였다.

Ryndak과 Alper(1996) 역시 일반교육과정과 기능적 교육과정 내용의 혼합방법, 일반교육과정과 기능적 교육과정 내용의 수업방법을 강조하면서 아동이 장애로 인해 갖고 있는 기능적 요구와 일반교육과정에 대한 요구를 확인하는 단계를 제시하였다. 일반교육과정 환경에서 제시되는 교육 내용과 기능적인 요구의 융합이 필요한데, 이는 통합환경과 성인기 환경에서의 독립성 증진, 또래들과의 일반교육과정 참여 증진뿐 아니라 교실에서 일반교육과 기능적인 활동이 모두 이루어질 수 있도록 지도해야 하기 때문이다. 또한 다양한 환경과 활동에서 교육하는 동안 일반교육 내용과 기능적인 내용이 모두 이루어지고, 끝으로 가정, 학교, 지역사회 등을 고려한 생태학적 접근이 필요하기 때문이다.

교육과정 내용을 구성할 때 진단하는 절차에서 가족과 다른 팀 전문가의 역할과 일반교육과정과 기능적 교육과정의 내용 혼합, 그리고 일반교육 환경, 즉 학교 물리적 조건 및 지역사회 환경 안에서 일반교육과정과 기능적인 교육과정 내용을 모두 제공하는 것을 강조한다. 이는 미국의 IDEA에 의한 법적 절차이기도 하다(Ryndak & Alper, 2003; [그림 7-2] 참조). 즉, 일반교육과정의 기준(standards)과 장애학생의 교수적 요구와의 적절한 연계 방안을 찾는 것이 중요하다. 교육성과에 대한 책무성이 강조될수록 국어, 수학, 과학 등 핵심 교과목에 많은 관심이 주어짐으로써 장애학생에게 개별적으로 필요한 전환이나 기능적 교과와 같은 내용이 소홀해질 수 있다(Wehmeyer et al., 2002).

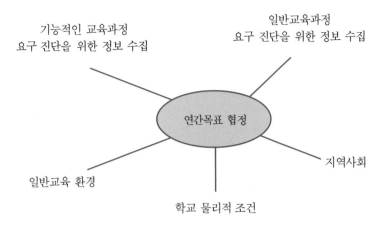

[그림 7-2] **교육과정 내용의 진단과정**

출처: Ryndak & Alper (2003), 6장.

다시 말해, 일반교육과정에 없는 특수교육과정 영역을 적용하기 위해서는 일반교육과정 영역에 포함되어 있지 않은 분야에 대한 논의가 필요하다. 이는 자조적 기능, 자기결정력, 사회화 기능 등으로 장애학생에게 매우 중요한 분야이다. 장애학생이 통합의 맥락에서 학습할 수 있는 자조적 기능과 장애학생의 자기결정력에 따라 적절하게 선택하는 방법을 가르치는 전략이 교수되어야 한다. 일반 학생은 또래교사로서 이미 습득한 기능을 협동학습 과정에서 장애학생과 함께 할 수 있도록 하는 방안도 필요하다(기능적 교육과정 운영과 학업적 접근에 대한 보다 구체적인 내용은 제10장 '전환기 교육적 접근: 생애주기별 전환교육' 참조).

3) 교수적 수정

지적장애 학생이 기능적 생활중심 교수와 지역사회중심 교수를 중심으로 수업해야 할 당위성은 이미 언급되었다. 여기에서는 지적장애 학생이 일반교육과정에의 접근이 이루어져야 한다는 점을 논의하고자 한다. 이를 위해 '교수적 수정(instructional adaptation)'을 실시하며, 특히 이 쟁점은 통합되었을 때 실행과정에서 중요하게 다루어진다. 우리나라에서는 '교수적합화'라는 용어를 사용하기도 한다(신현기, 2004).

지적장애 학생이 통합된 일반학급 교육과정의 구성은 교육과정적 통합을 위해 '교수적 수정'을 필요로 한다(강경숙, 2006). 교수적 수정은 일반교육과정을 특수교육적 요구가 있는 학생의 수업 참여의 양과 질을 최적 수준으로 성취시키기 위해서 교수환경, 교수적 집단화, 교수방법(교수활동, 교수전략 및 교수자료), 교수내용 혹은 평가방법을 수정 및 보완하는 것을 의미한다(박승희, 1999). 이러한 틀을 토대로 이유훈, 김경진, 박정연(2000)은 우리나라 통합교육 장면에서 어떠한 유형으로 교수적 접근을 시도하고 있는지 보고하였다.

〈표 7-7〉의 교수적 수정 유형 다섯 가지는 모두 상호 연관성이 있어서 순서와 단계가 있는 것은 아니지만, 교수환경과 교수집단의 경우는 장애학생이 통합된 상황에서 우선 고려해 볼 수 있을 것이다. 이와 같이 교수적 수정은 지적장애 학생이 통합된 일반학급에서 수행되어야 할 교육과정 운영방법으로서, 일반 학생들이 배우는 교실에서 가르치는 교육 내용 가운데 특수교육대상 학생들도 반드시 포함될 수 있도록 교육 내용을 학생 수준에 맞게 조정하는 것이다. 이러한 교육 프로그램은 통합학급 교사의 협력하에 특수교육 교사(통합교육 지원교사)가 계획하며, 직접교수, 협력교수 등을 통하여 실시할 수 있도록 지원하고 있다.

〈표 7-7〉 **교수적 수정의 유형 및 방안**

유형	구체적인 방안
교수환경의 수정	• 물리적 환경: 조명, 소음, 교수자료의 위치, 접근성 • 사회적 환경: 사회적 분위기, 소속감, 평등감, 존중감, 장애이해 교육
교수집단의 수정	• 학생들의 교수적 집단 배열의 수정: 대집단, 소집단, 협동학습, 또래교수, 일대일 교수, 자습
교수방법의 수정	• 교수활동의 수정: 난이도, 양 • 교수전략의 수정: 수업 형태, 교육공학, 행동강화 전략, 정보 제시 및 반응양식 등 • 교수자료의 수정: 대안적 교수자료

교수내용의 수정	• 교육과정 내용을 보충 혹은 단순화, 변화시키는 방법
	  - 동일한 활동과 교수목표, 동일한 자료
	  - 동일한 활동의 쉬운 단계, 수정된 교수목표, 동일한 교수자료
	  - 동일한 활동, 수정된 목표와 자료
	  - 동일 주제, 다른 과제와 수정된 목표
	  - 수정된 주제와 활동

평가방법의 수정	• 시험시간의 융통성 • 시험방법의 수정 • 대안적 평가: 교사 공동평가, IEP 수행평가

출처: 박승희(1999), pp. 35-66.

통합학급에서의 교수적 수정은 또한 '일반적인 수정'과 '구체적인 수정'으로 구분하기도 한다. 가령 학교 도착, 읽기활동, 사회시간, 도서관활동, 점심시간과 같이 예측 가능한 일과 내에서 반복해서 사용될 수 있는 것을 일반적인 수정이라고 한다(박은혜, 한경근 역, 2008). 이에 반해, 구체적인 수정은 학기가 진행됨에 따라 교수내용이 바뀌면 새로운 주제가 도입되고, 이에 따라 교사에 의해 계획되는 것으로 일반교사와 특수교사가 정보를 공유해야 한다. 이는 Scott, Vitale과 Masten(1998)이 전형적/일상적 수정(typical/routine adaptation)과 본질적/특수화된 수정(substantial/specialized adaptation)으로 구분한 것과 맥락을 같이한다고 할 수 있다. 이러한 구분은 교사의 교수적 수정의 정도와 범위, 이해의 관점에 근거한다. 다음에서는 수정을 가하는 수준과 내용에 따라 물리·사회적 환경 조성과 좀 더 개별화된 접근을 요구하는 교수내용 및 방법 수정으로 구분하여 살펴보고자 한다.

(1) 물리·사회적 환경 조성

통합학급은 장애학생을 포함한 다양한 이질적 특성을 지닌 학급 구성원으로 구성되어 있다. 따라서 교사는 많은 학생에게 개별적인 지원이 요구된다면 교육과정, 교수법, 학습환경 등을 적절하게 수정하여 적용할 필요가 있다(Prater, 2003). 통합학급 교사는 이질적인 집단의 역동성에 의해 학급의 풍토와 공동체의식이 형성되도록 힘쓰며(박승희, 2003; 손상희, 2005), 통합된 장애학생의 학업시간 참여를 위해 특수학급과 긴밀히 연계되는 운영을 고려해야 한다.

통합 장면에서 수업할 때 각 학생의 장애 수준과 특성에 따라 어떤 학생들은 교수매체에 변화를 요구하고, 어떤 학생들은 학습 단계의 규모를 바꾸며, 또 어떤 학생들은 주제중심으로 학습하면서 추상적인 요구가 구체화되어야 한다. 이와 같이 장애학생이 통합학급에서 일반교육과정의 내용에 접근하도록 하기 위한 적극적이고 구체적인 노력을 기울이기 전에 기본적으로 통합교육 철학에 기반한 학급 분위기 조성, 특수학급과의 연계 등을 고려한다면 통합학급의 환경 조성을 통해 통합 장면의 교육과정 운영이 실천될 수 있을 것이다.

다시 말해, 장애학생이 학급 구성원으로 인정받도록 하기 위한 역할 부여, 교과 수업과 행사 참여에서 열외가 되지 않도록 하는 배려, 상호작용과 교우관계 형성 지도, 장애 인식을 위한 훈화, 교육적인 의도의 칭찬, 특수학급과의 연계지도, 비경쟁적이고 협력적인 분위기 조성과 같은 내용을 물리·사회적 환경 조성의 구성요소로 제시할 수 있다. 이는 박승희(1999)의 교육과정 수정 목록 중 교수환경 수정 항목에서 사회적 분위기, 소속감, 평등감, 장애이해 교육과 같은 사회적 환경 수정에 해당되는 내용이라 할 수 있다.

이러한 물리·사회적 환경의 수정은 구체적인 교수집단, 교수목표, 교수내용, 교수활동 및 전략을 수정하기 전에 특수학급과의 연계성을 지니고 이루어져야 할 부분이며, 개별화되고 구체적인 교수적 수정의 노력을 기울이지 않고도 도달할 수 있는 단계로 일반 학생으로 하여금 장애학생을 이해하도록 하는 내용이기도 하다.

(2) 교수내용 및 방법 수정

통합학급 내 장애학생을 위한 교육과정은 학생의 다양한 개인차에 따라 목표, 내용, 방법, 매체, 평가 등에서 차별화되어야 한다. 이와 더불어 일반학교에서 장애학생을 위한 교육과정이 질적으로 운영되기 위해서는 장애학생의 특수성과 보편성이 조화롭게 반영되도록 고려해야 한다(김병하, 2003). 김정권과 이유훈(2002)은 학습환경을 잘 조성하고 계획하면 많은 학생이 가능한 높은 학업성취를 할 수 있다고 보고, 장애학생의 문제보다는 교육과정이 학습자에게 적절한가의 문제를 점검해 볼 것을 지적한다. 이처럼 장애학생의 개별적 요구를 충족하기 위한 방법으로 교수내용 및 방법의 수정을 제안할 수 있다(강경숙, 김희규, 유장순, 최세민, 2005; 박승희, 2003).

교수내용 및 방법 수정은 통합학급을 운영하는 일반교사가 좀 더 쉽게 접근할 수 있는 수준에서 한 단계 나아가 특수교사와의 협력을 바탕으로 실제 교수하는 내용과 방법에 대해 수정하는 것으로 평가 수정까지를 포함한다. 최근 평가 수정은 장애학생의 교육 성과에 대한 책무성을 강조하면서 중요한 쟁점으로 부각되는데(이은정, 2007), 검사 조정 제공 형태로 글자 확대와 지시 및 문제 구술과 같은 제시 형태 조정, 컴퓨터나 타자기를 이용하게 하는 반응 형태 조정, 검사시간 연장이나 검사 시 휴식 제공 등의 검사시간 조정, 재택 실시나 소수집단 실시와 같은 검사환경 조정 등의 수정을 제공하거나 장애학생을 대상으로 대안적 평가를 실시하기도 한다(황정규 외, 2011).

다시 말해, 장애학생을 위한 교수내용 및 방법의 수정은 궁극적으로 통합교육 환경에서 장애학생이 교육과정에 접근하여 교육 내용을 성취하도록 하기 위한 것이므로 일반교사의 주체적인 노력에 의해야 하지만, 현실적으로는 특수교사의 노력과 지원으로 이루어진다고 할 수 있다. 통합학급에서의 교육과정 운영을 위한 교사 간 협력을 바탕으로 장애학생에게 적합한 수준의 내용과 방법으로 구성할 수 있도록 교육과정을 수정하게 되고, 이러한 노력은 궁극적으로 교육과정적 통합에 영향을 미치게 될 것이다.

통합학급 교사의 장애학생을 위한 교육과정 운영에 필요한 수정의 내용으로는 교수환경, 교수집단화 형태, 교수활동, 교수전략, 교수자료, 평가방법의 수정을 포함하여 수업내용 제시방법 등의 차별화를 제시할 수 있다. 예를 들면, 학습 과제를 짧고 단순하게 나누기, 부연설명 혹은 보충자료 제시, 개별 학습지나 문제지 제공, 또래 도우미 활용, 주요 문장과 중심 내용 표시, 대안적 대답 등의 형태를 사용하거나 평가시간 연장과 같은 내용이 포함된다(강경숙, 2006).

4. 개별화교육계획

개별화교육계획(IEP)의 작성은 교육의 실제에 있어서 수업계획과 시행상의 오류를 예방하고, 아동에게 책임 있고 실제적으로 도움을 줄 수 있는 교육을 실시하고자 하는 데 목적이 있다. 미국의「장애인교육법(IDEA)」에서는 개별화교육 프로그램이라고 하는데, 이를 작성하여 실행하는 이유는 다음과 같다(이소현, 박은혜, 2011). 첫째, 각 아동이 필요로 하는 적절한 교육과 관련 서비스를 받도록 하는 관리도구로서 필요하다. 각 아동마다 영역별 장단기 교육목표, 교수상의 유의점, 제공되는 관련 서비스, 평가 절차 및 기준 등을 명시함으로써 체계적인 교육이 이루어지도록 한다. 둘째, 개별화교육은 학생의 진보 상황을 알아보는 평가도구의 역할을 할 수 있다. 장애 아동들에게는 획일화된 집단평가를 실시하기 어려울 뿐 아니라 그것이 무의미할 때가 많으므로 각 아동의 개별화교육에 명시된 목표와 평가기준들에 의하여 평가가 이루어지게 된다. 셋째, 개별화교육을 개발하는 절차를 통해 교사와 학부모 간에 의사소통을 할 기회를 가질 수 있다. 따라서 개별화교육 프로그램을 개발하는 것은 특수교육에 있어서 매우 중요한 일이다.

우리나라의「장애인 등에 대한 특수교육법」제22조와 동법 시행규칙 제4조에 의하면 개별화교육에 대한 규정을 확인할 수 있다. 즉, 개별화교육계획은 법적 문서로 지적장애 학생을 비롯한 특수교육대상자에게 필수적으로 요구되는 교육계획이다.

개별화교육지원팀은 보호자, 특수교육 교원, 일반교육 교원, 진로 및 직업 교육 담당 교원, 특수교육 관련 서비스 담당인력 등 특수교육대상자의 교육적 요구에 대해 전문적인 참여가 가능한 구성원들이 참여하도록 하고 있다. 특히 모든 절차와 과정에서 보호자의 참여를 보장하고 학교와 가정이 연계되어 일관된 교육을 할 수 있도록 제도화하였다.

매 학년의 시작일로부터 2주 이내에 개별화교육지원팀을 구성하고 매 학기의 시작일로부터 30일 이내에 개별화교육계획을 작성하는 등, 매 학년이 시작되기 전까지 개별화교육계획을 작성하는 등의 세부적인 절차를 규정하고 있다. 또한 개별화교육계획에 인적사항과 특별한 교육 지원이 필요한 영역의 현재 학업 수행 수준, 장애 유형 및 특성에 적합한 교육목표, 교육방법, 교육 내용, 특수교육 관련 서비스 등을 포함하도록 명시하고 있다. 다음은 IEP 양식의 예이다(실제 IEP를 구성하기 위한 기초 조사와 예는 이 장 끝의 〈부록〉 참조).

학년/반	2학년 3반		이름	김○○	성별	남
생년월일	19○○. ○. ○○		장애 유형		지적장애	
보호자	성명	박○숙				
	주소	서울시 ○○구 ○○동 ○○번지				
진단평가		검사명	검사일		검사 결과	
		사회성숙도검사	20○○. ○○. ○○.		SA: 5.00, SQ: 63.83	
		K-WISC-Ⅲ	20○○. ○○. ○○.		지능지수: 65, 언어성: 72, 동작성: 59	
건강 상태 및 약물 복용	20○○년 11월부터 40일 간격으로 경기를 함 현재 경기 약을 하루에 한 알 복용함					

▶ 영역: 인지(국어)

• 장기목표: 1. 한글을 읽고 쓸 수 있는 능력을 향상시킨다.

* 설정 이유: 글을 읽고 이해한다는 것은 아동의 학습과 생활의 질을 증가시킬 수 있는 지름길이며 현재 아동이 1학년에 재학 중이므로 큰 교육목표의 수정을 가하지 않아도 통합학급에서도 또래들과 함께 학습할 수 있고 일반교육과정에서 대상 아동이 성취할 수 있는 목표가 된다. 또한 현재 아동이 문자에 관심을 가지고 있으며 학부모 요구조사에서도 한글에 대한 요구가 높은 것으로 평가되었다.

단기목표	제공자	평가	시작일	점검일	종료일
1-1. 일상생활과 관련된 일견단어를 30개 이상 읽을 수 있다.	특수교사 일반교사	관찰 검사	○○/9/1		
1-2. 'ㄱ'~'ㅎ'의 자음을 덧쓰기 할 수 있다.	특수교사 일반교사	관찰 작업 샘플	○○/9/1		

1-3. '가' ~ '하'의 낱글자를 읽을 수 있다.	특수교사 일반교사	관찰 검사	○○/9/1	

- 일반화 계획: 단어카드로 제시된 일견단어를 생활 속에서 간판이나 포장, 교과서나 동화책 속에서도 찾아 읽을 수 있도록 한다.

▶ 관련/보충 서비스

관련/보충 서비스	제공자	시간	장소
교수지원	특수교사	주당 2시간	1-6. 교실, 운동장
도우미 보조	보조교사	주당 4시간	운동장

- 일반교육과정 내에서 장기목표를 성취하기 위해 필요한 도움/교구/프로그램 수정: 교육과정 수정 및 협력교수 실행

▶ 특수교육 배치

장소	기간	구체적 시간	참여 정도
일반학급	매주 12시간	월, 화, 목, 금 3~4교시/수 1~4교시	50%
특수학급	매주 12시간	월, 화, 목, 금 1~2교시/토 1~4교시	50%
기타			

- 배치 사유: 아동이 문제행동으로 보내는 시간이 많아 일반학급에만 참여할 경우 아동을 위한 적절한 교육이 이루어질 수 없고, 부모님이 집중적인 교육과 지역사회 체험학습을 원하여 특수학급에 배치함. 통합학급에서는 아직 ○○에게 학습적인 성과를 줄 만큼 준비되어 있지 않음

▶ 진단을 위한 수정

일반적인 진단에 참여하기 어려우므로 매 진단(수행평가)의 특성과 특수교사의 판단에 따라 적절하게 수정할 수 있도록 함

▶ 진도 보고

학부모 상담으로 수시로 제공
한 학기에 한 번씩 방학 전 생활통지표 배부 시 함께 보고

▶ 행동중재

긍정적인 행동지원 중재 필요(→ 기능적 평가에 근거한 지원양식 제시)

미국의 「장애인교육법(IDEA)」(2004)에서 규정하고 있는 IEP 구성요소로는 현행 수준, 장단기 교수목표, 평가계획(평가방법, 평가기준, 평가 실시 일정 등), 평가를 위한 수정방법 및 대안적 평가 적용, 특수교육 환경에의 배치 및 지원과 관련 서비스 내용, 일반교육 프로그램에 참여하지 않는 정도와 그 근거, 전환교육, 교육 시작과 종료 시기가 있다. 이 중 일반교육에의 참여 정도와 전환교육, 대안적 평가에 대한 항목은 우리나

라 법에는 해당되지 않는 것이 사실이다.

학령기 아동들에게 해당되는 IEP와 유사한 개념으로 장애 영유아들에게는 '개별화 가족서비스 계획(Individualized Family Service Plan: IFSP)'을 적용할 수 있다. 이는 영유 아기에는 장애 영유아뿐만 아니라 양육을 담당하는 가족에 대한 지원도 필요하기 때 문이다. 한편, 미국에서는 IEP 과정에 대한 문제점을 해소하고자 IDEA에서 권장한 무 형식(non-form)을 제시하고 있다. 이는 기존의 작성 틀에서 벗어나 실제적으로 유용한 IEP를 작성하는 데 주목적이 있다.

이 IEP 문서는 실제 교육 현장에서 전달되는 교육 내용과 방법을 포함하고 있으므 로 교육과정과 밀접한 관계가 있다. 지적장애 학생을 대상으로 하는 교육과정은 그 전 달체계의 수준에 따라 국가 수준, 지역 수준, 학교 수준 교육과정을 거쳐 재구성된다고 할 수 있다([그림 7-3] 참조). 학교 수준 교육과정은 교장의 교육철학, 지역의 여건, 학교 의 공간적 시설·설비 상황, 교사의 수와 구성 조건 등 교육 수행 여건에 따라 전체 교 육과정 자료에서 필요한 내용을 선정하게 된다. 또한 학교 수준 교육과정은 교수적 성 격을 지니게 되는데, 학생의 학습 특성에 따라 선택될 수 있도록 학습활동의 내용이 다 양하게 개발되어야 한다.

교육과정의 전달체계에서 교육과정이 실제로 실행되는 곳은 바로 학급 현장이다. 학급 수준 교육과정이야말로 학생들의 요구에 맞게 개별적으로 구성되어 수업이 이루 어지는 역동성 있는 현장이다. 교육계획과 교사들의 수업 간의 괴리를 좁히기 위해 수 업에서 실제로 활용하기 위한 실용성 있는 작업이 이루어져야 할 것이다.

학교 수준 교육과정은 장애학생의 IEP를 통해 개별 학생의 수준이나 요구에 따라 교 사의 재량에 의해 재구성하여 학급에서 운영된다. 특수교육을 제공받는 특정 학생을

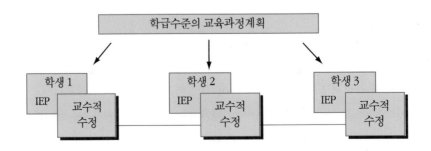

[그림 7-3] **장애학생을 위한 일반학교 학교 수준 교육과정계획 모형(일부)**
출처: 박승희(2002), p. 209.

위해 개발한 IEP가 목적과 목표를 구체화함에도 불구하고, IEP가 그 학생을 위한 의도된 교육과정은 아니다. 오히려 IEP는 의도된 교육과정이 그 학생을 위해 즉각적이고 구체적이 되도록 지원하는 하나의 계획이며, 교육과정을 대체하는 것은 아니다(박승희 외 역, 2014). 따라서 학급 수준 교육과정 계획은 통합 장면에서 각 학생의 IEP를 근거로 교수계획안을 구성하되 교수적 수정을 마련해야 한다(박승희, 2002).

학생은 학습활동 내용 가운데 어떤 내용을 선택하거나 몇몇 학습활동 중에서 하나를 선택할 수 있다. 학습활동은 학생이 공급받는 직접적 교육 내용이 되고, IEP는 학생의 개인 연간 학습계획이 된다. 따라서 학생의 누가적 학습 및 생활 기록과 교육과정 중심 평가에서 얻는 자료와 장기목표, 단기목표, 학습 수행 절차 등이 포함되어야 하고, 학습활동 내용은 특정 학생에게 적절하게 재구성되어야 한다. 교육과정에서 개발된 학습활동은 하나의 모형에 불과하고, 교사는 특정 학생의 학습활동으로 재구성해야 한다.

요약

1. 지적장애 학생을 위한 교육과정의 기본 이해

• 지적장애 학생의 교육과정 구성을 위한 접근으로 발달론적 접근은 지적장애인이 일반 또래와 같은 방식으로 학습한다는 기본 전제에 근거하고 있고, 생태학적 접근은 아동과 환경 사이의 상호작용 및 장애 발생 가능 요인들 사이의 상호작용에 대해 분석·평가하여 팀 접근방식으로 지원체계를 제공하는 것이다.

• 지적장애 교육과정 구성 및 운영을 위한 기본 전제로는 연령에 적절한 교육과정, 궁극적 기능성의 기준, 최소위험가정 기준, 영수준의 추측, 자기결정 증진 등을 들 수 있다.

• 지적장애 학생이 통합된 경우 개별 학생의 요구에 부합하기 위해 교육과정 운영방식을 달리할 수 있는데, 이들을 위한 교육과정으로 동일 적용 교육과정, 중다수준 교육과정, 중복 교육과정, 대체 교육과정으로 구분하기도 한다.

• 지적장애 학생을 위한 우리나라 국가 수준 교육과정에서는 2022년 유치원 교육과정, 공통교육과정, 선택중심 교육과정, 기본교육과정의 네 가지 교육과정으로 분류하여 제시하고 있다.

2. 중등도 및 중도 지적장애 학생을 위한 교육과정 운영

- 기능적 생활중심 교육과정은 중등도 및 중도 지적장애 학생에게 주로 적용하는 것으로, 현재 필요한 것이면서 미래의 가정과 직업, 지역사회, 여가활동 등에 사용될 수 있는 기능적 기술에 중점을 둔다.
- 기능적 기술은 다양한 환경에서 아동의 삶에 의미 있고 즉시 사용 가능한 기술을 말한다.
- 기술의 기능을 결정할 때는 기능적 기술의 필요와 선호도를 조사해야 한다. 생태학적 목록은 이를 위한 가치 있는 평가도구이다.
- 지역사회중심 교수는 생태학적 접근으로서 지역사회 기능을 증진시키기 위하여 사용되는 교수적 접근이며, 기능적 생활중심 교육과정을 실현하기 위한 전략이라고 할 수 있다.

3. 경도 지적장애 학생을 위한 교육과정 운영

- 통합환경과 성인기 환경에서의 독립성 증진, 또래들과의 일반교육과정 참여 증진, 교실에서 일반교육과 기능적인 활동이 모두 이루어질 수 있도록 기능적인 요구와 일반교육과정 환경에서 제시되는 교육 내용의 융합이 필요하다.
- 교수적 수정은 일반교육과정을 특수교육적 요구가 있는 학생의 수업 참여의 양과 질을 최적 수준으로 성취시키기 위해서 교수환경, 교수적 집단화, 교수방법(교수활동, 교수전략 및 교수자료), 교수내용 혹은 평가방법에서 수정 및 보완하는 것을 의미한다. 수정하는 수준과 정도에 따라 크게 물리·사회적 환경 조성과 교수내용 및 방법 수정으로 구분해 볼 수 있다.

4. 개별화교육계획

- 개별화교육계획(IEP)은 법적 문서로 지적장애 학생을 비롯한 특수교육대상자에게 필수적으로 요구되는 교육계획이다.
- 학교 수준 교육과정은 장애학생의 개별화교육계획을 통해 개별 학생의 수준이나 요구에 따라, 교사의 재량에 따라 재구성하여 학급에서 운영된다.

> ## 참고문헌

강경숙(2006). 장애학생의 일반초등학교 통합을 위한 관련 변인간 관계 모형개발 및 검증-교육과정 운영을 중심으로. 이화여자대학교 대학원 미간행 박사학위논문.

강경숙, 권택환, 김수연, 김은주(2000). 세 학교의 통합교육 운영사례. 경기: 국립특수교육원.

강경숙, 김진숙, 정해진, 황윤한(2004). 특수교육 교육과정 국제동향 분석. 경기: 국립특수교육원.

강경숙, 김희규, 유장순, 최세민(2005). 장애학생의 교육과정적 통합을 위한 교과별 수업적용 방법 구
    안: 초등학교 도덕, 사회, 과학교과를 중심으로. 경기: 국립특수교육원.

강성종(2005). 중도·중복 장애학생의 특수학교 교육과정 모형에 관한 연구. 홍익대학교 대학원
    박사학위논문.

교육부(2015a). 특수교육 교육과정 총론. 교육부 고시 제2015-81호 [별책 1].

교육부(2015b). 기본교육과정. 교육부 고시 제2015-81호 [별책 3].

교육부(2016). 2015 개정 특수교육 교육과정 길라잡이.

국립특수교육원(2009). 특수교육학 용어사전. 경기: 국립특수교육원.

권요한, 김수진, 김요섭, 박중휘, 이상훈, 이순복, 정은희, 정진자, 정희섭(2010). 특수교육학개론.
    서울: 학지사.

권요한, 이만영(2003). 특수아동을 위한 교육과정과 수업. 서울: 도서출판 특수교육.

김병하(2003). 특수교육의 정체성: 보편성과 특수성 논쟁. 특수교육학연구, 38(1), 67-90.

김은주, 권택환, 김정균, 박현옥(2003). 통합학급 운영실태 분석연구. 경기: 국립특수교육원.

김은주, 이인(2014). 미래 특수교육 교육과정 개선 방안 고찰. 지적장애연구, 16(1), 283-306.

김정권, 이유훈(2002). 특수교육과정 운영론. 서울: 도서출판 특수교육.

김진호, 권승희(2008). 장애학생을 위한 지역사회중심 교수프로그램 적용사례 고찰: 국내 연구
    를 중심으로. 직업재활연구, 18(2), 45-68.

박승희(1997). 중도장애 학생을 위한 교육과정의 최선의 실제. 특수교육논총, 14(2), 1-28.

박승희(1999). 일반학급에 통합된 장애학생의 수업의 질 향상을 위한 교수적 수정의 개념과 실
    행방안. 특수교육학연구, 34(2), 35-66.

박승희(2001). 지역사회중심의 교수. 2001 부모연수 제 1·2기: 부모연수 및 상담과정(pp. 133-150).
    경기: 국립특수교육원.

박승희(2002). 장애학생 교육과정적 통합을 위한 일반학교의 학교수준 교육과정계획 모형. 특수
    교육학연구, 37(1), 199-235.

박승희(2003). 한국 장애학생 통합교육: 특수교육과 일반교육의 관계 재정립. 서울: 교육과학사.

박승희, 강경숙(2003). 초등학교 학교교육운영계획서에 포함된 장애학생 통합교육 관련 내용분
    석. 초등교육연구, 16(1), 423-447.

박승희, 최재완, 홍정아, 김은하 역(2014). 장애학생의 일반교육과정 접근: 통합학급 수업참여 방안
    (Nolet, V., & McLaughlin, M. J. 저). 서울: 학지사.

박은혜(1997). 통합된 장애아동을 위한 효과적인 교수전략. 인간발달연구, 25, 93-113.

박은혜, 김은영(2000). 일반사례 교수법을 이용한 중도장애학생의 길 건너기 기술 습득과 일반
    화에 관한 연구. 한국지체부자유아교육학회지, 35, 63-82.

박은혜, 한경근 역(2008). 중도장애학생의 교육(Snell, M. E., & Brown, F. 저) 서울: 시그마프레스.

백은희(2005). 지적장애: 이해와 교육. 서울: 교육과학사.

백은희, 박용수(2006). 지역사회 중심 교육과정(ALSC-CLS) 타당도 검증에 관한 연구. 특수교육
    학연구, 41(2), 199-218.

손상희(2005). 초등학교 통합학급의 학급풍토와 공동체 의식 특성. 특수아동교육연구, 7(2), 1-26.

신종호, 김동일, 신현기, 이대식 역(2008). 정신지체(7판). (Beirne-Smith, M., Patton, J. R., & Kim, S. H. 저) 서울: 시그마프레스.

신현기(2004). 교육과정의 수정과 조절을 통한 통합교육 교수적합화. 서울: 학지사.

윤광보(2002). 정신지체아 교육과정 개발 방향 탐색. 정신지체 연구, 4, 101-117.

이대식, 김수연, 이은주, 허승준(2005). 통합교육의 이해와 실제: 통합학급에서의 효과적인 교육방법. 서울: 학지사.

이소현, 박은혜(2011). 특수아동교육(3판). 서울: 학지사.

이숙향(2013). 장애학생을 위한 교육과정 적용 동향 및 쟁점. 특수교육 교육과정의 효율적 운영을 위한 제2차 전문가 포럼. 충남: 국립특수교육원.

이숙향 역(2010). 발달장애 학생의 자기결정 증진 전략(Wehmeyer, M. L. et al. 저). 서울: 학지사.

이유훈(2000). 특수학급 교육과정의 효율적인 편성·운영방안에 대한 연구. 특수교육 교육과정 연구, 1집, 3-29.

이유훈, 김경진, 박정연(2000). 특수학급 교육과정의 편성과 운영. 경기: 국립특수교육원.

이은정(2007). 일반교육과정 접근을 위한 교수적 루브릭의 적용이 초등학교 장애학생의 수업참여행동과 통합학급 학생들의 국어과 학습목표 수행수준에 미치는 영향. 이화여자대학교 대학원 박사학위논문.

이정은 역(2015). 지적장애학생을 위한 전환교육의 실제(McDonnell, J., & Hardman, M. L. 저). 서울: 학지사.

이정은, 강경숙, 김미선 역(2009). 중도장애(Collins, B. C. 저) 서울: 학지사.

이정은, 김정효(2007). 고등학교 특수학급 교사의 전환교육에 대한 인식과 경험. 직업재활연구, 17(1), 147-174.

장혜성(2007). 지적장애 중·고등학생의 지역사회중심교수 전략에 대한 문헌 고찰. 지적장애연구, 9(2), 59-80.

장혜성, 박승희(2005). 다중요소로 구성된 지역사회중심교수가 일반고등학교 정신지체학생의 지역사회 활용기술 수행에 미치는 영향. 특수교육학연구, 40(1), 219-243.

정동영, 김영환, 김부용(1996). 정신지체학교 고등부 기능적 생활중심 지도자료 1: 기능적 생활중심 교육과정의 이론과 실제. 경기: 국립특수교육원.

정희섭(2003). 통합교육 장면에서의 교육과정 실행 전략. 대구대학교 대학원 미간행 박사학위논문.

황정규, 서민원, 최종근, 김민성, 양명희, 김재철, 강태훈, 이대식, 김준엽, 신종호, 박인우, 김동일(2011). 교육평가의 이해. 서울: 학지사.

Agran, M., Alper, S., & Wehmeyer, M. (2002). Access to the general curriculum for students with significant disabilities: What it means to teachers. *Education and Training in Mental Retardation and Development Disabilities, 37*, 123-133.

American Association on Intellectual & Developmental Disabilities (AAIDD). (2010). *Intellectual disability: Definition, classification, and system of supports*. Washington, DC: Authors.

Baker, J., & Zigmond, N. (1990). Are regular education classes equipped to accommodate students with learning disabilities? *Exceptional Children*, *56*, 515-526.

Bigge, J. L., Stump, C. S., Spagna, M. E., & Silberman, R. K. (2006). *Curriculum, assessment, and instruction for students with disabilities*. Belmont, CA: Wadsworth.

Brown, L., Branston, M. B., Hamre-Nietupski, S., Pumpian, I., Certo, N., & Gruenewald, L. (1979). A strategy for developing chronological age appropriate and functional curricular content for severely handicapped adolescents and young adults. *Journal of Special Education*, *13*, 81-90.

Brown, L., Nietupski, J., & Hamre-Nietupski, S. (1976). Criterion of ultimate functioning. In M. A. Thomas (Ed.), *Hey, don't forget about me!* (pp. 2-15). Reston, VA: Council for Exceptional Children.

Clark, G. M. (1994). Is a functional curriculum approach compatible with an inclusive education model? *Teaching Exceptional Children*, *26*(2), 36-39.

Collins, B. C. (2007). *Moderate and severe disabilities: A foundational approach*. Hoboken, NJ: Prentice Hall.

Cronin, M. E., & Patton, J. R. (1993). *Life skills instruction for all students with special needs: A practical guide for integrating real-life content into the curriculum* (p. 33). Austin, TX: Pro-Ed.

Dymond, S. (2004). Community participation. In P. Wehman & J. Kregel (Eds.), *Functional curriculum for elementary, middle, and secondary age students with special needs* (2nd ed.). Austin, TX: Pro-Ed.

Hamill, L., & Everington, C. (2002). *Teaching students with moderate to severe disabilities: An applied approach for inclusive environments* (Ch. 14, Community-based instruction). Upper Saddle River, NJ: Pearson Education.

Horner, R. H., Albin, R. W., & Ralph, G. (1986). Generalization with precision: The role of negative teaching examples in the instruction of generalized grocery item selection. *Journal of the Association for Persons with Severe Handicaps*, *11*, 300-308.

Hunt, P., McDonnell, J., & Crockett, M. A. (2012). Reconciling an ecological curricular framework focusing on quality of life outcomes with the development and instruction of standards-based academic goals. *Research & Practice for Persons with Severe Disabilities*, *37*(3), 139-152.

King-Sears, M. E. (2001). Three steps for gaining access to the general education curriculum for learners with disabilities. *Intervention in School and Clinic*, *37*(2), 67-76.

Lewis, P. (1987). A case for teaching functional skills. *TASH Newsletter*, *23*(3), 19.

Luecking, R. G., & Fabian, E. S. (2000). Paid internships and employment success for youth in transition. *Career Development for Exceptional Individuals*, *23*(2), 205–221.

Mason, C., Thormann, M., O'Connell M., & Behrmann, J. (2004). Priority issues reflected in general and special education association journals. *Exceptional Children*, *70*(2), 215–229.

McIntosh, R., Vaughn, S., Schumm, J. S., Haager, D., & Lee, O. (1994). Observations of students with learning disabilities in general education classrooms. *Exceptional Children*, *60*, 249–261.

Polloway, E. A., Patton, J. R., Epstein, M. H., & Smith, T. E. (1989). Comprehensive curriculum for students with mild handicaps. *Focus on Exceptional Children*, *21*, 1–12.

Prater, M. A. (2003). Strategies for success in inclusive classrooms. *Teaching Exceptional Children*, *35*(5), 58–64.

Pugach, M. C., & Warger, C. L. (1996). *Curriculum trends, special education, and reform: Refocusing the conversation* (pp. 227–252). New York: Teachers College Press.

Pugach, M. C., & Warger, C. L. (2001). Curriculum matters: Raising expectations for students with disabilities. *Remedial and Special Education*, *22*(4), 194–196, 213.

Ryndak, D. L., & Alper, S. (1996). *Curriculum content for students with moderate and severe disabilities in inclusive settings.* Boston, MA: Allyn and Bacon.

Ryndak, D. L., & Alper, S. (2003). *Curriculum and instruction for students with significant disabilities in inclusive settings* (Ch. 6). Boston, MA: Allyn & Bacon.

Schultz, J. M., & Carpenter, C. D. (1995). *Mainstreaming exceptional students: A guide for classroom teachers* (4th ed.). Boston, MA: Allyn & Bacon.

Scott, B. J., Vitale, M. R., & Masten, W. G. (1998). Implementing instructional adaptations for students with disabilities in inclusive classrooms. *Remedial and Special Education*, *19*(2), 106–119.

Sitlington, P. L., Clark, G. M., & Kolstoe, O. P. (2000). *Transition education and services for adolescents with disabilities* (3rd ed.). Boston, MA: Pearson Education, Allyn and Bacon.

Smith, P. (2007). Have we made any progress? Including students with intellectual disabilities in regular education classrooms. *Intellectual and Developmental Disabilities*, *45*(5), 297–309.

Udvari-Solner, A. (1992). *Curricula adaptations: Accommodating the instructional needs of diverse learners in the context of general education.* Topeka, KS: Kansas State Board of Education.

Wehman, P. L., & Kregel, J. (1996). *Teaching independent living skills to individuals with special needs: A longitudinal curriculum appeal.* Austin, TX: Pro-Ed.

Wehman, P. L., Kregel, J., & Barcus, J. M. (1985). From school to work: A vocational transition model for handicapped students. *Exceptional Children, 52*(1), 25-37.

Wehmeyer, M. L. (2002). *Teaching students with mental retardation: Providing access to the general curriculum.* Baltimore, MD: Paul H. Brookes Publishing Co.

Wehmeyer, M. L., Lance, G. D., & Bashinski, S. (2002). Promoting access to the general curriculum for students with mental retardation: A multi-level model. *Education and Training in Developmental Disabilities, 37*, 223-234.

〈부록〉

20○○학년도 개별화교육계획 수립을 위한 기초조사 1

학교(　　반) 제　　학년　　반

아동	이름	한글:				한자:	
	생년월일					집 전화번호:	
	주소(현 거주지)						

가족사항	관계	이름	연령	직업(구체적으로)	학력	직장 전화번호	(HP)휴대전화
	아버지						
	어머니						
	관계	이름	연령	학교명		학년/반	비고

장애사항 및 아동 특성	장애사항	1. 장애 유형:　　　　　　　　장애 등급:
		2. 장애 원인:
		3. 기타 장애 특이사항:
	진단검사 및 평가	1. 검사도구:
		2. 검사일:
		3. 검사 결과:
		4. 병원 진단 결과: (　　　　　병원)
		5. 기타 심리진단:
	건강 상태	※ 과거에 앓았던 질병이나 지금 치료 중인 질병에 대해 자세히 기록해 주시고 특이체질, 아동 건강 상태에 대하여 구체적으로 기록해 주세요.
	가정에서 학습상태	※ 좋아하는 놀이, 좋아하는 교과, 싫어하는 교과 등 아동의 학습상의 특징, 가정학습을 도와주는 사람 등을 기록해 주세요.
	생활습관 및 가정환경	※부모님이 알고 계시는 아동의 생활습관, 가족관계 및 아동의 주변 환경 중 교사가 꼭 참고해야 할 사항을 자세하게 기록해 주세요.
	기타	※ 부모님이 알고 계시는 아동의 습관 중 틱장애나 또는 환경이 갑자기 바뀌거나 주변 상항이 바뀌면 나타나는 행동 또는 병력을 기록해 주세요.

※ 반 적응 및 개별화교육 수립을 위한 귀중한 기초자료이오니 구체적이고 자세하게 기록하여 주세요. 궁금한 사항 문의는 특수교사 김○○, HP: 010-○○○○-○○○○.
출처: 국립특수교육원 에듀에이블.

개별화교육계획 수립을 위한 기초조사 2

학교(반) 제   학년   반

부모님 장래 희망사항	※ 부모님이 바라는 아동에 대한 장래 희망(부모님이 생각하시는 장래의 직업 또는 자립능력, 기타 아동에 대한 희망사항)	
병원 및 치료사항	※ 아동의 치료사항에 대해 장소(소재지), 요일, 시간, 거리를 구체적으로 기록해 주세요.	
	언어치료	
	놀이치료	
	물리치료	
	운동	
	기타	
통합반에서 생활 시 학부모님의 지도 요망사항 및 의견	※ 통합반에서 생활 시 통합반 선생님께 특별하게 지도·당부할 사항, 기타 요망사항	
도움반에서 생활 시 학부모님의 지도 요망사항 및 의견	※ 도움반에서 생활 시 통합반 선생님께 특별하게 지도 당부할 사항, 기타 요망사항	
20○○학년 부모님의 (생활 및 교육) 연간목표	※ 부모님이 올해 꼭 달성하고 싶은 목표(생활, 사회적응 또는 기타 구체적인 지도목표)	
	※ 특수교육대상자 일반 배치에 따른 특수교육 지원 희망사항(특수교육 일반 배치 대상 학생 학부만 기록)	
월 적응기간 동안 아동의 특성 파악 및 부모님 상담	★ 1~3번은 희망 불참 또는 반대에 ○해 주세요.	
	1. 통합반에서 실시하는(교육청) 체험학습 참가 → (희망, 불참)	
	2. 방과 후 학교 지원 희망(자유수강권 이용) → (희망, 불참)	
	3. 학생의 학습활동 사진 홈페이지 게시 → (동의함, 반대)	
	※ 특수교사(월 적응기간 동안 기록)	

출처: 국립특수교육원 에듀에이블.

제8장

학령기 교육적 접근: 교수방법 및 전략

김현진

    교수방법이란 교육 내용을 가르치기 위한 방법이며, 교수전략이란 교수방법을 달성하기 위한 구체적인 활동이다. 교수방법이란 가르치는 쪽에서 보면 교수작용이고 배우는 쪽에서 보면 학습작용이다. 따라서 교수방법은 교수학습 방법으로 이해하기도 한다. 학습자들은 정보를 어떻게 습득하고, 처리하고, 저장하고, 인출하며 과제를 수행하는가? 학습에 어려움을 겪는 학습자들을 위해서는 어떻게 효과적으로 가르칠 것인가? 이에 대한 해결을 위해서 먼저 학습이론과 교수전략에 대한 이해가 필요하다. 학습이론이란 학습에 관한 여러 현상을 종합하고 정리하여 세운 이론으로, 학습이론의 관점은 행동주의, 인지주의, 구성주의 관점으로 구분할 수 있다.

    이 장에서는 지적장애 학생들을 잘 가르치기 위한 최선의 교수전략을 증거기반 교수전략 중심으로 설명하도록 하겠다. 증거기반 교수전략이란 교육자를 대상으로 방대한 문헌을 정리·요약하여 제공한 연구기반을 가지고 있는 교수전략이다. 이 장에서는 증거기반 교수전략의 연구기반이 되는 이론적 근거, 교육 실제, 연구증거 및 적용 시 유의사항을 바탕으로 교수전략을 크게 세부분으로 나누어 설명하도록 하겠다.

    첫째, 행동주의 교수전략에 대해 설명하겠다. 행동주의 학습이론을 먼저 설명한 후, 행동주의 교수 실제인 직접교수, 우발교수, 촉진에 대해 각각 개념, 교수방법, 연구증거 중심으로 설명하겠다.

    둘째, 인지주의 교수전략을 설명하겠다. 인지주의 학습이론을 먼저 설명한 후, 인지주의 교수실제인 발견학습법, 정보처리 모델, 인지적 교수에 대해 각각 개념, 교수방법, 연구증거 중심으로 설명하겠다.

    셋째, 구성주의 교수전략을 설명하겠다. 구성주의 학습이론을 먼저 설명한 후, 구성주의 교수실제인 또래교수, 협력교수, 상보적 교수, 모델링, 협동학습에 대해 각각 개념, 교수방법, 연구증거 중심으로 설명하겠다.

    교사들은 수업시간에 여기에서 소개하는 교수방법 및 전략을 사용할 때에는 한 가지 교수방법 및 전략만을 사용하지 않고, 한 시간 수업과정에서도 다양한 교수방법 및 전략을 활용해야 한다는 것을 유의해야 한다.

1. 학습과 학습 단계

지적장애 학생을 지도하는 교사들은 학생들이 수업에 적극 참여하도록 수업을 조직하고 재구조화하는 방법에 대해서 고민하게 된다. 또한 어떤 교수전략과 교수방법을 사용해야 교육 내용을 효과적으로 전달할 수 있는지 고민하게 된다. 그러나 모든 학습자에게 효과적인 최고의 교수방법 및 전략이라는 것이 존재하는 것은 아니기 때문에 모든 학습자에게 최적의 교수방법 및 전략을 찾는 것이 최선의 방법이 될 것이다.

최적의 교수방법 및 전략이라는 것은 단순하게 방법 및 전략을 선택하는 것이 아니라 교사가 스스로 아동에도 맞고 수업 조건에도 맞는 최적의 교수방법 및 전략을 만들어 활용하는 것을 의미한다.

특수교육은 많은 사람이 가르치기 어렵다고 생각하는 학습자들을 끝까지 포기하지 않고 가르치고자 하는 분야이기에 교육자에게 필요한 것은 효과적인 교수전략이다. 지적장애 학생을 위한 최적의 교수방법 및 전략을 활용하기 위해서는 이를 뒷받침하는 학습이론에 대한 이해가 선행되어야 할 것이다.

1) 학습이란

학습이란 행동적인 변화 혹은 행동을 하기 위한 능력의 변화를 의미한다. 그러므로 지적장애 학생들의 학습은 그들이 다르게 행할 수 있는 능력을 갖게 되었을 때, 새로운 활동을 개발하거나 존재하는 것을 변형시킬 수 있을 때 이루어진다고 할 수 있다. 단, 이때 행동의 변화는 지속되어야 한다. 이러한 학습은 유전에 의해 결정되는 성숙에 따른 변화를 제외하고 연습과 경험을 통해 나타나는 것이다(Schunk, 2004). 따라서 지적장애 학생들에게 연습과 경험은 학습에 있어서 중요한 요인인 것이다.

요컨대, 지적장애 학생들에게 '학습이란 연습과 경험의 결과로 나타나는 행동의 지속적인 변화'라고 할 수 있다.

2) 학습 위계 및 학습 단계

학습 위계(learning hierarchies)는 일련의 지적 기술로 조직된다. 위계에서 가장 높은 요소들은 목표기술이다. 위계를 만들기 위해서는 가장 높은 곳에서 시작하여 학습자가 목표기술을 학습하기 위해서 어떤 기술을 수행해야 하는지, 혹은 어떤 기술이 목표기술을 위한 직접적인 선수기술인지를 알아보아야 한다. 동일한 질문을 각각의 선수기술에 대해 제기해야 하며, 현재 학습자가 수행할 수 있는 기술에 도달할 때까지 아래 단계로 내려온다.

학습 단계는 학습 준비, 습득과 수행, 학습의 전이 범주로 나눌 수 있다. 〈표 8-1〉은 이들 세 범주 내에서 계열화된 학습의 9단계 및 학습 내용을 보여 주고 있다(Schunk, 2004). 지적장애 학생들의 학습 단계 그리고 그에 따른 학습 내용은 〈표 8-1〉과 같다.

〈표 8-1〉 **학습 단계에 따른 학습 내용**

범주	단계	학습 내용
학습 준비	주의 집중	수업 시작 시간임을 알린다.
	기대감	수업목표와 유형 그리고 기대되는 수행의 질을 알린다.
	작동기억의 재생	종속되는 개념과 규칙을 상기할 것을 요구한다.
습득과 수행	선택적 지각	새로운 개념과 규칙의 예를 제시한다.
	부호화	정보 기억 방법에 대한 단서를 제공한다.
	재생과 반응	학생들에게 새로운 정보를 기억으로부터 꺼내 반응하게 한다.
	강화	학생들이 학습한 것이 정확한지 확인한다.
학습의 전이	암시된 회상	새로운 과제에 대한 짧은 퀴즈를 낸다.
	일반화 능력	특별한 복습을 제공한다.

지적장애 학생을 효과적으로 교수하기 위해서는 앞서 제시한 학습 단계에 다음과 같은 원칙을 가지는 것이 필요하다.

- 전에 배웠던 선수학습 내용을 간단히 복습하는 것으로 수업을 시작한다.
- 과제를 제시하고 과제 수행 후에는 연습을 실시한다.
- 분명하게 설명하고 보여 준다.
- 새로운 학습에 대해 많이 연습할 수 있도록 한다.
- 이해 내용을 질문하고 점검한다.
- 연습을 수행하는 동안 학생을 모니터링한다.

- 필요한 만큼의 피드백과 교정적인 교수를 제공한다.
- 자습 과제(seatwork)에 대한 분명한 방향을 제시하고 모니터링한다.

이러한 교수의 원칙을 바탕으로 교사는 다음과 같이 교수를 실행할 수 있다.

- 전날 학습한 내용을 복습하고 점검하기: 필요하면 다시 가르치기
- 새로운 과제를 제시하기
- 학생에게 연습을 제공하고 이해한 것을 점검하기
- 피드백 제공하기: 필요하면 다시 가르치기
- 간격을 두고 복습하기(주간/월간)

3) 학습 성과

Gagné(1998)는 "학습이란 여러 가지 다른 과정 속에서 자신을 보여 줄 수 있는 능력을 획득하는 것이며, 학습 성과(learning outcomes)는 지적 기술, 언어정보, 인지전략, 운동기술, 태도의 변화를 가져오는 것이다."라고 설명하였다(전성연, 김수동 역, 1998 재인용).

지적 기술이란 규칙, 과정, 개념을 포함하며, 말하기, 쓰기, 읽기, 수학문제 해결, 과학원리를 문제에 적용하는 데 사용된다. 지적장애 학생들에게 학급규칙을 가르쳐 지적 기술의 변화를 가져오기 위해 교사는 규칙들에 대한 정보를 학생들에게 제공하고 칠판에 적고, 학생들의 이해도를 점검하는 전략을 가르치기 위해 교사는 전략을 보여 주고, 학생들이 연습할 수 있도록 하며, 효과적으로 피드백을 주어야 한다.

언어정보는 서술적 지식으로 사실과 사건을 언어적 정보로 연결한 것이다.

인지전략은 새로운 정보에 대해 주의 집중하기, 정보 시연에 대해 결정하기, 상세히 설명하기, 장기기억 인출전략 사용하기와 같은 정보처리과정 기술을 포함하고 있다.

운동기술(motor skills)은 연습을 통해 유연함을 가져오고 시간이 갈수록 점진적인 향상을 가져온다. 지적 기술은 갑자기 비약적으로 획득되는 반면, 운동기술은 지속적이고 꾸준한 연습을 통해 점진적으로 발전해 간다. 태도는 개인의 행동에 영향을 미치고 관용, 정직, 건강한 삶의 실행 등과 같은 성격을 반영하는 내적 신념이 된다(Smith, 1998).

학습의 성과는 내적 조건과 외적 조건에 따라 달라진다. 내적 조건이란 학습자가 현재 가지고 있는 지식으로 채워진 기억 저장능력이라 할 수 있으며 선행기술과 인지과

정을 의미한다. 외적 조건이란 학습자의 인지과정을 지지하는 환경자극들이다.

2. 학습이론과 증거기반 교수전략

　학습자들은 정보를 어떻게 습득하고, 처리하고, 저장하고, 인출하며 과제를 수행하는가? 학습에 어려움을 겪는 학습자들을 위해서는 어떻게 효과적으로 가르칠 것인가? 이에 대한 해결을 위해서 먼저 학습이론과 교수전략에 대한 이해가 필요하다. 학습이론이란 학습에 관한 여러 현상을 종합하고 정리하여 세운 이론으로, 행동주의, 인지주의, 구성주의 관점으로 구분하여 살펴볼 수 있다. 학습이론 중 인지주의 이론은 합리주의 철학을 바탕으로 하고 있고, 행동주의 이론은 경험적 철학을 바탕으로 하고 있다.

　인지주의 학습이론과 행동주의 학습이론은 '학습이 어떻게 이루어지는가? 학습에 영향을 미치는 요소는 무엇인가? 기억의 역할은 무엇인가? 동기화는 어떤 역할을 하는가? 전이는 어떻게 발생하는가? 자기조절은 어떤 과정을 포함하고 있는가?'에 대한 견해를 달리하여 설명하고 있다.

　학생들의 요구는 다양하기 때문에 한 가지 방법이 모두에게 맞는 것은 아니다. 가장 효과적인 프로그램은 다양한 최선의 실제를 포함하는 것이다. 이 장에서는 지적장애 학생들을 잘 가르치기 위한 최선의 교수전략을 증거기반 교수전략 중심으로 설명하도록 하겠다. 증거기반 교수전략이란 교육자를 대상으로 방대한 문헌을 정리 · 요약하여 제공한 연구기반을 가지고 있는 교수전략이다. 미국에서는 장애의 유무를 떠나 모든 학생에게 연구에서 입증된 증거기반의 교수 실제들을 수업 장면에 적용할 것을 의무화하고 있다. 기존의 현장의 전문가나 부모들이 많은 경험을 통해 효과가 있다고 알아 온 것과는 달리 학문적으로, 연구대상의 선정이나 연구설계의 적절성, 여러 연구자를 통해 누적된 연구를 통해 입증된 단일중재에 대해서만 '증거기반'이라 일컫고 있다. 증거기반 교수전략들은 장애의 유무를 막론하고 효과적인 것으로 입증되고 있는 전략들로 통합교육 환경의 일반교사와 특수교사가 통합학급과 특수학급 모두에서 사용할 수 있는 교수전략이며 특수학교에서도 사용할 수 있는 교수전략이다.

　이 장에서는 증거기반 교수전략의 연구기반이 되는 이론적 근거, 교육 실제, 연구증거 및 적용 시 유의사항을 바탕으로 교수전략을 크게 세 부분으로 나누어 설명하도록 하겠다.

〈표 8-2〉 **증거기반 교수전략의 기준**

첫 번째, 중재전략은 한 매뉴얼에 잘 묘사되어 있고 그 전략이 잘 사용된 증거가 있어야 한다.

두 번째, 특정 전략이 우리가 변화시키기를 원하는 행동들에 긍정적 영향이 있다는 것을 확실히 해야 된다. 다양한 메타분석에 주로 의존할 것이다. 메타분석은 보통 숫자적인 지표를 산출하는데 그것을 효과크기라 한다. 효과크기가 더 클수록 전략의 영향력이 더 큰 것이다.

세 번째, 학습자에 대한 나이, 발달 수준, 그들이 가지고 있는 어떠한 장애의 성격과 정도에 대한 명확한 묘사를 포함해야 한다.

네 번째, 연구는 성과가 시간의 단순 경과 혹은 플라시보 효과와 같은 어떠한 혼재변수가 아닌 중재에 의한 것이라는 것을 확실히 할 방법으로 고안되어야 한다.

다섯 번째, 연구의 결과에 영향을 줄 오염이 없거나 혹은 최소한이어야 한다. 실험집단 혹은 통제집단의 성과에 영향을 미칠 수 있는 그 어떠한 것도 일어나지 않는 게 중요하다.

여섯 번째, 가능한 부작용은 평가되어야 하고 긍정적이어야 하며 적어도 부정적이지 않아야 한다.

일곱 번째, 교수전략에 기초하는 심리학적 기제 혹은 학습과정은 명확히 설명되어야 하고 그것을 다른 상황에 일반화하는 것이 가능해야 한다.

여덟 번째, 만약 행동적인 개선이 시간에 걸쳐서 유지되는 것을 확실히 하기 위해서는 6개월 후, 그러나 더 오랜 기간 후에 적절한 추수 연구가 이루어져야 한다.

아홉 번째, 연구는 연구조건이 아닌 일상적인 교수환경에서 수행되어야 한다.

열 번째, 연구들은 엄격한 전문가 심사 후에 명성 있는 학술지에 출판되어야 한다.

열한 번째, 연구는 특정 전략의 긍정적 효과를 나타내기 위하여 적어도 두 편의 높은 질의 집단연구, 혹은 네 편의 수용 가능한 질의 집단 연구, 최소 다섯 편의 단일대상 연구를 포함하여야 한다.

열두 번째, 중재는 지나치게 비싸지 않아야만 채택된다.

열세 번째, 연구가 통계적으로 유의한 결과를 산출하는 것은 가능하다

열네 번째, 교육자들이 연구된 교수전략들의 유용 가능한 형태에 쉽게 접근할 수 있어야 한다.

출처: 박승희, 최하영, 박은영 역(2018).

3. 행동주의 교수전략: 직접교수, 우발교수, 촉진

- 행동주의적 접근의 핵심은 S-R-S(자극-반응-자극)로, 때때로 A-B-C(선행사건-행동-후속결과)와 거의 동의어로 표현된다.
- 행동주의 학습이론은 인간의 본성을 수동적인 존재로 인식하고, 인간의 행동은 복잡하지만 예측이 가능하다고 보고 환경의 조절에 따라 변화될 수 있는 것으로 가정한다. 따라서 학습이란 경험의 결과로 나타나는 행동의 영속적인 변화로 본다.
- 학습이란 자극과 반응 간의 연합으로, 자극이란 학습자에게 제시되는 모든 환경을 의미하며, 반응은 자극에 의해 발생하는 학습자의 행동을 의미한다.
- 행동주의 학습이론이 바탕이 되는 교수법으로는 직접교수, 우발교수, 촉진이 있다.

1) 행동주의 학습이론

행동주의 학습이론은 경험주의 철학의 이론을 바탕으로 한다. 즉, 경험이 지식의 자원이며 형태라고 생각한다. Locke, Berkeley, Hume, Mill과 같은 경험주의자들은 생각이 경험으로부터 나온다고 믿었다. 행동주의 학습이론가들은 학습과 관련하여 다음과 같이 설명한다.

학습이란 환경적 요인인 자극과 반응의 연합 형태로 일어나는 것으로, 행동 발생이나 반응 비율, 발생 빈도, 형태 변화를 가져오는 것이다. 학습은 관찰 가능한 환경적 요인으로 인하여 일어나기 때문에 학습을 일으키는 데 설명, 감정, 사고 등 내면적 사고는 중요하지 않다. 따라서 교사는 학습이 일어날 수 있도록 환경을 적절히 구성해 주는 것이 필요하다. 자극을 어떻게 배열하고 제시하고 반응에 대하여 어떻게 강화할 것인가 하는 환경의 역할이 강조되는 것이다(Schunk, 2004).

기억이란 외부의 자극과 관련되어 존재하는 행동의 기능이다. 외부 자극에 대하여 습관적인 방식으로 반응한 것이 기억 속에서 유지되는 것이다. 망각은 오랜 시간 동안 반응의 부족으로 야기되는 것이다. 따라서 교수를 한다는 것은 주기적으로 복습을 함으로써 학습자의 반응 강도를 유지하는 것이다(Myers & Hammill, 1990).

동기란 자극에 대한 반응을 반복함으로써 행동 발생이 증가하고, 그 결과 또한 강화되어 또다시 행동이 발생하고 행동 발생 비율이 증가함을 의미한다(Graziano, 2002). 학생들은 과제 선택, 과제 지속, 성공을 향한 노력을 하면서 동기화되는 것이지, 요구, 목적, 기대, 감정과 같은 내면적 과정을 통하여 동기화되는 것은 아니라고 설명한다.

전이란 새로운 내용의 지식과 기술이 그것을 습득한 곳과는 다른 상황에서 새로운 방식으로 적용되는 것을 의미한다. 전이는 상황 간의 동등한 요소나 비슷한 모양(자극)에 의존하며, 행동은 이전의 상황과 새로운 상황이 공통의 요소들을 공유하고 있을 때 전이된다. 따라서 교사는 상황 사이의 유사성을 강화하고 공통적인 요소를 찾도록 한다.

자기조절이란 학습자가 목적을 달성하기 위해 체계적으로 그들의 생각, 감정과 활동을 어떻게 조절하는가를 설명하는 것이다. 행동주의 이론가들은 자기조절 행동을 설명하는 데 있어서 자기감시, 자기조절, 자기강화와 같은 명백한 학습자의 반응에 관심을 갖는다(Hallahan, Kauffman, & Lloyd, 1999).

행동주의 학습이론으로 지적장애 학생을 교육할 때에는 자극을 어떻게 제시하고,

학생 반응에 대하여 어떻게 강화할 것인지가 중요하며, 강화의 결과로 행동 발생 가능성을 높이고, 새로운 내용을 전이시키기 위해서 상황 사이의 유사성을 강조하게 된다.

2) 행동주의 교수의 실제

(1) 직접교수

- **기본개념:** 직접교수(direct teaching)의 전제는 지적장애 학생들은 잠재력이나 현재 학습능력에 있어서 훨씬 불리한 위치에 있으며 그들에게 스스로 원리나 내용을 깨닫도록 하기보다는 교사가 직접 명료하게 가르쳐 주어야 한다는 것이다(Adams & Carnine, 2003). 따라서 학습의 목표를 가장 효과적으로 달성하기 위해 교사가 직접 목표 학습 상태를 가능한 한 상세히 그리고 구체적으로 보여 주고 잘 계획된 수업환경에서 반복적으로 익히도록 하는 것이 최선으로 간주된다(Gast, Wellons, & Collins, 1994).

- **교수방법:** 직접교수의 절차는 일반적으로 수업 안내, 수업 시작과 이해 정도의 평가, 피드백 제공 단계로 이루어진다. 수업 안내 단계는 수업을 시작할 때 학습목표, 절차 및 학습할 내용을 아동들이 분명하게 숙지하도록 안내하는 것이다. 다음 단계는 새로운 개념이나 기술을 제시하여 수업을 시작하는 단계이다. 수업이 시작되면 아동이 과제를 수행하는 동안 교사가 아동의 이해 정도를 평가하기 위해 많은 질문을 하게 된다. 질문은 어떤 답을 요구할 수도 있고, 또 어떻게 그런 답을 하게 되었는지를 학생에게 설명하도록 한다. 질문에 대한 적절한 반응에는 칭찬을 하고 적절하지 못한 반응에는 암시나 단서를 제공함으로써 아동의 학습을 격려하게 된다(Hickson, Blackman, & Reis, 1995).

- **직접교수의 특징:** 직접교수의 특징은 크게 내용 조직방식과 교사의 수업 진행방식에서 찾아볼 수 있는데, 내용을 조직하고 제시할 때 논리적 위계와 과제분석 기법 원리를 적용하는 것이다. 구체적으로 몇 가지 특징을 살펴보면 다음과 같다. 첫째, 교수전략으로서는 철저하게 학습 향상을 위한 피드백을 주고 잘못된 반응에 대해서는 정확하고 신속하게 교정할 수 있다. 둘째, 학습자들이 지루하지 않게 학습 진도를 빠르게 이끌어 나가면서 숙달도를 높일 수 있다. 그러면서도 학습자들의 적극적인 참여를 유도할 수 있다. 셋째, 교사가 이러한 교수활동을 능숙하

게 해 나갈 수 있도록 바람직한 교수활동의 시범과 숙달될 때까지의 체계적인 보조를 제공할 수 있다. 넷째, 일단 교수활동이 종료되면 지속적으로 학습자들의 학업성취도를 평가하되 평가 내용은 교수활동에서 다루어졌던 것과 밀접하게 관련지을 수 있다. 중요한 것은 실제 학습자들이 학습에 투여한 시간을 최대한 증가시킴으로써 효율적이고 밀도 있는 학습이 이루어지도록 할 수 있다는 것이다(Prater, 2007).

- 과제분석: 과제분석(task analysis)은 학생이 전체 과제를 시도하기 전에 그 과제의 요소와 선행요소를 학습한다면 학습이 촉진될 수 있다고 가정한다. 따라서 교사는 지적장애 학생을 교수할 때 일련의 과제요소와 선행요소를 확인한 후 과제의 어느 단계에서부터 교수를 시작해야 할지를 먼저 결정해야 한다. 과제분석에서 각 단계는 학생에게 가르칠 수 있는 분리된 행동이 된다(Taylor, 2003). 이처럼 과제분석에서는 무엇을 가르치고 어떤 순서로 가르쳐야 하는지를 강조하기 때문에 지적장애 학생들에게 복잡한 기술을 가르치는 데 효과적이다. 또한 이 교수방법은 처방적이고 구조화된 교수 프로그램을 시작하고 시행해 나가는 데 그 기초가 될 뿐 아니라 사정, 교수에도 유익하다. 과정으로서의 과제분석에는 상세한 기술과 복잡한 활동의 평가가 포함되며, 교사는 과제분석 과정을 보여 줌으로써 성공적인 지도를 할 수 있다(김현진, 2010).
- 직접교수 실제 1: 효과적인 교사 주도 수업요소가 되기 위해서 교사는 복습하기, 수업목표 진술하기, 주제 소개하기, 기대되는 행동 시범 보이기, 안내된 연습과 독립 연습 제공하기, 요약하기 등과 같은 요소를 포함시켜야 한다.

〈표 8-3〉 교사 주도 수업계획 구성의 예

- 목표: 여러 가지 종류의 삼각형으로 다양한 모양을 꾸밀 수 있다.
- 예상단계/목적: 여러 가지의 삼각형을 이용하여 작품을 만들 수 있다.
- 검토: 일상 속에서 볼 수 있는 삼각형을 이용한 작품의 사진을 살펴본다.
- 시범보이기/안내된 연습: 모양 만드는 방법 안내하기
  1. 삼각형을 이용해서 다양한 모양을 만들 것이라 안내한다.
  2. 설명이 적힌 PPT 화면을 보고 1번 설명부터 읽어 준다(2개의 자석블록을 가지고 화면과 같이 만들어 본다).
  3. PPT 화면의 1번 설명을 함께 읽는다.
  4. 화면에 나오는 모양과 똑같은 모양으로 2개의 자석블록을 놓는 것을 시범 보여 준다.
  5. 화면에 나오는 모양과 똑같은 모양으로 교사와 함께 자석블록을 놓아 본다.

6. 화면에 나오는 모양과 똑같은 모양으로 혼자 자석블록을 놓아 본다.
7. 설명이 적힌 PPT 화면 2번 설명을 읽어 준다(2개의 자석블록을 가지고 화면과 같이 만들어 본다).
8. 설명이 적힌 PPT 화면 2번 설명을 함께 읽는다.
9. 화면에 나오는 모양과 똑같은 모양을 자석 3개를 가지고 만들어 시범으로 보여 준다.
10. 화면에 나오는 모양과 똑같은 모양으로 교사와 함께 자석블록을 놓아 본다.
11. 화면에 나오는 모양과 똑같은 모양으로 혼자 자석블록을 놓아 본다.
• 독립연습: 화면에 나오는 모양과 똑같은 모양으로 자석 블록을 놓는다.
• 자료수집: 교사는 학생이 독립 수행한 결과를 기록한다.

• 과제분석 실제 2: 과제분석의 예는 〈표 8-4〉와 같다. 햄버거 주문을 교수하기 위해서 표에서와 같이 가르칠 과제를 단계별로 분석하여 과제의 요소를 행동으로 명시하는 것이 필요하다.

〈표 8-4〉 **과제분석의 예**

〈예 1〉 스콧의 과제분석 예(CA=18-0, IQ=33)

단기목표: 햄버거집에서 햄버거를 주문하라는 지시에 따라 스콧은 햄버거집에서 콜라, 햄버거를 실수 없이 5일 중에 다섯 번 주문할 수 있다.

과제분석
1. 줄 끝에 선다.
2. 줄이 움직일 때 카운터를 향해서 한 발 움직인다. 겨드랑이까지 셔츠를 올린다.
3. 카운터로 움직인다.
4. 카운터 점원과 눈 맞춤을 한다.
5. "저는 햄버거, 작은 콜라를 주문하고 싶어요."라고 말한다.
6. 점원이 비용을 계산해서 이야기할 때 주머니에서 5달러를 꺼낸다.
7. 점원에게 5달러를 준다.
8. 거스름돈을 받는다.
9. 거스름돈을 지갑에 넣는다.
10. 빨대를 꺼낸다.
11. 냅킨을 꺼낸다.
12. 주문한 것과 빨대, 냅킨을 쟁반 위에 놓는다.
13. 빈 테이블로 걸어간다.
14. 의자에 앉는다.
15. 점심을 먹는다.

출처: Hicksom, Blackman, & Reis (1995).

- 연구증거: 6편의 메타분석, 4편의 실제적인 개별 연구들은 직접교수가 다양한 교과 영역들에서 긍정적인 효과를 갖는 것으로 보여 주고 있다. 경도 및 중도 장애를 가진 학습자를 대상으로 한 직접교수의 효과에 대한 25편의 연구를 메타분석한 결과, 직접교수로 가르친 학습자들의 학업성취가 높은 것으로 보고하였다(White, 1988). 특수교육 학습자들에 대한 직접교수의 효과성을 평가한 연구 6편에서는 직접교수가 전통적 교수보다 학생들의 높은 학업적 성취를 산출한다는 것을 보여 주었다(Gersten, 1985). 또한 자폐 학생 2명과 지적장애 학생 2명의 읽기 이해에 대한 직접교수의 효과에 대한 평가에서 연구자들은 행동 간 중다간헐기초선설계를 사용하여 학생들의 읽기 이해에 있어서 향상을 발견하였다(Florres & Ganz, 2009).

(2) 우발교수

- 기본개념: 자연스러운 교수인 우발교수(incidental teaching)는 밀리외 교수(milieu teaching) 및 맨드 모델(mand model)을 비롯해 다양한 용어로 사용된다(Warren, 2002). 우발교수는 장애유아들의 사회적 의사소통 기술의 교수를 위해서 많이 사용되는 자연적 중재의 한 방법이다.

- 교수방법: 우발교수를 사용해서 사회적 행동이나 의사소통을 증진시키기 위해서 다음과 같은 절차를 따른다. 지적장애 학생과 교사가 함께 주의 집중을 한 다음, 교사는 이들이 관심 있어 하는 물건에 접근할 때 아동에게 요구한다("이것이 무엇인가요?"). 이들이 정확한 언어 반응을 하면 교사는 아동을 칭찬하고 언어 확장을 하며, 아동의 언어 반응에 따른 물건을 제공한다. 아동이 반응하지 않거나 부정확한 언어 반응을 하면, 교사는 이차적 요구를 하거나 모델방법을 사용해서 언어중재를 한다. 예를 들면, 아동이 볼 수는 있으나 손이 닿지 않는 곳에 매력적인 물건을 배치한다. 그러면 아동은 그 순간 관심이 있는 물건에 언어적 또는 비언어적으로 도움을 요구한다. 이때 중재자는 아동의 요청이 있으면 함께 주의 집중을 하고 상황에 따라 모델방법, 요구모델 방법, 시간지연 방법을 사용해서 언어중재를 한다(Hallahan et al., 1999).

  이와 같은 절차를 수행할 때 모델, 요구모델, 시간지연 등의 방법은 두 번 이상 시행하지 않는 것에 주의해야 한다. 아동이 화를 내거나 싫증을 내서 하지 않으려는 것을 방지하기 위해서이다. 두 번째도 정확한 의사소통을 할 수 없으면 정확한 교정을 하고 아동이 흥미를 보이는 물건 등을 바로 주고 자연스러운 강화를 한다.

우발교수를 성공적으로 하기 위해서는 교사가 수업목표를 미리 정하고 완벽하게 준비하며 학생들의 반응을 예상해야 한다. 교사는 지적장애 학생의 반응에 민감해야 하며, 그들의 반응 수준을 향상시키기 위해 계속적으로 노력해야 한다. 모든 우발교수에 있어서 공통적인 방법은 지적장애 학생이 바람직한 반응을 하도록 교사가 상황을 만드는 것이다. 따라서 우발교수를 성공적으로 이행하기 위해서 교사는 우선 지적장애 학생의 반응을 불러내는 환경을 만들어 내야 한다. 또한 교사는 지적장애 학생들로 하여금 본인들이 요청을 하도록 해야 한다. 아울러 지적장애 학생이 목표행동을 하지 못할 경우 교사는 바른 행동을 보여 주어야 한다.

- 연구증거: Halle 등(1979)은 연구를 통해 자극통제로서 시간지연은 심하게 언어지체가 된 6명의 3~4세 취학 전 아동들이 자발적 발화를 하는 데 효과적이라고 보고하였다. 또한 시설에 있는 중도 지적장애 청소년에게 우발교수법으로 형용사 요구, 사회적 기초기능, 사물의 이름 말하기, 2단어 문장, 중문을 가르칠 수 있다고 하였다. Rogers-Warren과 Warren(1980)은 교사들이 우발언어교수를 사용하여 심하게 언어지체가 된 유치원 아동을 가르치게 한 결과 아동의 자발적 발화가 증가하였다고 보고하였다.

(3) 촉진

- 기본개념: 촉진(prompting)은 교수적 자극을 제시한 후에 반응이 일어나기 전에 제공되는 보조수단으로서 정확한 반응을 유도하기 위하여 필요한 것이다. 촉진은 지적장애 학생의 과제 수행을 도와주기 위해서 학습 과제에 부가되는 것으로서 언어적 촉진, 그림 촉진, 신체적 촉진, 몸짓으로 하는 촉진 방법이 있다.

- 교수방법: 언어적 촉진이란 지적장애 학생이 현재 주어진 과제를 수행하도록 언어로 설명해 주는 촉진이다. 언어적 촉진을 할 때에는 명백하고 일관성이 있어야 한다. 이때 지적장애 학생이 반응할 수 있는 '기다리는' 시간이 제공되어야 한다. 만일 지적장애 학생이 어떤 반응도 하지 않을 경우 촉진을 반복해서 제공하며 학생이 과제를 완수하도록 도움을 준다.

그림 촉진이란 그림이나 사진 등을 단서로 사용하는 촉진이다. 예를 들면, 지적장애 학생에게 부품 조립방법을 습득시키기 위해 훈련에 사용된 책의 각 조립 단계를 그림으로 보여 주는 것이다.

신체적 촉진이란 과제를 수행하도록 신체적으로 보조해 주는 촉진이다. 예를 들면, 지적장애 학생이 글자 쓰기를 학습할 때 학생을 돕기 위해 교사가 학생의 손 위에 자신의 손을 얹어서 안내하는 것이다.

몸짓으로 하는 촉진이란 과제를 수행하도록 신체적으로 보조해 주는 것이다. 예를 들면, '조용히 해.'를 나타내기 위해 입술에 손가락을 대는 것이다.

지적장애 학생이 과제를 수행하는 데 어려움이 많을 경우에는 앞과 같은 다양한 촉진을 사용하지만, 과제가 점차 숙달되어 감에 따라 촉진을 최소화해야 한다. 촉진은 처음에는 언어적 촉진을 사용하고, 이러한 촉진으로 과제 수행에 어려움이 있다면 그림 촉진, 신체적 촉진, 몸짓 촉진으로 높은 지원 수준의 촉진을 할 수 있다.

- 연구증거: Schepis 등(1982)은 지적장애아가 의사소통하도록 하는 우발언어교수 프로그램에서 신체적 촉진과 수화를 사용하였고 Carr 등(1978)은 교사와 학생 일대일로 언어지도가 이루어지는 전통적인 방법에도 신체적 촉진이 많이 사용되고 있다고 하였다.

4. 인지주의 교수전략: 발견학습법, 정보처리 모델, 인지적 교수

- 인지주의 교수의 학습이론은 인간을 환경과 상호작용하는 존재로 보고, 학습을 외부로부터 정보를 받아들여서 자신의 인지 구조 속으로 포함시키는 일련의 과정으로, 동화와 조절로 학습자의 인지 구조를 변화시키는 것으로 본다.
- 결과보다는 과정을 중시하며, 정보의 발견이나 단순한 기억보다는 정보의 구성을 강조한다.
- 인지는 우리가 어떻게 정보를 수집하고, 저장하고, 해석하고, 이해하고, 기억하고, 사용하는지를 의미한다. 인지적 기술의 습득은 읽기, 쓰기, 수학문제 해결, 이해, 말 산출, 창의적 사고, 사회적 기술과 같은 행동에 기본이 된다.
- 인지주의 교수전략은 학습자들이 인지적 기술 혹은 전략을 습득하도록 지원하는 방법을 말한다.
- 인지주의 교수전략의 교수법으로는 발견학습법, 정보처리 모델, 인지적 교수가 있다.

1) 인지주의 학습이론

인지주의 학습이론의 주축이 되는 합리주의 철학자들은 지식이 감각의 도움 없이 이성으로부터 비롯된다고 생각한다. 그들은 지식이 생각으로부터 발생한다는 학설을 주장하며, 사람들이 감각적인 정보를 습득하는 세계가 있을지라도 생각은 마음으로부터 발생한다고 주장한다. Descartes와 Kant는 이성이 세계로부터 습득되는 정보를 바탕으로 활동한다고 믿었으며, Platon은 지식이 순결한 이성에 의해 습득되고 완성된다고 생각하였다. 인지주의 학습이론에서 이야기하는 학습 관련 설명은 다음과 같다.

학습이란 사람들이 말하고 행동하는 것으로부터 추론될 수 있는 내면의 정신적인 현상으로 정보의 정신적인 처리를 중요시하여 구조, 습득, 조직, 부호화, 암기, 저장, 기억으로부터의 인출, 망각을 중요하게 여긴다. 따라서 교사는 지식을 의미 있게 만드는 것과 학생이 그들 자신과 그들의 환경에 대해 지각하는 것, 학습을 하는 동안 교수가 어떻게 영향을 미치는가에 대해 관심을 가져야 한다(송인섭 외, 2000).

학습에 영향을 주는 요소로는 환경적 요소인 교사의 설명과 개념의 제시가 있으며, 학습을 하는 데 있어서 학생의 정보처리 방식(어떻게 그들이 집중하고, 암기하고, 변형하고, 부호화하고, 저장하고, 그것을 회상하는지)이 강조된다. 학습자의 정보처리 방식은 무엇을, 언제, 어떻게 그들이 학습할 것인가뿐 아니라 학습을 구성하는 데 무엇을 사용할 것인가를 결정한다. 인지주의 학습이론에서는 학습자의 사고, 신념, 태도, 가치의 역할을 강조하기 때문에 교사들은 수업계획을 세울 때 이 점을 고려해야 한다.

동기와 학습은 같은 과정을 공유하나 또한 다른 기능을 포함한다고 보았다. 강화가 학생들을 동기화할 수 있음에도 불구하고 행동에 대한 영향력이 자동적인 것은 아니며, 대신 학생들이 그것을 어떻게 해석하느냐에 달려 있다. 학생들은 그들이 강화받을 것이라고 믿는 활동에 참여한다. 따라서 연구자들은 학생들을 동기화하는 많은 인지적인 과정을 판별해야 한다. 인지주의 학습이론들은 동기화가 학습에 영향을 미친다고 주장하며 목표 설정, 자기효능감, 성과기대 등의 메커니즘을 통해 크게 영향을 미친다고 한다.

전이란 학습자가 다른 환경에서 어떻게 지식을 활용하는지를 알게 될 때 일어난다고 가정한다. 어떻게 정보가 기억에 저장되는가 하는 것은 중요하다. 지식의 사용방식은 지식 자체와 함께 저장되거나 다른 기억 저장 위치로부터 쉽게 접근할 수 있다.

인지주의 학습이론으로 지적장애 학생을 교육할 때는 주의 집중, 인출, 학습전략의 사용, 이해력 모니터링과 같은 활동과 자기효능감, 성과, 학습의 지각된 가치와 같은 동기화된 신념들을 강조하게 된다.

2) 인지주의 교수의 실제

(1) 발견학습법

- **기본개념**: 발견학습(discovery learning)은 교사의 지시를 최소한으로 줄이고, 학생 스스로 자발적인 학습을 통해 학습목표를 달성하도록 하는 교수학습 과정 형태이다. 그리고 학생 스스로 기본개념이나 원리를 깨닫게 함으로써 탐구능력과 태도를 기를 수 있다는 것이다.

  발견학습은 쉽게 제시되는 잘 조직된 내용에는 적절치 않다. 학생들이 배우고자 하는 동기가 생겨서 필요한 기술을 습득하는 문제 해결 활동처럼 학습과정이 중요시될 때 더 적절하다. 발견학습 교수의 결점은 발견 상황을 만들기 위해서는 시간이 필요하며, 실험이 실행되지 않을 수도 있다는 것이다. 학교에서의 발견학습 상황 유형으로는 역할극, 독립 혹은 집단 프로젝트, 컴퓨터 시뮬레이션이 있다.

- **교수방법**: 지적장애 학생들은 자발적 학습능력, 개념 형성, 일반화가 부족하다. 따라서 발견학습을 통해서 이들의 부족한 부분에 대한 경험을 확대시키는 것이 필요하다.

  발견학습은 학습자의 능동적 학습과정을 중시하기 때문에 지적장애 학생들에게는 자칫하면 방만한 수업이 되기 쉽기 때문에 이러한 결함을 피하기 위해서 교사는 프로그램 학습이 갖는 단계와 순서를 함께 사용하는 것이 필요하다. 또한 지적장애 학생들을 위해 학습과정에 대한 방법을 먼저 학습하도록 하며, 발견학습을 통해서 내적 보상을 강화하여 학습동기를 유발할 수 있도록 해야 한다. 지적장애 학생들의 발견학습 활동의 성공은 활동 그 자체보다 대부분 교사의 행동에 달려 있다.

  교사는 지적장애 학생들의 발견학습 활동에 적절한 내용을 선택할 수 있어야 하고, 그 내용을 설명해 주는 자료를 선택할 수 있어야 한다. 적절한 자료를 선택하여 학생들이 배울 것을 스스로 만들어 낼 수 있도록 지원해야 한다.

  교수방법은 '기본 구조'에 대한 철저한 학습을 강조하고, 학습 효과의 전이를 중시하며, 학습의 결과보다 과정과 방법을 중요시하고, 학습자의 주체적인 학습을 강조하는 데 있다. 이러한 발견학습은 문제의 발견, 가설의 설정, 가설의 검증, 일반화(적용)의 절차를 따른다.

발견학습법은 문제 해결의 한 방법으로 볼 수 있다. Polya(1957)는 문제 해결의 대표자로서 문제 해결 단계를 〈표 8-5〉와 같이 제시하였다.

〈표 8-5〉 Polya의 문제 해결 단계

① 문제 이해하기: '알려지지 않은 것은 무엇인가?' '자료(data)는 무엇인가?'와 같은 질문을 하는 것이다. 문제를 나타내는 다이어그램이나 주어진 정보를 끌어내는 데 도움을 준다.
② 계획 고안하기: 사람은 자료와 알려지지 않은 것 사이의 연결을 찾기 위해 노력한다. 문제를 하위목표로 나누는 것은 비슷한 문제와 그것이 어떻게 해결되었는지를 생각할 때 유용하다. 문제는 재진술할 필요가 있을 수 있다.
③ 계획 수행하기: 각 단계가 적절하게 실행되고 있는지를 확실히 하기 위해 그것을 점검하는 것은 중요하다.
④ 돌아보기: 해결책의 검토를 의미한다. 그것은 올바른지 또는 해결하기 위한 다른 수단이 있는지를 돌아본다.

Bransford와 Stein(1984)은 IDEAL 발견학습법을 다음과 같이 제안하였다. ① 문제 확인하기(Identify), ② 문제 제시하고 정의하기(Define), ③ 가능한 전략 탐색하기(Explore), ④ 전략 실행하기(Act), ⑤ 활동의 효과 평가하기 및 돌아보기(Look back).

일반적 발견학습법은 친숙하지 않은 내용으로 작업할 때 가장 유용하며 학생들이 체계적인 문제 해결자가 되도록 도울 수 있다.

(2) 정보처리 모델

- 기본개념: 정보처리 모델(information processing model)은 학습자의 내부에서 학습이 발생하는 기제를 설명하려는 이론으로, 인간의 기억을 마치 컴퓨터가 외부 자극을 정보처럼 받아들여 처리·저장해 두었다가 출력해 주는 것과 같다고 보는 이론이다. 정보처리과정을 보면, 환경으로부터 들어오는 감각 입력은 기억의 바탕이 되는데 그것이 감각계기 속에 머물러 있다가 그 정보가 단기 저장되어 머무른다. 단기 저장된 정보는 이전에 저장된 정보와 연결되기 위해 반복적으로 보유를 시도하게 되며, 이 단계에서 처리된 정보는 장기 저장되고, 처리되지 못한 정보는 상실되거나 망각된다(송인섭 외, 2000).
- 교수방법: 정보처리 모델의 첫 단계는 정신적 표상(mental representation)을 형성하는 것으로 Polya의 첫 단계(문제 이해하기)와 유사하다. 정보처리 모델에서 학습이란 것은 장기기억 정보를 부호화하는 것으로 본다. 따라서 학습자는 장기기억

의 관련 부분을 활성화하고 새로운 지식을 작업기억의 기존 정보에 연결시킨다. 또한 정보처리 모델에서 자기조절은 초인지 인식과 동일한 의미를 지니는데, 이런 인식은 개인의 능력, 관심, 태도에 대한 자기지식뿐만 아니라(무엇이, 언제, 어떻게 학습되어야 하는지) 과제에 관한 지식을 포함한다. 정보처리 모델에서는 학생에게 과제를 완성하기 위한 전략을 가르치는 것이 중요하다. 지적장애 학생들은 인지적 장애로 인하여 정보를 적절하게 처리하지 못하기 때문에(Graziano, 2002) 과제를 완성하기 위한 전략 수립을 하는 데 어려움이 많다. 따라서 정보처리 모델에 따른 지적장애 학생들을 위한 초인지 인식, 자기조절 행동을 지도함으로써, 시스템을 통한 정보의 처리 및 이동을 용이하도록 해야 한다. 지적장애 학생을 위한 자기조절의 기본(상위) 단위는 문제 해결 산출 시스템으로, 그 문제가 목표에 도달해야 하고 학습자의 진전을 확인하기 위한 점검이 이루어지도록 해야 한다.

(3) 인지적 교수

- **기본개념**: 인지적 접근은 지각, 기억, 문제 해결과 같은 인간의 내재적 심리과정을 설명하기 위한 접근방법이고, 인지적 교수란 지식을 습득·저장하고 활용하며 관리할 줄 아는 능력을 교수하는 것을 지칭한다. 학습 시 흔히 일어나는 인지과정의 가장 중요한 유형 중 하나는 문제 해결이다. 문제 해결이란 자동적인 문제 해결책을 가지지 못한 사람이 해결책을 찾기 위해 시도하는 노력이라 볼 수 있다. 이를 위해 문제와 관련된 질문을 만들어 답을 하고, 해결방법을 추정하며, 문제 해결을 하기 위한 다양한 시도를 하고, 수단과 방법을 찾게 된다.
- **교수방법**: 인지적 교수를 실시하기 위해서는 문제 이해, 계획 고안, 계획 실행, 점검의 네 가지 단계를 인지적 절차를 통하여 수행해야 하며, 이를 위해서 인지적 전략이 필요하다.

  인지적 전략을 교수할 때에는 인지적 모델, 언어적 시연, 유도된 연습, 정확하고 긍정적인 피드백 그리고 숙달된 학습과정을 사용하는 교수전략을 사용한다.

  지적장애 학생들은 지적 능력이 부족한 인지적 장애로 인하여 정보를 적절하게 처리하지 못한다(Graziano, 2002). 따라서 이러한 결핍된 인지기능을 보강하기 위해서는 인지처리 능력을 증진시키는 데 주안점을 두어 다양한 인지개발 프로그램을 적용할 필요가 있다.

  인지적 교수학습 방법은 아동들에게 학습 절차, 즉 학습하는 방법을 가르치는 데 중점을 두고 있으며, 아동들에게 특정 기술을 지도하기보다는 문제를 해결할 수 있는 전략을 지도한다(Bottage, 1999; Bottage & Hasselbring, 1993). 즉, 스스로 문제 해결 단계를 계획하고 수행하는 것이 힘든 장애학생들에게 올바른 사고과정의 단계를 제시하고 연습의 기회를 제공하여 독립적으로 과제를 완수하도록 지도하는 것이다(Case, Harris, & Graham, 1992; Hutchinson, 1993).

Montague는 수학적 문제 해결을 위해 7단계의 인지전략 과정을 제시하였는데, 그것은 ① 읽기(이해하기 위함), ② 자기 말로 바꾸기, ③ 도식 사용해 시각화하기, ④ 문제 해결을 위한 계획으로 가설 세우기, ⑤ 답 예측하기 위해 어림잡아 보기, ⑥ 수학적으로 계산하기, ⑦ 모든 것이 맞는지 확인하기 위해 검토하는 것이다(Montague & Applegate, 1993; Montague, Applegate, & Marquard, 1993).

- 인지적 교수전략 단계: 인지적 교수를 실시하기 위해서 필요한 인지전략은 8단계를 통하여 교수되어야 한다. 첫 번째는 사전검사 단계로, 장애학생에게 인지전략이 필요한지 검사를 하고, 학생들에게는 새로운 전략을 배울 것인지 결정하게 하며, 결정을 한 학생들과는 약속을 지킬 것을 강조한다. 두 번째는 새로운 전략을 설명하는 단계로, 학생에게 전략의 주요 요소와 사용방법을 설명한다. 이 단계에서 학생들은 어디에서, 어떤 조건에서 전략을 적용할 수 있는지 알게 될 것이다. 1차시 정도 소요하면 좋다. 세 번째는 전략을 모델화하는 단계로, 전략 사용을 크게 말하면서 각 단계에 대한 모델을 보여 준다. 교사는 모델화된 내적 언어를 사용한다. 전략의 각 부분이 모델화되고 학생이 질문하도록 조장한다. 여러 가지 다른 과제를 포함하고, 교사는 전략의 특정 부분을 모델화하기 위해 학생을 촉진시킨다. 네 번째는 전략의 언어적 시연(verbal rehearsal) 단계로, 학생들은 적용을 시도하기 전에 전략 단계들을 빠르게 진술하도록 학습한다. 그리고 각 단계를 수행하기 위한 행동을 확인하고 각 단계가 전략 전체에 왜 중요한지를 말하도록 한다. 이 단계는 전략 적용에서의 독립성을 촉진하도록 의도되었다(Lane & Frankenberge, 2004). 다섯 번째는 통제된 자료로 연습하며 피드백하는 단계로, 자료의 어려움이 학생의 전략 학습능력을 손상시켜서는 안 된다는 것을 가정하면서 통제된 자료로 전략을 연습한다. 학생은 교정적 피드백을 주는 교사에게 지도받는다. 이 단계는 20시간 이상의 다수의 교수 회기를 반복한다. 여섯 번째는 학년에 적합한 자료로 연습하는 단계로, 연습의 난이도는 학생이 속해 있는 학년 수준의 자료에 접근할 때까지 점차 증가한다. 초기 단계에서 사용된 다양한 촉진, 단서를 소거하도록 한다. 일

곱 번째는 전략 일반화를 위한 약속의 단계로, 학생은 새로운 전략이 다른 유사한 학습 과제에서도 일반화되도록 격려받아야 하고, 전략을 적용하기 위해서는 학생과의 약속이 이루어져야 한다(O'Reilly, Lancioni, & Kierans, 2000). 여덟 번째는 일반화와 유지의 단계로, 세부적으로 3단계로 구성된다(〈표 8-6〉의 8단계 참조). 학교생활 중에 어떻게 적용하는지 배우지 못하면 이전의 교수들은 거의 의미가 없다. 이상의 인지전략 교수의 절차 및 방법을 정리하면 〈표 8-6〉과 같다.

〈표 8-6〉 **인지전략 교수의 절차 및 방법**

	단계	방법
1	사전 검사와 약속	• 장애학생에게 특정 과제 수행을 위한 전략이 필요한지 검사한다. • 학생들은 검사 결과에 대한 설명을 듣고 새로운 전략이 가능하게 되는 수행 단계를 안다. • 학생은 새로운 전략을 학습할 것인지에 대해서 결정한다. • 1차시(45분)가 소요된다. • 결정에 참여하는 학생의 요구와 새로운 전략을 배우기로 결정하는 학생의 약속에 강조점을 둔다.
2	새로운 전략의 설명	• 학생에게 전략의 주요 요소와 사용방법을 설명(description)하는 것에 초점을 둔다. • 학생은 어디에서, 어떤 조건에서 전략이 적용될 수 있는지 알게 된다. • 1차시가 소요된다.
3	전략의 모델화	• 전략의 사용을 크게 말하면서 각 단계에 대한 모델을 보여 준다. • 교사는 모델화된 내적 언어를 사용한다. • 전략의 각 부분이 모델화되고 학생이 질문하도록 조장한다. • 여러 가지 다른 과제를 포함하고, 교사는 전략의 특정 부분을 모델화하기 위해 학생을 촉진시킨다.
4	전략의 언어적 시연	• 학생들은 적용을 시도하기 전에 전략 단계들을 빠르게 진술하도록 학습한다. • 각 단계를 수행하기 위한 행동을 확인하고 각 단계가 전략 전체에 왜 중요한지를 말한다. • 이 단계는 전략 적용에서의 독립성을 촉진하도록 의도되었다. • 약 30분 내에 수행될 수 있다.
5	통제된 자료의 연습	• 자료의 어려움이 학생의 전략 학습능력을 손상시켜서는 안 됨을 가정한다. • 통제된 자료로 전략을 연습한다. • 학생은 교정적 피드백을 주는 교사에게 감독받는다. • 교육과정중심 측정 개념 사용 시 수행에 대한 일화기록이 이루어진다. • 20시간 이상의 다수의 교수 회기가 반복된다.
6	학년에 적합한 자료의 연습	• 연습의 난이도는 학생이 속해 있는 학년 수준의 자료에 접근할 때까지 점차 증가한다. • 초기 단계에서 사용된 다양한 촉진, 단서의 소거가 포함된다. • 대개 5~20시간 정도 소요된다. • 학생 진보에 대한 매일의 상황을 도표로 만든다.

7	전략 일반화를 위한 약속	• 학생은 새로운 전략이 다른 유사한 학습 과제에서도 일반화되도록 격려받아야 하고, 전략을 적용하기 위해서는 학생과의 약속이 이루어져야 한다. • 학생과의 이 논의는 교수기간 중 몇 분 정도로 적게 걸린다.
8	일반화와 유지	• 가장 중요한 단계(분리된 3단계로 구성됨)로, 학교생활 중에 어떻게 적용하는지 배우지 못했다면 이전의 교수들은 의미가 거의 없다. – 일반화의 적용: 새 기술이 시도될 수 있는 상황을 인식하기 위해 고안된 단계로, 학생은 본래 전략을 수정하도록 격려받는다. – 실행화(activation): 통합교실에서 학년에 적합한 자료에 대하여 전략을 적용하는 특정한 과제가 주어지고, 교사는 전략 산출을 점검한다. 특수교사는 전략 사용을 격려하기 위해 통합교사와 함께 일할 것이 권장된다. – 유지(maintenance): 특정 전략을 훈련받은 학생에게는 주기적으로 그 전략 사용을 상기하도록 해야 하고, 교사는 과제 산출을 점검한다.

• 연구증거: 특수교육 요구가 있는 학습자들에게 다양한 종류의 인지전략 교수가 효과가 있다는 상당한 수의 연구가 존재한다. 초인지전략 교수가 학생들의 성취에 영향을 미치는지에 대한 두 편의 메타분석에 대한 최근의 종합연구는 초인지전략 교수가 보충학습이 필요한 학생에게 효과적임을 밝혔다(Hattie, Biggs, & Purdie, 1996). 또한 수학 학습에 초점을 맞춘 연구들로 인지전략 교수에 관한 여러 연구를 통해 인지전략 교수가 학습장애가 있는 중학교와 중등학교 학생의 수학문제 해결 성취를 향상시키는 데 효과적이었다고 결론지었다(Montague, 1997).

5. 구성주의 교수전략: 또래교수, 협력교수, 상보적 교수, 모델링, 협동학습

• 구성주의 교수전략은 학습자가 주도적으로 학습목표, 내용 전개 및 평가에 참여하는 체험학습이어야 한다.
• 학습을 위해서는 학습하는 방법을 배우고 이를 활용할 수 있는 환경을 제공해야 한다.
• 상호작용을 통해 지식을 구성하고 공유할 수 있는 학습환경을 제공하여 학습자들 간의 토론, 대화, 상호작용 등의 협동학습을 통해 학습을 촉진해야 한다.
• 통합교과목적인 성격으로 과제를 다루고, 상황을 기반으로 하는 과제를 제시해야 하며, 교사는 촉진자, 동료학습자로서 역할을 하여야 한다.
• 구성주의 교수전략의 교수법으로는 또래교수, 협력교수, 상보적 교수, 모델링, 협동학습이 있다.

1) 구성주의 학습이론

구성주의 학습이론의 주요 가정은 개인은 적극적인 학습자이고 스스로 지식을 구성한다는 것과 교사는 학생 전체를 대상으로 전달식 교육을 하는 전통적인 교수방법으로 학생들을 교수해서는 안 된다는 것이다. 구성주의자들은 '개인적·사회적 활동을 통한 의미와 학습에 대한 학습자의 기여'(Bruning, Schraw, & Ronning, 1999: 문선모, 2004 재인용)를 강조하며, 지식과 기술을 습득하고 발전시키는 데 있어서 개인과 환경의 상호작용을 강조한다.

구성주의는 학습자를 맥락에 적합한 의미를 탐색하고 추구하는 적극적이고 능동적인 존재로 보며, 교사는 학생들이 학습 자료를 유의미하고 적합하게 잘 다룰 수 있도록 도와주는 역할을 수행하는 것으로 보았다. 또한 교사는 학습환경의 조성자이자 안내자여야 하며, 동료학습자로서 풍부하고 다양한 학습환경을 조성하는 역할을 하여야 함을 강조하였다.

구성주의 학습이론을 바탕으로 지적장애 학생들을 교수할 때, 교사는 그들이 학습 시 적극적인 역할을 할 수 있도록 환경을 잘 구성해 주어야 한다. 교사는 학생의 관점을 알아내고 가치를 부여해 주는 것이 필요하다. 교사가 교수의 중심에 있는 것이 아니라는 것을 명심해야 한다. 교사는 학생들의 관점과 시각을 이해하여 그들이 흥미롭고 도전적인 활동을 계획할 수 있도록 지원해야 한다. 교사들은 질문을 많이 하고, 토론을 조장하며, 학생들의 말에 귀를 기울여야 한다. 그리고 학생들에게 제시되는 학습 과제는 교과서에 있는 인위적인 과제보다 실생활 문제와 관련되는 것이어야 한다. 또한 자료는 주요 개념에 따라 내용을 다르게 구조화하여 제시해야 한다. 학습 진행의 예로는 실생활 문제와 관련된 주제를 가지고 과목 간 통합된 교육과정으로 접근하는 방법이 있다. 〈표 8-7〉은 구성주의 교수의 예이다.

〈표 8-7〉 **구성주의 교수의 예**

초등학교 3학년의 '호박'을 주제로 한 수업
▶ 교실수업
• 호박의 성장과정
• 역사 속에서 호박의 이용
• 초기 정착민에게 있어 호박의 유용성
▶ 현장학습: 호박농장
▶ 호박을 교실로 가지고 옴: 가치 있는 학습도구가 됨

- 수학시간
  - 크기와 무게 측정
  - 각각의 크기와 모양, 무게, 색을 비교하여 그래프 그리기
  - 호박씨의 수 세기
- 실과시간: 호박으로 호박빵 만들기
- 미술시간: 호박으로 조각하기
- 국어시간: 호박에 대한 글쓰기 및 호박 농장주에게 감사편지 쓰기

구성주의 학습이론을 바탕으로 지적장애 학생들의 교수활동을 하는 데 있어서 장점은 학생들이 적극적으로 자신의 학습에 참여하게 되며, 실생활과 관련된 주제중심 교육이 이루어질 수 있다는 것이다. 그리고 또래 협력, 소집단 교수, 협동학습이 자연스럽게 이루어질 수 있다는 것이다.

2) 구성주의 교수의 실제

(1) 또래교수

- 기본개념: 또래교수는 한 학생이 다른 학생(tutee)에게 교수자(tutor)로서 행동하거나, 번갈아 가며 교수자의 역할을 하는 것이다. 또래교수에는 연령이 많은 학생이 어린 학생을 가르치기, 같은 학급에 있는 또래 학생을 가르치기, 일반 학생이 장애학생을 가르치기 등이 포함된다.
- 교수방법: 일반학급의 또래는 지적장애 학생의 교육과정을 구성하고 학습활동을 제안하고 교재를 개발하는 데 참여할 수 있을 뿐만 아니라, 또래교사로서 지적장애 학생에게 특정 기술을 가르치거나 그들의 행동 통제를 도울 수 있다. 한편, 또래교수에서는 특정한 학습 영역에서 전문성 혹은 지식을 가지고 있는 지적장애 학생이 가르치는 역할을 맡을 수도 있다.

   또래교수를 효과적으로 운영하기 위해서는 먼저 또래교수를 통하여 성취할 구체적인 목표와 활동을 계획한 후, 교육 내용에 대해 잘 알고 있는 학생을 또래교사로 선정하고 또래교사로서의 역할을 훈련해야 한다. 또래교사와 또래교사의 도움을 받을 학생을 짝 짓고, 교사는 정기적으로 또래교수를 감독하며 효율성을 평가해야 한다.
- 연구증거: 또래교수를 받는 지적장애 아동들은 학업적 성취, 사회적 기술 및 자기

존중감이 향상되며, 또래교사도 의사소통 기술, 사고기술, 자기존중감 등이 향상되고 가르치는 내용에 대한 이해를 잘하게 된다. 또래교사는 또래들이 사용하는 언어와 예를 사용할 뿐만 아니라 교과 내용을 이해하지 못할 때 느끼는 좌절감에 공감할 수 있기 때문에 더 효과적이라는 등, 또래교수는 가르치거나 가르침을 받는 또래 모두에게 이점이 있음이 보고되고 있다(Prater, 2007). 또한 또래교수를 통하여 지적장애 학생들은 일반 학생과 수업시간, 자습시간에 함께 활동하면서 우정을 쌓고, 상호작용할 수 있는 기회를 갖게 된다. 일반 아동들도 또래교수를 통하여 장애학생에 대한 긍정적 태도, 우정 등을 갖게 된다.

(2) 협력교수

- **기본개념**: 지적장애 학생의 일반학급 통합을 위한 선행요건으로 교사 간 협력이 제시되고 있다. 일반교사와 특수교사의 협력에 있어 협력교수는 없어서는 안 될 것이며, 이러한 협력교수는 통합학급에서 지적장애 학생과 일반 학생 간 장벽을 허무는 데 필요하다(협력교수는 일반교육 교사와 특수교육 교사가 공동으로 교수하는 형태라고 볼 수 있다; Salend et al., 1997). 협력교수란 일반교육 교사와 특수교육 교사가 특수교육적 지원이 요구되는 학생에게 통합된 일반학급에서 공동으로 수업하며 일반학급 내의 모든 학생에게 질적인 교육을 제공하기 위해 평등한 입장에서 업무 및 역할, 교수, 학습 평가, 학급 관리, 학생 관리 등 제반 결정사항에 대해 주도적으로 참여하는 교수활동이라고 할 수 있다(김현진, 2006).
- **교수방법**: 협력교수는 협력교사들 개개인의 신념체계를 중요시하며, 효과적인 상호작용 기술을 필요로 하고 협력교사들 간에 의견을 교환하여 아동의 학습을 촉진시키며, 지원환경과 학교문화의 변화를 요구한다(Vaughn & Bos, 2009).

  협력교수에서 진정한 협력이라고 인정되기 위해서는 다음의 일곱 가지 특징이 갖추어져야 한다(Friend & Bursuck, 1996). 첫째, 협력은 자발적이다. 둘째, 협력은 평등을 기초로 하여야 한다. 셋째, 협력은 공유된 목표를 요구한다. 넷째, 협력은 핵심 의사결정을 위해 공유된 책임을 포함한다. 다섯째, 협력은 성과에 대한 공유된 책무를 포함한다. 여섯째, 협력은 공유된 자원을 기초로 한다. 일곱째, 협력은 나타나는 것이어야 한다. 즉, 공유된 의사결정의 가치, 신뢰, 상호 존중을 기초로 해야 한다.
- **협력교수 형태**: 협력교수의 형태는 여러 문헌에서 다양하게 제시되고 있는데, 여기

에서는 Bauwens와 Hourcade(1997), Cook과 Friend(1995), Vaughn과 Bos(2009) 등이 제시한 형태를 바탕으로 다섯 가지 형태를 제시한다.

첫째, 교수지원 형태이다. 1개의 대집단을 대상으로 한 교사가 수업을 진행하고 다른 한 교사는 보조 역할을 하는 형태이다. 교수지원 형태는 한 교사가 구체적인 교과 내용을 가르치는 동안, 다른 교사는 학습 내용을 습득하기 위한 학습전략들을 가르치는 책임을 맡는 형태로도 활용할 수 있다.

둘째, 스테이션 교수 형태이다. 교육 내용을 몇 개로 나누어 각 모둠에서 교사가 다른 교육 내용을 제공하는 형태로 스테이션 교수, 여러 집단의 교수, 지원학습 활동 등의 방법이 이에 속한다. 교육 내용을 몇 개로 나누어 교사가 각 스테이션에서 다른 활동을 교수한다. 학생들은 소집단을 구성하여 스테이션을 돌아가면서 수업을 듣는다. 이 형태는 협력교사들이 모든 학생의 학습을 심화 · 향상시키기 위해 계획하고 개발한 활동을 함께 실시하는 것으로서 토론 형식이나 다단계 프로젝트 학습방법 등이 포함될 수 있다.

셋째, 평행교수 형태이다. 대상 학생들을 2개의 이질집단으로 나누어 두 교사가 각 집단을 따로따로 교수한다. 두 교사가 같은 내용을 교수하므로 구체적인 사전 협의가 필수적이다. 반복연습이나 프로젝트 학습 등에 사용된다. 이 형태는 여러 변형이 있을 수 있는데, 같은 주제에 대해 상반된 의견을 배운 후 두 집단이 토론하는 형태의 수업이 제안되고 있다.

넷째, 대안적 교수 형태이다. 일반적 수준의 대집단과 수행능력이 평균 이상 또는 이하인 소집단을 구성하여 두 교사가 각 집단을 맡아서 교수한다. 이 교수를 실시할 때 중요한 점은 소집단이 고정되어서는 안 된다는 점이다. 교실 내에 또 다른 '교실'을 만드는 결과를 나타내며 낙인 효과가 나타날 수도 있기 때문이다. 이 형태는 이전 시간에 배운 내용의 복습이나 반복학습에서 유용한 것으로 보고되고 있다.

다섯째, 팀 티칭이다. 학급 전체를 한 학습집단으로 하며 두 교사가 반 전체 학생에 대해 교수 역할을 공유한다. 한 교사가 내용을 가르칠 때 다른 교사는 필기를 한다거나, 두 교사가 역할놀이를 통해 모델을 보여 주는 방법을 사용할 수 있다. 이 방법은 협력교사 간의 상호 신뢰와 협력이 많이 요구되는 형태로, 처음 시작하는 교사보다는 서로 익숙해진 교사에게 권유된다.

• **효과적인 협력교수 시행의 기본 원칙:** 첫째, 교수를 실시하기 전에 두 교사는 협력교

수의 개념과 원칙, 효과 등에 관해 동의하여야 하며 필요한 모든 정보를 공유해야
한다(Cook & Friend, 1995). 둘째, 파트너로서 상대방을 지원해야 하며(Pugach &
Johnson, 1995), 서로가 가진 기술이 다름을 인정하고 상호적인 감정을 존중해야
한다(Salend et al., 1997). 셋째, 협력교사들은 교수에 대한 평가와 책임을 공유해
야 한다. 그 외에 중요한 원칙으로는 협력교사들의 개인적 향상을 들 수 있다. 서
로에게서 지원과 피드백을 받을 수 있는 협력교수의 구조 속에서 참여 교사들이
각자의 전문성을 향상시키고자 합의하는 것은 매우 중요하다(Pugach & Johnson,
1995). 아울러 협력교수를 성공적으로 실시하기 위해서는 행정적 지원이 필수적
이다(Gerber & Popp, 1999; Salend et al., 1997; Walther-Thomas et al., 1996). 행정 지
원은 협력교수를 실시할 수 있도록 학교의 분위기를 조성해 주는 것에서부터 교
사의 업무 경감, 시간표의 유동성 보장, 교사들이 협의할 공간 제공 등에 이르기
까지 다양한 영역에서 이루어질 수 있다(Wood, 1998).

- 효과적인 협력교수 시행 절차: 1단계에서는 학교 내에서 협력교수가 어떻게 효과적
  으로 운영될 것인가를 제안한다. 2단계에서는 잠정적으로 협력교사를 결정하고
  협력교수를 할 것을 제안한다. 협력교수에 동의한 후 교사는 협력교수 과정에서
  의 역할을 논의한다. 3단계에서는 교수 시간 짜기, 위기 해결 방법, 역할 규명, 부
  모 안내, 평가에 대한 활동계획을 수립한다. 4단계에서는 협력교수 시 우선권에
  대한 결정, 동등한 파트너로서의 역할 분배, 협력교수 시간 논의, 협력교수 실시,
  협력적 문제 해결 등을 실시한다. 5단계에서는 협력교수에 대한 평가를 위해 행
  정가는 교사에게 평가할 여유시간과 피드백을 제공한다. 일반교사와 특수교사는
  평가를 위한 정규시간을 가진다. 6단계에서는 새로운 협력교수를 위해 타 교사와
  성공 사례를 공유하며, 행정가는 다른 교사들로 하여금 협력교수를 하도록 독려
  한다(Dieker & Barnett, 1996).

- 연구증거: 통합된 학생들의 일반교사와 특수교사를 포함하는 협동교수의 한 메타
  분석에서, 협력교수는 중등도도 성공적이었다고 결론을 내렸다(Cook et al., 2011).
  통합학급 내에서 협력교수에 대한 32편의 질적 연구분석을 통해 협력교사들은
  협력교수의 효과를 보고하고 지지하고 있으나 특수교사는 종종 동등한 역할보다
  는 종속적인 역할을 한 것으로 관찰되었다(Scruggs, Mastropieri, & McDuffie, 2007).

(3) 상보적 교수

• **기본개념:** 상보적 교수(reciprocal teaching)란 Vygotsky의 인지발달 이론에 토대를 둔 교수로서 교사와 학생의 능동적 상호작용이 학생의 고등정신 기능의 발달에 도움을 준다. 교사와 학생이 서로 대화를 통해 역할을 교체하면서 내용을 이해하고 학습하는 방법을 익힐 수 있도록 하는 수업모형이다. 사회적 구성주의에 기초한 사회적 학습의 하나로, 교사와 학생 또는 학생과 학생 사이의 대화 형태로 학습과정이 전개되는 수업 형태이다. 상보적 교수는 근접발달영역이론과 비계이론에 근원을 두고 있다.

근접발달영역이론은 아동이 스스로 할 수 있는 것과 타인의 도움을 받아 할 수 있는 것 사이의 차이로 본다. 근접발달영역(Zone of Proximal Development: ZPD)에서 성인 혹은 또래와의 상호작용은 인지발달을 촉진한다. 아동의 실제적 발달 수준은 다른 사람의 도움 없이 혼자 독립적으로 수행할 수 있는 수준이며, 아동의 잠재적 발달 수준은 유능한 사람의 도움을 받아서 수행할 있는 수준이다. 그리고 이 두 발달 수준의 차이가 근접발달영역이다(Vygotsky, 1978). 즉, 근접발달영역이란 독립적으로 문제를 해결할 수 있는 실제적 발달 수준과 성인의 도움이나 자신보다 더 나은 또래와 협력하면서 문제를 해결할 수 있는 잠재적 발달 수준 사이의 거리이다.

비계(scaffolding)라는 것은 건축에 있어서 발판이라는 의미로, 교수적 비계란 교수학습에 있어서 교사나 유능한 동료와 상호작용하는 동안 학습자가 스스로 일어설 수 있는 발판을 마련해 준다는 의미의 은유적인 표현이다. 비계설정이란 것은 아동이 혼자서는 할 수 없는 과제를 완성하도록 도움을 줄 때 사용하는 일시적 지원의 구조로 볼 수 있다. 교수적 비계이론의 핵심은 사회적 상호작용을 중요시하며, 지식이라는 것을 둘 혹은 그 이상의 사람들 사이에서 재구성되는 것으로 보는 것이다. 또한 자기조절은 사회적 상호작용에서 발생하는 정신적 작용과 행동을 내면화하는 과정을 통해 형성된다고 본다. 이러한 상호작용이 언제, 어디서 일어나는 것이 가장 효과적인 것인가의 문제는 Vygotsky의 근접발달영역 안에서 그 답을 찾을 수 있다.

• **교수방법:** 상보적 교수란 학생들로 하여금 학습한 것에 대한 이해를 점검하고, 깊게 사고하는 것을 돕기 위해 구체적으로 고안된 교수방법이다. 또한 학생들은 질문 만들기, 요약, 예측, 명료화의 네 가지 전략을 익히고 사용하도록 교수받게

된다. 상보적 교수는 교사와 학생 사이의 상호적인 대화를 포함하며, 학생들에게 전략을 명백하게 교수하는 것이 중요하다. 교사가 각 단계를 설명하고 모델링하면, 학생들은 그 기능을 연습하고 피드백을 받는다. 그리고 학생들이 점진적으로 그 과정을 학습함에 따라 새 글을 읽고 토의할 때 교사의 역할을 맡게 함으로써 그 책임이 학생들에게 옮겨지게 된다.

상보적 교수의 절차는 수업 안내, 전략 설명, 글 읽고 요약하기, 질문 만들기, 역할 바꾸어 질문과 대답하기, 명료화하기, 이어질 내용 예측하기로 진행된다.

Vygotsky의 관점에서는 수업이 발달에 선행하는 것이 바람직하다. 즉, 수업은 근접발달영역에 작용하여 아동들의 잠재적 능력을 깨우치도록 하는 것이어야 한다. 따라서 지적장애 학생의 인지발달을 이끌기 위해서는 교사가 아동의 근접발달영역을 찾아내는 것이 필요하다(Bos & Vaughn, 1994). Vygotsky는 학교교육에서 학생들이 혼자서 공부하도록 하는 것은 아동의 인지발달을 지연시킨다고 하였다. 그리하여 지적장애 아동의 능력을 최대한 개발하기 위해서는 아동들에게 높은 수준의 복잡한 내용을 보다 체계적으로 가르쳐 아동들이 잠재적인 능력을 깨우치도록 이끌어야 한다.

• 연구증거: 상보적 교수의 창시자인 Palincsar와 Brown의 초기 연구에서 읽기에 어려움이 있는 24명의 7학년 학습자들이 참여하였는데, 연구 결과 상보적 교수 프로그램에 있는 대부분의 학습자는 읽기 이해에 실제적인 향상을 보였다(Palincsar & Brown, 1984). 이스라엘 연구에서는 15~21세의 경도와 중등도 지적장애 학생의 읽기 문해에 관한 상보적 교수의 영향을 살펴보았다. 연구 결과, 전략 교수가 읽기 문해 이해력을 발전시키는 데 전통적인 보충학습 기술 습득보다 우세함을 보여 주었다(Alfassi, Weiss, & Lifshitz, 2009).

(4) 모델링

• 기본개념: 모델링은 개인, 행동, 환경적 요소의 상호작용을 강조하는 사회적 인지이론을 바탕으로 하고 있다. Bandura(1986)는 인간과 환경 그리고 인간의 행동 자체가 인간의 연속된 행동을 낳기 위해 상호작용한다고 하였다. 행동은 인간과 환경에 영향을 주고, 인간이나 환경 역시 행동에 영향을 주며, 사람들은 다른 사람들의 행동을 관찰함으로써 더 빨리 학습한다고 주장하였다.

사회적 인지이론의 핵심 요소로서 모델링 과정(modeling process)은 하나 혹은 그 이상의 모델을 관찰함으로써 행동적·인지적·정서적 변화를 일으키게 하는 일반적인 의미이다. 역사적으로 모델링은 모방(imitation)이라고 일컬어졌으나, 모델링이 훨씬 포괄적인 개념이다(Reid & Lienemann, 2006).

모델링은 다른 사람의 행동을 관찰함으로써 새로운 행동을 학습하도록 하는 학습방법으로, 시연을 보이는 교사의 행동을 모방하거나 순응하여 행동으로 나타내도록 하는 것이다. 지적장애 학생들은 교사 또는 또래의 시연을 직접 관찰함으로써 모방하게 되고 이를 통해 학습하게 된다(Lane & Frankenberge, 2004).

• 교수방법: 모델링은 교사가 지적장애 학생들에게 새로운 과제를 제시할 때 유용하게 사용할 수 있는 전략으로서 학생의 주의를 집중시킨 후, 학생이 바라보는 동안 교사가 먼저 과제의 첫 부분을 완수하고 학생으로 하여금 그대로 따라 하도록 하는 것이다. 이러한 절차는 전체 과제가 완수될 때까지 계속된다.

모델링은 학습자가 모델에게 주의를 기울이는 주의 집중 과정, 모델의 행동을 상징적인 형태로 기억하는 파지과정, 모델의 행동을 따라 해 보는 운동재생 과정, 따라 해 보고 강화를 받게 되는 동기화 과정을 거쳐 이루어진다. 모델이 학습자 자신과 비슷할수록 모델의 행동을 잘 모방할 수 있으므로, 또래 친구를 모델로 활용하는 경우가 많다. 또한 의도적으로 학습자 자신이 직접 모델이 되어 자기 자신을 사용하기도 하는데, 이를 자기모델링(self-modeling)이라고 한다. 이는 행동 변화를 이끄는 가장 강력한 형태의 모델링으로, 주어진 상황에서 적절하게 행동하는 잘 편집된 자신의 비디오테이프를 보게 된다. 이에는 목표행동에 대한 논의와 역할극, 교사의 강화가 수반된다. 충동성을 지닌 아동은 모델링을 사용하여 사려 깊음을 증가시킬 수 있는데, 실제 모델의 행동을 모방하는 경우 더욱 성공적이다. 또한 모델링은 읽기 이해, 계산 기술, 질문하고 답하는 행동(보거나, 다시 듣거나, 동료의 질문하는 행동이 녹화된 테이프를 통해 피드백을 받은 후), 문제 해결 기술, 그리고 그 이상의 것들을 향상시키는 데 효과적임이 보고되었다(Mercer & Mercer, 2001).

• 모델링의 기능: 모델링의 기능으로는 반응 촉진, 금지/탈금지, 관찰학습이 있다.

첫째, 반응 촉진은 다음과 같다. 모델링을 통해 지적장애 학생은 사회적 촉진을 받고 그에 상응하여 행동할 수 있다. 모델링을 통한 반응 촉진(response facilitation)의 효과는 모델들이 지적장애 학생의 행위를 위한 단서로 작용하는 경우로서, 지적장애 학생들은 행동의 적절성에 관한 정보를 이끌어 내고 모델들이 긍정적인 결과를 얻었던 행동을 수행하도록 동기화될 수 있다(Reid & Lienemann, 2006).

둘째, 금지/탈금지는 다음과 같다. 모델을 관찰하는 것은 이전에 학습한 행동을 하지 말 것을 강화하거나 약화할 수 있다. 금지(inhibition)는 모델이 어떤 행위를 수행함으로써 벌을 받을 경우 발생한다(모델이 특정 행동을 한 다음, 처벌받는 장면을 관찰한 후 그 행동을 금지하거나 억제하는 것을 말한다). 탈금지(disinhibition)란 모델이 부정적인 결과를 경험하지 않고 위협적이고 금지된 활동을 수행했을 때 발생한다. 모델이 금지된 행동을 한 후, 보상을 받거나 부정적 결과를 받지 않는 것을 관찰한 후에 평소 억제하고 있던 그 행동을 수행하는 것을 가리킨다. 행동에 대한 금지와 탈금지 효과는 지적장애 학생에게 만일 그들이 모델행동을 수행한다면 유사한 결과가 발생할 것이라고 전달되기 때문에 발생한다(이것은 불안의 증가 및 감소와 같이 정서와 동기에도 영향을 준다).

지적장애 학생을 지도하는 교사의 행위는 교실에서의 잘못된 행동을 금지/탈금지한다(예: 실수에 대하여 벌 받지 않은 학생은 '탈금지'되어 행동이 지속되고, 반대로 교사가 한 학생을 실수 때문에 훈육했을 때 다른 학생들의 실수는 '금지'된다). 금지/탈금지는 행동이 다른 사람들에게 이미 학습한 행동들에 영향을 주는 것이라는 점에서 반응 촉진과 유사하다. 그러나 반응 촉진이 일반적으로 사회적으로 수용할 만한 행동들을 포함하는 반면, 금지/탈금지는 종종 도덕적 정서를 수반한다는 차이가 있다.

셋째, 관찰학습이란 타인의 행동을 관찰함으로써 간접적으로 바람직한 행동을 학습하는 것이다. 핵심 기제는 모델이 보인 정보에 의해 학생들이 새로운 행동을 산출하는 방식이다. 관찰학습은 네 가지 하위 과정, 즉 주의 집중, 파지, 재생, 동기화로 구성된다(Zimmerman, 1998).

- 주의 집중(attention): 지적장애 학생이 의미 있게 지각하기 위해 관련 사건에 집중하는 것으로, 모델의 특성, 과제요소(특별한 크기, 형태, 색깔, 소리 등), 모델활동의 기능적 가치의 지각이 영향을 준다. 사람들이 모델에 집중하는 것은 의존성, 자신의 능력에 대한 지각, 특성에 의해 영향을 받는다(Lane & Frankenberge, 2004).

- 파지(retention): 기억 속에 저장된 정보를 인지적으로 조직, 시연화, 부호화 및 전송하는 것이다. 관찰학습에서는 지식 저장의 두 가지 모델을 가정한다. 즉,

지식은 이미지나 언어적 형태로 저장되는데, 이미지적인 부호화는 활동을 위해 특별히 중요하지만 단어로 쉽게 기술되지 않는다. 많은 인지기술 학습은 규칙이나 절차의 언어적 부호화에 의존한다. 시연이나 정보의 정신적 고찰(머릿속에 그려 봄)은 지식의 파지에 핵심적 역할을 한다.

- 재생(production): 모델 사건에 대해 외현적 행동으로 시각적·상징적 개념화를 통해 번역하는 것을 포함하는 행위이다. 모델행동의 재생에서의 문제점은 학습자가 기억 속에 부호화된 정보를 외현적 행동으로 표현해 내는 데 있어 어려움이 있다는 것이다.

- 동기화(motivation): 사람들이 '중요하다고 느끼는' 모델행동에 주의 집중을 유지하고 재생할 가능성이 높아지도록 하는 것이다. 동기는 학습의 흥미를 향상시키고, 교재를 학생의 흥미와 관계 지으며, 학생들이 목표를 세우고, 학생의 진행과정을 점검하거나 수행을 향상시키는 것에 대한 피드백을 제공하고, 학습의 가치에 강조를 두는 것을 포함하여 다양한 방법으로 교사를 촉진하게 된다.

• 연구증거: 모델링을 통한 반응 촉진의 효과를 살펴보면 모델이 지적장애 학생들에게는 행동의 단서를 제공함으로 동기를 주게 되며 행동을 하게 하는 긍정적인 결과를 얻게 한다(Reid & Lienemann, 2006). 학생들이 모델에 집중하는 것은 학생들의 의존성, 자신의 능력에 대한 지각, 특성에 의해 영향을 받는다(Lane & Frankenberge, 2004).

(5) 협동학습

• 기본개념: 협동학습이란 통합학급에서 장애학생들을 적극적으로 수업에 참여하게 하여 실질적인 통합이 이루어질 수 있도록 하는 교수전략 중 하나이다. Slavin(1987)은 협동학습이란 학습능력이 각기 다른 학생들이 동일한 학습목표를 향하여 소집단 내에서 함께 활동하는 수업방법이라고 하였다. 협동학습은 학습 상황에서 둘 또는 그 이상의 사람들이 동등한 입장으로 참여하여 공동의 목표를 달성하기 위해 학생들끼리 상호작용하는 것을 의미한다(Meese, 2001). 즉, 협동학습은 학생들이 자신의 학습목표를 달성하기 위하여 집단 내 다른 학생들을 경쟁의 대상이나 개별적 대상으로 지각하는 것이 아니라 협동의 대상으로 지각하여 학습목표를 달성해 가는 소집단 교수학습전략이라 할 수 있다. 협동학습은 비장애 학생은 물론 지적장애 학생에게도 매우 효율적인 학습방법으로 일반학교 내

통합학급에서 적응하는 데 많은 도움을 주는 학습이다.

• **협동학습의 유형**: 협동학습의 기법들은 집단 간 경쟁을 채택하는가 혹은 집단 간 협동을 채택하는가에 따라 '학생 팀 학습(Student Team Learning: STL)' 유형과 '협동적 프로젝트(Cooperative Projects: CP)' 유형으로 나눌 수 있다. 학생 팀 학습(STL) 유형은 집단 내에서는 협동을 하도록 하지만 집단 간에는 경쟁체제를 적용한다. 이 유형에는 '능력별 팀 학습' '토너먼트식 학습' '팀 보조 개별학습' '과제분담학습 II' 등이 있다. 그리고 협동적 프로젝트(CP) 유형은 집단 내 협동뿐 아니라 집단 간 협동도 하도록 하고 있다. 이 유형에는 '과제분담학습 I(Jigsaw I)' '자율적 협동학습' '집단조사' '함께하는 학습' 등이 있다.

먼저 학생 팀 학습(STL) 유형을 살펴보면 다음과 같다.

첫째, 능력별 팀 학습(Student-Team-Achievement Division: STAD)은 교사가 교재를 제시하면 학생들은 주어진 교재를 팀 구성원끼리 상호작용하면서 학습한다. 그리고 개인별 평가점수는 성취 분야에 따라 팀 점수로 환산된다. 즉, 각 팀이 지난 성적이 1위인 아동들의 형성평가 점수를 비교하여 점수 차례로 1, 2, 3등에서 8, 6, 4점을 팀 점수로 주고, 나머지 학생들에게는 2점을 팀 점수로 환산하여 준다. 그리고는 각 팀별로 지난 성적이 2위인 학생들, 3위인 학생들을 같은 식으로 비교하여 개인별 형성평가 점수를 팀 점수로 환산한다. 개인별 향상점수가 팀 점수로 추가된다. 향상점수와 팀 점수를 학급 게시판에 게시하고 최고 성적 팀에게 집단 보상을 한다.

둘째, 토너먼트식 학습(Team-Games-Tournament: TGT)은 거의 모든 절차가 STAD와 비슷하나, 여기서는 개인별 형성평가 대신에 각 팀에게 능력이 서로 비슷한 학생들이 토너먼트 테이블에 모여 능력을 겨룬다. 즉, 팀별로 학습이 끝나면 각 팀에서 이전 수행에서 가장 우수했던 3명이 테이블 1에, 다음으로 우수한 3명이 테이블 2에 배정되며 같은 방식으로 계속된다. 테이블에서 학생들은 수업에서 다루었던 학습 내용에 대해서 게임을 한다. 게임은 한 벌의 숫자카드와 한 세트의 문항으로 되어 있는데, 학생들은 돌아가면서 차례로 수카드를 뽑아 해당되는 문항에 답한다. 여기서 얻는 각자의 점수는 자기 팀의 점수로 합산된다. 토너먼트가 끝나면 학급 게시판에 최고 팀을 알리고 보상한다.

셋째, 팀 보조 개별학습(Team Assisted Individualization: TAI)에서 먼저 학생들은 이 프로그램의 어느 수준에 위치하고 있는지를 알기 위해 사전검사를 받는다. 그러고는 4~5명의 이질적인 팀에 배정이 되고 팀 내에서 개인별 단원으로 공부한다. 각 단원에는 단계적 습득을 위한 지시와 설명문, 여러 장의 기능 문제지, 확인 검사지, 그리고 최종 검사지와 정답지가 있다. 학생들은 4문제를 계산한 후 팀 동료와 교환하여 정답을 채점한다. 4문제가 다 정답이면 다음의 기능 문제지로 건너뛸 수 있으며, 오답이 있으면 다른 4문제를 계산한다. 기능 문제지를 다 마치면 확인 검사를 받으며, 8개 이상 정답이면 최종 검사를 받을 수 있다. 학생들이 팀에서 개별로 학습하는 동안 교사는 매일 6~7명의 학생과 약 15~20분간 개별 지도한다. 팀은 매주 1회씩 학습한 단원에 대해 점수를 받으며, 사전에 정해진 준거를 달성한 팀은 '최고팀'의 자격을 받는다.

넷째, 과제분담학습 II(Jigsaw II)는 Slavin(1983)이 Jigsaw I(Original Jigsaw)을 개작한 것으로 교재의 완전습득을 목적으로 한다. 이 방법은 팀의 학생들이 교재를 분할하여 한 부분씩 깊이 있게 공부하고 동료들에게 가르쳐 주는 것으로서 과제 상호의존성에 기초하고 있다. Jigsaw 팀은 보통 5~6명의 이질적인 학생들로 구성된다. 분절된 교재가 각 팀에게 주어지며 학생들은 각 주제를 하나씩 맡는다. 그런 다음, 다른 팀에서 나와 소주제별로 다른 팀 구성원과 합류하여 소위 전문가 집단에서 그 주제에 대한 학습을 한다. 학습이 끝나면 자기 팀으로 돌아와 팀 동료들에게 전문가 집단에서 학습한 내용을 가르친다. 마지막으로, 학생들은 개인별 형성평가를 받게 되며 STAD에서처럼 향상점수와 팀 점수가 계산되고 보상을 받게 된다. 이 방법은 Jigsaw I보다 과제 상호의존성을 낮추고 보상 상호의존성을 높인 것이다.

다음으로 협동적 프로젝트(CP) 유형은 다음과 같다.

첫째, 과제분담학습 I(Jigsaw I)은 전체 학생을 5~6개의 이질적인 집단으로 나누고 학습할 단원을 집단 구성원의 수에 맞도록 쪼개어 각 구성원에게 한 부분씩을 할당한다. 각 집단에서 같은 부분을 담당한 학생들이 따로 모여 전문가 집단을 형성하여 분담된 내용을 토의하고 학습한다. 그런 다음, 다시 원래의 집단으로 돌아와 학습한 내용을 집단 구성원들에게 설명한다. 단원 학습이 끝난 후 학생들은 시험을 보고 개인의 점수를 받는다. 그 시험 점수는 개인 등급에 기여하고 집단 점수에는 기여하지 못한다. 이러한 의미에서 Jigsaw I 모형은 과제 해결의 개인 상호의존성은 높으나 보상 의존성은 낮다. 집단으로 보상받지 않기 때문에 형식적인 집단 목표가 없다.

둘째, 자율적 협동학습(Co-op Co-op)은 학생들로 하여금 그들 자신이 학습 과제를 선택하도록 하고 자신과 동료들의 평가에 참여하도록 허용하는 유형이다. 먼저 교사-학생 간의 토의를 통해서 학습 과제를 정하고, 교사가 이질적인 학생 팀을 구성한다. 팀이 구성되면 각 팀은 주제를 선정하고 하위부분으로 나누어 구성원들이 그들의 흥미에 따라 분담을 한 후, 정보를 수집한다. 그다음 각자가 학습했던 소주제들을 팀 구성원들에게 제시한 후 종합하여 팀의 보고서를 만들고 이것을 다시 전체 학급에 제시한다. 마지막은 평가 단계로, 세 가지 수준에서 평가가 이루어진다. 즉, 팀 동료에 의한 팀 기여도 평가, 교사에 의한 소주제의 학습 기여도 평가, 그리고 전체 학급동료들에 의한 팀 보고서 평가가 이루어진다.

셋째, 집단조사(Group Investigation: GI)는 고차적 인지학습에 유용한 보다 정교한 집단 프로젝트로서 고안되었다. 학생들은 2~6명의 팀을 이룬다. 팀은 전체 학급에서 공부하도록 되어 있는 단원에서 하위주제를 선정하고 그 하위주제를 개인별 과제로 더 나누며, 그리고 나서 집단은 전체 학급 앞에서 학습한 내용을 제시하고 발표를 한다. 협동적 보상은 구체적으로 잘 드러나지 않는다. 학생들은 단순히 집단 목표를 달성하기 위하여 함께 공부하도록 요구받는다.

넷째, 함께하는 학습(Learning Together: LT)은 5~6명의 이질적 구성원으로 구성되어 있으며, 주어진 과제를 협동적으로 수행한다. 과제부여, 보상, 평가는 집단별로 이루어진다. 시험은 개별적으로 시행하나 성적은 소속된 집단의 평균점수를 받게 되므로 자기 집단 내의 다른 학생들의 성취 정도가 개인의 성적에 영향을 준다. 이 모형은 집단 구성원들이 관련 자료를 같이 보고, 같이 이야기하며 생각을 교환할 수 있다. 교사는 학생들의 상호작용을 관찰하여 상호작용이 이루어지도록 노력한다. 그러나 이 모형은 집단보고서에 집단보상을 함으로써 무임승객 효과(free-rider effect), 봉 효과(sucker effect) 같은 사회적 빈둥거림이 나타나 상대적으로 다른 협동학습 모형보다 효과적이지 못하다고 한다(Slavin, 1989).

- **통합학급에서 협동학습 실제**: Johnson과 Johnson(1986)은 교실 내 협동학습을 하는 데 필요한 필수 요소로 다섯 가지를 정리하였다. 첫째, 작은 이질집단 내에서의 일대일 상호작용, 둘째, 공동의 목표, 생산물, 노동, 교재, 역할 등을 통한 상호의존성, 셋째, 사회적 상호작용 기술에 대한 직접교수, 넷째, 학업적·사회적 목표 성취를 위한 개인의 책무성, 다섯째, 집단 기능의 효율성을 검증하기 위한 과정이 있다고 보았다.

지적장애 학생들이 협동학습에 참여하기 위해서는 특별한 기술이 필요하고(예: 눈 맞춤, 적당한 목소리 크기 내기, 친구와 적절한 거리 유지하기, 다른 사람을 집단에 참여시키기, 타인에게 긍정적으로 대하기, 자기 자신의 의견을 자유롭게 표현하기, 듣고 질문하기, 의견 조율하기 등), 이를 지원하는 일반 학생은 교육과정 내용의 일부를 미리 학습해야 하며(예: 협동학습 수업 이전에 과학 교과서에 나오는 중요한 어휘를 미리 학습함), 교사들은 지적장애 학생들을 지원하기 위한 전략이나 기술을 모델링 등을 통해 교수(예: 장애학생이 통합된 일반학급에서 협동학습을 실시할 때에는 과제의 양, 난이도, 시간, 인적·물적 자료, 교수전략, 학생 반응, 참여 유형, 학습 구조 등을 수정하는 것이 필요함)할 필요가 있다(Kagan, Kagan, & Kagan, 2000).

또한 지적장애 학생이 포함된 통합학급에서 협동학습을 실시할 때 다음과 같은 사항을 고려해야 한다.

첫째, 모둠 구성은 성, 상위-중위-하위 수준의 과제 수행능력, 상-중-하 의사소통 및 사회적 상호작용 능력 등을 포함하는 다양한 범위의 특성에 따라 의도적으로 학생들을 골고루 섞어서 집단을 구성하고, 함께 배우고 싶은 학생 중 적어도 한 명과 같이 앉도록 한다. 한 집단 안에 대인관계 및 집단 참여 기술이 우수한 학생을 적어도 한 명 포함시키고, 보조가 많이 필요한 학생과 보다 능력 있는 학생 간에 균형을 이룰 수 있도록 모둠을 구성한다. 각 학생에게 함께 배우고 싶은 다른 3명의 학생을 선택하도록 하고, 모든 아동이 한 명 정도는 자신이 선택한 친구가 될 수 있도록 배려해야 한다.

둘째, 어떠한 협동학습 구조 혹은 유형을 선택하든 지적장애 아동에게도 각자의 수준에 적합한 역할을 분명하게 제시해야 한다. 교수내용이 복잡하고 고도의 사고를 요하는 학습활동일수록 지적장애 학생이 참여할 수 있는 방법을 만들어 내기란 매우 어렵다. 하지만 내용의 이해를 통한 참여가 어려운 경우 기능적인 역할 부여를 통해서 지적장애 아동은 충분히 집단의 한 구성원으로서 자리매김을 할 수 있도록 해야 한다. 특히 또래들은 지적장애 학생에 대한 반복되는 역할 부여, 지적장애 학생을 위한 참여방법의 수정과정을 접해 보면서 창의적이고 새로운 역할을 장애 친구에게 부여할 수 있도록 해야 한다.

셋째, 주제를 선정하여 토의하는 협동학습의 구조에서는 학생에게 친숙한 토의 주제를 선정하거나, 선택할 수 있는 주제를 준비하여 지적장애 학생이 주제를 선정하게 하고, 혹은 학생의 지적 수준에 맞추어서 주제를 제시하는 방법으로 지적장애 학생 및 다양한 능력 수준의 학생들을 수업에 참여시킬 수 있다.

넷째, 답변 혹은 반응하는 방식과 관련된 것으로 먼저 주제를 변경하거나 수정할 수 없는 경우 주제에 대해 사전에 교수하는 것도 학생의 참여 가능성을 높일수 있는 좋은 방법이다. 면담방식으로 협동학습을 진행할 경우 면담할 질문에 대한 답을 준비할 수 있는 시간을 주거나 면담 질문에 답할 사실이나 정보를 손에 쥐게 할 수 있다. 즉, 카드나 기타 자료를 보게 하거나 사전에 대답할 내용을 준비해 주는 것이다. 반응하는 방식에 있어서 특별히 쓰기로 자신을 표현하는 데 어려움이 있는 지적장애 학생이 있는 경우 쓰기보다는 돌아가며 말하기나 번갈아 말하기와 같은 방식으로 협동학습을 진행할 수 있다. 또 문장 대신 단어로 표현하게 하거나 시간에 구애받지 않고 답변할 수 있도록 반응시간을 더 주는 것 등의 시간 조정도 지적장애 아동에게 도움이 될 것이다.

다섯째, 지적장애 학생을 보조하고 지원하는 비장애 학생들을 준비시켜야 하는 부분이다. 지적장애 학생과 같은 모둠의 모둠원들은 다른 사람을 손상시키지 않고 보조하고 코치하는 기술을 미리 배운다면 적극적이고 긍정적으로 교수학습 활동에 참여하게 될 것이다.

• **협동학습 프로그램 개발**: 지적장애 학생이 통합된 일반학급에서 장애학생은 물론 비장애 학생에게도 의미 있는 수업이 될 수 있도록 다음과 같이 협동학습 프로그램을 개발해야 한다. 첫째, 교과시간에 통합되어 있는 장애학생들을 어떻게 비장애 학생들과 동등하게 수업에 참여시킬 수 있을 것인가에 대한 방법들을 제시해야 할 것이다. 둘째, 장애학생과 비장애 학생 모두가 밀접한 관계를 맺으면서 상호 유익을 구할 수 있는 데 주안점을 두고 협동학습중심의 교수학습 과정안으로 구성해야 한다. 셋째, 장애학생과 비장애 학생과의 긍정적인 관계 형성을 도모하면서 장애학생의 참여를 증진시킬 수 있도록 또래의 역할을 분명하게 제시해야 한다. 넷째, 장애학생을 포함하여 다양한 능력을 지닌 학생들에 대한 학업지도를 책임지고 있는 교사들을 최대한 지원한다는 관점에서 구성해야 한다. 다섯째, 일반교사와 특수교사가 장애학생을 포함한 모든 아동에 대한 공동 책임의식을 가지고 협력할 수 있는 기반을 마련하는 프로그램으로 구성되어야 한다. 여섯째, 가정과의 연계지도가 가능하도록 프로그램을 구성해야 한다. 일곱째, 장애학생의 능력 수준을 고려하여 경도장애 학생과 중등도 및 중도 장애 학생을 대상으로 교수적 수정을 해야 한다.

- 연구증거: 협동학습전략에 관한 초기 연구에서 이 전략은 학습자들의 또래와의 상호작용을 촉진하였던 것으로 나타났다(Kaufman, Aard, & Semmel, 1985). 협동학습집단에 있는 심각한 인지장애를 가진 2학년 학습자들과 그 학급의 다른 학생들의 수학의 진보에 미친 영향을 살펴본 연구에서는 양 집단들이 목표로 한 진보의 양이 증가하였던 것으로 나타났다(Hunt, Staub, Alwell, & Geotz, 1994).

　　국내 연구로는 메타분석 통계방법을 적용하여 협동학습이 학생의 학업성취에 어느 정도 효과가 있는가를 밝히는 연구로 국내에서 발표된 석 · 박사학위논문과 학술논문 263편 가운데 293개의 효과크기 수를 메타분석한 결과 그동안 선행된 많은 협동학습과 관련된 개별 연구들은 각기 다른 학업성취 효과를 나타내었다(강병구, 2014).

 요약

1. 학습과 학습 단계
- 학습이란 연습과 경험의 결과로 나타나는 행동의 지속적인 변화이다.
- 학습 위계는 일련의 지적 기술로 조직된다. 위계에서 가장 높은 요소들은 목표기술이다.
- 학습 단계는 학습 준비, 습득과 수행, 학습의 전이 범주로 나눌 수 있다. 각 범주별 단계는 '학습 준비' 범주의 주의 집중, 기대감, 작동기억의 재생 단계, '습득과 수행' 범주의 선택적 지각, 부호화, 재생과 반응, 강화의 단계, '학습의 전이' 범주로는 암시된 회상, 일반화 능력의 단계가 있다.
- 학습 성과는 지적 기술, 언어정보, 인지전략, 운동기술, 태도의 변화를 가져오는 것이다.

2. 학습이론과 증거기반 교수전략
- 학습자들은 정보를 어떻게 습득하고, 처리하고, 저장하고, 인출하며 과제를 수행하는가? 학습에 어려움을 겪는 학습자들을 위해서는 어떻게 효과적으로 가르칠 것인가? 이에 대한 해결을 위해서 먼저 학습이론과 교수전략에 대한 이해가 필요하다.
- 학습이론의 관점은 행동주의, 인지주의, 구성주의 관점으로 구분할 수 있다.
- 지적장애 학생들을 잘 가르치기 위한 최선의 교수전략으로 증거기반 교수전략이 있다.
- 증거기반 교수전략이란 교육자를 대상으로 방대한 문헌을 정리 · 요약하여 제공한 연구 기반을 가지고 있는 교수전략이다.

3. 행동주의 교수전략: 직접교수, 우발교수, 촉진

- 행동주의 학습이론은 인간의 본성을 수동적인 존재로 인식하고, 인간의 행동은 복잡하지만 예측이 가능하다고 보고 환경의 조절에 따라 변화될 수 있는 것으로 가정한다.
- 학습이란 자극과 반응 간의 연합으로, 자극이란 학습자에게 제시되는 모든 환경을 의미하며, 반응은 자극에 의해 발생하는 학습자의 행동을 의미한다.
- 행동주의 학습이론이 바탕이 되는 교수법으로는 직접교수, 우발교수, 촉진이 있다.
  - 과제분석적 교수: 학생이 전체 과제를 시도하기 전에 그 과제의 요소와 선행요소를 학습한다면 학습이 촉진될 수 있다고 가정하여 과제를 분석하여 교수하는 것이다.
  - 직접교수: 교사가 직접 목표 학습 상태를 가능한 한 상세히 그리고 구체적으로 보여 주고 잘 계획된 수업환경에서 반복적으로 익히도록 교수하는 것이다.
  - 우발교수: 자연스러운 교수로서 아동이 반응을 불러일으킬 수 있는 환경을 만들어 학생들이 요청을 하도록 요구할 때 교사가 바른 행동을 보여 줌으로써 교수하는 것이다.
  - 촉진: 교수적 자극을 제시한 후에 반응이 일어나기 전에 제공되는 보조수단으로 정확한 반응을 유도하기 위해 필요한 것이다.

4. 인지주의 교수전략: 발견학습법, 정보처리 모델, 인지적 교수

- 인지주의 교수의 학습이론은 인간을 환경과 상호작용하는 존재로 보고, 학습을 외부로부터 정보를 받아들여서 자신의 인지 구조 속으로 포함시키는 일련의 과정으로, 동화와 조절로 학습자의 인지 구조를 변화시키는 것으로 본다.
- 인지주의 교수전략은 학습자들이 인지적 기술 혹은 전략을 습득하도록 지원하는 방법을 말한다.
- 인지주의 교수전략의 교수법으로는 발견학습법, 정보처리 모델, 인지적 교수가 있다.
  - 발견학습법: 교사의 지시를 최소한 줄이고 학생 스스로 학습을 통해 학습목표를 달성하도록 하는 교수학습 과정 형태이다.
  - 정보처리 모델: 인간의 기억을 마치 컴퓨터가 외부 자극을 정보처럼 받아들여 처리 · 저장해 두었다가 출력해 주는 것과 같이 보는 이론이다.
  - 인지적 교수: 지식을 습득 · 저장하고 활용하며 관리할 줄 아는 능력을 교수하는 것으로 인지과정을 중요시한다.

5. 구성주의 교수전략: 또래교수, 협력교수, 상보적 교수, 모델링, 협동학습

- 구성주의 교수전략은 학습자가 주도적으로 학습목표, 내용 전개 및 평가에 참여하는 체험학습이다.
- 상호작용을 통해 지식을 구성하고 공유할 수 있는 학습환경을 제공하여 학습자들 간의 토론, 대화, 상호작용 등의 협동학습을 통해 학습을 촉진해야 한다.

- 구성주의 교수전략의 교수법으로는 또래교수, 협력교수, 상보적 교수, 모델링, 협동학습이 있다.
  - 또래교수: 한 학생이 다른 학생에게 교수자로서 행동하거나 번갈아 가며 교수자의 역할을 하는 것이다.
  - 협력교수: 일반교육 교사와 특수교육 교사가 공동으로 교수하는 형태이다. 협력교수의 형태는 교수지원 교수, 스테이션 교수, 평행교수, 대안적 교수, 팀 티칭이 있다.
  - 교수적 비계: 아동이 혼자서 할 수 없는 과제를 완성하도록 도움을 줄 때 사용하는 일시적 지원으로 성인 혹은 또래와의 상호작용이 인지발달을 촉진하도록 하는 것이다.
  - 상보적 교수: 교사와 학습자는 서로 대화를 통해 역할을 교체하면서 내용을 이해하고 학습하는 방법을 익힐 수 있도록 하는 수업이다.
  - 모델링: 하나 혹은 그 이상의 모델을 관찰함으로써 행동적 · 인지적 · 정서적 변화를 하게 하는 것으로 반응 촉진, 금지/탈금지, 관찰학습의 기능이 있다.
  - 협동학습: 학습능력이 다른 학생들이 동일한 학습목표를 향하여 소집단 내에서 함께 활동하는 수업방법이다.
  - 협동학습 유형은 집단 내에서는 협동을 하도록 하지만 집단 간에는 경쟁체제를 적용하는 학생 팀 학습 유형과 집단 내 협동뿐 아니라 집단 간 협동도 하도록 하는 협동적 프로젝트가 있다. 학생팀 학습 유형에는 '능력별 팀 학습' '토너먼트식 학습' '팀 보조 개별학습' '과제분담학습 II' 등이 있고, 협동적 프로젝트 유형에는 '과제분담학습 I' '자율적 협동학습' '집단조사' '함께하는 학습' 등이 있다.
  - 협동학습을 하는 데 필요한 요소는 각 이질집단 내에서의 일대일 상호작용, 상호의존성, 사회적 상호작용 기술에 대한 직접교수, 개인의 책무성, 집단 기능의 효율성을 검증하기 위한 과정이 있다.

참고문헌

강병구(2014). 메타분석을 통한 협동학습이 학업성취에 미치는 영향. 학습자중심교과교육연구, 14(12), 91-114.

국립특수교육원(2002). 장애학생의 통합을 위한 협동학습 중심의 교수학습프로그램. 경기: 국립특수교육원.

김자경, 최승숙 역(2011). 경도 · 중등도 장애 학생을 위한 교수전략(Prater, M. A. 저). 서울: 학지사.

김현진(2006). 협력교수 및 협동학습의 실제. 2006 특수학교 1급 정교사 과정 연수교재. 경기: 국립특수교육원.

김현진(2007). 인지와 메타인지 전략교수가 경도장애학생의 수학 문장제 문제해결 수행능력 ·

태도·귀인에 미치는 영향. 이화여자대학교 대학원 박사학위논문.

김현진(2010). 장애학생을 위한 수학지도 전략 이해. 2010 특수교육대상학생 수학과-과학과 교수·학습 지도 직무연수교재. 충남: 충청남도교육청.

문선모(2004). 교육심리학: 학습·발달 중심 접근. 서울: 양서원.

박승희, 최하영, 박은영 역(2018). 특수교육요구 학습자 어떻게 가르칠 것인가(Mitchell, D. 저). 경기: 교육과학사.

송인섭, 김정원, 정미경, 김혜숙, 신은경, 최지은, 박소연(2000). 교육심리학. 서울: 양서원.

전성연, 김수동 역(1998). 교수·학습이론(Gagné, R. M. 저). 서울: 학지사.

Adams, G., & Carnine, D. (2003). Direct instruction. In H. L. Swanson, K. R. Harris, & S. Graham (Eds.), *Handbook of learning disabilities* (pp. 403-416). New York: Guilford.

Agran, M., Blanchard, C., & Wehmeyer, M. (2000). Promoting transition goals and self-determination through student self-directed learning: The self-determined learning model of instruction. *Education and Training in Mental Retardation and Developmental Disabilities, 35*, 351-364.

Alfassi, M., Weiss, I., & Lifshitz, H. (2009). The efficacy of reciprocal teaching in fostering the reading literacy of students with intellectual disabilities. *European Journal of Special Needs Education, 23*(3), 291-305.

Bandura, A. (1986). *Social foundations of thought and action*. Englewood Cliffs, NJ: Prentice Hall.

Bauwens, J., & Hourcade, J. (1997). Cooperative teaching: Portraits of possibilities. ED410721.

Bos, C. S., & Vaughn, S. (1994). *Strategies for teaching students with learning and behavior problems*. Boston, MA: Allyn and Bacon.

Bottage, B. A. (1999). Effects of contextualized math instruction on problem solving of average and below average achieving students. *The Journal of Special Education, 33*, 81-92.

Bottage, B. A., & Hasselbring, T. S. (1993). A comparison of two approaches for teaching complex, authentic mathematics problems to adolescents in remedial math classes. *Exceptional Children, 59*, 556-566.

Bransford, J., & Stein, B. (1984). *The IDEAL problem solver: A guide for improving thinking, learning and creativity*. New York: W. H. Freeman.

Brown, W. H., McEvoy, M. A., & Bishop, N. (1991). Incidental teaching of social behavior: A naturalistic approach for promoting young children's peer interactions. *Teaching Exceptional Children, 24*(1), 35-38.

Carr, F. G. Binkoff, J. A. Kologinsky, E., & Eddy, M. (1978). Acquisition of sign language by autistic children: Expressive labeling. *Journal of Applied Behavior Analysis, 1*, 55-61.

Case, L. P., Harris, K. R., & Graham, S. (1992). Improving the mathematical problem-solving skills of students with learning disabilities: Self-regulated strategy development. *The Journal of Special Education, 26*, 1-19.

Charlop-Christy, M. H., & Carpenter, M. H. (2000). Modified incidental teaching sessions: A procedure for parents to increase spontaneous speech in their children with autism. *Journal of Positive Behavior Interventions, 2*(2), 98-112.

Cook, B. G., McDuffie-Landrum, K, A., Oshita, L., & Cook, S. C. (2011). Co-teaching for students with disabilities: A critical analysis of the empirical literatures. In J. M. Kauffmmn & D. P. Hallahan (Eds.), *Handbook of special education* (pp. 147-159). New York: Routledge.

Cook, L., & Friend, M. (1995). Co-teaching: Guidelines for creating effective practices. *Focus on Exceptional children, 28*(3), 1-16.

Dieker, L. A., & Barnett, C. A. (1996). Effective co-teaching. *Teaching Exceptional Children, 29*(1), 5-7.

Ellis, E. D., Deshler, D. D., & Schumaker, J. B. (1989). Teaching adolescents with learning disabilities to generate and use task-specific strategies. *Journal of Learning Disabilities, 22*(2), 108-120.

Engelmann, S., Haddon, P., Hanner, S., & Osborn, J. (2002). *Corrective reading thinking basics: Comprehension level A.* Columbus. OH: SRA McGraw-Hill.

Florres, M. M., & Ganz, J. B. (2009). Effects of direct instruction on the reading comprehension of students with autism and developmental disabilities. *Education and Training in Developmental Disabilities, 44*(1), 39-53.

Friend, M., & Bursuck, W. D. (1996). *Including students with special needs: A practical guide for classroom teachers.* Hoboken, NJ: Prentice Hall.

Fuchs, D., Fuchs, L. S., & Mathes, P. G. (1994). Importance of instrurctional complexity and role reciprocity to classwide peer tutoring. *Learning disabilities Research and Practice, 9*, 203-212.

Gast, D., Wellons, J., & Collins, B. (1994). Home and community safety skills. In M. Agran, N. Marchand-Martella, & R. Martella (Eds.), *Promoting health and safety: Skills for independent living* (pp. 11-32). Baltimore, MD: Paul H. Brookers.

Gerber, P. J., & Popp, P. A. (1999). Consumer perspectives on the collaborative teaching model. *Remedial and Special Education, 20*(5), 288-296.

Gersten, R. (1985), Direct instruction with special education students: A review of evaluation research. *The Journal of Special Education, 19*(1), 41-58.

Graham, S., & Harris, K. R. (1994). The role and development of self-regulation in the writing process. In D. Schunk & B. Zimmerman (Eds.), *Self-regulation of learning and performance: Issues and educational applications* (pp. 203-228). Hillsdale, NJ: Erlbaum.

Graziano, A. M. (2002). *Developmental disabilities: Introduction to a diverse field.* Boston, MA: Allyn and Bacon.

Hallahan, D., Kauffman, J., & Lloyd, J. (1999). *Introduction to learning disabilities* (2nd ed.). Needham Heights, MA: Allyn and Bacon.

Halle, W. J., Marshall, A. M., & Spradlin, J. E. (1979). Time delay: A technique to increase language use and facilitate generation in retarded children. *Journal of Applied Behavior Analysis, 12*(3), 431-439.

Hattie, J., Biggs, J., & Purdie, N. (1996). Effects of learning skills interventions on student learning. *Review of Educational Research, 66*(2), 99-137.

Hickson, L., Blackman, L, S., & Reis, E. M. (1995). *Mental retardation: Foundations of educational programming.* Boston, MA: Allyn and Bacon.

Hunt, P., Staub, D., Alwell, M., & Goetz, L. (1994). Achievement by all students within the context of cooperative learning groups. *Journal of the Association for Persons with Severe Handicaps, 19*(4), 290-301.

Hutchinson, N. L. (1993). Effects of cognitive strategy instruction on algebra problem solving of adolescents with learning disabilities. *Learning Disability Quarterly, 16,* 32-63.

Johnson, D. W., & Johnson, R. T. (1989). *Joining together: Group theory and group skills.* Needham Height, MA: Allyn and Bacon.

Johnson, R. T., & Johnson, D. W. (1986). Action research: Cooperative learning in the science classroom. *Science and Children, 24,* 31-32.

Kagan, S., Kagan, M., & Kagan, L. (2000). *Reaching standards through cooperative learning: Providing for all learners in general education classrooms (Social studies).* San Clemente, CA: Kagan Publishing.

Kaufman, M., Aard, T. A., & Semmel, M. I. (1985). *Mainstreaming: Learners and their environment.* Cambridge, MA: Brookline Books.

Lane, K., & Frankenberge, M. B. (2004). *School-based interventions.* Boston, MA: Pearson Education Inc.

Lerner, J. (2003). *Learning disabilities: Theories, diagnosis, and teaching strategies* (9th ed.). Boston, MA: Houghton Mifflin.

Meese, R. L. (2001). *Teaching learners with mild disabilities.* Belmont, MA: Wadsworth.

Mercer, C. I., & Mercer, A. (2001). *Teaching students with learning problems* (6th ed.). Upper Saddle River, NJ: Merrill Prentice-Hall.

Mitchell, D. (2014). *What really works in special and inclusive education: Using evidence-based teaching strategies* (2nd ed.). London. UK: Routledge.

Montague, M. (1997). Cognitive strategy instruction in mathematics for students with learning disabilities. *Journal of Learning Disabilities, 30*(2), 164-177.

Montague, M., & Applegate, B. (1993). Middle school students' mathematical problem solving: An analysis of think-aloud protocols. *Learning Disability Quarterly, 16*, 19-32.

Montague, M., & Bos, C. S. (1986). Verbal mathematical problem solving and learning disabilities: A review. *Focus on Learning Problems in Mathematics, 8*(2), 7-21.

Montague, M., Applegate, B., & Marquard, K. (1993). Cognitive strategy instruction and mathematical problem-solving performance of students with learning disabilities. *Learning Disabilities Research & Practice, 8*, 223-232.

Montague, M., Warger, C., & Morgan, T. H. (2000). Sovle it! Strategy instruction to improve mathematical problem solving. *Learning Disabilities Research & Practice, 15*, 110-116.

Myers, P. I., & Hammill, D. D. (1990). *Learning Disabilities.* Austin, TX: PRO-ED.

O'Reilly, M. F., Lancioni, G., & Kierans, I. (2000). Teaching leisure social skills to adults with moderate mental retardation: An analysis of acquisition, generalization, and maintenance. *Education and Training in Mental Retardation and Developmental Disabilities, 35*, 250-258.

Palincsar, A. S., & Brown, A. L. (1984). Reciprocal teaching of comprehension fostering and monitoring strategies. *Cognition and Instruction, 1*(2), 117-175.

Polya, G. (1957). *How to solve it* (2nd ed.). Garden City, NY: Doubleday.

Prater, M. A. (2007). *Teaching Strategies for students with mild to moderate disabilities.* Boston, MA: Pearson Education.

Pugach, M. C., & Johnson, L. J. (1995). *Collaborative practitioners, collaborative schools.* Denver, CO: Love Publishing Company.

Rogers-Warren, A., & Warren, S. F. (1980). Mands for verbalization: Facilitating the display of newly taught language. *Behavior Modification, 4*, 361-382.

Reid, R., & Lienemann, T. O. (2006). *Strategy instruction for students with learning disabilities.* New York: The Guilford Press.

Salend, S. J., Johansen, M., Mumper, J., Chase, A. S., Pike, K. M., & Dorney, J. (1997). Cooperative teaching: The voices of two teachers. *Remedial and Special Education, 18*(1), 3-11.

Schepis, M. M., Reid, D. H., Fitzgeraid, J. R., Faw, G. D., van den Pol, R. A., & Welty, P. A. (1982). A program for increasing manual signing by autistic and profoundly retarded youth with the daily environment. *Journal Applied Behavior Analysis, 15*, 263-379.

Schunk, D. H. (1987). Peer modes and children's behavioral change. *Review of Educational Research, 57*, 149-174.

Schunk, D. H. (2001). Social cognitive theory and self-regulated learning. In B. J. Zimmerman

& D. H. Schunk (Eds.), *Self-regulated learning and academic achievement* (pp. 125-151). Mahwah, NJ: Erlbaum.

Schunk, D. H. (2004). *Learning theories: An educational perspective* (4th ed.). Chicago, IL: Donnelley & Sons Company.

Scruggs, T. E., Mastropieri, M. A., & McDuffie, K. A. (2007). Co-teaching in inclusive classroom & A meta-synthesis of qualitative research. *Exceptional Children, 73*, 392-416.

Slavin, R. E. (1983). *Cooperative learning.* New York: Longman Inc.

Slavin, R. E. (1987). Developmental and motivational perspectives on cooperative learning: A reconciliation. *Child Development, 58*, 1161-1167.

Slavin, R. E. (1989). *Cooperative learning: Theory, research, and practice.* Needham Heights, MA: Allyn & Bacon.

Smith, C. R. (1998). *Learning disabilities: The interaction of learner, task, and setting* (4th ed.). Needham Heights, MA: Allyn & Bacon.

Taylor, R. (2003). *Assessment of exceptional students: Educational and psychological assessment* (6th ed.). Boston, MA: Allyn & Bacon.

Vaughn, S., & Bos, C. S. (2009). *Strategies for teaching students with learning and behavior problems.* Boston, MA: Person Education, Inc.

Vaughn, S., Shay S. J., & Argyles, M. E. (1997). The ABCDEs of co-teaching. *Teaching Exceptional Children, 30*(2), 4-10.

Vygotsky, L. S. (1978). *Mind in society: The development of higher psychological processes.* Cambridge, MA: Harvard University Press.

Walther-Thomas, C. et al. (1996). Planning for effective co-teaching: The key to successful inclusion. *Remedial and Special Education, 17*(4), 255-264.

Warren, S. (2002). Presidential address-genes, brains, and behavior: The road ahead. *Mental Retardation, 40*, 421-426.

White, W. A. T. (1988). A meta-analysis of effects of direct instruction in special education. *Education and Treatment of Children, 11*(4), 364-374.

Wong, B. Y. L. (1992). On cognitive process based instruction: An introduction. *Journal of Learning Disabilities, 25*, 150-152.

Wood, J. W. (1998). *Adapting instruction to accommodate students in inclusive settings.* Upper Saddle River, NJ: Merrill Prentice-Hall.

Zimmerman, B. J. (1998). Developing self-fulfilling cycles of academic regulation: An analysis of exemplary instructional models. In D. H. Schunk & B. J. Zimmerman (Eds.), *Self-regulated learning: From teaching to self-reflective practice* (pp. 1-19). New York: Guilford Press.

제9장

학령기 교육적 접근: 교과지도

이경순

이 장에서는 제7장 및 제8장과 연계하여, 지적장애 학생을 위한 교과별 지도방법을 소개한다. 제시 순서는 통합교과, 국어, 사회, 수학, 과학, 체육 및 예술(음악, 미술) 순이며, 통합교과에서는 일반 초등학교에 통합되어 있는 지적장애 학생들을 위한 진로교육에 대해서도 함께 다룬다. 국어과는 모든 교과의 기본이 되기 때문에 다른 교과에 비해 분량을 가장 많이 차지한다. 각 교과의 서두에는 2015년 개정 특수교육 기본교육과정의 성격과 내용체계를 간단히 제시하고, 각 교과별 특성에 따른 지도방법, 교수학습의 형태, 학교급별, 교육환경에 따라 다양한 지도방법을 보여 주고자 한다. 예를 들면, 중·고등학교 지적장애 학생의 국어 수업에서의 보편적 학습설계를 적용한 문학소설 읽기, 통합학급에서의 통합학급 교사와 특수교사 간 협력교수(스테이션 교수), 과학교과에서의 보완대체의사소통 체계가 적용된 교수학습 과정, 융합인재교육(STEAM), 플립러닝 및 온라인 원격교육과의 접목 교육, 마지막으로 일반 초등학교 특수학급에서의 창의적 체험시간을 이용한 음악교과 교수방법 등이다.

1. 통합교과 지도

통합교과 절에서는 과정중심 평가와 초등학교 진로교육도 함께 다룬다.

2015년 개정 특수교육 기본교육과정 통합교과는 학문중심의 전통적인 교과체계의 한계를 벗어나 특수교육대상 학생의 삶과 교과를 통합하고(정주영, 2019), 기능적 교육의 개념과는 다소 차별화된, 학생이 살아가는 생태학적 맥락을 바탕으로 그 속에서 경험하는 다양한 생활 주제를 교과의 주된 요목으로 선정하여 다양한 지식, 기능, 가치를 통합하는 탈학문적 교과를 지향한다(정주영, 2020). 더불어 교과 간의 통합적 평가도 추구하게 되었다(김영실, 2020). 즉, 통합교과(교육부, 2015a)는 특수교육대상 학생이 가정, 학교, 지역사회에서 다양하게 경험할 수 있는 생활과 학생의 발달을 고려한 교육 내용으로 하며, 초등학교 1~2학년 학생이 교육 내용과 방법을 일상생활 안에서 경험할 수 있도록 교육과정을 주제중심으로 통합하여 구성한다.

또한 통합교과는 8개 영역, 24개 핵심개념, 32개의 내용요소의 체계를 갖추고, 바른 생활과 슬기로운 생활, 즐거운 생활과의 성격을 담은 활동 주제로 구성되고, 학생이 경험하는 물리적 공간(학교와 나, 가족, 마을, 나라), 시간적 공간(봄, 여름, 가을, 겨울), 문제 해결 전략(실천, 탐구, 표현)의 세 가지 차원으로 이루어진다.

통합교과의 각 교과별 주안점은 다음과 같다. 첫째, 바른생활(바생) 교과는 일상생활을 하는 데에 필요한 기본 생활습관, 사회적 관계 형성, 기본 학습습관을 익히고, 실천할 수 있는 능력과 태도를 형성하여 건전한 인성을 가진 사람을 육성하는 데에 초점을 둔다. 둘째, 슬기로운 생활(슬생) 교과는 학생 자신을 포함하여 일상생활에서 접하는 주변에 관심을 가지고 이해하도록 돕는 탐구활동 중심의 교과이다. 셋째, 즐거운 생활(즐생) 교과는 일상생활 속에서 필요한 기초적 표현능력을 계발하여 아름다움을 경험하고 표현하며, 몸과 마음이 건강한 사람으로 자라도록 돕는 표현놀이 중심의 교과이다(교육부, 2015a).

2000년대 전후로 특수교육 현장에서는 주제중심의 통합교과 수업이 학교 혹은 교사 개인 재량에 따라 선택적으로 운영되어 왔다. 이제 통합교과가 국가 수준 교육과정으로 자리매김함에 따라 점진적으로 초등학교 전 학년, 범교과적으로 확대 운영될 것으로 보이며, 또한 통합교과는 교육부(2021)에서의 고교학점제 운영에 따른 주요 방안으로 언급한 융합교육(STEAM)과 개념적으로 유사성을 띤다. 즉, 통합교과의 '문제 해결

'전략' 요소는 융합교육에서의 여러 교과목의 융합 및 문제 상황을 제시하고, 문제를 해결하는 교수학습 과정과 상통하는 측면이 있다(뒤쪽 과학교과 부분 참조).

정주영(2021)은 특수교육 현장에서 통합교과를 운영한 경험이 있는 교사를 대상으로 연구한 결과, 통합교과의 장점으로는 선수학습의 영향이 적어서 학생에게 쉬운 수업, 학생이 쉽게 성공할 수 있는 수업, 학생의 참여를 끌어내기 쉬운 수업이라고 하였다. 어려움으로는 다른 교과에 비해 교사 개인의 영향을 많이 받는 교과로 인식하였다. 즉, 교사의 수업관, 수업 역량에 따라 수업의 격차가 타 교과에 비해 크다는 것이다. 또한 교사들이 통합교과를 준비하는 데 있어서 시간과 비용의 문제, 주제 선정에서의 적절성 등 많은 부담이 따른다. 그러므로 향후 통합교과의 발전을 위해서는 학생의 삶을 충분히 반영한 적절한 난이도의 주제 도출과 교사들에게 교수학습 및 평가에 관한 체계적이고 세부적인 지침이 개발·제공되어야 한다는 것이다.

2015년 개정 교육과정의 적용으로 교육과정, 수업, 평가의 일체화가 강조됨에 따라 교육부와 지역교육지원청에서는 '교육과정-수업-평가 혁신' '과정중심 학생 평가 지원' 등을 시행하고 있다, 이러한 정책은 교육과정과 수업의 개선이 평가의 개선과 연결될 때 가능하다는 아이디어가 반영되어 있다(홍소영, 2021). 이전에는 학생들의 학습 결과에 초점을 맞춘 평가라면, 2015년 개정 교육과정에서는 교수학습과 평가의 일관성을 강조하여, 학습의 결과뿐 아니라 학습의 과정을 중요시하는 과정중심 평가로의 변화(장재홍, 2020)가 이루어졌고, 이것은 기존의 전통적인 교육과정 개념과 다른 성취기준 중심의 교육과정(standard-based curriculum)으로 이동되었음을 보여 준다. 즉, 교육과정에 평가준거 및 평가기준의 포함과 더불어 교사는 주어진 교육과정을 재구성하고, 성취기준을 풀어 해석하고 분석한 뒤 그것을 도달하기 위한 활동을 찾아야 한다. 따라서 이러한 일련의 과정에서 교사에게는 더 많은 자율성이 부여되고, 교육과정 문해력(literacy)이 요구된다(국립특수교육원, 2019). 교사의 교육과정 문해력이란 교사가 교육에 대한 철학을 바탕으로 국가 교육과정을 해석하여 학교와 학생의 맥락에 맞게 교사 개인의 교육과정으로 구현해 내는 능력을 말한다(서울특별시교육청 교육연구정보원, 2021). 즉, 교사가 가르쳐야 할 학생의 특성과 능력을 파악하고, 그에 적합한 교수방법과 전략을 교수학습 과정에 잘 녹여 내고, 그 과정에서 성취기준에 잘 도달했는지 학생의 학습활동 과정에서 평가한 후, 다시 교육과정을 재구성할 때 이런 검토사항을 반영하여 수업을 개선해 나가는 것이다. 따라서 교사는 주어진 교육과정의 재구성을 하면서 학생들의 평가에 대한 성취기준을 체계적

〈표 9-1〉 2015 특수교육 교육과정에 따른 초등학교 1~2학년군 통합교과(바생, 슬생, 즐생) 단원 지도계획

단원	성취기준	단원 학습목표	차시	차시명(주제명) 또는 차시 학습목표	주요 학습 내용 또는 활동	교과(차시)
가을을 파는 시장	[바생07-04] 자연과 수확하는 사람들에게 감사한 마음을 갖는다. [슬생07-04] 가을 곡식과 열매의 특징을 살펴본다. [즐생07-04] 가을 곡식과 열매를 다양한 방법으로 표현한다. [바생03-02] 바른 태도로 가게를 이용한다. [슬생03-02] 생활에 필요한 물건과 가게를 이용하는 방법을 알아본다. [즐생03-02] 가게 이 모습을 여러 가지 방법으로 표현한다.	가게와 관련된 다양한 표현 활동을 하면서 가을 곡식과 열매를 살펴보고 생활에 필요한 물건을 찾아 가게를 바르게 이용한다.	1~2/20 (3~6차시 생략)	〈가을 시장이 궁금해요〉 • 주요·기초: 시장 안 가게의 모습을 꾸민다.	• 여러 가지 시장을 살펴보고 시장 안 가게의 모습 꾸미기 - 시장의 모습 살펴보기 - 내가 가고 싶은 시장 안 가게 모습 꾸미기 - 내가 꾸민 가게의 모습 발표하기	즐생(2)
			7~8/20	〈필요한 물건을 사요〉 • 주요: 물건 사는 방법에 따라 정해진 물건을 산다. • 기초: 사야 할 물건과 같은 그림을 찾는다.	• 물건을 사는 방법에 따라 정해진 물건 사기 - 시장에 있는 사람들의 모습 살펴보기 - 물건 사는 방법 알아보기 - 정해진 물건 사기 - 물건 사는 방법 확인하기	슬생(2)
			9~10/20	〈고마운 마음을 담아요〉 • 주요·기초: 자연과 수확하는 사람들에게 감사한 마음을 갖는다.	• 과일을 이용한 표현 활동을 하면서 자연과 수확하는 사람들에게 감사한 마음 갖기 - 자연과 수확하는 사람 알아보기 - 과일청 만들기 - 내가 할 수 있는 일 다짐하기	바생(2)
			11~12/20	〈곡식으로 그리는 가을〉 • 주요: 다양한 곡식을 이용한 표현 활동을 하면서 곡식을 살펴본다. • 기초: 다양한 곡식을 살펴본다.	• 가을 곡식을 만져 보면서 살펴보기 - 곡식 가게 살펴보기 - 곡식 살펴보기 - 곡식을 준비하고 곡식판 만들기 - 내가 꾸민 곡식판 발표하기	슬생(2)
			13~14/20 (15~20차시 생략)	〈곡식으로 놀아요〉 • 주요: 가을 곡식을 살펴보며 놀이를 한다. • 기초: 가을 곡식을 만져 본다.	• 가을 곡식과 열매를 살펴보며 놀이하기 - 가을 들판에 있는 곡식을 알아보기 - 가을 곡식 만져 보기 - 가을 곡식을 이용한 놀이하기 - 가을 곡식 놀이 활동 소감 나누기	슬생(1) 즐생(1)

출처: 국립특수교육원(2020a).

으로 준비하고, 이를 자기의 교실에서 실천해 내는 능력을 갖추어야 한다. 이러한 교사의 교육과정 분석과 교수학습에 이르기까지 그 과정을 간단하게 보여 주는 예시가 〈표 9-1〉〈표 9-2〉〈표 9-3〉이다. 〈표 9-2〉는 〈표 9-1〉의 통합교과 '가을'을 주제로 구성한 '단원의 지도계획'을 기초로 하여 '학습목표'를 재구성하고 학생의 수준에 따라 세분화된 개별 학습목표를 제시한 것이다. 〈표 9-3〉은 〈표 9-2〉를 토대로 작성된 교수학습 과정안의 예시이다.

〈표 9-2〉 **단원 학습목표 재구성 및 단원 평가 기준 수립하기(통합교과 1학년-가을)**

① 설정한 성취 수준에 맞게 단원 학습목표 재구성하기	
교과서에 제시된 단원 학습목표	재구성된 단원 학습목표
• 가을 날씨와 생활 모습을 살펴본다.	• 가을 날씨를 살펴본다. • 가을 날씨에 따른 생활모습을 살펴본다. • 가을 날씨와 생활 모습을 표현한다. • 자연과 추수하는 사람들에게 감사하는 마음을 표현한다. • 다양한 곡식을 이용한 표현 활동을 하면서 곡식을 살펴본다.

② 재구성된 학습목표에 기반해 '개별 학생'의 세분화된 단원 학습목표(평가기준) 설정하기			
	가을 날씨	곡식 추수 모습과 감사 표현	곡식의 변별과 놀이
목표	가을 날씨를 알아본다.	가을 추수하는 사람들에게 감사하는 마음을 표현한다.	다양한 곡식을 변별하고 놀이를 한다.
개별목표 / 학생 A	가을 날씨를 일기 예보를 통해 알아본다.	다양한 곡식의 종류를 보면서 추수하는 사람들에게 감사의 이야기를 한다.	곡식의 종류를 변별한다. 곡식을 이용한 놀이를 한다
개별목표 / 학생 B	가을 날씨를 그림이나 사진으로 본다.	곡식을 추수를 하는 사람들의 모습을 보면서 감사하는 인사말을 듣는다.	여러 가지 곡식을 이용한 놀이에 참여한다.
내용	• 맑은 하늘 • 신선한 날씨	• 여러 가지 곡식 • 곡식 추수하는 모습	• 여러 가지 곡식 • 곡식 이용한 놀이
평가방법	관찰(체크리스트)	관찰(체크리스트)	관찰(체크리스트)

출처: 국립특수교육원(2019).

〈표 9-3〉 **통합교과 교수학습 과정안(특수학교 초등학교 1학년)**

교과	통합	주제	가을	제재		곡식으로 놀아요
학습목표	가. 여러 가지 곡식의 특성을 다양한 방법으로 변별하고 곡식을 이용한 놀이를 한다. 나. 여러 가지 곡식 놀이 활동에 참여한다.					
학습과정	**교수학습 활동**					
	교사활동		학생활동			
			가		나	
학습동기 유발	• 인사 노래, 수업시작 노래를 부르며 수업 시작 안내		• 함께 노래하고 인사하며 바른 자세로 앉기		• 친구들과 교사의 노래를 들으며 바른 자세로 앉기	
	• 전시학습 상기시키기 - 지난 시간 수업사진이나 영상을 보여 주며 전시 학습에 대해 질문하기		• 교사의 질문에 대답하거나 동작으로 표현하기		• 지난 시간 수업 영상 쳐다보기	
	• '무엇이 들어 있을까? 질문하며 물건 제시하기 - 곡식통들을 흔들어 소리를 들려주며 무슨 소리, 무엇이 들어 있을지 질문하기		• 소리를 듣고, 교사의 질문에 대답을 동작으로 표현하기		• 소리를 들어보기 • 친구들의 이야기 듣기	
	- 통 안에 손을 넣어 만지거나 냄새를 맡게 하고 무엇이 들어 있는지 질문하기		• 손으로 만져 보고 냄새를 맡은 후에 교사의 질문에 대답 혹은 동작으로 표현하기		• 제시되는 물건을 살펴보고 만져 보기	
학습 과제	**학습 과제 제시하기**					
	여러 가지 곡식을 살펴보고 놀이를 해 봅시다.					
활동 1: 곡식 탐색	• 여러 가지 곡식의 이름과 특징 설명 - 실물자료를 보여 주며 곡식의 모양, 색깔, 크기 등에 대해 이야기 나누기		• 제시되는 자료의 곡식과 통 안의 곡식의 크기, 색깔, 모양 살펴보며 교사의 설명 듣기		• 통 안에 들어 있는 곡식을 자유로이 만져 보기	
	• 여러 가지 곡식 제시하고 놀이 시 주의 지도 - 개인 접시를 나누어 주고 곡식 덜어 주기 - 주의할 점 설명하기		• 준비물 받아 바르게 앉기 • 주의할 점 설명 들으며 자유롭게 이야기하거나 동작 표현하기			
	• 자유롭게 여러 가지 곡식의 특성을 탐색하도록 지도하기 - 쌀, 콩, 팥 등의 곡식을 자유롭게 만져보고 살펴보도록 지도하기		• 개인 접시 위에 쌀, 콩, 팥 등을 담아 손으로 만지기, 뿌리기 등 여러 가지 방법으로 탐색하기		• 개인 접시 위의 쌀, 콩, 팥 등을 자유롭게 만져 보기	

활동 2: 다양한 곡식 놀이	• 다양한 방법으로 곡식을 가지고 자유롭게 놀도록 안내하기 　- 놀이 매트로 자리 이동하도록 안내하고 놀이 매트에 곡식을 넣도록 설명하기	• 자리를 이동하여 놀이 매트 안에 곡식 넣기	
	- 여러 가지 도구를 이용하여 곡식을 그릇에 담거나 옮기고 뿌리면서 촉감을 느끼며 놀이를 하도록 안내하기 　- 구멍의 크기가 다른 바구니에 곡식을 담거나 옮기면서 크기의 차이를 느끼도록 지도하기	• 여러 가지 도구(숟가락, 깔때기, 크기가 다른 그릇, 바구니 등)를 이용하여 곡식을 담거나 옮기고 뿌려 보기	• 여러 가지 도구와 곡식 가지고 자유롭게 놀기
	- 곡식 위에 손으로 선을 그리거나 사물 모양을 만들도록 지도하기	• 곡식 위에 선이나 모양 그리기 • 곡식을 모아 사물 모양 만들기	• 곡식 위에 자국 남기기
	- 곡식 주머니를 이용한 놀이 안내하기	• 곡식 주머니를 이용하는 놀이하기(던지기, 신체 부위에 올리고 이동하기)	• 곡식 주머니를 이용하는 놀이에 참여하기(던지기, 신체 부위에 올리고 이동하기 등)
	- 여러 가지 용기에 곡식을 담아 흔들거나 쳐서 소리를 내도록 안내하고 음악에 맞추어 흔들어 연주하도록 설명하기	• 곡식 담은 용기를 음악에 맞추어 흔들어 연주하기	• 곡식 담은 용기 가지고 자유롭게 놀기
정리	• 수업내용 정리 　- 수업에 사용했던 도구 · 자료 보여 주며 이야기 나누기 　- 놀이 활동을 할 때 기분이 어땠는지, 수업 태도가 좋았던 학생은 누구인지 질문하고 평가하기	• 어떤 활동을 했는지 이야기하거나 동작으로 표현하기 • 수업태도가 좋았던 학생의 이름을 말하거나 가리키기	• 여러 가지 도구를 가리키거나 자료 쳐다보기 • 친구들 쳐다보기
평가	가. 여러 가지 곡식의 특성을 다양한 방법으로 변별하고 곡식을 이용한 놀이를 하는가? 나. 여러 가지 곡식 놀이 활동에 참여하는가?		

출처: 조은영(2018)에서 재구성.

통합교과와 맥을 같이하여, 진로교육(중 · 고등학교 진로 · 전환교육은 제10장 참조) 또한 초등학교 1, 2학년부터 교과 및 창의적 체험(이하 창체)활동 등 학교활동 전반에 통합적으로 다루어져 가고 있으며, 2021년 교육부는 진로교육에서의 초등학교 전 학년으로 확대·운영에 대한 계획도 발표하였다. 초등학교 학생을 포함한 진로교육의 방향은 진로개발 역량 함양을 통해 미래를 준비하고, 창의적 민주시민을 기르는 데 있으며, 특히 초등학교에서는 교과연계 진로교육 운영, 진로활동 중심의 창체활동 활성화, 진로 체험·협업 프로그램 운영의 다양화 등이 필요하다(서울특별시교육청, 2021a). 아울러 교육부(2021)는 진로교육 및 교과교육과 연계한 디지털 기초소양 교육인 디지털 리터러시(digital literacy)와 컴퓨터 사고력(computational thinking) 등 정보교육을 강화·심화하는 방안을 제시하였다. 진로교육은 특수학교에 비해 상대적으로 초등학교 통합학급에서 장애학생이 종종 배제되는 문제점과 적절한 프로그램의 부재가 제기되고 있다(국립특수교육원, 2015; 김상미, 오윤정, 조경숙, 2017; 이영아, 박승희, 2014). 통합학급에서의 이런 문제점을 보완하기 위해 초등학교 특수학급에서 장애학생을 위한 진로교육을 실시하는 것도 하나의 방법이다(국립특수교육원, 2015). 또 다른 대안으로 통합학급에서 통합학급 교사와 특수교사의 진로교육에 대한 협력교수를 들 수 있는데, 이런 협력교수는 통합학급의 장애학생과 비장애 학생 모두 진로성숙도와 학습동기에 긍정적인 영향을 보여 준다(이영아, 박승희, 2014). 반면에 초등학교에서의 지적장애 학생 대상의 진로교육 및 체험활동의 한계점은 특수학급의 시간제 운영으로 인한 시간 확보의 어려움, 특수교사의 업무 과다, 개별 학생의 다양한 직업 욕구 수용의 어려움, 체험교육 시 행정적 지원의 어려움 등을 꼽을 수 있다(국립특수교육원, 2015). 이런 제한점이 존재함에도, 진로교육은 지적장애 학생들에게는 어린 시기에서부터 이루어져야 하고, 또한 타 교과교육 시간과 통합으로 다양하게 운영되어야 한다. 따라서 지적장애 학생들이 초등학교 1학년 때부터 교과 수업에서 자연스럽게 진로·직업과 관련한 체계적인 지식을 습득하고, 역량을 계발하여 미래의 사회에서 독립된 구성원으로서 역할과 책임을 다할 수 있도록 초등학교 특수교육 교사의 역할이 중요하고, 이들 교사를 위한 지원도 체계적으로 이루어져야 한다. 〈표 9-4〉는 서울시교육청(2021a, 2021b)에서 제시한 일반 초등학교 2, 3학년 대상의 진로교육과 교과교육의 연계를 위한 프로젝트의 예시이다. 이것은 지적장애 학생을 위해 특수교육 교사와 통합학급 교사 간의 협력교수(예: 교수적 수정방법의 통합학급 교사 지원)를 통해 통합학급에서 사용할 수 있다. 〈표 9-5〉는 국립특수교육원(2015)에서 초등학교 특수학급용으로 개발한 진로교육과 교과교육 간 연계학습 활동의 예시이다.

〈표 9-4〉　초등학교 2, 3학년 진로교육과 교과교육의 연계·운영을 위한 프로젝트의 예시(통합학급)

프로젝트 단계		교과별 차시운영	주요 활동		
2학년	진로교육 영역		자아 이해 및 긍정적 자아개념 형성	핵심 역량	• 자기관리 역량 • 의사소통 역량
	진로교육 세부목표		자신이 소중한 존재임을 안다.		
	목표확인	국어 1 봄 1 (통합교과)	• '나' 하면 떠오르는 것들 이야기하기 • '나' 마인드맵 그리기		
	계획		• 「물고기는 물고기야!」 읽고 나다움에 대해 생각하기 • 바른 자세로 자신 있게 '나'에 대해 발표하기		
	실행	여름 1 (통합교과)	• 「돼지책」을 읽고 내가 잘 할 수 있는 집안일 생각해 보기 • 우리 집에서 나의 역할 찾아보기 • 우리 가족을 위해 내가 할 수 있는 일 발표하기		
	평가	국어 1 봄 1	• '소중한 나를 발견해요' 프로젝트 학습 러닝 페어 준비하기 • 나를 보여 주고 표현하는 '소중한 나 발표회'에 참여하기		
3학년	진로교육 영역		직업정보의 탐색	핵심 역량	• 의사소통 역량 • 창의적 사고 역량
	진로교육 세부목표		일과 직업의 다양한 종류와 변화를 이해한다.		
	목표확인	사회 2	• 우리 고장의 모습과 장소에 어울리는 직업 찾고 소개자료 만들기		
	계획	도덕 1	• 우리 고장의 직업인 중 인내하며 최선을 다하는 사람 찾아 본받기		
	실행	미술 1	• 미래 고장에서 살아가는 직업인의 모습이나 장소 그리기		
	평가	사회 1	• 미래 고장에서 살아가는 직업인의 모습과 장소를 백지도에 나타내기		

출처: 서울특별시교육청(2021a, 2021b).

〈표 9-5〉　진로교육과 교과교육 간의 통합교육의 학습활동 예시(초등학교 특수학급용)

영역		일에 대한 긍정적 태도와 가치관	
주제		바람직한 직업태도와 습관	
관련교과 성취기준	도덕	협동의 의미와 중요성을 이해하고, 협동할 수 있는 능력을 길러 생활 속에서 실천한다.	
	실과	정리정돈, 청소와 쓰레기 분리수거, 재활용 등을 계획하여 실행한다.	
학습목표		협동의 의미를 이해하고, 교실에서 각자의 역할을 성실히 수행한다.	
		교수학습 활동	학습 자료
도입		• 교실을 청소하기 위해 해야 할 일 말하기 　- 빗자루로 쓸기, 대걸레로 바닥 닦기, 책상 닦기, 쓰레기통 비우기 등 청소를 하는 데 한 일들을 나열한다.	• 학생들이 교실을 청소하는 사진

전개	〈활동 1〉 협동과 1인 1역할의 관계 알기 • 협동의 의미 알기 　- 협동이 무슨 의미인지 추측한다. 　- 다양한 사례를 통해 협동의 중요성을 이해한다. • 1인 1역할과 협동의 관계 알기 　- 각자 한 가지의 역할을 맡아 성실히 수행하면 모두가 협동하여 교실청소를 　　할 수 있음을 이해한다.	• 협동의 사례 동영상 및 사 진 자료
	〈활동 2〉 1인 1역할 정하기 • 스스로 1인 1역할 정하기 　- 교실 청소를 위해 해야 할 일들의 목록을 만든다. 　- 내가 가장 잘 할 수 있는 일을 발표한다. 　- 학급 구성원들이 자신이 원하는 1인 1역할을 갖는다.	• 컴퓨터, TV
	〈활동 3〉 1인 1역할 배정표와 점검표 만들기 • 1인 1역할 배정표 만들기 　- 1인 1역할 카드에 자신의 사진을 붙이고 해야할 일을 적어 배정표를 만들고 　　게시판에 붙인다. • 1인 1역할 점검표 만들기 　- 자신의 역할을 잘 수행하였는지 점검할 수 있는 자기점검표를 만들어 배정표 　　옆에 붙인다.	• 자기 자신의 사진 또는 그 림, 색 연필, 배정표와 점 검표 양식
정리	• 1인 1역할을 잘 실천하기 위한 공개 약속하기 　- 친구들에게 자신의 역할을 말하고 성실하게 실천할 것을 약속한다.	

출처: 국립특수교육원(2015).

2. 국어과 지도

　　지적장애 학생을 위한 2015 개정 특수교육 기본교육과정(교육부, 2015a)에 제시된 국어과의 성격은 국어를 정확하고 효과적으로 사용하여 일상생활에서 자기주도적인 국어생활을 할 수 있는 능력과 태도를 기르며, 이를 통해 학습자의 의사소통 역량, 대인관계 역량, 창의적 사고 역량, 지식정보 처리 역량, 심미적 감성 역량을 기르는 데 있다.

　　국어과의 하위 영역은 '듣기 · 말하기' '읽기' '쓰기'이다. 국어과는 다른 교과의 학습 및 범교과적으로 연계되며, 범교과적 내용을 담은 담화나 글을 듣기 · 말하기, 읽기, 쓰기의 활동자료로 활용함으로써 학습자의 사회적 상호작용과 통합적 활동에 기여할 수 있다. 국어과의 학습 경험은 또한 미래의 자기주도적 일상생활을 위해서도 중요한 역할을 하는 도구적 성격을 띤다. 이러한 국어과의 성격과 내용은 구성주의에 근거한 총체적 언어교육의 원리와 맥을 같이하는 것이다. 구성주의(제8장 참조)는 학생을 수동적 학습자가 아닌 능동적 학습자로 인식하며 학생이 환경과의 상호작용을 통해 발달함을 강조하고 있다. 총체적 언어교육은 학생이 자연스러운 상황에서 듣기, 말하기, 읽기, 쓰기를 통합적으로 할 수 있도록 지원하는 교수전략이다(Lerner, 2003). 교수학습 원리는 전체 텍스트를 연습시키기 위해 부분적으로 나누어 연습시키는 것을 지양하고, 읽기, 쓰기는 학습자가 가지고 있는 경험에 기초한 교육에 초점을 맞추도록 강조하고 있다. 경험이 중요한 이유는 학습자의 동기 유발과 더불어 학습하는 데 의미를 부여함으로써 주의 집중과 흥미를 가지게 하여 학생의 학업성취를 뒷받침해 주기 때문이다.

이와 같은 맥락에서 지적장애 학생의 국어과 지도에서 듣기·말하기, 읽기, 쓰기 영역을 분리하여 지도하는 것은 바람직하지 않을 수 있다. 그러나 총체적 언어교육에 중점을 두어 이 네 가지 영역을 통합하여 교육하다 보면 자칫 어느 한 영역을 소홀히 다룰 수 있다. 비록 특수교육 현장에서 총체적 언어교육 개념을 바탕으로 지적장애 학생을 교육하더라도, 교사는 듣기·말하기, 읽기, 쓰기를 세분화해서 교수지도 원리를 파악하고 있어야 하며, 때로는 이런 분리적인 교육적 접근도 수시로 실행되어야 한다.

말하기의 어려움을 보이는 학생의 의사소통 능력을 위해서는 보완대체의사소통 체계의 교수가 필요한데, 이와 관련해서는 제13장 '의사소통 지도의 실제'에서 다룬다.

1) 듣기 · 말하기

지적장애 학생은 인지적 수준에 따라 다양한 개인차를 보이지만 대부분 수용언어인 듣기와 표현언어인 말하기 모두에서 어려움을 경험하고 있다. 먼저 지적장애 학생은 주의 집중력 부족과 청지각의 문제를 보인다(제4장 참조). 그래서 학령 전과 초등학교 저학년 지적장애 학생의 듣기능력 지도는 다양한 환경음과 목표음에 대한 변별능력을 기르는 것이 중요하다. 이로써 그들이 궁극적으로 수업에서 교사가 하는 말에 귀 기울일 수 있기 때문이다. 듣기 훈련방법으로는 소음 속에서 들려오는 동물이나 사물의 소리 구별하기, 들은 대로 따라 말하기, 같은 소리 듣기, 무의미한 말 듣고 따라 하기, 동일한 끝음을 가진 낱말 말하기, 끝말잇기 게임, 지시에 따라 행동하기, 지시에 맞는 그림 찾기, 학생이 좋아하는 동물이나 사물의 소리를 들려주고 무엇인지 맞추는 게임 등이 있다.

지적장애 학생을 지도할 때 교사는 좀 더 명확하고 단순한 어휘나 문장을 사용하도록 하고, 학생에게 주어지는 지시는 한꺼번에 여러 개가 중복되지 않도록 한 번에 하나만 하도록 한다. 지시를 할 때는 시각적인 보조자료를 함께 제시하면 지적장애 학생이 지시사항을 보다 쉽게 이해하는 데 도움이 된다. 이런 기본적인 듣기능력이 갖추어지면 좀 더 발전된 듣기기술을 시도해야 하는데, 정보를 전달하는 말 듣기, 설득하는 말 듣기 등이 그것이다.

지적장애 학생의 말하기 기술 향상을 위해서는 기본적인 발성훈련이 필요하다. 많은 지적장애 학생이 구어표현에서 조음이나 발성 등의 문제를 보이기도 한다. 그들의 발음과 발성을 위한 훈련으로는 휴지 불기, 촛불 끄기, 풍선 불기, 깃털 불기, 종이 꽃가루 날리기 등이 있다. 발성에 좀 더 강력한 도움이 되는 리코더 불기, 오카리나 불기 등도 고려해 볼 만하다. 발음의 문제가 있는 경우 학생의 말을 녹음하여 다시 들려주는 방법도 발음 교정에 도움이 되고, 동물이나 사물의 소리나 모양을 흉내 내는 말을 따라 말하거나 그림이나 사진을 통해 소리나 모양을 흉내 내는 말을 맞히도록 하는 것도 기본적인 '듣기' 지도방법이다.

듣기 · 말하기 수업의 또 다른 방법으로는, 이야기의 순서가 있는 그림이나 사진 혹은 동화 내용을 바탕으로 차례대로 그림을 제시하며 이야기하도록 하거나 그림의 순서를 바꾸어 차례에 맞게 이야기하도록 하는 것이 있다. 지적 수준이 낮을수록 단순한 그림이어야 하며, 그림의 수는 2~3개 정도로 적게 사용해야 한다. 학년이 올라갈수록, 그리고 지적 수준이 좀 더 높은 장애학생일수록 보다 복잡한 그림이나 여러 장의 그림을 사용해도 된다. 듣기 · 말하기 수업은 음악 수업과 연계하는 것도 중요하다. 지적장애 학생이 선호하는 노래를 들려주고 따라 부르게 하는 것도 듣기 · 말하기 기술 향상에 효과적이다.

지적장애 학생은 반복된 실패의 경험으로 학습된 무기력(제4장 참조)이 생기며, 대부분 사회적 위축으로 자기의 생각이나 의사표현을 하는 데 어려움을 보인다. 그러므로 수업 시 자연스럽게 발표의 기회를 제공해 주는 것도 다른 사람 앞에서 자신의 의견을 말할 수 있어 자신감을 심어 주는 중요한 지도법이 된다. 단, 너무 복잡하고 긴 답을 요하는 발표보다는 단순하고 쉬운 답을 요하는 질문에 답할 수 있는 기회를 주는 것이 효과적이다. 마찬가지로 그들이 말을 유창하게 구사하지 못하고 머뭇거리거나 말더듬, 조음장애 현상을 보일지라도 교사나 또래 친구들이 잘 들어 줄 수 있도록 지지적인 분위기를 조성해 주어야 하며, 학생이 말하는 도중에 즉각적인 발음 교정은 하지 않도록 주의한다. 장애학생이 잘못된 문장이나 발음을 할 때 교사는 자연스럽게 학생의 말을 따라 하는 것처럼 반복하면서 적당히 교정해 주는 것이 좋다. 이를테면, "○○야, 지난 주말에 뭐 했니?" "할지 집에 갔어요." "그래, 할아버지 집에 갔어요."라고 해야 한다.

초등 저학년 지적장애 학생의 듣기·말하기 수업에 효과적인 방법 중 하나로는 짧은 그림책이나 간단한 동화책을 교사가 읽어 주고, 학생은 들은 이야기를 바탕으로 교사의 질문에 대답하고, 이 활동이 종료되면 연속해서 그림책과 관련된 놀이활동 수업을 하는 것이다. 그림책 읽기 및 놀이 연계 수업은 교사가 읽어 주고, 지적장애 학생이 그 내용을 듣고 질문에 답하며, 관련 놀이를 하는 것이므로 듣기·말하기 수업에 매우 효과적이다.

여러 연구(이경순, 2008; Bellon-Harn & Harn, 2008; Dickinson & Smith, 1994; Pak, 1996; Sipe, 2000)에서는 그림책 읽기를 통해 학생의 문해력과 어휘가 발달하고, 듣기 이해력과 독해력이 향상되며, 교사와 학생들 간의 대화로 통찰력과 고차원적인 사고능력이 발달함을 제시하고 있다. 그리고 성인과 학생 간의 개별 활동보다는 학급 전체나 소모둠별 활동을 실행할 때 사회성 기술, 의사표현력이 촉진된다. 그림책 읽기와 관련된 활동을 초등학교 수준보다 높여 지적장애 중·고등학생의 국어 수업에 적용하면 그 효과가 동일하게 나타날 것이다.

특히 중·고등학교 지적장애 학생에게는 때와 장소 및 상황에 따라 적절한 목소리로 말하는 것을 가르치는 것이 필요하다. 이는 사회적 상호작용에 기본이 되기 때문이다. 너무 낮은 소리로 말을 하여 상대방이 무슨 말인지 인식하기 어렵거나 너무 큰 소리로 말하여 주위 사람들에게 폐를 끼치는 일은 없어야 할 것이다. 목소리를 조절하는 방법의 예로는 학생이 자주 사용하는 말을 귓속말로 혹은 소곤거리며 말하기, 낮은 소리로 말하기, 큰 소리로 말하기, 천천히 또박또박 말하기, 빠르게 말하기 등이 있다. 특히 혼자, 두 사람 혹은 세 사람 이상의 사람 수에 따라 말하는 목소리의 크기가 달라짐을 가르쳐야 하고, 도서관이나 대중교통, 공공기관 등에서 조용히 말하기의 중요성을 인식하도록 지도해야 한다. 또한 교사가 소리 나지 않게 단어를 말하면 무슨 말인지 입술의 움직임과 모양을 보고 답하도록 하는 것도 학생이 정확히 발음하는 데 많은 도움이 된다. 그리고 상대방의 표정이나 행동을 보고 의도와 감정을 파악하여 적절한 대화를 하는 것도 매우 중요하다. 이는 지적장애 학생의 사회성 발달의 특성(제4장 참조)으로 타인의 대화 의도를 잘 파악하지 못하고, 일방적인 대화를 하거나 혹은 속임을 잘 당해 피해를 볼 가능성이 높기 때문이다. 따라서 이에 대한 교육도 반복적 · 체계적으로 이루어져야 한다. 〈표 9-6〉과 같이 지적장애 학생은 사람들의 다양한 표정과 몸짓 파악하기, 상대의 이야기 경청하기, 부탁과 거절 및 격려와 위로 말 전하기 등의 대화기술을 습득하는 것이 일상생활이나 직업 세계에서 많은 도움이 된다. 〈표 9-6〉은 중 · 고등학교 지적장애 학생을 위한 듣기 · 말하기(대화기술) 관련 단원 지도계획의 일부이다.

〈표 9-6〉 **지적장애 학생을 위한 듣기 · 말하기 수업의 예시(중 · 고등학교)**

단원명	성취기준	단원의 목표	제재명	차시	학습활동
4. 공감 하는 대화	[12국어01-06] 상대방의 표정이나 행동을 보고 의도와 감정을 파악하여 적절하게 대화한다. [12국어1-07] 부탁, 거절, 위로의 말을 할 때 상황에 맞는 표정, 자세, 어조로 대화한다.	• 대화 내용과 상황에 어울리는 예의 바른 태도로 다른 사람의 말을 경청하고 존중하며 의사소통한다. • 대화를 할 때 서로 말뿐만 아니라 표정, 행동을 보며 의도와 감정을 파악한다. • 다른 사람의 말을 주의 깊게 듣는 자세를 알고 바른 자세로 듣는다. • 부탁을 할 때의 바른 태도를 알고 부탁한다. • 다른 사람의 부탁을 들어주지 못할 때 상대방이 이해할 수 있도록 거절하는 이유를 구체적으로 말한다.	1) 다양한 표정과 몸짓	1~2	• 상황과 상대방의 말과 표정으로 상대방의 의도와 감정 파악하기 • 상황에 적절한 표정을 지으며 말하기
				3~5	• 상황에 어울리는 표정을 지으며 역할극 하기 • 표정과 행동을 보고 상대방의 기분 짐작하기 • 그림 카드를 활용해 감정 표현하기
			2) 경청	6~7	• 듣는 자세 비교하기 • 주의 깊게 다른 사람의 말 듣기
				8~9	• 주의 깊게 다른 사람의 말 듣기 • 1인 1역할 정하기
			3) 부탁과 거절	10~11	• 상황에 대한 생각 말하기 • 상황에 적합한 부탁하는 말하기
				12~14	• 바른 태도로 부탁하는 말하기 • 상황에 따라 승낙이나 거절하는 말하기
			4) 격려와 위로	15~16	• 상황에 적당한 위로하는 말하기 • 상황에 적당한 격려하는 말하기
				17~18	• 상황에 적당한 격려하는 말하기

출처: 국립특수교육원(2020b)의 국어교과 단원 지도계획에서 발췌.

앞서 밝힌 바와 같이, 지적장애 학생들에게 듣기와 말하기 수업은 읽기와 쓰기 수업에 비해 간과될 수 있다. 이는 대부분의 교사와 학부모가 장애학생들의 국어과 학업성취에서의 기준을 읽기와 쓰기에 두고 있기 때문이다. 그러므로 교사는 특정 영역에 초점을 두기보다는 듣기와 말하기 수업 및 읽기와 쓰기 수업이 균형을 이룰 수 있도록 노력해야 한다. 이를 통해 지적장애 학생은 국어과의 모든 영역에서 조화롭게 발달할 수 있을 것이다.

2) 읽기

읽기 영역에서는 읽기와 읽기 이해력을 다루기 전에 문해력에 대해 먼저 소개하고자 한다. 문해력과 초기 문해력은 결국 읽기 이전 활동과 읽기와 맞물려 있다. 지적장애 학생에게는 기본적인 읽기와 쓰기 능력인 문해력 기술 역시 매우 중요한 부분이다. 그러므로 그들을 지도하는 교사는 문해력과 초기 문해력의 개념과 지도법에 대해 숙지하고 있어야 한다. 이는 중도 지적장애 학생의 경우 초등학교 이후에도 초기 문해력 단계에 머물러 있는 경우가 있기 때문이다.

(1) 문해력

문해력(literacy, 리터러시)은 읽고 쓸 수 있는 능력이다. 초기 문해력(early literacy)은 문해력 기술이 형성되기 전에 문해력을 위한 다양한 활동을 말한다. 예를 들면, 아기 침대에서 부모가 책 읽어 주기, 인쇄물과 그림책 쳐다보기, 책 만져 보기, 책의 아래와 위, 앞과 뒤 방향 인식하기, 책장 넘겨 보기, 단어나 그림 지적하기 등이다(Heller, 2005). 또한 좋아하는 이야기와 여러 가지 읽기에 참여하고, 자기가 경험한 세계와 책 속의 아이디어를 연결하며, 문해력이 풍부한 환경 속에서 읽기와 쓰기 자료를 가지고 놀고, 이야기 구조와 내용에 대해 이야기하고 책을 즐기는 것(Sturm, 2005)이 포함된 문해력 기술 이전의 다양한 읽기와 쓰기 관련 활동을 초기 문해력이라 한다.

초기 문해력의 하위 영역에는 탐색행동, 읽기행동, 쓰기행동이 포함되며, 이에 대한 구체적인 내용은 오세림(2001), Browder 등(2008)의 연구를 바탕으로 다음과 같이 재구성한다. 첫째, 탐색행동은 인쇄물 및 책 탐색이다. 인쇄물과 그림책 쳐다보기, 책을 잡기, 책의 아래와 위, 앞과 뒤 방향을 인식하기, 책장 넘겨 보기, 필기구 탐색하기 등이 해당된다. 둘째, 읽기행동은 그림과 관련한 읽기, 카드나 구어를 이용한 읽기 등으로, 출현적 읽기와 방향성이 포함된다. 출현적 읽기(emergence literacy)는 본 글의 내용보다는 그림과 관련된 읽기, 글의 내용과 일치하여 읽기 등이다. 방향성이란 읽는 동안 손가락으로 지적하기 등이 포함되고, 말과 인쇄글자 연결하기 및 단어 구별하기 또한 해당된다. 그리고 글자를 인식할 수 있는지, 제시되었던 그림을 인식할 수 있는지 등의 글자 인식능력도 읽기행동에 포함된다. 셋째, 쓰기행동은 필기도구로 동그라미 그리기, 선긋기 및 따라 쓰기, 보고 쓰기, 외워서 쓰기 등이다.

중도 및 중등도 지적장애 학생의 경우 초등학교 고학년에 이르기까지 대부분 문해력 기술이 부족하여 학업성취나 또래관계에서 부정적인 결과를 초래한다. 이는 중도의 지적 능력을 가지고 있을 때 문해를 익히는 데 다양한 장벽이 있기 때문이다. Heller(2005)는 장애학생의 문해력의 주요 장벽으로 우선 학생의 제한된 언어능력과 참여를 들었다. 제한된 언어능력으로 인해 그들은 다른 사람들과의 활동이나 사건에 대해 이야기할 수 없어 효과적으로 생각을 전달하고, 바른 문법을 연습하며, 새로운 정보를 학습하고, 새로운 어휘를 습득할 수 있는 참여의 기회가 제한되기 때문이다. 이런 언어 경험의 부족은 학령기와 성인기에 이르기까지 문해력과 관련된 문제를 발생시킨다. 두 번째로는 학습환경과 교수의 부적절성을 꼽았다. 즉, 학생에게 문해력 교육을 받을 충분한 시간을 제공하지 못하고, 학생이 문해력 기술을 익힐 수 있도록 교사가 다양한 교수전략을 가지고 있지 않기 때문이다. 따라서 교사는 장애학생의 문해력 향상을 위해 여러 가지 교수방법과 교수전략을 가지고 있어야 한다.

(2) 읽기 및 읽기 이해

읽기는 단어 재인(word recognition)과 읽기 이해(reading comprehension), 즉 독해력으로 구분된다(Lerner, 2003). 단어 재인이란 단어를 읽고 그 의미를 파악하는 것이며, 읽기 이해는 지문을 읽고 그 내용에 대해 사실적인 단순 질문(언제, 어디서, 누가, 무엇)이나 좀 더 문제 해결을 요하는 질문(일반적으로 왜, 어떻게)에 답하는 것이다. 물론 문제 해결을 요하는 질문의 경우 지문에 '왜' '어떻게' 등의 답이 이미 제시된 경우에는 사실적인 질문에 포함시키기도 한다.

단어 재인을 향상시키기 위해서는 지적장애 학생의 읽기 이전 기술이나 읽기 수준이 어느 정도인지 정확히 파악해야 한다. 읽기를 위해서는 눈과 손의 협응력, 모양 변별력, 전경과 배경 변별력 등이 필요하다. 눈과 손의 협응력 활동은 글자 따라 읽기를 위해 필요한 기술로 그어진 선 따라가기, 점선 따라 다양한 선 긋기(직선, 위와 아래 선,

곡선 등), 점과 점 잇기 등이다. 이어서 시지각 훈련방법으로는 여러 가지 모양 중에 같은 모양 찾기, 여러 개 중 다른 하나 찾기, 제시된 그림의 크기 순서에 따라 찾기, 빠진 곳 찾기, 사물의 일부분을 보고 이름 맞히기 등이 있다. 또한 지적장애 학생을 위해 개발된 시지각 훈련 프로그램(김희연, 2010)은 시지각의 7개 영역(공간관계, 시각통합, 시각기억, 시지각 항상성, 시각 변별, 순차기억, 도형 배경)을 증진시키기 위해 동화 이야기와 그림을 적용하여 지적장애 학생이 흥미롭게 학습할 수 있도록 구성하고 있다.

지적장애 학생의 학업 전 기술이 어느 정도 습득되면 본격적으로 글자 읽기에 도전해야 한다. 글자 읽기는 의미중심 접근법인 일견단어(sight words) 읽기와 음운(phonics)중심 접근법의 두 가지를 이용할 수 있다(Lerner, 2003). 일견단어 읽기는 통문자라고도 하는데, 예컨대 어머니, 아버지 단어를 자음과 모음 단위로 분절하지 않고 하나의 단어를 통째로 읽는 것을 말한다. 그리고 음운중심 접근법은 자음과 모음을 음성, 소리 단위로 분절하여 지도하는 방법이다. 예를 들어, 목표 단어가 '어머니'라면, '어'는 자음 'ㅇ'과 모음 'ㅓ'가 합쳐서, '머'는 'ㅁ'과 'ㅓ'가 합쳐서, '니'는 'ㄴ'과 'ㅣ'가 합쳐서 '어머니'가 됨을 가르치는 것이다. 일반 학생도 마찬가지이지만, 지적장애 학생은 더욱이 음운중심 접근법이 글자를 습득하는 데 더 어렵고 흥미 유발이 안 되어 학습의 효과가 떨어지는 등 단점이 많다. 그러므로 그들에게는 일견단어 중심의 읽기지도를 하는 것이 효과적이다. 학생이 단어 읽기가 가능해지면 간헐적으로 음운중심 접근법을 적용하면 된다.

지적장애 학생은 단어 재인기술을 갖추어도 지문의 글을 읽고 대강의 내용을 파악하는 읽기 이해력 기술에서는 어려움을 가지는 경우가 많다. 이는 여러 가지 이유가 있겠지만, 특히 지적장애 학생들은 '의문사'의 파악능력이 떨어져 질문에 대한 답을 못하는 경우가 있다. 따라서 지적장애 학생의 읽기 이해력 향상을 위해서는 그림과 짧은 지문을 함께 제시하고, 지문 속에서 언제, 어디서, 누가, 무엇 등 단순 의문사를 익히도록 반복지도가 필요하다. 좀 더 고차원적 질문에 해당되는 '왜' '어떻게' 등의 문제 해결을 요하는 읽기 이해력은 단순 의문사를 어느 정도 이해하면 함께 가르치도록 해야 한다.

일반적으로 지적장애 학생은 문제 해결을 필요로 하는 질문에 대한 답을 잘 하지 못하는 경우가 많다. 이를테면, "그다음에 어떤 일이 일어날까?"(결과 예측), "왜 이런 일이 생겼을까?"(원인/이유), "어떻게 해야 할까?"(문제 해결 방안) 등의 문제 해결력과 관련된 질문의 경우 그러하다. 문제 해결력이란 일상적으로 목표한 것을 자동으로 해결할 아이디어를 가지고 있지 않을 때 그것을 해결하기 위해 생각하고 아이디어를 내는 것을 말한다(Schunk, 2004). 문제 해결 기술은 행동이나 언어를 통해 나타난다. 이때 문제 해결 기술이 언어로 표현되는 것을 언어적 문제 해결력(verbal problem solving)이라고 하는데, 일상생활에서 다양한 실제적인 문제 해결력을 키우기 위해서는 먼저 구어를 통한 문제 해결력이 반드시 필요하다(Gray, 1990). 이는 타인과의 관계를 유지하면서 의사결정을 하는 능력과 '왜' '어떻게' 등의 고차원적인 질문이 포함된 의사소통 능력에는 문제 해결 요소를 갖춘 언어사용 기술이 요구되기 때문이다. 이러한 고차원적인 질문에 대한 답을 수행할 수 있도록 지적장애 학생에게도 체계적인 교육을 통해 구어를 통한 문제 해결력을 발달시켜 주어야 한다. 지도전략으로는 문제 해결학습, 프로젝트 학습, 문제중심학습 등이 있다. 이 중 문제중심학습은 지적장애 학생의 문제 해결력 향상에 효과적임이 밝혀지고 있다. 문제중심학습법에 대한 구체적인 개념과 교수방법은 뒤의 사회교과 부분을 참조하기 바란다.

이러한 읽기 이해력을 향상시키는 효과적인 교수법으로 자기교수(self-instruction), 자기질문(self-questioning), 자기점검법 등이 있는데, 이를 인지 혹은 초인지전략(meta cognition strategy, 메타인지) 교수법이라고 한다. 초인지전략 교수법은 자기주도 교수법으로 학생 스스로 학습을 하는 방법이며, 대부분의 학습장애 등 경도장애 학생들의 읽기 이해력이나 수학능력을 향상시키는 데 효과적이라는 주장이 제기되었다(제8장 및 뒤의 수학교과 부분 참조). 그러나 인지전략 교수법을 인지 수준이 낮은 지적장애 학생에게도 적용할 수 있고, 국어나 수학 외 다른 교과의 학습에 적용하여 그 효과를 입증하는 연구가 증가하고 있다. 특히 자기교수법은 학생이 소리 내어 학습을 수행하기 때문에 제대로 수행하는지의 여부를 교사가 쉽게 점검할 수 있어서 효과적이다.

이 외에 읽기 과제 수행력 향상을 위한 스터디 가이드법이 적용된 자기주도 학습전략(성유진, 2008), 웹 정보검색 능력을 위한 자기규제 학습전략(이정은, 2002) 등이 있다. 중·고등학교 지적장애 학생의 기능적 읽기교육에 대한 구체적인 교수방법은 김정효(2009)의 연구를, 중학교 지적장애 학생의 읽기 향상에 초점을 둔 그래픽 조직자를 활용한 연극 대본 만들기 프로그램은 신효순과 이원령(2016)의 연구를 참고하면 도움이 된다. 중·고등학교 지적장애 학생을 위한 보편적 학습설계가 적용된 문학소설 읽기는 뒤에서 소개된다.

3) 쓰기

쓰기기술은 글씨 쓰기와 쓰기 표현력으로 분류된다. 지적장애 학생의 경우 읽기와 마찬가지로 쓰기기술 또한 지체 현상이 나타나며, 특히 중도 지적장애 학생의 경우 쓰기에서의 지체 정도가 더 심각하다. 그들의 쓰기능력은 어리거나 중도일 때 필기도구를 잡는 것조차 어려운 경우도 있고, 힘 조절을 적절히 못하여 선 따라 긋기, 점선 따라 긋기, 두 점 잇기 등에서도 수행능력이 떨어지는 경우가 있다. 또한 글자를 쓸 수 있어도 너무 늦은 속도, 너무 크거나 너무 작은 글자, 칸이나 여백에 맞게 조절하여 쓰는 능력의 부족, 쓴 글자를 알아보지 못하는 경우 등이 많다. 따라서 그들의 쓰기능력을 키우기 위해서는 우선 읽기 영역과 마찬가지로 학업전기술(preacademic-skill)이 필요하다.

즉, 눈과 손의 협응력과 손가락 소근육 운동능력을 길러 주는 것이 중요하다. 눈과 손의 협응력 및 소근육 운동력 향상을 위해서는 미술 수업과 연계할 수도 있다. 활동의 예로는 퍼즐 맞추기, 단추 끼우기, 나사 풀기와 조이기, 막대 꽂기, 구슬 끼우기, 찰흙놀이, 옥수수 전분 반죽놀이, 선 안에 색칠하기, 점선 따라 긋기, 나무젓가락으로 물건 나르기와 콩 집기, 가위로 모양 오리기, 종이 접기 등이 있다.

앞서 제시하였듯이, 초기 문해력 기술에서 필요한 쓰기행동인 필기도구로 동그라미 그리기, 선 긋기 및 따라 쓰기, 보고 쓰기, 외워서 쓰기 등을 반복적으로 연습시키되 동물의 모양이나 꽃, 나무 등 식물 모양의 테두리를 점선으로 묘사하여 학생이 따라 그리게 하는 것이나 모양 본뜨기 활동도 쓰기기술 증진에 좋은 방법이 된다. 필기구는 초기에 크레파스나 색연필 등 잡기 편하고, 여러 가지 색감 있는 것이 학생의 흥미를 유발하는 데 효과적이다.

글씨 쓰기를 위한 선수기술이 어느 정도 이루어지면, 본격적으로 글씨 쓰기로 들어가야 한다. 먼저 글자 따라 쓰기, 일견단어 베껴 쓰기, 자기 이름 베껴 쓰기를 지도한다. 문자에 대한 인식이 생기면 자음과 모음의 관계를 알려 주어 정확한 음소와 문자기호를 연결할 수 있도록 해야 한다. 글자와 발음이 같은 단어(예: 어머니)와 글자와 발음이 다른 단어(예: 닭, 깨끗이) 등 음성학적으로 다양한 규칙 단어와 불규칙 단어의 쓰기 훈련도 이루어져야 한다.

쓰기 표현기술은 지적장애 학생의 경우 국어교과에서 가장 어려운 영역에 해당된다. 지적장애 학생의 쓰기 표현기술을 위해서는 단어 받아쓰기, 간단한 문장 받아쓰기 훈련도 학생이 지루해하지 않을 정도의 분량과 시간을 정해서 하는 것이 중요하다. 컴퓨터 사용의 보편화로 손으로 쓰는 기회가 줄어들었지만, 지적장애 학생에게 기본적으로 손으로 쓸 수 있도록 연습시킨 후 학생의 선호도에 따라 컴퓨터를 이용한 한글 타자 연습 혹은 한글 프로그램으로, 일상생활에서 경험한 이야기 쓰기활동을 한 후 프린터로 출력해 보도록 하는 것도 그들이 쓰기에 대한 동기 유발과 능동적인 학습자가 되는 데 도움이 된다. 쓰기 표현력에는 구문론적 습득이 전제되어야 하는데, 지적장애 학생의 구문론적 학습은 그들의 기억력 문제로 인해 지체가 나타나며, 구문론의 향상을 위해서는 지속적인 쓰기활동도 중요하지만 읽기자료의 반복적인 낭송이 도움이 된다(Burack, Hodapp, & Zigler, 1998).

인지력이 낮은 중등도 혹은 중도 지적장애 학생의 경우에는 기능적 읽기 및 쓰기에 중점을 두도록 해야 한다. 기능적 읽기와 쓰기란 일상생활에서 필요한 읽기와 쓰기 활동이다. 초등학교 지적장애 학생이라면 흔히 볼 수 있는 상점의 간판, 지하철역 이름, 분식집의 음식 메뉴, 학생에게 필요한 문구류 이름 등의 읽기와 쓰기가 해당되고, 중·고등학교 지적장애 학생이라면 취업을 위한 이력서 쓰기, 은행 이용에 필요한 단어나 문장의 읽기와 쓰기가 해당된다.

많은 지적장애 학생 역시 스마트폰과 태블릿 PC의 사용이 증가하고 있다. 가족, 친구, 교사 간 사회관계망서비스(SNS)를 활용한 연락 등 다양한 관계 형성을 이루고 있다. 지적장애 학생에게 이를 예의를 지키며 이용하는 방법과 글 쓰는 기술 등도 국어 수업에서 중요하게 다루어야 한다.

4) 국어과에서의 자기결정력 교수법 및 보편적 학습설계

(1) 자기결정력

자기결정(self-determination)에 대한 것은 제7장에 소개되어 있으므로 여기서는 자기결정 행동의 구성요소 중에서 초등학교 저학년 지적장애 학생을 대상으로 국어교과에 '목표 설정 및 선택하기'를 적용한 절차에 대해 간단히 제시하고자 한다(조명애, 박은혜, 이경순, 2009).

첫 번째는 '목표 설정하기'이다. 이 단계에서는 수업 시 학생이 배우고 싶은 것이 무엇인가에 대하여 교사와 의견을 나누고, 학생 스스로 그것을 할 수 있는가에 대해서도 이야기 나누도록 한다. 교사와의 대화를 통하여 학생이 직접 적절한 목표를 도출하여 여러 가지 양식(예: '할 수 있어요' '노력할래요' '언제까지 할래요' 등)에 기록한다. 설정한 목표의 시간계획(언제까지 할래요)에 따라 활동이 끝나는 마지막에 그동안의 학습활동에 대하여 교사와 학생이 함께 평가하고, 그 결과에 따라 목표를 계속 유지할 것인지 혹은 새로운 목표를 설정할 것인지를 정하도록 한다. 만약 장애학생이 계속 목표를 유지하기를 원하고 교사가 평가하기에도 아직 목표 달성이 미흡할 경우에는 활동계획이나 시간계획을 수정하고, 교사와 학생 모두가 목표 달성이 이루어졌다고 평가하였을 때는 다시 첫 활동을 반복하도록 한다(목표 설정, 현행 수준 파악, 활동계획 및 시간계획 세우기).

두 번째는 '선택하기' 단계이며, 먼저 교사가 읽기에 사용될 자료를 선정한다. 예를 들어, 초등학교 1~3학년 읽기 교과서와 음악 교과서에 수록된 동시·동요와 저학년 학생을 위하여 출판된 동시·동요·동화의 일부 지문 등을 수집하는 것이다. 그리고 매 시간 장애학생에게 세 편 정도를 제시하여, 학생이 그중 하나를 선택해서 수업을 하도록 하는 것이다. 또한 매 수업에 교사는 지적장애 학생에게 자신에게 알맞은 학습도구를 선택하게 하는 등 다양한 수업 장면에서 학생에게 선택의 기회를 제공하는 것이 좋다. 예를 들어, '목표 설정' 시 장애학생에게 여러 개의 목표 설정 양식 중에서 1개를 선택하게 하거나, 목표를 기록할 때 장애학생에게 다양한 필기구를 제시하여 그중에 사용할 필기구를 선택하게 하거나, 그 외 활동 시 장애학생에게 학습 자료나 재료를 선택할 기회를 주도록 한다.

이와 유사한 자기결정 요소를 적용한 연구로는 강설희와 서효정(2020)의 초등학교 특수학급에 소속된 지적장애 학생의 읽기 성취도와 수업 참여 행동 발달을 위해 자기결정 요소에 중점을 둔 국어 수업 프로그램의 효과 연구가 있고, 김수연(2007)의 장애학생과 일반 학생의 자기결정력 증진을 위한 초등 체육과 게임 활동 수업 모형 개발 및 적용 효과, 방명애(2006)의 『자기 결정 기술 활동 프로그램』이 있으며, 지적장애 학생과 자기결정력 기술 관련 연구로는 류숙렬(2003), 박성우와 김용욱(2005), 전준과 신현기(2008) 등의 연구가 있다.

(2) 보편적 학습설계

보편적 학습설계(Universal Design for Learning: UDL)란 인간이 어떻게 배우는가에 대해 과학적 이해(insight)에 기반하여 모든 사람을 위한 교육과 학습을 개선하고, 최적화하기 위한 개념적 틀이다(CAST, 2021). 이를 좀 더 구체적으로 제시한다면, 보편적 학습설계는 보고, 듣고, 말하고, 움직이고, 읽고, 쓰고, 영어(언어)를 이해하고, 학습활동에 참여하고, 조직하고, 관심을 보이고, 기억하는 데 있어서 다양한 능력을 지닌 개인들이 학습목표를 달성할 수 있도록 해 주는 교수 자료와 활동을 설계하는 것을 의미한다. 즉, 보편적 학습설계는 다양한 능력을 가진 학습자들에게 대안을 제공해 주는 융통성 있는 교육과정 자료와 활동들에 의해 이루어지며(Danielson, 1999: 노석준, 2006 재인용), 연령이나 장애 유무 상관없이 모든 사람이 이용할 수 있도록 모든 시스템(하드웨어든, 소프트웨어든)을 다른 시스템이나 구성에 어떤 심각한 변화나 변형 없이 수용할 수 있을 만큼 융통성이 있도록 설계하는 것이다(노석준, 2006). 이러한 보편적 설계가 건축, 시설, 설비, 생산품 등을 설계하는 데 사용되는 개념이었다면, 특수교육에서는 이를 교육·학습 분야로 확대·적용하여 보편적 학습설계로 지칭하고 장애학생의 학습에서의 '제한'을 줄이고자 하였다.

CAST(2021)에서 제시하는 보편적 학습설계의 주요 원리(전략)는 다음과 같다. 첫째, 학습자가 지식과 정보를 다양하게 습득할 수 있도록 내용에서의 다각적인 '제시(representation)' 수단을 제공한다. 이것은 학습자의 이해를 돕기 위해 텍스트나 디지털 북(e-book)을 통해 이미지나 음성 지원, 글자 크기의 조절, 용어 사전 등 다양한 매체나 자료를 제시하는 것이다. 둘째, 학습자들이 알고 있는 것을 증명하도록 다양한 '표현(expression)' 수단을 제공한다. 학습자들이 능숙하게 수행할 수 있도록 기능과 전략, 연습 기회, 다양한 문제 등을 제공하고, 다양한 방법으로 표현할 수 있도록 하는 것이다. 셋째, 학습자들에게 학습에 대한 동기를 부여하고, 적절하게 도전하고, 흥미롭게 접근할 수 있도록 '참여(engagement)'의 수단을 제공한다. 이는 내용이나 자료, 도구의 선택권을 제공하고, 융통성 있는 목표 수준을 제공한다. 보편적 학습설계의 정의나 원리(전략)에서 주목할 점은 보조공학의 역할이다. 즉, 보편적 학습설계에서 일반적인 교육으로 학습자를 보다 용이하게, 성공적으로 접근하도록 하고, 목표 달성에 이르게 하는 중요한 수단이 바로 보조공학이다. 이와 같은 보조공학의 기여와 역할의 중요성에 대해 여러 연구자가 밝히고 있다(노석준, 2006; Alnahdi, 2014; Rose & Meyer, 2000).

선행 연구(권효진, 박현숙, 홍성두, 2013; 박주연, 이병인, 2008; Coyne et al., 2012; Narkon & Wells, 2013)에서는 보편적 학습설계가 장애학생 및 학업성적에서의 하위 집단의 학생들에게 수업 참여 행동, 학업성취(과학, 문해력, 읽기 이해력 등)와 동기적 영역 등에서 효과가 있음을 제안하고 있다. 다음은 보편적 학습설계를 국어과에 적용한 예이다.

〈표 9-7〉은 UDL을 중·고등학교 지적장애 학생 국어과에 적용한 예이다. 이정은 (2015)은 한국 단편소설 「동백꽃」을 기반으로 하여 발달장애 학생들을 위해 읽기 쉬운 책으로 개발하였다. 중등도 및 중도의 중·고등학교 지적장애 학생은 일반 학생들이

〈표 9-7〉 UDL을 적용한 문학소설 읽기자료(단편소설의 각색, 중·고등학교 지적장애 학생용)

메뉴: 학생들의 능력에 따른 읽기 수준 선택	긴 글: 원작보다 어휘·문장·내용의 단순화
 읽고 싶은 책을 선택하세요. 긴 글, 동백꽃 ○ 짧은 글, 동백꽃 ○ 만화, 동백꽃 ○ 원작, 동백꽃 ○ 이해를 돕는 글 ○	 나는 다시 우리 수탉을 닭장에 넣어 놓고 산으로 나무를 하러 갔다. 이번에도 점순이가 일부러 닭싸움을 시킨 것이 틀림없다. 아무리 생각해도 점순이에게 화가 났다. '요새 점순이가 왜 이렇게 나를 괴롭히는지 모르겠어.' 나는 점순이에게 혼을 내 주어야겠다고 마음먹고서 산에서 급하게 내려갔다.
짧은 글: 긴 글에서 내용의 단순화	만화: 그림이 많고, 내용의 단순화
그리고는 다시 나무를 하러 갔다. 하지만 아무리 생각해도 점순이에게 화가 났다. '아무래도 점순이를 혼내 주어야겠어.' 나는 서둘러서 산에서 내려오기 시작했다. 	
낱말 이해: 글 읽기 중간에 어려운 어휘에서 낱말 해석이 나타남	학습 확인: 퀴즈를 통해 글을 읽기 중간 혹은 읽기 이후 이해력 평가
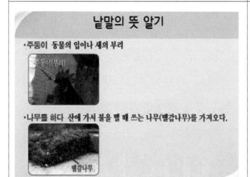	

출처: 이정은(2018)을 바탕으로 재구성함.

접할 수 있는 문학소설, 시, 수필 등의 문학작품에 대해서는 접근성에서 제한을 받을 수밖에 없다. 초등학교 지적장애 학생은 그림책이나 동화책을 이용할 수 있지만, 청소년기의 지적장애 학생에게 이러한 그림책이나 동화책의 이용은 연령 적합성을 고려할 때 부적합 학습 자료일 수밖에 없다.

〈표 9-7〉에 제시된 바와 같이 한국 단편소설 「동백꽃」은 인쇄된 텍스트북과 디지털북으로 제공되며, 학생의 읽기 이해 수준에 맞는 글을 선택하여 읽을 수 있도록 한 권의 책을 전체적으로 4개 수준의 글(3개 수준의 각색 글과 낱말풀이를 곁들인 원문)로 구성하였고, 장애 청소년들을 비롯한 읽기에 어려움을 보이는 중·고등학생들이 자신의 생활연령에 적합한 책을 읽고 독서의 즐거움을 느낄 수 있도록 지원하고 있다. 원문을 제외한 각색된 3개 수준의 글은 공통적으로 음성 지원과 어휘 풀이가 제시된다. 첫 번째는 긴 글로, 원작에서 가장 유사한 내용과 단어를 사용하고, 그림을 제공한다. 두 번째는 짧은 글로, 긴 글보다 내용 면에서 좀 더 짧으며, 그림을 제공한다. 세 번째는 만화로 각색하여 제공한다. 각각의 수준은 PPT자료를 제공하여 수업 시 교수자료로도 사용 가능하다. 또한 학생들에게는 수준에 따라 선택권이 있으며, 내용과 낱말의 이해를 돕기 위해 각 장면마다 퀴즈가 지원되고, 메뉴 사용이 간단하여 접근성이 용이하다. 이러한 UDL을 적용한 문학소설 프로그램은 국어 담당교사, 미술교사, 특수교사 간의 협력팀을 구성하여 간편하게 PPT만으로도 다양하게 개발할 수 있다(이정은, 2018).

3. 사회과 지도

지적장애 학생을 위한 2015 개정 특수교육 기본교육과정(교육부, 2015a)에 제시된 사회과는 학생에게 생활연령에 적합한 사회적·문화적 경험을 다양하고 체계적으로 제공하여 민주시민의 자질을 함양하고 능동적인 사회 구성원으로서 더불어 살아가는 삶을 영위할 수 있도록 하는 교과이다. 특히 지적장애 학생이 사회 구성원으로서 생활연령에 따른 삶의 경험을 풍부하게 누려야 한다는 것을 강조한다.

사회과에서 지적장애 학생에게 필수적으로 지도해야 하는 기술 중에는 자조기술(self-help skill)과 용모 가꾸기 기술이 있다. 용모 가꾸기는 지적장애 학생이 통합교육 환경에서 사회적 통합을 이루는 데 많은 영향을 미친다. 또한 적절한 위생 개념과 때와 장소 및 상황에 맞게 옷차림하기, 연령에 적합한 머리 모양하기 등은 지적장애인들이 성인기 고용과 직업을 유지하는 데 중요한 요소이다(제11장의 성인기 교육과 제14장의 사회성 기술 지도 참조).

더불어 세탁기 사용법, 청소하기, 요리하기 등 가정생활에서 필요한 실질적인 기술을 학교에서도 체계적으로 가르치도록 해야 한다. 요리활동은 지적장애 학생이 재미있게 참여하는 수업 중 하나에 속한다. 이러한 요리활동을 다양한 교과와 주제에 통합하여 수업을 진행하면 매우 효율적이다. 예를 들어, 국어와 연계해서 조리방법이나 요리 시 주의사항을 미리 읽고 써 보게 하고 요리활동 후 국어 수업에서 음식을 만들면서 느낀 점, 요리에 필요한 재료, 조리방법을 글로 쓰게 하여 발표하게 하는 것은 국어 성취력에 많은 도움이 된다. 요리활동 시 찍은 사진을 국어 수업에 적용하여 이야기해 보는 것도 좋은 방법이다. 이것이 기능적 읽기와 쓰기 수업의 예가 된다.

요리 관련 수업 시 주의할 점은 요리활동 후 만든 음식을 시식할 때, 장애학생에게는 점심식사를 위해 간식 수준의 아주 적은 양만 맛보도록 해야 한다는 것이다. 장애학생 중에는 요리활동 후 많은 양을 시식하느라 점심식사를 거르거나 남기기도 하여 불균형적인 식생활이 초래될 수도 있다.

앞서 국어과 지도에서 언급한 바와 마찬가지로, 가정생활에 필요한 이러한 기술을 수행하는 데는 상황마다 그에 필요한 다양한 문제 해결력이 요구되는 경우가 많다. 지적장애 학생에게 사회과에서 필요한 문제 해결력을 신장시키는 교수법 중 하나는 '문제중심학습(Problem-Based Learning: PBL)'이다. PBL은 우리 주변의 실제 생활에서 발생할 수 있는 여러 가지 문제 상황에 대해 비구조화 및 개방형 '문제'를 제시하는 수업으로 시작되며, 제시된 문제를 가지고 학생들끼리 협력적으로 해결하는 과정에서 필요한 지식을 학습자 스스로 배울 수 있도록 하며, 이를 통해 학습자의 문제 해결력(언어적 문제 해결력)과 협동심, 발표력, 쓰기능력 등을 길러 주는 교육적 접근이다(조연순, 2006).

일반교육에서의 PBL은 개별적 및 모둠별 조사활동, 발표 등을 통해 여러 차시에 걸쳐(보통 5~10여 차시 이상) 이루어진다. 그러나 일반 학생을 위한 PBL은 그 절차와 내용이 지적장애 학생에게 적용하기에는 복잡하고 난이도가 높을 수밖에 없다. 이에 따라 이경순과 송준만(2007)은 특수교육 현장에서 쉽게 적용할 수 있는 그림을 이용한 PBL을 개발하였다. 즉, 전체적인 개념과 틀은 일반적인 PBL의 것을 유지하되, 그 절차를 단순화해서 짧은 시간(한 회기)에 장애학생이 PBL의 전 과정을 수행할 수 있도록 수정하였다. 이를 장애 초등학생을 대상으로 해서 국어과와 사회과를 통합·적용하여 연구한 결과, 지적장애 학생을 포함한 장애학생의 수업 참여도와 언어적 문제 해결력 향상에 PBL이 효과적이었다. 또한 강혜경, 김정효, 이경순(2011)은 중·고등학교 지적장애 학생을 대상으로 전환교육 요소를 적용한 사회과 수업에서 활용할 수 있는 PBL 프로그램을 개발·연구하여 장애학생들의 문제 해결력이 증가됨을 입증하였다.

우리나라의 위인 관련 수업을 할 때 실생활에서 자주 접할 수 있는 화폐 속의 인물을 통하여 대상에 접근하는 것도 지적장애 학생의 이해를 돕는 데 좋은 방법이다. 그리고 중·고등학교 지적장애 학생에게 역사 속의 인물을 소개할 때 만화, 영화 그리고 TV에서 소개된 일부 장면(화면 캡처)을 제시하는 것도 학습에 도움이 된다.

일반적으로 국어와 수학을 제외한 사회, 과학, 체육 및 예술 교과는 일반학교 내 통합학급에 있는 지적장애 학생을 위해 특수학급에서 별도의 수업이 이루어지는 경우가 드물다. 그러므로 그들이 통합학급 수업에 참여할 수 있도록 특수교육 교사는 일반교육 교사에게 교수적 수정(교수적합화)방법을 지원해 주어야 한다(제7장 참조).

4. 수학과 지도

지적장애 학생을 위한 2015 개정 특수교육 기본교육과정(교육부, 2015a)에 제시된 수학과는 생활 주변의 여러 가지 사물과 현상을 수학적으로 탐구하면서 수학의 기본적인 개념을 이해하고 기능을 습득하여 실생활의 문제를 합리적으로 해결하는 능력과 태도를 기르는 교과이다. 일상생활 속에서는 여러 가지 수학적 현상이 내재되어 있기 때문에 실생활에서 부딪히는 여러 가지 문제를 해결하기 위해서는 수학적 지식과 방법이 필요한데, 시각에 맞추어 일어나는 일에서부터 승강기를 이용하는 일에 이르기까지 다양한 장면을 예를 들 수 있다. 수학과 내용 영역은 '수와 연산' '도형' '측정' '규칙성' '확률과 통계'의 5개 영역이며, 전 영역에 걸쳐 다양한 생활문제를 소재로 학습자 중심의 흥미에 초점을 맞추고 있다. 이 절에서는 수와 연산, 도형, 측정 영역을 중심으로 다룬다.

먼저 수 개념과 연산은 지적장애 학생의 일상생활에서 수학적인 문제 해결력을 키우는 데 기본이 된다. 수나 연산 학습 시 학생의 수준에 따라 구체물, 반구체물(예: 수를 숫자나 구체물 대신 세모, 동그라미 등의 그림으로 표현하는 것), 추상적 상징(기호), 즉 숫자(수) 순으로 가르치도록 한다. 특히 중·고등학교 지적장애 학생에게는 수와 연산 학습 시 구체물이나 반구체물을 이용할 경우 '연령 적합성'을 반드시 고려하여야 한다.

중 · 고등학교 중도 지적장애 학생의 수학 수준이 낮더라도 이러한 구체물 및 반구체물의 사용 시 유아나 초등학생에게나 적합한 스티커, 여러 가지 색상의 구슬, 유아 수준의 캐릭터 카드 등은 사용을 자제해야 한다.

수와 연산 수업에서 지적장애 학생의 특성을 감안하지 않은 채 단순하고 반복적인 기술을 가르치는 것은 그들이 수학에 흥미를 잃게 할 수 있다. 예를 들면, 단순 덧셈과 뺄셈 문제를 해결하는 데 한 면에 빼곡히 많은 계산문제를 제시하는 것은 바람직하지 않다. 학생의 특성과 과제 수행력을 충분히 고려하여 적절한 과제의 양과 시간 제공이 중요하다.

지적장애 학생이 연산(받아 올림과 내림이 있는 두 자리 이상의 덧셈이나 뺄셈 문제)에 어려움을 보일 때는 초등 고학년의 경우 전자계산기 사용법을 익히도록 하여 연산문제를 풀게 하는 것도 한 방법이다. 초등 4학년 이상의 수학 문장제 문제의 경우 문장을 읽고 이해하는 것만으로 높은 수준에 달한 것이므로, 이때 전자계산기를 사용하게 하는 것은 학생이 어려운 수학을 포기하지 않고 지속적으로 학습할 수 있게 하는 동기가 될 수 있다. 그러나 초등학교 저학년은 학생의 연산능력을 기르기 위해 가능한 한 전자계산기 사용을 하지 않는 것이 바람직하나, 장애학생의 특성과 여러 가지 상황을 고려할 때 전자계산기의 도입이 학생에게 더 도움이 된다면 이른 시기에 사용해도 된다. 특히 수학은 일반 학생도 어려워 포기하는 경우가 있으므로, 지적장애 학생에게 수학을 지도할 때는 학생이 흥미롭게 접근할 수 있도록 교사가 다양한 아이디어와 교수전략을 가지도록 노력해야 한다.

지적장애 학생에게 화폐 지도는 연산 수업 시에 활용하는 것이 효과적이다. 지적장애 학생의 경우 세 자리 이상의 수를 이용한 덧셈과 뺄셈 수업에서 화폐를 이용하면 학생의 흥미를 자극하여 수업에 보다 집중할 수 있어서 연산능력도 많이 발달한다. 그리고 화폐를 이용하여 물건을 구입할 경우 상품의 가격에 맞게 돈을 정확히 지불하게 하는 것도 중요하지만, 중도 지적장애 학생에게는 표시된 가격보다 큰 지폐를 사용할 수 있도록 하는 것이 편리할 수가 있다. 예를 들어, 물건의 값이 670원이라면 1,000원짜리 지폐를 지불하게 한다. 일반적으로 거스름돈은 상점에서 알맞게 내어 주므로 문제되지 않는다. 단, 가격보다 큰돈을 지불하였을 때는 거스름돈을 반드시 받아야 한다는 것을 지도해야 한다.

경도 지적장애를 가진 초등학생의 수학문제 해결력을 향상시키기 위한 방법으로 초인지(혹은 메타인지)전략 교수를 적용할 수 있다(물론 중도 지적장애 학생에게도 다양한 방법으로 초인지전략 교수를 지도할 수 있다). 예를 들면, 박은희(2010)의 수학동화를 활용한 도식기반 문제 해결 전략 전이교수(schema-based transfer instruction)를 들 수 있다. 이것은 문제 해결 전략을 전이하도록 하는 지도방법이다. 여기서 전이(transfer)란 수학적 지식을 새로운 문제 해결의 상황에 적용할 수 있도록 돕는 것을 말한다(제8장 참조). 이는 지적장애 학생의 동기적 요소를 고려하여 동화 속의 그림이나 이야기 안에 수학적인 요소를 접목시켜 수학문제로 활용한다는 것이다. 〈표 9-8〉과 〈표 9-9〉는 박은희(2010)의 문제 해결 전략 전이교수를 좀 더 쉬운 수준으로 각색하여 제시한 것이다.

문제 해결 전략 전이교수는 전이 유형 학습과 문제 해결 규칙 교수의 두 가지로 나누어진다. 먼저 전이의 네 가지 유형 학습은 ① 형식이 바뀜, ② 새로운 핵심어 사용, ③ 다른 질문 사용, ④ 더 큰 문제의 한 부분으로 들어가기로 나뉜다. 그리고 문제 해결 규칙 교수는 '문제 읽기' '정보 찾기(핵심 숫자, 단어)' '생각하기(수학 기호, 계산방법, 식 쓰기)' '문제 풀기' '점검하기'이다. 이와 같은 문제 해결 과정에 따라 〈표 9-8〉의 문제와 〈표 9-9〉의 '처음 문제'를 해결하고, 그다음 네 가지 유형의 전이학습을 한다. 또한 김현진(2007)은 중ㆍ고등학교 지적장애 학생의 수학 문장제 문제 해결력 신장을 위해 인지와 초인지전략 교수방법을 적용하여 그 효과를 입증하였다(제8장 참조).

〈표 9-8〉 동화를 적용한 수학문제의 예

	• 김밥도시락 2,000원
	• 과일도시락 4,000원
	• 해물도시락 5,000원
	• 초밥도시락 3,000원
	• 채소도시락 2,000원

토끼 아저씨의 도시락 차가 동물 마을로 찾아왔어요.
아저씨가 차 문을 '영차' 열었어요.
"음 맛있는 냄새." "어서 오세요, 아주 맛있는 도시락이에요."
첫 손님은 원숭이예요. 두 번째 손님은 고양이예요. 세 번째 손님은 여우예요.
"도시락 주세요." "좋아, 맛있는 도시락을 주겠어."
토끼 아저씨는 원숭이에게 김밥도시락을, 고양이에게는 싱싱한 과일도시락을 주었어요. 여우에게는 초밥을 주었어요.
→ 원숭이와 고양이, 여우가 산 도시락은 모두 얼마인가요?

출처: 이노우에 요우코 글, 사사누마 카오리 그림(2008)을 바탕으로 재구성함.

〈표 9-9〉 도식기반 문제 해결 전략 전이교수 문제의 예

유형	문제 해결 전략 전이교수 문제의 예
처음 문제	• 토끼 아저씨의 가게에서 원숭이는 김밥도시락 2,000원, 고양이는 과일도시락 4,000원, 여우는 초밥도시락 3,000원짜리를 샀어요. 도시락 값은 모두 얼마인가요? 식＿＿＿＿＿＿＿＿＿＿＿　답＿＿＿＿＿＿＿
전이 1: 형식이 바뀜 (다른 형식)	• 토끼 아저씨의 가게에서 원숭이는 김밥도시락, 고양이는 과일도시락, 여우는 초밥도시락을 샀어요. 토끼 아저씨네 가게에서 산 도시락 값은 모두 얼마인가요? ▲ 김밥도시락 2,000원　▲ 과일도시락 4,000원　▲ 초밥도시락 3,000원 식＿＿＿＿＿＿＿＿＿＿＿　답＿＿＿＿＿＿＿
전이 2: 새로운 핵심어 사용 (다른 단어)	• 토끼 아저씨의 가게에서 원숭이는 채소도시락 2,000원, 고양이는 해물도시락 5,000원, 여우는 김밥도시락 2,000원 짜리를 샀어요. 도시락 **가격**은 모두 얼마인가요? 식＿＿＿＿＿＿＿＿＿＿＿　답＿＿＿＿＿＿＿
전이 3: 다른 질문 사용 (하나 더 묻기)	• 토끼 아저씨의 가게에서 원숭이는 김밥도시락 2,000원, 고양이는 과일도시락 4,000원, 여우는 초밥도시락 3,000원짜리를 샀어요. ① 도시락 값은 모두 얼마인가요? 식＿＿＿＿＿＿＿＿＿＿＿　답＿＿＿＿＿＿＿ ② 여기서 원숭이가 김밥도시락을 하나 더 샀다면 도시락 값은 모두 얼마인가요? 식＿＿＿＿＿＿＿＿＿＿＿　답＿＿＿＿＿＿＿
전이 4: 더 큰 문제의 한 부분으로 들어가기 (큰 문제 되기)	• 토끼 아저씨의 가게에서 원숭이는 김밥도시락 2,000원, 고양이는 과일도시락 4,000원, 여우는 초밥도시락 3,000원짜리를 샀어요. ① 도시락 값은 모두 얼마인가요? 식＿＿＿＿＿＿＿＿＿＿＿　답＿＿＿＿＿＿＿ ② 이 중 여우가 초밥도시락을 토끼 아저씨한테 돌려주고, 대신에 김밥도시락을 샀어요. 그러면 토끼 아저씨는 받은 도시락 값에서 얼마나 돌려주어야 하나요? 식＿＿＿＿＿＿＿＿＿＿＿　답＿＿＿＿＿＿＿

　수학과 도형 영역의 내용체계를 보면(교육부, 2015a), 우리가 실생활에서 흔히 접하게 되는 도형은 평면도형보다 입체도형이므로 학생에게 입체도형에서 여러 가지 모양을 찾고, 만들기를 한 후 평면도형의 특성을 지도하도록 밝히고 있다. 예를 들면, 교실의 출입문, 창문, 다양한 상자, 책상, 시계, 축구공, 탁구공, 접시, 지구본, 컵 등 우리가 매일의 일상에서 보고 사용하는 물건을 도형 수업에 이용하는 것이다.

　더불어 사회 수업 시 요리활동을 연계하여 여러 가지 모양을 찾아내는 것도 좋은 교수방법의 하나이다. 예를 들어, 요리활동이 '식빵 만들기'라면 여러 가지 모양의 틀로 세모, 네모, 동그라미 모양의 식빵을 만들어서 사용하면 기본적인 도형학습을 하는 데

도움이 된다. 또한 미술활동과 연계하여 여러 색의 찰흙을 이용하여 구, 직육면체, 삼각뿔 등을 만드는 것도 지적장애 학생이 도형 수업에 적극적으로 참여할 수 있게 한다. 도형 수업에서 주의할 점은 지적 수준이 낮다고 하여서 초등학교 고학년 학생에게 지속적으로 세모, 네모, 동그라미 등의 용어만 사용하지 않는 것이다. 세모-삼각형, 네모-사각형, 동그라미-원을 동시에 사용하여 두 가지의 용어가 같은 의미임을 반복적으로 지도해야 한다.

측정 영역에서 필요한 선수기술은 비교하기, 순서 짓기, 보존개념, 직관적 비교 및 직접비교와 간접비교, 임의단위와 표준단위이다(교육부, 2015a). 이는 국어 영역에서 시지각 훈련을 위한 프로그램을 소개할 때 언급한 것과 유사한 개념이다. 구체적인 개념은 앞서 소개한 김희연(2010)의 지적장애 학생의 시지각 훈련 프로그램 관련 연구를 참조하기 바란다.

지적장애 학생이 더 많고 더 적은 것, 더 크고 더 작은 것 등 양이나 크기의 비교 개념, 물건을 순서대로 배열하는 기술을 배우는 것은 일상생활을 하는 데 필요하다. 예컨대, 그 기술들은 물건을 구입할 때, 음식을 만들 때, 물건을 정리정돈할 때 모두 적용되는 원리이다. 이런 능력이 발달되면 그다음 정확하게 시계도 볼 수 있게 되고 거리 개념, 날짜 개념도 형성된다.

측정 관련 수업을 할 때는 실제 체중계를 이용하여 학생이 직접 자신의 몸무게를 재어 보게 하고, 친구들의 몸무게와 비교해 보며, 상점에서 이용하는 일반적인 저울을 이용하여 물건들을 다양하게 재어 봄으로써 바늘식 저울의 바늘 위치에 따라 '무겁다' '더 무겁다'와 같은 개념과 대략의 무게 개념을 인식할 수 있도록 한다. 물론 전자식 저울을 이용하여 이와 같은 측정활동을 할 수 있으며, 바늘식 저울보다는 전자식 저울이 숫자 변화를 통해 무게의 개념을 용이하게 인식할 수 있는 장점이 있다. 그리고 학교보건실에 구비된 체중과 키를 동시에 잴 수 있는 전자식 체중계를 무게와 길이의 측정 수업에 활용하면 길이와 무게 개념의 학습에 많은 도움이 된다.

지적장애 학생에게 길이의 개념은 일반적으로 흔히 접할 수 있는 사물의 길이 재기를 통해 어느 정도 길러진다. 그러나 100m 이상이나 1km 이상의 거리(길이) 개념을 지적장애 학생에게 지도하는 것은 어려움에 직면할 수 있다. 이를 지도하기 위해서는 학교 복도나 운동장을 이용하여 100m 이상의 거리를 지도하고, 1km 이상은 학교 근처의 골목을 자동차를 이용해 1km 단위로 측정하여 표시하며, 실제 장애학생과 함께 거리를 걸어서 체험해 보는 것이 한 방법이 된다. 가능하다면 교사는 학생의 부모에게 학교와 학생의 집(학생의 집에서 할머니댁까지의 거리 등)의 대략적인 거리를 재게 하여 그것을 수업에 활용하는 것도 유용하다. 인터넷 포털사이트의 지도 보기에서 학교를 중심으로 특정 지역(예: 학생의 집, 관공서 등)의 거리를 자동차, 대중교통, 도보로 검색하여 시간과 거리를 대략적으로 검색하는 것도 학생들의 거리 감각이나, 방향 감각 등 다양한 개념 발달에 도움이 된다.

지적장애 학생이 성장하면서 학령기뿐만 아니라 성인기에서의 개인생활이나 사회생활을 하는 데 시각과 시간 개념을 아는 것은 그들의 삶의 질을 높이는 데 많은 역할을 한다. 가정에서 일상생활을 하고 지역사회 혹은 직장에서 사회생활을 하는 데 시간 개념이 없다면 개인적으로 많은 불편과 더불어 남에게까지 폐를 끼칠 수도 있다. 지적장애 학생은 성장하였을 때 매번 누군가의 도움을 받을 수 있는 상황이 아니므로 어릴 때부터 일상생활에서 자연스럽게 시계를 보고 시간을 지키는 습관을 가지도록 하는 것이 필요하다.

시계 보기 학습 시 바늘(아날로그)시계와 전자(디지털)시계를 모두 이용할 수 있도록 지도해야 한다. 우리 주변에는 바늘시계와 전자시계가 함께 사용되고 있기 때문이다. 간혹 초등학교 고학년 이상이 되도록 바늘시계를 보는 데 어려움을 보인다면 전자시계 보는 법이라도 제대로 습득하도록 해야 한다. 바늘시계는 조작 가능한 실제 시계를 이용하는 것이 가장 적합하고 효과적이지만 학생의 흥미 유발을 위해 다양한 모양의 모형시계를 이용해도 된다. 장애학생은 바늘시계 시침의 위치가 변함에 따라 시각을 정확히 말하는 데 실패하는 경우가 많다. 예를 들면, 12시 50분의 경우 시침이 숫자 1에 근접해도 여전히 열두 시로 읽어야 함에도 한 시로 잘못 읽는 경우가 많다. 이런 경우 시계의 숫자와 숫자 사이에 한 시간 간격으로 색깔을 달리 표시하여 시침이 동일한 색상 내에 있을 때는 동일한 시각임을 가르치도록 한다. 그리고 동일한 시각의 바늘시계와 전자시계를 연결하는 훈련도 지속적으로 이루어져야 하며, 수학 수업이 아닌 일상 학교생활에서도 시계 보는 훈련이 이루어져야 한다. 이 또한 앞 단락에서의 인터넷 토탈서비스 사이트에서의 지도 검색(예: '빠른길 찾기')을 통해 학교, 지역사회 등 교통 종류에 따라 거리와 시간이 차이 날 수 있음을 가르치는 것도 좋은 교수방법이 된다.

〈표 9-10〉은 초등학교 통합학급에서 통합학급 교사와 특수교육 교사가 함께 수학과 협력교수를 보여 주는 교수학습 과정안(약안)이다. 놀이를 통한 시각 읽기 수업을 지적장애 학생을 포함시켜 팀교수(팀티칭), 스테이션 교수, 1교수 · 1보조(교수지원)와 모둠학습과 개별학습 등 다양한 교수학습 형태를 볼 수 있으며, 교수적 수정(교수 적합

화)을 보여 준다. 물론 교수학습 과정안의 세안이 아니라 약안이라 구체적인 교수학습 흐름을 이해하는 데는 한계가 있을 수 있지만, 다양한 형태의 교수학습의 적용 사례의 예를 볼 수 있어서 많은 참고가 될 것이다.

〈표 9-10〉 **통합학급에서의 수학교과 협력교수(스테이션 교수) 교수학습 과정안**

단원	7. 시간 알아보기(수학)		주제	시각 알아보기	차시	1/7차시
수업 모형	개념 학습 모형/협력교수 모형		수업형태	전체-팀, 개별, 모둠-전체	교수 형태	팀교수, 스테이션 교수
학습 목표	일반 학생			특수교육대상 학생 및 지원이 필요한 학생		
	시계를 보고 5분 단위와 1분 단위로 시각을 읽고 나타낼 수 있다.			시계를 보고 5분 단위로 시각을 나타낼 수 있다.		

단계	학습 흐름	협력 형태	교수학습 활동		자료 및 유의점
			통합학급 교사 A(♣), S학생, s1특수교육대상 학생	특수교사 B(♦), S학생, s1특수교육대상 학생	
문제 파악	학습 분위기 조성		♣ 여러 종류의 시계를 구경하면서 노래를 불러 봅시다. ♦ 선수학습을 확인한다.	♦ 플래시 자료(시계노래)를 준비하여 실행한다. S1: 자리에 바르게 앉아, 친구들과 함께 노래를 따라 부른다.	• 플래시 자료 • 실물 화상기 • 시계카드
			♣ 1학년 때 몇 시, 몇 시 30분에 대해 배웠던 것에 대해 질문하며, 마술카드를 보여 준다.	♦ 플래시나 마술카드가 나오면 장애학생은 화면 앞으로 나갈 수 있으므로 바르게 앉아 시청할 수 있도록 지도한다.	• 마술카드 • PPT자료
	학습 문제 확인 (전체)		♣ 카드마술을 통해 학습문제를 확인할 수 있도록 한다.	♦ '학습문제카드'를 칠판에 게시한다.	• 학습문제 카드
			시계를 보고 몇 시 몇 분인지 알아봅시다.		
개념 추구	문제 상황 대면	팀교수	♦ 문제 상황(상황극 동영상)을 제시한다. ♣ 오늘 공부를 위해서 2학년 5반 두 친구의 등교하는 장면을 촬영했어요. 과연 두 친구 중에서 누가 지각을 했을지 시각을 잘 들으며 보세요. ♦ B 교사는 동영상을 실행하고 실행관점을 TV모니터 하단에 부착한다.		
			♦ 동영상 주제: '지각생을 잡아라' 8시 35분, 상윤이는 시각을 모른 채 천천히, 준하는 지각 가능성을 깨닫고 헐레벌떡 뛰어가다가 상윤이를 만난다. 준하는 늦었다며, 8시 40분까지 교실에 들어가려면 뛰자고 하고, 상윤이는 고개를 갸우뚱하며 늑장을 부리는 장면이 나온다. 준하는 서둘러서 8시 38분에 도착하고, 상윤이는 늑장부리다가 8시 42분 도착한다. • 문제제시 장면 1: 준하의 8시 38분 도착장면 • 문제제시 장면 2: 상윤이의 8시 42분 도착장면		• 동영상자료
			♣ 준하, 상윤의 교실도착 시간이 나타난 시계그림을 보조칠판에 제시한다(준하는 8시 38분 도착, 상윤은 8시 42분 도착).	♦ 친구들의 동영상 잘 보았나요? 과연 준하와 상윤이는 어떻게 되었을까요? 준하와 상윤이가 도착한 시각을 정확히 읽고 지각인지 아닌지를 구별해 보도록 합시다. 그것을 위해 미션 두 가지를 줄 거예요. 미션을 통과할 때마다 상표를 얻을 수 있습니다.	• 미션카드

개념화·개별모둠	스테이션 교수, 팀교수	〈미션 1〉 빙빙 돌려라!: '몇 시 몇 분' 시각 읽고 나타내기 〈미션 2〉 도전! 난 시계박사; 주사위의 시각 읽거나 나타내기		
개념화·개별모둠	스테이션 교수, 팀교수	〈미션 1〉 빙빙 돌려라! ◆ 노트북의 시각개념 프로그램(CD)을 활용한 시각개념을 지도한다. S: 교사 A가 있는 앞쪽 매트에 12명의 학생들(책상 위에 파랑색 스티커)이 앉는다. ◆ 5분 단위의 시각 읽기를 지도한다. ※ 파란색 모둠에게 5분 단위의 시각을 지도하고, 교사 B와 학생을 바꿔 장애학생이 포함되어 있는 빨강 모둠을 지도한다. ◆ 1분 단위의 시각 읽기를 지도한다.	〈미션 1〉 빙빙 돌려라! ◆ 5분 단위의 시각 읽기를 지도한다. S-S1: 교사 B가 있는 뒤쪽 매트에 12명의 학생들(책상 위에 빨강색 스티커)이 앉는다. ◆ 여러분은 오늘 5분 단위의 시각을 선생님과 함께 공부할 거예요. 먼저 그림을 봅시다. ○○이가 일어난 시각은 몇 시 몇 분일까요?(작은 칠판에 제시)	• 교사는 사전 준비학습을 통해 파랑색 스티커는 상위그룹 12명에게, 빨강색 스티커는 하위그룹 책상 위에 붙여 둔다.
개념화 짝모둠		〈미션 2〉 도전! 난 시계박사 ◆ 시계주사위 놀이를 한다. ♣ 미션 2 방법을 알려 주겠어요. 4명씩 1모둠이 되어 차례로 1사람씩 주사위를 던져 나오는 시각을 모형시계에 표시하고, 읽기	〈미션 2〉 도전! 난 시계박사 ◆ 시계주사위 놀이를 한다. ◆ 빨간색 책상 모둠 중심으로 순회하며 주사위놀이 방법을 자세히 설명해 주고, 특수교육대상 학생의 게임을 도와준다.	• 교사 A, B는 팀을 교체하여 수업을 진행할 수도 있다.
정리 개별·전체	1교수, 1보조	◆ 개념정리 및 학습정리를 한다. ♣ 미션을 통해 알아낸 사실을 발표한다.	◆ PPT자료로 시각 읽기 개념을 정리하고, 칠판에 정리된 내용의 게시물을 부착하여 설명한다. 교사 A가 개념정리 발표 시 시각 알기 플래시를 작동하여 장애학생이 개념화하는 데 도움을 준다.	• PPT자료 • 시각 알기 플래시 자료

출처: 문숙희, 최은윤(2012).

날짜 개념의 지도는 매일의 학교생활에서 비교적 잘 이루어지고 있다. 그러나 지적장애 학생에게 어려운 개념이라고 여겨 '연도'에 대한 개념을 반복 지도하는 것은 놓칠 수 있다. 그들에게 학년과 연령의 변화에 따라 '연도'도 함께 바뀐다는 것을 알려 주고 반복 지도하면 '연도' 개념을 보다 빠르게 습득할 수 있다.

지적 수준이 낮거나 연령이 어린 지적장애 학생을 교육하는 교사들은 대부분 수업에서 학생의 동기 유발을 위해 강화물인 토큰제도를 이용하는 경우가 많다. 토큰제도에서 사용하는 스티커로 학생별 스티커의 개수를 표로 만들어 제시할 수 있고, 측정 영역에서 활용한 학생의 몸무게, 키, 사물의 무게 등을 표와 그래프로 만들어 보는 것도 표와 그래프의 개념을 익히는 데 좋은 방법이 된다. 일반적으로 지적장애 학생의 수학과에서의 수업은 수와 연산에 초점을 맞추는 경우도 있다. 실생활에 유용한 측정이나 표 또는 그래프는 소홀히 다룰 수 있다. 지적장애 학생을 지도하는 교사는 이러한 부분을 간과하지 않아야 한다.

5. 과학과 지도

이 절에서는 지적장애 학생의 과학과 지도방법에 대해 크게 두 부분으로 나누어서 다루고자 한다. 첫 번째는 초등학교 지적장애 학생을 위해 통합학급에서의 교수적 수정법이 적용된 과학 수업과 특수학교 지적장애 중학생을 대상으로 한 보완대체의사소통(AAC)이 적용된 과학 수업에 대해 다룬다. 두 번째는 타 교과와 연계도 가능한 과학 수업 지도방법으로, 융합교육(STEAM), 원격교육(디지털교육) 및 플립러닝에 대해 소개하고자 한다.

1) 과학교과 중심의 수업 지도

과학(교육부, 2015)은 자연현상을 객관적으로 기술하고, 자연현상을 개념적 틀로 설명하며, 자연현상을 이해하고, 자연현상을 예상하며, 자연현상을 통제하는 것을 목적으로 한다. 이러한 과학을 다루는 과학과는 과학적 소양, 즉 자연 세계와 인간 활동을 통하여 그것들에 이루어지는 변화를 이해하고 결정을 하는 데에 과학적 지식을 이용하고, 문제를 확인하여, 증거중심 결론을 도출하는 능력 등을 기르는 것을 요구한다. 과학과는 생활 주변의 여러 가지 물체를 관찰하여 그 성질과 변화를 탐구하는 '물질', 일상생활에서 관찰되거나 활용되는 여러 가지 에너지의 종류와 성질 및 그들의 움직임과 변화를 탐구하는 '에너지', 동물과 식물 및 우리 몸의 구조와 기능에 대해 학습하고, 그 성장과정을 생태계에서 탐구하는 '우리 몸'과 '동물과 식물', 우리가 사는 지구의 자연환경과 우주 및 그들과 생활과의 관계를 탐구하는 '지구와 우주'에 관한 내용을 학년군 간, 그리고 영역 간에 연계적으로 체계화한다.

사회과와 마찬가지로, 과학 과목 역시 지적장애 학생이 학년이 올라감에 따라 그리고 장애가 중도일수록 통합학급 수업에 참여하는 데 많은 어려움이 있다. 특수교육 교사는 지적장애 학생에게 별도로 과학 수업을 제공하지 않을 경우 통합학급 교사에게 간헐적으로 통합학급의 사회 및 과학 시간의 주제와 차시에 맞춰 교수적 수정(제7장 참조)을 통한 수업자료의 제공을 검토해야 한다. 즉, 특수교육 교사가 통합학급 교사에게 교수적 수정방법을 지원함으로써 장애학생의 통합학급 수업 참여도가 높아질 것이다. 〈표 9-11〉은 김주혜 등(2012)이 작성한 통합학급 교사를 위한 과학교과의 교수적 수정방법 예이다. 또한 특수학교/통합학급 과학 수업에서 실험이 필요한 단원의 경우 모둠이나 교사 2명 이상이 함께하는 협력교수의 한 형태인 스테이션 교수(제8장 및 앞의 수학교과 부분 참조)를 적용하는 것도 효과적이다. 스테이션 교수는 수업의 내용을 모둠의 형태로 하고, 학생은 스테이션에 따라 이동을 하면서 각 스테이션의 담당교사에게 지도를 받는 수업을 말한다. 예를 들면, 수업 주제가 '온도계 만들기'라면 한 스테이션에서는 온도계를 만들어 보고, 다른 스테이션에서는 온도 측정방법을 익히는 것이다.

〈표 9-11〉 **지적장애 아동을 위한 통합학급에서의 과학과 교수적 수정의 예(초 3학년)**

교과	과학	단원	동물의 생김새
주제	각 동물의 생김새에서 무엇이 비슷하고 무엇이 다를까요?		

학습목표	1. 동물의 생김새와 특징을 설명한다.
	2. 동물의 생김새에서 비슷한 점과 다른 점을 설명한다.
	• 수정목표
	  - 1수준: 동물을 보고 생김새가 비슷한 동물과 다른 동물끼리 구별한다.
	  - 2수준: 동물의 이름을 듣고 해당 동물을 그림/사진에서 찾는다.
	※ 1수준은 경도 지적장애 학생, 2수준은 중도 지적장애 학생의 목표이다.		

활동내용	※ 활동 1, 2 생략
	활동 3: 동물 이름 알아맞히기
	※ 동물 이름 알아맞히기 놀이에 대해 간단히 설명한다.
	① 모둠별로 동물 이름과 간단한 설명을 쓴 카드를 3~4장 만든다.
	② 모둠원 중 한 사람이 동물카드를 들고 그 카드에 적혀 있는 동물을 설명하고, 다른 모둠원은 그 동물이 무엇인지 알아맞힌다.
	③ 학급 전체를 대상으로 동물 이름 알아맞히기 모둠 대항 시합을 한다.
	• 활동 수정의 예
	  - 수정 1수준: 모둠별 동물 이름 알아맞히기 대회에서 카드를 뽑아서 문제를 내는 역할을 하도록 유도한다(친구의 문제 출제방법을 익힌 후 역할을 수행하도록 한다).
	  - 수정 2수준: 동물 이름 맞히기에서는 그림카드에서 해당 동물을 지적하거나 그림카드를 들어서 답하도록 한다.		

평가	1. 동물의 생김새와 특징을 설명하는가?
	2. 동물의 생김새에서 비슷한 점과 다른 점을 설명하는가?
	• 평가수정
	  - 1수준: 네 가지 이상의 동물 그림을 보고 생김새가 비슷한 동물과 다른 동물끼리 두 가지 종류로 구별하는가?
	  - 2수준: 동물의 이름을 듣고 해당 동물을 동물카드(2~3개)에서 찾는가?		

출처: 김주혜 외(2012).

[그림 9-1]과 〈표 9-12〉는 특수학교 지적장애 중학생을 대상으로 보완대체의사소통 체계가 적용된 과학 수업의 실례이다. 다음 인용문(김혜숙, 2010)은 특수교육 교사가 〈표 9-12〉의 교수학습 과정안을 작성하면서 학습자의 특성과 수준을 고려한 수업의 중요성을 부각시키기 위해 본인의 경험담을 쓴 글의 일부이다(글에서 '아이'를 '학생'으로 변경함).

한 학생이 시계를 보며 뭐라고 한다. '왜?'라는 표정과 함께 녀석의 얼굴을 빤히 보자 다시 한번 더 양손으로 시계를 가리킨다. '왜 저러지?' 하고 있다가, 수업 종소리가 울리자 시계를 보니 시계가 그 자리에 그대로 서 있다. 건전지가 다 떨어진 것이다. 학생은 나에게 시계가 멈추었다는 메시지를 전달하고 싶었는데, 가슴이 아팠다. 나는 교사로서 무슨 노력을, 학생들에게 구체적으로 하고 있는가? 말로 의사표현을 못하는 학생들이 교실에 4명이나 있는데 이 녀석들의 표정과 몸짓 언어를 혼자 판단하고 주관적으로 추측하여 학생들을 지도하지는 않았는지, 구체적인 의사표현 수단을 마련해 주었는지 생각해 본다. 나의 추측과 가늠이 아닌 '보완대체의사소통 체계'를 마련하여 우리 학생들의 가슴을 조금이나마 들여다보고 수업에도 반영하자! 말로 표현을 못하는 학생들, 참여도가 낮은 학생들도 함께 가는 수업이어야 한다. 또한 난 항상 마음속에 우리 학생들의 생활 속에 활용되는 수업을 하자. 그리고 졸업 후에도 우리 학생들이 살아가는 데 도움이 되는 수업을 생명처럼 여기며 살았는데 우리 학생들은 건전지 갈아 끼우기도 힘들어한다. 과학과 교육목표 중 '과학이 우리 생활과 깊이 관련되어 있음을 알고, 이를 실생활에 활용한다.'라는 하위 목표가 있다. 우리 학생들의 교육지표라 생각하며 살았던 나의 교육적 신념이 담긴 말이기도 하다. (이하 생략)

과학교과 수업에서
사용된 AAC북

과학과 수업용
크리스마스 트리

불 켜기 실험 장면

형성 평가지

[그림 9-1] 과학교과 수업(〈표 9-12〉 참조)에서 사용한 수업 자료의 예

출처: 김혜숙(2010).

　　이렇듯 특수교육 교사는 지적장애 학생의 특성과 수준을 끊임없이 고려하고, 앞 절에서 언급한 교사 본인의 교육과정 문해력에 대해 더 빈번하게 확인하고 성찰해야 할 것이다. 〈표 9-12〉에 나타나듯이 지적장애 학생들이 '전지를 이용한 불 켜기'라는 다소 지루할 수 있는 과학 수업에서 집중과 흥미를 가질 수 있는 크리스마스 트리의 사용과 이들의 실생활에 연계된 건전지의 기능과 역할, 그리고 그것을 교체할 수 있는 능력을 기를 수 있도록 다양한 활동을, 그리고 일부 의사소통에 어려움을 겪는 지적장애 학생을 위한 과학과 수업 전용 AAC 체계가 적용된 교수학습 과정안은 앞으로 특수교육 대상 학생을 가르칠 예비 특수교육 교사에게는 많은 참고가 될 것으로 본다. 다만 〈표 9-12〉에 제시된 교수학습 과정안은 필자가 원본을 단순하게 재구성한 것이라 전체 수업의 흐름을 이해하는 데는 다소 한계가 따른다. 특히 AAC북의 구체적인 사용 방법과 상황이 여기서 잘 드러나지 못한 점이 그러하다.

〈표 9-12〉 특수학교 중학교 과학과 교수학습 과정안(AAC북 적용)

교과	과학		단원	편리한 도구	차시·시간	5/6(40분)
제재	건전지를 이용하여 전구에 불 켜기		대상/조직	총 8명(교사 제작 AAC북 적용) 개별학습, 2인 1조 학습		
학습목표	가 집단: 전지 1개와 집게전선 2개를 바르게 연결하여 전구에 불 켜기를 한다. 나 집단: 지원받아 전지 1개와 집게전선 2개를 바르게 연결하여 전구에 불 켜기를 한다. 다 집단: 지원받아 전지 1개와 집게전선 2개를 바르게 연결하여 전구에 불 켜기 실험활동에 참여한다(AAC 적용).					

단계	학습흐름	교수학습 활동			자료 및 유의점
		교사의 의도된 활동	학생의 기대되는 활동		
			가 집단(㉮), 나 집단(㉯), 다 집단(㉰)		
준비활동	전시학습확인	• 전시 학습 상기 -지난 시간의 배운 전지를 사용하는 생활용품 소개하고, 전지 끼기 전에 학생들에게 책상 위의 생활용품을 작동시켜 보도록 한다(복습). -전지를 넣어서 작동시키도록 한다. -보조원교사에게 ③의 학습활동 지원을 부탁한다.	㉮, ㉯: 전지가 들어 있지 않은 용품의 전원을 켜 보고, 작동되지 않음을 말한다. -전지를 끼우고, 전원을 작동해 본다. ㉰: 지원받아 전지를 끼워 용품을 작동시킨다.		• 전지 사용 생활용품, 전지 • AAC북 사용(2명의 학생)
	동기유발	• 학습 동기유발 -크리마스 트리를 제시하고, 수업과 관련된 질문을 한 후, 학생들에게 셋을 세게 하여 그에 맞게 불을 켠다. -전구에 들어온 불을 가리키며, 오늘 수업할 꼬마 전구의 불 켜기에 대해 설명한다.	㉮: 크리스마스 트리를 보며, 교사의 질문에 대답한다. ㉯: 교사의 지시에 따라 하나, 둘, 셋 숫자를 센다. ㉰: 친구들의 대답을 들으며, 손짓으로 숫자를 헤아린다.		• 크리스마스 트리 • 꼬마전구

	학습 목표 확인	• 학습목표 안내 -학습목표를 읽을 수 있도록 한다.	㉮: 학습목표를 큰 소리로 읽는다. ㉯, ㉰: 학습목표를 듣는다.	• 교사, 보조교사는 ㉰ 집단 학생의 AAC북 사용을 촉진한다.
		전지 1개와 집게전선 2개를 바르게 연결하여 전구에 불 켜기를 한다.		
	활동 확인	• 학습활동 안내 -오늘의 학습활동을 안내한다(PPT자료 활용) 〈활동 1〉 불이 켜진(안 켜진) 전구 관찰하기 〈활동 2〉 전지 1개를 이용하여 전구에 불 켜기 활동 확인	㉮: 교사의 지시에 따라 활동을 읽는다. ㉯, ㉰: 학습활동을 들으며, 그림을 본다.	• AAC북 • PPT자료
탐색	탐색·문제 파악 하기	• 활동 1: 불 켜진 전구와 불이 안 켜진 전구 관찰하기 -전구에 불 켜기 실험장면 동영상을 제시하며, 무엇을 하는 장면인지 질문을 한다(㉰ AAC 이용 촉진). -과학 교과서 1단계 전구에 불 켜기 장면을 화면으로 제시한다. -불이 켜진 전구에 스티커를 붙이게 한다. -전구가 불이 켜진 이유를 설명한다.	㉮: 동영상에서 친구가 무엇을 하는지 말한다. ㉯: 가 집단의 지원을 받아 전구의 불 켜기 실험장면 그림카드를 붙임판에 붙인다. ㉰: 가 집단과 보조교사의 지원으로 전구의 불 켜기 실험장면 그림카드를 붙임판에 붙인다. ㉮, ㉯, ㉰: 자료를 보며 답한다(㉰ AAC 사용)	• 동영상자료(실험장면) • 붙임판 • AAC북 • 그림카드
	시범 실험 관찰 하기	• 활동 2: 전지 1개를 이용하여 전구에 불 켜기 -동영상을 통한 교사의 시범실험을 관찰하게 한다. -실험재료가 어떤 것이 있는지 파악하게 한다(꼬마전구, 전지, 집게전선 2개, 소켓, 전지 끼우개). -동영상을 보면서 전구에 불을 어떻게 켜는지 실험 순서도를 제시한다.	㉮: 꼬마전구, 전지 등 실험재료를 말한다. ㉯: 교사의 지시로 실험재료들 그림카드를 붙임판에 붙인다. ㉰: 가 집단 혹은 보조교사의 지원으로 실험재료 카드를 붙임판에 붙인다,	• AAC북 • 실험재료 • 그림카드 • 게시판 • 꼬마전구가 깨지지 않도록 주의 지도
	실험 하기	• 교사의 안내에 의해 실험순서에 따라 실험하기 -동영상의 실험순서 상기시키며 설명한다. -실험을 잘 하도록 순회하며 지원한다.	㉮: 실험순서에 맞게 실험을 한다. ㉯: 교사의 지시에 따라 혹은 가 집단을 보며 실험을 따라 한다. ㉰: 교사, 보조교사 지원에 따라 실험에 참여한다.	
개념 도입 적용	개념 형성 적용	• 과학적 용어를 사용하며 새로운 개념 형성하기 -양극과 음극에 전선이 각각 끊어지지 않고 연결되어야 한다. 전구의 꼭지와 꼭지쇠에 전선이 끊어지지 않고 연결되어야 한다. 이 두 가지 조건을 잊지 않도록 설명한다. -개별적으로 실험해 보도록 한다.	㉮: 제시된 두 가지 조건을 읽는다. ㉯: 교사의 지시에 따라 두 가지 조건을 말한다. ㉰: 지원을 받아, 두 가지 조건을 이해하고, 전구, 전선이 잘 연결된 그림자료 게시판에 붙인다.	• PPT • 동영상자료 • 형성평가지
	정리·평가	• 평가 및 학습정리하기 -학생들의 수준별 평가하고, 수업을 마무리한다.	㉮, ㉯: 수준에 맞는 평가 학습지를 완성한다. ㉰: 지원을 받아 개별 학습지를 완성한다.	

출처: 김혜숙(2010).

2) 융합교육(STEAM) 및 플립러닝 교수법이 적용된 과학 수업 지도

교육부(2021)는 고교학점제를 2025년 전면 시행하고, 2022~2024년도는 학교의 재량에 따라 부분적으로 도입함을 발표하였다. 고교학점제(https://hscredit.net)는 학생이 기초 소양과 기본 학력을 바탕으로 진로 · 적성에 따라 과목을 선택하고, 이수기준에 도달한 과목에 대해 학점을 취득 · 누적하여 졸업하는 제도이다. 특수학교 특수교육대상자에 대한 고교학점제 도입 또한 계획되고 있으나 고등학교 통합교육 환경에 소속된 지적장애 학생들에 대한 고교학점 운영제는 특수학교를 기반으로 일반고등학교 고교학점제와 연계 · 운영될 것으로 본다. 이것은 지적장애 고등학생들에게는 커다란 도전이 되며, 이들을 지도하는 특수교육 교사 역시 이에 대한 준비를 철저히 해야 한다고 본다. 교육부(2021)에 따르면 고교학점제 운영에 있어서 학생들의 성취 수준의 강화를 위해 교수학습 방법 또한 다양하게 적용되며, 앞서 언급된 융합교육과 디지털을 기반 한 원격교육도 포함시키고 있다. 따라서 지적장애 학생이 이러한 환경에서 잘 적응하고, 수업 참여율을 높이기 위해서는 고등학교 이전부터 특수교육 교사의 지원이 매우 중요하다. 이 절에서는 이러한 지적장애 학생의 도전에 대비한 교육으로 융합인재교육(STEAM)과 플립러닝을 다루고자 하며, 과학교과목에 초점을 맞추어 설명하고자 한다.

융합인재교육(Science, Technology, Engineering, Arts & Mathematics: STEAM 혹은 융합교육)은 학생들의 창의성과 감성을 깨우기 위한 교육이고, 학생들이 흥미를 가지고 보다 능동적으로 학습자중심으로 수학과 과학 수업에 참여하여 스스로 문제를 해결하는 등 창의성을 지닌 과학기술 인재로 키우고자 하는 교육 프로그램이다(한국과학창의재단, 2021). 또한 STEAM 교육은 미국에서 과학과 수학 교육을 강화하기 위해 실시한 STEM 교육에서 예술(Arts)적 요소를 추가한 개념이며, 프로젝트 학습, 문제중심학습과 유사한 측면이 있으나, 그 차이점은 STEAM 교육이 교과 영역에서의 이론적인 것 이상의 공학적 · 창의적 · 감성적인 측면을 강조하고 있다는 것이다. 즉, 교과와 실생활의 연계와 더불어 과학과 수학에 대해 흥미와 즐거움을 느끼게 하고, 예술적 체험까지 아우르고 있다는 것이다. 이는 초등학교 1, 2학년의 바른생활(사회, 도덕), 슬기로운 생활(수학, 과학), 즐거운 생활(음악, 미술)의 통합교과에서의 문제 해결 전략(실천, 탐구, 표현) 요소와 의미를 비교하면 일맥상통하는 측면이 많다. 따라서 지적장애 학생을 위한 융합교육은 일반교육에서 실행하고 있는 것에서 통합교과를 참고하여 교수학습 과정에서의 단순화 · 간소화(교수적 수업) 작업을 통해 우선 실시해 보는 것도 유용하다고 본다.

국내 지적장애 학생 대상의 STEAM 교육 관련 연구의 예로는 박영근(2021)의 것을 들 수 있다. 이것은 특수학교 지적장애 고등학생 3학년 대상의 STEAM 교육이 적용된 과학 수업에서 지적장애 학생의 주도적인 학습, 창의성 자극과 문제 해결력 증진을 위해 교사들의 발문의 빈도와 유형에 대해 분석하였다. 그 결과, 이들 교사는 지적장애 학생들에게 일반적인 과학 수업에서 보다 더 높은 빈도로 수렴적 · 확산적 발문을 하였으며, 연구자는 이를 통해 지적장애 학생의 문제 해결력 등 학업성취도에 긍정적인 영향을 미침을 주장하였다. 이 연구와 강창욱, 박선희(2017)의 연구를 함께 비교하면 STEAM 교육에 대한 시사점을 확인할 수 있다. 이들은 지적장애 특수학교 과학 수업에서의 교사와 학생 간 언어적 · 비언어적 상호작용의 소통과 단절에 대해 연구하였다. 특수교육에서의 과학교과는 특성상 인지를 많이 요구하는 수업보다는 활동중심의 수업이 대부분이라서 교사가 지적장애 학생의 행동 통제를 위한 지시가 많았고, 폐쇄적 발문을 통해 학생들이 단순한 답을 할 수 있게 하는 경우가 많았다는 것이다. 따라서 연구자들은 과학 수업에서의 교사와 지적장애 학생들 간 질적인 상호작용의 향상을 위해서는 교사의 다양한 교수전략과 학생의 질문의 기회, 학생의 언어적 · 비언어적 반응에 대한 교사의 민감성을 높여야 함을 제언하였다. 이런 관점에서 볼 때, 지적장애 학생을 위한 과학 수업에서 STEAM 교육이 적용되면 많은 이점이 있을 것으로 본다.

SETAM(한국과학창의재단, 2021)은 다음과 같은 단계를 거친다. 첫째, 학생이 문제 해결의 필요성을 구체적으로 느낄 수 있는 문제 상황을 제시한다. 둘째, 학생이 스스로 문제 해결 방법을 찾아가도록 하는 창의적 설계단계이다. 셋째, 학생이 문제를 해결하였다는 성공감을 경험하는 단계이다. 〈표 9-13〉은 초등학교 5, 6학년에 STEAM 교육을 적용한 예시 중 일부이다(한국과학창의재단, 2021).

STEAM 교육은 과학 수업이 중심이고, 문제 상황의 제시를 통한 문제 해결에 초점을 둔 수업이므로 통합교과의 일반적인 수업과 비교하면 다소 차이가 있을 수 있다. 그러나 앞서 소개한 바와 같이 통합교과에서 적용되는 문제 해결 요소 등 기본적인 개념과 방법적인 측면에서 중첩되는 부분이 많으므로 같은 맥락으로 볼 수 있다. 따라서 초등학교에서의 통합교과와 STEAM 교육의 장점들을 연계한다면 지적장애 중 · 고등학생의 과학적인 사고력과 학업성취력을 높이는 데 긍정적인 영향을 미칠 것으로 본다.

〈표 9-13〉 STEAM 교육 적용의 예(초 5~6학년)

주제	사물 인터넷(IOT)으로 교실 문제를 해결해요	교육대상	초 5~6학년
주제 및 제작의도	오브젝트 블럭스 작동원리 체험활동을 통해 사물 인터넷의 원리를 학습하고 컴퓨팅 사고력을 길러 교실문제를 해결한다.		
관련 성취 수준	수학	실생활 장면에서 이상, 이하, 초과, 미만의 의미와 쓰임을 알고, 이를 활용하여 수 범위를 나타낸다.	
	과학	여러 가지 물체를 통하여 소리가 전달되거나 반사됨을 관찰하고 소음을 줄이는 방법을 토의한다.	
	사회	주민 참여를 통해 지역 문제를 해결하는 방안을 살펴보고, 지역 문제의 해결에 참여하는 태도를 기른다.	
	실과	프로그래밍 도구를 사용하여 프로그래밍 기초 과정을 체험한다.	
	도덕	다양한 갈등을 평화적으로 해결하는 것의 중요성과 방법을 알고, 평화적으로 갈등을 해결하려는 의지를 기른다.	
STEAM 과목요소	• Science: 지구과학, 환경, 컴퓨터 과학 • Technology: 오브젝트 블럭스 코딩 • Engneering: 센서 작동 • Art: 창의적 문제 해결 방법 모색 • Math: 수의 범위 내타내기		
평가계획	• 소리센서를 코딩해서 소음을 측정하는가? • 교실의 소음 정도를 램프나 깃발의 움직임으로 나타내는가? • 소음을 줄이는 방법을 설명하는가?(이하 생략)		
학습목표	오브젝트 블럭스 작동원리 체험활동을 통해 초보적 수준의 사물 인터넷 원리를 학습하고 컴퓨팅 사고력을 길러 교실문제를 해결한다.	수업 차시	4차시(1차시, 40분)

1~2차시: 오브젝트 블럭스로 사물 인터넷을 체험하자	
상황 제시 (10분)	• 교실이 너무 시끄러워서 공부를 할 수 없는 상황을 제시한다. 　- 소리의 객관적인 기준을 제시하기 어려운 상황 이야기한다.
학습활동 (20~40분)	• 오브젝트 블럭스를 세팅하고, 프로그램을 코딩한다. 　- 소리센서를 연결하고, 프로그램을 다운로드한다(학생의 학습경험에 따라 활동 시간은 조정한다).
창의적 설계 · 감성적 설계 (10~30분)	• 우리 반의 소음을 실시간으로 보이게 하자. 　- 우리 반의 소음을 오브젝트 블럭스 코딩으로 실시간으로 보이게 함을 지도한다. 　- 우리 반의 소음상황을 친구와 부모님 및 선생님께 알릴 방법을 지도한다.

3~4차시: 선생님이 안 계셔도 조용한 우리 반을 만들자	
학습활동	소리센서와 LED 출력 장치를 익힌다.

(이하 생략)

출처: 한국과학창의재단(http://steam.kofac.re.kr).

국내 특수교육 분야에서의 STEAM 교육 관련 연구로는 고등학교 장애학생을 대상으로 한 진로교육 관련 연구들이 대부분이다(권미영, 2021; 김동일 외, 2011; 이설희, 이영선, 박은혜, 2015; 장정윤, 이영선, 2014). STEAM의 구체적인 실행방법에 대해서는 앞서 소개한 STEAM 교육 관련 연구와 한국과학창의재단(http://steam.kofac.re.kr)에 방문하면 다양한 STEAM 교육 관련 정보와 프로그램을 만날 수 있다.

지적장애 학생을 위한 또 다른 과학교과 수업에서 활용 가능한 교수법으로는 플립러닝(flipped learning)이 있다. 이것은 '거꾸로 학습'으로, 먼저 학습자가 '사전학습'으로 강의 영상 시청과 활동지 작성 등을 실행하면, '교실 수업'에서는 사전학습의 확인 · 점검, 개별 및 협력 활동, 학습정리가 이루어진다(서정길, 임경원, 2021). 플립러닝은 2014년 방영된 KBS 프로그램 〈거꾸로 교실〉 시리즈에서 강의식 수업을 동영상으로 만들어 학생들에게 미리 집에서 예습해 오도록 하고, 교실에서는 수업 대신 다양한 활동으로 공부의 재미와 깊이를 더해 준다는 수업방법으로 소개되었고, 학생들이 배움의 즐거움을 알게 한다는 것이다(손성호, 김상홍, 2016). 플립러닝에서 수업을 뒤집는 목적은 기존의 수업방식에서 역으로 수업 전에 수업내용을 먼저 공부하고, 교실에서는 심화학습에 참여하는 것으로, 학생이 또래 및 교사와 함께 있는 동안 최대한 학습할 수 있도록 하는 것이다(김지수, 박승희, 2021).

플립러닝은 2020년대 초 전 세계의 감염병 대유행으로 교육계에 초래된 가장 큰 변화인 디지털 기반의 온라인을 통한 원격교육과 연계/접목한다면 보다 효율적으로 과학뿐만 아니라 타 교과에도 적용 가능할 것으로 본다. 물론 지적장애 학생에 대한 비대면 교육(원격수업)은 초기에 학습자의 특성과 수준을 고려하지 못한 채 준비 부족으로 여러 가지 어려움과 문제를 야기하였고, 아직도 학교, 교사, 가정, 학생 모두에게 당황스러운 상황에 직면하고 있다. 그러나 이를 계기로 특히 특수교육 분야에서는 지적장애 학생을 대상으로 한 다양한 디지털 · 스마트 기기에 대한 교육의 중요성과 아울러 다각적인 지원의 필요성을 절감하게 되었다. 그 실천적인 한 방편으로 일반 학생뿐만 아니라 지적장애 학생에게도 태블릿 PC와 같은 스마트 기기의 보급이 일부 이루어졌고 앞으로 더 확대될 것이다. AAC 체계가 태블릿 PC 등 스마트 기기를 통한 다양한 애플리케이션의 개발로 의사소통의 문제를 지닌 장애학생들에게 많은 지원을 하고 있듯이, 플립러닝 또한 현재 이루어지고 있는 비대면 원격교육과 접목하여 다양한 영상강의를 태블릿 PC에 탑재하면 교사, 학생들 모두 다양하게 활용할 수 있을 것으로 본다. 물론 지적장애 학생의 가족 지원을 통해 학교와 가정 간의 협력이 이루어져야 할 것이다.

지적장애 학생을 위한 플립러닝의 적용 초기에는 아주 단순하게 접근하는 것이 중요하다. 플립러닝의 핵심이 바로 사전에 집에서 강의영상을 미리 시청하는 것에 있으므로, 교사가 강의자료를 영상으로 제작하여 지적장애 학생이 예습 차원에서 집에서 미리 영상 강의를 시청한 후 교실 수업에 참여하도록 하는 것이다. 즉, 일반적인 플립러닝보다는 단순하게 사전 예습에 초점을 두고, 교실 수업에서는 사전 수업인 영상 강의에서 보다 조금 더 확대된 수업으로 진행하다가 지적장애 학생들이 익숙해지면 점진적으로 교실 수업에서 토론 수업 등 심화학습으로 확대 · 발전시키면 될 것이다. 추가하여, STEAM 교육과 플립러닝의 접목도 효과적이다. STEAM 교육에서의 핵심인 문제의 상황제시 부분을 미리 영상으로 제작한 후 플립러닝과 결합하여 사전교육으로 집에서 영상 강의를 시청하게 하고, 다양한 문제 해결 방안을 고민하게 하여, 교실 수업에서 영상 강의에 대한 토론을 하면서 문제 해결 방법을 파악해 보는 것이다.

한편, 플립러닝에 대해 기존의 전통적인 교수법에 비해 효과적이지 않다는 비판적인 목소리도 나오고 있다. Ash(2012)는 이런 플립러닝에 대한 비판과 긍정적인 견해가 존재한다는 것을 소개하면서, 플립러닝이 적절하게 활용 · 운영되었을 때 학생들의 성취력 향상에 이점이 더 많다는 점을 강조하였다. 그리고 다음과 같이 플립러닝의 성공전략 다섯 가지를 제시하였다. 첫째, 동영상 강의자료 제작에 너무 몰두하지 말라. 시간과 노력, 비용의 절감 등을 위해 가끔씩 기존에 제작된 다양한 교육적인 콘텐츠(교육용 유튜브 등)의 활용에도 관심을 두라는 것이다. 둘째, 플립러닝을 적용할 교과목, 주제, 적용 시점 등을 잘 결정하라. 이는 모든 수업에서의 플립러닝 적용은 바람직하지 않다는 의미이다. 셋째, 비디오 강의 영상 제작 시 2명 이상의 교사가 서로 협력하라. 이는 학습자의 흥미도 상승시키고, 혼자일 때보다 교사 2명이 공동 제작에 참여한다면 교육 내용의 질적인 차원이 증가한다는 것이다. 넷째, 플립러닝 수업 초기에 가능한 한 빨리 이슈(문제점)를 파악하라. 즉, 설문조사를 통해 학생들의 가정에 어떤 테크놀로지가 있는지, 인터넷이 미비할 때 활용 가능한 CD 등 대체할 기기를 마련하는 등 문제 발생 대비를 위해 이용 가능한 목록을 미리 작성하여 문제를 파악하고 해결해야 한다는 것이다. 다섯째, 학생들이 비디오 제작에 참여할 수 있는 기회를 제공하라. 이는 학생들이 늘 모든 영상 강의에 집중한다는 보장은 없기 때문에 학생들이 직접 비디오 영상 제작에 참여한다면, 학생들의 흥미 유발과 학습에 대한 질문과 토론에 참여할 비율을 높일 수 있기 때문이다.

플립러닝에 대한 특수교육 분야에서 연구가 국내외 모두 많이 부족한 것은 사실이다. 향후 플립러닝에 다양한 프로그램의 개발과 노력으로 더 발전될 것이며, 앞서 언급한 바와 같이 일반적인 플립러닝에 비해 더 단순화하여 적용시킨다면 지적장애 학생에게도 충분히 적용 가능하고 효과적이라고 본다.

6. 체육 및 예술(음악, 미술)교과 지도

특수학교와 달리, 통합교육 환경의 지적장애 학생은 고학년으로 갈수록 체육 및 예술교과 또한 많은 어려움에 직면할 수 있다. 체육과 예술교과 수업이 지적장애 학생의 학업이나 신체 및 언어 등 전반적인 발달에 큰 영향을 미치는 만큼, 이들 교과 수업에서 지적장애 학생들이 완전참여 혹은 부분참여라도 할 수 있도록 교사들의 지원과 노력이 요구된다. 즉, 전 교과활동에 지적장애 학생들이 최대한 참여할 수 있도록 특수교육 교사와 통합학급 교사 간의 협력적 접근이 필요하다.

1) 체육

체육과(교육부, 2015a)는 움직임을 기초로 '신체활동'을 통하여 체력 및 스포츠 능력을 기르고, 자신과 외부 환경에 대한 이해를 통하여 바람직한 품성과 사회성을 갖추어 건강하고 활기찬 삶에 필요한 능력과 자질을 함양하는 교과이다. 체육과에서는 '건강' '도전' '경쟁' '표현' '안전'의 다섯 가지 신체활동 가치를 지향한다. 이 가치들은 장애가 있는 학생이 학령기와 그 이후 사회의 구성원으로서 살아가기 위해 갖추어야 할 핵심 역량과 관계된다. 앞서 언급된 바와 같이 감염병의 대유행으로 우리 사회는 건강과 안전에 대한 요구가 개인문제뿐만 아니라, 우리 사회, 국가, 전 세계적으로 연계되어 그 중요성이 부각되고 있다. 장애학생 개인의 건강과 안전을 위해서 체육과에서도 감염증 예방과 관련한 지켜야 할 것 등 주의사항에 대해 구체적이고 체계적인 교육적 접근이 필요하다.

중도·중등도 지적장애 학생의 경우 일반적으로 대·소근육 기능이나 시각과 손 등의 신체 각 기능 간의 협응력이 낮다. 체육 수업은 이러한 지적장애 학생의 신체 기능의 문제를 개선시키는 데 매우 중요한 역할을 한다. 개별 지적장애 학생의 대·소근육

운동의 특성과 기능을 정확히 파악하여 각 학생에게 적합한 수정된 학습목표가 체육 수업에서도 적용되어야 한다.

　신체(체육)활동은 학생의 자연스러운 인간관계 형성과 유지를 도와주고, 여러 감각 기관의 반복적인 사용으로 신체 기능의 향상뿐 아니라 인지능력과 사회성 및 정서 발달을 촉진시켜 준다. 또한 장애학생이 다양한 체육 프로그램에 참여함으로써 얻게 되는 가치는 다음과 같다(김의수, 2003). 첫째, 체력과 체격 등 신체발달에 기여한다. 둘째, 신변처리 및 최소한의 안전과 관련된 기능 습득과 향상에 필요한 소근육 및 대근육 운동을 강화시킨다. 셋째, 여러 가지 원인에서 발생하는 스트레스와 불안을 해소시킬 수 있는 활동과 그에 관련된 상황을 제공한다. 넷째, 다른 사람들과의 관계 형성을 통해서 자아개념을 발달시킨다. 다섯째, 신체활동을 통한 뇌의 발달을 촉진하여 인지능력을 발달시킨다. 여섯째, 다양한 놀이 및 게임 활동을 통해 여가활동의 의미를 알고 여가를 즐길 수 있는 능력을 발달시킨다. 일곱째, 교육의 효과와 더불어 치료적인 효과를 갖는다.

　이와 같은 맥락에서 체육과 지도는 장애학생이 어릴 때 조기에 이루어질수록 학생의 전반적인 발달에 긍정적인 영향을 미칠 것이며, 게임이나 단체 활동 시 지적장애 학생의 신체 기능이나 운동 수준에 맞는 규칙과 학습목표의 수정 및 체육 시설이나 설비의 수정도 중요하다. 또한 움직임에 대해 능동적이지 못한 지적장애 학생들을 체육 수업에서 적극적인 참여자로 만들기 위해서는 투호놀이, 수건돌리기, 딱지치기, 비석치기, 씨름 등의 전래놀이나 경쟁이 필요한 계주, 2인 이상의 협동적 공굴리기 및 이인삼각 경기 등이 효과적이다. 특수학교의 경우 학급단위가 아닌 2, 3개 학년이 함께 수업을 하는 단체활동을 1, 2개월에 한 번씩 시행하는 것도 지적장애 학생이 다양한 단체 활동에서의 규칙과 질서를 익히는 데 도움이 된다.

　〈표 9-14〉는 경상남도교육청 특수교육원(2019)에서 개발한 지적장애 학생을 위한 체육 수업 프로그램 중 하나인 '줄넘기' 영역의 내용과 활동이다. [그림 9-2]와 [그림 9-3]은 〈표 9-14〉에서 제시하고 있는 체육활동 중 활동 1과 활동 3의 지도 내용과 단계를 교사들이 쉽게 지도할 수 있도록 그림 자료와 설명의 예를 제시한 것이다. 이것은 지적장애 학생을 지도하는 교사들이 일반적으로 체육과의 '표현'과 '안전' 영역에서의 지도보다 상대적으로 '건강' '도전' '경쟁' 영역에서의 지도에 어려움을 가져, 이를 돕기 위해 개발한 것이다. 프로그램의 영역을 살펴보면, 첫째, 체력증진 영역은 ① 스트레칭, ② 요가, ③ 웨이트 트레이닝, ④ 줄넘기, ⑤ 키즈런, 둘째, 뉴스포츠 영

〈표 9-14〉 **지적장애 학생을 위한 체육 수업**

영역	학년군	내용		활동
건강	초등 3~4학년	• 놀이를 통한 체력 기르기	⇨	① 뜀뛰기와 친해지기
	초등 5~6학년	• 체력 기르기		② 여러 가지 물체 뛰어넘기
	중학 1~3학년	• 학교에서 운동하기 • 운동 체력을 기르는 운동하기		③ 줄 없는 줄넘기하기 ④ 줄넘기로 걷기 ⑤ 긴 줄넘기하기
	고등 1~3학년	• 심장과 폐를 튼튼하게 만들기 • 집에서 체력 운동을 생활화하기		⑥ 양발로 뛰기 ⑦ 짝과 함께 줄넘기하기
평가		1. 혼자서 줄넘기를 하는가? 2. 함께 줄넘기를 하는가? 3. 줄넘기를 이용한 게임을 하는가? 4. 줄넘기를 통해 심폐지구력을 기르는가?		
지도상 유의점		1. 학생들의 심리적 특성을 잘 파악하여 줄넘기에 대한 흥미를 느낄 수 있도록 지도한다. 2. 운동 전후 스트레칭 등으로 반드시 준비운동 및 정리운동을 실시하도록 한다. 3. 줄넘기를 할 때 주위 사람과 적정한 거리를 유지하여 다치지 않도록 한다.		

출처: 경상남도교육청 특수교육원(2019).

역은 ① 스포츠스태킹, ② 한궁, ③ 플라잉디스크, ④ 킨볼, 셋째, 대안스포츠 영역은 ① 네트형 대안 스포츠(프리테니스, 핸들러), ② 넷볼, ③ 풋살, ④ 티볼 등으로 구성되어 있다. 지적장애 학생의 체육교과를 지도하는 교사들은 이를 참고하여, 제시된 활동의 확장과 발전을 시킬 수 있고, 다른 새로운 활동 프로그램을 개발할 수 있게 될 것으로 본다.

① 스텝박스에서 오르내리기	② 트램펄린 뜀뛰기	③ 달리기 주머니로 뜀뛰기

한발씩 스텝박스에서 내려온다.	교사의 손을 잡고 트램펄린 위에서 뜀뛴다.	달리기 주머니에 양발을 넣고 손잡이를 잡는다.

스텝박스를 양발로 뛰어 오른다.	혼자 트램펄린 위에서 자유롭게 뜀뛴다.	양손으로 손잡이를 당기며 양발로 뛴다.

[그림 9-2]　**활동 1: 뜀뛰기와 친해지기**

출처: 경상남도교육청 특수교육원(2019).

① 줄 없는 줄넘기 돌리기	② 트램펄린 위에서 줄 없는 줄넘기 돌리기	③ 바닥에 서서 줄 없는 줄넘기하기

앉아서 줄 없는 줄넘기를 돌린다.	트램펄린 위에서 양발 뛰기로 줄 없는 줄넘기를 돌린다.	바닥에 서서 줄 없는 줄넘기를 한다.
		• 양손으로 줄 없는 줄넘기를 돌리며 양발 뛰기를 한다. • 양손으로 줄 없는 줄넘기를 돌리며 한발 뛰기를 한다.
서서 양손으로 줄 없는 줄넘기를 돌린다.	트램펄린 위에서 한발 뛰기로 줄 없는 줄넘기를 돌린다.	

[그림 9-3]　**활동 3: 줄 없는 줄넘기하기**

출처: 경상남도교육청 특수교육원(2019).

2) 예술(음악, 미술)

음악교육(교육부, 2015b)은 음악적 경험을 통해 원만한 인간관계를 형성해 주고, 음악의 아름다움을 느끼며 삶의 즐거움을 찾는 것을 도와준다. 또한 장애학생의 긍정적 자아상 확립과 사회성 발달, 정서적 안정과 언어발달, 문제행동의 감소, 성취감과 자존감의 제고, 참여와 협력의 유도 등 전반적인 발달에 기여한다. 음악과 내용은 표현, 감상, 생활화의 세 영역으로 구성된다. 표현은 기본적 음악적 지식과 기능을 익혀 음악의 아름다움을 경험하고, 자신의 생각과 음악적 느낌을 효율적으로 전달할 수 있는 능력을 기른다. 감상에서는 음악의 아름다움과 분위기를 느끼며, 생활화에서는 음악의 역할과 가치를 이해하고 생활 속에서 다양한 음악을 활용할 수 있는 태도를 기르는 것이다.

음악활동은 장애학생의 정서적인 심미감을 높이고 안정감을 이루는 데 많은 도움이 되므로 음악 수업에 장애학생이 적극적으로 참여할 수 있는 방안을 모색해야 한다. 예를 들면, 지적장애 학생의 흥미 유발을 위해 미술 수업에서 학생이 직접 재활용 물품으로 타악기를 만들고, 이를 음악시간에 사용토록 하는 것이다. 또한 콩 껍질, 부서진 화분, 캔, 고무밴드 등 음정을 낼 수 없는 리듬 표현도구와 현악기, 목관악기, 금관악기와 같이 음정을 낼 수 있는 가락악기를 비교·이용하여 예술의 의미를 명확하게 인식시키는 것도 중요하다(신현기, 남경욱, 이종열, 전시원, 김현집 역, 2013).

음악은 장애학생의 학업, 언어 및 의사소통력 향상에 긍정적인 영향을 미친다. 정영주와 김영태(2008)는 지적장애 학생에게 음악을 이용한 언어중재를 함으로써 노래에 대한 주의 집중력과 모방기술의 발달로 언어 습득과 표현력이 향상되며, 특히 그것이 언어 개념 중 상대어 개념(빠르다/느리다, 낮다/높다 등) 교육에 효과적임을 밝혔다. 그리고 앞서 국어 영역에서 소개한 그림책 읽기활동과 연계하여 음악 수업을 하는 것도 장애학생의 흥미 유발과 수업 참여 행동 증진 및 언어발달에 도움이 된다.

〈표 9-15〉 **지적장애 학생의 음악 지도방법**

영역	지도방법
가창 (노래 부르기)	• 장애학생들은 음역이 낮은 편이므로 낮은 노래를 선택하거나 조바꿈을 하여 자연스럽게 소리를 낼 수 있도록 한다. • 반복되는 절과 가사가 많은 노래를 택하는 것이 좋다. • 학생의 능력에 맞추어 속도록 조절하면서 부르도록 한다. • 노래를 부를 수 있는 기회를 많이 제공한다.

기악 (악기 다루기)	• 음악을 듣고 자유롭게 치게 하여 각 악기의 리듬과 독특한 음색을 맛보게 한다. • 교사나 음향 자료를 듣고 그대로 따라 하여 모방하게 한다. • 여러 가지 다른 악기와 함께 연주해 보고 가락 합주를 통해 화음감도 느낄 수 있도록 한다. • 악기에 대한 거부감을 해소하고 노래 부르기 등의 활동과 통합하여 반복적으로 학습한다. • 악기 다루는 과정에서 안전에 유의하며 악기를 소중하게 다루고 관리하는 태도를 기를 수 있다. • 독주 중주, 합주 등의 활동으로 다른 사람이 연주하는 소리를 듣고 자신이 연주하는 소리를 조절할 수 있도록 한다.
창작 (음악 만들기)	• 신체나 물체를 이용하여 다양한 소리를 만들거나 소리 흉내 내기, 목소리를 조절하여 소리 내기 등으로 지도한다. • 노래 만들기는 노래로 문답하기, 노래 가사 바꾸기, 노랫말에 리듬 붙이기, 이야기를 노래로 나타내기 등을 통해 감정이나 느낌을 표현할 수 있는 기회를 만들어 준다.
감상	• 단조로운 선율과 이해하기 쉬운 곡, 포인트가 될 수 있는 부분을 끌어낼 수 있는 곡을 선택한다. • 곡을 연주하는 데 사용된 악기에 대한 이해도를 높인 후에 감상한다. • 학생의 일상용어로 생활과 연관 지어 서로 이야기할 수 있도록 한다. • 음악에 대한 감정을 발 구르기, 행진, 스킵 등의 구체적 동작을 통하여 표현하도록 조장해야 한다. • 음악회 등을 통해서 다양한 작품을 감상할 수 있는 기회를 가진다. • 작품에 대하여 단순한 언어일지라도 학생 스스로 느낌과 생각을 언어, 몸으로 표현하는 기회를 제공한다.
신체표현	• 음악을 듣고 느끼는 대로, 표현하고 싶은 대로 몸을 움직인다.

출처: 교육부(2015b).

〈표 9-15〉는 초등학교 5~6학년 지적장애 학생의 음악 지도방법(교육부, 2015b)을 제시한 것이며, 이를 바탕으로 하여 초등학교 특수학급 고학년 대상으로 실시한 음악 수업을 〈표 9-16〉에 제시하였다. 이는 일반 초등학교에서 지적장애 학생이 통합학급의 음악 수업에서 소외될 가능성이 높아 특수학급에서 창체시간을 이용하여 음악 수업을 실시한 것이다.

장애학생들에게 노래의 리듬(박자)을 보다 용이하게 가르치기 위한 방법으로 박자를 동작으로 바꾸어 가르칠 수 있다. 그 예로는 멈춤(온음표), 일어서기(2분음표), 조깅(8분음표), 달리기(16분음표) 등이 해당된다. 그리고 음악의 예술성에 대한 이해를 높이기 위해 반복적으로 음악을 들려주는 것과 동시에 관련 공연(예: 발레 〈호두까기 인형〉)이 있다면 영상자료 시청 이후 실제 공연장에 가서 감상하는 것이다(신현기 외 역, 2013).

지적장애 학생의 인지 수준이 낮다고 하여 초등학교 고학년 이상의 장애학생을 대상으로 하는 음악 수업에서 학생이 선호하고 부르기 쉽다는 이유로 연령에 적합하지 않은 노래를 감상하게 하거나 부르도록 하는 것을 주의해야 한다(예: 유아 수준의 〈뽀뽀뽀〉 노래 등). 음악 또한 생활연령 적합성을 반드시 고려해야 한다.

〈표 9-16〉 초등학교 특수학급 음악교과 교수학습 과정 개요(창체시간 이용)

교과	음악	단원	악기 박물관(기본교육과정 음악 초등 5~6학년군)	
수업 주제			화음과 새 노랫말로 〈젓가락 행진곡〉 표현하기(교과서 204~207쪽)	
핵심 역량			자기관리 역량 □, 지식정보 처리 역량 □, 창의융합 사고 역량 ☑, 심미적 감성 역량 ☑, 의사소통 역량 ☑, 공동체 역량 □	
성취기준			새 노랫말을 만들어 자연스러운 발성으로 노래 부르고 터치벨로 화음을 연주한다.	
학습목표			새 노랫말과 화음으로 〈젓가락 행진곡〉을 표현할 수 있다.	
교수학습 전략	학습모형	기악중심 수업모형	학습 형태	도입(전체) → 활동1·2·3(전체 → 개별 → 전체 → 모둠 → 전체) → 정리(전체)
	교수학습 자료	• 교사: 키보드 건반, 악보궤도, 동화자료, 화음카드, 음악회 카드, 퀴즈판 • 학생: 터치벨, 고르기 번호판, 악보, 새 노랫말 학습지		
단계별 주요 활동	감각적 감지 (10분)	• 동기유발 - 전시학습 확인하기(주제 감상곡, 주요 3화음) - '릴리와 젓가락 이야기' 감상하기 • 배움문제 확인하기 - 화음과 새 노랫말로 〈젓가락 행진곡〉 표현하기		전체
	기초기능 파악 (12분)	• 〈배움활동 1〉 〈젓가락 행진곡〉의 새 노랫말 만들기 - 주제 감상곡 〈젓가락 행진곡〉 듣기 - 주제 감상곡의 작곡가, 박자, 관련 용어 알기 - 〈젓가락 행진곡〉에 새 노랫말 만들고 노래 부르기 - 우리 반 대표 새 노랫말 정하기		전체 ↓ 개별 ↓ 전체
	표현방법 탐색 (8분)	• 〈배움활동 2〉 터치벨로 〈젓가락 행진곡〉 반주하기 - 터치벨로 으뜸화음과 딸림화음 소리 내기 - 모둠별로 터치벨로 〈젓가락 행진곡〉의 반주 연습하기		전체 ↓ 모둠
	창조적 표현 (6분)	• 〈배움활동 3〉 작은 음악회 - 우리반 새 노랫말로 〈젓가락 행진곡〉 합창하기 - 터치벨로 화음 넣어 〈젓가락 행진곡〉 합주하기		전체
	내면화 (4분)	• 활동 후 느낌 나누기 • 학습 내용 정리 및 차시 예고		전체

수업 지도 방안	• 동영상이나 정보화 기기를 활용하는 것보다는 실제 악기로 주제 감상곡 연주를 직접 듣고 손으로 만질 수 있는 악보를 볼 수 있도록 실물 자료를 활용하여 수업을 진행한다. • 학생들과 눈을 마주치며 교사가 직접 키보드 건반을 반주한다. • 새 노랫말 만들기를 할 때에는 어려워하는 학생들에게 다양한 대안을 제시하여 과제 완수의 경험을 갖게 한다. • 전시학습을 통해 배운 주요 3화음 중에서 〈젓가락 행진곡〉에 맞는 으뜸화음(I도)과 딸림화음(V도)만을 연주할 수 있도록 터치벨의 음을 선별하여 제시한다.

출처: 조금희(2016).

미술(교육부, 2015a)은 문화요소들에 대한 생각과 느낌을 표현하는 것으로 자신과 주변에 관심을 가지고 자신을 둘러싼 세계에 대해 이해하고, 소통하며 관계를 맺는 매개가 된다. 또한 삶에서 미적 가치를 향유함으로써 삶의 질에 기여한다. 기본교육과정 미술과는 창의성, 인성, 문화 소양을 기를 뿐 아니라 중등도 및 중도 장애 학생의 생활기능 향상에 도움이 되는 교과로서, 체험, 표현, 감상을 내용 영역으로 구성되며, 다음과 같은 의미를 갖는다.

첫째, 사고 감정, 상상 등을 자유롭고 창의적으로 표출하여 정서적 안정과 시각적 의사소통을 통해 타인과 공감하며 사회성과 공동체 의식을 함양할 수 있다. 둘째, 미적 자극에 대한 탐구과정에서의 창의적 사고력과 표현과정을 통한 문제 해결력을 신장시킨다. 셋째, 인류의 문화유산을 이해하고 배우며 시민으로서의 소양을 길러 준다. 넷째, 미술과는 참여 자체가 의미 있는 활동이다. 참여를 통해 자신과 관계된 생활을 미적으로 개선하고, 궁극적으로 미래의 직업 및 독립생활에도 긍정적인 영향을 미친다.

미술활동은 지적장애 학생의 발달단계에서 다양한 직간접적인 역할과 단초를 제공하는데, 이혜숙(2009)은 미술활동이 학생에게 미치는 여섯 가지 영향을 소개하였다. ① 대근육과 소근육을 사용하여 근육 감각운동의 경험, 대근육과 소근육의 조절능력과 눈과 손의 협응력을 기르는 등 학생의 신체발달 기회를 제공한다. ② 성취감, 자신감, 즐거움 등을 통해 정서발달에 도움을 준다. ③ 다양한 경험과 주위 환경에 대한 지각, 문제 계획과 조절·해결 등을 통해 인지발달에 도움을 준다. ④ 타인과 이야기를 나누고 기다리며, 협동하고 재료를 나누고, 작업규칙을 지키거나, 정리정돈을 경험하는 등 사회성 발달에 기여한다. ⑤ 언어표현력이 부족한 학생에게 생각과 느낌에 대한 표현력의 수단과 통로를 제공한다. ⑥ 창의성 발달에 기여한다.

박은혜 등(2004)은 지적장애 학생의 미술교육에서는 학생 개개인의 의사가 존중되어야 함을 강조하였다. 특히 작품 완성에만 집중하여 학생들의 의도를 무시하고 교사 혼자 일사천리로 진행해 나가는 수업은 지양하고, 학생의 선호도를 파악하며 선택할 수 있는 기회를 제공하여 자기결정력을 기르는 데 기초가 되도록 노력하는 것이 중요함을 밝혔다. 그리고 다음과 같이 미술교육의 지도방법과 주의사항을 제시하였다.

먼저 지도방법의 예는 ① 활동에 적절한 장소와 여건을 갖추고, ② 학생의 능력을 정확하게 그리고 가능한 한 상세하게 평가하며, ③ 작은 능력이라도 의미 있는 활동으로 연결시키고, ④ 할 수 있는 것이 없다고 포기하지 말고 대체적 방법을 이용하며, ⑤ 여러 가지 자료와 방법을 동원하여 작품의 완성도를 높이는 것(작품의 완성도 자체가 지적장애 학생들에게는 충분한 보상이 될 수 있기 때문)이다. 그리고 지도 시 주의사항의 예는 ① 사전 활동 및 사후 활동을 철저히 하고, ② 교사에게도 즐거운 수업이 되어야 하며, ③ 다른 수업과 마찬가지로 다양한 교수기법(예: 모델링, 언어 및 신체 촉진, 강화 등)을 적절하게 사용해야 하고, ④ 상품화된 자료도 활용할 수 있으며, ⑤ 안전에 특히 유의해야 하고, ⑥ 작품의 게시를 통해 감상의 기회와 만족감을 주는 것이 중요하다는 것이다.

이런 맥락에서 미술 수업에 적용할 수 있는 교수방법으로, 경도 지적장애 학생의 은유표현과 이해를 향상시키기 위해 실시된 박수현(2008)의 대화식 통합감상지도법이 있다. 이는 미술 수업에서 이루어지고 있는 대화식 통합감상법으로 Arenas의 대화식 감상법을 바탕으로 경도장애 학생에게 적합하게 수정·보완된 방법이다.

대화식 감상법은 미술관의 일반적인 해설중심의 감상법을 비판하면서 관람자의 주체적인 의미 생성을 중요하게 여기는 감상법을 개발하여 감상자에 대한 수용, 교류, 통합적인 태도를 취하고, 학생의 의견을 칭찬하며, 함께 기뻐하고 즐거워하는 것으로 표현된다. 이러한 수용적인 태도는 미술작품에 대한 지식과 해석을 일방적으로 전수하는 것이 아니라 감상자와의 대화를 조직화하여 교류를 형성하는 데 중점을 두고 있다.

특수교육 현장의 미술 수업에서도 대화를 통한 소통적인 수업이 아닌 일방적인 수업이 진행될 수 있다. 학생들은 자신만의 이야기를 하고, 교사는 자신이 의도하는 대로 끌고 가려는 경향을 볼 수 있다. 그리하여 미술 수업은 한 방향으로만 흐를 뿐이다. 이러한 수업은 지적장애 학생의 창의적 표현이나 이해를 방해한다. 이에 따라 Arenas의 대화식 감상법에 학생 자신이 언어로 표현한 것을 그림으로 정리하여 나타내도록 추가된 방법이 바로 대화식 통합감상법이다. 이는 대상(예: 자연물 등)을 보고, 시각적 은유를 이해하고, 언어적 은유로 표현한 후에 표현된 언어적 은유를 시각적 은유, 그림으로 표현하게 하는 것이다. 예를 들면, 지적장애 학생에게 적합한 대화식 통합감상문의 대화법 모델은 ① "이것은 무엇처럼 보이나요?" 혹은 "무엇이 생각나나요?" ② "그렇군요, 좋습니다." ③ "왜 그렇게 생각했어요?" 혹은 "무엇을 보고 그렇게 생각했어요?" ④ "이것이 ○○처럼 보이는 이유가 그랬군요."와 같다. 그리고 놀이와 체험을 통해 교사와 학생 간의 대화 주제로 다룬 물질이나 물체에 대해 앞서 제시된 대화법과 같이 질문을 통해 언어적 은유과정을 거치고, 이를 시각적 표현과정으로 진행한다. 즉, 학생이 떠올린 은유를 다양한 표현재료(연필, 사인펜, 색연필, 크레파스, 붓펜, 목탄 등)로 드로잉하여 정리하도록 한다. 이러한 수업을 통해 지적장애 학생의 은유 이해와 표현이 발달된다. 이에 대한 구체적인 지도방법은 박수현(2008)의 연구를 참고하기 바란다.

미술 수업에서 가장 흔하게 사용하는 활동은 이미 그려진 밑그림에 색칠하는 활동이다. 이것이 장애학생에게 미술에 대한 기초를 가르칠 때 사용되어 색칠하기에 대한 기술, 표현력 향상 및 도형과 색에 대한 개념 형성에 많은 도움을 주는 것은 사실이지만, 이러한 활동을 빈번하게 사용해서는 안 된다. 결국 미술에서의 학생의 표현력과 창의력이 무시되는 결과를 낳기 때문이다. 또한 교사들은 미술 수업에서 작품활동도 중요하지만 작품에 대한 감상이 지적장애 학생에게도 매우 중요함을 인식해야 한다. 미술활동 후 작품 감상시간은 학생의 성취욕과 정서적 심미감을 발달시키기 때문에 매우 필요하다.

 요약

1. 통합교과 지도
- 2015년 개정 특수교육 기본교육과정 초등학교 1, 2학년 지적장애 학생의 바른생활, 슬기로운 생활, 즐거운 생활 교과는 통합교과로 운영하도록 하고 있다.

2. 국어과 지도
- 지적장애 학생의 국어과 지도는 듣기, 말하기, 읽기, 쓰기 영역을 통합한 총체적 언어교육이 효과적이지만, 영역별 세분화된 지도도 필요하다.
- 중도 지적장애 학생에게는 문해력 교육에 중점을 둔 국어 수업이 될 수 있도록 교사가 다양한 교수법을 모색하고 적용해야 한다.

3. 사회과 지도

- 사회과에서 지적장애 학생에게 필수적으로 지도해야 하는 것은 자조기술과 용모 가꾸기 기술이다. 용모 가꾸기는 지적장애 학생이 통합교육 환경에서 사회적 통합을 이루는 데 많은 영향을 미친다.
- 지적장애 학생에게 보다 이른 시기에서부터 일상생활에서 부딪히는 다양한 문제 상황에 대해 해결할 수 있는 능력, 즉 문제 해결력을 길러 주어야 한다.

4. 수학과 지도

- 지적장애 학생에게 있어서 수학은 가장 어려운 과목일 것이다. 그러나 지적장애 학생이 경제적이고, 독립적인 삶을 영위할 수 있도록 연산 및 화폐의 개념과 사용, 시계 보기, 일상생활에서 만나는 다양한 도형과 측정 등에 대한 기본적인 지식이 필요하다. 따라서 교사는 이들이 수학에 흥미를 가지고 쉽게 배울 수 있도록 여러 가지 아이디어를 가지고 있어야 한다.

5. 과학과 지도

- 과학과는 지적장애 학생에게 있어서 다른 과목에 비해 상대적으로 간과되기 쉬운 과목이다. 일반학교 특수학급에 소속된 학생일 경우 특수학급에서는 대부분 국어와 수학 중심으로 수업이 진행되고, 통합학급에서는 학년이 올라갈수록 과학과의 수업이 어려워져 지적장애 학생이 수업에 참여하는 데 제한이 따른다. 특수교육 교사는 통합학급 교사들에게 교수적 수정에 대한 교육과 지원을 통해 지적장애 학생이 과학 수업에 최대한 참여할 수 있도록 한다.

6. 체육 및 예술(음악, 미술)교과 지도

- 지적장애 학생에 있어 신체(체육)활동은 중요하다. 학생기의 신체(체육)활동은 학생에게 자연스러운 인간관계 형성과 유지를 도와주고, 여러 감각기관의 반복적인 사용으로 신체 기능의 향상뿐만 아니라 인지능력과 사회성 및 정서 발달을 촉진시켜 주기 때문이다.
- 음악활동은 장애학생의 학업, 의사소통 능력 향상과 함께 정서적인 심미감 및 안정감을 높이는 데 도움이 된다.
- 미술교과 지도 시 주의할 점은 학생의 작품 완성에만 집중하거나 학생의 선호를 무시하지 않아야 하며, 작품 게시를 통해 감상의 기회를 제공해야 한다는 것이다.

참고문헌

강설희, 서효정(2020). 자기결정 향상에 중점을 둔 초등 특수학급 국어과 수업이 지적장애학생의 읽기성취도와 수업참여행동에 미치는 영향. 특수교육교과교육연구, 13(3), 57-83.

강창욱, 박선희(2017). 지적장애 특수학교 과학 수업에서의 교사-학생 간 상호작용에 관한 연구: 소통과 단절 측면을 중심으로. 특수아동교육연구, 19(4), 115-144.

강혜경, 김정효, 이경순(2011). 전환교육 요소를 적용한 문제중심학습이 지적장애 고등학생의 문제 해결력에 미치는 영향 및 중재교사의 경험. 특수교육, 10(3), 143-175.

경상남도교육청 특수교육원(2019). 교사UP 학생UP 신나는 체육 수업: 기본교육과정 체육과 교수-학습 자료.

고교학점제(2021). https://hscredit.net

교육부(2015a). 특수학교 기본교육과정.

교육부(2015b). 특수학교 기본교육과정 초등학교 음악 5~6학년 교사용 지도서.

교육부(2018). 통합교과 1~2학년군 교사용지도서.

교육부(2021). 2022 개정 교육과정 총론 주요사항(시안). 2021. 11. 24.

교육인적자원부(2008). 교육인적자원부 고시 제2008-3호 특수학교 교육과정.

국립특수교육원(2015). 초등 특수학급 학생의 진로·직업교육 지원을 위한 유관기관과 연계 모형 개발.

국립특수교육원(2019). 2015 개정 특수교육 기본교육과정 평가방안(1/2년).

국립특수교육원(2020a). 2015 특수교육 교육과정에 따른 초등학교 1~2학년군 통합교과(바, 슬, 즐) 단원 지도계획.

국립특수교육원(2020b). 2015 특수교육 교육과정에 따른 고등학교 단원 지도계획.

권미영(2021). 장애학생의 진로와 직업을 위한 STEAM 기반 경제교육프로그램 모형개발. 특수교육재활과학연구, 60(2), 147-167.

권효진, 박현숙, 홍성두(2013). 중학교 과학수업에서의 보편적 학습설계 적용 효과 및 하위집단 분석 연구: 잠재성장계층분석을 중심으로. 아시아교육연구, 14(3), 1-24.

김동일, 손지영, 심성용, 김수정, 이주영(2011). 장애학생 고등교육 지원프로그램의 발전 방향: 경력개발 프로그램을 중심으로. 특수교육재활과학연구, 50(2), 387-413.

김상미, 오윤정, 조경숙(2017). 초등학교 특수학급 학생을 위한 환경관련 진로교육 프로그램 개발 및 적용. 환경교육, 30(3), 292-306.

김수연(2007). 장애학생과 일반학생의 자기 결정력 증진을 위한 초등 체육과 게임 활동 수업 모형 개발 및 적용 효과. 특수교육학연구, 42(2), 29-56.

김영실(2020). 초등학교 저학년 통합교과 교육과정 구성에서의 학습자의 중심성의 적용 방식 분석. 교육과정연구, 38(4), 33-56.

김의수(2003). 장애자녀를 둔 부모와 특수체육 지도자를 위한 장애학생 체육교실의 이론과 실제. 서울: 도서출판 레인보우북스.

김정효(2009). 기능적 읽기 중심의 상급학생 또래교수가 장애 중등학생의 기능적 읽기 능력 및 사회성과 실업계 고등학생의 자아정체감 및 사회적 인식에 미치는 영향. 이화여자대학교 대학원 박사학위논문.

김주혜, 이경순, 김주성, 김상훈, 최문지, 이미나(2012). 통합교육 지침서: 과학. 미간행.

김지수, 박승희(2021). 발달장애 학생을 위한 플립러닝 적용방안 탐색. 학습자중심교과교육, 21(15), 915-933.

김현진(2007). 인지와 메타인지 전략교수가 경도장애학생의 수학 문장제 문제 해결 수행능력/태도/귀인에 미치는 영향. 이화여자대학교 대학원 박사학위논문.

김혜숙(2010). 서술적 순환학습 모형을 적용한 과학과 교수ㆍ학습 과정안. 2010학년도 특수학교(급) 및 통합학급 수업 실기 발표대회 인천연일학교편. 미간행

김희연(2010). 스토리텔링을 활용한 시지각 훈련 프로그램 개발: 지적장애 학생을 대상으로. 한양대학교 교육대학원 석사학위논문.

노석준(2006). 보편적 설계 원리의 교수ㆍ학습에의 적용: 보편적 학습 설계. 제11회 이화특수교육 학술대회 자료집, 17-27.

류숙렬(2003). 자기결정 활동 프로그램의 개발과 적용이 전이기 경도장애학생의 자기결정력 증진에 미치는 효과. 특수교육연구, 38(1), 161-181.

문숙희, 최은윤(2012). 통합학급 협력수업 교수-학습 과정안. 인천부원초등학교. 미간행.

박성우, 김용욱(2005). 자기결정 프로그램이 경도지적장애 학생들의 자기결정력과 문제 해결능력에 미치는 효과. 특수교육저널: 이론과 실천, 6(2), 137-154.

박수현(2008). 대화식 통합감상지도가 초등학교 특수학급 경도장애학생의 은유 표현과 이해에 미치는 영향. 이화여자대학교 교육대학원 석사학위논문.

박영근(2021). 지적장애 학생을 위한 융합인재교육(STEAM) 수업에서의 교사 발문 분석. 학습자중심교과교육연구, 21(8), 549-563.

박은혜, 김미선, 김수진, 강혜경, 김은숙, 김정연, 이명희(2004). 장애학생을 위한 미술교육. 서울: 학지사.

박은희(2010). 수학동화를 활용한 도시 기반 문제 해결 전략 전이 교수가 경도 지적장애 초등학생의 수학문제 해결에 미치는 영향. 이화여자대학교 교육대학원 석사학위논문.

박주연, 이병인(2008). 보편적 학습 설계에 기초한 미술 수업이 자폐 범주성 장애학생의 과제 수행과 상호작용에 미치는 효과. 정서행동장애연구, 24(4), 257-283.

박철순, 권난주 (2012). 생활과학교실 미래형 융합인재교육(STEAM) 프로그램 사례연구. 과학교육논총, 25(1), 115-124.

방명애(2006). 자기 결정 기술 활동 프로그램. 서울: 도서출판 특수교육.

서울특별시교육청 교육연구정보원(2021). 초등학교 학교교육과정 편성ㆍ운영 안내서 학교 교육과정과 교사 교육과정.

서울특별시교육청(2021a). 교과 및 창의적 체험활동 연계 프로젝트 학습(1~2학년) 2권.

서울특별시교육청(2021b). 교과 및 창의적 체험활동 연계 프로젝트 학습(3~4학년) 3권.

서정길, 임경원(2021). 플립러닝을 활용한 진로와 직업 수업에서의 얻게 된 고등학교 특수학급 교사의 실천적 지식. 특수교육연구, 28(1), 29-61.

성유진(2008). 스터디-가이드를 이용한 자기주도 학습전략 교수가 지적장애 초등학생의 읽기과제 수행과 정반응률에 미치는 효과. 이화여자대학교 대학원 석사학위논문.

손성호, 김상홍(2016). 초등교육에서 플립러닝 성공전략 탐색: 교사 및 학습자의 학습과정을 중심으로. 학습자중심교과교육연구, 16(11), 1287-1310.

손지영(2011). 장애학생을 위한 보편적 학습 설계의 적용에 대한 온라인 학습 콘텐츠의 분석연구: 에듀넷의 사이버가정학습을 중심으로. 특수교육재활과학연구, 50(4), 39-63.

신현기, 남경욱, 이종열, 전시원, 김현집 역(2013). 장애학생 음악교육 지침서(2판). (Sobol, E. S. 저). 서울: 시그마프레스.

신효순, 이원령(2016). 그래픽조직자를 활용한 교육연극 대본 만들기 활동이 지적장애 중학생의 읽기, 쓰기 능력에 미치는 효과. 특수교육연구, 23(1), 182-205.

오세림(2001). 문해활동 중심의 극놀이 중재가 발달지체 유아의 문해 행동에 미치는 영향. 이화여자대학교 일반대학원 석사학위논문.

이경순(2008). 특수교육과정 국어과에 기반한 그림책 읽기 및 놀이 연계 프로그램의 효과. 특수학생교육연구, 10(3), 119-145.

이경순, 송준만(2007). 교수적 지원을 통한 특수학급 교사들의 문제중심학습 적용이 장애학생의 언어적 문제 해결력 및 수업참여행동에 미치는 영향. 한국특수교육학회, 42(3), 121-147.

이노우에 요우코 글, 사사누마 카오리 그림(2008). 토끼의 도시락 가게. 경기: 컨더랜드.

이설희, 이영선, 박은혜(2015). STEAM 중심 진로교육 프로그램이 지체장애 청소년의 STEAM 영역 지식과 선호 및 진로결정 자기 효능감에 미치는 영향. 지체·중복·건강장애연구, 58(2), 51-74.

이영아, 박승희(2014). 협력교수를 통한 초등 통합 진로교육 프로그램이 통합학급 학생들의 진로성숙도와 학습동기에 미치는 영향. 특수교육, 13(1), 245-271.

이정은(2002). 자기규제학습전략을 적용한 웹 정보검색 훈련 프로그램이 경도 지적장애 학생의 웹 정보검색 수행능력에 미치는 효과. 이화여자대학교 대학원 박사학위논문.

이정은(2015). 문해력이 낮은 장애 청소년을 위한 대체도서 개발 연구. 학습장애연구, 12(2), 41-71.

이정은(2018). 다양한 읽기수준을 보이는 발달장애학생을 위한 UDL 원리를 적용한 디지털북 개발 연구. 통합교육연구, 13(2), 19-47.

이혜숙(2009). 특수학생 미술교육과 통합의 실제. 경기: 양서원.

장재홍(2020). 교사별 과정중심평가 방식에 따른 수업개선활동, 과제피드백, 교사효능감, 수업이해도 분석. 교육공학연구, 36(4), 1025-1055.

장정윤, 이영선(2014). 장애학생을 위한 STEM중심 진로교육요소와 접근성 향상 전략 탐색. 특수교육, 13(1), 163-192.

전준, 신현기(2008). 자기결정 중심의 관계형성 활동이 통합학급학생의 사회적 상호작용에 미치는 효과. 특수교육저널: 이론과 실천, 9(2), 1-24.

정영주, 김영태(2008). 음악을 이용한 언어중재가 지적장애 학생의 상대의 개념 습득에 미치는 효과. 특수교육, 7(2), 139-159.

정주영(2019). 특수교육의 대안적 교과 체계로서 생활 주제 중심 교과의 가능성 탐색: 특수교육 기본교육과정 교과 체제를 중심으로. 특수교육교과교육연구, 12(1), 87-121.

정주영(2020). 특수교육 통합교과의 해결과제와 방향성 고찰. 통합교육과정연구, 14(4), 77-111.

정주영(2021). 초등 특수교사의 특수교육 통합교과의 교수학습 및 평가 양상에 관한 연구. 특수교육과교육연구, 14(2), 23-57.

조금희(2016). 새 노랫말과 화음으로 '젓가락 행진곡' 표현하기(음악 교수-학습 과정안). 2016학년도 인천십정초등학교 특수교육 수업연구발표대회. 미간행.

조명애, 박은혜, 이경순(2009). 자기결정행동 구성요소 중 목표설정과 선택하기를 적용한 국어과 수업의 효과. 특수학생교육연구, 11(1), 309-329.

조연순(2006). 문제중심학습의 이론과 실제. 서울: 학지사.

조은영(2018). 통합교과 교수-학습 과정안. 서울광진학교 수석교사와 함께 한 1:1 수업컨설팅 자료집, 1-2.

한국과학창의재단(2021). http://steam.kofac.re.kr

홍소영(2021). 교육과정-수업 평가의 일체화를 위한 통합교과 평가 루브릭 개발. 통합교육과정연구, 15(2), 113-141.

Alnahdi, G. (2014). Assistive technology in special education and the universal design for learning. *TOJET: The Turkish Online Journal of Educational Technology*, *13*(2), 18-23.

Ash, K. (2012). Educators view 'flipped' model with a more critical eye. *Education Week*, *32*(2), S6-S7.

Bellon-Harn, M. L., & Harn, W. E. (2008). Scaffolding strategies during repeated storybook reading: An extension using a voice output communication aid. *Focus on Autism and Other Development Disabilities*, *23*(2), 112-124.

Browder, D. M., Ahlgrim-Delzell, L., Courtade, G., Gibbs, S. L., & Flowers, C. (2008). Evaluation of the effectiveness of an early literacy program for students with significant development disabilities. *Council for Exceptional Children*, *75*(1), 33-52.

Burack, J. A., Hodapp, R. M., & Zigler, E. (1998). *Handbook of mental retardation and development*. Oxford, UK: Pergamon Press.

Center for Applied Special Technology (CAST). (2021). http://www.cast.org/our-work/about-udl.html#.VY-LUlIw_ccttp://lessonbuilder.cast.org/window.php?src=videos

Coyne, P., Pisha, B., Dalton, B., Zeph, L. A., & Smith, N. C. (2012). Literacy by design: A universal design for learning approach for students with significant intellectual disabilities. *Remedial and Special Education*, *33*(3), 162-172.

Dickinson, D. K., & Smith, M. W. (1994). Long-term effects of preschool teachers' book readings on low-income children's vocabulary and story comprehension. *Reading Research Quarterly*, *29*(2), 105-122.

Gray, B. J. (1990). *Problem solving for teens: An interactive approach to real-life problem solving*. East Moline, IL: Linguisystems, Inc.

Heller, K. W. (2005). Adaptations and instruction in literacy and language arts. In S. J. Best, K. W. Heller, & J. L. Bigge (Eds.), *Teaching individuals with physical or multiple disabilities* (5th ed., pp. 401-439). Upper Saddle River, NJ: Merrill.

Lerner, J. (2003). *Learning disabilities*. New York: Houghton Mifflin Company.

Narkon, D., & Wells, J. (2013). Improving reading comprehension for elementary students with learning disabilities: UDL enhanced story mapping. *Preventing School Failure*, *57*(4), 231-339.

Pak, M. K. (1996). A comparative analysis of middle-class korean and middle-class white american children's story production and comprehension. Doctorial dissertation. University of Rochester.

Rose, D., & Meyer, A. (2000). The Future is in the margins: The role of technology and disability in educational reform. (ERIC Document Reproduction Number ED451624).

Schunk, D. H. (2004). *Learning theories: An educational perspective* (4th ed.). West Caldwell, NJ: Donnelley & Sons Company.

Sipe, L. R. (2000). The construction of literary understanding by first and second graders in response to picture storybook readalouds. *Reading Research Quarterly*, *35*(2), 252-275.

Sturm, J. (2005). Literacy development of children who use AAC. In D. R. Beukelman & P. Mirenda (Eds.), *Augmentative alternative communication: Supporting children & adult with complex communication needs* (3rd ed., pp. 351-389). Baltimore, MD: Paul H. Books Publishing Co.

제10장

전환기 교육적 접근: 생애주기별 전환교육

김정효

　장애학생, 그 가운데서도 지적장애 고등학생의 졸업 후 성인기 삶에 대한 전망은 그렇게 밝지 않다. 이는 지적장애 학생이 공교육 혹은 특수교육의 경험을 거치더라도 지역사회에서 자립한 성인에게 기대하는 일반적인 기대에 부응하기가 쉽지 않다는 의미이다. 교육 연한을 마친 성인기 장애인이 미고용 혹은 실업 상태에 있거나 지역사회 적응 비율이 낮다는 사실이 드러나기 시작하면서, 특수교육은 중등 장애학생의 졸업 후 성인기 성과(outcome)에 대한 책임에서 자유로울 수 없었다. 특수교육에서 전환(transition)의 개념은 교육 성과에 대한 일종의 자성(自省)에서 비롯되었으며, 이후 장애 중등학생의 졸업 후 성인기 삶에 대한 관심과 적절한 대처를 위한 노력이 활발해지고 있다. 2000년도 이후 현재에 이르러서는 장애학생을 위한 전환교육 혹은 전환서비스의 개념이 '장애학생의 고용을 위하여 성인기에 진입하는 시기를 앞두고 준비'하는 내용을 의미하는 것에서, '영유아기부터 시작하여 하나의 단계에서 다음 단계로 이동하는 각 발달단계에서 삶 전체를 준비하기 위한 다양한 분야의 평가 및 계획과 실천'을 일컫는 포괄적 의미로 진전하였다.

　이 장에서는 장애학생들의 바람직한 성인기 성과를 모색하고자 전개되어 온 전환교육 개념과 모델의 발전과정, 프로그램 구성 및 운영을 위한 요소들에 대하여 알아보는 한편, 우리나라에서 전개되어 온 지적장애 학생 대상 전환교육의 운영 실태에 대하여 살펴보고자 한다.

1. 전환교육 개념의 변화

1) 전환교육의 개념

전환(transition)이란 한 가지 상태 혹은 조건에서 다른 상태나 조건으로 옮겨 감을 의미한다. 학자들은 이러한 전환의 개념을 수직적 전환과 수평적 전환의 관점을 들어 설명하기도 한다(Hunt & Marshall, 2002; Patton & Dunn, 1998). 수직적 전환(vertical transition)이란 유아기에서 초등학교 시기로 성장하는 것과 같이 생활연령과 관련하여 다음 연령 시기로 이동하는 것을 말한다. 그리고 수평적 전환(horizontal transition)이란 분리교육 상태에서 일반학교의 통합교육 장면으로 옮겨 가거나 독신 상태에서 결혼 상태로 바뀌는 등 지금까지와 다른 상황으로 이동하는 것을 의미한다. 전환의 개념과 수직적 · 수평적 전환의 관점에 따른다면 모든 사람은 일생 동안 한두 번이 아닌 여러 차례의 전환과정을 경험하게 되며, 이를 통하여 끊임없는 변화와 새로운 역할 수행에 대한 도전을 받게 됨을 알 수 있다.

특수교육에서 이러한 '전환'의 개념이 도입된 것은 학령기를 마친 성인기 장애인들의 취업률과 같은 수치가 구체적으로 밝혀지기 시작하면서부터라고 할 수 있다. 1975년 미국에서 「전장애아교육법」(P.L. 94-142)을 통해 특수교육이 공교육화된 이후 이 법의 효과성에 대한 평가가 이루어지기 시작하였는데, 장애 졸업생에 대한 추적조사 결과와 특수교육의 효과성을 검증하고자 한 여러 연구는 상당히 회의적인 결과를 보여 주었다(Hasazi, Gorden, & Roe, 1985; Wehman, 1983). 취업률이란 성인기 장애인의 자립생활 정도를 말해 줄 수 있는 중요한 지표가 된다고 할 수 있기 때문에 이러한 객관적 수치가 미치는 파장은 생각보다 컸다. 그리하여 그 이후로부터 전환 시기와 상황을 맞아 스스로 능동적으로 변화에 대처하거나 직면한 문제를 해결하는 데 어려움을 가질 것이 예상되는 장애학생들의 성인기 결과(outcome)를 향상시키기 위한 교육과정 및 프로그램에 대한 연구와 실제가 활발해졌다.

전환교육은 성인기로의 수직적 · 수평적 전환과정에서 장애학생들의 성과가 부진함이 드러나게 된 1980년대 이래로 특수교육 분야에서 매우 중요하게 다루어지고 있는 이슈 가운데 하나이다. 미국에서의 1980년대 「전장애아교육법(Education for All Handicapped Children Act: EHA)」 개정안들은 일선 학교에서의 전환교육 운동을 이끄는 토대가 되었다. 1990년 명칭을 변경한 「장애인교육법(Individuals with Disabilities Education Act: IDEA)」(P.L. 101-476)에서는 '학령기에서 성인기로의 전환을 지원하는 개념'으로서 전환교육의 정의와 서비스를 최초로 입법화하고, 16세부터 장애학생의 개별화교육 프로그램에 전환서비스에 대한 진술을 포함하도록 하였다. 이후 1997년 「장애인교육법」 개정안(P.L. 105-107)은 전환서비스의 정의를 동일하게 유지하는 한편 이동, 여가, 사회복지, 재활서비스, 언어치료 등의 관련 서비스가 전환교육에 포함됨을 명시하고, 학생의 개별화교육 프로그램에서 전환서비스를 다루어야 하는 의무연령을 16세에서 14세로 변경하였다. 가장 최근인 2004년 미국 「장애인교육개선법(Individuals with Disabilities Education Improvement Act」(제614조항)에 의한 전환서비스의 정의는 〈표 10-1〉과 같다.

〈표 10-1〉 **전환서비스의 정의**

전환서비스(transition services)란 장애 아동을 위한 협응(cordinated)된 일련의 활동을 의미하는 것으로, 첫째, 학교에서 학교 이후 활동으로의 이동을 촉진하기 위해 장애 아동의 학업적·기능적 성취 향상에 초점을 두는 성과 지향적 과정 안에서 계획되며 중등 이후 교육, 직업교육, 통합고용(지원고용 포함), 평생교육 및 성인기 서비스, 독립적인 생활 혹은 지역사회 참여를 포함한다. 둘째, 아동의 강점, 선호도, 흥미를 고려한 개별 아동의 요구에 기초한다. 셋째, 교육, 관련 서비스, 지역사회 경험, 고용 및 학교 졸업 후 다른 성인기 생활목표 개발, 일상생활 기술 습득 및 기능적 직업 평가를 포함한다[IDEA 2004, Section 602 (34)].

출처: 박승희 외 역(2014), p. 46.

2) 전환교육 모델의 변화

전환교육의 발전과정을 살펴보면 '직업교육'과 '진로교육' 및 '전환교육'이라는 용어가 혼용되어 온 것을 알 수 있다. 그 이유 가운데 한 가지는 이 개념들이 서로 독립된 것이라기보다는 상호 관련된 요소를 지니고 있기 때문이다. 일반적 의미로 직업교육이란 직업에 종사하기 위해 필요한 지식이나 기능을 가르치는 것을 말한다. 진로교육은 자신의 독립적인 삶과 관련된 진로 탐색 및 선택 그리고 수행이 원활하도록 지원하는 개념으로서 직업교육보다 종합적이고 전체적인 접근이라 할 수 있다. 전환교육은 이러한 직업교육과 진로교육의 개념을 모두 포괄하는 것으로서, 학교에서의 교육과정뿐 아니라 학교 이후 활동으로의 이동을 원활하게 하고자 하는 성과중심의 일련의 지원활동을 의미한다. 장애학생을 위한 진로교육을 의미하는 '전환교육'이라는 용어는

1980년대 이후 특수교육 분야에서 주로 사용되고 있다(김동일, 송승현, 전병운, 한경근, 2010).

전환교육에 관해 설명을 시도한 전환교육 모델 가운데 대표적인 것으로는 그 의미와 범위 측면에서 고용에 초점을 둔 Will(1984)의 전환교육 모델과 전환과정에 초점을 두어 보다 광의의 전환교육 모델이라 할 수 있는 Halpern(1985)의 모델이 있다. 미국 특수교육 및 재활서비스국(Office of Special Education and Rehabilitation Services: OSERS)의 차관이었던 Madeline Will의 '학교에서 직업으로의 연결 모델(bridges model)'은 가장 광범위하게 널리 알려져 있는 초기 전환 모델 가운데 하나로, 그는 학생 신분에서 직업인으로의 원활한 전환을 위하여 다음과 같은 세 가지 전환교육 프로그램을 제안하였다. 첫째, 일반적 서비스(no special service)는 특별히 제공되는 서비스가 없는 경우로 지역사회 일반인을 위한 통상적인 직업서비스를 의미한다. 둘째, 시간 제한적 서비스(time-limited service)는 직업재활 기관이나 성인 서비스 기관에서 지역사회의 일반적인 직업에 적응할 수 있도록 장애인들을 대상으로 특별하게 구성한 서비스 프로그램을 일정 시간 동안 제공하는 프로그램이다. 셋째, 지속적 서비스(on-going service)는 주로 중도장애인들의 직업 적응을 위하여 계획된 것으로 계속적인 직업재활 서비스를 제공하는 것을 말한다. 그의 모델은 장애인의 복잡하고 다양한 요구에 따라 성공적인 고용이 이루어지도록 하기 위해 학생들에게 필요한 수준의 지원을 제공하고자 하였다는 데 그 특징이 있다. 그러나 장애학생의 전환교육 시기를 주로 중등학교 단계에서 중등 후기 단계로만 한정하였고, 취업을 중심으로 한 준비교육 및 훈련에 중점을 두었다는 점에서 협의의 전환교육 모델로 이해된다.

Halpern(1985)은 전환교육의 주요 성과는 학생들이 "지역사회에서 성공적으로 생활하도록 준비시키는 것"이라고 생각하였다. 즉, 전환교육의 목적을 Will의 주장과 같은 직업훈련에 초점을 두기보다 지역사회 적응이라는 개념으로 확대하여 본 것이다. 이는 전환교육 성과로서 고용을 포함하여 질 높은 가정환경과 만족스러운 사회적 조직망의 확립까지 요구된다는 의미이다. 그의 모델은 Will의 개념으로부터 도출된 일반적 서비스, 시간 제한적 서비스 및 지속적 서비스라는 지원 수준을 포함하고 있지만, 작업 프로그램에 그 내용을 한정하지 않고 지역사회 통합을 위한 전체적인 접근을 강조하고 있다는 점에서 전환교육의 범위를 확대하였다고 할 수 있다.

Sitlington, Clark와 Kolstoe(2000)는 '종합적 전환교육 모델(comprehensive transition education model)'을 개발하였는데, 이는 Halpern의 전환교육 개념에 생애 각 발달단

계를 종적으로 추가한 형식을 띤 것으로, 학생들이 하나의 교육 단계에서 다음 단계로 진행하는 각 발달단계에 걸쳐 필요한 전환교육 및 전환서비스를 제공하기 위한 체계에 대하여 설명하고 있다. 그들은 전환이 생애에 한 번만 있는 것이 아니라 발달단계에 따라 여러 번 경험하게 되므로 취업 시기에만 전환교육이 집중적으로 이루어지는 것은 바람직하지 않다고 보며, 잘 이루어진 전환이 그 이후의 전환들을 성공적으로 이끌 가능성이 높다고 가정한다. 따라서 장애학생의 전환계획은 영유아 교육 시기로부터 종합적이고 체계적으로 계획되고 실행되어야 할 필요가 있다는 것이다. Sitlington 등은 이후 테크놀로지 및 보조공학, 이동성(교통수단)을 포함한 12가지 요소로 기존의 지식과 기술 영역을 확장하여 개정하였다(박승희 외 역, 2014). 장애학생들은 생애주기에 따른 발달단계를 거쳐 다음 단계로 전환하게 되며, [그림 10-1]에 제시된 것과 같은 12가지 지식과 기술 영역의 요소들은 이 과정에서 각 장애학생이 학습을 통해 익히거나 성취하여야 하는 중요한 영역을 의미한다.

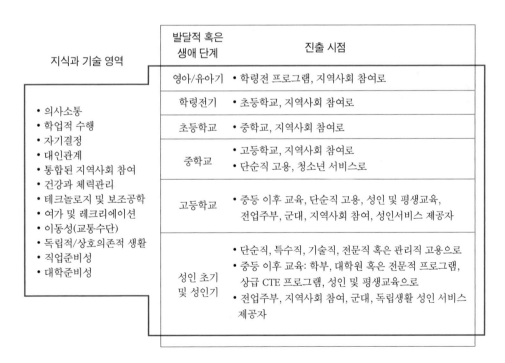

[그림 10-1] 개정된 종합적 전환 모델: 지식과 기술, 생애 단계 및 진출 시점

출처: 박승희 외 역(2014), pp. 26-27.

3) 전환 프로그램 분류체계와 생애주기별 전환교육 접근

(1) 전환 프로그램의 분류체계

최근에는 전환교육에서도 증거기반 실제(EBP)가 강조됨에 따라, 미국 전환 국가기술 지원센터(National Technical Assistance Center on Transition:The Collaberatice: NTACT: C)에서는 장애학생의 생애주기에 따른 증거기반 실제들을 Köhler의 전환 모형과 연계하여 제시하였다. 미국의 생애주기별 전환교육 지원 내용은 IDEA에 명시되어 법적으로 제도화되어 있고 [그림 10-2]와 같이 시스템으로 구축되어 실질적인 운영이 이루어진다.

Köhler는 미국 연방정부 지원을 받은 전환 프로그램(Rusch, Köhler, & Huhes, 1992)과 전환 프로그램에 대한 메타평가, 관련 문헌 연구(Köhler, 1993), 전환 프로그램 분석 연구(Köhler et al., 1994), 그리고 개념적 표상 연구(Köhler, 1996)와 같은 전환 관련 연구를 분석·종합하여 '전환 프로그램 분류체계'를 개발하였다. 이는 전환교육과 전환서비스, 프로그램들을 계획하고 조직하며 평가하기 위한 종합적인 전환교육 및 서비스

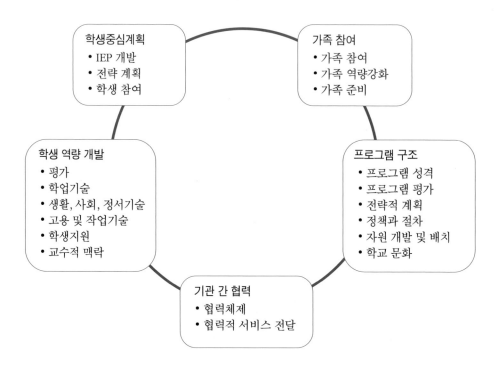

[그림 10-2] **Köhler의 전환교육 분류체계(taxonomy for transition programming 2.0) 모형**
출처: Köhler, Gothberg, Fowler, & Coyle (2016).

를 위한 체계로서 최근 미국 내에서 가장 널리 알려진 모형 가운데 하나이다. Köhler 는 전환 프로그램의 주요 범주로 증거기반 실제라 할 수 있는 학생중심계획, 학생 역량 개발, 기관 간 협력, 가족 참여, 프로그램 구조의 다섯 가지 범주를 제시하고 있다.

① 학생중심계획

학생중심계획의 실제는 졸업 이후의 목표에 기초를 둔 개별화전환교육계획을 개발 하기 위해 학생 참여를 증진하고 필요한 전략을 계획하려는 것이다. 개별화전환교육 계획은 늦어도 14세에는 시작되어야 하며 도달한 목표와 진보 수준을 반영하여 해마 다 갱신되어야 한다. IEP팀에는 학생과 가족 구성원을 포함하여야 하며, IEP 회의와 IEP 개발 과정에서 학생의 적극적인 참여와 자기결정이 보장되어야 한다는 내용을 담 고 있다.

② 학생 역량 개발

학생 역량 개발(student development) 실제는 생활, 고용, 그리고 학교기반 또는 직무 기반 학습 경험을 통한 작업기술 개발을 강조한다. 성공적 전환으로 이끄는 학생 역량 개발을 위해서는 기본적으로 학생에 대한 평가와 편의를 위해 조정이 필요하며, 전환 기술과 학업적 기술에 대한 학생평가 및 교수의 두 가지 요소를 모두 포함하기 때문에 매우 중요한 범주라고 할 수 있다(이영선 외 역, 2015).

③ 기관 간 협력

전환교육의 모든 측면에서 대상 학생, 부모, 교사, 서비스 제공자, 지역사회 담당자, 졸업 후 기관 담당자, 고용주 등 관련 주체와의 협력 및 연계는 매우 중요한 문제로 협 력을 위한 체계와 협력적 서비스 전달이 필요하다. 이러한 목적에 도달하기 위해서는 이들을 잘 이끌어야 하며 각 기관의 담당자를 미리 결정해 두는 것이 좋다. 아울러 학 생과 부모는 재정계획, 건강 관리, 장애 혹은 정신건강 서비스나 이동에 도움을 받기 위해 적절한 기관과 연계하여야 한다.

④ 가족 참여

가족 참여 실제는 전환서비스와 교육을 계획하고 제공하는 데 있어서 부모 혹은 가 족의 참여와 관련된다. 가족중심의 훈련과 가족역량 강화 활동을 제공함으로써 교사 및 기타 서비스 제공자들과 효율적으로 일하기 위한 가족 구성원의 역량을 개발하고자 한다.

⑤ 프로그램 구조

프로그램 구조는 전환에 초점을 둔 교육과 서비스를 효율적 · 효과적으로 전달하는 일에 관련된다. 여기에는 전환 프로그램의 기본적인 철학과 계획, 정책, 평가, 인적자원의 개발을 포함하는 전환 프로그램이 성과 지향적이며 모든 학생에 대해 높은 기대 수준을 반영한다거나 유치원 과정부터 고등학교까지의 교육 단계와 정신건강, 직업재활 등 관련 시스템을 통해 이루어진다는 등의 프로그램 성격을 규정하고 다룬다. 또한 프로그램 전개와 발전을 위해 프로그램의 한 부분으로서 진행되어야 하는 지속적인 평가 그리고 교육 분야와 관련 서비스 제공기관, 지역사회 담당자 간 운영 세부사항에 대한 전략계획 사항 등을 포함하고 있다.

(2) 생애주기별 전환 프로그램

전환은 졸업을 앞둔 시기부터 성인기로 진입하는 한 시점에 국한된 것이 아니라 지적장애 학생의 생애 전반에 걸친 과정임을 앞서 밝힌 바 있다. 따라서 졸업 후 삶의 방향에 대한 결정이 임박한 시점에 향후 진로에 관한 정보 수집과 계획에 임하기보다는 훨씬 이른 시기부터 정보를 수집하고 차근차근 계획함으로써 추후에 선택할 수 있는 여지를 높이는 것이 무엇보다 중요하다.

전환교육에서 증거기반 실제가 강조됨에 따라, NTACT:C에서는 장애학생의 생애주기에 따른 증거기반 실제들을 Köhler의 전환 모형과 연계하여 제시하였다. 미국의 생애주기별 전환교육 지원 내용은 IDEA에 명시되어 법적으로 제도화되어 있고 〈표 10-2〉와 같이 시스템으로 구축되어 실질적인 운영이 이루어진다. 장애학생의 생애주기별 전환교육 지원모형은 가능한 이른 시기에 전환교육이 시작되어야 한다는 점 그리고 전환교육의 목적과 내용이 장애학생의 발달단계와 부합되어 종적 연계성을 지니고 실행되어야 한다는 점을 강조하고 있다. 또한 장애학생이 성인이 되었을 때의 다양한 삶의 모습을 기대하며 관련된 기술과 역량이 준비될 수 있도록 돕고자 한다(국립특수교육원, 2019).

〈표 10-2〉 NTACT:C의 전환교육 분류체계에 의한 생애주기별 전환교육 및 서비스 체계

분류영역	조기중재(0~2세)	학령전기(3~5세)	유치원	초등학교 3학년	중학교	고등학교	중등 이후(성인기)
학생중심계획	개별화 가족지원계획(IFSP)	→ 개별화 교육계획(IEP)	→		IEP에 학생 참여	→	개인중심계획(PCP)
학생 역량 개발	자연적 환경	→ 통합교육		→			사회통합
	풍부한 언어, 조기 지식과 기술	→	학업 기술		→		
	사회적 능력	→	생활, 사회, 정서기술			→	
	자기인식	→	자기옹호		→	자기결정	→
	관련 서비스	→ 관련 학생 서비스			→		성인 서비스
	환경 조정			→			
가족 참여	파트너십	→	가족 참여		→		
	가족 기능		→		가족 준비	→	
	가족 신뢰	→	가족 역량강화		→		
기관 간 협력	초학문적 팀		→		협력적 서비스 전달		→
프로그램 구조	고급인력	→	자격을 갖춘 교사		→		자격/학위 소지 제공자
	데이터 기반 의사결정			→			
	문화 관련 프로그램과 실제			→			
법령	IDEA Part C		IDEA Part B		IDEA Part B, WIOA		ADA, Higher Ec Act, Rehab Art, WIOA
성과	조기 지식과 기술 풍부한 언어 사회적 관계 요구 충족을 위해 행동 취하기		학업준비기술 읽기 수학 출석 자기인식 문제행동 감소 정직, 퇴학 감소		학업성취 증진 졸업률 상승 출석률 상승 자기결정력 문제행동 감소 정직, 퇴학 감소 10대 임신률 감소		대학 진학 고용 높은 임금 건강 유지 사회적 활동 참여 지역사회 참여 범죄 비율 감소

출처: 국립특수교육원(2019), p. 37 재인용.

① 영유아기에서 학령기로의 전환

유치원 혹은 어린이집에서 초등학교로의 전환은 장애 아동을 포함하여 가족 구성원에게 스트레스를 유발하는 사건이 될 수 있다. 그동안 친숙했던 소규모의 환경과 적은 수의 대인관계에서 보다 큰 규모의 학급, 많은 수의 교사, 다양한 연령대의 학생들 등 겪어야 할 변화가 크기 때문이다. 아동들은 조기교육 환경의 좌식 수업과 다양한 학습 코너에서 활동 중심 교수(activity-based instruction)를 받는 상황으로부터 진전하여 상당한 시간 동안 착석하고 학습 과제에 집중하여야 하며 달라진 환경적 배치에도 적응하여야 한다. 따라서 조기전환 시기의 전문가들은 전환과 관련된 가족 스트레스 감소를 위하여 가족에게 다음 환경에 대한 정보를 제공하고, 전환과정에서 그들의 적극적인 참여를 보장해 주는 한편, 가족에게 조기전환에 익숙해지기 위한 기술들이 미래의 전환을 받아들이는 데도 도움을 줄 것이라는 생각을 가지도록 도움을 제공할 필요가 있다(Collins, 2007).

아울러 이 시기에는 초등학교에 진학할 유아들에게 다음 환경에 필요한 기술들을 가르치는 종단적 프로그래밍(longitudinal programming)을 통하여 전환을 준비하도록 하는 것이 좋다. 종단적 프로그래밍의 첫 단계는 뒤이어 진행될 전환에서 필요한 기술이 무엇인지 알아보기 위해 다음 번 환경에 대한 조사를 하는 것이다. 물론 환경에 따라 학생 행동에 대한 다양한 기대가 있을 수 있지만 대부분의 환경에서 공통적으로 요구되는 활동을 추출할 수 있다. 예를 들어, 많은 초등학교 교실에서는 학생들이 개인용 책상에 앉아야 하며, 움직일 수 있는 기회가 어느 정도만 허용된 상태에서 집단활동에 참여해야 한다. 그리고 시각적이거나 언어적인 지시에 따라 과제를 수행하고 학습 과제를 완수하며 도움을 요청하기 위한 신호로 손을 든다거나 혼자서 화장실에 다녀오는 등의 행동이 요구된다(Troup & Malone, 2002).

또한 중도 지적장애 아동의 경우에는 자녀가 어릴 때 장차 자녀가 독립할 경우를 대비하여 미래를 위한 계획을 시작하도록 가족들에게 권장하는 것도 중요하다. 대부분의 가족은 자신의 자녀가 성인 프로그램을 활용하기 위하여 성인 서비스를 위한 명단에 이름을 올리고 긴 시간 동안 대기하여야 한다는 사실을 알지 못하기 때문이다. 아울러 주거에 대한 요구와 가능한 인적 지원에 대한 정보, 의료적 요구, 후견인제도, 재정문제, 학교 배정 등을 포함한 미래를 위한 계획을 세우도록 제안해야 한다.

② 학령기 전환

　장애 아동이 초 · 중 · 고등학교 시기를 거치는 동안 각 단계에서의 성공적 전환을 위해서는 종단적 프로그래밍을 계속 실천하는 한편, 학생의 연령이 증가할수록 성인기 결과에 초점을 두어야 한다.

　학령기 동안 교육 프로그램과 서비스의 흐름이 잘 전달되기 위해서는 전환 포트폴리오를 사용하는 것이 유용하다. Demchak과 Elquist(2001)는 학령기 동안 종단적 전환을 촉진하기 위해 장애학생을 위한 지침이 제공된 포트폴리오의 표본을 개발하였다. 포트폴리오 작성의 목적은 팀 구성원들이 적절한 교육 프로그램을 적용할 수 있도록 한 학년에서 다음 학년으로 이동 시 알아야 할 관련 정보를 제대로 전달하기 위해서이다. 〈표 10-3〉과 같은 양식의 전환 포트폴리오를 작성해 볼 수 있을 것이다.

〈표 10-3〉　**전환 포트폴리오 양식: Demchak과 Elquist(2001)의 구성 예**

영역	삽입할 정보의 예	삽입할 사진의 예
겉표지	이름, 생년월일, 주소와 같은 기본적인 정보	학생의 사진
주요 인물	활동에 함께 참여하는 친구들의 이름	친구들과 함께 찍은 사진
부모/보호자 정보	성명과 전화번호, 학생의 강점, 지원 요구, 미래 계획 등	
현재 교사 정보	성명과 전화번호, 학생의 강점, 성공, 적응, 교수전략, 미래를 위한 계획	
의료 정보	의사 성명, 알레르기와 반응, 복용약 사용법과 부작용, 시각 및 청각적 요구, 경련 관련 정보, 기타 건강 관리 요구	
적응장비, 자세 잡기와 다루기	물리치료사와 작업치료사의 성명과 전화번호, 지침이 제공된 장비와 활동	학생이 적응장비를 사용하거나 학생에게 전략을 적용하는 예를 보여 주는 사진
교육 프로그래밍의 전략과 수정	일정과 IEP 목표의 교육적 매트릭스, 수정 유형과 활용	
의사소통 방법	학생이 의사소통을 위해 사용하는 언어 반응, 수화, 구체물 목록과 다양한 형태의 의사소통 의도를 나타내는 표현방식과 상징과 활동으로 구성된 의사소통 도구들	의사소통에 사용되는 사진

강화전략	강화제에 대한 설명	
긍정적 행동지원	긍정적 행동지원 계획 요소들	
문제 해결과 팀의 노트	회의 날짜, 주요 사안, 회의 요약, 팀 구성원 목록	

출처: Collins (2007), pp. 263-264.

학령기에 실시되어야 하는 종단적 프로그래밍에는 초등학교로의 전환을 위해 제안되었던 내용들을 계속 적용하는 것이 적절하다. 즉, 새로운 각 학교환경에 대한 생태학적 조사가 아동의 학년 진급 시마다 이루어져야 하고, 전환 이전에 그 환경에서 필요로 할 만한 기술들이 교수되어야 한다. 이와 함께 실제로 전환이 이루어지기 이전에 아동이 새로운 환경에 대하여 경험할 수 있는 시간을 제공하고 점차적으로 증가시켜야 한다. 성인기에 도달할 궁극적 기준에 적합한 기술에 대한 안목을 가지고 각 학년마다 다음 환경에서 필요한 기술들에 대하여 실제 전환이 이루어지기 몇 개월이나 몇 년 전부터 교수할 수 있다.

아울러 학교 졸업 시기가 가까워질수록 성인기에 필요한 실제 기술을 지도하는 것이 중요해진다. 장애학생의 전환을 위해서는 발달적 교육과정에 기반을 둔 교실기반교수(classroom-based instruction)보다는 기능적 교육과정에 중점을 둔 지역사회기반교수(Community-Based Instruction: CBI)가 효과적이라고 알려져 왔다(Wehman, Kragel, & Barcus, 1985).

③ 중등 이후 전환

동년배 학생들이 대학으로 진학하거나 취업을 위해 학교를 떠나는 18세가 되면 지적장애 학생들도 중등 이후 교육(postsecondary education)이나 직장으로의 전환이 요구된다. 따라서 이 시기에는 모든 교육의 초점이 학교환경에서 지역사회 환경으로 옮겨지게 되며, 대학 진학을 희망하는 학생들을 위한 학업적 전환의 준비와 아울러 성인기에 필요한 기능적 기술에 대해 보다 철저하게 집중하여야 한다. 미국에서 18~21세의 중도장애 학생들을 위한 중등 이후 교육 프로그램의 목표는 ① 고용, ② 대학 수업에 참여하기, ③ 지역사회 이동, ④ 성인기관 지원에 접근하기, ⑤ 사회적 기술과 의사소통 기술 향상시키기, ⑥ 자기결정 기술 습득, ⑦ 우정관계 형성하기, ⑧ 연령에 적합

391 전환교육 프로그램의 구성

한 여가 및 레크리에이션 기술 습득하기 등이다(Grigal, Neubert, & Moon, 2001).

이러한 목적들은 대학 내의 지역사회기반 프로그램을 통하여 성공적으로 구현될 수 있다. 예를 들어, 지적장애 학생들은 지역사회에서 기능적 기술들을 연습할 뿐 아니라 동년배들과의 여가활동에 참여하고 고용현장에서 직업기술을 배우며 사회복지나 가족 연구, 생태학 등의 대학 수업에 출석할 수 있다. 이러한 프로그램은 장애학생들에게 동년배들과 함께 학습하고 레크리에이션 기술을 습득하며 직업기술을 개발할 수 있는 기회를 제공해 준다. 또한 일반 대학생들에게는 지적장애 학생들과의 우정을 경험하고 다양성에 대한 체험을 제공해 주는 기회가 된다. 그리고 특수교사들은 장애학생으로 하여금 지역사회 자원을 활용하여 연령에 적합한 행동을 배우며 자연스러운 환경에서의 적응방법을 익히도록 해 줄 수 있다. 학령기 이후 프로그램은 직업을 준비시키는 과정이어야 하며, 학생이 학교 졸업 후 지속될 수 있는 유급 고용을 추구하는데 목적을 두어야 한다.

2. 전환교육 프로그램의 구성

미국의 경우 지적장애 학생의 전환교육과 서비스를 체계적으로 지원하기 위하여 학령기 장애학생을 대상으로 전환계획(transition planning)을 의무적으로 수립하고 장애학생의 전환 관련 내용을 개별화교육계획(Individual Education Plan: IEP)에 반드시 포함해야 한다. 여기서는 전환계획이 포함된 IEP 개발과 관련된 중요 요소에 관해 서술하고자 한다.

1) IEP와 전환계획

미국의 경우 16세부터 전환계획 관련 내용을 IEP에 포함하여 해마다 갱신해야 하고, IEP팀이 적절하다고 판단하면 더 이른 시기(주로 만 14세이며 각 주에 따라 차이가 있음)에 전환계획을 수립할 수 있다. 전환계획은 학령기 이후로의 전환을 촉진하는 일련의 조정된 활동들이 결과 지향적 과정으로 설계되도록 하며 고등교육, 직업 훈련, 고용, 평생교육, 독립생활, 지역사회 참여 등의 영역으로 구성한다. [그림 10-3]은 IEP/전환계획 개발을 위한 일반적 과정을 제시한 것이다.

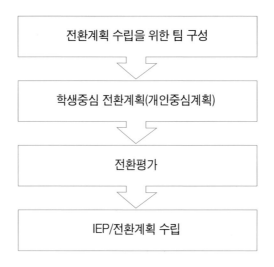

[그림 10-3] **IEP/전환계획 수립 단계**

지적장애 학생의 미래를 계획하기 위해서는 그의 삶에 관여하는 다양한 관점이 필요하기 때문에 학생 본인과 가족, 특수교사, 직업교사, 일반교사, 지역교육청 대표자, 관련 서비스 제공자, 기타 전문가와 학교 관리자 등을 포함하여 팀을 구성한다. 전환계획팀은 학생의 선호도와 관심, 교육과 고용 활동에서의 경험, 지역사회 참여를 위해 지원 가능한 자원 등을 파악하여야 한다. 한편, 미국 IDEA(2004)에는 IEP 회의에 학생이 참여하여 학생중심의 미래계획을 수립하여야 함을 강조하고 있음에도 불구하고 IEP 회의에 주도적으로 참여하는 학생 비율은 12.2%(참석하여 일부 의견 제시 57.7%, 의견 미표현 24.6%)에 불과하며 5.5%는 참여조차 하지 않고 있음이 알려지고 있다(국립특수교육원, 2019). 그러나 중등 이후 목표 설정은 지적장애 학생의 미래 삶과 밀접한 관련이 있어 이들이 IEP 회의의 중심이 되는 '학생중심 전환계획(student-focused transition planning)' 수립에 꼭 필요하므로 지적장애 학생의 회의 참여를 증진시키는 다양한 방안이 제시되고 있다(〈표 10-4〉 참조).

학생중심 전환계획을 실행하는 방법으로는 개인중심계획(Person-Centered Planning: PCP) 활용이 추천된다. PCP는 그간의 '시스템 중심' 서비스를 '개인의 독특한 요구에 대한 반응'으로 대체한, 일종의 패러다임 변화라 할 수 있다. 그리고 학생의 주변인들이 모여 그의 강점, 선호도, 요구에 대한 정보를 토대로 미래 계획을 수립하고, 필요한 지원체제를 구성해 나가며 의사소통을 통해 문제를 해결해 나가는 상호작용적 과정

〈표 10-4〉 **학생중심 전환계획 수립을 위한 팁**

회의에 참여하도록 하는 방법	회의에 적극적으로 참여하는 방법
• 학생의 흥미 유발 및 동기 부여 • 전환계획이 현재 삶과 미래에 미치는 영향, 중등 이후 목표 설정의 중요성 설명 • 학생의 현재 자기옹호 및 자기결정 기술 측정 • 자기옹호 기술 교수 • 회의에서의 역할 설명 • 회의에 초대하고 싶은 사람 판별하도록 지원 • 회의에 적극적으로 참여할 수 있는 방법 파악 • 학생의 발표 자료 지원 • 회의 참여에 필요한 지원 판별하도록 지원 • 자신의 능력, 꿈, 목표, 요구 등을 표현하는 데 필요한 지원 개발 • 연습할 수 있는 기회 제공 • 회의에 초대하는 방법 교수	• 참석자 환영 및 소개 • 회의 목표 소개(구두표현, 발표자료 활용 등) • 회의 시간 소개 • 참석자 자리 안내 • 화장실 등 기타 시설 안내 • 학생의 성취 강조 • 자신의 흥미, 선호도, 미래 계획 등에 관한 정보 발표 및 공유 • 회의 논의를 시작할 참석자 선정 • 필요한 지원과 도움에 대해 설명 • 내년을 위한 목표 공유 • 목표 달성을 위한 과정 공유 • 참석자 의견 묻고 경청 • 참석자에게 회의 참석에 대한 감사 표현

출처: Wehman (2013).

이므로 특히 대안적 방법이 필요한 중증장애 학생에게 도움이 되는 방법이기도 하다. PCP에는 여러 가지 종류가 있는데 대표적으로 PATH(Planning Alternative Tommorrows with Hope), MAPS(Mcgill Action Planning System; Vandercook, York, & Forest, 1989), Big-Picture Planning 등이 활용되고 있다.

전환계획과 IEP는 제도화되어 준수되고 있지만 구체적인 서식은 지역교육청 혹은 단위학교별로 다양하게 사용되는 편이다. 여기서는 미주리주의 초중등교육과에서 공유하는 전환계획 사례를 제시한다(〈표 10-5〉 참조).

〈표 10-5〉 **전환계획 예시**

양식 C: 중등 이후 전환계획

※ 이 계획은 개별 학생의 요구, 선호도와 관심사를 고려하여 개발되었습니다. 이 계획은 학생이 16세가 되면 시행되는 첫 번째 IEP보다 늦지 않도록 시작되어야 하며, 매년 갱신되어야 합니다.

• 고용(필수영역) •	
측정 가능한 중등 이후 목표	• 고등학교 졸업 이후 학생이 하게 될 일/직업에 대해 서술하십시오. – 고등학교를 마치면, 나는/학생 C는 육군 예비군에 입대를 할 것이다.
전환서비스	• 포함될 수 있는 내용: 교수방법, 관련 서비스, 지역사회 경험, 고용과 기타 중등 이후 성인생활 목표 개발, 일상생활기술 습득 또는 학생의 목표 달성을 위해 졸업 전에 제공되는 기능적 직업평가

책임자/기관	전환서비스 목록
미주리 고등학교	• 「미국장애인법」에 관한 자료 제공 • 입사 지원서와 면접 실무 자료 제공 • ASVAB(Armed Services Vocational Aptitude Battery)를 위한 준비
학생 C	• ASVAB 가져가기 • 군 지도부와 정보 인터뷰 실시
부모	• 서비스 자격 여부 확인 위해 직업재활 사무소 방문 일정 잡고, 교통편 제공
외부 기관-VR 상담사	• 지역 VR 사무소 방문 예약하여 서비스 자격 여부 확인 • 개별고용계획서(Individual Plan for Employement: IPE) 작성 • 내년에 사용 가능한 프로그램 설명(예: 사전 고용 전환서비스 등)

• 교육/훈련(필수영역) •	
측정 가능한 중등 이후 목표	• 고등학교 졸업 이후 학생이 참여하게 될 교육(수업)이나 훈련에 대해 서술하십시오. – 고등학교를 마치면, 나는/학생 C는 대학에서 미술 수업을 받고 육군 예비군 훈련을 받을 것이다.
전환서비스	• 포함될 수 있는 내용: 교수방법, 관련 서비스, 지역사회 경험, 고용과 기타 중등 이후 성인생활 목표 개발, 일상생활기술 습득 또는 학생의 목표 달성을 위해 졸업 전에 제공되는 기능적 직업평가

책임자/기관	전환서비스 목록
미주리 고등학교	• 대학 교육과정을 살펴보기 위해 대학 상담사와 방문 일정 잡도록 돕기 • 학생 C에게 의사결정과정에 대해 교수하고 관련 기술 연습
학생 C	• 대학에서 미술 수업 수강에 관한 정보 수집 • ACT 시험(조정 포함) 신청
부모	• 대학 캠퍼스 방문하여 학생 C와 함께 학생지원센터 방문 • 대학 상담원과의 일정을 위한 교통편 제공

외부 기관- VR 상담사	• 부모가 가능하지 않은 경우, 학생 C와 함께 학생지원센터 방문
• 자립생활(필요시, 적절한 경우) •	
측정 가능한 중등 이후 목표	• 고등학교 졸업 이후 학생이 어떤 모습으로 살게 될 것인지 서술하십시오. 　– 고등학교를 마치면, 나는/학생 C는 부모님과 함께 살 것이며, 금전 관리를 　스스로 할 것이고 개인적으로 필요한 일은 독립적으로 할 것이다.
전환서비스	• 포함될 수 있는 내용: 교수방법, 관련 서비스, 지역사회 경험, 고용과 기타 중 등 이후 성인생활 목표 개발, 일상생활기술 습득 또는 학생의 목표 달성을 위 해 졸업 전에 제공되는 기능적 직업평가

책임자/기관	전환서비스 목록
미주리 고등학교	• 소비기술, 권리와 책임, 가계 항목 비용 비교에 대한 교육
학생	• 문제 해결을 위해 적절한 지원 판별 방법 학습
부모	• 소비 교육(예: 가격 비교, 판매 가격 확인, 할인점 대 백화점 비교 등)
외부 기관- VR 상담사	• 대량 구매 결제 시 구매 방법 교육(예: 신용카드, 대출 등) • 다양한 주거 옵션 확인

출처: 국립특수교육원(2019), p. 39 재인용.

2) 전환평가

　전환평가는 학생의 현재 수준을 파악하고 측정 가능한 중등 이후 목표를 수립하며 적절한 전환서비스를 찾아내고 학생의 중등 이후 목표 달성을 돕기 위한 전환중심 IEP를 개발하기 위해 중요한 단계이다. 미국 특수아동협회의 진로개발 및 전환교육분과(Division on Career Development and Transition: DCDT)에 따르면, 전환평가란 '현재와 미래의 직업 요구, 교육적·생활적·개인적·사회적 환경의 요구와 관련되는 개인의 강점·요구·선호도·흥미 등에 관한 지속적인 정보 수집과정'을 말한다. 이 평가자료는 전환과정을 통해 개별 장애학생에 대한 공통적 이해의 토대로 사용되며, IEP 계획 시에 포함되는 목적과 서비스 설정에 있어 기초자료로 사용될 수 있다(Sitlington & Clark, 2006). 이러한 전환평가는 유아기에서 성인기에 걸쳐 개인이 직면하게 되는 전환 단계마다 이루어지며, 장애인과 그 가족이 미래의 만족할 만한 결과를 성취하기 위하여 전 생애에 걸쳐 이루어지는 계획과 준비, 정보를 얻고 조직하는 지속적인 과정이라고 할 수 있다(Clark, 1998).

　효과적인 전환계획을 수립하기 위해서는 다양한 평가자료가 수집되어야 한다.

Miller, Lombard와 Corbey(2007)는 ① 미래 계획을 위한 요구와 목표, ② 자기결정 및 자기옹호 기술, ③ 학생의 학습 형태·행동·학업적 강점 및 제한점에 대한 평가, ④ 필요한 생활기술에 대한 평가, ⑤ 학교와 지역사회 모두에서 보이는 직업 흥미·적성·능력에 대한 평가의 다섯 가지 요소를 제안하고 있다.

전환평가에서의 첫 단계는 미래 계획에 대한 평가인데, 이는 미래 계획 평가가 전환평가 과정의 매우 중요한 구성요소임을 의미한다. 미래 계획 평가는 학생, 가족, 교사가 고등학교 이후 삶의 방식에 관한 목표를 포함하여 진로목표에 도달하기 위한 장기적인 계획을 개발하는 데 도움이 된다. 두 번째 단계인 자기결정에 대한 평가는 미래 계획과 함께 효과적인 전환계획의 토대를 이룬다. 학생의 동기를 존중하고 교육과정의 주도권을 학생과 가족에게 양도하고자 하는 과정이기 때문이다. 즉, 이들 두 영역 평가의 기본 전제는 교육이 효과적이고 의미 있기 위해서 학생중심적이고 소비자 주도적이어야 함을 의미한다.

학업기술의 문제가 고등학교 이후 진로 선택에 반드시 어려움을 유발하는 것은 아니지만, 향후 전환계획을 위해 학업기술 수준에 대한 언급은 꼭 필요하다. 21세기 고용시장에서 고임금을 받기 위해서는 높은 수준의 기술이 필요하며 읽기, 쓰기, 셈하기 기술은 과거 어느 때보다 더 중요한 비중을 차지하기 때문이다. 아울러 행동상의 문제는 모든 학생이 일반교육과정에 성공적으로 참여하는 데 결정적으로 중요한 측면이므로, 고등학교 생활과 졸업 이후 삶이 성공적이기 위해 학생 능력에 영향을 줄 수 있는 사회적·행동적 측면에 관한 정보를 수집하여야 한다.

또한 기능적 생활기술(functional life skill)에 대한 평가 또한 총체적 전환평가를 위해 없어서는 안 될 요소이다. 성인기 삶의 모든 측면은 수많은 환경 속에서 행해지는 광범위한 생활기술을 요구하고 있기 때문이다. 성인기 생활기술은 가정 및 학교생활, 여가생활, 개인적 책임과 관계, 신체적/정서적 건강, 사회적 참여, 고용 등의 영역으로 학자에 따라 다소 상이하게 논의될 수 있으며, 이에 따라 중등 특수교육과정은 일반적으로 학업기술, 직업기술, 사회적 기술, 자립생활 기술의 네 가지 영역으로 구성되어 왔다.

마지막으로, 직업평가 정보의 수집과 활용 또한 종합적인 전환계획에서 제외될 수 없는 측면이다. 직업평가 정보는 공식적인 전환계획으로 이어지지 않거나 전환계획 작성에 도움이 되지 않는다면 실제적으로 의미가 없게 된다(Miller et al., 2007). 직업평가의 기본적 기능은 장래 직업훈련 및 고용을 준비하기 위해 직업 프로그램에 장애학생을 배치하는 데 있다(McMahn & Baer, 2001). [그림 10-4]에서 제시하는 전환평가 모델에서는 이들 다섯 가지의 전환평가 요소의 관계를 보여 주고 있다. 이들 평가요소는 서로 복잡한 상호작용 관계를 가지며, 이러한 과정이 한 지적장애 학생의 효과적 전환을 위한 총체적 조망과 교육적 의사결정을 위한 맥락을 제공하는 데 기여할 수 있다(전환평가 도구 및 방법에 대한 더 구체적인 지식은 Miller et al., 2007 참조).

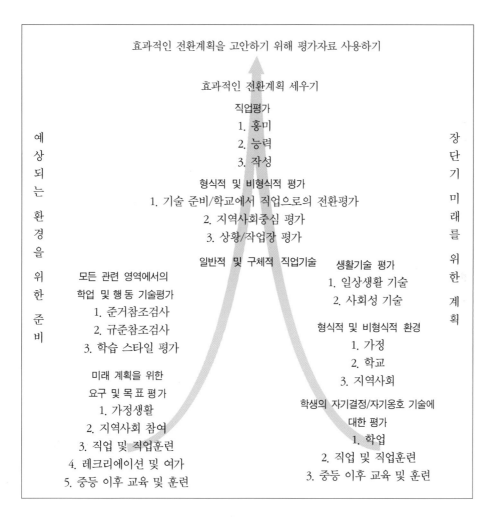

[그림 10-4] **전환평가 모델**

출처: Mille et al. (2007).

3) IEP/전환계획 수립

전환평가를 하는 동안 수집된 정보는 학교와 가정, 지역사회와 고용 환경에서 학생의 현재 학업 및 기능 수행 수준을 기술하는 데 기초가 된다. IEP/전환계획 팀은 현재 수행 수준을 기초로 학생의 현재 능력과 학령기 이후 목표를 연계시켜 줄 수 있는 장·단기 목표를 세워야 한다. 팀 구성원들은 IEP/전환계획 회의 전에 학생의 학령기 이후 목표에 대해 논의하고 이 정보를 우선순위 결정에 사용한다면 계획과정이 더욱 효과적일 수 있다. 그리고 학생과 가족에게는 학령기 이후 목표 성취에 필요한 전환서비스와 중요한 일과와 활동 목표를 파악하도록 요청해 둔다. 이러한 정보들은 IEP/전환계획 회의에서 함께 논의한다.

〈표 10-6〉 **IEP/전환계획 회의 표준 일정의 예**

1. 환영하고 소개한다.
2. 고용, 지역사회 참여, 여가 및 오락, 학령기 이후 교육, 지역사회 생활에 대한 학생의 선호와 관심에 기반을 두고 학생의 학령기 이후 목표들에 대해 논의한다.
3. 학생의 학령기 이후 목표들과 관련하여 학생의 현재의 교육 수행 수준에 대해 논의한다. 학생의 요구와 강점을 강조한다.
4. 학생과 부모가 자신들의 IEP/전환계획 우선순위에 대해 이야기한다.
5. 교사가 학교 측에서 생각하는 IEP/전환계획 우선순위에 대해 말한다.
6. 필요한 전환서비스와 IEP 장·단기 목표를 파악한다.
7. 필요한 전환서비스에 대해 기술한다. 여기에는 다음과 같은 부분에서의 협력 활동들이 포함된다.
    ① 기관 간 연계와 책임
    ② 학교에서 학령기 이후 목표로의 이동
    ③ 지역사회 경험, 고용, 일상생활 기술, 학령기 이후 훈련 등과 관련된 교육

출처: 이정은 역(2015), p. 117.

〈표 10-6〉은 일반적인 IEP/전환계획 회의 운영 일정의 예이다. 표의 내용과 같이 IEP팀은 통상적인 인사를 나눈 후 성인기 생활 영역 가운데 학생의 선호에 따라 조정된 '측정 가능한' 목표를 명확하게 진술하고, 전환평가 결과에 따른 학생의 현재 학업 및 기능 수준에 대해 진술하도록 한다. 다음 단계에서 학생과 부모, 학교 측 구성원들도 필요한 전환서비스와 IEP 목표에 대한 자신들의 우선순위를 제시한다. 이 과정에서 대상 학생이 자신의 우선순위가 학령기 목표 성취를 위해 왜 중요한지를 주도적으로 제시할 수 있는 기회를 제공하고 분위기를 조성해야 한다(학생의 의견은 문서와 그림카

드 등 보완적 자료를 통해 제시한다). 이후에는 학생 본인과 가족, 학교 측이 제시한 우선순위를 목록으로 제시하여 비교, 논의를 통해 IEP/전환계획 팀 구성원 모두에게 수용될 수 있도록 한다. 아울러 이 과정에서 팀은 IEP/전환계획을 실행하는 데 부가적으로 필요한 활동을 파악한다. IEP/전환계획 회의 후에 교사는 IEP/전환계획 작성을 마무리하고 마지막 검토를 위해 팀 구성원 모두에게 작성한 자료를 제공한다.

이와 같은 과정을 통해 전환계획 IEP가 개발되면 IEP팀은 진술된 평가방법에 따라 목표 성취를 향한 전반적인 과정을 관리하여야 한다. 아울러 실시된 프로그램이 IEP 목표 성취에 효과적이었는지를 결정하는 데 진전도 점검이 필요하다. 〈표 10-7〉은 이러한 과정을 통해 개발된 로버트의 전환계획 작성 사례이다.

〈표 10-7〉 **로버트를 위한 전환계획 사례**

- 학생: 로버트 브라운
- 날짜: 2007년 9월 15일
- 졸업일: 2010년 6월
- IEP/전환계획 팀 구성원: 로버트, 브라운 부부(로버트 부모), 조지 세바스찬, 레니 히스
- 전환계획 영역: 고용
- 학령기 이후 목표: 로버트는 식료품점의 농산물 코너 담당자로 일하기를 원한다.
- 현재 학업 및 기능적 수행 수준: 로버트는 식료품점을 포함하여 몇몇 일자리 체험 배치의 경험이 있다. 일의 정확성과 속도는 우수하다. 할당된 업무를 완수하기 위해 자기관리 체크리스트 사용 방법을 배워야 하고, 혼자서 출퇴근을 하기 위해 버스 이용하는 방법도 배워야 한다.
- 필요한 전환서비스: 로버트는 학령기 이후 프로그램에서 직무 배치 훈련, 추후 서비스를 받을 것이다. 또한 버스 타기를 배우기 위해 지역사회중심 교수가 필요하다.
- 연간목표: 로버트는 캐니언 마켓에서 물품을 담는 일과 농산물 코너의 보조 역할을 하는데, 다섯 번의 주중 수행 점검에서 다른 사람의 도움을 받지 않고 모든 할당된 업무를 완수할 것이다.
- 단기목표
  1. 로버트는 버스 승차권을 사용하여 연속해서 5번 교사의 도움 없이 15번 정류장에 가는 5번 버스를 탈 수 있다.
  2. 로버트는 버스 승차권을 사용하여 연속해서 5번 교사의 도움 없이 23번 정류장에 가는 12번 버스를 탈 수 있다.
  3. 로버트는 할당된 과제 목록에 대한 자기관리 체크리스트를 사용해서 5번 연속해서 아무런 촉구 없이 모든 과제를 시작할 수 있다.
  4. 로버트는 쉬는 시간 동안 5번 연속해서 아무런 촉구 없이 식료품점에서 음료수와 간식을 구매할 수 있다.
- 추후활동/담당자/날짜
  1. 로버트를 위해 버스 월승차권을 구입한다/로버트의 아버지/2007. 9. 20.
  2. 근로자 오리엔테이션 회의에 참석하도록 로버트의 일정을 계획한다/세바스찬/2007. 9. 30.
  3. 로버트의 다음 IEP/전환계획 회의에 직업재활 및 MR/DD 상담가를 초빙한다/히스/2008. 8. 1.

출처: 이정은 역(2015), p. 119.

4) 수행요약서

전환계획과 전환 내용을 포함한 IEP가 학령기 장애학생을 대상으로 한다면 수행요약서(Summary of Performance: SOP)는 장애학생이 학령기를 마치는 시점, 즉 성인기로 접어들기 직전에 작성하는 문서로 성인기로 순조롭게 전환될 수 있도록 돕는 역할을 한다. SOP는 일종의 포트폴리오 기능을 지니고 있기 때문에 학생과 부모에게 지역사회 생활로의 성공적 전환을 촉진하는 데 많은 이점을 가지고 있다. 적절한 서비스와 프로그램 선택에 도움을 줄 수 있는 학생의 현재 수행 수준에 대한 전반적 진술을 제공하고 성인 및 지역사회 서비스를 받을 적격성이 있는지 결정하는 데 소요되는 시간을 줄여 주며, 졸업 이후 교육 프로그램에 들어갔을 때 학생에게 필요한 수정과 조정 사항을 파악할 수 있도록 한다. 이 밖에 학생이 좀 더 자신을 효과적으로 옹호할 수 있도록 도울 수 있다.

지역교육청은 졸업을 앞둔 장애학생의 학업성취도와 기능적 기술에 대한 요약본과 함께 중등 이후 목표 달성에 필요한 지원 및 권고 내용이 담긴 SOP를 준비해야 한다. 2005년 미국 국가전환자료협의회(National Transition Documentation Summit)에서는 학생 배경 정보, 중등 이후 목표 달성 및 지원을 위한 권고사항, 학생 의견란 등으로 구성된 SOP 양식을 개발하였다. SOP에서의 중등 이후 목표는 고용, 고등교육, 자립생활 영역으로 구분하여 구체적이고 측정 가능한 목표로 기술하며, 현재 수행에 대한 요약은 학업과 기능적 기술로 구분하여 작성한다. 아울러 서비스 관련 종사자에게 도움이 될 수 있는 정보라 할 수 있는 조정 및 수정 전략, 보조공학 기기 활용 여부 등의 내용

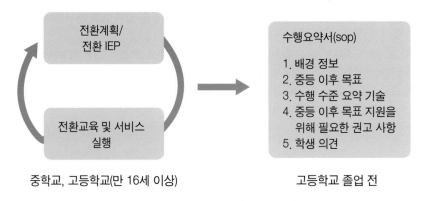

[그림 10-5] IDEA에 제시된 전환계획, 실행 및 수행요약서 작성 시기 및 내용

출처: 국립특수교육원(2019), p. 41 재인용.

을 포함한다. 마지막에는 SOP에 대한 장애학생의 의견을 직접 묻고 답변을 작성하도록 한다(〈표 10-8〉의 노스다코타주 SOP 예시 참조).

〈표 10-8〉 SOP 예시

SOP
• 영역 1: 학생 배경 정보(내용 생략함)

• 영역 2: 학생의 중등 이후 목표
  – 고용: 제임스는 차량 정비공으로 고용될 것이다.
  – 교육/훈련: 졸업 후 제임스는 웨스턴 다코타 기술 연구소의 2년 과정 디젤 수업에 참여할 것이다.
  – 자립생활(해당되는 경우): 해당 사항 없음

• 영역 3: 수행 요약(일부 내용 발췌함)
1) 학업 영역
  – 읽기: 제임스는 최근 성취도 평가에서 7학년 수준임이 나타났다. 해독력보다 이해력이 더 뛰어나다. 시험문제를 대신 읽어 주고 시간이 더 주어졌을 때, 사회와 영어 시험에서 향상되었다. 제임스는 역사 시간에 청각교재를 사용하였다. 제임스는 느리게 읽는 편이지만 테크놀로지 사용은 이해력과 속도를 향상하는 데 도움을 주었다.
  – 수학: 제임스는 최근 수학 검사를 하였으며, 아무런 조정 없이 대수학 I과 기하학을 마쳤고, B학점을 받았다. 제임스는 계산문제를 잘하며, 때때로 서술형 수학문제를 푸는 데 어려움을 가진다.
2) 기능적 영역
  – 의사소통: 제임스는 서면 지시사항에 대한 설명을 요청하였다. 제임스는 교사나 또래와 쉽게 대화를 나눈다. 수업시간에도 잘 경청한다.
  – 사회성: 제임스는 학교 직원과 또래에게 좋은 평판을 받고 있다. 제임스는 공손하며 로데오 팀의 주장이었다.
  – 자립생활: 제임스는 운전을 잘 하고, 식사 준비를 할 수 있으며, 은행 계좌를 잘 관리한다.
  – 자기옹호: 제임스는 학습장애가 있음을 인정하려고 노력하고 있다. 작년 봄, 제임스의 용접 선생님은 그가 불복종하고 있다고 생각했는데, 당시 제임스는 몇몇 서면 지시사항을 오해하고 있었기 때문에 생긴 사건이었다.
  – 직업: 제임스는 14세 이후부터 다양한 아르바이트를 해 왔다. 작년 봄에 시립 기계공장에서 무급 인턴십을 마쳤고, 올해 여름에는 오일 교체 가게에서 전일제로 일했다.
  – 추가 우려 사항: 제임스는 지난 학기에 매일 출석하였으나, 직업재활 자격을 얻지는 못하였다.

• 영역 4: 중등 이후 목표 달성을 위해 필요한 권고 사항(일부 내용 발췌함)	
고용	1. 제임스는 소정의 재정 지원 자격에 해당되지만, 학교 상담사는 그가 기술학교를 다니는 동안 생계유지를 위한 아르바이트를 해야 할지도 모른다고 말하였다. 2. 제임스가 디젤 정비를 배우는 동안 정비 관련 업무는 유익할 수 있다. 하지만 제임스는 기술학교에 다니면서 너무 많은 시간 동안 일하지 않도록 주의해야 한다. 3. 제임스는 웨스턴 다코타와의 강사와 아르바이트 업무에 관하여 이야기할 필요가 있다.

고용/ 훈련	1. 제임스는 조정, 보조공학, 튜터링, 청각교재 등을 요청하기 위해 가능한 한 빠른 시일 내에 웨스턴 다코타 장애업무 조정자와 만나야 한다. 2. 제임스는 기계학 교육과정은 잘 하지만, 일부 핵심 과목에서는 어려움을 겪을 수도 있다. 심리학은 매우 어려울 것으로 보인다. 학기 동안에 학습 부하를 줄이기 위해서 여름 동안에 핵심 과목 수강을 할 수 있다. 3. 제임스는 자기옹호 기술을 향상하기 위해 장애업무 조정자와 매주 정기적으로 연락을 유지하도록 계획해야 한다.

- 영역 5: 학생 의견(일부 내용 발췌함)
  1) 학교에서 성공하는 데 어떤 지원이나 조정 전략이 도움이 되었나요?
     - 여분의 시간이 도움이 되었어요. 나는 항상 숙제를 마지막에 끝마치는 사람이었어요. 가끔 나는 시험을 볼 때에도 질문을 이해하지 못해 좌절하였고요. 구두시험이나 자연적으로 말하는 방식은 크게 도움이 되었어요. 시험 문제를 대신 읽어 주는 건 낙제할 과목에 일부 합격할 수 있도록 도와주었어요. 내가 시험 문제를 잘 읽지 않았다는 것이 아니었고 내가 아는 것을 보여 줄 수 있었어요.
  2) 중등 이후 목표 달성을 위해 어떠한 지원이나 조정 전략이 필요한가요?
     - 과제를 완료하는 데 추가 시간 제공과 시험지를 읽어 주는 것이요.
  3) 방과후 서비스, 지원, 프로그램, 조정 전략 등이 필요한가요?
     - 네. 우리 선생님은 내가 기술기관에서 누가 나를 도와줄 수 있는지를 알아야 한다고 하셨어요.

출처: http://www.nd.gov/dpi/uploads/63/samplecompleted.pdf

3. 전환교육 프로그램의 운영

1) 전환교육 실천을 위한 학업기술 및 생활기술 교수

(1) 학업기술과 생활기술 교수의 필요성 및 내용

1997년 미국 IDEA에서는 장애학생의 일반교육과정 접근에 대한 정보를 IEP에 명시할 것을 구체적으로 요구하였다. 또한 2001년 「아동낙오방지법(No Child Left Behind Act)」에 따르면 '모든' 학생이 주정부에 수학·국어·과학과의 성과를 보고하여야 하며, 학업평가에도 참여하여야 한다. 즉, 장애학생을 주와 교육청의 책무성 체계에 참여하도록 하여 기준 중심 학교개혁 운동에 포함시키고 일반교육과정 접근을 촉진하며 학습 성과에 대한 높은 기대를 수립함으로써 교수 향상을 위한 목표를 세우도록 요구하고 있다(Snell & Brown, 2006).

이에 따라 교육과정 내용을 개별화하고 연령에 적합한 기능적 교육과정을 교수하는 데 초점을 두었던 통합교육 초기의 흐름은 중도 지적장애 학생들이라 하더라도 학업적 접근과 그에 따른 대안적 평가 및 학업 과제를 적용하기 위한 기능적 맥락이 강조되고 있는 상황으로 변화하였다. 또한 통합교육 환경에서는 장애학생을 위해 조정(accomodation)과 수정(modification)이 이루어진 일반교육과정과 기능적 교육과정을 부분적으로 선택하여 사용할 수 있지만, 기능적 교육과정의 교수만을 적용하는 것은 권장되지 않는다. 즉, 지적장애 학생을 지도하는 특수교사는 국가 수준에서 요구하는 학년 단위 학업기술과 함께 지적장애 학생의 독립성과 삶의 질에 중요한 생활기술 교수 간의 균형을 잘 찾아 교수해야 한다. 예를 들어, 〈표 10-9〉의 예와 같이 옷 입기 기술은 비학업적 내용이므로 교육과정상 근거를 찾기 어렵지만 A 학생에게 지도가 필요하며, 화폐 사용 기술은 초등학교 1학년을 위한 교수내용이지만 지적장애 고등학생인 B 학생의 독립성 신장을 위해 교수하여야 한다. 그리고 고등학교 졸업 이후 프로그램(이해를 돕기 위해 전공과로 기술)에 재학하는 C 학생의 경우에는 교육과정 기준이 제공되지 않으므로, 필요한 생활기술 교수내용을 특수교사가 선정할 필요가 있다. 즉, 자칫 생활기술 교수를 위한 여건 확보가 어려울 수 있는 이와 같은 상황에서도 지적장애 학생에 대한 기능적 교육과정의 적용은 여전히 중요하며, 동시에 장애학생에게 일반교육과정 적용의 기회를 제공하며 기대 수준을 높이는 것이 필요하다고 이해하여야 한다.

〈표 10-9〉 **학년 수준 학업 안내 이외에 필요한 교육 내용의 예**

학생	학년	필요한 교수내용	국가 단위 교육과정 지침이 내용 결정에 도움을 주는가?	이유는?
A(9세)	초등 3학년	옷 입기	×	해당 기술이 어떤 학년 기준에도 없음
B(16세)	고등 1학년	물건 구입 시 화폐 사용	×	화폐 사용 기술은 초등 1학년에 포함
C(19세)	전공과	전 영역	×	전공과 내용 기준이 없음

출처: 이영선 외 역(2015), p. 57 내용 재구성.

　　실제로 지적장애 학생들에 대한 학업적 측면, 특히 기초 학업기술 교수의 의미는 적지 않다. 기초 학업기술은 그 자체가 목표라기보다는 목표 달성에 필요한 중재 단계 혹은 선행적으로 습득되어야 할 기본 기술이며(박현숙, 2004), 장애학생의 장래 직업에서의 성공에 가장 중요한 기본 기술로 일컬어진다(Cronin & Patton, 1993). 이러한 기초학업기술은 전환교육적 측면으로 전개될 때 기능적 학업기술의 특성을 지니게 된다. 기능적 특성의 기초 학업기술 교수는 학령기 동안 성취해야 할 기본적이며 중요한 과업으로서(김정효, 이정은, 2008), 기능적 학업기술에 능숙할수록 더 많은 지역사회 참여 기회를 가질 수 있으며 자립적 성인이 될 수 있다(Sitlington & Clark, 2006). 기능적 학업기술의 교수는 실제 수업 상황에서 〈표 10-10〉과 같은 형식으로 구현될 수 있다. 각 칸의 교수활동들은 기능적 기술과 기초 학업기술의 상호적 관계를 나타내고 있으며, 이들은 분명히 동시에 교수되어야 한다.

〈표 10-10〉 **중등부 매트릭스: 학업/사회적 기술의 성인기 영역과의 관계**

구분	고용/교육	가정/가족	여가 추구	지역사회 참여	정서/ 신체적 건강	개인적 책임/ 관계
읽기	구직광고 읽기	청구서 해석하기	신문에서 영화 정보 찾고 이해하기	세금 신고서 지시 따르기	약 복용에 대한 지시 사항 이해하기	친구에게 온 편지 읽기
쓰기	구직신청서 작성하기	수표 쓰기	방문할 도시에 관한 정보 기록하기	투표자 등록 서식 작성하기	자신의 병력을 서식에 기록하기	감사카드 보내기
듣기	절차 변경에 대한 구두 지시 이해하기	저녁 준비에 대한 구두 지시 이해하기	야외활동 계획을 위한 일기예보 듣기	캠페인 광고 이해하기	스트레스에 대한 강의에 출석하기	대화 주고받기
말하기	상사에게 임금 인상 요청하기	가족들과 아침 일과에 대해 논의하기	음악회 티켓에 대해 문의하기	학교 교육위원회에서 자신의 의견 피력하기	의사에게 증상 설명하기	CD 구매에 대해 친구에게 피드백 주기
수학 적용	순수입과 총수입 차이 이해하기	집과 세탁소 간 세탁비용 계산하기	외식과 집에서 식사하는 것 간의 비용 계산하기	건축 허가에 대한 정보 얻기	온도계 사용하기	데이트 비용 계획하기
문제 해결	동업자와의 논쟁 해결하기	임대를 위한 예산 편성 결정하기	여러 장소에서의 적절한 행동에 대한 역할극하기	사기 당했을 때 어떻게 해야 할지에 대해 알기	의사 선택하기	데이트 신청방법 결정하기
생존 기술	준비된 진로 패키지 이용하기	응급 상황에서 사용할 전화번호 열거하기	쇼핑센터 전화번호부 사용하기	중요한 날짜(예: 재활용, 쓰레기 수집) 달력에 표시하기	비타민 복용을 기억하기 위해 체계 이용하기	생일을 기억하기 위한 체계 개발하기

개인/ 사회적 기술	적절한 면담기 술 적용하기	아이의 숙제 도 와주기	동네 수영장 사 용 규칙 알기	자기향상을 위 한 수업 찾아내 기	연 1회 건강검 진 받기	벼룩시장에서 가격 협상방법 논하기

출처: Sitlington & Clark (2006), p. 321 재인용.

(2) 학업기술 교수전략

Bost와 Ricomini(2006)는 전환연구 분석 프로젝트(What works in Transition Research Synthesis Project)에서 학업기술 교수를 위해 증거기반 실제로 구성된 종합적인 목록을 제시하였는데, 여기에는 자기관리, 테크놀로지를 활용한 교수, 또래교수, 시각적 제시, 기억증진 전략 등이 포함된다.

자기점검, 자기평가, 자기교수, 목표 설정, 전략 교수 등 '자기관리'와 관련된 용어를 사용하는 학업기술 관련 연구 결과 학업적 정확도와 산출도에 향상을 가져오거나(Carr & Punzo, 1993), 적절한 발화가 증진되었다(DiGangi & Maag, 1992). 학업기술 교수전략으로 활용되고 있는 컴퓨터기반 교수, 컴퓨터보조 교수, 컴퓨터보완 교수, 컴퓨터관리 교수 등 테크놀로지 활용 중재는 장애학생의 읽기, 수학, 쓰기, 건강 관련 주제 및 학업 참여와 정서인지 관련 기술 지도에 활용될 수 있다. 또래교수는 나이가 더 많거나 동갑인 또래에 의해 학업교수가 전달되는 것으로 협동학습, 또래보조, 또래튜터 등으로 불리는데, 컴퓨터 보조 수학 수업과(Bahr & Reith, 1991), 큰돈 내기 전략 교수(Schloss et al., 1997)에 활용되었다. 국내 연구로 김정효(2009)는 중등도 지적장애 청소년들에게 기능적 읽기기술을 지도하기 위해 상급학생 또래교수를 활용했으며 기능적 읽기기술이 향상되었음을 제시한 바 있다(⟨표 10-11⟩ 참조).

⟨표 10-11⟩ **또래교수를 활용한 기능적 읽기 교수학습 지도안의 예**

기능적 읽기기술 교수를 위한 상급학생 또래교수 활용

• 목표: 상급학생 또래교수를 활용하여 기능적 읽기기술 학습하기
• 환경: 대형 교실(기술 습득을 위한 모의 상황)
• 교수자료
  1. 20가지 상황별 기능적 읽기 자료(예: 영화관 입장권, 대형마트 전단지)
  2. 읽기 학습지: 10문항의 문항 번호만 다른 A형(또래학습용), B형(형성평가용) 학습지
  3. 또래교수 규칙판
  4. 학습지철, 필기도구

• 교수내용

5개 전환영역(일상생활, 고용, 여가/레크리에이션, 대인관계, 지역사회 참여)의 20가지 기능적 읽기 주제에 따른 기능적 읽기 학습

• 교수 절차(주 2회 방과 후 교육프로그램으로 고등학교 형들 11명이 지적장애 중학생들에게 1:1로 상급학생 또래교수 실시)
1. 또래교수자 및 또래학습자 수업 규칙 읽기
2. 기능적 읽기 주제 및 수업 자료 소개
3. 5분 읽기(partner reading): 또래학습자가 읽기 자료의 내용을 읽도록 강화, 재교수, 모니터링
4. A형 학습지 풀기(15분): 교수자가 도움 줄 수 있음
5. B형 학습지 풀기(15분): 모니터링
6. 자유선택활동 및 채점(20분)
7. 결과 확인 및 강화

• 평가

지적장애 또래학습자 학생이 스스로 해결한 읽기학습지(B형)를 즉석에서 채점하여 10문항 중 몇 문제를 맞혔는지 채점하고 개별 학습지 파일에 기록한다.

영역	여가/레크리에이션	회차	2	제재	영화관 입장권 읽기	일시	2008. 10. 27.		
학습목표	영화관 입장권에서 필요한 정보를 찾아 읽고 이해할 수 있다.								
단계	학습활동	교수학습 활동				시간(분)	자료 및 유의점		
		교사활동	학생활동						
			또래교수자	또래학습자					
도입	학습 분위기 조성	• 인사하기	• 바른 자세 및 언어로 인사하기	• 바른 자세 및 언어로 인사하기		10′	• 대형 TV, 영화관 입장권, 또래교수 규칙판 • 연구 보조자는 수업자료 및 학습지 배부		
	동기유발	• 최근 상영 중인 영화 포스터를 화면으로 보여주기	• 집중하여 보기	• 집중하여 보기					
	학습목표 확인	• 영화관 입장권 읽기학습을 할 것임을 안내	• 학습목표 확인하기	• 학습목표 확인하기					
	또래교수 규칙 확인	• 규칙판 제시	• 또래교수 규칙판을 보며 소리 내어 읽기	• 또래교수 규칙판을 보며 소리 내어 읽기					

전개	본시활동 1 (함께 읽기)	• 시작 · 종료시 간 알려 주기 및 점검	• 학습지 1(관련자료) 의 목적 설명하기 • 먼저 읽을 사람 결정 하기 • 학습지 1(혹은 관련 자료)에 있는 모든 내용(어휘)을 소리 내어 읽기/듣기 • 오류 수정/강화하여 주기	• 학습지 1(관련자료) 의 목적에 대해 이해 하기 • 읽기순서에 대해 자 기결정 • 학습지 1(혹은 관련 자료)에 있는 모든 내용(어휘)을 소리 내어 읽기/듣기	5′	• 초 시 계 , 학습지 1, 학습지 2, 평 가 지 , 학습지철, 필기도구
	본시활동 2 (또래교수)	• 시작 · 종료시 간 알려 주기 및 점검	• 학습자가 학습지 2 의 문제를 풀도록 격 려하기 • 학습자가 정답을 맞혔 을 경우 강화하기/오 답일 경우 쉬운 말로 설명하여 주며 재응답 하도록 격려하기 • 학습지 2의 문제 읽 어 주기 • 능숙해질 때까지 반복 하기(제한시간 한도)	• 학습지 2(문제지)의 문제 읽기 및 정답 쓰기 • 오답일 경우 재응답 하기 • 또래교수자 요구에 따라 학습지 1에서 정답 찾기(읽기, 표 시하기) • 능숙해질 때까지 반 복하기(제한시간 한 도)	20′	
	본시활동 3 (형성평가)	• 시작 · 종료시 간 알려 주기 및 점검	• 학습자가 문제풀이 를 중단할 경우, 다 시 시도하도록 언어 적으로 격려하기	• 평가지의 문제(10문 항) 풀기	10′	
	본시활동 4 (놀이마당)	• 놀이 코너를 안 내하며 진행	• 짝에게 세 가지 놀이 구역 중 원하는 장소 를 묻고 함께 가서 놀이하기 • 자연스러운 분위기 에서 놀이하기	• 형에게 세 가지 놀이 구역 중 원하는 장소 를 말하고 함께 가서 놀이하기 • 자연스러운 분위기 에서 놀이하기	25′	• 놀이도구, 놀이 선택 판
	본시활동 4 (평가지 채점)	• 평가지 채점 및 철하기(연구보 조자)				
정리	정리하기	• 1위 모둠 발표 하기 및 기념사 진 촬영 • 차시 예고 및 인사하기	• 1위 모둠 축하해 주 기 • 바른 자세 및 언어로 인사하기	• 1위 모둠 축하해 주 기 • 바른 자세 및 언어로 인사하기	10′	• 카메라

출처: 김정효(2009), pp. 59-60.

그래픽 조직자(grapic organizers), 인지조직자(cogintive organizer), 인지맵, 구조화된 개요, 수형도, 개념지도, 생각지도 등으로 불리는 시각적 제시가 문자 학습을 촉진하기 위해 사용되었으며, 수형도(Hollingsworth & Woodward, 1993), 벤다이어그램(Boyle, 2000), 오일러 다이어그램(Grossen & Carnine, 1990), 물의 순환도(Diebold & Waldron, 1988) 연구 등이 있었다. 학업기술 향상을 위한 기억증진 전략(mnemonics)은 학습 촉진을 위해 핵심어 단어를 사용함으로써 학생이 개념을 기억할 목적으로 사용되는 기억-연합 기술, 핵심어 기억증진 전략, 재구조화된 정교화(reconstructive elaboration) 등을 포함하며, 시각 및 청각 단서를 사용해 학생이 학습을 촉진하기 위해 주제어 전략을 사용하거나 학생이 번호 또는 순서가 있는 정보의 학습을 잘하도록 주제어-결어 단어 전략을 사용할 수도 있다(Wolgemuth, Trujilo, Cobb, & Dugan, 2008).

(3) 생활기술 교수전략

일상생활 기술은 지적장애인뿐 아니라 모든 사람의 독립적인 생활을 위해 필수적 요소로서 삶의 영역과 집, 학교, 지역사회에서 매일 필요한 아주 중요한 기술이다. 높은 수준의 자조기술을 가진 학생들이 낮은 수준의 자조기술을 가진 학생들보다 중등과정 이후의 교육, 고용, 독립생활 측면에서 더 높은 참여율을 보이기 때문에 가르칠 필요가 있다(Blackorby, Hancock, & Siegel, 1993). 다음과 같은 측면에 대한 평가자료에 기초하여 교수를 제공하여야 한다. ① 재정계획, ② 자조기술, ③ 요리, ④ 살림, ⑤ 가정유지(home maintenance), ⑥ 교통기관 이용, ⑦ 의복 관리, ⑧ 지역사회 서비스 접근, ⑨ 시간/조직적 관리, ⑩ 자기결정, ⑪ 사회적 역할/시민, ⑫ 지역사회/동료 관계, ⑬ 결정적 사고와 문제 해결.

미국 중등전환기술지원센터(National Secondary Transition Center: NSTTAC)는 생활기술 교수와 관련된 48개 증거기반 실제를 확인하여 소개하고 있다(〈표 10-12〉 참조). 각 기술 지도 실제에 대한 설명은 NSTTAC의 웹사이트(http://www.nsttac.org)의 링크에서 제공하고 있으며 지도방법으로 활용될 수 있는 교수학습 계획안 사례로 연결된다. 〈표 10-13〉는 NSTTAC에 탑재되어 있는 생활기술 교수를 위한 지도안 사례 가운데 하나로, 반응촉진법을 이용하여 '세탁하기' 기술을 지도한 것이다. 이 밖에 지역사회중심 교수를 사용하여 식료품점에서 장보기를 지도하거나 동시적 촉진을 이용한 자물쇠 열기, 하나 더 전략을 통한 물건구입 기술 지도방법 등 다양한 생활기술 지도전략과 지도안들을 제공하고 있다.

〈표 10-12〉 생활기술 발달과 관련된 증거기반 실제

교수전략	기술
후방연쇄법(backward chaining)	기능적 일상생활
컴퓨터보조 교수 (computer-assisted instruction)	음식 준비하기 및 요리, 기능적 일상생활, 식료품점 장보기
지역사회중심 교수(CBI)	의사소통, 지역사회통합, 기능적 일상생활, 식료품점 장보기, 물건 구매하기
고정시간지연법 (consistance time delay)	응용수학, 은행업무, 의사소통, 음식 준비하기 및 요리, 기능적 일상생활, 여가, 물건 구매하기
전방연쇄법(forward chaining)	집 관리하기
일반적 사례 프로그래밍 (general case programming)	안전 유지
하나 더 전략 교수 (one-more-than strategy)	돈 세기, 물건 구매하기
점진적 시간지연법 (progressive time delay)	기능적 일상생활, 물건 구매하기, 안전 유지
반응촉진 전략 (response prompting)	음식 준비하기 및 요리, 기능적 일상생활, 식료품점 장보기, 집 관리하기, 세탁하기, 여가, 물건 구매하기, 안전 유지, 일견단어 읽기, 사회성
자기관리 교수	사회성
자기점검 교수	기능적 일상생활
모의상황 전략	은행업무, 기능적 일상생활, 물건 구매하기, 사회성
최대최소촉진체계 (more-to-least prompts)	의사소통, 음식 준비하기 및 요리, 기능적 일상생활, 식료품점 장보기, 물건 구매하기, 안전 유지
전체과제연쇄법	기능적 일상생활
비디오 모델링	음식 준비하기 및 요리

출처: http://www.nsttac.org/content/lesson-plan-starters/

〈표 10-13〉 **반응촉진 교수를 사용하여 세탁기 이용하기 기술을 교수한 사례**

세탁하기 기술

- 목표: 학생들에게 세탁하기 기술 가르치기
- 환경: 가정실습 교실
- 교수자료
  1. 세탁물로 가득 찬 빨래바구니
  2. 액체 세제
  3. 섬유유연제 종이
  4. 세탁기 또는 건조기, 세탁과 관련된 곳에 8개의 기능적 단어(예: 온도, 세제, 주기)가 적혀 있는 5″×7″ 크기의 단어장

- 교수내용(세탁하기 과제분석)
  1. 세탁기에 빨래바구니를 가지고 간다.
  2. 세탁기 뚜껑을 연다.
  3. 세탁기에 옷을 넣는다.
  4. 액체세제의 뚜껑을 돌려서 뺀다.
  5. 계량컵에 적절한 양의 세제를 붓는다.
  6. 액체세제 뚜껑을 닫는다.
  7. 계량컵 속에 들어 있는 액체세제를 세탁기 안에 붓는다.
  8. 세탁기 뚜껑을 닫는다.
  9. 적당한 주기로 맞춘다.
  10. 물 온도를 선택한다.
  11. 세탁량을 선택하다.
  12. 세탁기가 돌아갈 수 있도록 세탁 버튼을 누른다.
  13. 마지막 주기가 끝나면 세탁기에서 옷들을 꺼낸다.
  14. 건조기에 옷들을 넣는다.
  15. 건조기에 섬유유연제 종이를 넣는다.
  16. 건조기 문을 닫는다.
  17. 원하는 건조 정도를 선택한다.
  18. 건조기의 시작 버튼을 누른다.
  19. 건조기가 멈추면 건조기에서 옷들을 꺼낸다.
  20. 건조기에서 옷들을 꺼내고 빨래바구니에 넣는다.

- 교수 절차
  1. 자료들을 준비한다.
  2. 의도적인 단서(예: "옷을 세탁하고 건조할 준비가 되었나요?")를 전달하고, 정확한 반응을 기다린다.
  3. 해야 할 과제(예: "○○야, 옷 세탁하고 건조하자.")를 전달하고, 학생들이 시작할 수 있도록 5초를 기다려 주고, 각 단계를 끝낼 수 있도록 15초를 기다려 준다.
  4. 학생들이 단계를 정확하게 수행한 경우, 말로 칭찬해 주고 다음 단계를 시작할 수 있도록 5초를 기다려 준다.

5. 학생들이 5초 안에 반응을 못한 경우 또는 10초 안에 단계를 완수하지 못한 경우, 즉 올바르게 단계를 이행하지 못한 경우에는 언어적 촉진(예: "세탁기에 옷을 넣은 후에는 세제의 뚜껑을 돌려서 빼야 해.")으로 과제의 방향을 반복적으로 제시하고, 학생이 단계를 시작할 수 있도록 15초를 기다려 준다.

6. 언어적 촉진에도 불구하고 학생이 단계를 정확하게 수행하지 못한 경우, 언어적 촉진과 함께 시연을 보여 주고, 학생들이 그 단계를 시작할 수 있도록 5초를 기다려 주고 그 단계를 끝낼 수 있도록 15초를 기다려 준다.

7. 이러한 형식으로 정확한 반응에 언어적 촉진을 제공 또는 체계적 촉진을 이용하여 학생들이 각 과제분석 단계를 완성할 수 있도록 도와준다.

• 평가
과제분석 단계 중 학생들의 행동이 정확하게 이행된 단계에 대한 확률로 자료를 수집한다.

• 교수학습 계획안 출처
Taylor, P., Collins, B. C., Schuster, J. W., & Kleinert, H. (2002). Teaching laundry skills to high school students with disabilities: Generalization of targeted skills and nontargeted Information. *Education and Training in Mental Retardation and Developmental Disabilities*, 37, 172-183.

출처: http://www.nsttac.org/content/lesson-plan-starters/

2) 학교에서의 직업훈련

지적장애인이라 할지라도 보조공학과 직장에서의 지원을 통하여 유급고용을 모색하는 것이 현재 특수교육의 가치이며, 학령기 동안 유급 혹은 무급 실습 경험을 거친 장애학생들은 졸업 후 더 많은 임금을 받을 수 있다(Blackcorby & Wagner, 1996; Luecking & Farbin, 2000). 따라서 중 · 고등학교에서의 직업 준비는 장차 지역사회에서 의미 있는 직업과 연결될 수 있도록 보다 실제적이어야 하며(Inge, 2001; Wehman, 2001), 이러한 인식을 바탕으로 초등학교 시절부터 직업 관련 기술의 교수가 이루어지는 것이 좋다. 실제 직업현장에서의 훈련은 중등과정에서 시작되어야 하며, 일반학교에서 같은 연령의 일반 학생과 함께 배우는 직업 관련 학업기술, 사회적 기술, 연령에 적합한 교육과정 내용들과 전체적인 균형을 이루어야 한다.

(1) 직업 관련 기술의 교수
많은 직업 관련 활동은 초등학교 단계부터 지도할 수 있다. 이는 직업 관련 기술이 어떤 직업에서 요구되는 특정한 기술을 말하는 것이 아니라 직장생활을 유지하기 위해 필요한 더 포괄적인 다양한 기술을 의미하기 때문이다. 따라서 지적장애 학생의 경우 이른 시기부터 여러 가지 상황과 대상을 상대로 이러한 기술을 익히는 것이 유리한 것은 당연하다. 직업과 관련된 기술들로는 개인적인 위생 관리, 다양한 교통수단 이용, 휴식시간 갖기, 적절한 방법으로 도움 요청하기, 약속시간 지키기, 일정한 시간 동안 활동 수행하기, 강화의 지연에 대해 인내하기, 자연적 단서와 지시에 집중하기, 개인 혹은 집단의 사람들과 적절한 방법으로 어울리기, 물건 공유하기, 일정 따르기, 일정의 변화에 적응하기, 지역사회에서의 안전과 위험 상황에 대하여 이해하기, 공공장소에서 식사하기, 낯선 사람들이나 동료들과 의사소통 체계 사용하기, 자판기 이용하기, 벌칙과 비판에 대해 반응하기, 노동의 대가에 대한 개념 이해하기, 급여에 맞는 예산 작성하기 등이 포함될 수 있다.

(2) 직업적 선호 및 흥미 파악을 위한 진단

전환을 위한 직업 관련 활동을 전개하는 데 있어 학생들이 추구하고자 하는 진로 방향을 파악하는 것이 중요하며, 이를 위해서는 '학생중심계획' 전략을 사용하는 것이 좋다. 앞서 언급했던 MAPS는 학생들의 미래를 계획할 때 학생들을 돕기 위해 사용되는 학생중심계획의 한 방법으로 널리 사용된다(Farvey, Forest, Pearpoint, & Rosenberg, 1993). 이 체계는 본래 중도장애 학생들을 일반학급에 완전통합하기 위해 개발된 도구이며, 학생의 현재와 미래의 꿈, 강점, 흥미, 요구를 평가하는 과정으로 사용되고 있다(Westing & Fox, 1995). MAPS에서는 학생과 관련된 이해 당사자들(예: 부모, 형제, 서비스 제공자, 또래, 교사 등)이 모여 협력적 브레인스토밍을 통해 학생의 흥미, 선호, 기술 수준에 대한 다음과 같은 내용을 파악하고자 한다. 이 과정은 상당한 개입을 필요로 하며 운영과정에서 광범위한 인사들을 포함해야 하기 때문에, 경도장애 학생보다는 중도장애 학생을 위한 학생중심 미래 계획 수립 시에 보다 적절한 방법으로 추천되고 있다(Miller et al., 2007).

- 학생의 사례력(case history)은 어떠한가?
- 학생에 대한 당신의 꿈(기대)은 무엇인가?
- 학생에 대한 당신의 걱정거리는 무엇인가?
- 학생은 누구인가?
- 학생의 강점, 타고난 재능, 능력은 무엇인가?

- 학생의 요구는 무엇인가?
- 학교에서 바람직한 학생의 모습은? 그렇게 되기 위하여 어떤 조치가 필요한가?

PATH는 직업과 관련된 학생의 꿈과 목표를 확인하는 데 사용되는 또 다른 방법으로서, MAPS로부터 발달하여 대상 학생을 위한 직업계획을 실행하기 위해 고안된 것이다. 문자 그대로 이 과정은 학생이 추구하고자 하는 직업 진로(path)를 확인할 수 있게 한다. PATH에서는 집단의 촉진자(facilitator)가 이끌어 가는 회의에서 다음 여덟 가지 일련의 질문들에 대해 각자 의견을 나누며 결론을 이끌어야 한다. 그 단계는 ① 장래희망에 대해 말하기, ② 장래희망을 긍정적이고 실현 가능한 것으로 이해하기, ③ 현재에 기초 두기, ④ 대상 학생에 대해 알기, ⑤ 강점을 증진할 방법 파악하기, ⑥ 향후 3개월간 수행할 활동들 정하기, ⑦ 다음 달에 수행할 작업 계획하기, ⑧ 다음 단계 활동 결정하기이다. 이들 PATH 단계에 대한 토론은 다음 해에 시도될 학생들의 전환활동을 이끌 수 있으며, 팀은 이 계획을 따르도록 하여야 한다. 그렇지 않을 경우 PATH의 전개과정을 통한 결실을 기대하기가 어렵다. MAPS와 PATH는 전환계획이나 IEP를 대신하는 것이 아니라 전환계획을 강화하기 위해 함께 사용할 수 있는 도구들이다. 개별 지적장애 학생들을 위한 전환계획에서 이러한 학생중심 계획 도구 및 방법을 적용하는 것은 그들에 대한 긍정적 견해와 청사진을 제공할 수 있도록 한다.

(3) 지역사회와 실제 고용현장에서의 직업훈련

지역사회에서의 직업훈련 경험들은 학생들의 선호도, 능력, 요구되는 지원들을 확인하고자 할 때 도움이 된다. 단위학교 수준의 직업교육과정은 학생들이 표현한 흥미에 기초해야 할 뿐 아니라 각 지역사회의 특징에 따라 특색 있게 운영하는 것이 좋다. 이는 각 지역사회의 주요 고용주들과 이용 가능한 직업 유형, 장애인들이 취업하고 있는 직업 유형들을 결정하기 위한 지역 노동시장에 대한 계속적인 평가를 요구한다.

실제 고용환경에서 학생들에게 직업훈련을 제공할 경우 많은 이점을 얻을 수 있다. 무엇보다 지역사회 내에서 직업훈련을 할 때 학생들이 흥미를 보일 경우 잠재적인 직업 탐색이 가능하며, 학생들의 능력과 흥미에 맞는 이상적인 직업 특성을 정확하게 집어내는 데 유리하다. 그리고 실제 작업환경 내에서의 직업 경험은 사업체를 통해서 얻을 수 있는 흥미, 선호, 요구되는 지원들을 학생들이 확인하는 데 도움이 된다. 또한 지역사회기반의 경험들은 실제 환경 속에서 학생들이 작업을 경험하면서 작업환경의 어러움을 없애거나 줄일 수 있는 방법을 모색하는 기회를 제공할 수도 있다. 그러므로 각 학생들의 직업훈련 일정은 교내뿐 아니라 지역사회 내에서의 직업활동에 대한 계획을 반영하는 것이 바람직하다.

우리나라의 예로는 한국장애인고용공단이 실시하고 있는 '장애인 취업지원사업' 가운데 장애학생 취업지원사업(워크투게더 센터)을 예로 들 수 있다. 이 프로그램은 장애학생이 졸업 전 자신의 진로를 탐색하고 설계하여 안정적으로 노동시장에 진입할 수 있도록 지원하고자 하는 것으로, 참여를 원할 경우 재학 중인 학교의 담당교사에게 문의하여 시·도별 교육청의 나이스(NEIS)의 장애학생 진로취업시스템을 통해 지원을 신청할 수 있으며 전국의 모든 고등학교 학생 또는 전공과에 재학하는 장애학생이 참여할 수 있는 것이 장점이라 할 수 있다.

우리나라 지방자치단체에서 실시하고 있는 모델로 서울특별시가 추진하고 있는 장애인일자리지원 사업은 '고등교육의 졸업을 앞두고 있는 장애학생의 사회진출을 돕기 위한 프로그램으로 직장체험 및 인턴십을 통해 직업인식 및 직무 수행능력을 향상시키고, 나아가 안정된 직장생활을 할 수 있는 기반을 마련하는 것'에 목적을 두고 있다. 서울특별시 내 특수학교(특수학급) 고등부 3학년과 전공과 학생을 대상으로 하고 있으며 비용은 무료이다. 전년도 12~5월 신청을 거쳐 일자리사업 대상으로 선정이 되면 상담 및 직업평가 과정(1~5월)을 통해 적합한 업체와 연계하여 직장체험과 인턴십(7~12월)에 참여할 수 있으며, 실습 참여 전에 취업전교육(연 2회)과 부모교육(연 1회)를 이

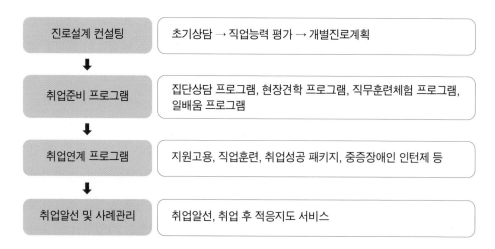

[그림 10-6] 장애학생 취업지원사업 서비스 내용 및 흐름도

출처: https://www.kead.or.kr/view/service/service01_03_10.jsp

수하여야 한다.

(4) 고용 기술 향상 전략

1980년대 중반 이후로 현장 전문가들은 장애학생의 고용률을 높이기 위해 학생들이 직업생활을 더 잘 준비할 수 있는 방안을 모색하기 시작했다. Köhler와 Field(2003)에 따르면 학생들이 이를 잘 준비할 수 있는 방법 중 하나는 학교와 직무기반 활동을 통해서 직무 관련 기술을 쌓는 것이다. 이 과정에서 현장 전문가들은 학생에게 필요한 조정이 무엇인지 알아보아야 하며 학생들이 성공할 수 있도록 지원하고 학교와 지역사회의 다양한 환경에서 이러한 기술을 가르쳐야 한다(Test, 2015). 미국 중등전환기술지원센터(NSTTAC)에서 개발한 학술 데이터베이스에는 최소-최대 촉진법, 자기관리, 컴퓨터보조 교수, 지역사회중심 교수, 반응촉진, 기억증진 전략 방법들이 고용 기술 지도를 위한 증거기반 실제로서 인정되고 있다.

〈표 10-14〉 **직무기술 교수를 위한 컴퓨터기반 교수 활용의 예**

직무기술을 가르치기 위한 컴퓨터기반 교수 사용

- **목표**: 학생들에게 식물에 물 주기, 우편물 배달, 핸드타월 교체를 가르치기
- **환경 및 교수자료**
  - 환경: 교수는 일주일에 네 번, 작은 사무실에 시행된다. 기술 일반화는 지역사회의 직무현장에서 측정된다.
  - 교수자료: 랩톱컴퓨터, 파워포인트 소프트웨어 프로그램, 디지털카메라, 윈도우 무비메이커, CD-ROM, 매직터치 스크린
  - 일반화 교수자료: 어깨끈이 달린 24인치 캔버스 가방, 물이 채워진 플라스틱 병, 비닐 포장이 되지 않은 핸드타월 1개, 핸드타월 걸이 1개 법정 규격의[8.5인치(215.9mm)×14인치(355.6mm)] 봉투

- **교수내용**
  1. 학생은 컴퓨터기반 비디오 교수로 '실제와 동일한' 시나리오로 세 가지 과제(식물에 물 주기, 우편물 배달, 핸드타월 교체) 수행 방법을 학습한다.
  2. 과제분석은 다음 과정을 포함한다.

컴퓨터 화면의 사진	과제분석의 비디오 녹화
직무기술 1: 식물에 물 주기	
엘리베이터	엘리베이터로 걸어간다.
엘리베이터 내부의 층 버튼	3층을 누른다.
3층으로 엘리베이터가 움직이는 장면	돌아서 왼쪽으로 걸어간다.

식물	식물로 걸어간다.
물통	식물에 물을 준다.
직무기술 2: 우편물 배달	
엘리베이터	엘리베이터로 걸어간다.
엘리베이터 내부의 층 버튼	2층을 누른다.
2층으로 엘리베이터가 움직이는 장면	돌아서 왼쪽으로 걸어간다.
사무실 내 책상	책상으로 걸어간다.
책상 위 봉투	봉투를 가방 안에 넣는다.
엘리베이터	엘리베이터로 걸어간다.
엘리베이터 외부 위/아래 버튼	아래 방향을 누른다.
엘리베이터 내부 층 버튼	1층을 누른다.
1층에 있는 카운터	카운터로 걷는다.
카운터에 있는 봉투	봉투를 카운터에 놓는다.
직무기술 3: 핸드타월 교체	
화장실 문	화장실로 걸어간다.
빈 핸드타월 두루마리	가방에 빈 핸드타월 두루마리를 넣는다.
새 핸드타월 두루마리	사물함 위에 새 핸드타월을 놓는다.
교실 문	교실 문으로 걸어간다.

• 교수 절차
 1. 수업 전
  ① 과제분석이 이루어진 각 직무 절차의 디지털 사진과 소리가 들어간 비디오자료를 만든다
    (예: 식물에 물주기, 우편물 배달, 핸드타월 교체)
    – 교사는 주관적인 시선으로 과제분석을 녹화한 비디오를 만든다(만일 학생이 봐야할 것
      이 있다면 카메라를 움직인다).
    – 비디오는 교수자가 과제분석의 모든 단계를 완수하는 것을 보여 줄 것이다.
    – 비디오는 별도로 녹화하고, 윈도우 무비메이커를 사용하여 편집하여, CD-ROM으로 저장
      한다.
  ② 터치스크린은 사진을 고르는 데 사용될 것이다.
  ③ 사진은 각 과제분석 단계에 맞는 사진이 자동적으로 재생되도록 디지털 비디오 클립으로
    올바르게 하이퍼링크가 되어야 한다.
  ④ 비디오가 자동으로 재생되도록, 파워포인트를 다음 슬라이드로 넘어가게 화면을 터치한다.
  ⑤ 비디오가 멈추면, 파워포인트를 3장의 사진을 담은 다음 슬라이드로 넘어가게 한다.
  ⑥ 다음 과제분석 단계에 해당하는 올바른 사진이 선택될 때까지 지금의 파워포인트 슬라이드
    에서 머문다.

2. 컴퓨터기반 비디오 교수(CBVI)

① 교사는 선택을 할 때 터치스크린을 사용함으로써 학생들의 주의를 끌고, "지금부터 컴퓨터로 식물에 물 주기, 우편물 배달 그리고 핸드타월을 교체하는 연습을 할 거예요."라고 말할 것이다.

② 학생들은 컴퓨터 스크린에 나타난 3장의 사진을 볼 것이다.

③ 학생은 직무를 완수하기 위한 과제분석의 다음 단계에 해당하는 하나를 선택할 것이다(스크린을 터치).

④ 학생이 올바른 선택을 하면, 완전한 과제분석 단계를 보여 주는 비디오가 재생될 것이다.

⑤ 고정시간지연 절차를 사용하여, 한 회기당 학생들이 100% 올바른 반응을 할 때까지(교사 촉진 후에 정반응) 0초 지연부터 시작한다.

⑥ 그리고 난 뒤, 나머지 교수 회기에서는 3초 고정시간지연을 사용한다.

⑦ 만약 학생이 촉진되지 않았거나 촉진된 정반응을 한다면, 컴퓨터 프로그램은 다음 슬라이드로 넘어갈 것이며, 과제분석의 다음 단계가 녹화된 비디오가 재생될 것이다.

⑧ 만약 학생이 촉진되지 않은 오반응을 보인다면, 교사는 올바른 사진을 짚어 줄 것이다.

⑨ 만약 학생이 촉진된 오반응, 무반응을 보인다면, 교사는 올바른 사진을 짚어 주고, 비디오가 있는 슬라이드로 넘어간다.

• 평가

과제분석에 대한 학생들의 정반응 횟수를 수집한다.

• 교수학습 계획안 출처

Mechling, L. C., & Ortega-Hurndon, F. (2007). Computer-based video instruction to touch young adult with moderate intellectual disabilities to perform multiple step job tasks in a general setting. *Education and Training in Developmental Disability, 42*, 24-37.

출처: http://www.nattac.org/sites/default/files/assets/pdf/74.pdf

4. 우리나라의 전환교육 실태

이제까지 기술한 전환교육 관련 내용은 상당 부분이 1980년대 이후 주로 미국을 중심으로 전개되어 온 내용으로 우리나라의 전환교육 혹은 진로 · 직업교육 상황과 조금 거리가 있다. 이는 우리나라에서는 지적장애 학생의 '성인기 직업적 자립을 위한 기술교육'이라는 일반적인 명칭으로서 '전환교육'이 아닌 '진로 · 직업교육'을 보다 폭넓게 사용하고 있기 때문이다. 여기서는 우리나라 성인기 지적장애인의 실태와 전환교육 실제의 근간이 될 수 있는 법적 · 교육과정적 근거 및 그로부터 파생되는 몇 가지 문제점에 대해 중점적으로 살펴보고자 한다. 이러한 과정은 특수교육 분야에서 지향하는 전환교육 이론과 실제를 우리나라 상황에 적용하고 보다 향상된 전환교육 지식 및 실행 수준으로 나아가기 위해 필요하고도 중요한 일이라고 할 수 있다.

1) 우리나라 지적장애인의 성인기 결과

우리나라에서 고등학교를 졸업한 성인기 지적장애인들의 상황을 살펴보기 위해서는 특수교육통계(교육부, 2021a), 특수교육연차보고서(교육부, 2021b), 특수교육실태조사(교육부, 2020b)와 같은 국가 단위 조사 자료, 그리고 지적장애 청년 혹은 성인기의 삶의 모습이나 삶의 질 수준을 다루고 있는 문헌과 연구 논문들(김정효, 이정은, 2008; 박승희 외, 2020)을 참고할 수 있다. 이 가운데 특수교육 통계조사와 가을 정기국회 보고자료인 특수교육 연차보고서는 특수교육대상 학생들을 위한 교육 실태 및 관련 사항들 그리고 졸업 후 진로 현황에 대한 객관적 상황을 매년 보고하는 가장 정확한 자료이다.

〈표 10-15〉는 특수교육대상자로서 고등학교를 졸업한 성인기 장애인의 진로 실태에 대한 2017년, 2019년과 2021년 특수교육통계 자료를 비교하여 수록한 것이다. 이 자료들은 지적장애 졸업생 비율을 따로 조사하지 않고 있으므로, 학령기 특수교육대상 학생 중 지적장애 학생 비율이 52.8%(51,788명)로 가장 높고 자폐성장애(15.5%)와 지체장애(9.9%), 발달지체(9.5%) 학생을 제외하면 기타 장애 영역의 학생은 3% 정도이거나 그 미만 비율을 차지하고 있다는 사실을 감안하여(교육부, 2021b) 대략적인 추이를 살펴볼 수 있다. 아울러 특수학교 전공과 졸업생들의 진로의 경우 2021년 현재 전국 187개 특수학교 가운데 85%인 158개 특수학교에 전공과가 개설되어 있고, 이 가운데 116개교(73.4%)가 지적장애 특수학교이므로, 지적장애 특수학교 전공과 졸업생들의 진로 실태를 그 정도의 비율로 미루어 짐작하여야 한다.

우선 우리나라 특수학교 장애학생들의 고등학교 졸업 후 진로 가운데 전공과, 전문대학, 대학 등의 고등학교 졸업 후 진학률은 2017년도의 53.1%에서 2019년 55.7%, 2021년 58.6%로 지속하여 조금씩 증가하고 있는 것을 알 수 있다. 이러한 경향은 특수학급과 일반학급 졸업생에게도 일관성 있게 나타난다. 여기서 특수학교는 물론 특수학급 학생들의 전공과 진학 비율이 지속적으로 상승하고 있다는 사실은 전국 대부분의 특수학교(84.5%)에 전공과가 개설되어 직업훈련의 의미와 더불어 학령기 연장의 의미로 전공과가 활용되고 있기 때문이라고 볼 수 있다(박희찬, 2016). 아울러 전공과를 포함한 전문대학과 대학 등 상급학교로의 진학이 장애학생들의 고등학교 이후 진로의 한 영역으로 확고하게 자리 잡고 있음을 확인할 수 있다. 그러나 1~2년 과정의 전공

〈표 10-15〉　특수교육대상 고등학교·전공과 졸업과 졸업생 진로 현황

구분		졸업자	진학자					취업자 / 취업 직종															비진학 미취업자
			전공과	전문대	대학교	소계	진학률	보건 의료	제품 제조	농림 어업	정보 통신	식품 가공 제과 제빵	이료	영업 판매	청소 세탁	식음 료서 비스	문화 예술	사무 보조	사서 보조	기타	소계	취업률	
고등학교 특수학교	2021	2,108	1,158	13	64	1,235	58.6	4	13	-	1	10	2	-	6	5	1	6	2	11	61	7.0	812
	2019	2,447	1,247	22	71	1,364	55.7	2	2	-	-	2	4	-	6	132	2	3	-	11	64	5.9	1,019
	2017	2,546	1,269	23	61	1,353	53.1	-	31	2	1	5	66	4	3	4	-	3	-	26	145	12.2	1,408
고등학교 특수학급	2021	3,614	1,234	262	293	1,789	49.5	25	147	5	11	63	-	15	60	85	13	110	26	66	617	33.8	1,208
	2019	3,952	1,193	290	224	1,707	43.2	33	173	3	3	29	-	9	95	145	6	97	24	101	718	32.0	1,527
	2017	3,989	1,081	294	216	1,591	39.1	37	230	8	6	48	-	34	70	143	5	76	20	113	790	32.9	1,608
고등학교 일반학급	2021	1,105	45	195	456	696	63.0	2	11	-	2	3	-	2	-	4	1	4	1	24	54	13.2	355
	2019	1,328	39	220	482	741	55.8	1	19	-	3	8	-	1	6	4	4	7	-	16	69	11.8	518
	2017	1,199	41	225	372	638	53.2	1	35	2	-	7	-	5	2	14	2	6	1	17	92	16.4	469
전공과	2021	2,378	-	25	6	31	1.3	68	292	4	11	37	36	6	161	132	8	98	17	139	1,009	43.0	1,338
	2019	2,131	-	18	5	23	1.1	39	276	2	2	38	67	24	121	153	7	60	10	123	922	43.7	1,186
	2017	1,942	-	9	3	12	0.6	33	309	2	3	43	14	11	73	89	3	45	8	115	748	38.8	1,182

* 전공과 진로 내용에 특수학교 졸업자 정보만 포함하였다(일반학교 전공과 졸업자 자료 제외).

출처: 교육부(2021, 2019, 2017). 특수교육통계 재구성.

과 졸업 후(4개 시각장애 특수학교는 3년 과정 개설) 전문대학 및 일반 대학으로의 진학률은 1% 정도이며, 이 가운데 지적장애 졸업생의 진학률은 미미할 것으로 짐작된다. 즉, 특수학교 고등부 과정을 졸업한 지적장애 학생의 상급학교 진학률이란 4년제 대학이나 전문대학에 진학하는 상황을 의미하는 것이라기보다는 특수학교 전공과로의 진급을 말하는 경우가 대부분일 것으로 추정할 수 있다.

한편, 2017년과 2019년, 2021년의 취업률과 미진학·미취업자 수를 살펴볼 때 특수학교 졸업생 취업률은 12.2%, 5.9% 7.0%, 일반학급 졸업생 취업률은 16.4%, 11.8%, 13.2%, 특수학급 졸업생 취업률은 32.9%, 32.0%, 33.8%, 전공과 졸업생 취업률은 38.8%, 43.7%, 43.0%로 비교적 일관성 있는 수치가 나타나 일반적인 경향성을 파악하는 것이 가능하다. 특수학교 고등학교 과정 졸업생들의 취업률이 저조한 것은 고등학교 졸업 후 바로 취업이 어렵거나, 취업이 가능한 경우에도 취업 기회를 미루려는 상황에 더하여, 대부분의 경우 출신 특수학교에 개설된 전공과에 진학하여 학령기를 연장하고자 하는 최근의 추세(박희찬, 2016; 최민식, 신현기, 2020)를 반영한다고 볼 수 있다. 아울러 특수학급과 일반학급 졸업생의 경우에도 전공과 진학 비율이 10년 전에 비해 3배 이상 증가한 것을 확인할 수 있다.

아울러 '비진학·미취업자'의 수가 의미하는 바는 비진학, 미취업 상태로 가정에 머무르는 졸업생 수뿐만 아니라 지역사회 복지관 등의 훈련 프로그램이나 주간보호 프로그램 등에 진입한 상당수 졸업생의 수를 포함하는 것이 사실이므로, 이후에는 실태조사에서 단순 재가 장애인과 프로그램 이용 장애인을 구분하여 조사할 필요가 있을 것으로 사료된다.

장애 졸업생들의 취업 종목을 살펴보면(시각장애인만이 선택할 수 있는 이료 영역을 제외하면) 아직까지 제품제조 등 전통적인 미숙련·반숙련 직종이 취업률의 상당 부분을 차지하고 있는 것을 볼 수 있다. 그러나 제과·제빵, 식음료 서비스, 청소세탁, 사무보조 및 사서 영역의 취업률 상승이 현저하며, 보다 다양한 직종으로 취업 종목이 확산되고 있는 경향성 또한 확인할 수 있다. 한편, 비진학·미취업 졸업생 가운데 훈련 및 여타 프로그램에 진입하지 못하여 '가정에 머무르는 상태인 졸업생'들의 현황 파악 및 대처가 필요하다는 사실에도 주목하여야 한다. 이 수치는 현재 및 미래의 구직활동과 자립생활에 어려움이 클 것으로 예상되는 중도 지적장애인을 포함할 가능성이 높아 잠재적 문제로서 그 심각성이 크기 때문이다.

2) 전환교육의 법적 · 교육과정적 근거

우리나라에 전환교육의 개념이 소개된 것은 「특수교육진흥법」이 제정된 1977년 이후, 장애인 복지와 고용에 대한 관심이 증가하던 1980년대 말부터 1990년대 초 시기로 거슬러 올라가며(유애란, 2005), 이후 현재까지 특수교육 분야에서 장애학생의 다음번 진로지에서의 성과를 높이고자 제기된 '전환교육'에 대한 학문적 관심과 특수교육 실제의 발전이 계속되고 있다. 그러나 2007년 제정된 「장애인 등에 대한 특수교육법」에서는 장애학생의 진로 방향 설정과 직업교육을 '전환교육' 관점에서 활발하게 연구하던 당시의 특수교육적 흐름을 반영하지 않고 이전 「특수교육진흥법」의 직업교육과 진로교육을 통합한 개념인 '진로 및 직업교육'을 법률 용어로서 채택하였다. 법 제정 이후 관련 연구와 정책 수립 및 교육 현장 적용에 있어서 '진로 · 직업교육'이라는 명칭을 사용하게 됨에 따라, 우리나라의 전환교육은 '진로 및 직업교육'의 성격을 규정하거나 실제를 활성화하기 위해 상황에 따라 차용되는 개념으로, 전환교육 실제와 철학에서 어느 정도 거리를 두고 전개되는 모습을 취하게 되었다.

우리나라의 전환교육 도입기 상황에 대한 이러한 인식을 바탕으로, 여기서는 장애학생을 위한 진로 · 직업교육(혹은 전환교육)과 관련된 특수교육 관련법과 정책의 기반이 되는 특수교육 5개년 계획 및 교육과정 내용을 살펴보고자 한다.

1977년 제정된 「특수교육진흥법」에서는 제12조(직업보도)에서 특수교육대상자가 능력에 따라 직업에 종사할 수 있도록 직업훈련 및 교육에 필요한 시설과 설비를 갖추어야 한다는 조항을 두었다. 이후 1994년 전면 개정을 계기로 제20조에서 직업교육에서 직업교육에 필요한 시설과 설비 및 직업담당교사 배치, 제21조에서 전문기술교육 실시를 위한 1년 이상 과정의 전공과 설치, 그리고 제22조에서 특수교육대상 학생의 진로 방향 설정과 직업선택을 위한 진로교육 실시를 하도록 규정함으로써 직업교육 관련 법 조항의 내용 범위를 확장하고 시행령에서 세부사항을 정하였다.

2008년 「장애인 등에 대한 특수교육법」이 시행되자 이전 「특수교육진흥법」은 폐지되었다. 동법 제2조에는 진로 및 직업교육을 "특수교육대상자의 학교에서 사회 등으로의 원활한 이동을 위하여 관련 기관의 협력을 통하여 직업재활훈련 · 자립생활훈련 등을 실시하는 것을 말한다."라고 정의하고 있다. 여기에서 '특수교육대상자의 학교에서 사회 등으로의 원활한 이동을 위하여'와 '관련 기관의 협력을 통하여'라고 기술된 부분과 직업재활훈련뿐 아니라 자립생활훈련의 필요성을 적시한 부분, 직업교육과 진로

교육의 개념을 합하여 '진로 및 직업교육'이라는 용어를 사용하고 있는 점은 전환교육 개념을 일정 부분 차용한 것으로 볼 수 있다.

그리고 동법 제23조(진로 및 직업교육의 지원) 제1항에는 "중학교 과정 이상의 각급학교의 장은 특수교육대상자의 특성 및 요구에 따른 진로 및 직업교육을 지원하기 위하여 직업평가 · 직업교육 · 고용지원 · 사후관리 등의 직업재활훈련 및 일상생활적응훈련 · 사회적응훈련 등의 자립생활훈련을 실시하고, 대통령령으로 정하는 자격이 있는 진로 및 직업교육을 담당하는 전문 인력을 두어야 한다."라고 규정하고 있다. 이 조항에서도 특수교육 당사자의 특성 및 요구를 고려해야 한다거나, 전문인력을 통한 직업교육 이외에도 자립생활훈련까지를 포괄하는 진로교육을 요구하고 있어 종합적 전환교육의 관점을 상당 부분 포함하고 있음을 엿볼 수 있다.

현행 우리나라 특수교육 정책은 5차에 걸친 '특수교육발전 5개년 계획'에 기초를 두고 있는데 제1, 2차 계획에는 진로 · 직업교육 관련 내용이 포함되지 않았다. 대신 보건복지부, 교육부, 노동부의 3개 부처가 합동으로 장애인복지 중장기계획으로서 마련한 '장애인발전 5개년 계획(1998~2002년)'에 포함된 장애인 교육 분야의 내용을 살펴보면(박희찬, 2016), 여기서는 장애인 교육의 문제점 중 하나로 직업교육을 제시하여 구체적으로 직업교육과정의 다양성 미흡, 직업교육 시설 부족, 취업률 저조를 문제점으로 지적하면서 장애 정도 및 유형에 적합한 교육과정 개발, 현장중심 교육과정 운영, 첨단 직업훈련실 설치를 그 대안으로서 제시하였다.

제3차 특수교육발전 5개년 계획(2008~2012년)에서는 특수교육대상 학생의 진로 · 직업교육 관련 기관 간 협력 지원체제 구축, 장애 유형 및 장애 정도에 맞는 현장중심 직업교육, 진로 · 직업교육 기반 강화에 중점을 두었다. 먼저 진로 · 직업 지원이 필요한 시기별로 관련 기관들이 종합적 · 체계적으로 협력하여 직업교육과 취업이 연계될 수 있도록 지원체계 구축, 진로상담 및 직업평가 공동 실시, 교수학습 자료 공동 개발이 추진되었다. 현장중심 직업교육 강화를 위해 현장중심 교육과정 시범학교를 운영하고 경도장애 학생은 일반사업장 중심의 직업교육, 중도장애 학생의 경우에는 장애인 직업재활시설 중심 직업교육을 확대하도록 했다. 그리고 진로 · 직업교육 기반 강화를 위해 진로 · 직업교육 담당자의 자격기준 강화와 연수 확대, 지역사회중심 직종 개발 및 취업알선을 강화하고자 했다.

제4차 특수교육발전 5개년 계획(2013~2017년)의 진로 · 직업 관련 계획은 장애학생 진로 · 직업교육 강화를 통한 진로 다양화 및 취업률 향상, 고등학교 및 전공과 취업률

40% 달성, 졸업 후 취업 및 자립생활 능력 향상의 세 가지 과제로 요약될 수 있다. 또한 통합교육을 받고 있는 장애학생들이 거주지에서 쉽게 접근하여 현장중심 직업교육을 받을 수 있도록 '통합형 직업교육 거점학교'를 연차적으로 확대하고, 지역사회 일반 사업장과 유사한 직업교육 환경을 조성할 수 있도록 특수학교 내 '학교기업'의 운영을 내실화하여 졸업 후 취업률을 높일 수 있도록 하였다. 아울러 일반고등학교나 특수학교 고등부 과정 학생들이 특성화고, 마이스터고, 전문대학 및 폴리텍대학에 위탁교육을 실시하여 직업교육 기회를 확대하며 개인별 맞춤형 직업교육을 강화하도록 했다.

제5차 특수교육발전 5개년 계획(2018~2022년)은 '핵심 역량 강화와 공감문화 확산으로 장애학생의 성공적 미래생활 실현'이라는 비전을 가지고 있으며, 5대 중점 분야 가운데 진로 · 직업교육 분야 관련 교육 내용으로 '장애학생의 성공적 미래생활 역량강화'가 선정된 바 있다. 구체적인 세 가지 발전 과제는 진로 · 직업교육의 전문화를 통한 취업률 제고와 장애학생 고등교육 지원 강화, 장애학생 평생교육 체계화 및 질 제고 등이다. 다시 말해, 장애학생의 미래 성과를 고용에 국한하지 않고 중등 이후 교육, 평생교육 등 보다 확장된 구체적이고 세부적인 미래생활을 준비하고자 하는 것이다.

전체 '특수교육발전 5개년 계획'의 진로 · 직업교육 관련 내용 중 현재까지 일관성 있게 강조되고 있는 정책은 학령기로부터 성인기 진출과정의 가장 일반적인 성과라 할 수 있는 '고용' 관련 진로 · 직업교육 성과를 높이기 위해 관련 부처인 교육부, 보건복지부 및 노동부가 연계해야 한다는 것이다. 특수교육 정책에는 특수교육 관련 법의 변천과 시대적 요구가 반영되기도 하였다. 1998년 시작된 장애인발전 5개년 계획에서는 1994년 개정 「특수교육진흥법」을 통해 설립된 전공과에 대한 노동부의 협력 지원이 반영되었고, 2008년 「장애인 등에 대한 특수교육법」에서 특수교육지원센터를 중심으로 효과적인 진로 및 직업교육이 이루어지도록 부처 간 협력 및 연계를 위한 협의처를 구성하도록 하는 법적 내용이 표함되면서 교육부에서도 법적 뒷받침을 확대하였다. 한편, 2003년부터 시작된 특수교육발전 종합계획에서 장애학생의 진로 방향 설정 및 직업교육을 전환교육의 관점에서 연구하던 당시의 시대적 흐름을 반영하여 '전환교육'을 강조하였지만 이후의 정책에서는 구체적으로 언급되지 않는 것을 확인할 수 있다.

다음으로, 1998년 이후 2015년까지 4차례의 특수교육 교육과정 변천과정 중 진로 · 직업교육(혹은 전환교육) 관련 내용을 살펴보고자 한다. 특수교육 교육과정은 1998년 7차 교육과정에서 기본교육과정이 도입되면서 기본교육과정, (국민)공통교육과정, 선택(중심)교육과정이라는 구성이 확립되어 현재까지 그 틀이 유지되고 있다. 진로 · 직업교육 측면에서 살펴보면 1998년과 2008년 기본교육과정에서는 중 · 고등학교 교과명이 '직업'이었으나 2011년 개정부터는 '진로와 직업'으로 명칭이 변경되는데, 이는 이전 「특수교육진흥법」 시기에 진로교육과 직업교육이 각각 규정되다가 2008년 「장애인 등에 대한 특수교육법」에서 '진로 및 직업'으로 제정되는 것과 같은 맥락이다. 공통교육과정에서 고등부 선택 중심 교육과정은 1998년에 전문 선택 직업교과가 편성된 이래 현재까지 유지되고 있으며 초기 7개 교과목에서 일부 교과목 명칭이 변경되거나 확대되어 2015년부터는 11개의 전문교과와 전문교과 III으로 편제가 이루어지고 있다.

진로 · 직업교육과정을 포함한 특수교육 기본교육과정의 대상은 1998년 지적장애 및 정서장애 학교 학생이 사용하는 특수학교 교육과정으로 편성되었지만 2008년 이후부터는 장애 유형이 아닌 개별 학생의 장애 정도와 특성에 따라 편성이 가능하게 되었다. 진로와 직업 교과목 시수는 2008년에 큰 폭으로 감축된 이후 2011, 2015 특수교육 교육과정에서는 진로 · 직업교육의 중요성을 강조하는 시대적 흐름에 따라 교과목 시수 · 비율이 유지되고 있다. 2008 특수교육 교육과정의 교수학습 방향에서는 다양한 형태의 진로 · 직업교육 현장실습이 강조되었는데, 이러한 흐름은 2011, 2015 교육과정에서도 유지 혹은 강화되고 있다. 아울러 통합교육 현장의 장애학생 진로 · 직업교육 활성화를 위해 2015 특수교육 교육과정에서는 생활기능 및 진로와 직업교육, 현장실습 등을 교과 내용으로 편성할 수 있는 근거를 마련하였다. 〈표 10-16〉에는 1998년 이후 변화한 특수교육 교육과정에서의 진로 · 직업 관련 사항이 정리되어 있다.

〈표 10-16〉 1998년 이후 진로 · 직업 관련 특수교육 교육과정 변경 주요 내용

구분	고시	주요 내용
7차 특수학교 교육과정	제1998-11호	• 지적장애 아동을 위한 기본교육과정 편성 • 고등학교 2, 3학년 과정의 선택 중심 교육과정 편성 • 전문교과: 공예, 포장 · 조립 · 운반, 전자조립, 제과, 제빵, 정보처리, 상업디자인, 이료(시각장애) • 직업교과 수업시수: 중학교 782~850시간 중 340시간(약 40~43%), 고등학교 816~850시간 중 408시간(약 48~50%) 배당

2008 특수교육 교육과정	제2008-3호	• 유·초·중·고별 교육목표 제시 • 특수교육 교육과정으로 명칭 변경: 특수학급, 일반학급, 시·청각 장애 및 지체부자유 학생 사용 근거 마련 • 중·고등학교 교육목표로 진로 탐색 및 개척 능력이 제시됨 • 전공과 교육과정은 고교 선택 중심 교육과정 및 전문 직업교과 중 학교 여건에 맞는 것을 선택적으로 편성하도록 함 • 직업 시수 감축: 중학교 304 → 204시간, 고등학교 408 → 272시간 • 전문 선택 교과의 현장실습 강화 • 기본교육과정 직업교과 성격에서 직업교과를 '전환교과'로, 교수 학습 지도방법으로 '전환교육 관점'을 택할 것 명시 • 중·고등학교 기간 중 전환교육 관점에서 학생 필요와 요구에 따른 개별화교육계획을 편성·운영할 것 제안
2011 특수교육 교육과정	제2011-501호	• 학년군 개념 도입, 공통교육과정을 초등 1학년부터 중3까지 선택 교육과정을 고등학교에서 편성·운영 • 교과목 내용에 진로교육을 포함하여 '진로와 직업'으로 교과목 명칭 변경 • 공통교육과정에 중학교 선택과목으로 진로와 직업 편성 • 고등학교 선택교육과정 보통교과 생활·교양 영역에 진로와 직업이 선택과목으로 편성 • 진로와 직업 교과 중심의 중점학교 운영 가능 • 전문교과 교과목: 기초공예, 포장·조립·운반, 농업, 전자조립, 기초제과·제빵, 정보처리, 기초시각디자인, 직업과 생활, 이료(시각장애학교) • 전체 교과 대비 진로와 직업 수업시수 비율: 중학교 21%, 고등학교 27% 유지
2015 특수교육 교육과정	제2015-81호	• 학교 교육과정을 통해 중점적으로 기르고자 하는 핵심 역량 제시 • 일반학급 및 특수학급 배치 특수교육대상 학생들에게 교과 내용 대신 생활기능 및 진로와 직업교육, 현장실습 편성·운영 가능(영역과 내용은 단위학교 결정) • 학생의 진로·직업 탐색과 선택을 돕기 위해 진로교육을 강화한 교육과정 편성·운영 가능 • 고등학교 기본교육과정의 진로와 직업교과 외에 선택 중심 교육 과정의 전문교과 중 학교 여건에 맞는 교과 선택 가능 • 진로와 직업교과의 교육과정 내용과 관련된 현장실습을 다양한 형태로 운영(구체적 사항은 시·도교육청 결정)

　한편, 2008년 이후 기본교육과정에서는 직업교과의 성격과 교수학습 지도방법 측면에서 '전환교육'의 관점을 택하고 있음을 구체적으로 명시하고 있는 것을 살펴볼 수 있다.

직업교과의 성격은 사회생활에 필요한 경험을 다양하게 가지도록 하는 기능적 생활 교과, 생산활동에 필요한 기초적 기능의 습득을 중시하는 기술 교과, 여러 분야의 지식 과 기능을 서로 연결하고 통합하는 종합 교과, 학교생활을 마치고 지역사회에서의 삶을 순조롭게 시작할 수 있도록 적절히 연결해 주는 전환교육 교과로 설명된다. 이러한 성 격 가운데 교수학습 지도방법 면에서 가장 중요한 것이 전환교육의 관점이다(교육과학 기술부, 2009, p. 15).

2008년 기본교육과정에서는 직업교과를 "학생들의 개인생활, 가정생활, 학교생활, 지역사회생활, 경제생활, 여가생활 등 전반적인 생활의 영역에서 직업인식, 직업탐색, 직업준비를 위한 교육활동"으로 정의하고, 중·고등학교 기간을 통하여 "전환교육의 관점에 기초하여 학생의 필요와 요구에 따라 개별화교육계획을 수립하고 시행할 것" 을 규정하였다(교육인적자원부, 2008). 아울러 2011년에 이어 2015 개정 특수교육 교육 과정에서도 진로와 직업교과의 성격에 대하여 "생애주기별 진로 발달단계인 진로 인 식, 진로 탐색, 진로 준비 등에 이르는 일련의 경험 과정에 기초하여 학생이 학교교육 을 마친 후 지역사회 생활 및 직업생활로 나아갈 수 있도록 연결하는 전환교육의 관점 을 강조"하며, "궁극적으로 학생이 실제적인 환경에서 수행할 수 있는 능력을 갖추고 지역사회의 구성원으로서 보다 독립적인 생활을 할 수 있도록" 하는 교과임을 명시하 고 있다(교육부, 2015).

3) 우리나라 지적장애 학생의 전환교육 실태 및 향후 과제

전환교육 철학과 요소, 구체적 방법론이 우리나라 특수교육 분야에 도입되어 장애 학생들의 성인기 성과를 높이기 위한 종합적인 진로·직업교육을 총망라하는 개념으 로서 자리 잡은 지도 이미 상당한 시간이 지났다. 그러나 앞서 설명하였듯이 우리나라 에서는 전환교육이 특히 중등특수교육과 직업특수교육 분야에서 필수적인 개념으로 다루어지는 중요한 요소인 것과는 별개로 「장애인 등에 대한 특수교육법」에서 '전환교 육'이라는 고유한 명칭이 법률적 근거를 가지지 못함에 따라 이후에 의도치 않은 상황 이 이어지고 있는 것 또한 사실이다. 우선적으로 우리나라 지적장애 학생의 졸업 후 다양한 방면의 성인기 결과를 개선하기 위해 특수교육 분야에서 이미 체계적으로 추 진되고 있는 전환교육의 학문적인 기반과 증거기반 실제가 공적으로 폭넓게 활용되기 어려워, 전환교육에 대한 인식 및 실천 의지를 가진 중등 특수교사가 지도하는 진로와 직업 교과의 관점 및 방법론으로 축소 운영될 우려가 있다. 즉, 이른 시기부터 종합적인 전환교육적 관점의 생애단계별 전환교육을 실시하기 위한 전체 특수교사들의 교육적 접근을 기대하기 어렵다. 또한 개별화전환교육계획(Individual Education Transition Plan: ITP)이 IEP에 포함되어야 하는 법률적 근거가 마련되지 않고 단위학교의 자율 및 권장사항으로 남겨지고 있다. 그러나 '전환교육' 대신 '진로와 직업'이라는 용어를 사용한다 하여 우리나라에서 장애학생들의 졸업 후 성과를 높이기 위한 다양한 시도가 없었던 것은 물론 아니다. 선진국의 대열에 진입한 우리나라에서는 「장애인 등에 대한 특수교육법」 제5조(국가 및 지방자치단체의 임무), 제23조(진로 및 직업교육의 지원), 제24조(전공과의 설치 · 운영)와 이미 진행 중인 제5차 특수교육발전 5개년 계획(2018~2022년) 등 법령과 중장기 국가 정책을 통하여 장애학생 진로 · 직업교육의 국가적인 책무성을 공적으로 실현하고자 하는 움직임 또한 활발하게 이루어지고 있다.

　「초 · 중등교육법」 제44조 제3항 시행령과 교육부 고시 제2020-226호(교육과정 총론)에 따라 중학교와 중학교 과정을 운영하는 특수학교에서 실시하기 시작한 자유학기 · 학년제는 '학생들이 자신의 적성과 미래 진로에 대해 탐색하고 학습의 즐거움을 경험하여 스스로 공부하는 자기주도적 학습능력을 기르기 위함이며, 중학교 과정을 설치한 170개 전체 특수학교에서 운영되고 있다(교육부, 2020b). 또한 고등학교 졸업 장애학생들의 자립생활훈련과 직업재활훈련 교육 요구에 부응하고자 설치된 특수학교 전공과는 연차적으로 증설되어 2010년 255학급(교육과학기술부, 2010)에서 2014년에는 456학급(교육부, 2014)으로, 2020년에는 672학급(전국 154개 특수학교와 18개 일반학교에 총 5,445명이 재학)으로 확대되었다.

　아울러 '장애학생에게 현장실습 위주의 직업교육을 제공하고 인근 특수학급 학생에 대한 직업교육 및 컨설팅을 제공함으로써 해당 지역 장애학생의 직업교육 거점을 마련하고자' 2010년부터 특수학급이 설치된 특성화고등학교를 중심으로 '통합형 직업교육 거점학교'를 설립하여 총 50개 학교에서 활발히 운영 중이다(교육부 지정 35개교, 시 · 도교육청 지정 15개교)(교육부, 2020b). 그리고 '일반사업장과 유사한 작업환경을 조성하여 장애학생의 현장실습 중심 직업교육을 강화하고자' 2010년 대구 영화학교와 전주 선화학교를 시초로 운영하기 시작한 '특수학교 학교기업'이 2019년 31개교에 이르러 내실을 꾀하고 있다(교육부, 2020b).

　이 밖에 특수교육 패러다임의 변화와 특수교육 수요자의 요구가 다양해져 2008년 제정된 「장애인 등에 대한 특수교육법」의 개정 필요성이 제기됨에 따라 개정안 연구가 행해졌다(국립특수교육원, 2020). 진로·직업교육 관련 개정안 내용을 살펴보면 제23조(진로 및 직업교육)의 조문 명칭을 '진로·직업교육'으로 변경하고 초등학교 과정부터 진로·직업교육을 시작할 수 있도록 근거를 마련했다. 더불어 진로교육의 다양한 내용을 지원·운영할 수 있는 근거(안 23조)와 직업뿐 아니라 대학 진학을 준비할 수 있는 지원 근거(안 제23조의2)를 각각 제안하였다. 또한 제24조에서 기존 전공과의 명칭을 '전환교육과'로 변경할 것을 제안하였다. 이는 학교에서 지역사회 전환을 지원하는 교육과정으로서 전공과의 기능을 명확히 하기 위함이며, 아울러 전공과를 각급학교뿐 아니라 대학 등 유관기관에도 설치·운영할 수 있도록 함으로써 중등교육 이후 다양한 기관에서 계속교육을 받을 수 있는 기반을 구축하고자 했다(〈표 10-17〉 참조).

2020년 「장애인 등에 대한 특수교육법」 개정안 연구에서는 '전환교육'이라는 명칭으로의 변경이나 개념 도입을 직접적으로 요구하지는 않았지만 전환교육의 개념 및 철학을 담아 진로·직업교육이 유치원 혹은 초등과정부터 단계별로 실시될 수 있도록 제23조 제1항의 중학교 과정 이상 각급학교라고 기술된 부분에서 '중학교 과정' 내용을 삭제하거나, 기존 직업교육 중심으로 구성된 법조문을 진로교육과 자립생활교육 내용을 포함하는 것으로 범위를 확장시키고, '전공과' 명칭을 '전환교육과'로 변경하고자 한 것을 확인할 수 있다.

〈표 10-17〉 진로·직업교육 관련 「장애인 등에 대한 특수교육법」 개정안 신구 비교표

현행	개정안	개정 사유
제23조(진로 및 직업교육의 지원) ① 중학교 과정 이상의 각급학교의 장은 특수교육대상자의 특성 및 요구에 따른 진로 및 직업교육을 지원하기 위하여 직업평가·직업교육·고용지원·사후관리 등의 직업재활훈련 및 일상생활적응훈련·사회적응훈련 등의 자립생활훈련을 실시하고, 대통령령으로 정하는 자격이 있는 진로 및 직업교육을 담당하는 전문인력을 두어야 한다.	제23조(진로·직업교육의 지원) ① 각급학교의 장은 특수교육대상자가 자신의 소질과 적성을 바탕으로 직업세계 이해, 진로 탐색·설계 및 취업·창업·자립생활 등을 할 수 있도록 진로심리검사, 진로상담, 진로정보 제공, 진로체험, 취업·창업 지원, 취업 후 사후관리 지원 및 자립생활교육 등을 실시하여야 한다.	• 「진로교육법」의 진로교육 내용과 연계하여 기존의 진로 및 직업교육 지원 관련 내용 재구성 • 정의에서 제시한 바와 같이 재활, 훈련 용어는 삭제하고 교육 중심의 용어로 재구성 • 진로교육은 유치원 단계부터 시작할 수 있으므로 중학교 과정 이상으로 한정한 기존 조항 삭제 • 제1항은 진로·직업교육의 범위를 명시하는 내용으로 구성하고, 현장실습, 진로·직업교육 담당 전문인력에 대한 자격 관련 위임 규정은 별도 항으로 분리하여 구성

〈항 신설〉	② 고등학교와 전환교육과를 운영하는 각급학교의 장은 특수교육대상자가 학교에서 지역사회로의 원활한 전환을 위하여 현장실습을 교육과정에 포함하여 운영할 수 있다.	• 현장실습을 추가하여 학령기부터 적합한 실습 및 진로·직업교육이 이루어질 수 있도록 제안
〈항 신설〉	③ 각급학교 장은 대통령령으로 정하는 자격이 있는 진로·직업교육을 담당하는 전문인력을 두어야 한다.	• 진로·직업교육 담당 전문인력 자격에 대한 위임 규정을 별도항으로 분리
② 중학교 과정 이상의 각급학교의 장은 대통령령으로 정하는 기준에 따라 진로 및 직업교육의 실시에 필요한 시설·설비를 마련하여야 한다.	④ 각급학교의 장은 대통령령으로 정하는 기준에 따라 진로·직업교육의 실시에 필요한 시설·설비를 마련하여야 한다.	• 제1항 수정에 따른 자구 수정(중학교 → 각급학교, 진로 및 직업교육 → 진로·직업교육)
③ 특수교육지원센터는 특수교육대상자에게 효과적인 진로 및 직업교육을 지원하기 위하여 대통령령으로 정하는 바에 따라 관련 기관과의 협의체를 구성하여야 한다.	⑤ 특수교육지원센터 및 각급학교의 장은 특수교육대상자에게 진로·직업교육을 제공하기 위해 관련 기관과의 협의체를 구성하여야 하고, 국가 및 지방자치단체는 진로·직업교육을 제공하는 기관 등에 행·재정적 지원을 할 수 있다.	• 진로체험 등 진로·직업교육을 제공하는 기관에 대한 행·재정적 지원 명시 • 특수교육지원센터를 포함하여 각급학교에서도 필요한 경우 협의체를 구성할 수 있도록 규정
〈조항 신설〉	제23조 2(대학 입학 준비 지원) ① 교육부장관 및 교육감은 대학에 입학하고자 하는 특수교육대상자를 지원하기 위하여 대학 입학 준비에 따른 진학지도를 실시하여야 한다. ② 교육부장관 및 교육감은 대학입학 정보를 제공하는 시스템을 구축·운영하고, 장애유형에 적합한 대학 입학 수험편의를 제공하여야 한다. ③ 국가 또는 지방자치단체는 제2항에 따라 시스템 구축 및 수험편의 제공이 이루어질 수 있도록 행정적·재정적 지원을 하여야 한다.	• 대학 진학을 준비하는 특수교육대상학생의 요구를 반영하여 진학지도 명문화 • 대학 진학지도에 필요한 적합한 정보 제공 및 정보의 접근성을 보장하고, 대학 입학 시 장애에 따른 각종 편의 제공 명시 • 대학 입학준비 지원을 위한 행·재정 지원 명시
〈조항 신설〉	제23조의 3(여가·문화·예술·체육 활동 지원) ① 교육부장관 및 교육감은 특수교육대상자가 학교에서 여가, 문화, 예술, 체육 활동의 기회를 증진하기 위하여 노력하여야 한다. ② 제1항에 따른 여가, 문화, 체육 활동은 제20조에 따른 교육과정 이외에도 제28조에 따른 방과후 학교, 거점학교 지정·운영 등 다양한 방식으로 제공할 수 있다.	• 진로 및 직업교육 이외에도 특수교육대상자의 여가, 문화, 예술, 체육 활동 등에 대한 참여 기회 확대 명시 • 제5차 특수교육발전 5개년 계획에도 여가문화, 체육 관련 교육 지원 확대 등에도 제시되어 있음 • 특수교육대상자의 여가, 문화, 예술, 체육 활동 제공 및 참여 방안 명시

	③ 교육부장관 및 문화체육부장관은 특수교육대상자의 여가, 문화, 예술, 체육 활동 증진을 위하여 협력하여야 한다. ④ 제1항 및 제2항에 따른 특수교육대상자의 여가, 문화, 예술, 체육 활동 증진에 필요한 구체적 사항은 대통령령으로 정한다.	• 특수교육대상자의 여가, 문화, 예술, 체육 활동 증진을 위한 국가기관의 협업 및 책무성 제시 • 특수교육대상자의 여가, 문화, 예술, 체육 활동 증진을 위한 구체적 필요 사항에 대해서 대통령령에서 정함
제24조(전공과의 설치·운영) ① 특수교육기관에는 고등학교 과정을 졸업한 특수교육대상자에게 진로 및 직업교육을 제공하기 위하여 수업연한 1년 이상의 전공과를 설치·운영할 수 있다.	제24조(전환교육과의 설치·운영) ① 각급학교, 고등학교 기관 등 교육부장관이 정하는 지역사회 유관기관에는 고등학교 과정을 졸업한 특수교육대상자에게 효과적인 진로·직업교육을 제공하기 위하여 수업연한 1년 이상의 전환교육과를 설치·운영할 수 있다.	• 기존 전공과를 전환교육과로 명칭 변경 • 전환교육과 설치 대상 교육기관을 특수교육기관에서 대학 등 고등교육기관으로 확대 • 진로교육보다 포괄적인 전환교육 용어 사용
② 교육부장관 및 교육감은 지역별 또는 장애유형별로 전공과를 설치할 교육기관을 지정할 수 있다.	② 교육부장관 및 교육감은 지역별 또는 장애유형별로 전환교육과를 설치할 각급학교를 지정하거나 지역사회 유관기관에 위탁할 수 있다.	• 중도·중복장애 학생을 위한 실생활 중심의 전환교육을 지원하기 위한 전환교육과의 형태 및 운영을 다양할 수 있도록 학교 외 관련 기관에서 설치·운영할 수 있는 근거 제시 • 각급학교의 경우 교육부장관(국립학교) 또는 교육감(공·사립학교)이 전환교육과를 지정하도록 하고, 고등교육기관 등 유관기관의 경우 교육부장관 또는 교육감이 전환교육과를 위탁할 수 있도록 규정
③ 전공과를 설치한 각급학교는 「학점인정 등에 관한 법률」 제7조에 따라 학점인정을 받을 수 있다.	③ 전환교육과를 설치한 각급학교 및 유관기관은 「학점인정 등에 관한 법률」 제7조에 따라 학점인정을 받을 수 있다.	• 자구 수정: 제1항 수정에 따른 자구 수정
④ 제1항 및 제2항에 따른 전공과의 시설·설비 기준, 전공과의 운영 및 담당 인력의 배치 기준 등에 관하여 필요한 사항은 대통령령으로 정한다.	④ 제1항 및 제2항에 따른 전환교육과의 시설·설비 기준, 전환교육과의 지정·위탁 절차, 전환교육과의 운영 및 담당 인력의 배치 기준 등에 관하여 필요한 사항은 대통령령으로 정한다.	• 자구 수정: 제1항 수정에 따른 자구 수정
〈항 신설〉	⑤ 「의료법」 제82조 제1항 제1호에 따른 교육을 실시하는 전환교육과는 제20조의2 제1항의 규정에도 불구하고 교육부장관이 정하는 교육과정을 적용한다.	• 이료재활전공과 교육과정을 국가수준 교육과정으로 정해 적용할 수 있도록 근거 규정 마련 • 이 법에는 직업교육 교육과정에 대한 규정을 별도로 제시하지 않고 교육부장관이 정하도록 제시하였으

| | 므로(교육부장관 고시), 이를 따르
도록 하는 것으로 수정
• 교육부장관이 정하는 교육과정이라
함은 시각장애학교 고등학교 과정
의 '이료 영역'임 |

출처: 교육부(2020a), pp. 377-380.

　우리나라 특수교육 분야에서 '전환교육'이 법률용어가 되지 못한 채 15년이 지났지만 진로 · 직업교육 분야에서 전환교육 철학의 파급력은 전혀 줄어들지 않은 것이 사실이며, 오히려 법 개정을 통해 다시금 전환교육의 개념과 철학, 용어를 포괄한 입법화 움직임을 보이고 있다. 개정안(2020a)의 시도는 전환교육의 관점에서 볼 때 2008년 「장애인 등에 대한 특수교육법」의 내용보다 진전되기는 하였으나 명시적으로 '전환교육'을 법률용어로서 사용하지는 않고 있어 아쉬움이 크다. 전환교육이라는 명칭이 명확한 법률적 근거를 가지고 있지 않아 이후 우리나라 전환교육 이론 및 실제의 전개에 생각보다 많은 파급효과를 낳고 있음을 2008년 이후 충분하게 경험하여 왔기 때문이다. 이에 지적장애 학생들을 위한 전체 특수교사들의 전환교육 실천을 도모하기 위하여 특수교육법에 전환교육에 대한 법적 근거를 마련하는 것을 시작점으로 하여, 향후에는 전환교육의 다양한 이론적 · 실제적 측면을 우리나라의 특성에 맞게 토착화하여 적용할 필요가 있다.

 요약

1. 전환교육 개념의 변화

- 전환교육이란 장애학생의 성인기 성과 부진에 대한 특수교육적 노력으로 '장애학생을 위한 진로교육'을 의미한다.
- 전환교육은 학교 졸업 후 성인기로 진입하는 시기와 직업교육을 강조하는 개념으로부터, 생애 전체 기간과 성인기 생활 영역 전체를 대상으로 하는 포괄적 접근으로 발전하였다.

2. 전환교육 프로그램의 구성

- 전환교육 프로그램은 '개인중심' 접근이 요구되며, 개별 환경의 핵심 인사를 포함하는 팀을 구성하고 전환평가를 거쳐 개별화전환교육계획(ITP)이 작성되어야 한다.

- 학교에서의 직업 관련 행동은 초등학교 단계부터 지도할 수 있다.
- 중 · 고등학교 시기에는 지역사회 실제 고용현장에서의 직업훈련을 통하여 지적장애 학생의 선호도, 능력, 요구되는 지원을 확인한다.
- 전환교육 성과를 높이기 위해서는 기능적 특성의 기초 학업기술 접근이 필요하다.
- 전환교육 및 직업 · 진로교육 활성화를 위한 일부 교사와 국가 차원의 노력이 증진되고 있으나 전환교육에 관한 '법적' 근거에 따른 전체 특수교사의 전환교육 실천이 요구된다.

3. 전환교육 프로그램의 운영

- 지적장애 학생의 전환교육 실천을 위해서는 일반교육과정 이외에 기능적 교육과정의 제공이 필수적이며 학업기술과 생활기술 교수를 위해 다양한 증거기반 실제가 활용될 수 있다.
- 학령기 동안의 직업 준비는 지역사회의 의미 있는 직업과 연결될 수 있도록 실제적이어야 하며, 이른 시기부터 다양한 상황과 대상을 상대로 지도한다.
- 학생들이 추구하는 진로를 파악하기 위해 '학생중심계획' 전략을 활용한다.
- 지역사회 내 실제 고용환경에서의 직업훈련 경험은 많은 이점이 있으므로 업체 개발 및 현장에서의 훈련을 위해 힘쓴다.

4. 우리나라의 전환교육 실태

- 우리나라 지적장애 성인의 상황도 외국의 경우와 마찬가지로 취업률이 낮으며 성과가 부진하다.
- 전환교육이 법적 · 교육과정적 근거를 가지고 있지 않아 그 실천에서도 어려움을 초래한다.
- 전환교육 및 직업 · 진로교육 활성화를 위한 교사들과 국가 차원의 노력이 활발하게 진행되고 있으나, 전환교육에 관한 '법적' 근거에 따른 전체 특수교사들의 전환교육 실천이 요구된다.

참고문헌

교육과학기술부(2009). 특수학교 기본교육과정 직업 교사용 지도서. 서울: 교육과학기술부.

교육과학기술부(2010). 특수교육연차보고서. 서울: 교육과학기술부.

교육부(2014). 특수교육연차보고서. 세종: 교육부.

교육부(2015). 교육부 고시 제2015-81호 특수학교 교육과정 총론. 세종: 교육부.

교육부(2017a). 특수교육통계. 세종: 교육부.

교육부(2017b). 제5차 특수교육발전 5개년 계획(2018~2022년). 세종: 교육부.

교육부(2019). 특수교육통계. 세종: 교육부.

교육부(2020a). 「장애인 등에 대한 특수교육법」 개정안. 세종: 교육부.

교육부(2020b). 특수교육실태조사. 세종: 교육부.

교육부(2021a). 특수교육통계. 세종: 교육부.

교육부(2021b). 특수교육연차보고서. 세종: 교육부.

교육인적자원부(2008). 교육인적자원부 고시 제2008-3호 특수학교 교육과정. 세종: 교육부.

국립특수교육원(2019). 장애학생 진로 · 직업교육 활성화 방안 연구. 충남: 국립특수교육원.

국립특수교육원(2020). 장애인 등에 대한 특수교육법 개정방안 연구. 충남: 국립특수교육원.

김동일, 손승현, 전병운, 한경근(2010). 특수교육학개론. 서울: 학지사.

김정효(2009). 기능적 읽기 중심의 상급학생 또래교수가 장애 중등학생의 기능적 읽기 능력 및
　　　사회성과 실업계 고등학생의 자아정체감 및 사회적 인식에 미치는 영향. 이화여자대학교
　　　대학원 박사학위 청구논문.

김정효, 이정은(2008). 한 지적장애특수학교 졸업생의 삶에 관한 어머니들의 보고. 특수교육학연
　　　구, 42(4), 245-276.

박승희(1995). 전국 발달장애성인의 삶의 질 수준과 배경변인에 따른 삶의 질 수준의 차이 분석.
　　　지적장애연구, 22(4), 161-194.

박승희, 박현숙, 박희찬, 이숙향 역(2014). 장애학생을 위한 전환교육과 전환서비스(Sitlington, P. L.,
　　　Neubert, D. A., & Clark, G. M. 저). 서울: 시그마프레스.

박승희, 이유진, 이성아, 정지희(2020). 전국 발달장애성인의 삶의 질 수준과 배경변인에 따른 삶
　　　의 질 차이 분석. 지적장애연구, 22(4), 161-194.

박현숙(2004). 발달장애 청소년 및 성인의 전환계획과 실행. 이화여자대학교 특수교육연구소
　　　편, 발달장애 청소년 및 성인의 지역사회참여지원. 서울: 이화여자대학교 특수교육연구소.

박희찬(2016). 장애학생 진로, 직업교육 정책의 변천. 지체중복건강장애연구, 59(2), 59-81.

유애란(2005). 전환교육의 관점에서 본 특수교육의 직업교육 실태 및 방향. 직업재활연구, 15(2),
　　　177-192.

이영선, 이효정, 성유진 역(2015). 장애청소년을 위한 전환교육: 증거기반 교수전략(Test, D. W. et
　　　al. 저). 서울: 학지사.

이정은 역(2015). 지적장애학생을 위한 전환교육의 실제(McDonnell, J., & Hardman, M. L. 저). 서
　　　울: 학지사.

최민식, 신현기(2020). 발달장애학생의 성인기 전환준비를 위한 학부모 자조모임 참여실행연구.
　　　특수교육학연구, 55(1), 1-29.

한국장애인고용공단(2021). https://www.kead.or.kr/view/service/service01_03_10.jsp

Bahr, C. M., & Reith, H. J. (1991). Effects of cooperative, competative, and individualistic goal
　　　on student achievement using computer-based drill and practice. *Journal of Special
　　　Education Technology*, *11*(1), 33-48.

Blackorby, J., Hancock, G. R., & Siegel. S. (1993). *Human capital and structural explanations
　　　of post-school success for youth with disabilities: A latent variable exploration of the*

National Longitudinal Transition Study. Menlo Park, CA: SRI International.

Blackcorby, J., & Wagner, M. (1996). Longitudinal post school outcomes of youth with disabilities: Findings from the National Longitudinal Study. *Exceptional Children, 62*, 399–413.

Bost, L. W., & Riccomini, P. J. (2006). Effective instruction: An inconspicious strategy for dropout prevention. *Remedial and Special Education, 27*, 301–311.

Boyle, J. R. (2000). The effects of venn diagram strategy on the literal, inferential, and relational comprehension of students with mild disabilities. *Learning Disabilities: A Multidisciplinary Journal, 10*, 5–13.

Carr, S. C., & Punzo, R. P. (1993). The effects of self-monitoring of academic accuracy and productivity on the performance of students with behavioral disorders. *Behavioral Disorders, 18*, 241–250.

Clark, G. M. (1998). *Assessment for transitions planning*. Austin, TX: Pro-Ed.

Collins, B. C. (2007). *Moderate and severe disabilities: A foundational approach*. Upper Saddle River, NJ: Pearson Education Inc.

Cronin, M. E., & Patton, J. R. (1993). *Life skills instructions for students with special needs: A practical guide for all students with special needs: A practical guide for developing real-life content into the curriculum*. Austin, TX: Pro-Ed.

Demchak, M., & Elquist, M. (2001). *"Could you please tell my new teacher?" A parent/teacher guide to successful transitions*. Reno, NV: Nevada Dual Sensory Impairment Project.

Diebold, T., & Waldron, M. (1988). Designing instructional formats: The effects of verbal and pictorial components on hearing-impaired students' comprehension of science concepts. *American Annuls of the Deaf, 133*, 30–35.

DiGangi, S. A., & Maag, J. W. (1992). A component analysis of self-management training with behavior disordered youth. *Behavioral Disorders, 17*, 281–290.

Farvey, M. A., Forest, M., Pearpoint, J., & Rosenberg, R. L. (1993). *All my life's a circle: Using the tools of circles, MAPS and PATH*. Toronto, Canada: Inclusion Press.

Grigal, M., Neubert, D. A., & Moon, M. S. (2001). Public school programs for students with significant disabilities in post-secondary settings. *Education and Training in Mental Retardation and Developmental Disabilities, 36*, 244–254.

Grossen, B., & Carnine, D. (1990). Diagramming a logic strategy: Effects on difficult program types and transfer. *Learning Disabilities Quartely, 13*, 168–182.

Halpern, A. S. (1985). Transition: A look at the foundation. *Exceptional Children, 51*(6), 479–486.

Hasazi, S., Gordon, L., & Roe, C. (1985). Factors associated with the employment status of handicapped young existing high school from 1979–1983. *Exceptional Children, 51*, 455–469.

Hollingsworth, M., & Woodward, J. (1993). Integrating learning: Explicit strategies and their role in problem-solving instructions for students with learning disabilities. *Exceptional Children, 59*, 444-455.

Hunt, N., & Marshall, K. (2002). *Exceptional children and youth* (3rd ed.). Boston, MA: Houghton Mifflin Company.

Inge, K. J. (2001). Supported employment for individuals with physical disabilities. In P. L. Wehman (Ed.), *Supported employment in business: Expanding the capacity of workers with disabilities* (pp. 153-180). St. Augustine, FL: Training Resource Network.

Köhler, P. D. (1993). Best practices in transition: Substantiated or implied? *Career Development for Exceptional Individuals, 16*, 107-121.

Köhler, P. D. (1996). *A taxonomy for transition for transition programming: Linking research and practice.* Champaign IL: Transition Research Institute, University of Illinoise.

Köhler, P. D., & Field, S. (2003). Transition-focused education: Foundation for the future. *Journal of Special Education, 37*, 174-183.

Köhler, P. D., DeStefano, L., Wermuth, T. R., Grayson, T. E., & McGinty, S. (1994). An analysis of exemplary transition programs: How and why are they selected? *Career Development for Exceptional Individuals, 17*, 187-202.

Köhler, P. D., Gothberg, J. E., Fowler, C., & Coyle, J. (2016). *Taxonomy for transition programming 2.0: A model for planning, organizing, and evaluating transition education, services, and programs.* Kalamazoo, MI: Western Michigan University. Retrieved from www.transition.org

Luecking, R., & Farbin, E. S. (2000). Paid internships and employment success for youth in transition. *Career Development for Exceptional Individuals, 23*(2), 205-221.

McMahan, R., & Baer, R. (2001). IDEA transition policy compliance and practice: Perceptions of transition stakeholders. *Career Development for Exceptional Individuals, 24*(2), 169-184.

Mechling, L. C., & Ortega-Hurdon, F. (2007). Computer-based video instruction to teach young adult with moderate intellectual disabilities to perform multiple step, job tasks in a generalized setting. *Education and Training in Mental Retardation and developmental Disabilities, 42*, 24-37.

Miller, R. J., Lombard, R. C., & Corbey, S. A. (2007). *Transition assessment: Planning transition and development for youth with mild to moderate disabilities.* Hoboken, NJ: Prentice Hall.

Patton, J. R., & Dunn, C. (1998). *Transition from school to young adulthood for students with special needs: Basic concepts and recommended practices.* Austin, TX: Pro-Ed.

Rusch, F. R., Köhler, P. D., & Hughes, L. (1992). An analysis of OSERS-sponsored secondary special education and transitional services research. *Career Development for Exceptional Individuals, 15,* 121-143.

Schloss, P. J., Kobza, S. A., & Alper, S. (1997). The use of peer tutoring for the acquisition of functional math skills among students with moderate retardation. *Education & Treatment of Children, 20,* 189-208.

Sitlington, P., & Clark, G. (2006). *Transition education and services for students with disabilities.* Boston, MA: Allyn and Bacon.

Sitlington, P. L., Clark, G. M., & Kolstoe. O. P. (2000). *Transition education and services for adolescents with disabilities* (3rd ed.). Pearson Education, MA: Allyn and Bacon.

Snell, M. E., & Brown, F. (2006). *Instruction of students with severe disabilities* (6th ed.). Upper Saddle River, NJ: Merrill/Prentice Hall.

Taylor, P., Collins, B. C., Schuster, J. W., & Kleinert, H. (2002). Teaching laundry skills to high school students with disabilities: Generalization of targeted skills and nontargeted information. *Education and Training in Mental Retardation and Developmental Disabilities, 37,* 172-183.

Troup, K. S., & Malone, D. M. (2002). Transitioning preschool children with developmental concerns into kindergarten: Ecological characteristics of inclusive kindergarten programs. *Journals of developmental and physical disabilities, 14,* 339-352.

Vandercook, T., York, J., & Forest, M. (1989). The McGill Action Planning System: A strategy for building the vision. *Journal of the Association for Persons with Severe Handicaps, 14,* 205-215.

Wehman, P. L. (1983). Toward the employability of severely handicapped children and youth. *Teaching Exceptional Children, 15,* 219-225.

Wehman, P. L. (2001). *Life beyond the classroom: Transition strategies for young people with disabilities* (3rd ed.). Baltimore, MD: Paul H. Brookes.

Wehman, P. L. (2013). *Life beyond the classroom: transition strategies for young people with disabilities.* Baltimore, MD: Brookes Publishing.

Wehman, P. L., Kragel, J., & Barcus, J. M. (1985). Form school to work: A vocational transition model for handicapped students. *Exceptional Children, 52*(1), 25-37.

Westing, D. L., & Fox, L. (1995). *Teaching students severe disabilities.* Englewood, NJ: Prentice Hall.

Will, M. (1984). *OSERS programming for the transition youth with disabilities: Bridges from school to working life.* Washington, DC: Office of special education rehabilitative services.

Wolgemuth, J. R., Trujilo, E., Cobb, R. B., & Dugan, J. J. (2008). *The effects of visual display interventions on academic outcomes for youth with disabilities: A systematic review.* Fort Collins, CO: Colorado State University.

제11장

성인기 교육적 접근

정귀순

　장애인의 생애주기에서 가장 긴 성인기의 교육 지원에 대한 필요성과 요구에 대한 관심이 증대하면서 장애 성인 평생교육에 대한 법적 보장과 함께 교육부는 '평생교육진흥 기본계획' 주요 추진 과제에서 장애인을 포함한 소외계층을 위한 평생학습 기회 확대를 제시하였다. 그러나 실제 장애인의 평생교육 기회 확대와 보장이 미흡하여, 이에 대한 당사자의 요구를 반영하여 2015년 「발달장애인 권리보장 및 지원에 관한 법률」이 제정되었고, 2016년 「평생교육법」이 개정되면서 지적장애인(자폐성장애인 포함)을 위한 평생교육에 대한 정책 방향이 새롭게 바뀌었다. 현재 서울의 발달장애 평생교육센터 설립을 계기로 전국적으로 발달장애평생교육센터가 건립 중이고, 국립특수교육원에 국가장애인평생교육진흥센터가 설립되어 장애인 평생교육 계획 수립, 조사, 연구 개발, 연수, 유관기관 간 협력체계 구축 등의 사업을 수행하고 있다.

　한편, 고등학교나 전공과를 졸업한 지적장애인들의 고등교육에 대한 요구가 높아지면서 발달장애인을 위한 학위과정과 비학위과정 대학 진학률도 늘어나고 있다. 지적장애인의 취업률은 비장애인과 비교하면 매우 저조하며, 취업을 하더라도 고용이 유지되기 힘들며, 보호작업장에서 일하는 경우가 많아 독립적인 생활을 위하여 많은 지원이 필요하다. 일부 지적장애인이 지역사회 주거생활이나 장애인 생활시설에서 거주하지만 대부분 가족과 함께 생활하며 부모의 돌봄을 받고 있다.

　이 장에서는 지적장애 성인교육의 필요성과 방법에 대하여 알아보고, 지적장애 성인이 지역사회에서 독립적으로 생활하기 위한 기술들, 여가와 주거를 위한 지원에 대하여 살펴보고자 한다. 그리고 지적장애인의 성과 성행동 특성을 이해하고, 성폭력 예방교육 등을 위한 성교육과 지적장애 성인의 이성교제 및 결혼과 지원에 대해서도 알아보고자 한다.

1. 지적장애 성인교육

1) 성인교육의 개념

최근 급변하는 지식정보화 사회를 맞아 고정된 지식이 아닌 끊임없이 생성되고 변형되는 지식의 특성과 양으로 인해 사람들은 정규 학교교육만으로 급변하는 사회에 능동적으로 대처할 수 없게 되었다. 따라서 교육이 일생 동안 지속되어야 한다는 평생교육의 개념이 더욱 강조되기 시작하였으며, 정규 학교교육에 비해 상대적으로 관심이 적었던 성인교육의 중요성이 더욱 커지게 되었다.

성인교육의 목적과 기능은 시대적인 변화에 따라 달라지며 사회적 · 경제적 · 문화적 변화에 영향을 받게 된다. UNESCO(2009)는 "성인교육은 사회에서 성인으로 판단되는 사람들이 능력을 개발하고 지식을 강화하고 기술적 혹은 전문적 자격을 향상시키거나 사회 및 개인의 필요를 충족시키기 위해 그러한 자격을 새로운 방향으로 전환할 수 있는 모든 형식 및 비형식, 무형식 학습과정 전체를 가리킨다."라고 정의하였다. 성인교육은 성인을 대상으로 한 비형식적(nonformal)인 교육활동이며 형식교육(schooling)과 여가(recreation) 사이의 어느 곳에 놓여 있는 다양한 사회활동이라고 정의하고 있다(Courtney, 1989: 주동범, 2005 재인용). 성인교육을 나타내는 용어로는 계속교육(continuing education), 평생교육(lifelong education), 지역사회 교육(community education), 성인학습(adult learning), 성인교육(andragogy), 성인 기본교육(adult basic education) 등이 있다(주동범, 2005).

성인교육의 목적과 필요성 등에 대하여 국제적인 관심을 갖고 논의를 하게 된 것은 UNESCO의 세계성인교육회의(Internation Conference on Adult Education)라고 할 수 있다. UNESCO 세계성인교육회의는 성인에 대한 교육의 필요성에 중점을 두고 국제적 논의를 진행하는 대표적 국제회의로 1949년 덴마크 엘시노어에서 처음 열린 후 12년 간격을 두고 개최되어 왔는데, 각 회의마다 다른 전개 양상과 어젠다를 제시하였다.

이다현(2017)은 1차에서 6차까지의 세계성인교육회의를 통해 채택된 보고서의 어젠다 분석을 통해 성인교육 이념을 다음과 같이 정리하였다. 첫째, 천부적 권리로서 학습권 보장, 둘째, 학습권이 실현되는 장으로서 시대에 대한 성인교육의 책임 인식, 셋째, 협력과 연대로 실천하는 세계성인교육이다. 이러한 핵심개념을 통해 세계성인교육회의가 가지는 성인교육 이념의 중핵은 학습권 보장과 실현을 위한 과제 실천임을 밝히고 있다.

한편, 성인기 장애인 교육에 대하여 '장애인 평생교육'이라는 용어를 주로 사용하는데, 박승희(2016)는 '장애인 평생교육'이라는 용어가 광범위하고 모호하다는 점을 지적하면서 '중등 이후 교육'이라는 용어를 사용하고 있다. '중등 이후 교육'은 중등과정 이후의 유용한 모든 학습 선택을 포함하는 것으로 대학교육, 학위 및 비학위 과정의 성인교육, 평생교육 강좌 모두를 포함하는 개념이라고 하였다(김은하, 박승희, 2010; 박승희, 2004). 또한 중등 이후 교육은 고등학교를 졸업한 이후에 일종의 공식적 교육 프로그램에 입학하여 받게 되는 교육을 포괄적으로 의미하며, 교과, 직업, 전문 또는 준전문 기술의 교육이나 훈련에 초점을 둔다(박승희, 박현숙, 박희찬 역, 2006). 중등 이후 교육과 훈련은 여러 환경에서 제공될 수 있는데, 4년제 대학교, 커뮤니티 칼리지 및 전문대학, 미용 혹은 트럭운전과 같은 한 특정 직무 영역에서 자격증을 제공하는 사립 직업학교, 현장 직무훈련 프로그램, 성인교육 프로그램, 군대 등을 포함할 수 있다(박승희, 박현숙, 박희찬, 이숙향 역, 2011).

2) 지적장애 성인교육의 필요성

일반적으로 성인기는 부모로부터 독립하여 독자적인 삶을 영위하는 시기이다. 그러나 지적장애인들의 경우에는 지적 결함과 사회적응력의 결함으로 인해 성인기에 이르러도 독립적으로 살아가는 데 어려움을 겪는다. 특수교육의 궁극적 목적은 장애학생이 성인기에 이르러서는 지역사회에서 공동체의 일원으로 참여하여 삶의 질을 누리면서 독립적인 생활을 할 수 있도록 하는 것이다. 삶의 질 개념은 1980년대 후반 전 세계적으로 장애인을 대상으로 한 교육, 고용 및 제반 서비스의 계획, 실행 및 평가 맥락에서 관심이 지속적으로 증대되어 왔다(박승희, 2010). 그러나 지적장애인은 지적 결함과 개념적·사회적·실제적 적응기술이 부족하여 지속적인 교육 및 지원이 주어지지 않는다면 삶의 질을 누리면서 지역사회에 적응하며 살아가기가 어렵다.

지적장애인들의 교육은 쉽게 이루어지지 않기 때문에 성인이 되어 독립적으로 살아가야 할 때 그들의 일상생활과 직업생활을 위해 가장 필요한 교육이 무엇인지를 염두에 두면서 개별화교육이 이루어져야 한다. 즉, 학교를 졸업한 이후 통합된 지역사회에서 다양한 역할을 수행하기 위하여 성인기에도 계속적으로 개인적인 태도와 역량을 개발시킬 수 있는 교육 지원이 필요하다(박승희, 2004). 그러나 장애인의 생애주기별로 볼 때 영유아기나 학령기에 비해 성인기가 가장 길지만 대부분의 연구나 지원은 학령기에 초점을 두고 있어 실제 지적장애 성인들의 삶의 지원에 대한 연구는 많지 않다.

이제까지 우리나라 특수교육 분야에서 발달장애(이 장에서 발달장애라 함은 지적장애를 포함한 용어로 지적장애와 자폐성장애를 구분할 수 없을 때 사용하기로 함) 학생을 위한 교육에 대한 논의가 학령전기와 학령기에 초점이 주어졌다면, 최근에는 고등학교를 졸업한 초기 성인기 발달장애 학생의 중등 이후 교육에 대한 논의가 활발하게 제기되고 있다. 미국에서는 고등학교를 졸업한 후 직접 고용되는 것 외에 전체 특수교육대상자가 가장 흔히 선택하는 전환의 방식으로 중등 이후에도 계속교육을 받는 것이다(Halpern, Yovanoff, Doren, & Benz, 1995: 박승희, 2004 재인용). 그러나 현재 우리나라 발달장애 학생의 고등교육 기회, 중등 이후 교육 및 그 외 성인교육 기회는 매우 제한적인 수준이다(박승희, 2004, 2014). 지적장애인들은 고등학교 졸업 후 지역사회에서 직장을 가지거나 다양한 환경에 활발히 참여하기보다는 가정에서 부모에게 의존하거나 무의미한 생활을 하는 경우가 많으며(김정효, 이정은, 2008; 박애선, 2018). 성인기에 공식적 및 비공식적 교육 기회가 대단히 제한적인 수준이며, 취업에 성공한 경우에도 지적장애나 자폐성장애를 가진 경우는 그 전환이 불안정하고 취업기간도 단기간이라는 것이 문제로 지적된다(김정효, 이정은, 2008; 노혜영, 박승희, 2013). 따라서 성인기 지적장애인이 자립생활을 할 수 있는 역량을 기르기 위해서는 다양한 성인기 교육이 개발되고 실행될 필요가 있다. 여기에서는 지적장애인을 위한 성인교육으로 고등교육과 평생교육 그리고 직업교육을 다룬다.

3) 지적장애 성인교육

(1) 지적장애인 고등교육

중등교육을 마친 후 대학으로 진학하는 것은 대부분의 학생이 희망하는 진로과정이라고 할 수 있다. 이는 고등학교를 졸업하는 장애학생들에게도 마찬가지로, 장애인에 대한 대학입학 특별전형제도가 1995년부터 시행되면서 장애 대학생의 수는 계속적으로 증가하고 있다. 1995년도에 대학의 특수교육대상자 특별전형으로 입학한 장애학생은 전문대학 5명과 대학교 107명으로 113명이었으나, 2010년도에는 652명으로 약 6배가 증가하였으며, 같은 시기 특별전형을 실시하는 대학도 8개 대학에서 99개 대학

으로 약 12배 증가하였다. 2021년 현재 특수학교, 특수학급, 일반학급 고등학교 졸업
생 6,827명 중 대학(전문대 포함)에 진학한 장애학생은 1,283명으로, 1995년 본격적인
특례입학제도 후에 지속적인 양적 성장을 이루고 있다(교육부, 2021).

　이와 같이 특수교육대상자 대학입학 특별전형제도를 활용하여 많은 장애학생이 대
학교에 입학하여 성공적인 대학생활을 하고 있지만 지적장애 학생들은 특별전형제도
를 통해 대학교에 진학하지 못하고, 아무런 개별화된 지원 없이 대학에 진학하여 대학
수학능력에 많은 문제가 발생하고 있다. 대학들이 지적장애 학생을 특수교육대상 특
별전형에 포함하지 않았지만 2009년 당시 교육과학기술부의 통계에 의하면, 이미 총
307명의 지적장애 학생이 102개 대학에 재학하고 있었다(교육과학기술부, 2009: 김대룡,
신현기, 2011 재인용). 대학교에 재학하고 있는 지적장애 학생들은 직업탐색 및 직업준
비 기간을 확보할 수 있었으며, 대학교육을 통해 자존감(self-esteem)이 향상되고, 일반
학생들과의 통합활동을 함으로써 새로운 유형의 사회적 · 정서적 · 교육적 경험이 향
상될 수 있다(강종구, 김영표, 2010). 그러나 아직 지적장애 학생을 위한 체계적인 지원
체제 및 지도의 부족과 일반 학생과의 완전통합의 어려움, 지적장애 학생에 대한 학위
수여에 대한 문제가 해결해야 할 과제이다.

　발달장애인의 고등교육 형태는 세계적으로 다양하게 운영되고 있다. 미국의 예만
보더라도, 4년제 대학과 커뮤니티 칼리지(community college)에서 이루어지는 중등 이
후 교육 프로그램이 많은 유형을 차지하고 있다(Dowrick, Anderson, Heyer, & Acosta,
2005: 김은하, 박승희, 2010 재인용). 1970년부터 이루어진 유형으로 비장애 동료와 상호
작용이 없으며 대학의 정규 프로그램에 참여하지 않는 '실질적 분리 모델(substantially
separate model)'과 캠퍼스 내의 분리된 공간에서 진행되는 생활기술 교수와 전환 프로
그램과 대학 수업에 참여하는 형태인 '혼합 프로그램 모델(mixed program model)' 그리
고 가장 최근 모델로 공립학교의 마지막 해에 개별화된 접근을 통해 지적장애 학생을
지원하는 '통합 및 개별 지원 모델(inclusive, individual support model)'의 세 가지 형태가
주를 이루고 있다(김은하, 박승희, 2010).

　발달장애인을 위한 고등교육은 크게 학위과정과 비학위과정으로 구분할 수 있는데,
김주영과 강경숙(2012)은 우리나라의 발달장애인 고등교육 형태를 크게 네 가지로 구
분하였다. 첫째, 기존의 학과에 발달장애인의 입학을 허용하는 '기존학과 입학허용 형
태', 둘째, 발달장애인만을 위해 별도로 설치된 '독립학과 형태', 셋째, 아예 발달장애인
만을 위한 별도의 캠퍼스를 조성하고 다양한 학과를 개설해 운영하는 '독립학교 형태',

넷째, 대학 내 평생교육원 등 부설기관에서 별도의 과정을 두어 운영하는 '특별과정 형태'이다. 기존학과 입학허용 형태와 독립학과 형태는 학위과정이고, 독립학교 형태와 특별과정 형태는 비학위과정에 해당된다. 자세한 내용을 살펴보면 다음과 같다.

① 기존학과 입학허용 형태

'기존학과 입학허용 형태'는 자연 발생적으로 생겨난 경우이다. 1995년 장애인 대학 입학 특별전형제도(이하 대입 특별전형) 시행과 2007년 「장애인차별금지 및 권리구제 등에 관한 법률」 및 「장애인 등에 대한 특수교육법」 제정의 영향으로 고등교육기관의 입학 전형 시 장애학생 차별이 점차 사회문제로 부각되자 중증의 지체장애나 시 · 청각장애인의 진학 물결에 편승하여 고등 학문 수행에 곤란이 있다고 여겨지는 발달장애 학생들이 '친장애 성향의 학과'들을 중심으로 입학하기 시작했다.

그러나 그만큼 문제점도 많이 안고 있다. 첫째는 일단 이들이 학과의 교육과정을 제대로 따라갈 수 없다는 것이다. 그 이유는 교육과정이 이들의 학업능력을 고려하여 만들어지지 않았을 뿐만 아니라, 교내에 이들의 학업을 지원할 인프라가 충분치 않기 때문이다. 둘째는 이들을 위한 중재서비스가 없어 교우관계는 물론 동아리 활동과 같은 대학생활 전반의 참여에 제약(participation restriction)이 크다. 그러므로 자칫 이름만 대학생일 뿐 당사자는 물론 가족들조차도 진정한 소속감을 가지지 못한다. 마지막으로, 대학으로부터(또는 학과로부터) 발달장애인의 독특한 특성을 고려한 직업 · 진로 탐색과 자기계발, 취업 알선과 같은 졸업 이후에 대한 대비를 거의 기대할 수 없다는 것이다. 이것은 대학들이 발달장애인의 전환을 이끌어 줄 전문 인력이나 프로그램을 갖추고 있지 않기 때문이다.

더 많은 문제가 있겠지만, 기존학과 입학허용 형태가 안고 있는 제 문제의 근본 원인은 대학이 스스로 발달장애인의 입학을 공식화하지 않았다는 데 있다. 앞서 제시한 대로 현재 대학에 다니고 있는 14.3%에 이르는 발달장애 학생들은 대부분 그들 대학이 허락해서 입학했다기보다는 장애인 고등교육 정책의 큰 흐름에 의해 쏠려 들어온 경향이 강하다. 물론 여기에는 고등교육의 기회를 갖고자 하는 발달장애인들의 욕구도 컸다고 할 수 있다. 어쨌든 적어도 대학이 발달장애인을 공식적으로 받아들였다고 한다면, 이들이 가진 학업능력 특성과 사회성 문제, 진로 대책에 관한 여러 각도의 분석과 결론이 선행되었어야 함에도 현실은 그렇지 못하였다.

② 독립학과 형태

독립학과 형태는 일반 대학 내에 발달장애인만을 위한 별도의 학과를 두는 것으로, 2009년 개설된 나사렛대학교의 '재활자립학과'가 대표적인 예라 하겠다. 현재 브릿지 학부로 명칭을 변경한 이 학과는 전국 유일의 지적장애인을 위한 4년제 정규 대학 프로그램(학사학위 과정)으로 개설되었다. 정규 학위과정이라는 점에서는 기존학과 입학 허용 형태와 동일하지만, 교육과정 자체가 발달장애인의 학업 특성과 기대에 초점을 두어 편성되었다는 점에서는 전자의 형태와 현격한 차이가 있다.

대구사이버대학교는 사이버대학 최초로 성인 발달장애인을 대상으로 한 발달재활 학과를 개설하였다. 발달장애인 자립 지원을 위한 고등교육을 보장하고 발달장애인의 성공적인 자립을 이끌어 갈 수 있는 발달재활 인재 양성을 목표로 제시하였고, 졸업 후 정규 4년제 학사학위를 취득할 수 있으며, 장애학생지원센터를 통한 개별 특성에 따른 맞춤형 학업 튜터링을 지원하고 있다(https://devre.dcu.ac.kr).

이러한 형태는 학과를 개설하기에 앞서 철저한 준비 단계를 거치게 되므로 학생들의 교육 참여도는 물론 만족도가 높을 것으로 기대된다. 그뿐만 아니라 졸업 후의 결과 또한 기존학과 입학허용 형태와는 달리 매우 긍정적일 것으로 예측된다. 그러나 독립학과 형태가 성공하기 위해서는 대학 사회의 전반적인 인식과 조직이 뒷받침되어야 한다.

최근에는 나사렛대학교의 사례를 참고하여 발달장애인을 위한 독립학과 형태로 개설되는 대학들이 늘고 있는 경향이 있다. 안산대학교는 그동안 평생교육원에서 비학위과정으로 운영하였던 에이블대학을 2022학년도부터 정규 학위과정인 에이블자립학과로 개설하여 신입생을 선발할 예정이다. 에이블학과는 사무행정 보조, 도서 업무 보조, 보건의료 시스템의 전문 보조 지원인력, 보건복지부의 돌봄 기능 강화에 따른 사회적 돌봄서비스를 제공하기 위한 전문적인 보건의료 보조 전문인력을 양성하기 위하여 현장기반 실무중심 교육을 제공한다(https://www.ansan.ac.kr).

③ 독립학교 형태

'호산나대학'은 2006년부터 본격적으로 대학의 조직과 구성을 갖추고 교양학부와 전공학부(노인케어학과, 사무자동학과, 뷰티케어학과, 바리스타학과, 애견케어학과)를 개설하여 독립적으로 운영을 하는 곳이다. 1년 과정의 교양학부를 수료한 후 2학년 진학 시 본인의 적성과 능력에 적합한 전공학과를 선택하여 현장중심의 맞춤식 교육과 다양한 분야에서의 실습교육을 실시한다고 한다(http://www.hosannacollege.net). 이 대학은 설립 초부터 학교 법인 인가를 위해 노력해 왔으나 그 유례가 없어 아직 비인가 상태로 운영되고 있다. 대학이 전통적으로 학문과 전문 지식기능인을 육성하는 교육기관으로 인식되어 왔기 때문에 세계적으로도 지적장애인을 포함한 발달장애인을 위한 대학을 찾기 어렵다고 한다.

이 형태의 장점은 우선 발달장애인이 선택할 수 있는 학과의 폭이 넓고, 전적으로 그들의 특성을 심층적으로 고려하여 풍부한 인성교육(교양과정)과 전공교육 프로그램을 제공할 수 있으며, 교내외 구성원(교원과 직원, 볼런티어, 지역사회 관련 인사, 협력기관 등) 모두가 이들의 교육활동에만 집중함으로써 가시적이고 질적인 교육 성과를 기대할 수 있다는 점이다.

④ 특별과정 형태

특별과정 형태는 전 세계적으로 다양하다. 김은하와 박승희(2010)의 연구에 따르면, 지적장애인 및 발달장애인을 위한 미국 대학 내 중등 이후 교육 프로그램은 지역사회 기관에서도 이루어지고 있지만, 많은 프로그램이 4년제 대학 또는 커뮤니티 칼리지에서 제공되고 있다. 이러한 프로그램은 크게 실질적 분리 모델과 혼합 프로그램 모델, 통합적 및 개별적 지원 모델의 세 가지 유형으로 운영된다고 할 수 있다. 재정은 주로 지역 교육청이 중심이 되고 해당 대학 또는 당사자가 일부 부담하는 경우도 있다. 프로그램 내용은 교실 수업, 지역사회중심 교수, 직업훈련, 대학의 수업과 활동 참여, 부모 및 가족 참여, 전환계획 및 기관 간 협력의 여섯 가지로 구분된다.

다른 나라와 달리 우리나라에서는 학위과정이 아닌 특별과정으로 운영되는 발달장애인의 중등 이후 교육(post-secondary education) 프로그램은 대학 이외의 장소에서 더 활발하게 이루어지고 있다. 이 분야에 대한 구체적인 조사가 없어 정확한 실태 파악은 하지 못하고 있지만, 노트르담 장애인복지관에서 운영하고 있는 '노트르담 대학'을 대표적인 사례로 꼽을 수 있을 것이다. 지난 2007년부터 시작된 이 프로그램은 2년제 수료과정이며, 지역사회 협력을 기반으로 한 사회, 주거, 여가 및 직업 생활의 4개 분야로 나누어 세부 교육과정을 운영하고 있다.

우리나라 최초의 발달장애인 고등교육의 특별과정 형태는 2001년 9월부터 이화여자대학교 평생교육원 전문교육과정에서 개설한 '발달장애인 지역사회 생활 아카데미'를 꼽을 수 있다. 매 학기 15주 강좌와 특별 강좌로 운영되며, 내용은 지역사회 생활과 직업생활, 자기관리, 여가생활 등으로 이루어져 있다(https://sce.ewha.ac.kr).

　대구대학교는 2011년 2월 평생교육원 산하에 지적장애인 및 발달장애인을 위한 비학위과정으로 대구대학교 부설 재활자립대학(K-PACE센터)를 개설하였다. 미국 내셔널 루이스 대학과 자매결연을 맺고 그 대학에서 실시하고 있는 PACE(Professional Assistant Center for Education) 프로그램을 바탕으로 만든 3년제 특별교육과정이다(https://kpace.daegu.ac.kr). 네 가지 교육과정(경제와 자립생활, 건강하고 행복한 자기 삶의 구축, 의사소통과 자기표현, 진로 및 직업교육)을 바탕으로 1학년 17과목, 2학년 16과목, 3학년 14과목을 제공하고 있다.

(2) 장애인 평생교육

　장애인 평생교육이란 그동안 주류집단이 아닌 소외집단, 정상집단이 아닌 결함집단, 일반집단이 아닌 특수집단으로 인식되고 대우받아 온 장애인을 대상으로 그들의 삶의 질 제고를 위해 태도 · 가치관 · 도덕성 등을 함양하고, 그들을 효율적으로 개발 · 활용 · 유지 · 관리하는 데 목표를 두어야 하는 교육활동이다(정동영 외, 2003). 장애인은 사회적 편견과 몰이해로 인해 필요한 교육을 계속 받지 않으면 삶의 질 향유는 물론 시대의 변화에 제대로 적응할 수 없고, 자신을 제대로 계발할 수 없기 때문에 평생교육을 받아야 한다(이상오, 2001; 한준상, 2001).

　이와 같은 장애인 평생교육에 대한 사회적 요구 및 필요성을 반영하여 2008년 「장애인 등에 대한 특수교육법」이 시행되면서 생애주기별 장애인 교육 지원이 법적으로 보장되었다. 그러나 동법 제33조 및 제34조에 의한 장애인 평생교육과정의 실시 장소가 '각급학교'로 국한되고, 별도의 장애인평생교육시설 역시 학교 형태의 교육만 제공할 수 있도록 규정하였기 때문에 장애인 평생교육의 다양한 수요를 고려하지 못하였고, 분리적 관점에서 평생교육을 다루도록 하여 장애인의 사회적 통합에 제한을 가한다는 비판이 제기되었다(김기룡, 이경준, 2017). 즉, 「장애인 등에 대한 특수교육법」의 평생교육 규정은 그 배경이 학업 기회를 놓친 성인 장애인들의 학력 보완책의 하나로 '장애인 야학'을 지원하기 위한 방안에 초점을 두었기 때문에 평생교육이 지속적으로 제공되어야 하는 지적장애인을 포함한 발달장애인의 입장을 충족시키지 못하였다.

　이러한 문제점을 해결하기 위하여 2016년 「장애인 등에 대한 특수교육법」에서 평생교육 관련 조항이 삭제되었고, 「평생교육법」에 장애인을 위한 평생교육 관련 조항이 추가되었다. 장애인 평생교육의 법적 수용과 정비는 제4차 평생교육진흥 기본계획(교

육부, 2018)에 변화를 주었으며, 교육부에 장애학생진로평생교육팀이 신설되고 국가장
애인평생교육진흥센터가 설치되었다. 국가장애인평생교육진흥센터는 장애인 평생교
육의 효과적인 전달체계 구축, 장애인 평생교육의 전문성 제고, 장애인 평생교육 지원
환경 조성에 기여하기 위해 평생교육 계획 수립, 조사, 연구 개발, 연수, 유관기관 간
협력체계 구축 등의 사업을 수행하고 있다.

2018년 2월 발표된 제4차 평생교육진흥 기본계획(2018~2022년)은 「평생교육법」 제
9조 제2항 제5호와 제6호로 신설된 규정을 근거로 수립된 첫 계획인 만큼 이전과는 달
리 세부 내용보다는 법률에 신설된 장애인 평생교육 추진체계 구축에 초점을 맞추고
있다고 할 수 있다. 또한 그동안 취약계층이나 소외계층에 모호하게 포함되었던 장애
인에게 학습자 특성을 고려하여 별도의 맞춤형 프로그램 지원 정책을 제시한 것은 새
로운 접근이라 할 수 있다.

그러나 장애인 평생교육의 주된 욕구를 가진 참여자는 학령기 이후 교육이 단절됨
으로써 겪게 되는 퇴행과 성인기 및 이후 생애 단계의 적응기술 습득(학습) 부재로 인
한 사회적응의 곤란을 겪게 되는 성인 발달장애인들이다. 또한 평생교육뿐 아니라 발
달장애인 특성과 욕구를 고려한 특화된 지원서비스가 필요하다는 장애인 당사자, 관
련 단체 등의 노력으로 제정된 「발달장애인 권리보장 및 지원에 관한 법률(이하 발달장
애인법)」이 시행되면서 발달장애인 평생교육 지원이 법으로 규정되었다. 아울러 동법
제26조(평생교육 지원)에 국가와 지방자치단체는 평생교육기관을 지정하여 발달장애
인을 위한 교육과정을 적절하게 운영하도록 조치하고 운영에 필요한 경비의 전부 또
는 일부를 지원할 수 있도록 규정하였다.

이러한 발달장애인의 평생교육 참여 요구로 2014년 서울 강남구 조례가 제정되고
발달장애인교육센터가 설립되었다. 2021년 현재 서울의 경우 19개의 발달장애인평생
교육센터가 운영되고 있으며, 인천광역시 1개, 대구광역시 1개, 울산광역시 1개, 경기
도 1개가 운영되고 있다(https://www.nise.go.kr). 하지만 아직 발달장애인을 위한 평
생교육 지원체계가 매우 부족함을 알 수 있다. 이에 김주영(2020)은 발달장애인의 접근
성을 고려하여 지역사회 내에서 발달장애인 평생교육이 이루어지고 있거나 이루어질
수 있는 자원들(인프라), 즉 시설 자원과 학습 자원을 파악하고 발굴하여 확충하며, 발
달장애인의 장애 정도에 따라 교육과정 운영 및 교육 제공 인력 배치 측면에서 분류하
고 체계화할 것을 주장하였다. 〈표 11-1〉은 발달장애인 평생교육기관 지정 발굴 대상
시설 종류이다.

〈표 11-1〉 **발달장애인 평생교육기관 지정 발굴 대상 시설 종류**

구분	대상 시설 종류
「평생교육법」에 의한 시설	• 평생학습관 • 장애인평생교육시설 • 평생학습센터 • 평생교육 프로그램을 운영하는 「초·중등교육법」 및 「고등교육법」에 따른 각급학교: 특수학교 등 • 학교부설 평생교육시설: 장애인 관련 학과가 있는 대학의 평생교육원 • 학교형태의 평생교육시설: 장애인 야학
「학원의 설립·운영 및 과외교습에 관한 법률」에 따른 시설	• 평생직업교육학원
기타 법령에 의한 시설	• 주간보호센터 • 직업재활시설 • 장애인복지관 및 종합사회복지관

출처: 김주영(2020), p. 17.

(3) 직업교육

장애인이 성인기에 지역사회에서 삶의 질을 누리며 독립적인 생활을 하기 위해서는 취업과 유지가 매우 중요하다. 그러나 지적장애인의 취업률은 매우 낮아서, 2017년 장애인 실태조사에 따르면 15세 이상 지적장애인의 수는 173,564명인데 인구 대비 취업자 비율이 34.2%에 불과하였고, 취업하였다고 하더라도 다수가 장애인 보호작업장(24.9%), 장애인근로사업장(12.0%)에서 일하고 있으며 임금 수준도 낮은 편이다(교육부, 2021).

취업률과 더불어 주요한 고용 성과 중의 하나는 고용 유지이다. 장애인의 경우 취업률이 낮은 것도 문제이지만 취업 후 직업생활을 유지하지 못하고 직장을 떠나는 사람이 많다는 점이 더 큰 문제로 지적되고 있다. 지적장애인의 경우 이러한 문제가 더 큰 것으로 나타나고 있다. 2017년 장애인실태조사에 따르면, 지적장애 근로자의 평균 근속기간은 50개월, 주당 평균 근무시간은 32시간으로, 이는 15개 장애 유형 중 세 번째로 짧은 근속기간이었다. 근속기간은 고용을 유지하는 기간을 나타내는 것으로 지적장애인이 고용을 유지하는 데 어려움이 있음을 보여 주고 있다.

장애인의 고용문제는 법적 장치의 마련을 통해서도 강조되고 있는데, 2007년 제정된 「장애인 등에 대한 특수교육법」 제23조(진로 및 직업교육의 지원)에서는 진로 및 직업교육을 지원하고 특수교육지원센터가 특수교육대상자에게 효과적인 진로 및 직업교육을 지원하기 위해 관련 기관과 협의체를 구성하도록 규정하고 있다. 동법 제24조(전공과의 설치·운영)에서는 고등학교 과정을 졸업한 특수교육대상자에게 진로 및 직업교육을 제공하기 위하여 수업연한 1년 이상의 전공과를 설치·운영할 수 있도록 규정하였다.

한편, 장애인의 직업재활과 취업 및 고용 유지를 위하여 1990년 제정된 「장애인고용촉진 등에 대한 법률」을 2000년 1월 「장애인고용촉진 및 직업재활법」으로 전부 개정하였다. 개정 이유는 장애인에 대한 직업 지도, 직업적응훈련 등 고용촉진 및 직업재활의 단계적 사업 내용 및 지원 근거와 동 사업을 수행하는 기관 간 연계로 종합적 지원체계를 구축하기 위해서였다. 한국장애인고용촉진공단의 명칭도 한국장애인고용공단으로 변경하여 장애인의 고용 촉진과 더불어 직업 지도, 직업적응훈련, 직업능력훈련 등의 노력을 해 왔으나, 「발달장애인법」이 제정될 때까지 실제 발달장애인의 고용과 직업 유지 실적을 위한 노력에는 소극적이었다고 할 수 있다. 2014년 5월 제정·시행된 「발달장애인법」 제25조(고용 및 직업훈련 지원)에서는 발달장애인의 능력과 특성에 적합한 직업훈련을 위한 직업재활시설을 설치·운영할 수 있도록 규정하였다.

장애인고용공단은 「발달장애인법」의 시행을 앞두고 고용노동부와 보건복지부, 교육부와 협력하여 발달장애인의 직업재활훈련을 위한 발달장애인훈련센터를 설치하였다. 발달장애인훈련센터는 장애인고용공단의 소속기관 중 하나로 다양한 장애 유형 중에서도 특히 발달장애인이 취업하기 위해 필요한 직무 수행능력을 습득할 수 있도록 직업재활훈련을 제공함으로써 발달장애인의 자립과 사회통합을 지원한다. 2016년 서울발달장애인훈련센터의 개소를 시작으로 2017년 인천발달장애인훈련센터가 개소를 하였고, 2021년 현재 19개의 훈련센터가 전국 각지에 설립되어 운영 중이다. 발달장애인훈련센터에서는 발달장애 성인 훈련생을 대상으로는 현장 적응력과 고용 연계 가능성을 높이고자 실제 환경과 유사한 환경에서 직업교육훈련을 실시하고 있으며, 직업에 대한 정보와 이해가 부족한 장애학생에게는 직업체험을 통해 이해와 흥미를 갖도록 기초 및 심화 직업체험 기회를 제공하고 있다.

발달장애인훈련센터의 교육과정은 크게 직업훈련 과정과 특별훈련 과정으로 구분된다. 직업훈련은 장애인의 개인별 특성에 따라 직무훈련, 사회성 훈련 등을 실시하여 체계적인 직업훈련을 통한 성공적인 취업을 지원하기 위한 과정이며, 특별과정은 발달장애인에게 다양한 직업체험 및 진로교육을 제공하여 직업 이해도를 향상하고 발달장애인의 안정적인 직업생활을 지원하기 위한 과정이다. 교육과정별 프로그램명과 대상자 및 운영방법은 〈표 11-2〉와 같다.

〈표 11-2〉 **발달장애인훈련센터의 교육과정**

구분	프로그램명		대상자	운영방법
직업훈련	장애 유형별 특화훈련		발달장애인 구직자	1~6개월
특별과정	직업체험	기초체험	특수교육대상자(고 1)	4시간 이상
		심화체험	특수교육대상자(고 2~고 3)	10시간 이상
		특별체험	발달장애인 구직자	4시간 이상
	부모교육		발달장애인 보호자	2시간 이상
	교사교육		특수교육 담당자	2시간 이상
	사업주교육		사업주 및 인사담당자	2시간 이상
	전문가 네트워크		발달장애인 관련 전문가	2시간 이상

출처: 한국장애인고용공단(https://www.kead.or.kr/).

2. 성인기의 독립적인 지역사회 생활을 위한 기술

1) 일상생활 기술

비장애인들은 대부분 일상생활을 하는 중에 자연스럽게 옷과 식료품 구입, 세탁기 사용, 전화하기 등 일상생활 수행능력을 배우게 된다. 그러나 지적장애인들은 비장애인들과 같은 비공식적인 방법으로 나이에 맞는 일상생활 기능을 배우지 못한다. 지적장애인의 일상생활에 대한 능력은 장애 정도에 따라 매우 다르게 나타나며, 독립적인 생활에 대한 의식을 가지고 계속적인 훈련과 교육을 받은 경우가 그렇지 않은 경우에 비해 신체적 · 지적 능력에서 긍정적인 효과가 나타난다(오혜경, 백은령, 엄미선, 2000).

장애인들의 일상생활은 거주하고 있는 장소와 밀접한 관련이 있다고 할 수 있다. 즉, 학령기의 장애학생들은 교사들과 주로 상호작용을 하는데, 교사와 학생 간의 상호작용은 학습의 질을 결정하고 성공적인 수업전략을 세우는 데 중요한 역할을 한다. 교사가 긍정적이고 무비판적이며 즉각적인 반응을 하는 경우, 장애학생의 언어발달, 공격성 감소, 또래와의 상호작용 증진 등의 결과를 이끌어 낸다(신현기, 2003; Alexander, 1998). 마찬가지로 거주시설에 있는 장애인들은 일상생활에서 생활재활 교사와 지속적인 상호작용을 하기 때문에 생활재활 교사와의 관계가 거주시설 장애인의 일상생활과 삶의 질에 큰 영향을 미칠 수 있다(오세란, 2005).

또한 거주시설 지적장애인의 일상생활 활동을 결정하는 데 장애 정도가 중요한 요소로 작용하기 때문에 장애 특성을 고려한 지원이 있어야 한다. 구체적으로 경도 및 중등도 장애인의 경우 비장애인이나 재가장애인과 비교하여 부족한 부분의 활동을 증가시킬 수 있는 서비스 제공이 필요하며, 타인과의 생활에서의 감정 조절이나 대화법 향상 등을 위한 서비스 제공이 필요하다. 반면에 최중도장애인의 경우는 개인 유지, 신변처리 등 기초기술 활동 지원, 시설에서의 단순화된 활동에만 집중화되지 않도록 하는 지원 등이 필요하다(김미옥, 김고은, 2010).

일상생활 수행능력은 기본적 기술을 요구하는 기본적 일상생활 활동(Activities of Daily Living: ADL)과 더 진보된 문제 해결 능력과 사회적 기술, 그리고 더 복잡한 환경적 상호작용을 요구하는 수단적 일상생활 활동(Instrumental Activities of Daily Living: IADL)으로 나눌 수 있다. 기본적 일상생활 활동에는 자기관리, 기능적 이동성, 성적 표현, 수면과 휴식 등이 포함되고, 수단적 일상생활 활동에는 의사소통 도구 사용, 건강 관리 및 유지, 재정 관리, 음식 준비와 청소하기, 지역사회로의 이동성 등이 포함된다. 지적장애인의 기본적 일상생활 기능과 수단적 일상생활 기능은 이동성과 인지 수준의 영향을 받기 때문에 일상적인 신체활동과 운동기능을 강화함으로써 이동성을 증진하고 유지시켜야 한다(Hilgenkamp, Wijck, & Evenhuis, 2011).

2) 자기결정 및 선택하기

(1) 지적장애인의 자기결정

지적장애 성인이 지역사회에서 독립적으로 살아가기 위해서는 일상적인 활동과 의사결정 상황에서 다른 사람에게 의존하지 않고 스스로 결정을 할 수 있는 자기결정(self-determination) 능력이 필요하다. 장애인의 삶의 질과 성인기로의 성공적인 성과에 자기결정이 결정적인 영향을 미치기 때문에 최근에 장애인의 자기결정에 대한 관심이 증대하고 있다. 자기결정은 연구자들의 관점에 따라 다른 정의를 사용하고 있지만 궁극적인 지향점은 삶의 질 향상에 있다고 할 수 있다(이숙향, 2009).

　　지적장애인의 자기결정을 강조하는 이유는 자기결정 행동을 촉진시킬 수 있는 기술을 습득함으로써 자신을 잘 대변하게 되고, 기본적 인권을 보호받을 수 있으며, 지역사회로의 참여와 통합이 가능해지기 때문이다. 또한 자기결정 경험을 통해 지적장애인은 스스로에 대한 존중감을 높이고 성인기의 핵심 과업인 자립을 실현할 수 있으며 삶의 질 개선도 기대할 수 있다(Lee & Wehmeyer, 2004; Wehmeyer, 1998).

　　자기결정은 한 사람이 자기 인생의 주체로서 중요한 결정을 함에 있어서 다른 사람에게 의존하지 않고 본인 스스로 책임을 지는 것이다. 그러나 실제로 지적장애인들은 비장애인들과 동등하게 자기결정의 기회를 제공받지 못한다. 지적장애 자녀가 성인이 되었을 때 부모나 가족은 이들이 자신의 진로를 결정하고 삶의 방식을 독립적으로 결정하는 것을 인정하기 어려울 것이다. 또한 그룹홈이나 시설 거주 지적장애인들에게도 의사결정 기회가 많지 않으며, 선택의 기회가 현저히 제한된다(Sands & Kozleski, 1994). 선택의 기회 제한은 지적장애인의 자기결정 능력에 부정적인 영향을 미치게 된다. Wehmeyer와 Garner(2003)는 지적장애인의 자기결정에 영향을 미치는 요인을 조사한 결과, 지적 능력보다는 선택의 기회가 자기결정과 자율성에 영향을 미치는 것을 밝혀냈다. 즉, 지적 능력이 낮을수록 제한적인 배치를 받게 되며, 제한적 배치로 인하여 선택의 기회가 부족하게 되고, 이것이 자기결정 및 자율성에 부정적 영향을 준다는 것이다. 이는 생활시설 성인 지적장애인들이 자기결정의 기회를 많이 가질수록 자기결정 수준이 높다는 연구 결과를 보더라도 알 수 있다(이복실, 김용득, 2012). 특히 중도장애인(people with severe disabilities)은 자기결정을 할 수 있는 선택의 기회가 보다 제한적이기 때문에 이들의 자기결정을 증진하기 위한 교육적 방안의 필요성이 제기되었다. Wehmeyer(2005)는 이와 같은 문제점을 인식하고 자기결정의 기능적 이론에 근거하여 자기결정 행동은 자신의 삶에서 일차적 원인 주체로서 행동하고 삶의 질을 유지하거나 증진할 수 있게 하는 의지적인(volitional) 행동이라고 정의하였다.

　　자기결정은 자율성(autonomous), 자기조절(self-regulation), 심리적 역량(psychological empowerment), 자아실현(self-realizing)의 네 가지 영역이 뒷받침되어야 한다(Wehmeyer, 1999). 자기결정의 기능적 이론에 의하면 환경과 개인의 특성이 자기결정 증진과 관련이 있다는 것이다. 즉, 선택과 자율성을 강조하는 환경과 지원이 주어진다면 개인적인 능력의 증진에 따라 자기결정이 증진될 수 있다. 자기결정은 아동기와 청소년기에 걸쳐서 스스로의 삶에서 주체자가 될 수 있는 기술을 배우고 태도를 발달시킴으로써 증진된다. 이러한 태도와 능력은 자기결정의 구성요소이며, 이것이 기능모형의 이론적 틀이다. Wehmeyer(1999)는 자기결정의 기능적 이론과 관련하여 자기결정 행동의 구성요소를 〈표 11-3〉과 같이 제시하였다.

〈표 11-3〉 자기결정 행동의 구성요소

- 자기결정 행동의 구성요소(component element of self-determined behavior)
- 선택하기 기술(choice-making skills)
- 의사결정 기술(decision-making skills)
- 문제 해결 기술(problem-solving skills)
- 목표 수립 및 달성 기술(goal-setting and attainment skills)
- 자기관찰, 자기평가 및 자기강화 기술(self-observation, self-evaluation and self-reinforcement skills)
- 자기교수 기술(self-instruction skills)
- 자기옹호 및 리더십 기술(self-advocacy and leadership skills)
- 내적 통제(internal locus of control)
- 효능성과 성과기대에 대한 긍정적 귀인(positive attribution of efficacy and outcome expectancy)
- 자기인식(self-awareness)
- 자기지식(self-knowledge)

출처: Wehmeyer (1999), p. 59.

장애학생의 성공적인 성인기 전환에서 자기결정의 중요성이 강조되면서 자기결정 증진을 위한 교수 프로그램 및 다수의 모델에 대한 연구가 진행되었다. 이숙향(2009)은 자기결정에 관한 연구 동향 분석 결과, 장애인의 자기결정의 현장 적용을 위하여 ① 교사 교육 및 훈련, ② 부모 참여, ③ 자기결정의 조기중재, ④ 개별화교육계획 및 개별화 전환교육계획과의 연계, ⑤ 가정과 학교와의 협력 등과 관련된 사항들을 고려해야 한다고 주장하였다. 이숙향 등(2018)은 2008년부터 2017년까지의 121편의 연구 동향 분석을 통해 국내에서 이루어진 연구들이 자기인식, 자기관리, 선택하기, 자기옹호, 지원망 구성, 지역사회 활용기술, 협력기술, 스트레스 해소기술 등의 하위요소를 근간으로 하는 자기결정 기술 프로그램, 역할놀이 중심의 자기결정 활동(기술) 프로그램, 자기결정 교수학습 모델(SDLMI), SDLMI의 자기탐색, 목표 설정, 계획, 실행 및 수정 단계를 근간으로 고안된 자기결정 교수 프로그램, Field와 Hoffman(1996)의 『자기결정단계(Step to Self-Determination)』을 바탕으로 재구성한 자기결정 프로그램 및 수업모형 등이 있음을 밝혔고, 자기결정의 현장 적용 및 향후 연구 과제와 관련하여 ① 장애학생의 자기결정 증진을 위한 교사 및 부모의 역량 개발, ② 장애학생의 전환 및 학업성과 모두를 위한 교수적 접근 활성화, ③ 자기결정의 측정을 위한 다양한 도구 개발, ④ 자기결정 관련 연구 범위의 확대를 고려할 것을 제안하였다.

(2) 선택하기

최근 지적장애 영역에서 강조되는 또 다른 개념은 선택이다. 선택하기는 자기결정 개념의 일부로 설명될 수 있다. 장애인을 포함한 모든 사람이 자기가 선호하는 것을 표현하는 능력과 일상생활의 각 영역에 영향을 미치는 선택하기 능력을 가지고 있지만, 지적장애인에게는 이러한 능력을 실현해 볼 기회 자체가 매우 부족하다.

지적장애인이 자신의 선호를 표현하고 선택하는 것은 매우 중요한 기술이며(박승희, 1998, 2000), 그러한 기술은 사회에서 독립적으로 기능하는 데 중요한 요소 중의 하나이다. 또한 장애인에게 선택 기회가 보장될수록 장애인은 사회적으로 가치 있는 역할을 수행하게 될 것이며, 이는 장애인의 삶의 질을 증진하는 요인과 관련이 있다(노승현, 황환, 2010; Neely-Barnes, 2006; Wolfensberger, 1983).

그러나 지적장애인의 경우 이제까지 교육, 재활, 작업활동, 여가활동, 가정생활의 대부분에서 개인의 의사가 충분히 고려되지 않은 상태에서 중요한 일들이 결정되어 왔다. 지적장애 성인들을 위한 많은 주거 프로그램에서 하루의 활동이나 일과를 계획할 때, 개인들마다 다른 생활양식을 고려하지 않고 개인의 선택이나 선호와 무관하게 계획되고 있다고 한다(장비, 1995; 전인진, 1995). 즉, 지적장애인을 위한 전통적인 서비스 모델은 보호나 치료를 강조하며 개인에게 선택 기회를 보장하지 않았을 뿐만 아니라 서비스와 치료 방향의 결정은 전문가들의 몫이었으나(Mary, 1998), 최근에 지적장애인을 위한 서비스 모델이 소비자의 자기결정과 선택을 강조하는 지원 모델로 이동함에 따라(Bambara, 2004) 그 초점이 지적장애인 당사자에게 서비스 선택의 기회를 제공하는 것에 맞추어지게 되었다(Holburn & Pfadt, 1998).

지적장애인에게 이러한 선택하기와 자기결정의 기회를 강화하고 자립적인 생활을 촉진하기 위한 전략의 하나로 자기 일과 계획하기(self-scheduling)가 제안되었다(박현주, 박승희, 2001; 안혜신, 이숙향, 2015; Bambara & Ager, 1992). 지적장애인들은 시간을 유용하게 사용하고 관리하는 능력이 부족하며 자유시간이 주어질 경우 스스로 일과활동을 계획하고 활용하는 데 어려움을 겪는다. 장애인들이 일상생활의 주어진 환경과 시간 속에서 자기관리 전략을 이용하여 자기주도적으로 활동을 수행하고 자신의 행동을 평가하면서 삶에 대한 통제력을 증진시키는 것은 성인기의 자기결정 강화와 삶의 질 향상과도 밀접한 관계가 있다(안혜신, 이숙향, 2015). 자기 일과 계획하기 수행은 개인의 시간을 스스로 계획하게 하는 하나의 자기관리 전략으로서 지적장애인들에게 유의미하고 목적이 분명한 명확한 활동을 수행할 수 있도록 선택하기와 결정하기, 그리고 자발적으로 활동을 시작하고 수행할 수 있도록 하는 접근방법을 제공한다(박현주, 박승희, 2001; Agran & Martin, 1987). 〈표 11-4〉는 지적장애 성인들의 자기결정 능력을 증진하기 위하여 사용한 자기 시간 계획하기 교수 절차를 요약 · 정리한 것이다(박현주, 박승희, 2001).

〈표 11-4〉 **자기 시간 계획하기 교수 절차**

과정	교수내용
활동카드 선택하기	• 선택안 제시: 각 활동 범주별로 나누기(예: 해야 할 활동과 하고 싶은 활동) • 촉진하기: 신중하게 선택하도록 장단점 설명 • 대안적 활동조건 제공: 선택하지 않을 경우 대안적 활동조건 제공
활동순서 결정하기	• 선택한 활동의 우선순위 결정 • 교수하기: 다시 결정할 기회를 제공하고 더 나은 결정을 하도록 교수
계획판 보기	• 계획판 보는 습관 들이기: 자발적으로 하도록 유도, 필요한 경우에 최소 촉진 • 기다리기: 대상자가 자발적으로 활동하는 데 필요한 것을 요구하는가? • 수행한 활동카드 떼어 카드 상자에 담기
자발적인 활동 수행하기	• 준비물 확인하고 찾기: 계획판의 활동카드를 보면서 활동 확인 후 필요한 물품 준비하기 • 도움 요청하는 기술 교수하기: 준비물을 못 찾을 경우 다른 사람에게 묻는 기술 가르치기(예: 쓰레기 버리기 활동의 경우, 쓰레기 봉투를 못 찾을 때 다른 사람이나 직원에게 "쓰레기 봉투 어디 있어요?"라고 묻는 기술 교수)
활동 평가하기	• 하루 일과 끝에 대상자와 계획을 평가하고 수정하기 - '당신이 계획한 것을 하고 있는가?'라고 질문 - 대답이 '예'이면 활동이 어땠는지, 순서가 적절했는지 토론 - 수행하지 못했으면 왜 활동을 수행하지 못했는지 검토 - 활동계획 변경 토론 및 수정: 시간 부족이나 순서가 적절하지 못했을 경우 활동계획 변경에 대하여 토론하여 수정

출처: 박현주, 박승희(2001)에서 발췌함.

3) 자기옹호 기술

장애인들이 독립적인 삶을 살아가기 위해 필수적인 기술의 하나가 '자기옹호'라고 할 수 있다. 자기옹호(self-advocacy)는 개인이나 집단이 자신들의 욕구와 이익을 위하여 스스로 어떤 일에 대하여 주장하거나 실천하는 과정으로, 대표적인 지적장애인 자기옹호 조직인 피플 퍼스트(People First, 1996)는 자기옹호를 "자신을 위해 발언하고 일어서기, 자신의 권리를 위해 일어서기, 선택하기, 독립적으로 되기, 스스로 책임지기"로 정의하고 있다. 다시 말하면, 자기옹호는 당사자가 직접 자신의 권리를 지키기 위하여 적극적으로 의사표현을 하는 것이다.

자기옹호가 등장한 배경을 살펴보면 국외에서는 1965년 Nirje가 스웨덴에서 지적장애 청소년들을 위한 Flamslattskubben의 집단훈련을 시작으로 미국 오리건의 지적장애인 집단의 '우리는 사람이 먼저입니다(We are people first)' 자기옹호 운동으로 발전되었다. 1970년대의 정상화와 탈시설화의 강조, 1980년대의 자립생활 운동으로 인하여 장애인의 자기옹호 운동이 확산되었으며(Wehmeyer, Bersani, & Gagne, 2000) 그 후, 장애인 자신의 권리를 요구하고 주장하는 민권운동으로서의 피플 퍼스트(1998) 회의에는 700개 이상의 자기옹호 집단이 조직되어 현재 전 세계적으로 확산되었다(Test et al., 2005). 이러한 외국의 자기옹호 운동은 국내에도 영향을 미쳤다. 1980년대 후반 국내 장애운동을 통한 자기옹호가 본격화하기 시작하였는데, 경도장애인들이 스스로의 옹호단체나 자조집단을 만들어서 스스로 권리를 찾아가는 과정이었고, 중도장애나 지적장애의 경우는 부모 또는 전문가 등 장애인의 권리를 대면하는 이들을 통한 간접적 옹호의 형태를 보였다(김병하, 2005).

자기옹호는 자기결정과 밀접한 관계를 가지고 있으며 자기결정 요소 중 하나로 보고 있다. 앞에서 언급한 자기결정의 네 가지 요소 중 심리적 역량(psychologically empowered)의 하위 요소(조인수, 2008)라고 할 수 있다. 방명애(2006)는 자기결정의 하위 요소 9개(자기인식 능력, 자기관리 기술, 선택기술, 자기옹호 기술, 지원망 구성기술, 지역사회 활용기술, 사회성 기술, 협력기술, 스트레스 해소기술)를 제시하였다. 이와 같이 자기옹호가 자기결정의 하위 요소로 인식되면서 자기옹호 기술을 중재할 때 독립적으로 하지 않고 자기결정의 하위 요소로 지도하는 경우가 많이 있다(최승숙 외, 2012). 자기옹호 기술은 자기결정 능력의 기초가 되는 행동기술로(이숙향, 2009; 이옥인, 2010), 최근 사회적으로 논란이 되고 있는 장애인들의 인권침해나 성폭력 사건들과 관련하여 장애인들의 자기옹호 기술은 매우 중요하기 때문에 자기옹호 기술 교수를 별도로 제공하여야 한다.

자기옹호를 하기 위해서는 자신의 의견이나 생각을 표현하는 의사소통 기술이 필요하다. 의사소통에서 중요한 듣기와 말하기와 같은 기본 기술들은 가정, 직장 그리고 지역사회에서 사람들과의 상호작용에 필수적이다. 따라서 지적장애 성인이 지역사회에서 자신의 권리를 누리면서 독립적으로 살아갈 수 있는 자기옹호 기술을 증진하기 위해서는 가능한 한 많은 조건과 상황에서 독립적이고 만족스럽게 듣고 말하도록 훈련하는 것이 중요하다.

그러나 지적장애 성인들 중에는 구어로 의사소통이 어렵거나 불가능한 경우가 많이 있다. 수용언어와 표현언어에 문제가 있는 지적장애 성인들에게는 대안적인 의사소통 지원을 제공해야 한다. 적절한 의사소통 지원을 위해서는 가능한 한 지적장애인의 요구를 정확하게 파악하는 것이 중요하다. 지원하고자 하는 지적장애인의 장애 정도와 특성에 대한 지식 없이, 그리고 이러한 장애들이 지역사회 생활에서 친구들이나 어른

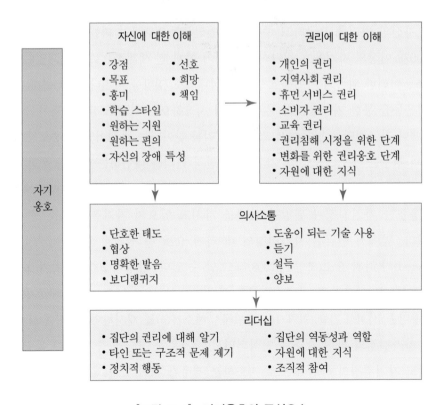

[그림 11-1] **자기옹호의 구성요소**

출처: Test et al. (2005), p. 49.

들과의 상호작용 및 지역사회에서의 의사소통에 어떻게 영향을 끼치는지 정확하게 파악하지 않고 교수나 관련 서비스를 한다면 목표 설정 및 달성이 어려울 수 있다.

또한 지적장애인들이 자기옹호를 하기 위해서는 의사소통 기능뿐 아니라 다른 여러 가지 기능이 필요하다. Test 등(2005)은 자기옹호의 구성요소를 ① 자신에 대한 이해(knowledge of self), ② 권리에 대한 이해(knowledge of rights), ③ 의사소통(communication), ④ 리더십(leadership)의 네 가지로 구분하였다. 이들 구성요소의 내용은 [그림 11-1]과 같다.

4) 대인관계 및 지역사회 참여기술

대인관계 능력이란 다른 사람과 상호 교류하며 관계를 유지하는 능력을 의미한다. 사람은 사회적 존재로서 다양한 사람과 서로 상호작용을 하면서 살아가기 때문에 대인관계 능력에 대한 중요성이 강조되고 있다. 장애인의 대인관계 능력은 고용에 중요한 요소로 발달장애인의 취업에 큰 영향을 미친다(김경화, 2019). 그러나 지적장애인은 사회생활의 기초능력이라고 할 수 있는 대인관계 기술이 매우 부족하기 때문에 대인관계를 시작하고 유지하는 데 어려움을 겪게 된다. 즉, 의사소통 능력의 부족, 집단활동에 참여하려는 동기 부족, 과다한 의존성 등 사회성 부족으로 대인관계에 어려움이 있으며, 이로 인하여 지역사회 참여활동, 직장생활, 사회적 수용에 문제가 따르게 된다.

대인관계 능력이 지적장애인의 삶의 여러 영역에 중요한 요인이기 때문에 대인관계 능력을 향상할 수 있는 사회성 프로그램이 많이 개발되고 있지만, 대부분 지적장애인의 대인관계 기술을 증진하기 위하여 학령기부터 전환교육 활동을 통하여 대인관계 기술 증진에 관심을 가져야 하며(전보성, 2005), 성인기 이후에는 지적장애인의 장애 정도와 연령에 따른 개인의 욕구 및 필요를 파악하여 대인관계 증진을 위한 다양한 프로그램을 실시하여야 한다. 직접교수(사회적 기술훈련), 모델링(멘토, 또래교수, 우정집단 등), 다양한 프로그램 참여(스포츠, 여가활동, 치료 프로그램 등), 그리고 관련 서비스(상담가, 사회복지사, 치료사 등)를 통해 지적장애인의 대인관계 기술이 증진될 수 있을 것이다.

장애인의 사회적 참여는 대인관계 기술과도 관련이 있으며 장애인의 삶의 질에 중요한 요인이다. 박승희 등(2019)은 발달장애성인의 삶의 질 척도 연구에서 네 가지 요인 중 하나로 사회적 참여를 추출하였다. 사회적 참여 지원을 총 7항목으로 요약하면 ① 이동권, ② 정신건강 관련 문제를 다루기 위해 필요한 본인 상담 및 가족 상담, ③ 발달장애인 지원이나 지원금이 본인을 위해 적절히 사용, ④ 적절한 의료적 지원, ⑤ 건물이나 시설(예: 식당, 영화관, 공원 등)에 대한 물리적 접근권과 이용할 권리 보장, ⑥ 주변인들이 발달장애인을 생활연령에 적합한 방식으로 대우, ⑦ 지역사회 서비스 이용에 제한, 배제, 분리, 거부 등을 경험하지 않는 것이다.

모든 유형의 장애인들에게 지역사회 참여는 하나의 공통된 문제이다. 성인기 지역사회 참여를 위하여 학령기 전 과정의 개별화교육계획에서는 그 학생이 안전하고 편리한 환경에서 지역사회로 나아가는 데 요구되는 자신감과 기술을 가지게 하기 위한 지원과 교수를 포함할 필요가 있다. 특히 중·고등학교 전환교육과정에 사회적 참여에 필요한 여러 가지 기술을 포함하여야 할 것이다. 만일 지적장애 성인이 대중교통을 이용하는 기술이 부족하거나 없을 경우 직업을 가지기 어려우며, 지역사회의 여러 가지 시설 이용이나 활동에 참여하기 어렵다. 따라서 지적장애 성인들은 지역사회 참여를 위해 이동에 필요한 대중교통 수단, 지역사회 시설(예: 영화관, 도서관, 식당 등) 등을 이용하는 방법을 습득하고, 만일 장애 정도나 이동능력의 손상으로 인해 기타 지원이 필요할 경우 대안적인 방법에 대한 안내를 받을 필요가 있다.

3. 지적장애 성인의 여가 지원

1) 여가활동의 중요성

여가활동은 인간의 신체적·지적·정서적·사회적 측면에 긍정적인 영향을 미치며 일상생활에서 겪는 스트레스를 해소하고 즐거운 생활을 영위할 수 있게 하므로 삶의 질을 높여 준다. 그래서 사람들은 여가활동을 통하여 삶의 활력을 찾을 뿐 아니라, 행복을 추구하고 보다 나은 여가생활을 위하여 물리적인 장소, 시간, 재정 등을 확보하려고 노력한다.

장애인에게도 여가활동은 매우 중요하며 여러 가지 측면에서 긍정적인 영향을 미친다. 여가활동을 통하여 장애인은 지역사회의 구성원으로서 일반인과 함께 다양한 활동 및 직업생활에 참여하는 데 중요한 역할을 할 수 있다(Hamre-Nietupski et al., 1992:

김수연, 박승희, 2000 재인용). 이는 지적장애인들에게도 마찬가지로, 여러 연구 결과를 통해서 지적장애인의 여가활동 참여 효과가 밝혀졌다. 여가활동은 지적장애인의 자아개념 발달, 언어발달 촉진, 운동기능 향상, 대인관계 및 사회적 상호작용 증진, 또래의 수용 정도 증가, 고립행동 감소, 스트레스 경감, 대처기술 향상, 전반적인 삶의 만족도 증진 등의 긍정적인 영향을 미칠 뿐만 아니라 장애인의 의사소통 능력 및 이동능력 향상, 부적절한 행동 감소, 자금 관리, 자립 등 전반적인 삶의 질을 증진시킨다(Schleien & Ray, 1997).

여가활동 참여가 장애인에게 미치는 긍정적인 영향을 반영하여 교육부는 2011년부터 특수교육 교육과정 기본교육과정에 여가활용 과목을 포함시키고 있다. 아울러 「발달장애인법」 제27조에서도 발달장애인의 문화ㆍ예술ㆍ여가 체육 활동 등의 지원을 법적으로 명시하며 발달장애인의 여가활동 참여에 대한 권리를 보장하고 있다.

그러나 실제 지적장애인들의 문화 및 여가활동 실태를 조사한 결과, TV 시청(96%), 휴식(39.9%), 컴퓨터 인터넷(37.5%), 사교모임(34.9%), 외식 등과 같은 가족 관련 일(34.9%), 사회봉사, 종교활동(18.1%) 등의 순으로 나타났다. 문화 및 여가활동이라고 할 수 있는 감상, 관람(11.7%), 문화예술 참여(4.9%), 승부놀이(3.5%), 자기계발 활동(5.8%), 여행(3.8%), 해외여행(3.7%) 등의 활동은 낮은 비율을 보이는 것으로 나타났다(한국보건사회연구원, 2017).

지적장애인들이 문화ㆍ여가 활동을 만족스럽게 해내지 못하는 주된 이유에 대해서 22.8%는 경제적 부담, 20.5%는 의사소통의 어려움, 16.1%는 적당한 취미가 없기 때문인 것으로 파악되었다. 그리고 응답자의 도우미가 없어서(13.5%), 여가 정보 및 프로그램 부족(11.7%), 건강이나 체력이 부족하여(6.7%), 시간이 부족하여(5.2%), 교통 혼잡 및 이용교통수단 불편(1.1%) 등의 이유로 문화ㆍ여가 활동이 만족스럽지 못한 것으로 나타났다. 이러한 결과를 반영하여 지적장애인들의 문화ㆍ여가 활동을 위해서는 우선 경제적인 부담이 해결되어야 할 것이고, 의사소통 지원, 개인에게 적합한 취미활동 지원, 여가활동 도우미, 문화 및 여가에 대한 정보, 프로그램 등 문화적인 환경이 장애인 친화적으로 개선되어야 할 것이다. 장애인에게 있어 여가활동의 제한은 또 다른 건강 장애를 야기하고 사회적 장애로 이어질 수 있다. 따라서 지적장애인에게 적절한 여가활동에 참여할 수 있는 기회가 필요하며, 이를 위해서 개인의 능력과 연령을 고려하여 생애주기별로 적절한 여가교육이 제공되어야 할 것이다.

2) 지적장애인을 위한 여가교육

개인은 여가교육을 통해 여가와 관련된 자기 자신, 여가와 자신의 생활 유형 그리고 사회와의 관계성을 이해하게 되는 전반적인 발달을 할 수 있다(Mundy, 1998). 여가교육은 또한 여가활동과 여가자원의 인식을 개발하고 일생 동안 이러한 활동에 참여하는 데 필요한 기술을 습득하는 수단을 제공한다(Peterson & Stumbo, 2000). 장애 성인들의 여가 참여 기회를 증진시키고, 여가시간이 늘어났을 때에 이를 효과적으로 즐기기 위해서는 여가를 적절하게 즐길 수 있는 시스템이 고안되어야 하는데, 이러한 시스템을 '여가교육'이라고 부를 수 있다(이철원, 2009).

여가교육에는 여가 인식, 사회적 상호작용, 여가활동 기술, 여가자원 활용방법 등의 내용이 포함되어야 한다(Stumbo & Peterson, 2000). 여가 인식은 전반적인 삶의 만족에 대한 여가의 긍정적인 생활양식의 적절성은 물론 여가의 개념을 알고 이해하도록 하는 것이다. 여가기술 습득과 더불어 여가에 대한 인지적인 이해가 가능해야 자신에 맞는 여가활동에 참여할 수 있기 때문이다. 사회적 상호작용은 통합환경 전반에 걸쳐 여러 활동의 맥락 안에서 의사소통하고 상호작용하며 적절히 행동하는 법을 배우는 과정을 말한다. 여가활동 기술은 전체적인 여가교육 프로그램과 긍정적인 개인적 여가 생활양식에서 중요한 위치를 차지한다. 개인이 어떤 여가활동을 좋아하는지 그렇지 않은지를 결정하기 전에 그 개인이 해당 여가활동을 충분히 경험해 봐야 함을 강조하면서, 여가기술을 반드시 가르치고 연습하게 해야 하며 계발하게 해야 한다는 것이다. 마지막으로, 여가자원 활용은 기술, 돈, 교육 수준, 경험 등을 포함한 자신이 갖고 있는 개인적 자원과 자신의 집과 지역사회에서 이용 가능한 자원을 이해하고, 자기에게 주어진 여가 환경과 자원을 올바로 사용하기 위하여 여가정보를 탐색하는 방법을 말한다. 이러한 일련의 여가교육을 통해 장애 성인들은 보다 효과적으로 자신의 시간을 활용하고 다양한 어려움을 극복할 수 있는 여가제약 협상전략을 익히게 될 것이다.

장애인 대상 여가교육 프로그램에서 자신이 선호하는 여가활동을 선택함으로써 자기결정 능력, 선택 및 자발적인 의사결정 능력을 증진시킬 수 있으며(김수연, 박승희, 2000), 장애인과 비장애인이 자연스럽게 소통할 수 있는 사회통합적인 요소를 가지고 있고, 자아효능감 및 자아존중감을 향상시킬 수 있다(서지훈, 신진숙, 2010). 여가활동의 여러 가지 긍정적인 측면에도 불구하고, 장애인은 여가활동에 참여하지 않고 집에서 혼자 하는 활동을 하거나 가족과 함께 보내는 경우가 대부분이다(박정순, 전헌선, 2006).

Bullock과 Mahon(2000)은 여가교육을 개인이 자신과 여가를 이해하고 가장 만족스러운 삶이 되도록 자유롭게 선택한 활동에 참여하는 데 필요한 기술들을 확인하고 배우는 개별화되고 개념화된 교육적 절차라고 하였다. 다시 말하면, 여가교육은 사람들이 여가를 개인적 만족과 성취를 위한 수단으로 인식하여 여가 기회를 접하는 데 익숙하게 되고, 사회에 미치는 영향을 이해하며, 자신의 여가행동에 관한 의사결정을 하게 되는 과정이다.

Dattilo와 Schleien(1994)은 지적장애인을 위한 여가서비스에 사회적 통합, 활동 참여, 연령에 적합한 자기결정, 여가서비스 제공자들과 가족 구성원 사이의 조정과 의사소통이 필요하다고 하였다. 한편, Mactavish와 Mahon(2005)은 지적장애인의 여가서비스를 위해 개인의 요구와 흥미에 초점을 맞춘 개인중심 여가교육(person-centered leisure education)을 강조하였다. 개인중심 여가교육은 정상화의 원리와 자기결정에 기반을 두었으며, 장애인이 나이가 들어 가는 것을 고려하여 개인중심 평생계획에 여가교육을 포함시키는 것을 말한다. 현재 지적장애 성인을 대상으로 한 연구 중 관심 분야는 노년계획(later-life planning)으로서 '삶의 질을 증진하는 공통의 목적'이라는 측면에서 여가교육과 유사한 점이 많이 있으며(예: 개인의 요구와 흥미 반영, 자기결정 증진, 역량강화, 개인의 의사결정의 중요성을 인식), 두 가지 접근이 지적장애인의 삶의 질을 증진하는 데 효과적인 것으로 알려졌다(Bullock & Mahon, 2000; Heller, Factor, Sterns, &

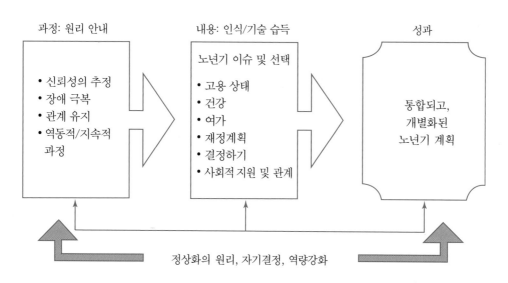

[그림 11-2] **여가교육 및 평생계획의 조직/확장을 위한 개념 틀**
출처: Mactavish & Mahon (2005), p. 34.

Sutton, 1996; Heller, Miller, Hsieh, & Sterns, 2000; Hoge & Dattilo, 1999). [그림 11-2]는 개인중심 여가교육과 노년계획을 결합한 모형이다.

4. 지적장애 성인을 위한 자립생활 지원

장애인이 성인이 되었을 때 삶의 질을 누리면서 독립된 삶을 살아가기 위해서 필요한 것은 자립생활 능력이라고 할 수 있다. 장애인복지 영역에서 '자립'이란 장애인 자신이 스스로를 보호하고 관리하기 위해 아무런 지원 없이 모든 일을 장애인 혼자서 독립적으로 수행한다는 의미가 아니다. 스스로의 선택과 결정에 기초하여 자신에게 필요한 다양한 원조와 지원을 제공받음으로써 자립생활이 가능하도록 하는 것이 무엇보다 중요하다. 장애인 당사자가 자기 자신과 자신의 삶에 대해 가장 잘 이해하고 있는 전문가이자 삶을 이끌어 나가는 주체라는 관점에 기초하여 필요한 서비스를 스스로 선택, 관리 및 통제함으로써 자신이 원하는 삶을 살아 나가는 것을 의미한다(권선진, 2007).

지적장애인의 자립생활은 상대적 자립을 기반으로 하여 지적인 능력과 사회관계 형성능력의 부족으로 개인적인 일상생활과 사회생활에의 적응이 어렵지만 개인의 삶을 영위하는 데 있어서 적절한 지원을 받으며 스스로 삶을 결정하고 그에 따른 자신의 선택에 대해 책임지며 살아가는 것이라 할 수 있다(Brisenden, 1989: 김미옥, 정민아, 2017 재인용). 실제 우리나라에서는 지적장애인을 포함한 발달장애인의 자립생활이 가능한지에 대해서 여러 가지 논의가 있었으나, 아직 발달장애인의 자립생활에 대한 개념이 합의에 이르지 못했으며, 신체장애인이나 비장애인들과는 다른 자립생활의 지원요소가 필요함을 인정하고 있을 뿐이다(김미옥, 정민아, 2017).

성인기에 도달한 지적장애인들은 여전히 부모나 가족들의 돌봄을 받는 경우가 많이 있다. 임지희와 신원식(2018)이 발달장애인의 자립생활에 대한 부모들의 인식을 연구한 결과에 의하면, 첫째, 사회적 일상생활 지원으로 명명된 유형의 부모들은 발달장애인의 자립생활이란 사회적 차원에서 고려되어야 하며 지원의 목표 또한 일상생활이 유지될 수 있게 하는 것으로 인식하고 있다. 발달장애인의 핸디캡을 인정하여 지역사회에서의 일상적인 생활을 유지하기 위해 사회적 인식이 필요하며, 자립생활이라는 궁극적 목적보다는 부모의 돌봄에 대한 역할을 사회에서 함께 해 주기를 기대하고 있

는 것이다. 둘째, 당사자 역량강화 지원형의 부모들은 발달장애인 자립생활을 위해서
는 사회적 지원보다 당사자의 역량강화가 더 중요하다고 인식한다. 교육과 훈련, 체험
홈 등의 자립생활 준비과정을 통한 당사자의 역량강화가 중요하기 때문에 당사자를 지
원해야 한다고 생각한다. 이를 통해 부모는 자녀의 사회화를 돕는 역할을 사회에서 함
께 해 주기를 기대하고 있는 것이다. 셋째, 사회적 전문서비스 지원형으로 발달장애인
의 자립생활을 사회적 책임에 두고 자립생활 지원서비스 부족과 차별적인 현재의 환
경 변화에 대한 해결 또한 사회적으로 지원제도를 강화하여야 한다고 인식한다. 이 유
형의 부모들은 발달장애인을 자립생활의 주체라고 긍정적으로 인식하고 있으며 자립
생활을 위해 당사자의 의지, 보호자의 영향보다는 사회적 차원에서 전 생애를 지원하
는 개별지원 시스템이 작동되어야 한다고 인식한다. 장애 특성과 특별한 요구로 인하
여 보다 전문적이고 집중적인 부모 역할 수행을 사회에서 함께 해 주기를 기대하고 있
는 것이다.

비장애인은 성인이 되면서 대부분 독립된 삶을 영위해 나가지만 지적장애인은 성인
이 되어서도 '자립생활'을 하지 못하고 가족이나 타인의 돌봄을 받으며 생활하는 경우
가 많다. 지적장애 성인의 부모는 노년기에도 장애 자녀를 돌보아야 하기 때문에 본인
의 노후 준비와 자녀 돌봄을 동시에 이루어야 하는 이중적인 부담을 안게 된다. 즉, 자
녀의 생애주기와 무관하게 자녀를 대신하여 일상생활을 관리해 주는 일을 해야 하며,
이러한 돌봄문제는 평생 지속된다(김영란, 김고은, 김소영, 2015).

장애인을 시혜의 대상으로 보지 않고 당당한 권리의 주체로 인정받기 위한 장애계
의 오랜 요구를 반영하여 정부에서는 탈시설 장애인 지역사회 자립지원방안을 모색해
왔으며, 2021년 8월 탈시설 장애인 지역사회 자립지원 로드맵을 발표하여, 40여 년간
지속되어 온 시설보호를 지역사회 자립지원으로 전환하게 되었다.

1) 탈시설 장애인 지역사회 자립지원

정상화의 원리에 따라 장애인을 거주시설에 분리 · 보호(institutional care)하는 체계
에서 탈피하여 지역사회 생활(community living)방식의 지원체계로 개편하는 탈시설화
(deinstitutionalization) 정책은 서구에서 1960년대부터 진행되었으며, 장애인에 대한 서
비스 제공방식에서 가장 중요한 발전으로 평가된다. 우리나라에서는 장애인 탈시설화
에 대한 논의가 오랜 기간 지속되어 왔으나, 본격적인 정책화 시도는 최근에서야 이루

어지고 있다(오욱찬, 박광옥, 김성희, 오다은, 2021).

최근 들어서는 중앙정부 차원의 탈시설화 정책이 추진되어 국정 과제에 '탈시설'이 명시되고(국정기획자문위원회, 2017), 제5차 장애인정책종합계획(2018~2022년)에는 탈시설지원센터 설치 등 보다 구체적인 계획이 제시되었다(관계부처합동, 2018). 이와 더불어 정부는 2019년 6월부터 사회서비스 제공방식의 새로운 패러다임으로 '지역사회 통합돌봄(커뮤니티 케어)' 사업을 추진하고 있으며, 장애인 대상의 시범사업이 시행되고 있다(보건복지부, 2019. 6. 3.).

2021년 8월 보건복지부는 제23차 장애인정책조정위원회 회의에서 탈시설장애인 지역사회 자립지원 로드맵과 「장애인권리보장법」 제정 및 「장애인복지법」 전면개정 추진 방안을 심의·확정하였다. 이에 따라 장애인의 주거결정권 보장 및 지역사회에서 생활할 권리를 우선 고려해 탈시설장애인이 독립생활을 할 수 있도록 물리적 거주 공간과 복지서비스를 결합해 지원하게 된다. 또한 거주시설 신규개소 금지 및 거주인의 자립생활을 촉진할 수 있도록 거주시설 변환을 지원해 2025년부터 단계적으로 매해 740명의 자립을 지원하여 2041년 지역사회 전환이 마무리될 것으로 기대된다.

2022년부터 3년 동안 시범사업을 통해 관련 법령 개정 및 인프라 구축으로 탈시설 자립지원 기반 여건을 조성하고, 2025년부터 본격적인 탈시설 지원사업을 추진한다. 아울러 시설 장애인을 대상으로 연 1회 자립지원 조사를 의무화하고 체험홈 운영과 자립지원 시범사업을 통해 사전준비 단계에서 초기 정착 자립 경로를 구축할 것임을 밝히고 장애인 편의시설이 설치된 공공임대주책 공급과 주거유지 서비스 개발, 장애인 일자리 확충을 통해 독립생활을 위한 사회적 지원을 확대한다.

2) 장애 성인의 주거생활

현재까지 우리나라의 장애인의 주거는 당사자의 필요와 요구에 따라 다양한 선택권이 주어지기보다는 시설과 재가라는 이분법적인 선택을 할 수밖에 없는 상황이다. 즉, 돌봄서비스를 제공하는 장애인거주시설과 지역사회 독립된 주택에서 생활하는 주거 유형으로 나뉘고 있으며, 돌봄서비스와 지역사회 주거서비스를 결합한 시설 유형의 중간 형태가 부족한 것이 현실이다. 이는 법적으로 규정된 장애인거주시설의 종류는 제한적이고, 서비스도 각 시설 종류별로 획일적인 지원방식을 취하고 있기 때문에 장애를 가진 개인들의 욕구에 부합하기에는 근본적으로 취약한 구조이다. 해외에서는 장애인의 사회통합을 목적으로 하는 지역사회중심의 거주는 원가정(natural home), 양부모가정(adoptive family), 양육가정(foster homes), 그룹홈, 관리되는 아파트(supervised apartment), 지원주거 형태(supportive living arrangements) 등 다양한 형태로 제시된 바 있으나(Kim & Dymond, 2012), 현재 우리나라에서 운영되고 있는 대표적인 발달장애인 자립생활을 위한 주거 지원은 체험홈, 자립생활가정, 자립주택 등이 있으나 숫자가 제한적이고 다양하지 않다(김라경, 연준모, 2015).

(1) 지적장애인 주거 현황

보건복지부에서 조사한 장애인실태조사에 의하면 우리나라 전국 장애인 출현율은 2017년도 기준으로 5.39%이며, 2014년도 5.59%, 2011년 5.61%와 비교해 보면 다소 감소한 것을 알 수 있다(보건복지부, 2017). 그러나 지적장애인은 2011년도 출현율 0.28%에 131,648명, 2014년도 출현율 0.36%에 173,296명, 2017년도 출현율 0.38%에 187,300명으로 출현율과 추정장애인 수가 소폭 증가하였다. 이 중 전체 재가장애인이 2,580,340명이고 시설장애인이 88,071명이다. 우리나라 재가장애인은 2,101,057명이며, 이는 전체 등록 장애인의 94%에 해당되는 수치이다. 이것은 재가장애인이 성인이 되어서 가족과 함께 혹은 독립가구 형태로 지역사회에서 생활하고 있음을 시사하고 있다.

지적장애인의 경우 성인기에 접어든 대부분의 지적장애인은 학령기와 큰 차이 없이 계속해서 가족의 보호 속에 살게 되는 부모 의존적인 생활환경 속에 살고 있다. 보건복지부와 한국보건사회연구원의 '2017 장애인실태조사'에 의하면, 부모나 형제자매들이 이들의 일상생활을 도와주며 동거하는 경우 약 80%나 가족들에 의해 거의 부양된다. 지적장애인이 살고 있는 집의 소유가 대부분 부모(66.8%)이고, 지적장애인 자신의 소유는 9.4%에 불과하다. 이는 대부분의 지적장애인이 부모나 형제자매에게 의존하여 생활하고 있음을 보여 준다. 우리나라 문화의 특성상 장애 성인이 가족들과 함께하는 생활환경이 부정적인 것만은 아니다. 하지만 실제 장애인 스스로가 지원을 통한 개인 생활환경 조성능력이 가능하더라도 경제적 활동 기회를 통한 자립적인 삶을 성취하는 데 어려움이 있으며, 나아가 장애인 가족 구성원(부모 및 형제자매 등)에게는 경제적 부담이 클 수 있다. 또한 발달장애인의 삶의 질에 미치는 배경 변인에 대한 연구 결과 지역사회 그룹홈과 소규모 거주기관에 사는 것이 가족과 사는 경우보다 삶의 질이 높게 났는데, 이는 학령기가 종료되고 성인기에 진입한 발달장애 성인의 경우 원래 가정에만 사는 상황보다 그룹홈이나 거주기관이 보다 다양한 프로그램에 참여할 수 있고 비슷한

〈표 11-5〉 **장애인거주시설 현황**　　　　　　　　　　　　　　(2018년 12월 말 기준, 단위: 개소, 명)

구분	소계		지체장애인 시설		시각장애인 시설		청각언어 장애인시설		지적장애인 시설		중증장애인 요양시설		장애영유아 시설		단기보호 시설		공동생활 가정	
	시설 수	입소 인원	시설 수	입소 인원	시설 수	입소 인원	시설 수	입소 인원	시설 수	입소 인원	시설 수	입소 인원	시설 수	입소 인원	시설 수	입소 인원	시설 수	입소 인원
2012	1,348	30,640	40	2,057	16	786	8	335	278	11,748	201	11,006	10	510	128	1,438	667	2,760
2013	1,397	31,152	39	1,978	16	770	8	320	293	12,001	216	11,412	9	473	131	1,432	685	2,766
2014	1,457	31,406	44	2,208	15	632	7	270	309	12,136	223	11,344	9	466	137	1,495	713	2,855
2015	1,484	31,222	39	1,668	16	628	7	255	321	12,369	233	11,314	10	541	141	1,548	717	2,899
2015	1,505	30,980	40	1,766	17	711	7	228	317	12,112	233	11,192	9	452	146	1,616	736	2,903
2017	1,517	30,693	39	1,690	17	700	7	232	313	12,008	233	10,996	9	429	147	1,699	752	2,939
2018	1,527	30,152	33	1,418	16	662	7	223	320	11,865	239	10,995	9	398	150	1,671	753	2,920

출처: 사회보장위원회(https://www.ssc.go.k/)의 2012~2018년 통계에서 추출.

연령의 친구를 접할 수 있는 점이 반영된 것이라고 할 수 있다(박승희 외, 2020). 따라서 지적장애인이 자립생활을 할 수 있는 지원이 지속적으로 제공되어야 할 것이다.

　가족중심의 동거 형태를 제외한 경우는 상당수가 거주시설에 머물고 있다. 〈표 11-5〉와 같이 2018년 장애인거주시설의 현황에 따르면 총 1,527개의 시설에 30,152명이 거주하고 있고 이 중 지적장애인은 320개 시설에 11,865명이 생활하고 있는 것으로 나타났다. 2011년까지 지역사회재활시설로 분류된 단기보호시설과 공동생활가정이 2012년부터 거주시설에 포함되었다(보건복지부, 2018).

(2) 지적장애인의 지역사회 주거 지원

　장애인거주시설은 「장애인복지법」 제58조(장애인복지시설)가 2011년 3월 개정되면서 장애인생활시설이 장애인거주시설로 명칭이 변경되었다. 장애인생활시설의 대규모화로 장애인 재활에 필요한 전문적인 서비스 제공이 어렵고 지역사회와 분리되는 결과를 초래한다는 점을 반영하여 장애인생활시설을 포함한 장애인복지시설의 개념과 기능을 재정립하여 장애인생활시설의 거주 기능을 별도로 분리하고, 장애인거주시설의 정원은 30명을 초과할 수 없도록 하며, 장애인거주시설에 대한 이용 절차 및 시설이 제공하는 서비스의 최저기준을 규정하였다. 또한 그동안 장애인거주시설에 포함되지 않던 그룹홈과 같은 공동생활도 장애인거주시설에 포함시켰다. 이는 앞에서 언급한 장애인 탈시설화 정책과 관련이 있다고 하겠다.

　먼저 장애인 탈시설화 정책을 추진한 서구 복지국가의 경우 커뮤니티 케어를 50~60년 전부터 채택하였거나 채택하고 있는 정책으로 현재 사회서비스 제공의 기본 패러다임으로 자리 잡고 있다. 커뮤니티 케어의 개념은 지역사회로부터 격리된 시설 거주에서 탈피하여 일상적 생활공간인 지역사회 내에서 살아가면서 필요한 돌봄(care)을 받는 것으로 탈시설화(deinstitutionalization)나 정상화(normalization)의 원리와 같은 맥락이다.

　우리나라 정부에서는 2018년부터 본격적으로 시설을 벗어나 지역사회 안에서 다양한 서비스를 받으면서 적절한 돌봄을 받을 수 있도록 하는 커뮤니티 케어(돌봄) 정책을 추진하고 있다. 보건복지부는 2018년 3월 보도자료에서 커뮤니티 케어란 돌봄(care)을 필요로 하는 주민들이 자택이나 그룹홈 등 지역사회(community)에 거주하면서 개개인의 욕구에 맞는 복지급여와 서비스를 누리고, 지역사회와 함께 어울려 살아가며 자아실현과 활동을 할 수 있도록 하는 사회서비스 체계를 의미한다고 설명하고 있다. 커뮤니티 케어의 의미는 '케어가 필요한 주민(노인, 장애인 등)이 살던 곳(자기 집, 그룹홈 등)에서 개개인의 욕구에 맞는 서비스를 누리고 지역사회와 함께 어울려 살아갈 수 있도록 주거 · 보건의료 · 요양 · 돌봄 · 독립생활 지원이 통합적으로 확보되는 지역주도형 사회서비스 정책'이다(보건복지부 보도자료, 2018. 3. 12.).

　특히 발달장애인에 대한 평생 케어 정책 중 하나는 지역사회 돌봄, 지역사회 자립생활 등이 주요 과제이다. 우리나라 정부는 이러한 정책 추진 방향을 위하여 '장애인 자립생활 및 지역 정착 지원모델(안)'에서 두 가지 유형의 주거 모델을 운영하는 것으로 제시하고 있다. 주거 모델의 유형은 자립체험주택, 케어안심주택이며, 자립체험주택은 2~3인이 생활하는 주거로 1~2가구당 1명의 지원 인력을 배치하고 주거 코디네이터가 자립생활 체험훈련 및 독립 준비의 서비스를 연계하는 주택이다. 케어안심주택은 1인이 거주하면서 서비스 연계 및 지원 인력이 방문하여 필요한 주거와 생활을 지원하는 주택이다(보건복지부 보도자료, 2019. 6. 3.).

　이러한 보건복지부 선도사업에서 제시되고 있는 주거 지원 모델 외에도 다양한 주거 지원의 유형으로 지원주택, 그룹홈, 집중 지원홈이 있다. 지원주택은 정부 또는 사회복지법인 소유주택으로서 장애인 2~4명이 함께 공간을 제공받아 거주하는 집이다.

　그룹홈은 4~6명이 거주할 수 있는 공간으로서 지원주택 거주 장애인보다 상대적으로 많은 돌봄서비스가 필요한 경우이며, 특히 야간의 경우 타인의 도움이 필요할 가능성이 높은 장애인이 거주하는 구조가 되어야 한다. 지원자는 그룹홈 거주 공간 내에서 장애인과 함께 생활(야간 포함)하면서 필요한 서비스를 제공하도록 한다.

집중지원홈은 보건의료 서비스가 상시적으로 필요한 중증장애인에 대하여 제공되는 거주 공간에 전문적인 간호 인력이 집중적으로 케어하는 구조이다. 지원자 이외에도 간호사 등 보건의료 인력이 상주하면서 장애인의 건강 악화를 예방하고 진행을 억제하는 등 일반적인 생활 지원과 함께 보건의료 서비스를 집중적으로 제공한다.

3) 자립을 위한 경제활동 기회 제공

(1) 직업재활시설

지적장애 성인이 지역사회에서 독립적으로 살기 위해서는 경제적인 소득이 필요하기 때문에 주거환경 지원과 동시에 장애인이 경제적인 능력을 갖출 수 있는 생산활동의 기회가 제공되어야 한다. 지적장애인들이 직업적 역량을 가지고 경제활동을 하기 위해서는 오랜 훈련기간이 필요하며, 이를 위한 국가와 지역사회의 지원이 필요하다. 그러므로 시설생활을 하고 있는 장애인, 재가장애인, 시설 퇴소 후 자립생활을 준비하고 있는 장애인에게 경제적 활동을 할 수 있는 직업재활이 필요하다. 장애인의 직업재활은 장애인 개인의 직업적 · 사회적 · 심리적 욕구 충족을 이루는 주요한 수단이며, 장애인이 독립적인 생활을 할 수 있게 함으로써 자아실현과 자존심을 고취시키는 역할을 한다(이병화, 이송희, 2017).

장애인의 직업재활의 법적 근거는 「헌법」 제15조(직업선택의 자유), 「장애인복지법」 제21조, 「장애인고용촉진 및 직업재활법」 제3조 등으로, 이 법률에 따라 국가와 지방자치단체는 중증장애인들을 위한 일자리를 개발하고 장애인들이 적성과 능력에 맞는 직업에 종사할 수 있도록 직업 지도, 직업능력 평가, 직업적응훈련, 직업훈련, 취업알선, 고용 및 취업 후 지도 등 체계적이고 효율적인 장애인 직업재활과 관련한 다양한 사업을 진행하고 있다.

우리나라 중증장애인의 고용과 직업재활은 1986년 자립작업장 설치 · 운영 계획에 따라 22개의 보호작업장이 설치되면서 본격화되었다. 이후 고용과 복지의 역할 논의에 따라 몇 차례 시설의 유형이 개편되었다. 현재 장애인 직업재활시설은 장애인의 직업재활에 따른 고용이라는 서비스와 재활 프로그램이라는 복지서비스 등 다양한 역할을 기대하는 사회적 욕구에 기초하여 근로사업장, 보호작업장, 직업적응훈련시설의

3개 유형으로 분류하여 운영하고 있다. 장애인 직업재활시설의 유형과 요구되는 기능은 〈표 11-6〉과 같다. 직업재활시설은 일반 노동시장에서 취업하기 어려운 장애인들에게 고용의 기회를 제공하고 적절한 소득을 보장하는 목적으로 중증장애인에 대한 보호고용의 중추적 역할을 담당해 오고 있다. 2019년 현재 직업재활시설은 전국 683개소이며, 이용 장애인은 19,056명으로 양적 성장을 이루어왔다. 시설 유형별로는 장애인 보호작업장 593개소(88.5%), 장애인근로사업장 65개소(9.9%), 장애인 직업적응훈련시설은 25개소(1.6%)로 운영되고 있다. 직업재활시설 이용 장애인은 지적장애인이 14,328명(75.2%)으로 가장 많은 것으로 나타났다. 〈표 11-7〉는 연도별 장애인 직업재활시설의 현황이다(한국장애인개발원, 2019).

〈표 11-6〉 장애인 직업재활시설 유형 및 기능

장애인 직업재활시설 유형	기능
가. 장애인 보호작업장	직업능력이 낮은 장애인에게 직업적응능력 및 직무기능 향상훈련 등 직업재활훈련 프로그램을 제공하고, 보호가 가능한 조건에서 근로의 기회를 제공하며, 이에 상응하는 노동의 대가로 임금을 지급하며, 장애인 근로사업장이나 그 밖의 경쟁적인 고용시장으로 옮겨 갈 수 있도록 돕는 역할을 하는 시설
나. 장애인 근로사업장	직업능력은 있으나 이동 및 접근성이나 사회적 제약 등으로 취업이 어려운 장애인에게 근로의 기회를 제공하고, 최저임금 이상의 임금을 지급하며, 경쟁적인 고용시장으로 옮겨 갈 수 있도록 돕는 역할을 하는 시설
다. 장애인 직업적응훈련시설	작업능력이 극히 낮은 장애인에게 작업활동, 일상생활훈련 등을 제공하여 기초작업능력을 습득시키고, 작업평가 및 사회적응훈련 등을 실시하여 장애인 보호작업장 또는 장애인근로사업장이나 그 밖의 경쟁적인 고용시장으로 옮겨 갈 수 있도록 돕는 역할을 하는 시설

출처: 「장애인복지법 시행규칙」 별표4〈개정 2019. 6. 4.〉

〈표 11-7〉 연도별 장애인 직업재활시설 유형별 현황　　　　(단위: 개소)

구분		2013	2014	2015	2016	2017	2018	2019
시설 수	전체	511	541	560	582	652	651	683
	보호작업장	447	447	496	516	553	573	593
	근로사업장	64	64	64	63	62	63	65
	적응훈련시설	-	-	-	3	10	15	25

이용 장애인 수	전체	14,739	15,651	16,414	17,131	17,841	18,205	19,056
	보호작업장	12,086	12,930	13,616	14,335	14,960	15,262	15,796
	근로사업장	2,653	2,721	2,798	2,762	2,724	2,690	2,823
	적응훈련시설	–	–	–	34	157	253	437

출처: 한국장애인개발원(2019). http://www.koddi.or.kr

(2) 지원고용

지적장애인들은 경쟁고용 체제 안에서 직업생활을 하는 데 많은 어려움이 따르기 때문에 이들의 직업재활을 위하여 앞에서 언급한 근로사업장, 보호작업장, 직업적응훈련시설과 같은 보호고용 체계를 활용하였다. 그러나 미국에서 1980년대 초 장애인 고용의 최선책으로 활용된 보호작업장 고용이 비장애인과의 통합고용을 저해하고 보조지원 정도의 임금을 제공하는 작업활동에만 초점이 맞춰진다는 문제점이 제기되면서 (Wehman, Moon, Everson, Wood, & Barcus, 1988), 지적장애인을 포함한 발달장애인을 위한 지원고용 시스템이 등장하였다. 지원고용은 개인이 경제적 이득이 있는 고용을 획득하고 유지할 수 있도록 지원하는 것으로(조주현, 2006), 경쟁고용, 통합된 작업환경, 계속적인 훈련 및 서비스의 제공이라는 세 가지 기본 전제를 바탕으로 하고 있다(박석돈, 조주현, 2002). 지원고용은 장애 정도와 관계없이 중증장애인과 비장애인의 통합고용을 궁극적 목표로 삼고 있으며, 전문성을 지닌 직무지도원을 통해 체계적으로 지원고용 서비스를 전달하여 중증장애인의 생산력 및 경쟁력 향상을 돕는 역할을 한다(조주현, 2006).

우리나라는 2000년 1월 12일 「장애인고용촉진 등에 관한 법률」이 「장애인고용촉진 및 직업재활법」으로 전부 개정되면서 중증장애인의 특별지원을 위한 제도적 장치 마련의 일환으로 법 제12조에 지원고용 조항을 신설하였다. 이 시기부터 지원고용 프로그램을 실행할 수 있는 법적 토대가 마련되었고 장애인고용공단을 비롯한 많은 직업재활 수행기관에서 지원고용 프로그램을 실시하기 시작하였다.

「장애인고용촉진 및 직업재활법」 제13조에서는 고용노동부 장관과 보건복지부 장관이 중증장애인 중 사업주가 운영하는 사업장에서는 직무 수행이 어려운 장애인이 직무를 수행할 수 있도록 지원고용을 실시하고 필요한 지원을 하도록 하고 있다. 구체적인 지원의 내용 및 기준 등에 필요한 사항은 대통령령으로 정하고 있다.

지원고용의 대표적 모델로는 개별배치 모델(individual placement model), 소집단 모델(enclave model), 이동작업대 모델(mobile crew model), 소기업 모델(small business model)이 있다(오길승, 1999). 개별배치 모델은 장애인 1명당 직무지도원을 배치하여 지역사회에 존재하는 직업현장에서 훈련시키고 그 사람이 그 자리를 계속 보유할 수 있도록 필요한 훈련과 사후지도 서비스를 제공한다. 소집단 모델은 보통 3~8명의 장애인이 집단으로 지역사회 내에 있는 기업에 배치하는 것으로, 일반적으로 개별배치 모델에서보다 심한 장애를 가지고 있어서 개별통합이 어려운 경우 사용되는 모델이다. 이동작업대 모델은 소집단 모델과 인원은 비슷하게 구성하여 고용시키는 집단고용의 방식을 취하지만 고정된 장소에서 일하는 것이 아니라 빌딩이나 극장 관리, 이동세차, 도배 작업 등 지역사회를 이동해 다니며 하청서비스를 수행한다는 측면에서 구분된다. 마지막으로, 소기업 모델은 상품을 생산하거나 서비스를 제공하는 소규모의 사업체를 설립·운영하는 형태이다. 이들 소기업은 사업체 운영을 통해 수익을 얻고 그 수익을 통해 장애인 근로자들에게 임금을 지급하는 방식으로 일반적인 기업의 운영 형태와 동일하다.

우리나라의 경우 개별배치 모델과 소집단 모델이 가장 많이 적용되고 있다. 특히 한국장애인고용공단의 경우 일반사업체를 대상으로 프로그램을 진행하고 있으므로 개별배치 모델이 더 많이 적용되고 있다(전영환, 2010).

지적장애인을 포함한 중증장애인 지원고용은 3~7주(필요시 최대 6개월)간 사업체 현장훈련을 거쳐 취업으로 연계하는 프로그램이다. 사전훈련에 참여하는 훈련생에게는 훈련준비금과 일비와 숙박비를 지원하고 훈련사업체에도 훈련보조금을 지급한다. 또한 본 사업의 핵심 요소인 직무지도원에게도 외부 인력과 사업체 내부 인력에 따라 차등적으로 수당을 지원한다(한국장애인고용공단 홈페이지 중증장애인지원고용). 이를 구체적으로 살펴보면 〈표 11-8〉과 같다.

〈표 11-8〉 장애인 지원고용을 위한 지원금

구분		지원금액
훈련생 지원금액	훈련준비금	40,000원/6일 이상 출석 시(1회)
	일비	17,000원/1일
	숙박비	10,000원/1박
사업주보조금		19,340월/1인, 1일
직무지도원 수당		외부: 시간당 최저시급(2019년부터) 내부: 25,000원/1일

출처: 한국장애인고용공단(https://www.kead.or.kr/)에서 발췌하여 정리.

지적장애인이 지원고용을 받았을 경우 서비스 이후에도 임금, 취업 유지 등에 효과가 있다. 노혜영과 박승희(2013)의 연구에 의하면 지적장애인 근로자의 직무 수행에 대한 만족도, 직장 적응도, 장기간 근속, 다른 지적장애인의 지원고용 가능성, 지적장애인 근로자에 대한 긍정적 인식의 생성, 지적장애인 근로자에 대한 자연적 지원 등에서 긍정적인 효과가 높게 나타났으며 한국 장애인의 임금, 취업 유지 등에 효과가 있었다.

5. 지적장애인의 성과 결혼

1) 지적장애인의 성적 발달

지적장애인은 정상적인 성 충동과 2차 성징을 발달시킬 수 있는 잠재성을 가지고 태어났음에도 그들이 성적 욕구를 가졌다는 측면이 외면당하고 있다(이애란, 2000). 그러나 장애인의 성에 대한 관심과 연구가 진행되면서 지적장애인들도 정도는 다양하지만 비장애인들과 마찬가지로 생식능력과 성에 대한 관심과 욕구를 가지고 있고, 성적인 행동을 취할 수 있으며, 성적 반응도 비장애인과 같은 범위 내에 있다는 것을 인식하게 되었다(김진희, 2000; 정진옥, 1997). 하지만 지적장애인의 성적 발달은 개인적인 환경과 특성, 교육적인 환경, 사회적 기대, 태도 등에 영향을 받으므로 지적장애인 개개인의 성적 흥미와 표현의 정도는 다를 수 있다(이현혜, 2003). 즉, 지적장애인의 장애 정도와 성 지식에 따라 제한된 성 충동과 흥미를 보이고, 신체발달이 지체됨에 따라 부적응행동이 야기될 수도 있으나, 대체로 그들은 비장애인들과 마찬가지로 신체발달을 하고 있으며, 성적 욕구를 가지고 있고, 그것은 지속적으로 표현하고 있다(이애란, 2000). 즉, 지적장애를 포함한 발달장애인의 성행동 경험은 '이성에게 호기심 드러내기' '자위행위' '성관계 경험' '성범죄 행동의 가해자 혹은 피해자' 경험으로 나타난 것으로 보아(임혜영, 김학주, 2015), 지적장애인들의 성적 발달은 장애 정도에 따라 차이는 있지만 비장애인과 크게 다르지 않으므로 그들에게 올바르게 성을 이해하고 표현할 수 있는 체계적인 성교육이 필요하다.

2) 지적장애인의 성행동 특성

대부분의 비장애인은 자신의 성적 충동 및 욕구를 조절·통제할 수 있는 능력이 있어 상황에 맞는 성적 표현을 할 수 있으며, 이에 따른 적절한 정보를 습득할 수 있는 기회와 교육 여건을 제공받는다. 반면에 지적장애인들은 비장애인들의 편견, 무시하는 태도, 교육 기회 및 사회활동 부족 등의 영향으로 성적 표현이 미숙하고 자신을 적절하게 표현하는 것이 어렵다. 따라서 성행동이 더 직접적이고 공개적으로 드러나 보일 수도 있다. 하지만 지적장애인에게서 나타나는 성행동은 그것이 부적절하게 보일지라도 본질적으로는 정상적이고 적절한 행동이다(이현혜, 2003).

지적장애인들이 몸을 노출하거나 자신이나 타인의 몸을 만지기를 즐기는 것은 타인과의 신체적인 친밀감을 갖고 싶기 때문에 나타내는 행동일 수 있으며, 제한적인 사회적 접촉과 관찰할 만한 행동 모델이 부족하기 때문에 적절한 행동이 어떤 것인지 몰라서 나타나는 것으로 볼 수 있다(정진옥, 1997). 장애인복지시설이나 일상의 돌봄과정에서 성인 발달장애인은 성적 활동의 전체 상황을 주체적으로 이끌기, 성행동의 인과관계 이해하기, 자신의 성적 활동을 어느 지점에서 중지할지 또는 이어 갈지를 선택하고 결정하는 것에 어려움을 보이고 있다(한용현, 정연수, 2021). 따라서 지적장애인을 돌보는 가족이나 복지시설, 사회적 환경이 이들에게 좋은 행동 모델이 되어야 한다.

지적장애인의 성행동에 대한 최근 연구 결과에 따르면, 경도·최중도 지적장애인은 자위행위와 접촉, 키스와 성에 관한 흥미와 같은 성적 행위를 보이며, 부적절한 장소와 적절한 장소에 대한 구별 없이 성적 행위를 보인다(이애란, 2000). 전용호(1995)의 연구 결과에서는 청소년기 지적장애인의 86%가 성행동을 나타냈으며, 남자가 여자보다 성행동 유발 빈도가 높았고, 성행동이 일어난 장소는 교실, 화장실, 운동장 순으로 나타났다. 지체 정도에 따른 성행동은 중도, 중등도, 경도, 최중도 순으로 나타났으며, 특히 자위행위는 지체 정도와 상관없이 일어나고 있었다. 그리고 경도를 제외한 중등도, 중도, 최중도 지적장애인들의 경우에는 생식기 노출이 빈번하게 일어나고 있다고 한다.

최근에 이루어진 한용현과 정연수(2021)의 연구에서는, 첫째, 타인에게 불편을 주는 행동을 넘어 자신도 위험할 수 있는 행동, 공동체 문화와 질서 만들기에 저해될 수 있는 행동들이 발생하여 조치가 필요한 예의 주시할 상황으로 나타났다. 둘째, 자신보다 약한 상대를 대상으로 강간 시도, 유흥업소 여성 부르기, 이성 시설 종사자에게 과한 호감 표현, 성희롱, 문자를 통한 디지털 성폭력 등과 같은 성범죄를 자신도 모르게 저

지르기도 한다. 셋째, 다른 성인 발달장애인과 연인 또는 친근한 관계에서 호의적으로 표현되지 않고 자기중심적으로 성욕구를 충족하려는 사례도 나타났다.

이로 보아 지적장애인에게는 공적 · 사적 영역 구분에 대한 교육과 적절한 성 표현 방법, 성행동에 대한 책임, 성범죄에 대한 이해 및 예방 등의 성교육이 집중적으로 이루어져야 할 것이다.

3) 지적장애인의 성폭력 실태 및 예방

자신의 몸과 마음을 통제하는 데 어려움이 있는 지적장애인들은 비장애인들에 비해 성폭력 피해자로 노출되기 쉽고, 이런 상황에서 자신을 보호하는 데 어려움을 겪는다. 특히 지적장애인들은 인지 및 대처 능력이 떨어지기 때문에 자신을 방어하기가 어려워 성폭력 피해자가 되기 쉽다(이해경, 2002). 실제로 미국의 한 연구(Sullivan & Knutson, 2000)에서는 장애학생이 비장애 학생보다 약 3.14배나 더 많이 성폭력을 경험하고 있는 것으로 드러났으며, 특히 지적장애 학생이 4.0배나 더 많이 성폭력을 경험하였다.

우리나라의 경우는 체계적인 조사가 아직 부족하지만, 특수교사들을 대상으로 설문지를 실시한 결과에서는 교사들의 6.5%가 장애학생들의 성폭력 경험을 보고하였다(이해경, 김혜원, 2009). 여성가족부 분석에 따르면 2017년 성폭력상담소에서 실시한 111,123건의 상담 중 장애인 성폭력 사건은 3,270건으로 나타났다. 전체 장애인 사건 중 피해자가 지적장애인인 경우는 1,082건(75.5%)으로 대부분의 장애인 성폭력 사건 피해자는 지적장애인이었다(김보화, 허민숙, 김미순, 장주리, 2018: 이미선, 2020 재인용).

지적장애 성폭력 피해자의 경우 가족이나 시설관계자 등 보호관계의 사람으로부터 피해를 당하는 경향이 많이 있지만(이미선, 2020; Sullivan & Knutson, 2000), 대부분의 지적장애인은 사회적 활동이 제한되어 외부에 도움을 요청하지 못하거나, 다른 사람들이 피해를 쉽게 알아내기 어렵다(Sobey, 1994). 또한 지적장애인은 성학대 또는 성착취와 애정관계를 구별을 하지 못하여 성폭력 피해를 입은 이후에도 이를 성폭력으로 인지하지 못할 수 있으며, 인지하였더라도 신고방법을 알지 못하거나 스스로 성폭력 피해 경험을 신고하는 데 어려움을 겪기 때문에 지적장애 성폭력 피해자는 반복적으로 성폭력을 당하였다고 한다(이미선, 2020; Sobsery & Doe, 1991). 지적장애인의 인지적 능력의 제한과 사회적 고립은 성범죄에 취약할 뿐 아니라 성폭력 가해자의 처벌 가능성을 낮추고(Wilson & Brewer, 1992), 유죄 입증을 어렵게 한다(Sobey & Doe, 1991). 이미 선(2020)에 따르면 지적장애인 성폭력 사건의 무죄 비율은 6.7%로 비장애인에 비해 약 2배 정도 높고, 절반 이상의 피해자가 반복적으로 피해를 경험했으며, 특히 피고인이 친족이거나 아는 사람인 경우 피해가 반복되는 경향을 보였다고 한다. 또한 전체 사건 중 절반은 피해 날짜와 시간을 특정하지 못하였는데, 피고인이 아는 사람이거나 피해 가 반복된 경우 더 어려움을 나타냈다고 한다.

한편, 2011년 개봉된 영화 〈도가니〉로 인하여 장애학생에 대한 성폭력 장소가 학교 이고 가해자가 교사였다는 점에서 사회적 파장이 컸으며, 이를 계기로 장애인에 대한 성폭력 피해를 줄이고자 일명 '도가니법'이라고 알려진 「성폭력범죄의 처벌 등에 관한 특례법」이 제정되었다. 이 법은 특별법으로 이 법에 해당하는 범죄를 저지르는 경우 일반법인 「형법」보다 우선 적용된다. 동법 제6조에 따르면 장애인에 대한 강간·강제 추행을 범한 자는 엄중히 처벌하도록 되어 있으며(제6조), 특히 장애인의 보호·교육 을 목적으로 하는 시설의 장 또는 종사자가 보호감독의 대상인 장애인에 대해 강간 및 강제추행 등의 범죄를 범한 경우 그 죄에 정한 형의 2분의 1까지 가중시킬 수 있는 규 정을 둠으로써 학교 혹은 시설 관계자에 의한 성범죄를 차단하도록 하고 있다. 이 외 에도 「아동·청소년의 성보호에 관한 법률」이 제정되었고 「장애인복지법」이 일부 개정 되었다.

4) 지적장애인의 성교육

(1) 성교육의 필요성

지적장애 아동들도 사춘기에 접어들면서 비장애 아동들과 마찬가지로 성 관련 이슈 들에 직면하지만 성교육 프로그램의 부족으로 적절한 지식을 갖지 못한 채 성인기에 접어드는 경우가 많다. 1980년대부터 미국, 캐나다 등에서는 장애인을 위한 성교육의 필요성이 끊임없이 제기되어 왔다. 그러나 우리나라의 경우는 '성 은폐'나 '성 터부'의 고정관념에서 탈피하지 못한 전통사상의 영향으로 장애인의 성은 거론되기 힘들었다 (국미경, 정은숙, 2000). 더욱이 장애인들을 무성적(asexual) 존재로 여기거나 지나치게 성에 집착할 것이라고 생각하는 경향(채기화, 2004; Abramson, Parker, & Weisberg, 1988) 때문에 성교육 대상에서 자주 제외되었다.

하지만 최근 들어 지적장애인도 비장애인과 비슷하게 신체적·성적으로 발달한다는 연구 결과들이 제기되고 있으며(이현혜, 2005), 따라서 지적장애인들도 성적 발달에 합당한 성 지식과 태도가 필요하다. 그러나 지적장애인과 비장애인 사이의 성 지식과 태도에는 현격한 차이가 있음이 연구들을 통해 밝혀지고 있다. 진성욱과 신진숙(2008)은 지적장애 학생과 비장애 학생의 성 지식과 태도를 비교한 결과, 지적장애 학생이 비장애 학생보다 신체 구조와 변화, 인간관계의 이해(예: 우정과 사랑, 임신, 결혼 등), 성 문화와 성 윤리(예: 성폭력, 성역할 등)의 세 영역 모두에서 성 지식이 부족한 것으로 나타났다. 또한 성 태도에서도 지적장애 학생은 비장애 학생에 비해 덜 긍정적인 것으로 밝혀졌다.

많은 연구자는 지적장애인이 성적으로 권리가 있음을 주장하고 있다(Ailey, Marks, Crisp, & Hahn, 2003; O'Callaghan & Murphy, 2007). 그러나 지적장애인이 건강한 성적 표현을 위해 요구되는 지식이 부족하다면 사회적으로 부적절한 방식으로 행동하거나, 성매매나 여러 상대와의 성관계 등 성적 비행행동을 보일 수 있다(권애리, 박원희, 2014). 따라서 지적장애인이 건강하고 올바른 이성관계를 형성할 수 있도록 대인관계에서 적절한 행동이 무엇인지 판단하고 행동할 수 있는 지식과 기술을 교수하는 것은 필수적이라 할 수 있다.

또한 지적장애인이 신체적으로는 성숙하지만 그에 비해 적절한 성 지식이 부족하다면 다른 사람에게 성적으로 이용당할 가능성이 높아지기 때문에 성교육은 필수적이다. 성교육은 성학대의 예방뿐 아니라 신체적·정신적 건강을 위해서도 중요하기에 반드시 실시되어야 한다. 특히 지적장애인은 높은 비율의 성적 학대로부터 보호를 받아야 하며, 성폭력에 대비하는 예방교육이 필요하다(김유리, 2009). 더불어 성교육은 지적장애인이 건강하고 책임감 있는 대인관계를 형성하도록 도와주기 위해서도 중요하다(정재권, 고은, 2003; Caspar & Glidden, 2001).

(2) 지적장애인에 대한 성교육 내용

지적장애인의 성교육 내용을 결정할 때는 우선 지적장애인이 무엇을 알고 있으며 무엇을 배울 수 있는가에 대해 고려하고 그에 따른 교육방법을 강구해야 한다. 또한 성교육의 내용은 성교육의 목표에 따라 결정되어야 한다(김진희, 2000). 지적장애인을 대상으로 성교육을 실시하는 전문가는 가치관 형성을 위한 성교육, 인간관계를 위한 성교육의 철학적 기저 위에 지적장애인의 인지능력이나 의사소통 능력에 한계가 있음을 고려하여 프로그램을 개발하여야 하며, 비장애인을 위한 성교육 방법과는 다르게 접근할 필요가 있다(이현혜, 2003).

지금까지 국외 성교육 프로그램은 대부분 성적 신체 부위(private body parts)와 일반 신체 부위의 명칭과 위치, 남녀 생식기의 기능, 임신과 출산, 피임, 성병과 관련된 설명을 포함하는데(Caspar & Glidden, 2001; Garwood & McCabe, 2000), 이는 우리나라의 성교육 프로그램 내용과도 거의 일치한다. 이와 같이 성교육의 내용이 주로 생물학적이고 신체적인 면에 집중되는 데 반해, 성(sexuality)과 관련된 사회 · 정서적인 면은 소홀히 다루어지는 경향이 있다. 성에 대한 긍정적인 태도와 가치관은 지적장애인이 올바른 이성관계를 형성하면서 건강한 성행동을 유지하도록 도와줄 수 있기에 중요하다(Caspar & Glidden, 2001). 따라서 교사들은 성교육 실시 전에 아동들이 성에 대한 잘못된 개념이나 믿음을 가지고 있지는 않은지 살펴보고, 잘못된 태도를 지니고 있을 경우 그것을 먼저 바로잡아 주어야 할 것이다. 김유리와 김정효(2010)는 특수학교 중 · 고등부 교사들을 대상으로 지적장애 학생을 위한 성교육 내용에 대한 인식을 조사하였다. 그 결과로 교사들은 성폭력 예방과 관련된 성폭력, 성건강, 성행동 및 성적 의사결정을 가장 중요하다고 인식한 반면, 결혼과 가정, 임신과 출산 및 피임 영역은 덜 중요하게 생각한다는 것을 밝히면서, 앞으로 지적장애 학생을 위한 성교육 프로그램 개발의 기초자료로 활용할 것을 제안하였다.

또한 앞에서 언급한 것과 같이 지적장애인에 대한 성폭력 사례 증진을 방지하기 위하여 다양한 유형의 학대 상황을 판별하는 법, 학대 상황에서 무엇을 해야 하는지 독립적으로 판단할 수 있는 의사결정 기술, 안전하게 대처하는 방법(예: "싫어요."라고 말하고 도망치기), 보고하기 기술, 이성친구 사귀기 기술, 성 지식 등을 모두 통합하여 보다 질적이고 포괄적인 학대 예방교육이 제공되어야 한다(김유리, 2009).

한편, 지적장애인에 대한 성교육 내용은 앞서 언급했듯이 성 지식에 관한 것이 대부분으로, 성폭력에 대한 법을 이해할 수 있도록 관련법을 강조하는 경우가 드물었기에 지적장애인들은 성과 관련된 법률 지식이 부족하다는 지적이 제기되었다(Murphy & O'Callaghan, 2004; O'Callaghan & Murphy, 2007). 예를 들면, 지적장애인은 성폭력의 피해자로서 법원에 증인으로 출두했을 때 증인 선서에 대하여 이해하지 못하거나, 가해자로 고발당했을 때 무죄와 유죄를 구별하지 못하거나, 체포되었을 때 경찰이 권리를 알려 주는 것(예: 미국의 미란다 권리)을 이해하지 못하여 불이익을 받을 수 있다(Fulero & Everington, 1995). 성적 행동에 대한 법과 사회적 규범의 무지가 지적장애인에 대한 성적 학대 행동 및 약점에 관련될 수 있기 때문에, 이러한 문제를 해결하기 위하여 일부 연구자는 지적장애인들의 관련 법 이해를 증진시키는 방법을 개발해 왔다. 예를 들면, Hollins, Sinason, Boniface와 Webb(1994)은 지적장애인에게 범죄의 희생이 된 사람이나 범죄를 행한 사람에 대한 법적 처리과정을 그림으로 만들어 제시하였다.

이상의 내용을 종합하여 볼 때, 지적장애인을 위한 성교육의 내용은 성문제뿐만 아니라 학습능력, 의사소통 능력, 교육 내용에 대한 인지능력 등을 고려하여 구성하여야 하며, 양성 평등의 차원에서 생물학적인 지식뿐만 아니라 사회문화 및 윤리적 측면, 인간관계의 이해 등의 모든 측면에서 성교육이 이루어져야 한다. 그리고 성 지식과 기능 등을 중심으로 실생활에 필요한 영역과 내용을 포함하여 생활교육이 이루어져야 한다(이해경, 2002). 즉, 이성교제 시의 예절, 생리대 착용 및 뒤처리 방법, 자위행위, 성역할, 피임법, 성폭력에 대한 대처방법 등의 내용이 포함되어야 한다. 〈표 11-9〉에서 제시된 것과 같이 장애인 성교육 자료에는 출판된 도서와 인터넷에서 활용할 수 있는 매뉴얼, 멀티미디어 자료 등이 있다. 성교육은 어렸을 때부터 체계적이고 반복적으로 할 필요가 있기 때문에 초등학교 저학년은 제외하고 초등학교 고학년과 중학교 이상 사용할 수 있는 자료들을 제시하였다.

〈표 11-9〉 **장애학생 및 성인 대상 성교육 자료**

영역	자료명	교육대상	출처
도서	지적장애 청소년을 위한 성교육	지적장애 청소년	이해경, 김혜원, 손경수, 강문선 공저(2009). 서울: 범한사.
	지적장애인의 성에 대한 이해와 성교육 지도	지적장애 및 자폐성장애	Erik Bosch 저, 김영숙 역(2010). 서울: 박학사.
	지적장애인 성교육 그리고 그 너머의 빛	지적장애 및 자폐성장애	Leslie Walker-Hirsch 저, 신현기, 정진옥 공역(2009). 서울: 시그마프레스.
	발달장애인을 위한 성교육	지적장애 및 자폐성장애	김한경, 박용숙 공저(2003). 서울: 나눔의집.
인터넷 사이트	특수학급 성폭력 예방교육	학생, 교사	국립특수교육원 (https://www.nise.go.kr)
	장애학생용 멀티미디어 성교육 프로그램 (중·고등학생용)	학생, 학부모, 교사, 특수교육 관련 종사자	국립특수교육원 (https://www.nise.go.kr)

성교육 플래시 모듬	시각 · 청각 · 지체 · 지적장애 · 자폐 학생 (초등 고학년, 중등)	탁틴내일 (http://www.tacteen.net)
2012 장애 아동 · 청소년 성인권 교육 매뉴얼(동영상자료)	장애 아동 및 청소년	탁틴내일 (http://www.tacteen.net)
2013 장애인 성인권 교육 매뉴얼(교구를 활용한 성인권 교육)	경도장애 학생	탁틴내일 (http://www.tacteen.net)
2013 장애인 성인권 교육 매뉴얼(교구를 활용한 성인권 교육)	중복장애 학생	탁틴내일 (http://www.tacteen.net)
2017 장애 · 비장애 통합 성인권 교육 프로그램집	장애 성인	탁틴내일 (http://www.tacteen.net)

(3) 지적장애인의 성교육 교수방법

앞에서 언급한 것과 같이 장애 여학생들은 성폭력의 위험에 노출되어 있으며 성폭력을 방지하는 데에는 성폭력 예방을 포함한 성교육이 매우 중요하다고 할 수 있다. 단기기억력이 부족하고 일반화가 어려운 지적장애 학생들의 특성에 비추어 볼 때, 성교육 내용뿐 아니라 성폭력 예방 관련 지식을 습득하고 유지하여 일반화시킬 수 있는 적절한 교수방법의 개발이 필요하다. 성교육 교수방법에는 강의와 역할극, 그룹활동 등이 있다. 강의는 성 관련 개념이나 사실적 정보를 전달하는 데 유용하고, 역할극은 자기보호 기술을 가르치는 데 효과적인 점으로 알려졌다.

① 강의와 토론

지적장애 아동을 위한 학대예방 교육 프로그램들은 강의와 토론을 통해 학대의 정의, 적절한 행동과 부적절한 행동의 차이, 성 지식과 같은 기본개념들을 설명해 오고 있다(Caspar & Glidden, 2001; Garwood & McCabe, 2000; Khemka, Hickson, & Reynolds, 2005). 지적장애 아동의 이해를 돕기 위해 강의에만 치중하지 않고 시청각 자료(인형, 사진, 실물자료 등)를 이용한 명료 · 간결 · 직접적인 설명을 하는 것이 효과적이다.

② 역할극

한편, 성교육이 제공된 후 성에 대한 지식을 얻었다는 연구 결과가 있지만(Caspar & Glidden, 2001), 지적장애 성인이 언어적 지식을 실제 생활환경에서 일반화할 수 있을지에 대한 논란이 있어 왔다(O'Callaghan & Murphy, 2007). 이러한 문제를 해결하기 위하여 지적장애인들이 실생활에서 자기보호(self-protective) 기술을 갖게 하기 위하여 성적 학대 상황에 대한 역할놀이 방법을 사용하는 행동적 훈련방법이 사용되었다(Miltenberger et al., 1999). 그러나 역할극을 통해 습득하여도 지적장애인의 특성상 실제 상황에 직면하였을 때는 일반화하기 어렵기 때문에 실제 상황과 같은 장소에서 습득시키는 훈련을 포함한 행동기술 훈련을 통해 다양한 환경에서의 일반화를 증진시킬 수 있다(Miltenberger et al., 1999).

③ 그룹활동

최근에 개발된 학대예방 프로그램은 다양한 학대예방 지식의 이해를 향상시키기 위해 관련 기관의 방문, 전문가 초빙과 같은 흥미로운 활동을 포함하였다(Plaute, Westling, & Cizek, 2002). 예를 들어, 임신과 관련된 정보를 토론하기 위해 산부인과 의사를 방문하고, 신생아를 관찰하기 위해 병원을 방문하며, 매력적으로 옷을 입고 화장하는 기술을 배우기 위해 패션 전문가를 초빙하여 강의를 듣고, 이성과 교제할 수 있는 기회를 제공한다. 우리나라에서 실시되고 있는 성교육을 살펴보면 주로 강의에만 의존하고 있는 경향이 있는데(김수현, 2000; 이상훈, 2003), 다양한 교수방법을 활용하여 지적장애 학생의 학대예방 지식과 기술 습득을 향상시켜야 할 것이다. 앞서 언급한 것처럼 지적장애인은 일반화하기 어렵고 반복적으로 학습해야 하는 특성이 있기 때문에 지적장애인에 대한 성교육은 일회성이 아니라 지속적으로 반복되어야 한다(Murphy & O'Callaghan, 2004). 또한 성교육을 할 때 부모도 함께 참여하는 것이 가장 효과적이다. 부모가 성교육 전문가에게 자기 자녀의 성에 대한 정보를 제공함으로써 성교육 전문가가 성행동을 평가하고 고려하는 데 도움을 줄 수 있다(최중옥, 박희찬, 1997).

5) 지적장애 성인의 이성교제와 결혼생활에 대한 지원

지적장애 성인을 이해하는 데는 성인기 삶에서 최대 관심사 중의 하나인 이성 간의 사랑을 이해하는 것이 전제되어야 한다고 볼 수 있다(정진옥, 신현기, 2007). 정진옥과 신현기(2007)는 지적장애 성인들은 비장애인들처럼 성적 존재로서 이성과 사랑을 주고받기를 원하고 또 그럴 수 있는 존재이며, 그들이 이성교제에서 경험하는 사랑은 다양한 요소가 개입되어 형성되는 상호작용의 결정체라고 하였다. 즉, 지적장애 성인들은 가족과 사회가 자신들의 사랑을 인정해 주지 않고 허용해 주지 않아도 스스로 성적 본능을 지닌 이성과 사랑을 주고받을 수 있는 존재로 인식한다.

결혼은 성인으로서의 독립에 대한 요구를 실현할 수 있는 하나의 방안이고 인간으로서 당연히 누려야 하는 권리이지만, 지적장애인들은 장애를 이유로 여러 가지 열악한 조건과 사회적 편견에 의해 인간의 당연한 권리인 결혼에서 어려움을 겪어 왔다(McCabe, 1993). 지적장애인의 결혼에 대한 욕구나 태도를 다룬 국내 연구들은 대부분의 지적장애인이 결혼을 원했으며 결혼에 대하여 긍정적인 태도를 가지고 있음을 보여 주었다(김진희, 2000; 이현혜, 김정옥, 2003). 그러나 지적장애인들의 부모나 기관 종사자들은 지적장애인의 결혼에 부정적인 태도를 가지고 있다. 지적장애인의 부모들은 자녀의 결혼이나 부모의 역할에 상당히 부정적인 태도를 보이고 있으며(최중옥, 박희찬, 1997), 자녀의 장애가 심할수록 더욱 그러하다(양숙미, 2000).

Blovk(2002)은 지적장애인의 성이 완전히 정상이며, 그들이 그 사회에 사는 비장애인들과 다를 바 없는 꿈과 갈망을 가지고 있지만, 이러한 갈망은 부모와 전문가들에 의해 통제되고 있다고 주장하였다. 지적장애인의 결혼에 대하여 교사나 기관 종사자들은 지적장애인들이 자녀 양육을 제대로 할 수 없을 것이라는 염려와 지적장애 자녀를 출산할지도 모른다는 우려에서 그들의 결혼을 반대한다(이현혜, 2005). 정진옥과 신현기(2007)의 연구에서는 지적장애인들이 결혼을 하고 싶어 하지만 결혼에 포함된 성 지식이 부족하며, 부모들이 그들의 결혼과 성에 대한 인식에 가장 큰 영향을 미친다는 점을 확인하였다.

그러나 최근에 지적장애인의 결혼에 대한 일반인들의 관심이 높아지고 있으며, 지적장애인을 결혼시키는 부모나 시설들이 조금씩 생겨나고 있다(장애란, 2006; 충현복지관, 2005). 자신을 둘러싼 부모나 보호자 및 전문가들의 지시와 결정에 의한 피동적인 삶을 살아온 지적장애 성인이 자기 삶의 주인으로서의 주체성을 획득하는 일은 비장애인처럼 결혼을 통해서일 수 있다(김상희, 2006).

그러나 2018년 장애인 실태조사에 의하면 여전히 지적장애인은 다른 유형의 장애인에 비해 결혼 비율이 낮은 것으로 나타났다. 지적장애인의 결혼 실태를 연도별로 살펴보면 2008, 2011, 2014, 2017년도 모두 미혼의 비율(각 79.3%, 71.5%, 76.1%, 77.9%)이 높게 나타났다. 전체 장애인 중 지적장애인의 미혼 비율은 자폐성장애인(100% 미혼)에 이어 두 번째로 높은 것으로 파악되었다. 결혼하지 않은 이유는 건강 및 장애 문제(50.9%), 아직 결혼하기 이른 나이여서(32.1%), 이성을 만날 기회가 없어서(7.7%), 결혼

할 생각이 없어서(5.9%), 가족 등 주위의 반대로(1.8%) 순으로 나타났다. 가족의 반대
보다는 건강문제가 높게 나타난 것을 알 수 있다. 이들의 건강문제는 결혼을 하지 않
는 점에 그치지 않고, 가족을 구성하지 못함으로 인해 인적 혹은 물적 자원이 빈약하게
되며, 이로 인해 사회적 고립현상을 가질 가능성이 있으므로 이에 대한 대책 마련이 요
구된다.

　　지적장애인 중 혼인 경험이 있는 경우 83.7%가 자녀가 있으며, 이는 장애인이 가족
을 부양하며 동시에 자녀를 양육해야 하는 책임이 있음을 의미한다. 즉, 지금까지 복
지 수혜자이며 사용자로 여겨 온 사회적 통념을 깨고, 장애인이 자녀에 대한 양육과 보
육·교육을 책임지는 돌봄 책임자이며 동시에 가사노동자로서의 역할을 수행해야 하
므로, 장애인에 대한 지원대책이 장애인 자신뿐 아니라 자녀가 있는 장애인에 대해서
는 차별화된 사회서비스가 고려되어야 할 것이다.

　　만 49세 이하 여성 지적장애인을 대상으로 한 조사에서 그들은 가장 필요한 서비스
가 1순위는 임신·출산 관련 교육 및 정보 제공(22.3%)이고 2순위는 자녀교육 도우미
(15.7%)라고 답변하였다. 또 여성 장애인으로서 특히 어려운 점은 사회의 편견과 무시,
이중차별(26.8%), 취업 등 경제적 자립의 어려움(22.1%), 친구 등 동료교제의 어려움
(12.3%), 성추행, 성폭행, 강간 등의 문제(8.7%), 전문 프로그램 부족 등 여가시간 활용
의 어려움(6.7%), 결혼 후 시댁식구들의 학대차별(5.9%), 교육 기회 부족(4.0%), 사회화
기회의 부족(3.9%) 등인 것으로 나타났다.

　　이러한 실태조사 결과를 기반으로 지적장애인이 결혼 비율을 높이고 안정적인 결혼
생활을 유지할 수 있는 정부 차원의 지원정책들이 있어야 할 것이다. 첫째, 지적장애
인들이 이성교제를 건전하게 할 수 있는 기회를 제공해야 한다. 둘째, 지적장애 보호
자들의 지적장애인 결혼에 대한 당위성과 필요성, 지원방법에 대한 이해를 증진시킬
필요가 있다. 셋째, 지적장애인 가정에 대한 재정적 지원이 필요하다. 넷째, 결혼생활
유지기술 교육 프로그램이 개발되고 운영되어야 한다. 다섯째, 지적장애인 가정을 위
한 방문교육 및 가사지원 서비스 운영을 통해 임신과 출산 및 육아, 가사 등에 대한 지
원이 필요할 것이다.

요약

1. 지적장애 성인교육

- 성인교육은 성인을 대상으로 한 비형식적인 교육활동이며, 형식교육과 여가 사이의 어느 곳에 놓여 있는 다양한 사회활동이며, UNESCO의 세계성인교육회의에서 성인교육의 목적과 필요성 등에 대한 국제적인 관심을 갖고 논의를 시작하였다.
- 성인기 장애인 교육에 대하여 '장애인 평생교육'이라는 용어를 주로 사용하는데, 고등학교를 졸업한 이후에 일종의 공식적 교육 프로그램에 입학하여 받게 되는 교육에 대해 '중등 이후 교육'이라는 용어를 사용하기도 한다.
- 지적장애인은 성인이 되어 독립적으로 살기 위하여 일상생활과 직업생활에서 가장 필요한 교육이 무엇인지 염두에 두고 계속적인 교육과 지원이 필요하며, 고등교육, 평생교육, 직업교육으로 구분하여 살펴보았다.
- 지적장애 성인을 위한 고등교육에는, 첫째, 기존의 학과에 발달장애인의 입학을 허용하는 '기존학과 입학허용 형태', 둘째, 발달장애인만을 위해 별도로 설치된 '독립학과 형태', 셋째, 아예 발달장애인만을 위한 별도의 캠퍼스를 조성하고 다양한 학과를 개설해 운영하는 '독립학교 형태', 넷째, 대학 내 평생교육원 등 부설기관에서 별도의 과정을 두어 운영하는 '특별과정 형태'가 있다.
- 2015년 「발달장애인법」 제정과 2016년 「평생교육법」 개정에 따라 서울(19개)을 비롯하여 인천, 대구, 울산, 경기도에 발달장애인평생교육센터가 설치 · 운영되고 있고, 제4차 평생교육진흥 기본계획(교육부, 2018)에 변화를 주었으며, 교육부에 장애학생진로평생교육팀이 신설되고 국가장애인평생교육진흥센터가 설치되었다.
- 2014년 5월 제정된 「발달장애인법」 제25조(고용 및 직업훈련 지원)에 따라 발달장애인의 능력과 특성에 적합한 직업훈련을 위한 발달장애인훈련센터를 전국적으로 설치하여 지적장애인과 자폐성장애인의 취업 및 고용 유지를 위한 직업훈련 교육을 실시하고 있다.

2. 성인기의 독립적인 지역사회 생활을 위한 기술

- 독립적으로 지역사회에서 생활하기 위해서 기본적인 일상생활 기술과 문제 해결 능력과 사회적 기술 그리고 더 복잡한 환경적 상호작용을 요구하는 수단적 일상생활 기술이 필요하다.
- 일상생활 수행능력은 기본적 기술을 요구하는 기본적 일상생활 활동과 더 진보된 문제 해결 능력과 사회적 기술 그리고 더 복잡한 환경적 상호작용을 요구하는 수단적 일상생활 활동으로 나눌 수 있다.
- 지역사회에서 삶의 질을 누리며 살아가는 데 자기결정 기술과 선택하기 기술은 필수적이

며, 가능한 한 최소제한환경에서 자기결정과 선택하기 기회를 갖도록 한다.

- 장애인들이 독립적인 삶을 살아가기 위해 필수적인 기술의 하나가 자기결정 요소 중 하나인 '자기옹호'인데, 지적장애인들이 자기옹호를 하기 위해서는 의사소통 기능뿐 아니라 다른 여러 가지 기능이 필요하다.
- 대인관계 기술을 증진할 수 있는 다양한 프로그램과 관련 서비스가 제공되어야 하며, 지역사회에 참여할 수 있는 이동능력과 방법을 익혀야 하고, 이동능력에 손상이 있을 경우 대안적인 방법에 대한 안내가 있어야 한다.

3. 지적장애 성인의 여가 지원

- 여가활동을 통해 자아개념, 언어발달, 운동기능 향상, 대인관계 및 사회적 상호작용이 증진되며 문제행동이 감소되고 자금 관리, 자립 등 전반적인 삶의 질이 증진된다.
- 지적장애인의 요구와 흥미에 초점을 맞춘 개인중심 여가교육이 필요하며, 개인중심 여가교육은 정상화의 원리와 자기결정에 기반을 두고 평생계획에 여가교육을 포함시켜야 한다.

4. 지적장애 성인을 위한 자립생활 지원

- 지적장애인의 자립생활은 상대적 자립을 기반으로 하여 지적인 능력과 사회관계 형성능력의 부족으로 개인적인 일상생활과 사회생활에 적응이 어렵지만 개인의 삶을 영위하는 데 있어서 적절한 지원을 받으며 스스로 삶을 결정하고 그에 따른 자신의 선택에 대해 책임지며 살아가는 것이라 할 수 있다.
- 2021년 8월 보건복지부는 제23차 장애인정책조정위원회 회의에서 탈시설장애인 지역사회 자립지원 로드맵과 「장애인권리보장법」 제정 및 「장애인복지법」 전면개정 추진방안을 심의·확정하였다. 이에 따라 장애인의 주거결정권 보장 및 지역사회에서 생활할 권리를 우선 고려해 탈시설장애인이 독립생활을 할 수 있도록 물리적 거주 공간과 복지서비스를 결합해 지원하게 된다.
- 현재까지 우리나라의 장애인의 주거는 당사자의 필요와 요구에 따라 다양한 선택권이 주어지기보다는 시설과 재가라는 이분법적인 선택을 할 수밖에 없는 상황이다. 재가 지적장애인의 경우 대부분 부모, 형제자매에 의존하고 있으며 그 외에는 거주시설에서 생활하고 있다.
- 우리나라 정부에서는 2018년부터 본격적으로 시설을 벗어나 지역사회 안에서 다양한 서비스를 받으면서 적절한 돌봄을 받을 수 있도록 하는 커뮤니티 케어 정책을 추진하고 있다.
- 지역사회에서 독립적으로 살 수 있도록 주거환경 지원과 동시에 경제적인 능력을 갖출 수 있는 직업훈련과 지원고용의 기회를 제공해야 한다.

5. 지적장애인의 성과 결혼

- 지적장애인들도 정도는 다양하지만 비장애인들과 마찬가지로 생식능력과 성에 대한 욕구를 가지고 있고 성적인 행동을 취할 수 있다.
- 지적장애인들은 교육 기회 및 사회활동 부족 등으로 성적 표현이 미숙하고 때로 부적절한 성행동을 보일 수 있으므로 이를 예방할 수 있는 성교육이 필요하다. 또한 낮은 지적 능력과 성폭력에 대한 인지능력과 대처능력이 떨어지기 때문에 성폭력 예방교육이 절실하다.
- 지적장애 성인도 이성관계와 그에 내포된 사랑에 관심이 많으며 결혼을 희망하고 있다. 그러나 지적장애인은 건강과 장애 등으로 결혼하는 비율이 낮은 편이고, 결혼 후에도 사회적 편견과 무시, 경제적 어려움 등의 문제가 있으므로 결혼한 지적장애인이 지역사회에서 독립적인 생활을 할 수 있도록 출산, 양육, 피임, 배우자 역할 등에 대한 교육과 다양한 지원책이 필요하다.

참고문헌

강종구, 김영표(2010). 경도장애 학생들에게 고등교육을 실시하고 있는 K대학교의 사례연구. 지적장애연구, 12(4), 163-189.

고제훈, 김호진, 김성천, 양수정, 최종철(2014). 2014년 기업체 장애인 고용실태조사. 경기: 한국장애인고용공단 고용개발원.

관계부처합동(2018). 제5차 장애인정책종합계획(2018~2022년).

교육과학기술부(2012). 각급학교 내 장애인 일자리 사업 업무 추진 계획.

교육부(2018). 제4차 평생교육진흥 기본계획(2018~2022년).

교육부(2021). 2021 특수교육 통계.

국무조정실(2021. 3. 23.). 정총리, 코로나19로 인한 장애인과 가족의 어려움, 정부가 덜어드리겠습니다!: 제22차 장애인정책조정위원회 주재 및 민간위원 위촉. 보도자료.

국미경, 정은숙(2000). 정신지체학교 교사와 부모의 성교육 태도 및 지도 비교. 특수교육학연구, 34(3), 231-250.

국정기획자문위원회(2017). 문재인정부 국정운영 5개년 계획.

권선진(2007). 장애인복지론. 서울: 청목출판사.

권애리, 박원희(2011). 경도 지적장애 여고생의 성 비행 경험 탐색. 통합교육연구, 6(2), 197-223.

김경화(2019). 고등학교를 졸업한 지적장애 및 발달장애 취업자와 미취업자간의 인적 및 심리사회적 특성 비교. 특수아동교육연구, 21(2), 103-117.

김기룡, 이경준(2017). 평생교육법 개정 시행에 따른 장애인 평생교육 지원체계 구축 및 향후 과제. 장애인평생교육·복지연구, 3(1), 1-30.

김대룡, 신현기(2011). 발달장애 대학생의 직업전환을 위한 진로태도 분석. 지적장애연구, 13(3), 133-152.

김라경, Dymond, S. (2012). 중도장애인의 거주 형태에 따른 여가활동 비교: 지원 아파트와 공동 생활가정 비교연구. 특수교육저널: 이론과 실천, 12(2), 29-47.

김라경, 연준모(2015). 성인 발달장애인 주거 관련 연구동향분석. 발달장애연구, 19(1), 92-119.

김미옥, 김고은(2010). 거주시설 성인 지적장애인의 일상에 관한 연구: 생활시간조사를 활용한 일상생활 활동과 상호작용 분석을 중심으로. 한국사회복지학, 62(1), 317-342.

김미옥, 정민아(2017). 지원생활모델(Supported Living model)을 적용한 발달장애인의 자립-한 국 장애인 복지에의 함의. 한국사회복지학, 69(1), 255-281.

김미옥, 정민아(2018). 탈시설 발달장애인의 자립을 위한 지역사회 지원체계 모색: 미국과 호주의 지원생활 경험을 중심으로. 한국사회복지학, 70(3), 51-79.

김병하(2005). 장애인 당사자주의의 특수교육(학)적 함의. 특수교육학연구, 40(1), 1-22.

김보화, 허민숙, 김미순, 장주리(2018). 성폭력 피해상담 분석 및 피해자 지원방안 연구. 서울: 여성가족부.

김상희(2006). 장애인의 결혼생활 실태와 정책과제. 보건복지포럼, 4, 19-28.

김수연, 박승희(2000). 장애학생을 위한 여가교육의 개념과 지역사회 중심의 여가 교수. 특수교육학연구, 35(3), 163-193.

김수현(2000). 정신지체 특수학교 중·고등부 교사들의 성교육 실태조사 연구: 서울시와 경기도를 중심으로. 이화여자대학교 대학원 석사학위논문.

김영란, 김고은, 김소영(2015). 발달장애인 자녀를 둔 부모의 돌봄부담감 및 관련 변인 연구. 여성연구, 88(1), 117-164.

김영숙(2010). 장애인의 삶의 질 향상을 위한 생활시설 실태와 주거환경지원방안. 특수교육저널: 이론과 실천, 11(2), 47-68.

김용득, 박숙경(2008). 지적장애인의 거주시설 유형별 자기결정 경험 연구. 한국사회복지학, 60(4), 79-103.

김유리(2009). 장애아동을 위한 학대 예방 교육 프로그램. 특수아동교육연구, 11(1), 155-172.

김유리, 김정효(2010). 경도 정신지체 중·고등학생의 성교육 내용에 대한 특수학교 교사들의 인식: 서울시를 중심으로. 지적장애연구, 12(4), 323-342.

김은하, 박승희(2010). 지적장애인 및 발달장애인을 위한 중등이후 교육: 미국 대학 내 프로그램을 중심으로. 특수교육학연구, 45(3), 43-71.

김정효, 이정은(2008). 한 정신지체 특수학교 고등부 졸업생들의 삶에 관한 어머니들의 보고. 한국특수교육학회, 42(4), 245-276.

김주영(2020). 발달장애인평생교육지원체계 모형 개발 연구: 경기도 사례를 중심으로. 한국장애인평생교육복지학회, 6(2), 1-28.

김주영, 강경숙(2012). 우리나라 발달장애인의 고등교육 형태에 대한 탐색. 특수교육 연구, 19(1), 217-240.

김주영, 최복천, 곽정란, 김기룡, 김진영(2009). 대학장애학생 교육권실태 및 개선방안에 관한 연구. 서울: 국가인권위원회.

김진희(2000). 정신지체인을 위한 성교육 프로그램 개발. 가톨릭대학교 사회복지대학원 미간행 석사학위논문.

노승현, 황환(2010). 자기선택과 지역사회통합의 기회가 성인 지적장애인의 삶의 질에 미치는 영향. 특수교육연구, 17(2), 233-257.

노혜영, 박승희(2013). 지적장애인의 4년차 지원고용평가에 대한 질적연구. 장애와 고용, 23(1), 235-271.

박석돈, 조주현(2002). 정신장애인 직업재활의 원리와 직업배치유형에 관한 연구. 중복지체부자유아교육, 39, 147-168.

박성우, 신현기(2003). 경도 정신지체인의 고용상태와 거주형태에 따른 자기결정력과 삶의 질 비교. 특수교육학연구, 38(3), 259-281.

박승희(1998). 정신지체인의 삶의 질 향상을 위한 생활양식 계획. 제2회 서울시 그룹홈 종사자 연수회 자료집(pp. 16-34). 서울: 서울특별시립정신지체인복지관.

박승희(2000). 장애인의 삶의 질 구성요소에 대한 타당화 연구. 재활복지, 4(2), 72-120.

박승희(2004). 대학부설 평생교육원의 발달장애인을 위한 성인교육 프로그램의 개관 및 효과. 특수교육학연구, 39(1), 39-75.

박승희(2010). 대학교 환경에서 지적장애인의 지원고용 프로그램의 내용과 절차 및 성과. 직업재활연구, 20(1), 93-127.

박승희(2014). 지적장애 학생 교육의 최선의 실제: 현재 진전과 미래 진전을 위한 과제. 지적장애연구, 16(2), 1-31.

박승희(2016). 지적·발달장애인을 위한 평생교육의 전망과 과제: 지적·발달장애인의 중등 이후 교육 활성화를 위한 육하원칙 쟁점. 한국지적장애교육학회 추계 학술대회자료집(pp. 2-28). 부산: 부산대학교.

박승희, 김유진, 이성아, 정지희(2020). 전국 발달장애성인의 삶의 질 수준과 배경변인에 따른 삶의 질 수준의 차이 분석. 지적장애연구, 22(4), 161-194.

박승희, 박현숙, 박희찬 역(2006). 장애청소년 전환교육(Sitlington, P. L., Clark, G. M., & Kolstoe, O. P. 저). 서울: 시그마프레스.

박승희, 박현숙, 박희찬, 이숙향 역(2011). 장애학생을 위한 전환교육과 전환서비스(Sitlington, P. L., Neubert, D. A., & Clark, G. M.). 서울: 시그마프레스.

박승희, 홍주희, 정지희, 이성아, 이영주(2019). 한국 발달장애성인의 삶의 질 척도(QLS-KADD) 개발 및 타당화. 특수교육학연구, 54(3), 167-203.

박애선(2018). 어머니의 관점에서 본 발달장애자녀의 성인기 전환 경험에 관한 질적 사례 연구. 특수교육재활과학연구, 57(4), 93-113.

박영근, 조인수, John L. H. (2013). 지적장애학생의 취업 및 고용 유지를 위한 주요기술 관련 특수교사 인식. 재활복지, 17(4), 245-265.

박정순, 전헌선(2006). 지체부자유 학생의 여가활동 지도실태 및 보호자의 욕구분석. 지체·중복·건강장애연구, 47, 143-164.

박현주, 박승희(2001). 공동생활가정에 거주하는 성인 정신지체인을 위한 자기시간 계획하기 교수의 효과. 언어청각장애연구, 6(1), 236-266.

방명애(2006). 역할놀이 중심의 자기결정 활동프로그램의 적용이 정신지체 학생의 자기결정기술과 적응행동에 미치는 영향. 특수교육연구, 13(1), 179-200.

보건복지가족부 장애인권익지원과(2010, 2011, 2012). http://www.mw.go.kr

보건복지부(2017). 장애인 실태조사.

보건복지부(2018). 장애인 복지시설 일람표.

보건복지부 보도자료(2018. 3. 12.). '재가·지역사회 중심으로 사회서비스 제공' 커뮤니티케어(Community care) 본격 추진.

보건복지부 보도자료(2019. 6. 3.). 6월부터 '지역사회 통합돌봄 선도사업'이 시작됩니다.

서지훈, 신진숙(2010). 여가활동 프로그램이 지적장애 고등학생의 자아정체감과 자아존중감에 미치는 영향. 특수교육저널: 이론과 실천, 11(2), 69-91.

신상윤(1997). 공동생활가정 유형 및 운영기준에 관한 연구. 재활복지, 10(22). 한국장애인 재활협회 장애인재활연구소.

신현기(2003). 교사와 장애아동간의 학급 내 상호작용 특성에 관한 문헌분석. 특수교육저널: 이론과 실천, 4(4), 445-463.

안혜신, 이숙향(2015). 자기관리전략을 이용한 자기일과계획하기 교수가 지적장애청소년의 자기일과계획하기, 자기주도활동 및 일과활동패턴의 다양성에 미치는 영향. 특수교육, 4(1), 99-127.

양숙미(2000). 정신지체 성인자녀의 부모를 위한 역량강화 집단 프로그램 개발과 효과. 서울대학교 대학원 미간행 박사학위논문.

여성가족부(2011, 2012, 2013, 2014). http://www.mogef.go.kr

오길승(1999). 중증장애인을 위한 효율적인 직업재활 접근법으로서 지원고용 프로그램. 한신논문집.

오세란(2005). 생활시설 장애인의 삶의 만족에 영향을 미치는 요인에 관한 연구. 재활복지, 9(2), 29-52.

오욱찬, 박광옥, 김성희, 오다은(2021). 탈시설 장애인의 주거이동 패턴 분석: 주고 형태와 핵심 동기를 중심으로. 한국장애인복지학, 52, 255-290.

오혜경, 백은령, 엄미선(2000). 정신지체장애인 자립생활실천모델개발을 위한 기초연구. 재활재단논문집, 9, 4-59.

유병주(2004). 성인정신지체인의 자립생활을 위한 주거서비스의 변화: 그룹 홈에서 순회 지원자립 홈으로. 특수교육학연구, 39(3), 163-185.

이근용, 유명해(2009). 발달장애인 고등교육 프로그램 실행에 대한 부모의 요구. 특수교육저널: 이론과 실천, 10(3), 237-264.

이다현(2017). 유네스코 세계성인교육회의의 성인교육 이념 지향 연구. 교육연구, 31(2), 61-88.

이미선(2020). 지적장애인 성폭력 사건 특성과 법원의 판단. 한국심리학회지: 법, 11(2), 211-239.

이병화, 이송희(2017). 장애인 직업재활시설 유형 개편을 위한 쟁점 및 향후 정책 방향 연구. 장애와 고용, 27(2), 133-159.

이복실, 김용득(2012). 생활시설 성인 지적장애인의 자기결정에 미치는 요인. 한국장애인복지학, 18, 65-84.

이상오(2001). 장애성인교육의 철학적 기초: 교육인간학적 접근. 장애성인교육의 새로운 모형과 과제. 한국성인교육학회 2001년 봄학술대회자료집(pp. 1-28).

이상훈(2003). 발달장애인 성교육의 방향과 과제. 정서행동장애연구, 19(4), 203-226.

이숙향(2009). 국내외 문화적 맥락에서의 자기결정에 대한 이해 및 현장 적용을 위한 고찰: 장애학생의 자기결정에 대한 인식 및 영향요인에 관한 국내외 문헌 중심으로. 아시아교육연구, 10(1), 1-32.

이숙향, 홍주희, 염지혜, 이정아(2018). 장애학생의 자기결정 관련 국내 연구동향 및 향후 연구과제 고찰. 한국특수교육학회, 53(2), 123-157.

이애란(2000). 정신지체 청소년 어머니의 자녀의 성에 대한 인식. 전남대학교 대학원 석사학위논문.

이양훈(2001). 장애인자립지원시스템에서 추구하는 기능과 구조. 공주영상정보대학 논문집, 8, 245-273.

이예자(2000). 여성장애인 성폭력 근절과 대책을 위한 공청회. 정신지체 여성 성폭력 사건 공동대책위원회.

이옥인(2010). 자기결정기술이 포함된 개별화교육프로그램이 통합된 학습장애 아동의 학업성취 및 자기결정 행동에 미치는 효과. 특수교육학연구, 45(1), 153-175.

이완영(2007). 사회복지시설 입소자의 인권에 관한 연구: 장애인 시설을 중심으로. 숭실대학교 대학원 미간행 석사학위논문.

이해경(2002). 정신지체인(학생)을 위한 성교육 과제(장애인성교육 사례발표회). 서울: 대한가족보건복지협회.

이해경, 김혜원(2009). 초 · 중 · 고 정신지체 학생들의 성지식 수준 비교. 한국심리학회지: 학교, 6(2), 189-212.

이현혜(2003). 정신지체인의 성행동 실태와 성교육 프로그램 개발 및 효과. 대구가톨릭대학교 대학원 박사학위논문.

이현혜(2005). 정신지체인의 성행동 실태와 정신지체인의 성에 대한 교사의 인식 연구. 제2회 정신지체인의 성에 대한 올바른 이해와 대안 마련을 위한 심포지엄 자료집(pp. 7-33). 서울: 함께 사는세상.

이현혜, 김정옥(2003). 정신지체인 성교육 프로그램의 효과성에 관한 연구. 한국가족관계학회지, 8(1), 29-51.

임성만(2006). 인권적 관점에서 바라본 우리나라 장애인 복지시설의 문제점과 개선방안. 인권위원회 인권세미나 발표자료.

임지희, 신원식(2018). 발달장애인의 자립생활에 대한 부모들의 주관적 인식유형. 한국장애인복
지학. 39, 157-184.

임혜영, 김학주(2015). 성인기 발달장애인 성행동에 관한 장애인 공동생활가정 종사자의 대처
경험에 관한 연구. 한국장애인복지학, 29, 149-173.

장비(1995). 한국의 그룹 홈 실태와 전망. 정신지체연구, 3, 37-86.

장애란(2006). 정신지체인 결혼과 자립생활. 장애청소년 및 지도자를 위한 BTL 性 자료집(pp. 59-
93). 경기: 안양시수리장애인종합복지관.

전보성(2005). 대인·사회적 기능 중심의 전환교육 활동이 정신지체학생의 사회적 능력과 지역
사회 적응기술에 미치는 효과. 대구대학교 대학원 박사학위논문.

전영환(2010). 민간사업체의 장애인 이직률 영향요인 분석. 장애와 고용. 20(1), 207-228.

전용호(1995). 정신지체인의 성행동과 그 지도대안. 특수교육학회지, 16(1), 119-146.

전인진(1995). 정신지체인 공동생활가정(Group Home)에서의 직원능력 및 프로그램이 거주자
만족도에 미치는 영향에 관한 연구. 이화여자대학교 대학원 석사학위논문.

정동영, 정동일, 정인숙(2001). 장애인 평생교육 협력체제 구축 방안 연구. 경기: 국립특수교육원.

정동영, 정동일, 정인숙(2003). 장애인 평생교육 관계자의 요구분석을 통한 장애인 평생교육 지
원방향 탐색. 특수교육, 2(1), 5-25.

정인숙(2005). 정신지체 성인의 평생교육 요구 분석. 특수교육학연구, 40(2), 207-232.

정재권, 고은(2003). 독일 발달장애인의 성교육과 성에 대한 권리 탐색. 재활심리연구, 9(1), 103-
122.

정진옥(1997). 정신지체여성의 성지식, 성적태도 및 성적경험에 관한 일 연구. 이화여자대학교
대학원 미간행 석사학위논문.

정진옥, 신현기(2007). 정신지체인의 결혼관에 대한 사례분석: 재가 미혼 성인 장애인을 중심으
로. 특수교육학연구, 42(1), 187-206.

조인수(2008). 지적발달장애인 삶의 질적 구성요소와 자기결정 교수전략 탐색. 정신지체연구,
10(1), 1-32.

조주현(2006). 발달장애인의 지원고용의 과정과 전문가의 역할 탐색. 정신지체연구, 8(4), 51-70.

주동범(2005). 미국의 성인교육 동향과 시사점: 개념과 성격을 중심으로. 비교교육연구, 15(3),
199-217.

진성욱, 신진숙(2008). 지적장애학생과 일반학생의 성지식과 성태도 비교. 특수아동교육연구,
10(4), 153-174.

채기화(2004). 정신지체아동의 사춘기: 이해와 태도 전환을 위하여. 한독교육학연구, 9(2), 33-
151.

최승숙, 김주용, 이재섭, 황선하(2012). 장애학생의 자기옹호 중재 연구 고찰. 학습장애연구, 9(3),
249-273.

최중옥, 박희찬(1997). 정신지체아 부모를 위한 성교육 프로그램 모형. 특수교육학회지, 18, 127-151.

충현복지관(2005). 정신지체인 결혼실태에 따른 사회적 지원방안 연구보고서. 서울: 충현복지관.

한국교육개발원(2014). 교육통계연보.

한국보건사회연구원(2008). 2008 장애인실태조사보고서.

한국보건사회연구원(2017). 2017 장애인실태조사보고서.

한국장애인개발원(2019). http://www.koddi.or.kr

한용현, 정연수(2021). 성인 발달장애인 성행동에 대한 장애인복지시설 종사자의 성인지 감수성 향상 방안 연구. 재활복지, 25(2), 107-132.

한준상(2001). 평생학습 사회와 장애인의 평생교육. 장애인 평생교육 협력체제 구축방안. 국립특수교육원 2001년 특수교육 정책포럼 자료집(pp. 1-18).

Abaramson, P. R., Parker, T., & Weisberg, S. R. (1988). Sexual expression of mentally retarded people: Education and legal implications. *American Journal on Mental Retardation, 93,* 328-324.

Ailey, S., Marks, B., Crisp, C., & Hahn, J. (2003). Promoting sexuality across the life span for individuals with intellectual and developmental disabilities. *The Nursing Clinics of North America, 38,* 229-252.

Alexander, W. (1998). Collaborative learning through high-level verbal interaction: From theory to practice. *The Clearing House, 72,* 58-61.

American Association on Intellectual and Developmental Disabilities (AAIDD). (2010). *Intellectual disability: Definition, classification, and system of support.* Washington, DC: Author.

Argan, M., & Martin, J. E. (1987). Applying a technology of self-control in community environments for individuals who are mentally retarded. In M. Hersen, R. M. Eliser, & P. M. Miller (Eds.), *Progress in behavior modification* (Vol. 21, pp. 108-151). Newbury Park, CA: Sage.

Bambara, L. M. (2004). Forstering choice making skills: We've come a long way but still have a long way to go. *Research and Practice for Persons with Severe Disabilities, 29,* 169-171.

Bambara, L. M., & Ager, C. (1992). Using self-scheduling to promote self-directed leisure activity in home and community settings. *Journal of the Association for Persons with Severe Handicaps, 17,* 67-76.

Blovk, P. (2002). Sexuality parenthood, and cognitive disability in Brazil. *Sexuality and Disability, 20*(1), 7-28.

Brisenden, S. (1989). A charter for personal care. *Progress, 16,* 6-8.

Bullock, C., & Mahon, M. J. (2000). *Introduction to recreation services for people with disabilities: A person-centered approach* (2nd ed.). Champaign, IL: Sagamore.

Caspar, L. A., & Glidden, L. M. (2001). Sexuality education for adults with developmental disabilities. Education and training in mental retardation and developmental disability. *Sexuality and Disability, 17*(2), 157-170.

Courtney, S. (1989). Defining adult and continuing education. In S. B. Merriam & P. M. Cunningham (Eds.), *Handbook of adult and continuing education.* San Francisco, CA: Jossey-Bass.

Dattilo, J., & Schleien, S. (1994). Understanding leisure services for individuals with mental retardation. *Mental Retardation, 32*(1), 53-59.

Dowrick, P. W., Anderson, J., Heyer, K., & Acosta, J. (2005). Postsecondary education across the USA: Experiences of adults with disabilities. *Journal of Vocational Rehabilitation, 22,* 41-47.

Ericsson, K., & Mansell, J. (1996). Introduction: Towards deinstitutionalisation. In J. Mansell & K. Ericsson (Eds.), *Deinstitutionalisation and community living: Intellectual disability services in Britain, Scandinavia and the USA* (pp. 1-16). London, UK: Chapman & Hall.

Field, S., & Hoffman, A. (1996). *Step to self-determination: A curriculum to help adolescents learn to achieve their goals.* Austin, TX: Pro-Ed.

Fulero S. M., & Everington C. T. (1995). Assessing competence to waive Miranda rights in defendants with mental retardation. *Law and Human Behavior, 19,* 533-543.

Garwood, M., & McCabe, M. P. (2000). Impact of sex education programs on sexual knowledge and feeling of men with mild intellectual disability. *Education and Training in Mental Retardation and Developmental Disabilities, 35*(2), 269-283.

Hamre-Nietupski, S., Nietupski, J., Krajewski, L., Maravec, J., Riehle, R., McDonald, J., Sensor, K., & Cantine-Stull, P. (1992). Enhancing integration during the summer: Combined educational and community recreation options for students with severe disabilities. *Education and Training in Mental Retardation,* 68-74.

Heller, T., Factor, A. R., Sterns, H. L., & Sutton, E. (1996). Impact of person-centered later life planning training program for older adults with mental retardation. *Journal of Rehabilitation, 16,* 77-83.

Heller, T., Miller, A. B., Hsieh, K., & Sterns, H. (2000). Later-life planning: Promoting knowledge of options and choicemaking. *Mental Retardation, 38,* 395-406.

Hilgenkamp, T. I. M., Wijck, R. V., & Evenhuis, H. M. (2011). Activities of daily living in older adults with intellectual disabilities. *Research in Developmental Disabilities, 32*(5), 1977-1987.

Hoge, G., & Dattilo, J. (1999). Effect of a leisure education program on youth with mental retardation. *Education and Training in Mental Retardation and Developmental*

Disabilities, 34, 20-34.

Holburn, S., & Pfadt, A. (1998). Clinicians on person centered planning teams: New roles, fidelity of planning and outcome assessment. *Mental Health Aspects of Developmental Disabilities, 1*(3), 82-86.

Hollins S., Sinason V., Boniface J., & Webb, B. (1994). *Going to court.* London, UK: St. George Mental Health Library.

Khemka, I., Hickson, L., & Reynolds, G. (2005). Evaluation of a decision-making curriculum designed to empower women with mental retardation to resist abuse. *American Journal on Mental Retardation, 110*(3), 193-204.

Kim, R., & Dymond, S. (2012). A national study of community living: Impact of type of residence and hours of in-home support. *Research and Practice for Persons with Severe Disabilities, 37*(2), 116-129.

Lee, S. H., & Wehmeyer, M. L. (2004). A review of the Korean literature related to self-determination: Future directions and practices promoting the self-determination of students with disabilities. *Korean Journal of Special Education, 38*(4), 369-390.

Mactavish, J., & Mahon, M. J. (2005). Leisure education and later-life planning: A conceptual framework. *Journal of Policy and Practice in Intellectual Disabilities, 2*(1), 29-37.

Mary, N. L. (1998). Social work and the support model of services for people with developmental disabilities. *Journal of Social Work Education, 34,* 247-260.

McCabe, M. (1993). Sex education programs for people with mental retardation. *Mental Retardation, 31,* 377-387.

Migliorea, A., Manks, D., Grossia, T., & Roganb, P., (2007). Integrated employment or sheltered workshops: Preferences of adults with intellectual disabilities, their families, and staff. *Journal of Vocational Rehabilitation, 26,* 5-19.

Miltenberger, R. G., Roberts, J. A., Ellingson, S., Galensky, T., Rapp, J. T., Long, E. S., & Lumley, V. (1999). Training and generalization of sexual abuse prevention skills for women with mental retardation. *Journal of Applied Behavior Analysis, 32*(3), 385-388.

Mundy, J. F. (1998). *Leisure education: Theory and Practice.* Champaign, IL: Sagamore Publishing.

Murphy, G. H., & O'Callaghan, A. (2004). Capacity of adults with intellectual disabilities to consent to sexual relationships. *Psychological Medicine, 34,* 1347-1357.

Neely-Barnes, S. L. (2006). *Consumer choice in developmental disability services.* Seattle, Washington, DC: University of Washington.

Neuvert, D. A., & Moon, M. S. (2006). Postsecondary settings and transition service for students with intellectual disabilities: Models and research. *Focus on Exceptional*

Children, *39*(4), 1-8.

O'Callaghan, A. C., & Murphy, G. H. (2007). Sexual relationships in adults with intellectual disabilities: Understanding the law. *Journal of Intellectual Disability Research*, *51*(3), 197-206.

People First. (1996). *Speak out for equal rights workbook two*. London, UK: Equal People Course Book.

Peterson, C. A., & Stumbo, N. J. (2000). *Therapeutic recreation program design principles and procedures* (3rd ed.). Needham Heightsm, MA: Allyn & Bacon.

Plaute, W., Westling, D. L., & Cizek, B. (2002). Sexuality education for adults with cognitive disabilities in Austria: Survey of attitudes and the development of a model program. *Research and Practice of Persons with Severe Disabilities*, *27*(1), 58-68.

Redd, V. (2004). A public school-sponsored program for students ages 18 to 21 with significant disabilities located on a community college campus: A case study. Unpublished doctoral dissertation. University of Maryland.

Sands, D. J., & Kozleski, E. B. (1994). Quality of life differences between adults with and without disabilities. *Education and Training in Mental Retardation and Developmental Disabilities*, *28*, 90-101.

Schleien, S. J., & Ray, M. T. (1997). Leisure education for a quality transition to adulthood. *Journal of Vocational Rehabilitation*, *8*, 155-169.

Sobsey, D. (1994). *Violence and abuse in the lives of people with disabilities: The end of silent acceptance?* Baltimore, MD: Paul H Brookes Publishing.

Sobsey, D., & Doe, T. (1991). Patterns of sexual abuse and assault. *Sexuality and Disability*, *9*(3), 243-259.

Sullivan, P. M., & Knutson, J. F. (2000). Maltreatment and disabilities: A population-based epidemiological study. *Child Abuse and Neglect*, *24*(10), 1257-1273.

Test, D. A., Folwer, C. H., Wood, W. M., Brewer, D. M., & Eddy, S. (2005). A conceptual framework of self-advocacy for students with disabilities. *Remedial and Special Education*, *26*(1), 43-54.

UNESCO (2009). *Six international conference on adult education*. Final Report. Paris, France: UNESCO.

Wehman, P. M., Moon, M. S., Everson, J. M., Wood, W., & Barcus, J. M. (1988). *Transition from school to work: New challenges for youth with severe disabilities*. Baltimore: Paul H. Brookes.

Wehmeyer, M. L. (1996). Self-determination as an educational outcome: Why is it important to children, youth and adults with disabilities? In D. J. Sands & M. L. Wehmeyer (Eds.), *Self-determination across the life span: Independence and choice for people with disabilities* (pp. 15-34). Baltimore, MD: Paul H. Brookes.

Wehmeyer, M. L. (1998). Self-determination and individuals with significant disabilities: Examining meaning and misinterpretations. *Research and Practice for Persons with Severe Disabilities, 23*(1), 5-16.

Wehmeyer, M. L. (1999). A functional model of self-determination: Describing development and implementing instruction. *Focus on Autism and Other Developmental Disabilities, 14*(1), 53-61.

Wehmeyer, M. L. (2005). Self-determination and individual with severe disabilities: Reexamining meaning and misinterpretings. *Research and Practice in Severe Disabilities, 30*, 113-120.

Wehmeyer, M. L., Bersani, H., & Gagne, R. (2000). Riding the third wave: Self-determination and self-advocacy in the 21th century. *Focus on Autism and Other Developmental Disabilities, 15*(2), 106-115.

Wehmeyer, M. L., & Garner, N. W. (2003). The impact of personal characteristics of people with intellectual and developmental disability on self-determination and autonomous functioning. *Journal of Applied Research in Intellectual Disabilities, 16*, 255-265.

Wilson, C., & Brewer, N. (1992). The incidence of criminal victimisation of individuals with an intellectual disability. *Australian Psychologist, 27*(2), 114-117.

Wolfensberger, W. (1983). Social role valorization: A proposed new term for the principle of normalization. *Mental Retardation, 21*, 234-239.

Zafft, C., Hart, D., & Zimbrich, K. (2004). College career connection: A study of youth with intellectual disabilities and the impact of post-secondary education. *Educational Training in Development Disabilities, 39*, 45-53.

Zijlstra, H. P., & Vlaskamp, C. (2005). Leisure provision for persons with profound intellectual and multiple disabilities: Quality time or killing time? *Journal of Intellectual Disability Research, 49*(6), 434-448.

대구대학교 부설 재활자립대학(K-PACE센터) https://kpace.daegu.ac.kr
대구사이버대학교 https://devre.dcu.ac.kr
사회보장위원회 https://www.ssc.go.kr
안산대학교 https://www.ansan.ac.kr
이화여자대학교 평생교육원 https://sce.ewha.ac.kr
한국장애인고용공단 https://www.kead.or.kr
호산나대학 http://www.hosannacollege.net

제12장

문제행동 지도의 실제

김미선

이 장에서는 지적장애 학생의 문제행동을 우리가 어떻게 바라봐야 할 것인가에 대해서 이야기하고자 한다. 이 장을 읽으며 독자가 기억해야 할 주안점은 단지 훌륭한 기술을 가지고 있는 교사보다 중요한 것이 있다는 것이다. 사실 행동문제는 장애와 무관하게 우리 모두가 지니고 있으며 어떤 면에서는 정상적이고 수용 가능하다. 교육 현장에서 만나는 다수의 지적장애 학생은 새로운 기능을 습득하거나 일반적인 행동을 통해 그들의 필요와 생각이나 감정 등을 전달하기 어렵기 때문에 행동문제를 나타내기도 한다.

대부분의 교사는 문제행동을 지닌 학생들을 위하여 주로 사용했던 대화, 설득, 칭찬, 벌과 같은 간단한 기법들이 별로 효과가 없거나 실패했다고 인식하고 있다(김수연, 이대식, 2008). 행동 개선을 위하여 교사들은 흥미롭고 잘 계획된 연구기반의 절차들을 사용하려고 한다(Lane, Weisenbach, Philips, & Wehby, 2007). 이제 교사들은 학교를 기반으로 학급 전체의 행동과 문제행동을 지닌 개별 학생을 위해서 예방하고 가르치고 강화하는 행동지원을 실행해야 한다(Dunlap, Lovannone, Wilson, Kincaid, & Strain, 2010). 이는 새로운 생각이 아니다. 교사들이 행동중재계획을 적절하게 실행할 때 교육 현장에서 그 실용적 가치를 거듭 확인하게 될 것이다.

독자가 주목해야 할 점은 행동문제 중 많은 부분이 학교와 학습환경을 적극적으로 구조화할 때 개선된다는 것이다. 학생의 행동을 고쳐야 할 것으로 보는 것이 아니라 행동을 통해서 무엇이 이루어지는지를 찾아내는 것이 요구된다. 이 장에서는 무엇보다도 행동을 바라보는 교사들의 관점 혹은 교사들이 먼저 변화해야 한다는 것을 강조하려고 한다.

1. 문제행동에 대한 관점

1) 행동의 유형

지적장애 학생이 보이는 문제행동은 다양하다. 어떤 학생은 화가 날 때 어떻게 대처해야 할지 몰라서 적절하지 않은 방법으로 화를 내기도 한다. 어떤 학생들은 급우나 교사를 공격하거나 위협하는 행동을 하기도 한다. 또 다른 학생은 수업을 방해하거나 교사가 지시했을 때 따르지 못하기도 한다. 어떤 학생은 자기 자신을 다치게 하거나 상동행동을 하기도 한다. 다른 학생은 지나치게 비활동적으로 움직임이 거의 없거나 자주 울거나 짜증을 내는 행동을 하기도 한다. 이와 같은 문제행동은 외현화와 내재화 차원으로 나눌 수 있다. 외현화 행동은 통제 부족으로서 사회적으로 방해가 된다. 파괴행동, 과잉행동, 공격행동으로 자신의 문제를 표현한다. 또한 내적 통제의 어려움 때문에 대인관계에서 돌발적인 행동을 하기도 한다. 내재화 행동은 통제 과잉으로서 사회적으로 위축된다. 불안, 우울 등을 포함하며 당사자 스스로 고통을 받는다. 대부분의 교사는 쉽게 드러나는 외현화 행동에 관심을 보인다. 그러나 내재화 행동이 방치되면 학생의 사회·정서적 발달에 부정적인 영향을 미치기 때문에 주의가 요구된다. 이러한 문제행동들은 의사소통의 어려움, 사회적 기술 부족 등으로 발생할 수 있는데, 이는 학습활동 참여율이 낮아지는 원인이 되고 있다(부산시 교육지원청, 2014).

2) 교실에서의 문제행동

학급에서 일어나는 문제행동은 학교와 학급의 교수환경 재구조화를 통해서 예방될 수 있지만, 잘 구조화된 학급에서도 문제행동을 보이는 지적장애 학생은 존재한다. 학급이나 지역사회에서 교사가 직면하게 되는 문제행동의 범주는 공격, 방해, 불순종, 자해, 상동행동, 사회적 위축 등으로 구분될 것이다. 지적장애 학생들은 폭넓은 범위의 서로 다른 행동을 나타낸다. 특정 행동이 문제행동인지 아닌지를 결정하는 것은 빈도, 지속시간, 강도, 연령 적합성, 행동 형태 등이다. 이에 더하여 그것은 행동의 결과를 인내하고 변화시키고 최소화하는 사람의 능력과도 관계가 있다(Sigafoos, Arthur, & O'Reilly, 2003).

일반적으로 대부분의 교사는 학생의 행동에 대해서 '이 정도'라고 하는 기대의 표준을 가지고 있다. 어떤 학생이 수업시간에 자리이탈 행동을 한 번 하는 것은 문제가 되지 않지만 열 번 이상 한다면 교사는 문제라고 여길 것이다. 재차 지적하였는데도 수업 중에 옆 친구와 불필요한 이야기를 한다면 아마 교사는 강력한 개입을 시도할 것이다. 교사의 질문에 한 번도 답하지 않는다면 별도의 학생지도 계획을 수립할지도 모른다. 소리를 너무 크게 질러서 수업을 방해하거나, 옆 친구를 한 번 물었는데 자국이 심하게 났거나, 글자 읽는 소리가 너무 작아 들리지 않는 것처럼 강도와 관계되는 경우도 일반적으로 수용되기 어렵다. 어떤 학생은 단지 그 나이에 맞지 않는 행동을 하기 때문에 문제가 되는 경우도 있다. 또 다른 학생은 교실을 무단 이탈하는 등 그 나이 또래 아이들이 좀처럼 하지 않는 행동의 형태를 보이기도 한다.

정서와 행동의 문제는 누구나 경험하는 것이지만, 그것이 심하게 나타날 때 우리는 문제행동이라고 규정하고 그 대처방안을 모색한다. 이러한 행동이 자신이나 타인에게 해를 입힐 수 있다든지, 자신과 타인의 학습을 방해한다든지, 그 행동으로 인해 미래에 더 제한적인 삶을 살게 된다면 우리는 그 행동을 변화시켜야 할 것이다. 그러나 우리가 쉽게 문제로 여기는 행동들이 과연 문제행동인지에 대해서는 보다 신중을 기해야 한다.

3) 문제행동의 이해

행동을 바라보는 다양한 관점(신체생리, 심리역동, 인지, 행동주의, 생태학)은 문제행동이 유발되는 데는 많은 요소가 영향을 미친다는 것을 나타낸다. 행동을 설명하는 다양한 관점을 소개하는 것은 이 장의 요지를 넘어서므로 여기에서는 주로 환경과 행동 간의 관계에 대해서 관심을 가지고 살펴볼 것이다. 〈표 12-1〉의 예화를 통해서 행동과 관련 있는 다양성을 이해할 수 있을 것이다.

〈표 12-1〉의 예화는 미선이의 문제행동에 대해서 다양한 추측이 가능함을 나타낸다. 미선이의 문제행동은 교사의 미선이 떼어 놓기, 쫓아다니기 등의 행동과 관계가 있을 수도 있다. 미선이는 교사에게 인사를 하면서 칭찬받기를 원했을 수도 있다. 혹은 소리를 지르면서 교사의 관심을 얻었다고 여길 수도 있다. 또 친구들의 '미선이 따라다니기 행동'이 미선이의 문제행동을 유지시키는 요인인지도 모른다. 아니면 교실에서 요구되는 일반적인 학습활동과 규칙이 어려워서 회피하고자 문제행동을 일으킬

〈표 12-1〉 김 교사의 교실과 미선이의 문제행동

김 교사는 오늘도 사랑스러운 아이들을 만날 생각에 기쁜 마음으로 교실에 들어가 자리 배치를 했습니다. 첫 번째 수업시간에 할 학습 자료도 살펴보았습니다. 오늘의 활동지를 책상 위에 놓을 때 미선이가 얼굴을 내밉니다. 김 교사의 웃는 모습에 미선이는 달려와 안기면서 인사를 하였습니다. 김 교사는 인사를 하면서 미선이를 떼어 놓습니다. 미선이는 소리를 지르고 뛰어다니기 시작합니다. 탁자 위에 있던 자료들을 던집니다. 책상을 밀칩니다. 활동 차트도 넘어뜨립니다. 김 교사는 떨어진 것을 줍고 넘어진 지지대도 세웁니다. 책상과 의자를 바로하면서 미선이를 쫓아 다닙니다. 조용히 하라고 해도, 자리에 앉자고 해도 소용이 없습니다. 이제 미선이의 행동을 보고 정준이도 사랑이도 덩달아 뜁니다. 자료들은 바닥에 떨어지고 자리 배치는 흩어지고 수업을 시작하기도 전에 교실은 소란스러워졌습니다. 김 교사는 어떻게 아이들을 조용히 시킬지 난감합니다. 오늘도 미선이와 아이들의 문제행동으로 수업이 시작되었습니다.

수도 있다. 미선이는 교실규칙에 대해서 모르거나 교사와 다르게 이해하고 있을 수도 있다. 이동을 방해하는 책상 배치 때문에 책상 밀치기 행동이 발생했을 수도 있다. 예화에서 미선이는 교사에게 안기는 행동을 하였다. 이 행동은 교사의 웃는 행동에 대한 반응일 수도 있다. 첫 번째 수업시간의 주제가 너무 어렵거나 혹은 식상한 내용이어서 문제행동으로 연결될 수도 있다. 만약 학습 자료를 미리 꺼내 놓지 않았다면 미선이는 문제행동을 하지 않았을지도 모른다. 미선이를 쫓아 다닐 때 교사의 감정표현이나 목소리 톤도 문제행동에 영향을 줄 수 있다. 지시사항의 명확성 또한 문제행동의 유발과 관계된다. 미선이와 친구들은 학교에 오면 교사와 꼬리잡기 놀이를 할 수 있다고 여기거나 교사가 난감해하는 상황을 새로운 놀이로 생각하고 있는지도 모른다.

우리는 이 예화를 통해서 문제행동의 발생과 관계되는 수많은 요인을 가정해 볼 수 있다. 교사가 학생의 행동에 대해 적절하게 대처하기 위해서는 단순한 행동일지라도 그 이면을 살피고 상황적 맥락에 대해서 잘 알아야 한다. 우리가 학생이 지니는 행동의 문제를 변화시키고자 할 때는 많은 것에 대해서 숙고하여야 한다.

4) 문제행동의 정의

지적장애 학생들은 파괴행동, 자해, 공격행동, 과잉행동, 산만함, 고립, 위축, 도벽, 함묵, 싸움, 발작, 상동행동 등의 문제를 보인다(박찬웅, 2009). 다양한 문제행동을 지닌 학생을 지원하기 위해서는 먼저 문제행동을 관찰 가능한 용어로, 또 가능한 한 구체적으로 기술해야 한다. 예를 들어, '정준이는 항상 아무것도 하지 않는다.' 대신에 정준이가 창문을 보는 것이 문제인지, 옆의 친구와 이야기하는 것이 문제인지, 혹은 책에 낙서를 하는 것이 문제인지를 알아야 한다. 즉, 정준이가 무엇을 했을 때 어떻게 하는지에 대해서 명확하게 알아야만 한다.

학생들은 다양한 유형과 수준의 문제행동을 보인다. 문제행동이 하나 이상일 경우에는 그 심각성에 따라 우선적으로 지원할 행동을 결정한다(Goldstein & Brooks, 2007). 학생 자신과 주위 사람의 건강 및 생명을 위협할 만한 행동에 대해서는 행동지원이 우선 고려되어야 한다. 그다음으로 자신과 타인의 학습과 활동을 심각하게 방해하는 행동, 자신과 타인의 주의를 경미하게 방해하거나 분산시키는 행동 순으로 우선순위를 정한다(Collins, 2007).

먼저 파괴행동(destructive behavior)은 중재 우선순위이다. 이는 자신이나 다른 사람의 건강이나 생명을 위협하는 행동이다. 깨물기, 때리기, 눈 찌르기, 머리 치기, 할퀴기, 먹는 것 거절하기 등이 포함된다. 심각한 사건이 일어난 경우에는 학생이나 다른 사람을 해치는 것을 막는 위기관리 계획과 순행적 전략을 포함한다.

방해행동(disruptive behavior)은 일어날 교수와 학습을 방해하거나 학교, 집, 지역사회의 일상활동에의 참여를 방해하는 행동이다. 물건을 파손하기, 교실에서 도망가기, 다른 사람 밀기, 말하지 않고 울기, 위축행동 등은 교실에서의 학습과 참여를 방해할 수 있다. 만약 파괴적인 행동이 나타나지 않고 방해적인 행동을 보인다면 이를 우선순위로 행동지원 계획을 수립한다.

분산행동(distracting behavior)은 경미한 방해행동으로 틱, 몸이나 머리 또는 손 흔들기, 손뼉 치기 등 해롭지는 않지만 자기 나이에서 일반적으로 벗어나는 행동이나 주의를 흩뜨리는 분산적인 행동이다. 일반적으로 이 행동은 무시했을 때 더 심각해지거나 가족이 중재를 요구하는 경우가 아니라면 공식적인 중재계획을 세우지는 않는다. 분산행동은 대안적인 사회·의사소통·자기조절 행동을 가르치는 것에 초점을 둔다.

2. 문제행동 발생의 요인

1) 행동의 설명

교사가 문제행동을 효과적으로 다루기 위해서는 행동이 어떻게 일어나는가에 대해서 알아야 한다. 지적장애 학생의 행동은 과거 학습에 영향을 받는다. 이전에 자신의 요구를 만족시키는 방법은 현재 일어나는 행동에 영향을 준다. 또한 지적장애 학생의 유전적·생화학적·신경학적 요인도 행동에 영향을 미친다. 더불어서 행동은 기본적인 행동원리에 따라 발생한다. 행동의 발생과 비발생에 대한 원리를 잘 적용한다면 행동이 무엇인지, 언제, 어떤 식으로 일어날 것인지에 대해서 예측이 가능하다. 행동에 영향을 미치는 변인을 찾을 수 있기 때문에 행동을 보다 효과적으로 관리할 수 있게 된다.

행동의 기본 원리에는 강화, 자극통제, 벌 등이 있다. 이 중 강화(reinforcement)는 행동을 증가시키기 위하여 강화인(reinforcer)을 제공하는 과정으로, 정적 강화와 부적 강화의 형태를 지닌다. 이 원리를 자세히 살펴보면 다음과 같다.

(1) 정적 강화

정적 강화(positive reinforcement)란 행동의 후속결과로 행동의 빈도나 강도를 증가시키거나 유지시키는 것이다. 교사의 칭찬은 가장 보편적인 정적 강화이다. 지적장애 학생에게 물질적인 강화를 사용하지 않고도 적절한 칭찬으로 바람직한 행동을 증가시킬 수 있다(문병훈, 장천, 이영철, 2017). 알림장이나 학습장 정리를 잘한 학생은 교사의 칭찬을 받을 것이고, 앞으로도 공책 정리를 잘하게 될 것이다. 행동 뒤의 결과는 어떤 것이든 행동을 증가시킨다면 모두 정적 강화이다. 예를 들어, 교사가 불복종 행동에 대해 훈계하였는데 그 행동이 증가하였다면 교사의 훈계는 정적 강화이다.

(2) 부적 강화

부적 강화(negative reinforcement)는 행동의 결과로 싫어하는 자극이 제거되거나 부정적인 조건을 회피하게 되기 때문에 행동이 증가되는 것이다. 독립 과제를 싫어하는 학생이 혼자 공부해야 할 때 문제행동을 하면 훈육실이나 학교 상담실로 가게 된다는 것을 배운다면, 앞으로도 혼자 공부할 때 문제행동을 더 하게 될 것이다. 부적 강화에서 '부적'이란 용어는 정서적인 의미가 아니라 수학적으로 '제거한다'는 의미를 가진다. 어떤 자극이라도 그것을 제거하는 것으로 행동을 증가시킨다면 부적 강화이다.

(3) 자극통제

자극통제(stimulus control)란 종이 울리면 교실을 나가는 것과 같이 선행사건과 행동 간의 예측되는 관계를 말한다. 즉, 자극이 행동을 통제하는 것이다. 특정 행동이 발생할 때마다 정적 혹은 부적 강화가 제시되어 어떤 선행사건에 따라서 어떤 행동이 일어날 가능성이 높다면 행동이 자극통제를 받은 것이다. 교실에 선생님이 들어오면 학생들이 착석행동을 한다거나, 불이 꺼지거나 기계음이 멈추면 오븐이나 에어프라이어에서 음식을 꺼내는 것이 자극통제의 예이다. 교사들이 교실 내에서 자극통제를 정확하게 사용한다면 적절한 행동을 증가시키고 문제행동을 감소시킬 수 있는 효과적인 예방전략으로 교실 운영에 도움이 된다.

(4) 벌

벌(punishment)은 행동이 발생하고 주어지는 후속결과로 인해서 행동이 감소하거나 약해지거나 없어지는 것을 말한다. 어느 정도 논란이 있지만, 일반적으로 교사가 흔히 사용하는 타임아웃(time-out)도 벌의 일종이다. 벌도 강화와 마찬가지로 받는 사람의 입장에서 효과성으로 이야기한다. 무엇이든 간에 벌은 행동을 감소시킨다. 그러나 벌은 단지 일시적으로 행동을 억제시키는 것이고 공격성을 가르칠 수 있다. 때로는 더 강한 반응의 원인이 되기도 하며 처벌을 주는 사람까지도 피하게 만들고 부정적인 감정을 초래하기에 바람직하지 않다.

문제행동을 지도할 때 가장 효과적인 방법은 분명한 학급규칙이 있고, 규칙에 따른 결과가 공정하고 일관성 있게 부여되는 것이다. 교사가 유의해야 할 것은 강화든 벌이든 학생의 입장에서 확인해야 한다는 것이다.

2) 행동의 기능

지적장애 학생들은 그들이 지니는 인지적 어려움, 신체·감각적인 능력 결여, 기회와 경험의 제한 등으로 한정된 행동 목록을 가지고 있으며, 그중에서도 문제행동은 많은 부분을 차지한다. 문제행동은 영아기의 생리적·반사적·상동행동적·정서적 반응으로부터 쉽게 발달된다. 또한 지적장애 학생들은 그들의 인지적 특성과 학습 기회의 부족 등으로 문제행동을 대체할 만한 행동을 학습하기 어려울 수 있다.

지적장애 학생들의 행동 목록은 행동의 기능이나 목적과 연관된다. 행동에 '기능(function)'이 있다는 가정은 행동을 통해서 얻는 것이 있다는 것이다. 행동은 그냥 일어나는 것이 아니라 행동을 하는 사람의 입장에서 이유가 있다. 다양한 유형과 강도의 문제행동은 학생이 자신의 의도나 요구를 전달하거나 감각적 기능을 달성하려는 시도이다. 어떤 학생이 더 좋은 방법이나 적절한 방법을 알지 못할 경우는 문제행동을 통해 그 기능을 달성한다(Rodriguez, Thompson, & Baynham, 2010). 충분한 의사소통 기술이나 사회적 기술을 가지지 못한 지적장애 학생이나 말 또는 언어의 문제를 지닌 지적장애 학생은 의사소통에 어려움을 지니게 된다. 처음에는 경미한 유형의 비구어적인 의사소통 행동이 성장과 함께 보다 심각하고 복잡해진다. 이러한 문제를 지닌 학생들에게는 행동을 대체할 만한 형태의 의사소통을 가르치면 그 문제가 감소하거나 제거될 수 있다.

문제행동의 기능은 매우 다양하지만 대체적으로 관심, 회피, 요구, 자기조절, 놀이나 오락으로 요약할 수 있다(Janney & Snell, 2000). 〈표 12-2〉는 지적장애 학생이 지니는 문제행동의 다섯 가지 보편적인 기능을 설명해 준다. 교사들은 행동이 기능적이라는 가설로 학생들을 대하지만 어떤 행동은 그 목적이나 기능이 명확하게 드러나지 않기도 한다는 것을 알아야 한다.

〈표 12-2〉 행동의 기능

기능	설명
관심	행동의 목적이 다른 사람의 관심을 끌기 위한 것이다. 교사가 다른 친구를 도와주고 있을 때 친구를 때려서 교사를 자신 쪽으로 오게 한다.
회피	행동의 목적이 특정 사람이나 활동을 피하기 위한 것이다. 그리기를 싫어하는 학생은 도화지를 찢음으로써 그리기를 하지 않아도 되기에 찢기 행동이 회피기능을 획득하게 만든다.
요구	행동의 목적이 원하는 것을 획득하기 위한 것이다. 어떤 학생은 친구를 때리고 친구가 가지고 노는 장난감을 뺏음으로써 원하는 것을 얻게 된다. 때로는 원하는 물건을 잃거나 원하는 활동이 끝나서 그것을 유지하기 위해 행동을 하기도 한다.
자기조절	행동의 목적이 자신의 각성 수준을 조절하기 위한 것이다. 어떤 학생은 외부 자극에 대처하여 자신을 안정시키기 위해서 소리 지르기를 한다. 이는 상동행동 혹은 자기자극 행동이라 부른다.
놀이 혹은 오락	자기조절과 유사하게 보이는 행동으로, 심심하거나 무료해서 놀이나 오락으로 행동을 하는 것이다. 어떤 학생은 무료하기에 습관적으로 자신의 손톱을 물어뜯는 행동을 한다.

3) 행동의 발생과 상황

지적장애 학생이 지니는 문제행동은 상황(환경적 맥락, context)에 의하여 발생되기도 한다. 〈표 12-1〉을 다시 상기해 보자. 예화에서 미선이는 교사가 자신을 떼어 놓자 소리를 지르고 뛰어다니고 책상 위에 있는 자료를 던졌다. 미선이가 학교에 오기 전에 무슨 일이 있었을 수 있다고 가정해 볼 수 있다. 학습 자료와 미선이의 행동에 어떤 연관이 있을 수도 있다. 교사의 지시사항의 명확성도 미선이의 달아나기 행동에 영향을 줄 수 있다. 학생들이 이와 같은 문제행동을 보일 때는 상황적 요인을 생각하여야 한다.

'상황'이란 어떤 행동을 일어나게 하는 환경적 사건이나 내적 상태를 말한다. 배경사건(setting events)과 선행사건(antecedents)으로 구분할 수 있다. 배경사건이란 문제행동이 일어나기 전 어느 정도의 기간 동안 학생이 경험한 사회적·환경적·생리적 상태이다. 피로감, 질병, 사회적인 어려움, 약물 부작용 등의 배경사건은 특정 행동을 더 혹은 덜 발생하도록 만든다. 배경사건은 후속결과의 가치를 결정하기에 의미가 있다. 선행사건이란 문제행동 직전에 일어난 상황변인으로 문제행동을 예측하게 해 준다. 즉, 행동이 발생하면 강화물을 얻을 수 있다는 신호로 기능한다. 문제행동과 관련된 선행사건은 쉽게 관찰될 수 없어도 항상 있다. 배경사건은 문제행동의 직접적 유발요인은 아니지만 같은 선행사건에 대해서 학생이 반응하는 정도에 영향을 미친다. 예를 들어, 어떤 학생이 밥을 먹지 못해서 배가 고픈 상태로 학교에 갔다면(배경사건) 교사가 학습활동을 하자고 했을 때(선행사건) 더 짜증스러운 반응을 할 가능성이 높다.

행동은 발생하기 전후의 상황과 관련이 된다. [그림 12-1]과 같이 행동은 사건과 요인들의 복잡한 상호작용으로 일어난다. 문제행동이 일어났을 때 선행사건과 후속결과(consequences)를 함께 고려하는 것이 효과적이다(김미선, 박지연, 2009). 예를 들어, 수업에서 어려운 과제가 주어질 때 회피하기 위해 수업방해 행동을 하는 지적장애 학생

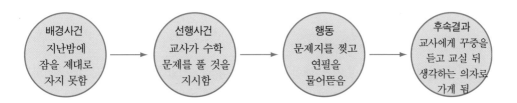

[그림 12-1] **행동 발생에 영향을 미치는 상황변인**

에게 난이도 조절과 활동을 단순화한 교수적 수정을 제공하고(선행사건 조절), 수업 참여 행동을 하면 강화 메뉴판에서 학생 스스로 선택할 수 있게 하는(후속결과 조절) 방법은 지적장애 학생의 과제 참여 행동을 증가시킬 수 있다(박민휘, 백은희, 2010).

4) 행동의 발생과 교실 운영

문제행동을 조절하기 위해서는 조기 실행과 예방 중심의 학급 차원이나 보편적 차원의 중재가 필요하다(김영란, 2009; Benedict, Honer, & Squires, 2007). 적절한 행동을 가르쳐서 문제행동을 예방하는 것은 학교와 교사들에게 중요한 과제와 목적이 된다. 우리의 현실을 생각해 보자. 대부분의 교사는 학교생활에 대해서 준비가 거의 되어 있지 않거나 학습에 동기가 떨어지는 지적장애 학생들을 대상으로 가르쳐야 한다. 만약 학교환경이 학생들의 학습과 사회적 성취를 극대화시킬 수 있는 환경이라면 지적장애 학생들의 행동문제는 보다 긍정적인 방향으로 전환할 것이다. 교사들이 행동문제를 해결할 수 있는 효과적인 방법은 사회문화적으로 타당한 교실중재방법을 사용하는 것이다. 일반적으로 지적장애 학생들이 지니는 심각한 문제행동의 실상은 초기에는 작은 문제행동으로부터 시작된다. 이러한 작은 행동을 방치하거나 효과적으로 중재하지 못하면 시간이 갈수록 심각한 문제행동으로 발전해 나가게 된다. 교실 내의 구조, 일과 배분, 교수의 질, 교사와 학생 간의 의사소통 등 교실 운영과 관련된 모든 환경요소는 행동의 발생과 관계가 있다(Mayer, 2000). 〈표 12-1〉의 예화를 다시 생각해 보자. 미선이가 이것저것 밀치면서 돌아다닌 것은 교실환경의 영향 때문일 수 있다. 교실의 물리적인 구조인 책상 배치가 이동을 방해했기 때문일 수도 있다. 혹은 미선이와 친구들은 교실에서 지켜야 할 규칙에 대해서 배우지 못했거나 잘못 이해했을 수도 있다. 또 그 시간에 배분된 활동(과목)이나 자료 제시의 방법이 미선이의 행동에 영향을 줄 수 있다. 교수활동에 방해가 되는 다양한 요인을 제거한다면 문제행동의 발생은 감소한다.

(1) 교실 구조화

어떤 교실에 들어서면 무엇을 해야 할지 분명히 알 수 있을 때가 있다. 잘 구조화된 교실은 학생들로 하여금 적절한 행동을 하게 만든다. 교실을 구조화하는 것은 교사와 학생의 행동에 영향을 미친다. 교실의 물리적 환경은 학업성취도, 참여도, 학과활동의 개입, 긍정적인 교실 분위기 조성의 결정적인 변인 중 하나이다. 다양한 활동이 수행될 수 있는 가장 적절한 환경을 마련하기 위해서 교사는 심사숙고해야 한다. 자리 배치, 공간 활용, 게시판, 시간표 제시, 새로운 교구 소개 등 환경을 적절하게 만드는 것이 필요하다. 공간적 여유나 모든 좌석에서 교사가 잘 보이도록 배치하는 것 등의 교실 구조화는 상당수의 교실 내 문제행동을 사전에 예방할 수 있다.

(2) 규칙과 절차

　지적장애 학생과 함께하는 집단이나 개별 수업에서는 명확하게 의사소통된 규칙(rule)과 절차(procedure)가 필요하다. 학기 초나 학생과 만나는 초기 시점에 그 수업의 운영에 필요한 규칙을 만들고 그에 따른 절차를 개발한다. 규칙이 일관되게 실행되지 않는다면 누구나 위반할 수 있다. 무질서한 교실에는 공통된 절차가 없다. 대부분의 교사는 설명만으로 규칙과 절차에 대해서 알고 있을 것이라고 여기고 학생들과 간접적인 방법으로 의사소통한다. 이 과정에서 행동문제는 더 많이 그리고 더 심각하게 일어난다. 가능한 다양한 방법을 통하여 규칙을 만드는 데 학생을 참여시키고(김미선, 박지연, 2005; Emmer, Evertson, & Worsham, 2006), 바른 행동의 예를 정확하게 실행할 수 있을 때까지 가르치고 확인한다(문병훈 외, 2017). 첫 수업시간, 과제나 숙제, 특수교육 실무원 활용, 수업이나 활동 간의 이동, 모니터링 절차 등의 마련으로 문제행동을 예방할 수 있다. 긍정적인 행동에 대해서는 강화를 자주 제공한다. 행동이 잘못되었을 때는 실질적인 반응을 가르친다. 교사는 학생이 규칙을 지키는 것을 확인할 때까지 가르쳐야 한다. 〈표 12-3〉은 교실규칙을 만들기 위한 원칙이다(Scheuermann & Hall, 2016).

〈표 12-3〉 **교실규칙 수립의 원칙**

- 긍정적인 용어로 기술한다.
- 규칙의 수는 3~5개로 유지한다.
- 다양한 상황을 고려하여 모든 학생이 규칙을 잘 지킬 수 있도록 한다.
- 교실 행동기준을 만드는 데 학생들을 참여시킨다.
- 연령과 학생의 수준에 적합한 규칙을 만든다.
- 규칙을 가르치고 학생이 규칙을 알고 실행하는지 확인한다.
- 규칙 실시에 있어서 일관성을 유지한다.

출처: Scheuermann & Hall (2016).

(3) 분위기

분위기(climate)는 교실의 전체적인 상태로, 예측 가능한 교실을 만드는 것과 관계가 있다. 대부분의 학생은 교사가 그들에게 기대하는 바가 무엇인지를 잘 모르기 때문에 학생에게 기대하는 바를 명확히 제시해야 한다(김미선, 송준만, 2006). 막연하게 '행복한 우리 반이 되자.' 식이 아니라 학생들이 이해할 수 있는 수준에서 목표가 뚜렷해야 한다. 또한 충분한 성공의 기회를 제공하고, 좌절이나 위축을 경험하기 전에 구어나 몸짓 혹은 물리적인 도움을 제공하는 촉진이나 연상 자료 등을 통한 적절한 지원을 제공해야 한다. 긍정적인 교실 분위기를 만들기 위해서는 학생과의 긍정적인 상호작용 기회를 늘려야 한다. 온화함과 칭찬하기, 학생의 생각이나 의견을 경청하고 반영하기, 학생의 수고에 감사하기, 학과 이외의 시간에도 학생과 함께하기 등 교사의 노력이 선행되어야 한다.

(4) 일과

일과를 어떻게 계획하느냐에 따라 학생들의 문제행동이 일어나기도 한다. 교과교수시간에 많은 시간을 할애하는 것이 학생의 학습과 행동에 긍정적 영향을 미친다. 수업에서 중요한 부분은 아침시간이나 학생이 집중을 잘하는 시간에 배당한다. 일과 내에서 여러 번에 걸쳐 배분하고 짧은 휴식시간을 두는 것이 문제행동을 감소시킨다. 학생들은 교수활동에 의미 있게 참여하지 못하면 문제행동을 할 것이다. 학생들이 교수 참관, 질문하기, 질문에 답하기, 글쓰기, 집단활동, 과제활동 등 교수활동에 적극적으로 참여한 시간인 학습참여 시간(Academic Engaged Time: AET)에 하게 된 잦은 실수는 문제행동을 일으킨다. 만약 학생이 높은 학습참여 시간을 지녔다고 해도 그 시간 동안 많은 실수를 하였다면 바람직한 행동을 덜 배우거나 부정확하게 배우게 된다. 따라서 학생들이 성공적인 학업 반응을 나타낸 성공적인 학습참여 시간(Academic Learning Time: ALT)은 높은 수준의 학습과 적절한 학생 행동을 이끈다. 따라서 학생의 동기와 선호도를 고려하여 수업활동을 계획한다. 쉬운 과제와 어려운 과제를 번갈아 가면서 제공한다.

교사들이 제시하는 교육과정과 그것을 가르치기 위해서 사용되는 교수전략은 행동에 영향을 미친다. 교사의 교육과정 계획은 수업에 참여하는 학생들의 다양한 능력과 일치되어야 한다. 학생의 입장에서 시작될 때 교사와 학생 모두 만족할 수 있다. 우리의 수업이 너무 어렵거나 지루하지 않은가? 습관적으로 진행되고 있지는 않은가? 때로는 학생의 생각이나 오류에 대해서 냉정하거나 무심하지는 않은가? 교수적 수정을 하는 것은 문제행동에 대한 적극적인 예방책이다. 학생의 수준을 고려하여 활동 내용을 수정한다. 학생의 주의를 끌 수 있는 교재를 사용하며, 학생의 관심사를 존중하고 선택의 기회를 제공한다.

3. 행동지도의 실제

1) 긍정적 행동지원

긍정적 행동지원(positive behavior supports)은 학생의 문제행동(도전행동, challenging behavior)을 감소시키고 적절한 행동을 강화시키기 위한 개인과 체계의 전략을 나타내는 포괄적인 용어이다(Scheuermann & Hall, 2016). 긍정적 행동지원은 문제행동이 발생하거나 재발하지 않도록 학습환경을 수정하고, 학생의 바람직한 행동을 증가시켜 자기통제 능력을 향상시키고 생활양식을 변화시켜서 장기적으로 학생을 포함한 그 주변인의 삶의 질을 향상시키는 것이다(Neufeid, Law, & Lucyshyn, 2014).

긍정적 행동지원이란 사회적으로 의미 있는 행동 변화를 성취하기 위하여 긍정적인 행동중재 프로그램과 시스템을 적용하는 것을 지칭하는 일반적인 용어이다. 학생들의 행동과 관련된 효과적인 환경을 만들기 위하여 학생이 속한 다양한 환경(학교나 가족, 지역사회)의 역량을 향상시키는 체계적인 방법을 적용하는 것을 말한다(Turnbull, Wilcox, Stowe, & Turnbull, 2001). 그러므로 긍정적 행동지원은 모든 학생을 대상으로 생활의 다양한 영역에서의 결과(성격, 신체, 사회, 가족, 직업, 여가 등)를 향상시키는 학교환경을 조성하고 유지하는 것을 중요하게 여기며, 이를 통하여 문제행동을 감소시키고 바람직한 행동은 더욱 기능적으로 향상시키려고 한다. 그리고 사회문화적으로 적절한 행동중재 프로그램을 사용하는 것도 권장하고 있다(Sugai, Sprague, Horner, & Walker, 2000).

긍정적 행동지원은 예견되는 실패의 상황을 피하고, 학생의 감정과 행동을 성공적으로 관리하도록 하는 새로운 긍정적인 행동의 지도를 통해 학생이 할 수 있는 기능의 범위를 확장하려는 교육적 측면과 그 학생이 속한 다양한 환경의 재구성을 도모하는 체제 개선 측면이 동시에 포함된다(Turnbull et al., 2002). 긍정적 행동지원은 학교,

가족, 직업, 지역사회 등 여러 체제에서 시도되고 있으며 문제행동, 기술 부족, 비기능
적인 시스템과 같은 삶의 질적인 부분과 연결되어 행동과학뿐 아니라 사회과학(생태심
리, 문화심리), 의생명과학 분야 등의 체계로 확장되고 있다(Carr, 2007).

긍정적 행동지원은 부적절한 행동을 다루는 관점을 근본적으로 바꾸었다. 문제행동
에 대한 처벌적이고 사후 반응적인 것에서 벗어나 모든 학생의 성취를 향상시키기 위
한 목적으로 학교, 학급 그리고 개별 학생을 위한 증거기반의 실제를 사용하여 교실 관
리를 위해서 각 단계의 지원과 중재의 강도를 높여 가는 단계별 중재 모델(개별 차원,
표적집단 차원, 학교 차원 혹은 개별 차원, 교실 차원, 학교 차원의 중재 프로그램)을 구성하
기 위해서 행동과학, 실제적인 중재기법(Simonsen & Myers, 2015), 사회적 가치, 체계적
인 접근을 통합적으로 제시한다.

긍정적 행동지원은 문제행동을 다루는 일종의 시스템으로, 최근에는 행동중재계획
이라는 용어와 동의어로 이해되고 있다(Dragsow & Yell, 2001). 시간이 지나면서 긍정
적 행동지원은 긍정적 행동중재와 지원이라는 용어로 변화하였고 학생의 문제에 대해
서 개별적으로 접근하는 것보다는 학교라는 공동체 안에서 함께 생활하는 모든 학생
을 위해 단계별로 지원과 중재의 강도를 높여 가는 예방적인 실행이 강조되는 포괄적
인 중재로 확장되고 있다.

2) 긍정적 행동지원의 특징

긍정적인 행동지원은 사용하는 용어나 행동에 대한 평가 및 중재전략의 면에서 응
용행동분석으로부터 태동하였다. 하지만 행동전문가의 기능분석을 바탕으로 하는 실
험적 혹은 일대일의 개별적인 임상환경 내에서의 행동수정이 아니다. 교사, 가족, 주
변의 사람들이 자연스러운 환경에서 생태학적 관점을 지향하는 다양한 평가로 환경
과 문제행동 사이의 관계를 이해하고, 현재의 관계를 변화시키거나 감소시키기 위한
새로운 관계를 만들기 위하여 폭넓은 지원 절차를 사용하여 지적장애 학생의 전반적
인 생활양식의 변화를 도모하는 것으로 궁극적으로는 개인의 삶을 개선시키는 것에
초점을 두기에 응용행동분석과는 구분된다(Turnbull & Turnbull, 1999). 응용행동분석
(Applied Behavior Analysis: ABA)은 과학적인 방법으로 교사가 생산적인 학습환경을 구
현해 낼 수 있도록 개인의 특정 행동을 변화시키기 위해서 체계적으로 행동주의 원리
를 적용시키는 것으로 긍정적 행동지원의 방법론적인 근간을 이루고 있다. 응용행동

분석은 문제행동의 발생 혹은 비발생, 문제행동의 동기를 밝히고자 하는 데 주안점을 둔다. 즉, 응용행동분석에서는 인간의 행동을 전체 과정으로 보고 행동 전후에 발생하는 선행사건과 후속결과를 고려하여 새로운 행동을 학습하거나 기존의 행동을 조절한다. 응용행동분석은 행동문제를 지닌 장애학생에게 폭넓게 사용되었고 성공적으로 활용되고 있다. 문제행동을 지니고 있는 지적장애인과 함께 일하는 독자들은 긍정적 행동지원을 실행하기 위해서 응용행동분석의 원리와 다양한 전략에 익숙해져야 한다. 긍정적인 행동지원은 통합에 대한 철학과 삶의 질에 대한 철학을 반영하고 있다.

(1) 전반적인 생활양식의 변화와 삶의 질 강화

긍정적 행동지원은 개인을 둘러싼 사회적 상황과 인간 존중의 철학을 기초로 하여 보다 나은 생활양식을 만들기 위한 요구를 포함한다. 또한 교육의 성과로 문제를 보이는 지적장애 학생과 관련된 모든 사람의 삶의 질 개선을 담보한다. 지적장애 학생이 즐길 수 있도록 생활양식의 변화를 돕고 또래와의 우정 증진, 학교와 가정/지역사회 활동 참여, 가족들과의 상호작용 증진, 자기결정력 등을 증진시킨다.

(2) 생애 전반에 걸친 장기적인 지원

긍정적 행동지원은 중재 실시 후에도 여전히 중재의 효과가 나타나는가의 유지(maintenance) 개념을 확장하여, 즉각적인 효과에 초점을 맞추기보다는 지속적인 환경 개선과 교수를 제공하여 새로운 문제행동이 발생하지 않도록 장기적인 측면을 고려하고 중재 효과가 학생의 실제 생활환경에서 자연스럽게 유지될 수 있도록 한다. 실험적 상황이나 임상적 상황에서의 단기간이나 즉각적인 변화가 아니라 다년간 성장의 단계마다 학생이 나타내는 문제행동의 변화에 민감하게 반응하면서 계속적인 지원을 제공한다.

(3) 자연스러운 현실환경, 적극적 참여자로서의 장애학생, 가족 및 주변인

긍정적 행동지원은 구조화된 상황에서가 아니라 적절한 행동이 요구되는 자연스럽고 다양한 상황에서 행동을 지원하고, 문제행동을 가진 학생은 물론 학생과 매일 많은 시간을 함께 보내는 다양한 사람이 다양한 시간대에 걸쳐 적극적으로 참여한다. 따라서 긍정적 행동지원 방법은 실용적이어야 하며, 지역사회 행동 원리에 적합한 방법이어야 한다. 지원을 제공하는 과정이 지적장애 학생 자신과 주변 사람들(부모, 형제, 같은 학급이나 시설의 또래, 지역사회 주민 등)에게 수용될 수 있어야 한다.

(4) 체제 변화를 비롯한 종합적이고 다차원적인 접근

대부분의 인간 행동은 상황의 영향을 받는다는 생태학적 가정을 전제로 한다. 즉, '문제행동'보다는 '문제 상황'에 초점을 두고 행동에 기여하는 다양한 조건을 변화시키고자 노력한다. 선행사건 중심의 중재, 후속결과 중심의 중재, 기술습득 중심의 중재 및 삶의 질 향상을 위한 다양한 중재전략을 포괄적으로 사용한다. 문제행동 자체가 아닌 체계로서의 가정, 학급, 학교, 직장, 지역사회의 여건 개선이 긍정적 행동지원의 주요 내용이다.

(5) 문제행동 예방에 대한 강조

긍정적 행동지원에서는 문제행동의 부재 시기가 최적의 중재 시기라고 규정한다. 물리적·사회적·정서적 환경에서의 변화를 시도하고, 문제행동과 같은 기능을 가질 수 있는 적절한 대체행동을 지도하여 자신의 감정과 행동을 성공적으로 조절하여 문제행동을 사전에 예방하는 데 중점을 둔다. 또한 지적장애 학생의 문제행동은 변화된 환경과 학습된 기술의 결과로 감소된다고 가정하고 의사소통 기술과 사회성 기술을 교수한다.

(6) 진단에 근거한 개별화된 맞춤형 접근

문제행동을 하는 지적장애 학생의 입장에서는 그 행동을 하는 이유가 각각 존재한다. 환경적 사건과 행동 간의 관계를 진단하는 기능평가에 근거하여 중재방법을 계획하고 개별 지적장애 학생의 필요와 관심 및 선호도를 존중하며 연령에 적합하고 사회적으로 타당하며 효과적이고 환경에 따라서 실용적인 중재접근을 실행한다.

3) 기능평가를 통한 문제행동의 원인 찾기

기능평가(functional assessment)는 우리가 학생을 돕기 위해서 학생이 무엇을 하려고 하고 우리에게 무엇을 말하려는지를 파악하는 것이다. 우리는 기능평가를 통해서 얻은 결과로 학생들을 보다 잘 가르칠 수 있다(Bambara & Kern, 2005). 기능평가는 반드시 따라야 하는 특정 형식이 있는 것이 아니라 각 학생의 특성과 요구에 따라 학생마다 고유한 방법으로 행할 수 있다(김미선, 송준만, 2004). 문제행동의 발생과 관련 있는 상황과 사건을 찾아내기 위하여 직접 학생을 관찰하고, 학생을 잘 아는 주변인들에게 학생과 그 환경에 관한 정보를 수집한 후, 적절한 가설을 수립·검증하는 단계를 거친다.

(1) 면담

문제행동을 하는 학생이나 학생을 잘 알고 있는 사람(예: 가족 구성원, 친구들)과의 짧은 면담 형식으로 이루어지는 간단한 기능평가나 평가척도를 통해서 행동지원 계획을 수립할 수 있다. 면담을 통해 파악하고자 하는 것은 문제행동, 문제행동의 빈도나 정도, 문제행동에 영향을 미치는 사건, 문제행동을 일으키는 사건, 문제행동을 유지시켜 주는 결과, 문제행동에 대한 전략(효과적이었든 또는 효과적이지 않았든) 등이다. 문제행동의 배경이 될 만한 사회적·심리적·생리적 요인들을 찾고, 그 학생의 삶의 질에 대한 정보를 수집한다. 예를 들어, 문제행동의 기간, 약물 복용의 유무, 영양 상태나 식습관, 수면에 관련된 특이사항이나 문제점, 학생의 가정 형편, 학생이 주로 생활하는 환경의 상태, 지역사회 참여 정도, 학생의 의사소통 수준과 주된 의사소통 방법 등이다.

개별 학생이 아닌 학급 전체의 문제행동에 대해서 평가한다면 훈육지도에 관한 자료기록을 검토하고, 학생들의 일과를 고려하여 어떤 것들이 문제행동과 관련 있는지를 밝히는 것이 유용하다. 문제행동은 상황 속에서 일어난다. 예를 들어, 문제행동의 대부분이 교실 뒤의 학생 공간에서 일어나거나 이동시간에 일어나는 것으로 나타났다면 중재계획에는 교실 공간이나 복도를 중심으로 한 환경 변화(김미선, 박지연, 2005; 김미선, 송준만, 2006)도 고려될 것이다.

(2) 관찰

단순한 기능을 지닌 문제행동은 면담을 통한 기능평가로도 파악이 가능하다. 그러나 면담을 통해 기능을 확인해야 하거나 그로써 수립된 중재에 학생이 별다른 진전이 보이지 않을 때는 직접관찰을 실시한다. 면담을 통해서 얻은 정보로 관찰 장소를 결정할 수 있다. 직접관찰은 자연스러운 상황에서 문제행동이 언제, 어디서, 어떻게, 왜 일어났는지, 그리고 문제행동이 일어나지 않는 환경조건은 무엇인지를 면밀히 관찰한다. 직접관찰을 할 때는 목표행동을 정의하고 관찰 시간과 장소 그리고 관찰자를 결정한다. 더불어 목표행동을 기록할 가장 적합한 기록방법과 기록도구를 선택하는 것이 고려되어야 한다(Miltenberger, 2004).

직접관찰로 일화기록(anecdotal note), A-B-C 분석, A-B-C 기술분석(Alberto & Troutman, 2006), 색인카드 기록양식(Carr et al., 1994), 체크리스트, 산점도(scatter plot) 등이 있다. 일화기록에는 문제행동에 대한 정보를 보이는 것 위주로 기록한다. A-B-C 분석에서는 선행사건-행동-후속결과의 형태로 기록한다. A-B-C 기술분석에서는 코드를 사용하여 목표행동과 관련 환경 사건에 대한 광범위한 정보를 수집하기 위하여 문제행동을 둘러싼 밝혀진 사건들을 구체적으로 기술한다. 체크리스트는 행동을 유발시키는 선행사건과 후속결과들의 목록에 표시하게 되어 있다. 간편한 양식이지만 세세한 정보는 제공해 주지 못한다. 산점도는 문제행동이 자주 일어나는 시간과 자주 일어나지 않는 시간을 시각적으로 볼 수 있게 한다.

교육 현장에서는 목표행동이 자주 일어나지 않을 수도 있고 관찰자를 구하기도 쉽지 않다. 이런 경우는 색인카드 기록양식을 이용한다. 하루 전체에 걸쳐서 목표한 행동이 일어날 때를 기록하여 선행사건의 유형과 후속결과의 패턴에 따라 카드를 분류할 수 있다. 색인카드 기록양식은 사용이 쉽고 교육 현장에서 쉽게 문제행동의 기능을 파악하고 그에 따른 행동지원 계획을 세울 수 있어 유용하다. 〈표 12-4〉는 색인카드 기록양식을 활용한 문제행동의 기능을 파악하는 방법이다. 초등학교 6학년 학생이 교사의 요청을 받아서 자료를 정리하던 중 발생한 문제행동에 대한 관찰의 예이다.

〈표 12-4〉 **색인카드 기록양식을 통한 기능평가**

이름: 김미선 관찰자: 최○○(자원봉사자)	날짜: ○○○○. ○○. ○○.	
전반적 상황: 학습 자료 정리	시간: 2:00pm	

- 누구와 무엇을 하던 중?
  수업 후에 교사가 미선이에게 학습 자료를 정리하라고 요구함
- 발생된 문제행동
  학습 자료 10개 중 3개를 정리 바구니에 넣다가 정리 바구니를 바닥에 내던지고 소리를 지름
- 행동에 대한 주변 반응
  교사가 미선이에게 그만하라고 한 후에 나머지를 정리함

- 추정되는 문제행동의 기능
  미선이는 학습 자료 정리를 끝까지 하는 것이 싫어서 정리 바구니를 내던지고 소리 지르는 문제행동을 보임(회피)

문제행동을 관찰하는 기간이 어느 정도 되어야 하는지에 대한 지침은 없으나 기능을 명확히 알 수 있을 때까지 관찰한다. 문제행동을 10~15회 정도 관찰하면 문제행동의 패턴을 찾을 수 있다(정대영, 2009). 관찰은 1회 10~15분 정도를 실시한다. 하루 24시간을 모두 관찰할 수는 없기 때문에 다양한 시간대, 장소, 활동 등에 대한 관찰계

획을 세워야 한다.

(3) 기능분석

자료의 수집이 끝나면 언제 문제행동이 발생하고 그 행동의 후속결과가 무엇인지를 분석해야 한다. 문제행동이 복잡하고 만성적이어서 수집된 정보로는 가설을 세우기 어려울 때가 있다. 면담과 관찰에서 추정되는 가설이 일치하지 않거나 학생의 문제행동에 대한 기능을 찾을 수 없거나 기능평가 중재에도 불구하고 학생이 계속 문제행동을 보인다면, 직접관찰과 면담을 통해 설정한 가설을 확인하는 과정이 필요하다. 문제행동과 관련이 있다고 추정되는 변인의 체계적인 조작(존재, 비존재를 교대)이나 유사기능분석(analogue functional analysis)을 통해서 문제행동의 전후 사건이나 조건을 변경시켜 문제행동의 기능이 예상한 바와 같았는지 살펴본다(이소현, 박지연, 박현옥, 윤선아 역, 2008). 문제행동 위험성이 큰 경우나 행동이 쉽게 반전되는 경우는 기능분석을 하지 않고 적절한 중재계획을 수립하는 것이 좋다.

4) 행동지도 계획

행동지도 계획의 요소는 기능평가를 통해 얻은 정보에 기초하여 조작적으로 정의된 문제행동과 대체행동, 행동에 대한 배경사건과 선행사건, 문제행동을 유지하는 후속결과, 배경사건 전략, 선행사건 전략, 교수전략, 후속결과 전략이다(Etscheidt, 2006). [그림 12-2]은 기능평가 요약과 행동지도 계획의 예이다.

배경사건과 선행사건에 변화를 주어 문제행동을 예방하고, 문제행동과 같은 효과를 내면서도 더 효율적인 대체행동을 교수하며, 이미 발생한 문제행동에 대해 적절하게 반응하기 위한 행동지원 계획을 수립한다. 행동지도방법으로는 연구를 통해서 입증된 최상의 실제를 적극 활용한다. 타당한 계획을 수립하기 위해서는 가족을 포함한 다양한 주변 사람들이 참여하도록 한다.

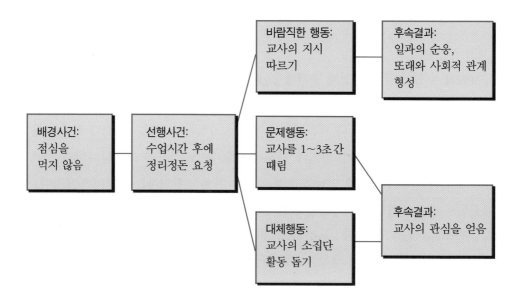

배경사건 중재	선행사건 중재	새로운 기술 (대체행동) 지도	후속결과 중재
미선이가 좋아하는 반찬을 먹는 것을 허용하기	교사가 미선이에게 정리정돈 시간 전에 다음 수업을 도와 달라고 요청하기	정리정돈하기, 교사 돕기, 다음 활동 전이하기 연습	미선이가 정리정돈을 하거나 전이활동을 잘했을 때 교사를 돕도록 허락하기
	교사가 미선이가 정리정돈을 하고 다음 시간으로 전이하는 것을 돕기	미선이가 정리정돈한 후에 교사를 돕는 것에 대해서 요청하기를 교수	미선이가 교사를 때렸을 때 약속한 것을 이행하게 하기(반응대가 등)
	교사가 미선이가 정리정돈하는 것을 도와주기	미선이가 정리정돈을 잘할 수 있도록 교수	필요한 경우 위기관리 전략 사용하기(다른 곳으로 옮기기)

[그림 12-2] **기능평가 요약과 행동지도 계획**

출처: Crone & Horner (2003), p. 134.

5) 행동지도 실행과 평가

행동지도를 실시하는 초기 단계에서는 인력과 시간을 집중적으로 투자해야 한다. 가장 중요한 것은 일관성 있는 지도이다. 지적장애 학생은 문제행동보다 대체행동이 훨씬 효과적이라는 것을 배워야 한다. 따라서 대체행동을 시도할 수 있는 다양한 기회와 그에 따른 효과적인 강화를 제공한다. 학생이 충분한 성공 경험을 바탕으로 자신의 입장에서 다시 실행하고자 하는 동기를 지닐 수 있도록 한다. 그리고 대체행동이 다양한 상황과 여러 대상에게 일반화되도록 연습할 수 있게 한다.

행동중재를 잘 실행하는 것만이 행동지도의 끝이 아니다. 목표행동에 대한 잦은 측정과 관찰을 통해서 행동중재계획을 실제로 수행하고, 바람직한 변화가 일어났는지, 수행과정이 얼마나 잘 진행되고 있는지 그리고 학생에게 적합한 지원계획인지를 끊임없이 확인하면서 계획을 수정, 정교화, 중단, 철회하는 과정이 필요하다. 특히 교사는 자신이 제대로 절차에 따른 예방전략을 사용하고, 필요한 것을 가르치며, 계획에 따라 강화하는지를 점검해야 한다(Dunlap et al., 2010).

4. 행동중재의 구체적 전략

1) 의료적 중재

교사들은 학생이 문제행동을 할 경우 다양한 교육적인 접근을 시도한다. 그러나 어떤 경우에는 이러한 시도가 무용지물이 되기도 한다. 교사는 문제행동이 일어날 때 먼저 문제행동과 관련될 만한 의료적인 상태에 주목할 필요가 있다. 필자가 교육 현장에서 만난 다음 사례를 통해서 의료적 중재의 고려에 대하여 생각해 보자. 바지에 자주 손을 넣는 지적장애 남학생은 자위행위 때문에 행동지도 계획이 필요하였다. 가정에서는 예방전략으로 고무줄 바지 대신에 쉽게 내리지 못하는 뻣뻣한 재질의 바지를 입히고 벨트까지 착용하여 등교시켰다. 교사는 자주 바지에 손을 넣지 못하도록 촉진전략을 사용하고, 대체행동을 가르치며, 학생이 교사의 지시를 따르면 강화를 실시했다. 바지에 손을 넣을 경우 약속된 부정적인 후속결과 조치를 취했다. 학생은 교사를 따르려고 애썼다. 그러나 틈틈이 바지에 손을 넣고 있었고, 교사는 그것을 학생의 인지능력의 문제로 여기고 난감해했다. 사실 그 학생은 사타구니에 생긴 발진으로 가려워서 긁고자 했던 것이었고, 결국 적절한 의료적인 처치로 해결되었다.

2) 선행사건 조절

기능평가를 통해 파악된 학생의 배경사건에 대한 정보는 학생과 가족에 대한 기초자료를 제공해 준다. 예를 들어, 학생의 가정이 경제적으로 무척 어려운 상황이라면 문제행동의 중재를 고려하기 전에 기본적인 생계를 위한 대책을 모색하는 것이 유용하다. 그러나 배경사건 자체에 대한 중재가 가능하지 않은 경우도 많다. 불가피하게 배경사건이 일어난 경우, 교사는 학생에 대한 기대 수준을 적절히 조정하고, 학생이 좋아하는 활동을 활용하거나 활동의 난이도를 조절한다. 예를 들어, 학생이 아침을 먹지 못하고 배가 고픈 상태라면, 학교에 왔을 때 간단한 간식을 제공하거나 우유 먹는 시간을 당겨 줄 수 있다.

선행사건 중재는 문제행동을 불필요하게 만드는 것이다. 예를 들어, 손이 닿지 않는 곳에 있는 장난감을 얻기 위해 큰 소리로 울며 소리 지르는 문제행동을 보이는 학생의 경우에는 장난감들의 배치를 바꾸어 준다. 지적장애 중학생을 대상으로 자리 배치를 조정하여 물리적·사회적 환경 수정을 하거나(유환조, 이영철, 2018), 지적장애 고등학생에게 수준에 맞는 과제와 선호하는 과제를 제시하여(조연길, 김형일, 2018) 문제행동을 감소시킨 사례에서 알 수 있듯이 교사는 학생에게 어떤 행동을 하지 말라고 계속 요구하기 전에 교실환경이나 자신의 훈육 내용과 전략을 살펴보며 혹 문제행동을 일으킬 만한 요소가 없는지 점검해 볼 필요가 있다.

(1) 행동의 기능

행동의 기능과 관련해서 선행사건을 조절할 수 있다. 관심기능일 경우는 적절한 관심이 학생에게 주어지고 있는지와 주의를 끌기 위한 환경이 수정될 수 있는지를 확인한다. 예를 들어, 교사 옆에 가까이 앉게 하거나 선호하는 활동을 제공하는 등 계획에 따른 관심을 제공하고, 부적절한 행동에는 관심을 주지 않는다.

회피기능의 경우는 숙제, 요구, 과제 등을 받아들일 때 긍정적으로 보상하기, 학생에게 주어진 과제나 교수의 양, 기대, 요구 등을 없애 주거나 수정 또는 점진적으로 증가시키는 방향으로 중재방법을 결정한다. 또한 어려운 과제에 직면했을 때 도움을 요청하는 방법을 가르치거나 수용 가능하고 대체적인 회피방법을 가르친다. 그리고 과제 수행 순서나 자료의 유형을 선택하기, 학생의 선호도나 흥미를 활용하기, 기능적이고 의미 있는 활동을 제공하기, 교수의 수행양식 수정, 과제 분산 적용, 예측 가능성 증진, 교수방법 수정 등을 사용할 수 있다.

　요구기능의 경우는 학생이 물건의 제거나 상실을 인지할 수 있도록 혹은 활동의 변화에 준비할 수 있도록 상실이나 변화가 덜 혐오적인 환경을 마련해 준다. 따라서 미리 예고를 하고 적절한 전이활동을 계획하고, 문제행동이 발생했을 때를 제외하고는 원하는 물건에 자주 접근할 수 있도록 접근 가능성을 증가시킨다. 원하는 사물을 얻기 위한 대체행동을 가르치고 제한된 방식으로만 벌, 벌금, 격리를 실시한다.

　자기조절(자기자극) 기능의 경우는 쉽게 해결하기 어렵지만, 자기자극 행동을 할 틈을 주지 않도록 한다. 예를 들어, 질문하기, 활동 지시하기 등을 활용한다. 학생이 좋아하는 대체행동을 할 수 있도록 차별강화를 사용하고, 문제행동을 통하여 얻을 수 있는 감각자극에 상응할 만한 다른 감각자극을 제시하거나 좀 더 자극적인 환경을 구성하여 주고 적절한 놀이행동과 학습행동을 지도하는 등 체계적인 중재가 중요하다(Maag, 2019).

3) 대체행동 지도

　대표적인 기능의 문제행동이 일어나는 상황을 분류한 후에는 각 상황마다 문제행동의 기능을 달성하게 해 주는 대체행동을 찾아야 한다. 문제행동과 같은 목적을 제공하는 의사소통 양식을 찾아야 한다. 어떤 학생이 완료하는 데 시간이 많이 걸리는 일이나 부정적인 피드백을 받을 때 그것을 회피하기 위해서 문제행동을 한다면 "도와주세요."나 "쉬고 싶어요."라고 말하는 대체행동을 지도할 수 있다.

　대체행동을 선택할 때는 그것이 문제행동보다 학생의 에너지를 적게 소모시키는 행동, 즉 더 쉬운 행동이어야 하고 학생의 입장에서 효과적이어야 한다. 대체행동 자체가 너무 정교하거나 새로 많은 기술을 배워야 하는 것이라면, 학생은 대체행동보다 문제행동을 계속 사용할 것이다. 예를 들어, '싫어'라는 말을 명료하게 하지 못하는 지적장애 학생에게 회피기능의 문제행동을 대체하기 위한 방법으로 '할래요' '주세요' '좋아요' '도와주세요' '어려워요'라는 표현을 지도할 때(김정선, 여광응, 2005; 문병훈 외, 2017)는 논리적으로 싫은 이유를 설명하기보다는 그림-문자 카드를 대화 상대자에게 보여 주는 방법을 사용하는 편이 낫다. 혹은 관심을 끌기 위하여 공격행동을 했다면 관심을 끌고 싶을 때 손을 들어 의사표현하도록 가르칠 수 있다. 의사소통 방법으로는 학생의 수준에 따라 말로 할 수도 있고, 의사소통판, 의사소통 전용 기자재, 컴퓨터, 수화, 몸짓, 그림카드 등을 사용할 수도 있다. 중요한 것은 학생이 상황을 조절하고자 하는 자신의 의도를 부적절한 문제행동으로 표출하지 않고 사회적으로 수용될 수 있는 방법으로 의사소통하도록 하는 것이다.

문제행동을 하는 대부분의 지적장애 학생은 또래 친구들과의 관계 형성에 있어서 일반적이고 덜 과격한 방법으로 그들의 요구나 필요를 충족시키는 방법을 알지 못한다. 또한 적절한 기술이 부족하여 학교생활에 적응하지 못하는 경우가 있다. 따라서 대체행동 지도와 함께 학생들에게 필요한 사회적 상호작용 기술을 가르쳐야 한다.

4) 자기관리

행동지도의 목적은 교사나 부모 등 외부인에 의한 행동지원 및 통제에서 자기관리(self-management)로 변화시키는 것이다. 자기관리 기술은 학생들이 적극적인 참여자로서 자신의 행동을 직접 선택하여 목표행동을 수행하도록 지원한다. 독립성이 증진될 수 있고 비교적 실행방법이 간단하다. 지적장애 학생의 적절한 행동을 증가시키고 부적절한 행동을 감소시키는 데 자기관리 기술 지도는 효과적이다(Wehmeyer & Schalock, 2001). 연구에서는 지적장애 학생을 대상으로 자기관리 전략을 이용하여 방해행동, 공격성, 충동성을 감소시키고(Jones, Dohrn, & Dunn, 2003), 과제 집중력, 과제 완성, 적절한 행동의 일반화(서선진, 1997) 및 수업 참여 행동을 증가시킬 수 있었다(권인순, 박지연, 2008; 유환조, 이영철, 2018). 자기관리 전략은 사회적 기술 교수에도 유용하다(Embregts, 2000). 대부분의 긍정적 행동지도 계획은 학생의 외부 의존과 성인의 조절을 감소시키고 자기관리 기술을 향상시키는 방법을 사용한다.

자기관리 기술에는 목표 설정(goal setting), 자기교수(self-instruction), 자기점검(self-monitoring), 자기평가(self-evaluation), 자기강화(self-reinforcement)의 영역이 있다. 목표 설정은 '해야 하는' 목록을 만들고 성취 가능한 목록을 만드는 것이다. 예를 들어, 교실에 정시에 도착하는 것을 목표로 삼을 수 있다. 자기교수로는 행동을 시작하거나 안내하거나 억제하기 위해 언어적 단서를 사용하는 것이다. 예컨대, 어려운 과제를 수행하기 위하여 "천천히 배운 것을 생각해 보자."라고 말하면서 자신의 과제 수행 행동을 안내할 수 있다. 주어진 과제를 다 했는지 과제 목록표에서 하나씩 지우는 것은 자기점검의 한 예이다. 자신의 수행을 기준에 근거하여 사정하는 자기평가는 자기점검과 유사하지만 목표행동이 얼마나 잘 수행되었는지, 어느 정도로 나타났는지에 관심이 있다. 자기관리 과정의 완성을 위해서는 학생 자신이 자기강화의 기준이나 강화제의 특성이나 양을 결정하여 자기강화에 사용하도록 지도하는 것이 효과적이다.

5) 후속결과 사용

교사가 아동에게 문제행동을 대체하면서도 사회적으로 적절한 대체기술 교수(alternative skill instruction)를 실시해도 문제행동이 일어날 수 있다. 학생의 문제행동에 대한 교사의 반응은 그 행동이 다시 일어나는 것에 영향을 미친다. 결과는 문제행동을 중단시킬 수도 있고 유지시킬 수도 있다. [그림 12-3]을 통해 강화와 벌이 어떻게 행동을 조절하는지 이해할 수 있을 것이다. 후속결과를 고려할 때는 바람직한 행동이 효과적으로 문제행동과 경쟁할 수 있도록 하기 위해 결과를 어떻게 바꾸어야 할지에 초점을 두어야 한다.

강화를 통해서 긍정적인 행동을 증가시킬 수 있다. 강화계획(reinforcement schedules)

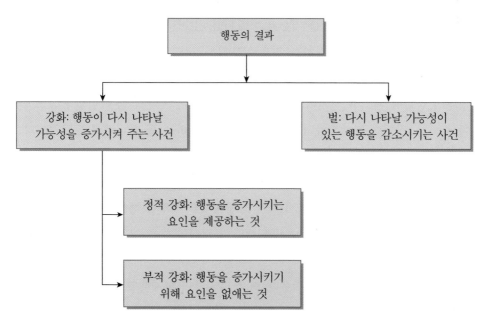

[그림 12-3] 행동의 결과

은 강화 프로그램의 성과에 영향을 미친다. 초기에는 빈번하고 연속적인 강화계획을 실시하여 습득하게 한다. 이후 간헐적 강화계획, 부정기적 강화계획, 자연발생적 강화계획으로 옮겨 간다. 바람직한 행동 증가전략에는 칭찬과 피드백, 프리맥의 원리(Premack principle), 토큰경제, 행동 계약(contract), 자극통제를 사용할 수 있다(Sprague & Perkins, 2010). 프리맥의 원리는 교실이나 일상에서 가장 쉽게 적용된다. 과제를 하면 자유시간을 허용하는 것처럼 좋아하지 않는 활동을 해야 선호하는 활동을 할 수 있도록 하는 것이다. 지적장애 학생이 쉽게 알아볼 수 있도록 '먼저-그다음'이라는 시각적 단서나 지원을 제시할 수 있다. 토큰경제는 아무 가치가 없는 토큰이 목표행동을 증진할 수 있도록 일정에 따라 음식, 활동, 특권 등으로 교환되는 것이다. 토큰경제는 실질적인 강화제를 사용하지 않고도 학생들에게 즉각적인 피드백을 줄 수 있는 장점이 있다. 행동계약은 학생과 교수가 상호 동의한 약속을 문서로 작성한 것으로 학생이 수행해야 하는 행동, 행동의 양과 계약기간, 교사의 지원 및 강화 방법이 기록되어 있다. 다양한 형식이 가능하나 지적장애 학생의 수준을 고려하여 간단하게 작성할 수 있다.

문제행동 감소전략에는 차별강화, 소거(extinction), 반응대가(response cost), 타임아웃, 과잉교정(overcorrection) 등이 사용될 수 있다. 차별강화는 문제행동이 보이지 않을 때 강화하거나 선정된 바람직한 행동을 강화하여 문제행동을 감소시킨다. 예를 들어, 복도에서 다른 친구를 때리는 아동에게 손을 양옆에 대고 걸을 때 점수를 주거나 칭찬을 하면 문제행동이 줄어들 것으로 기대된다. 소거는 관심과 같은 강화를 통해 유지된 행동에 대해 강화를 철회하는 것으로 무시하기라고도 불린다. 만약 교사의 관심 때문에 일어나는 행동이라면 소거를 사용할 수 있다. 반응대가는 특정한 행동 때문에 일정량의 강화를 제거하는 것이다. 학급문고 대여일이 지나서 책을 반납했다면 연체료를 물거나, 장난감을 훼손하면 토큰의 일부를 제거하는 등 학급에서 토큰경제와 연합하여 다양하게 응용할 수 있다. 타임아웃은 사전에 정해진 시간 동안 강화물에의 접근을 차단하는 것이다. 학생을 반드시 물리적인 타임아웃 영역으로 이동시킬 필요는 없으며 가능한 한 짧은 시간에 실시한다. 과잉교정은 적절한 행동을 연습시키는 것이다. 예를 들어, 학생이 교구장에 낙서를 했다면 교실의 다른 교구장에 있는 낙서까지 지우도록 할 수 있다.

만약 문제행동이 바람직한 행동보다 더 강화된다면 문제행동은 계속될 것이다. 문제행동이 다시 일어날 가능성을 최소화하기 위해서 문제행동으로는 목적을 달성할 수 없음을 알려 주고, 그 행동 대신 어떤 다른 행동을 해야 할지 재지도(redirection)한다.

6) 삶의 질 증진

지적장애 학생의 문제행동 중재에는 행동문제의 예방이나 감소 그리고 삶의 질적인 향상이 포함되어야 한다(Bambara, Nonnemacher, & Kern, 2010). 이를 위해서 학교, 가정, 지역사회 등 삶의 영역에서 의미 있고 즐거움을 느낄 수 있는 활동을 할 수 있게 해 준다. 또래와의 상호작용 및 통합의 경험을 마련해 주며, 스스로 결정하고 좋아하는 것을 선택할 수 있는 기회를 일정 속에 포함시키기 위한 구체적인 실행계획이 있어야 한다.

지적장애 학생의 자율성 증진과 활동 참여를 위해 새로운 역할을 부여하는 것(김미선, 박지연, 2005), 학급 내에서 학생을 대할 때 존중하는 태도로 예의 있게 대하는 것, 학생이 좋아하거나 잘하는 활동을 하루 또는 일주일의 일정 중에 삽입하는 것(김창호, 백은희, 2009), 여가 관련 활동을 증가시키는 것(김미선, 박중휘, 2008) 등은 자주 사용되는 삶의 질 증진을 위한 행동지원의 예이다.

7) 협력팀

문제행동을 가진 지적장애 학생을 위한 행동지도를 실시할 때는 아무리 유능한 교사라 할지라도 혼자 계획하고 실행할 수 없다. 우리는 행동이 사람과 환경과 서로 상호작용하면서 발생하고 환경이 달라지면 행동도 변화한다는 것을 안다. 다루기 어려운 문제를 지닌 어떤 지적장애 학생의 개별적인 행동문제가 개선되었다고 해도 그 학생이 가정에서 개선된 행동을 보일지는 알 수 없다. 또 어떤 지적장애 학생의 가족은 여러 가지 도전적인 상황을 수반하기도 한다(이병화, 김준범, 2018). 가정에서는 효과가 없거나 입증되지 않은 관행적인 방법을 사용하기도 한다. 혹은 외부 상담가나 전문가에 의존하기도 하여 가족에 대한 훈련을 실시하기도 한다. 그러나 안타깝게도 이러한 방법들은 사후 관리, 코치, 실행 유지를 보장하기 어렵다. 그러므로 가정과 학교의 연계는 가장 이상적이고 실제적이다. 학생을 직접적으로 지원하는 부모, 교사, 서비스 제공자를 포함한 팀으로 일해야 한다(강혜경, 박은혜, 2005). 일반적으로 행동지원을 실시하기 이전에 교사는 가족과 협력관계를 형성해야 한다. 가족은 교사가 협력해야 하는 또 다른 전문가이다. 부모는 효과적인 행동지원을 실시할 수 있는 능력을 지니고 있다. 행동중재를 위해서 가족의 우선순위를 고려하여 목표를 설정한다. 가족의 일상생활과 일과 중에 실시할 수 있는 전략을 실행하며 각 가족의 독특한 문화적인 요구를 고려해야 한다. 최근에는 문제행동을 보이는 학생의 가족을 중재에 포함시키고 있다 (김미선, 박중휘, 2008; 문희원, 박지연, 2008; 이화영, 이소현, 2004). 예를 들어, 중도 지적 장애 학생을 대상으로 가족이 함께 상호작용 교수, 감정표현, 어휘 확장을 포함한 행동 지원에 참여하게 한 결과, 자해행동이 줄고, 타인에 대한 언어적·신체적 공격성이 감소하며, 작업과 일상생활에서의 참여와 삶에 질적인 변화가 이루어졌다(Wein & Miller, 2010).

또한 초등학교 지적장애 학생의 문제행동 지도에 가족이 참여한 경우 일상생활을 방해하는 침 뱉기, 지시 거부하기, 공격하기 등의 문제행동이 감소하였다(이화영, 이소현, 2004).

5. 학교를 기반으로 한 행동지도

긍정적 행동지원은 모든 학생의 성취를 향상시키기 위한 것이 목적이다. 이를 위해서는 '안전하고 효과적이며 질서 있는 학교' 만들기가 필요하다. 안전하고 효과적이고 질서 있는 학교란 긍정적인 분위기가 있고 학생의 문제행동에 대해서 분명하고 적절한 기대와 결과가 존재하며 공정하고 지속적인 발전이 보증되는 학교를 의미한다.

최근에 이르러 국내에서 일반학교와 특수학교 그리고 학급 차원의 긍정적 행동지원이 실행되고 있다(강연선, 정길순, 노진아, 2015; 김정효, 2017; 정길순, 노진아, 2019; 최미점, 백은희, 2015). 2012년 이후 서울시교육청에서 개별 차원의 긍정적 행동지원 실행지원을 시작으로 각 시·도교육청에서도 점차 학교 차원의 긍정적 행동지원 연수뿐 아니라 시범학교 및 행동지원단 운영 그리고 자생적인 연구회 활동들이 활발하게 진행되고 그 성과가 보고되고 있다. 학교 차원의 긍정적 행동지원은 교실 상황에서 규칙과 일과를 수립하고 직접교수를 통해 기대 등을 체계적으로 제공하고 복도, 화장실, 교통수단 등 교실 외 환경을 포함한다. 학교 차원의 긍정적 행동지원은 모든 학생을 대상으로 실시한다. 학교 전체에 대한 행동지원을 제공함으로써 문제행동을 지닌 학생은 물론 앞으로 문제를 보일 소지를 가진 학생들의 문제행동을 미리 예방하는 것에 중점을 두고 있다(김미선, 박지연, 2009; Flannery, Sugai, & Anderson, 2009). 학교 차원의 긍정적 행동지원은 모든 학생의 학업과 행동을 개선시키며 입증된 방법으로 학교환경을 조성한다. 학교에는 문제행동을 지닌 장애 아동뿐 아니라 문제행동이 없는 모든 아동이 있다(김미선, 2008). 즉, 집단뿐 아니라 개인적으로 학생이 학업적 · 행동적으로 성공할 수 있도록 심각한 문제를 지닌 학생뿐 아니라 문제가 없는 학생까지 모두 포함하는 예방 모델을 통해 모든 학생의 요구에 관심을 기울인다. 문제행동의 예방을 위해서는 조기에 문제가 될 만한 신호를 발견하는 것이 중요하다(Walker et al., 1997). 벌이 배제된 문제행동의 예방, 기능평가에 근거한 중재, 정적 강화를 통한 적응기술의 교수, 사회적 기술훈련, 반응대가를 포함한 후속결과 조절, 기능평가에 근거한 중재, 교사와 부모의 협력, 효과적인 실제를 유지하는 데 필요한 체계의 강조, 의사결정을 위한 적극적인 자료 수집 등을 포함하여 계획 · 실행한다(Walker, Ramsey, & Gresham, 2004). 또한 다수의 장애 아동이 특수학교에 배치되는 현실을 고려할 때 특수교육의 연속적인 배치체계 내에서 다차원적인 긍정적 행동지원의 실행이 요구된다.

최근 학교 차원의 긍정적 행동지원은 [그림 12-4]와 같이 모든 학생의 행동지원뿐 아니라 학업지원 그리고 사회적 성과를 포함하고 있다(Horner et al., 2010). 일차적 예방은 보편적(universal level) 중재라고도 하는데 학습 영역에서는 증거기반의 실제와 교

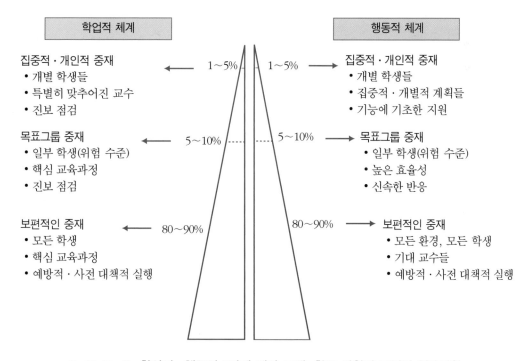

[그림 12-4] 학업적 · 행동적 3단계 예방 모델: 학교 차원의 긍정적 행동지원

육과정을 적용하여 읽기나 수학 등을 가르치거나 학습에 있어서 기대되는 진전을 보이지 않는 학생을 찾아내서 주기적으로 선별검사를 할 수 있다. 행동 영역에서는 학교 차원의 규칙이나 기대를 설정하고 가르치거나 규칙을 따르는 행동을 인식하게 하거나 행동지표를 모니터링하는 것이다. 이차적 중재는 목표그룹(표적집단, targeted level) 중재 또는 예방으로 학습 영역에서는 어려움을 보이는 학습 과제에 대해서 빈번한 진전 점검과 함께 소집단 교수를 실시한다. 행동 영역에서는 대상 학생들에게 사회성 기술 교수를 실행하고 학생들이 자기점검 등을 활용하고(Carter, Carter, Johnson, & Pool, 2013) 기대행동이 자주 생각나도록 피드백을 제공하는 것이다. 삼차적(tertiary level) 중재는 더욱 집중적이고 개별화된 중재를 필요로 하는 학생들을 대상으로 행동에 대한 기능평가와 종합적이고 개별적인 중재를 적용하는 것이다. 이러한 모델은 학습과 관련해서는 반응중재 모델(RtI)이라 언급되며 행동과 관련해서는 긍정적 행동지원(PBS), 긍정적 행동중재와 지원(PBIS), 학교 차원의 긍정적 행동중재와 지원(SW-PBS), 행동을 위한 반응중재 모델(behavior RtI)이라고 한다.

 요약

1. 문제행동에 대한 관점
- 지적장애 학생이 보이는 문제행동은 다양하다.
- 지적장애 학생의 문제행동 수준은 장애 정도와 관련이 있다.
- 문제행동은 행동의 유형, 강도, 지속성, 연령 적합성, 행동의 형태 그리고 바라보는 사람에 따라서 정의된다.

2. 문제행동 발생의 요인
- 행동의 기본 원리에는 정적 강화, 부적 강화, 자극통제, 벌 등이 있다.
- 행동의 기능은 관심 끌기, 회피하기, 요구하기, 자기조절, 놀이나 오락이다.
- 행동에 영향을 미치는 상황변인은 배경사건, 선행사건, 행동, 후속결과이다.
- 행동의 발생과 관계되는 요인은 구조화된 교실, 규칙과 절차, 분위기, 일과와 관련이 있다.

3. 행동지도의 실제
- 긍정적 행동지원은 문제행동을 감소시키고 바람직한 행동을 기능적으로 향상시킨다.
- 기능평가는 행동을 통해서 무엇을 얻게 되는가를 밝히는 과정이다.
- 기능평가는 일반적으로 면담, 관찰로 이루어진다.

4. 행동중재의 구체적 전략
- 때로는 의료적 중재가 행동의 문제를 제거한다.
- 행동지도 계획은 선행사건 조절, 대체행동 지도, 후속결과 지도로 이루어진다.
- 행동지도의 최종 목표는 삶의 질 증진에 있다.
- 행동지도는 학생 자신, 부모, 교사, 서비스 제공자를 포함한 팀으로 이루어진다.
- 효과적인 행동지도를 위해서 교사는 가족과 협력관계를 형성해야 한다.

5. 학교를 기반으로 한 행동지도
- 최근에는 개별적인 문제행동뿐 아니라 학교를 기반으로 한 행동지원이 실시되고 있다.
- 학교는 모든 학생의 행동을 지원한다.
- 최근 학교 차원의 긍정적 행동지원은 학업적 · 행동적 3단계 예방 모델을 강조한다.

참고문헌

강연선, 정길순, 노진아(2015). 유치원에서 실시된 보편적 차원의 긍정적 행동지원이 유아의 문제행동과 기본생활습관에 미치는 영향. 특수아동교육연구, 17(1), 27-49.

강혜경, 박은혜(2005). 교사와 언어치료사간 협력적 자문모델을 이용한 교실중심 언어중재가 다운증후군 아동의 의사소통에 미치는 영향. 특수교육연구, 12(2), 309-329.

권인순, 박지연(2008). 자기관리전략을 이용한 학교 적응행동교수가 지적장애 초등학생의 수업 참여행동에 미치는 영향. 특수교육 저널: 이론과 실천, 9(2), 291-310.

김미선(2008). 한 학교 이야기. 경기: 한국학술정보.

김미선, 박중휘(2008). 가족이 수행한 긍정적 행동지원이 장애 학생의 문제행동에 미치는 영향. 시각장애연구, 24(4), 115-129.

김미선, 박지연(2005). 학급차원의 긍정적인 행동지원이 문제행동을 보이는 초등학교 장애 학생과 그 또래의 문제행동에 미치는 영향. 특수교육학연구, 40(2), 355-376.

김미선, 박지연(2009). 다차원적인 긍정적 행동지원이 장애아동의 문제행동에 미치는 영향: 사례연구. 특수교육, 8(2), 135-160.

김미선, 송준만(2004). 장애 학생을 위한 학교차원에서의 긍정적 행동 지원 고찰. 특수교육, 3(1),

31-56.

김미선, 송준만(2006). 학교차원의 긍정적 행동지원이 초등학교 학생들의 문제행동과 학교 분위기에 미치는 영향. 특수교육학연구, 41(3), 207-227.

김수연, 이대식(2008). 초등학교 일반학급 교사들이 인식한 학급 내 문제행동 실태와 그 대처방안. 특수교육학연구, 43(1), 183-201.

김영란(2009). 보편적 차원의 긍정적 행동지원에 관한 문헌연구. 특수교육저널: 이론과 실천, 10(4), 81-106.

김정선, 여광응(2005). 학교에서의 긍정적 행동지원이 지적장애 학생의 문제행동에 미치는 영향. 특수교육연구, 12(1), 305-338.

김정효(2017). 특수학교차원의 긍정적 행동지원. 서울: 학지사.

김진호, 김미선, 김은경, 박지연 역(2017). 긍정적 행동중재와 지원: 행동중재를 위한 최신 이론과 실제(Scheurmann, B. K., & Hall, S. A. 저). 서울: 시그마프레스.

김창호, 백은희(2009). 긍정적 행동지원이 특수학교 전공과 지적장애 학생의 자위 행동에 미치는 효과. 특수교육학연구, 44(3), 149-167.

문병훈, 장천, 이영철(2017). 개별차원의 긍정적 행동지원이 지적장애 초등학생의 문제행동에 미치는 영향. 지적장애연구, 19(1), 105-126.

문회원, 박지연(2008). 가족이 참여한 긍정적 행동지원이 가정에서의 저녁 일과 시간에 발생하는 자폐유아의 문제행동에 미치는 영향. 유아특수교육연구, 8(2), 97-115.

박민휘, 백은희(2010). 긍정적 행동지원이 통합학급 지적장애 아동의 수업 방해 행동과 수업 참여 행동에 미치는 효과. 특수교육학연구, 45(1), 269-289.

박찬웅(2009). 문제해결 과제수행에서 나타나는 지적장애 아동의 반복행동 특성. 지적장애연구, 11(4), 79-94.

방명애, 최하영 역(2009). 발달장애 아동의 문제행동 중재(Sigafoos, J., Arthur, M., O'Reilly, M. 저). 서울: 시그마프레스.

부산시 교육지원청(2014). 장애학생의 문제행동 사례별 중재 가이드 북. 부산: 부산광역시 교육청.

서선진(1997). 경도지적장애 학생의 과제수행 행동과 학업성취 향상을 위한 자기감독의 효과 연구. 이화여자대학교 대학원 석사학위논문.

유환조, 이영철(2018). 긍정적 행동중재와 지원이 발달장애 학생의 문제행동과 수업참여행동에 미치는 영향. 특수교육 저널: 이론과 실천, 19(1), 25-47.

이병화, 김준범(2018). 발달장애인의 도전적 행동이 보호자의 양육부담에 미치는 영향: 사회적 차별 매개효과. 지적장애연구, 20(4), 187-207.

이소현, 박지연, 박현옥, 윤선아 역(2008). 장애학생을 위한 개별화 행동지원(Bambara, L. M., Kern, L. 저). 서울: 학지사.

이정은, 강경숙, 김미선 역(2009). 중도장애(Collins, B. C. 저). 서울: 학지사.

이화영, 이소현(2004). 가족이 참여하는 긍정적 행동 지원이 지적장애 초등학생의 문제행동에 미치는 영향. 특수교육, 3(1), 103-123.

정길순, 노진아(2019). 유아교육기관 차원의 긍정적 행동지원 평가 준거 개발. 지적장애연구, 21(3), 47-74.

정대영(2009). 행동기능 평가와 긍정적 행동지원. 경기: 양서원.

조연길, 김형일(2018). 교사의 긍정적 행동지원이 지적장애 고등학생의 수업 중 문제행동에 미치는 영향. 특수교과교육연구, 11(2), 23-42.

최미점, 백은희(2015). 통합상황에서 긍정적 행동지원이 발달지체 유아의 수업행동과 사회적 상호작용에 미치는 영향. 특수교육학연구, 50(3), 143-168.

Alberto, P. A., & Troutman, A. C. (2006). *Applied behavior analysis for teachers* (7th ed.). Upper Saddle River, NJ: Merrill/Prentice Hall.

Bambara, L. M., & Kern, L. (2005). *Individualized supports for students with problem behaviors: Designing positive behavior plans*. New York: Guilford Press.

Bambara, L. M., Nonnemacher, S., & Kern, L. (2010). Sustaining school-based individualized positive behavior support. *Journal of Positive Behavior Interventions. 11*, 161-176.

Benedict, E. A., Horner, R. H., & Squires, J. K. (2007). Assessment and implementation of positive behavior support in preschools. *Topics in Early Childhood Special Education, 27*(3), 174-192.

Carr, E. G. (2007). The expanding vision of positive behavior support: Research perspectives on happiness, helpfulness, hopefulness. *Journal of Positive Behavior Interventions, 9*(1) 3-14.

Carr, E. G., Levin, L., McConnachie, G., Carlson, J. I., Kemp, D. C., & Smith, C. E. (1994). *Communication-based intervention for problem behavior: A user's guide for producing positive change*. Baltimore, MD: Paul H. Brookes.

Carter, D., Carter, G., Johnson, E., & Pool, J. (2013). Systematic implementation of a Tier 2 behavior intervention. *Intervention in School and Clinic, 48*(4), 223-231.

Collins, B. C. (2007). *Moderate and severe disabilities: A foundational approach*. Upper Saddle River, NJ: Prentice Hall.

Crone, D. A., & Horner, R. H. (2003). *Building positive behavior support systems in schools: Functional behavioral assessment*. New York: The Guilford press.

Drasgow, E., & Yell, M. L. (2001). Functional behavior support: Legal implications and requirements. In J. K. Luiselli & C. Diament (Eds.), *Behavior psychology in the schools: Innovations in evaluation, support, and consultation* (pp. 129-146). New York: The Haworth Press.

Dunlap, G., Iovannone, R., Wilson, K. J., Kincaid, D. K., & Strain, P. (2010). Prevent-teach-reinforce: A standardized model of school-based behavioral intervention. *Journal of Positive Behavior Interventions, 12*, 9-22.

Embregts, P. J. (2000). Effectiveness of video feedback and self-management on inappropriate social behavior of youth with mild mental retardation. *Research in Developmental Disabilities, 21*(5), 409-423.

Emmer, E. T., Evertson, C. M., & Worsham, M. E. (2006). *Classroom management for middle and high school teachers* (7th ed.). Boston, MA: Allyn & Bacon.

Etscheidt, S. (2006). Behavior intervention plans: Pedagogical and legal analysis of issues. *Behavioral Disorders, 31*(2), 223-243.

Flannery, K. B., Sugai, G., & Anderson, C. M. (2009). School-wide positive behavior support in high school: Early lessons learned. *Journal of Positive Behavior Interventions, 11,* 177-185.

Goldstein, S., & Brooks, R. (2007). *Understanding and managing children's classroom behavior* (2nd ed.). Hoboken, NJ: Wiley.

Horner, R. H., Sugai, G., Smolkowski, K., Eber, L., Nakasato, J., & Todd, A. W. (2010). A randomized, wait-list controlled effectiveness trial assessing school-wide positive behavior support in elementary schools. *Journal of Positive Behavior Interventions, 11,* 133-144.

Janney, R., & Snell, M. E. (2000). *Behavioral support.* Baltimore, MD: Brookes.

Jones, V., Dohrn, E., & Dunn, C. (2003). *Creating effective programs for students with emotional and behavior disorders: Interdisciplinary approaches for adding meaning and hope to behavior change interventions.* Boston, MA: Allyn & Bacon.

Lane, K. L., Weisenbach, J. L., Philips, A., & Wehby, J. H. (2007). Designing, implementing, and evaluating function-based interventions using a systematics, feasible approach. *Behavioral Disorders, 32,* 122-129.

Maag, W. J. (2019). Meta-analysis and quality of behavioral interventions to treat stereotypy in children and adolescents. *Journal of Psychiatry and Behaviour Therapy, 2*(1), 41-53.

Mayer, G. R. (2000). *Classroom management: A California resource guide.* Los Angeles, CA: Los Angeles County Office of Education. Retrieved September 29, 2003, from http://www.cde.ca.gov/spbranch/safety/resourceguides/classroommgmt.pdf

Miltenberger, R. G. (2004). *Behavior modification: Principles and procedures* (3rd ed.). Belmont, CA: Thomson Wadsworth.

Neitzel, V., Law, K. C. Y., Lucyshyn, J. M. (2014). Integrating best practices in positive behavior support and clinical psychology for a child with autism and anxiety-related problem behavior: A clinical case study. *Canadian Journal of school Psychology, 29*(3), 258-276.

Rodriguez, N. M., Thompson, R. H., & Baynham, T. Y. (2010). Assessment of the relative effects of attention and escape on noncompliance. *Journal of Applied Behavior Analysis, 43,* 143-147.

Scheuermann, B. K., & Hall, J. A. (2016). *Positive behavioral supports for the classroom* (3rd ed.). London, UK: Pearson Education, Inc.

Sigafoos, J., Arthur, M., & O'Reilly, M. (2003). *Challenging behavior and developmental disability.* Baltimore, MD: Paul H. Brooks Publishing Co.

Simonsen, B., & Myers, D. (2015). Classwide Positive Behavior Interventions and Supports. paper (A Guide to Proactive Classroom Management). New York: Guilford Press.

Sprague, J., & Perkins, K. (2010). Direct and collateral effects of the first step to success program. *Journal of Positive Behavior Interventions, 11,* 208-221.

Sugai, G., Sprague, J. R.., Horner, R. H., & & Walker, H. M. (2000). Preventing school violence: The use of office discipline referrals to assess and monitor schoolwide discipline intervention. *Journal of Emotional and Behavioral Disorders, 8,* 94-112.

Turnbull, A., Edmonson, H., Griggs, P., Wickham, D., Sailor, W., Freeman, R., ...Warren, J. (2002). A blueprint for school-wide positive behavior support: Implementation of three components. *Exceptional Children, 68,* 377-402.

Turnbull, A. P., & Turnbull, H. R. (1999). Comprehensive lifestyle support for adults with challenging behavior: From rhetoric to reality. *Education and Training in Mental Retardation and Developmental Disabilities, 34*(4), 373-394.

Turnbull, H. R., Wilcox, B. L., Stowe, M. J., & Turnbull, A. P. (2001). IDEA requirements for use of PBS: Guidelines for responsible agencies. *Journal of Positive Behavior Support, 3*(1), 11-18.

Walker, H. M., Kavanagh, K., Golly, A. M., Stiller, B., Severson, H. H., & Feil, E. G. (1997). *First step to success.* Longman, CO: Pearson Education, Inc.

Walker, H. M., Ramsey, E., & Gresham, F. M. (2004). *Antisocial behavior in school: Evidenced-based practices.* Belmont, MD: Wadsworth/Thompson Learning, Inc.

Wehmeyer, M. S., & Schalock, R. L. (2001). Self-determination and quality of life: Implications for special education services and supports. *Focus on Exceptional Children, 33*(8), 1-14.

Wein, M. D., & Miller, L. K. (2010). The teaching-family model: A program description and its effect on the aggressive behaviors and quality of life of two adults with intellectual disabilities. *Journal of Positive Behavior Interventions, 11,* 235-251.

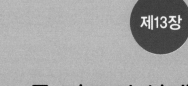

제13장

의사소통 지도의 실제

이금진

아동은 출생 후 만 3~4세 정도가 되면 기본적인 대화가 가능하고, 자신의 생각을 전달하고자 말소리로 다양한 의미의 낱말과 주격 및 목적격 조사, 연결어미 등을 사용한 문법에 맞는 문장 등을 구조화하여 상황에 맞게 표현할 수 있게 된다. 그러나 지적장애로 인한 언어발달 지체 아동은 상징체계인 언어를 이해하기 위한 인지발달이 늦기 때문에 언어의 시작이 늦는 경우가 많고, 첫 낱말이 2세가 지나서 나타나며, 단어의 조합도 3세가 넘어서 시작하게 된다.

그러므로 지적장애 아동은 동일 정신연령의 일반 아동들에 비해 낮은 수용언어 능력을 나타내고, 새로운 구문 형태를 학습하는 시간이 오래 걸리며, 복잡한 구문 형태의 학습은 가능하나 자발적 사용은 매우 제한적이다. 또한 일반 아동들에 비해 낱말의 의미를 고정적으로 사용하는 경향이 있다. 그리고 무엇보다도 사회적 기능에서 심각한 결함을 나타내어 대화 상대자의 정서 상태를 판단하는 능력이 부족하기 때문에 대화 시 상대에게 부적절한 반응을 하기 쉽고, 의사소통 능력이 있음에도 불구하고 소극적인 대화 참여 형태를 나타내는 경향이 있으며, 또한 좀 더 소원한 대인관계를 유지하는 특성이 있다.

이 장에서는 지적장애 아동의 언어 및 의사소통 능력을 발달시키기 위하여 그들의 언어 및 의사소통 특성, 언어 및 의사소통 진단방법 그리고 언어 및 의사소통 지도방법을 학령전기와 학령기로 나누어 살펴본다. 마지막으로, 지적장애 아동 중 구어능력이 없거나 조음장애가 심하여 의사소통 문제가 심각한 아동을 위한 보완대체의사소통의 실제 지도법을 소개하도록 한다.

1. 지적장애 아동의 언어 및 의사소통 특성 이해

1) 언어 및 의사소통 발달

언어 및 의사소통은 지적장애 아동이 가장 어려움을 겪는 영역 중의 하나로 언어 및 의사소통 장애가 지적장애 아동의 가장 중요한 특징이기도 하다.

지적장애 아동의 언어 및 의사소통 특성을 살펴보면, 지적장애 아동은 일반 아동에 비해 새로운 구문 형태를 학습하는 데 시간이 오래 걸리며(McLeavy, Toomey, & Dempsey, 1982), 복잡한 구문 형태의 학습은 가능하나 자발적 사용은 매우 제한적이다 (Merrill & Bilsky, 1990).

그러므로 지적장애 아동의 언어발달은 같은 생활연령(Chronological Age: CA)의 아동들에 비해 뒤떨어질 뿐만 아니라 같은 정신연령(Mental Age: MA)의 아동들에 비해서도 뒤떨어지는 경우가 많다. 지적장애 집단의 약 50%는 인지 수준이 같은 일반 아동과 같은 수준의 언어 이해력과 표현력을 가지고 있지만, 25% 정도는 이해력과 표현력 모두가 인지 수준에 비해 낮고, 나머지 25%는 이해력이 인지 수준과 같지만 표현력은 인지 수준 이하라는 연구 결과가 있다(심현섭 외, 2007; Owens, 1999). 지적장애 아동이 일반 아동과 정신연령이 같다고 해도 일반 아동에 비해 훨씬 미성숙한 언어 형태를 사용한다. 그들의 말은 더 짧고 단순한 경향이 있으며, 정신연령에 비해 미성숙한 음운 형태의 음운 변동을 보이고(심현섭 외, 2010), 또한 일반 아동들에 비해 낱말의 의미를 고정적으로 사용하는 경향이 있다(Owens, 2002). 인지능력 결함이 심각한 중도 이상의 지적장애 아동들은 일반 아동에 비하여 발성이 적으며, 자음의 산출도 적은 특성을 나타내기도 하고(Ogletree, Wetherby, & Westling, 1992), 일반 아동들과 유사한 음운 변동을 나타내지만 오류 빈도가 훨씬 많다(Klink, Gerstman, Raphael, Schlanger, & Newsome, 1986). 그리고 무엇보다도 사회적 기능에서 심각한 결함을 나타내게 되는데, 대화 상대자의 정서 상태를 판단하는 능력이 부족하기 때문에 대화 시 상대에게 부적절한 반응을 하기 쉽고, 의사소통 능력이 있음에도 소극적인 대화 참여 형태를 나타내는 경향이 있으며, 또한 좀 더 소원한 대인관계를 유지하는 특성이 있다.

이러한 특성들로 인하여 일반적으로 10세 이하의 지적장애 아동들은 또래의 일반 아동들과 유사한 발달 속도를 나타내지만, 학령기 지적장애 아동의 경우는 언어발달

에 있어서 발화 길이와 정교성 등의 양적인 면에서뿐만 아니라 질적인 면에서도 또래
일반 아동과 차이가 나타나고 있다. 그리고 정신연령 10세 이후에는 두 집단 간에 발
달 속도뿐 아니라 질적 차이가 심화된다(김영태, 2006; Owens, 2002).

2) 또래 관련 사회-의사소통 능력에 대한 이해

지적장애 아동의 경우 또래들과의 사회적 상호작용 능력이 떨어질 뿐만 아니라 의
사소통의 결함을 지니게 되어 상황적 요구에 맞지 않는 행동 형태를 보일 수 있으며,
이러한 행동은 결과적으로 의도한 목적을 달성하는 데 실패하게 한다. 예를 들어, 그
들은 의도한 특정 기능을 성취하기 위해서 문제행동(Durand & Crimmins, 1988; Taylor
& Carr, 1992), 공격행동(Rubin, Bream, & Rose-Krasnor, 1991) 등의 부적절한 형태의 행
동을 보일 수 있다. 이렇게 상황에 맞지 않거나 관습적이지 못한 행동은 사회-의사소
통 기능을 성취하지 못하도록 하기에 더욱 적절하지 않은 형태로 발전할 수 있다. 또
는 사회-의사소통 기능을 보인다고 하더라도 다른 기능에 비해서나 또래들의 사용 빈
도에 비해서 낮은 경우가 많은 것으로 보고되고 있다(이소현, 2002; Craig & Washington,
1993).

특히 최근 강조되고 있는 지적장애 아동의 통합교육은 정상적인 발달을 보이는 또
래들과 함께 생활 경험을 할 수 있게 함으로써 또래와의 사회적 상호작용을 통해서 사
회적 능력을 형성하고 지원해 줄 수 있는 기본적인 환경을 제공해 준다. 이것은 지적
장애 아동의 통합교육이 성공하기 위해서는 곧 그들이 또래들과 성공적인 상호작용
을 할 수 있는 능력이 필요함을 시사한다. 지적장애 아동들의 일반 아동들과의 통합
을 위한 또래들과의 사회적 상호작용에 대해 좀 더 살펴보면, 또래들과의 사회적 상
호작용이란 '2명 이상의 아동이 단어, 몸짓, 장난감 또는 물건들을 직접적으로 교환하
는 것'이며(Odom & Brown, 1993), 2명 이상이 상호적인 교환행동-시작행동, 시작행동
에 대한 반응행동, 계속되는 사회적 상호작용을 보이는 것을 말한다. 이러한 행동의
예로는 놀이 조작하기, 애정 표현하기, 도와주기, 놀잇감 나누기, 엉켜서 뒹굴기(Lee
& Odom, 1996; Tremblay, Strain, Hendreckson, & Shores, 1981), 대화하기, 정보 나누기,
시작행동에 반응하기(Odom & Ogawa, 1991), 칭찬하기, 정보나 도움 요청하기(이소현,
2002; Odom, McEvoy, Ostrosky, & Bishop, 1987), 언급하기, 질문하기(Guaralnick & Paul-
Brown, 1984) 등의 기술들이 있다(이소현, 2002 재인용).

이와 같이 지적장애 아동들의 사회-의사소통 능력의 발달을 위해서는 또래 관련 사회적 상호작용이나 또래 관련 사회-의사소통 기술에 대한 이해를 기반으로 지적장애 아동들의 개별적인 능력과 필요에 따른 지도가 필요하다. 이에 대한 지도방법은 이 장의 3절 '지적장애 아동의 언어 및 의사소통 지도방법'에서 간략히 소개할 것이다.

2. 지적장애 아동의 언어 및 의사소통 능력 진단 및 평가

아동은 태어나서 자라는 동안 인지발달, 신체발달, 사회성 발달, 정서발달 등이 이루어지는데, 각각의 발달은 독립적으로 이루어지는 것이 아니라 서로 연관되어 있다. 특히 언어발달이 이루어지기 위해서는 세 가지의 중요한 기본 구성요소, 즉 아동이 사용하게 될 언어, 아동의 발달 특성, 언어 모델을 제공하는 언어환경 등을 고려하여야 하며, 이 세 가지 요소가 복합적으로 언어발달에 영향을 끼친다.

그리고 지적장애 아동의 언어 및 의사소통 능력은 개인의 생활 경험과 관련된 다양한 목적을 위해서 의사소통하는 능력, 이러한 목적들을 효과적으로 성취하기 위해서 다양한 수단(언어적 및 비언어적)을 사용하는 능력 그리고 의사소통의 결정적인 면으로서 사회적 상호작용을 시작하고 유지하는 능력을 포함하고 있어야 하는데, 이는 곧 지적장애 아동의 언어 및 의사소통 기술이 기능적이어야 한다는 것이다(이소현, 2003).

이와 같은 목적을 성취하기 위한 효과적인 진단 및 평가방법으로는 자연적이고 친숙한 환경에서 일상적인 활동 중에 일어나는 행동을 관찰하는 생태학적 접근이 강조되고 있다.

그러므로 이 장에서는 지적장애 아동의 언어 및 의사소통 능력을 진단·평가하는 데 있어 생태학적 접근방식을 근본으로 하며, 평가방법으로는 인지발달 측정, 언어 및 의사소통 능력 평가 그리고 지적장애 아동의 기능적 의사소통 지도를 위한 언어환경 평가에 대해 살펴보기로 한다.

1) 생태학적 접근의 의사소통 능력 진단

우선 기능적인 의사소통 지도를 위한 진단 및 평가 그리고 교수를 위해서는 지적장애 아동들의 의사소통 기술이 어느 정도 발달되어 있는지에 대한 정확한 진단 및 평가 절차가 필요하다. 대체적으로 기능적 또는 화용적 진단에서는 생태학적 진단을 사용하고 있다. 그 진단 및 교수 절차를 소개하면 [그림 13-1]과 같다(이소현, 2002).

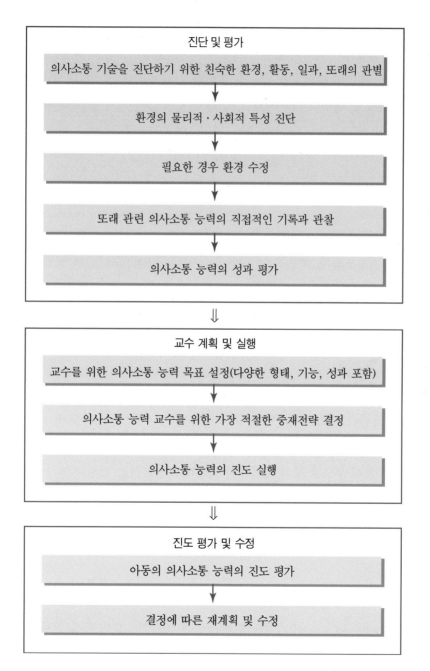

[그림 13-1] **생태학적 접근의 의사소통 능력 진단 및 교수 절차**

출처: 이소현(2002), p. 24.

지적장애 아동의 기능적 의사소통 지도 시 언어 및 의사소통 능력을 평가하기 위한 생태학적 접근에서는 의사소통 기술을 진단하기 위하여 친숙한 환경이나 활동, 일과, 또래의 판별, 그리고 환경의 물리적·사회적 특성 진단이 요구된다. 또 필요한 경우에는 환경을 수정한 후 아동의 언어 및 의사소통 능력을 살펴보며, 또래 관련 사회-의사소통 능력의 직접적인 기록과 관찰을 통하여 언어 및 의사소통 능력을 평가하여야 한다. 이에 대한 자료는 뒤의 〈표 13-2〉 '언어환경 평가표'를 참조하기 바란다. 그리고 난 후 교수 계획 및 실행이 이루어지고, 그 후 진도에 대한 평가, 교수계획의 수정이 이루어져야 한다.

2) 언어 및 의사소통 능력 평가

지적장애 아동의 언어 및 의사소통 능력의 평가는 면담 및 질문지, 표준화 검사(규준참조검사), 준거참조검사, 기술적 평가방법인 자발화 분석 등 다양한 방법으로 이루어지는데, 필요에 따라 아동에게 적절한 평가방법을 선택하여 사용할 수 있다(심현섭 외, 2010). 이러한 다양한 방법에 대해 살펴보면 다음과 같다.

(1) 면담 및 질문지

사례 면담지는 아동의 경우 주 양육자가 작성하며 아동의 출생 정보, 병력, 교육력, 의사소통과 관련된 정보를 제공받을 수 있다. 교사 및 임상가는 이를 바탕으로 부모와의 면담을 통하여 아동에 대한 자세한 정보를 제공받을 수 있다. 또한 M-BCDI-K(배소영, 2006)와 같이 부모로 하여금 아동이 이해하고 사용하는 어휘와 의사소통 기능 등을 확인해 줄 수 있도록 제작된 질문지를 사용할 수 있다. 또한 학령기 아동의 경우 특정 영역에 대해서 교사들로부터 아동에 대한 정보를 제공받을 수 있도록 면담지 또는 질문지를 제작하여 사용할 수도 있다.

(2) 표준화 검사(규준참조검사)

규준참조(norm-referenced)검사는 또래 규준과 비교함으로써 특정 검사에서 아동의 상대적 위치에 대한 정보를 제공한다(심현섭 외, 2007).

규준참조검사 방법들을 사용하여 아동의 언어 및 의사소통 능력을 평가할 때는 그림어휘력 검사, 취학 전 아동의 수용언어 및 표현언어 발달척도(PRES), 영·유아 언어

발달검사(SELSI), 언어문제 해결력 검사, 구문의미 이해력 검사와 같은 표준화 검사가 사용된다. 뿐만 아니라 언어능력 평가는 그 평가방법에 따라 이해검사와 표현검사로 나누어 평가한다. 언어 이해 능력을 평가하는 방법에는 맞는 것 찾아내기, 실행하기, 판단하기 등이 있고, 언어표현 능력을 평가하는 방법에는 모방하기, 문장 끝 완성하기, 명명하기, 이야기하기, 역할놀이나 대화를 포함한 발화분석 등이 있다.

(3) 준거참조검사

준거참조(criterion-referenced)검사는 아동의 수행을 표집단과 비교하기보다 미리 정해 놓은 기준에 의해서 특정 목표기술을 얼마나 습득하고 있는지를 검사한다(이소현, 2002).

준거참조검사는 표준화 검사와 달리 대상 아동을 또래아동과 비교하기 위한 것이 아니라 특정 영역에서의 아동의 수행 정도를 살펴보기 위한 것이다. 검사 항목은 검사자가 살펴보고자 하는 내용에서 선정하여 사용한다.

준거참조검사는 원점수를 그대로 사용하여 중재 전후 점수를 비교할 수 있으며, 다양한 방법으로 검사할 수 있다. 만약 아동의 의사소통 기능을 평가하고자 한다면 검사자가 목표 의사소통 기능이 산출될 수 있는 적절한 상황을 만들어 아동이 그 상황에서 목표 의사소통 기능을 어떻게, 얼마나 산출하는지 살펴볼 수 있다. 이때 앞의 [그림 13-1]에서 소개된 생태학적 접근의 의사소통 능력 진단 및 교수 절차를 따를 수 있겠다.

또한 사동사 이해를 평가하기 위한 예를 들면, 검사자가 아동에게 연령에 적절한 사동사가 포함된 검사 문장 10개를 들려주고 아동이 인형으로 시연하게 할 수 있다. 이때 검사자는 아동이 맞게 시연한 반응의 수를 세어 중재 전후를 비교하여 향상 정도를 측정할 수 있다.

(4) 기술적 평가: 자발화 분석

기술적(descriptive) 평가는 발화자료나 관찰일지를 토대로 하여 아동의 언어 수행 정도를 자세하게 기술하는 방법을 사용한다(심현섭 외, 2007).

아동이 일상적으로 사용하는 언어를 파악하기 위해서는 자발화 분석이 가장 타당한 방법이라고 할 수 있다. 학령전기 아동의 경우에는 소꿉놀이, 주차장놀이, 목욕놀이 등의 주제놀이 상황에서 검사자나 주 양육자 혹은 또래아동과 상호작용하는 동안 아동이 산출하는 발화를 수집할 수 있다. 학령기 아동의 경우에는 면담, 이야기 다시 말하기 과제 혹은 좋아하는 TV 프로그램에 대해 기술하기 등을 통해 발화를 수집할 수 있다. 이때 발화의 수는 대체로 100~200개 정도 수집하여 전사하며, 전사된 발화는 다양한 분석이 가능하다. 아동이 사용한 낱말들을 기초로 총 낱말 수(Total Number of Words: TNW), 서로 다른 낱말 수(Number of Different Words: NDW), 의미관계분석, 평균발화길이(Mean Length of Utterance: MLU) 등을 산출할 수 있다.

화용 영역에서는 자발화를 바탕으로 아동의 다양한 의사소통 기능의 유형 수, 담화적 차원에서는 주제 유지, 주제 확장, 주제 이탈의 비율을 분석해 볼 수 있다. 또한 이야기의 이해와 이야기 산출 시 이야기 문법 구성요소의 사용 수, 에피소드의 수, 적절한 결속표지 사용률 등을 살펴볼 수 있다(심현섭 외, 2010).

자발화 수집 시 사용할 발화기록표와 발화기록의 예는 〈표 13-1〉과 같다(김영태, 2006).

〈표 13-1〉 **발화기록표와 발화기록의 예**

상황	상대자의 말	발화번호	아동의 말	아동 말의 자발성 (즉각모방, 지연모방, 자발)	동반된 소리 또는 몸짓
의사놀이를 하면서	누가 의사 할까?	1	재민이가	자발	자신을 가리킴
	그럼 내가 환자다.	2	내가 환자다.	즉각모방	

출처: 김영태(2006), p. 170에서 발췌함.

그리고 그 외 지적장애 아동의 경우 인지 수준이 매우 중요하므로 그 장애에 대한 충분한 이해와 발달 특성을 바탕으로 한 평가가 이루어져야 한다(Cohen & Spenciner, 1994). 이를 위하여 사용될 수 있는 검사도구는 제5장 '지적장애 진단·평가·배치'에서 소개하고 있으므로 참고하기 바란다.

3) 기능적 의사소통 지도를 위한 언어환경 평가

지적장애 아동의 의사소통 기술을 발전시키기 위해서는 그들에게 사회적으로 기능적이고 적응적인 발달적 기술을 지도하는 것을 목표로 하여 기능적인 의사소통 목표와 목적의 발달이 함께 수행되어야 한다. 언어환경 또한 아동의 언어발달에 많은 영향을 끼치는데, 언어발달에 결함이나 어려움을 나타내는 아동의 경우 풍부하고 의미 있는 언어환경을 제공하는 것이 매우 중요하다. 이에 지적장애 아동들의 의사소통 기술

〈표 13-2〉 **언어환경 평가표**

언어환경 평가표
아동 이름(나이): 평가일:

1. 아동의 일과표
   1) _____
   2) _____
   3) _____
   4) _____
   5) _____

2. 가장 많은 시간을 보내는 활동
   1) 집에서: _____
   2) 학교에서: _____

3. 언어적 의사소통에서 가장 두드러진 문제
   1) _____
   2) _____

4. 언어적 의사소통이 가장 잘 되는 상황
   1) _____
   2) _____

5. 언어적 의사소통이 가장 잘 되지 않는 상황
   1) _____
   2) _____

6. 아동이 좋아하는 상황 및 사물 또는 학습활동 및 기타
   1) 상황:_____
   2) 사물:_____
   3) 학습활동:_____
   4) 기타:_____

7. 아동이 좋아하는 사람
   1) 교사:_____
   2) 또래:_____
   3) 기타:_____

요약:

출처: 배소영(2002), p. 14.

이 어느 정도 발달되어 있는지에 대한 정확한 기능적 또는 생태학적 진단방법 중 하나의 절차로 의사소통 발달지도를 위한 언어환경 진단 및 평가방법을 소개하면 〈표 13-2〉와 같다.

언어환경 평가를 실시할 때에는 아동을 가장 잘 알고 있는 사람, 예를 들어 어머니의 도움을 받는 것이 효과적이다. 이와 같은 언어환경 평가에서 수집된 상황들은 언어중재 시에 중요한 단서를 제공하게 된다.

3. 지적장애 아동의 언어 및 의사소통 지도방법

지적장애 아동은 지체 정도에 따라 차이가 있지만, 전반적으로 일반 아동에 비해 학습 속도가 느리고 한 번에 여러 가지를 학습시키면 습득이 어려울 뿐 아니라 혼동하기 쉽다. 따라서 언어 수준이 같다고 하더라도 목표를 달성하는 데 더 많은 시간적 여유를 주는 것이 좋다. 또한 지적장애 아동의 특성 중 하나가 적절한 자극을 선별하여 그것에 주의를 집중하고 주어진 자극을 적절히 조직화하지 못하는 데 있다는 점을 감안하여, 언어지도 프로그램을 선택할 때 이러한 관점을 충분히 고려해야 할 것이다(심현섭 외, 2007).

지적장애 아동의 언어 및 의사소통 능력을 향상시키기 위해서는 여러 가지 방법이 있겠으나, 이 장에서는 구문적인 형식이나 어휘를 중심으로 지도하는 언어훈련법이 아니라 언어의 사용이나 사회적 기능에 초점을 두고 학령전기 아동에게 주로 사용되는 일상생활을 통한 의사소통 지도방법, 환경중심 언어중재법, 놀이활동을 통한 의사소통 지도방법, 스크립트 문맥을 통한 언어 및 의사소통 지도방법, 부모교육 프로그램을 통한 언어 및 의사소통 지도방법을 살펴보고, 학령기 통합환경에서 적용할 수 있는 또래아동과의 사회-의사소통 촉진방법에 대해 살펴본다.

1) 일상생활을 통한 의사소통 지도방법

언어기의 언어중재 목표는 현재 아동이 사용하고 있는 수용 및 표현 언어의 능력을 그 아동의 생활연령이나 정신연령 수준으로 높이고, 수용언어 능력과 표현언어 능력 사이의 격차를 줄이는 데 있다. 목표언어를 의사소통 기능에 맞게 습득시키려는 화용적 언어중재(Kaiser, Alpert, & Warren, 1987; Owens, 1999)는 일상생활에서의 의사소통 지도를 강조한다.

일상생활에서 일어나는 일상적인(routinized) 상황적 맥락은 그 즉각적인 상황에 대한 화자 간의 공유된 상황 지식(shared event knowledge)을 제공해 주며, 그 결과 아동에게 그 상황에서 늘 쓰이는 상황적 언어(situation-specific utterances)를 배우는 학습의 기회를 제공해 준다. 즉, 익숙하고 일상화된 상황적 맥락 속에서 아동은 쉽게 성인의 말을 예견할 수 있으며, 그러한 성인의 언어와 그 상황의 관계를 인지적으로 연결시킴으로써 상황적 언어를 학습하게 된다(Lucariello & Nelson, 1982; Nelson & Gruendel, 1979, 1981). Nelson과 동료들에 의하면, 아동의 상황 지식은 부모와 아동 간에 언어 사용을 촉진시켜 주는 경향이 있으며, 그 근거는 다음과 같다.

- 이것은 현재의 즉각적인 상황에 대한 공유 지식을 제공한다.
- 부모는 아동의 언어를 쉽게 해석할 수 있다.
- 이러한 맥락은 아동으로 하여금 언어를 습득할 수 있는 최대한의 기회를 제공해 준다. 그리고 일상적 활동은 아동에게 일상화된 상황, 특정적이고 통일된 주제, 논리적인 순서에 따른 구성행동, 예견할 수 있는 활동 결말 등의 특징을 갖는다.

이러한 일상생활을 통한 의사소통 지도에서 사용될 기본 원칙에 대해서 김영태 (2006)는 자연스러운 강화방법, 정상발달을 고려한 훈련계획, 아동 주도의 의사소통 행동, 맥락의 활용과 같은 방법들을 소개하고 있다.

(1) 자연스러운 강화방법

화용론은 상황에 맞는 언어의 기능과 관련되는 것이므로 자연스러운 상황 속에서 언어훈련을 실시하는 것이 중요하다. 구조적인 상황 속에서 많은 말을 외우게 하기보다는 아동이 일상생활 속에서 접하게 되는 상황을 만들어 주고 그때 사용할 적절한 말을 가르치는 것이 중요하다. 예를 들어, 배고플 때, 목마를 때, 다른 장난감을 갖고 놀고 싶을 때, 남에게 자랑하고 싶을 때, 또는 무엇에 대하여 평가하고 싶을 때 사용할 적절한 표현을 그 실제 상황과 유사한 상황 속에서 습득하게 하는 것이 좋다. 이러한 훈련방법에서의 강화물 역시 과자나 토큰과 같은 부자연스러운 것보다는 실제 생활에서 얻을 수 있는 강화물과 유사한 것이 좋다. 예를 들어, 아동이 무엇을 요구하였다면 그 요구한 물건을 주는 것이 가장 효과적인 강화가 될 것이며, 아동이 무엇을 자랑하려고 하였다면 그 물건이나 행동에 대하여 칭찬해 주는 것이 가장 좋은 강화가 될 것이다. 다른 장난감을 갖고 놀고 싶어서 '붕붕'이라고 한 아동에게 잘했다면서 과자를 주거나 칭찬을 해 주고 실제로는 자동차를 주지 않는다면, 그러한 행동은 아무런 강화 효과를 나타내지 못할 것이다(김영태, 2006).

(2) 정상발달을 고려한 훈련계획

지적장애 아동들의 언어 및 의사소통 발달을 위한 훈련계획에서는 일반 아동들이 화용론적 능력을 발달시켜 나가는 과정을 토대로 언어기능을 가르치는 것이 바람직하다. Owens(1999)의 언어발달에 대한 원칙을 살펴보면 다음과 같은데, 이는 곧 지적장애 아동의 언어 및 의사소통 능력을 향상시키기 위한 기본적인 원칙이라고 할 수 있다.

- 언어는 비구어적 의사소통으로부터 발전한다.
- 언어를 바르게 사용할 수 있는 능력을 키우기 위해서는 사회적·인지적 기초 능력들이 습득되어야 한다.
- 언어의 간단한 법칙들은 복잡한 법칙들이 습득되기 이전에 먼저 습득된다.
- 언어의 영역에 따라 그 발달 형태가 다르다. 각 영역의 발달 속도나 형태가 평행하게 나타나지 않는다.
- 언어발달 단계에 따라 아동의 행동 및 학습의 양상은 다르다(김영태, 2006 재인용).

(3) 아동 주도의 의사소통 지도

아동 주도의 의사소통 지도는 기능적인 언어 사용을 가르치기 위해서 아동의 주도에 따르는 것으로, 부모나 교사 또는 임상가가 아동이 선택한 주제나 교재를 가지고 계획한 의사소통의 기능이나 구조적인 언어를 학습시키는 방법이다. 의사소통 지도를 할 때 아동이 선택한 교재나 과업 또는 대화 주제는 아동의 참여를 도와주며 적극적인 의사소통자의 역할을 촉진해 줄 수 있다. 그러므로 훈련 상황에서부터 아동의 주도적인 의사소통 행동을 유도해 준다면 일반화가 훨씬 수월해질 수 있다.

아동 주도의 의사소통 지도는 뒤에 소개되는 놀이활동 지도방법 중 순간 공유하기에 적응하기, 새로운 경험과 말을 첨가하기, 아동이 이끄는 대로 따라 해 보기의 방법과도 유사한 방법이라고 볼 수 있으므로 참고하기 바란다.

(4) 맥락의 활용

언어지도를 할 때 구조적이고 반복적인 분위기에서는 아동의 언어기능이 한정될 수밖에 없다. 그러므로 아동의 일상생활 속에서 의사소통을 하기에 충분한 여러 가지 기능을 습득시키기 위해서는 훈련의 맥락을 잘 계획하여야 한다. 부모나 교사 또는 언어임상가가 통제하여야 하는 맥락에 대해 김영태(2006)는 비구어적 맥락과 구어적 맥락을 소개하고 있다.

첫째, 비구어적 맥락은 주고받기와 물건 요구하기, 지시 따르기 및 지시하기, 정보 요청하기, 정보 제공하기, 도움 요청하기, 저항하기 등이 있는데, 이를 살펴보면 〈표 13-3〉과 같다(박승희, 장혜영, 이소영, 신소니아, 2008 재구성).

둘째, 구어적 맥락은 아동의 바른 구어를 유도하기 위하여 어떠한 단서나 연계반응을 사용하는 것이며, 시범, 직접적인 구어적 단서, 간접적인 구어적 단서의 세 가지 종류로 나누어 볼 수 있다. 이를 살펴보면 〈표 13-4〉와 같다(박승희 외, 2008).

〈표 13-3〉 **비구어적 맥락에서의 언어지도의 예**

기능을 위한 맥락	설명	언어지도 예
주고받기와 물건 요구하기	두 아동이 함께 활동을 하고 있는데 필요한 도구는 하나만을 준비한다.	놀이 영역에서 두 아동이 거울을 보면서 옷을 갈아입고 있을 때에 빗을 하나만 준비한다. 그러면 빗을 달라고 요구하기와 한 아동이 빗을 사용한 후에 서로 빗을 주고받는 기능이 생기게 된다. 또는 간식시간에 포크를 주지 않아서 달라고 요구하게 한다.
지시 따르기 및 지시하기	먼저 교사의 지시에 따라서 아동이 따라 하고 그다음에는 아동의 지시에 따라서 교사가 실행할 수 있다.	교사의 지시에 따라서 아동이 크리스마스 카드를 만든 다음, 아동이 지시를 하면 교사가 그대로 따라 한다.
정보 요청하기	재미있거나 새로운 물건, 그림 등을 아동 앞에 제시해 놓고 아동이 물어보기까지 그것에 대해서 설명하지 않고 기다린다.	–
정보 제공하기	아동이 만든 과제나 그림에 대해서 교사가 궁금하게 여기면서 질문하여 아동이 설명하도록 한다.	–

도움 요청하기	아동이 독립적으로 하기 어려운 일들을 교사와 또래에게 요청하게 유도한다.	풀 뚜껑 열어 달라고 하기, 위에 있는 물건 꺼내 달라고 하기, 가위 빌려 달라고 하기 등을 요청하게 한다.
저항하기	아동에게 가능하지 않는 것을 요구하여서 못한다는 표현을 하게 한다.	간식시간에 플라스틱 사과를 주면서 먹으라고 하거나, 나무칼로 사과를 자르라고 한다.

출처: 김영태(2006), pp. 307-308; 박승희 외(2008), p. 212에서 발췌·재구성함.

〈표 13-4〉 **구어적 맥락에서의 언어지도의 예**

구어적 맥락의 종류		설명	언어지도 예
① 시범	혼잣말 (self-talk) 기법	부모나 교사가 자신의 입장에서 혼잣말을 하는 것이다.	차를 밀면서 "차가 가네." 공을 떨어뜨리면서 "공이 떨어졌다!'
	평행적 발화 (parallel-talk)	의사소통 상황에서 아동이 말할 만한 문장을 아동의 입장에서 말해 주는 것이다.	아동에게 물을 주면서 "물 주세요." 아동에게 간식을 주면서 "고맙습니다."
② 직접적인 구어적 단서	질문	단답형: 단단어로 대답할 수 있게 질문한다.	"간식 뭐 먹었니?"
		선택형: 질문내용 중에서 선택하여서 대답하게 한다.	"우유 먹을래, 주스 먹을래?"
		개방형: 아동의 의견을 충분하게 대답하게 한다.	"간식시간에 뭐 했니?"
	대치 요구	아동이 목표가 되는 말을 표현할 때까지 유도하는 것이다.	공이 떨어졌을 때 아동이 "공이……." 하면서 떨어졌다는 제스처를 한다. 그러면 교사는 "공이 어떻게 되었다고?"라고 질문하여 아동이 "떨어졌어요."라는 말을 표현하도록 유도한다.
	선 반응-요구- 후 시범	목표언어를 시범 보이기 전에 아동에게 자발적으로 반응할 기회를 준다.	공이 떨어졌을 때 아동이 표현하도록 기다린다. 그후 "뭐가 떨어졌지?" 하고 질문을 한다. 아동이 대답하지 않을 경우 "공이 떨어졌어." 하고 시범을 보여 준다.
③ 간접적인 구어적 단서 ⓐ 아동의 반응을 요구하는 방법	수정 모델 후 재시도 요청하기	아동이 잘못 말한 부분을 수정해서 말해 주고 난 다음에 아동에게 다시 말하게 한다. 아동에게 다시 말하도록 하는 것은 아동이 다시 말하기를 싫어한다든지, 대화의 흐름이 자꾸 끊긴다면 선택적으로 사용할 수 있다.	아동: "공이 넘어졌어." 교사: "공이 떨어졌어." 교사: "다시 말해 볼래?" 아동: "공이 떨어졌어."

	오류 반복 후 재시도 요청하기	아동이 잘못 말한 부분이나 문장을 그대로 반복한 다음에 아동에게 다시 말하도록 한다.	아동: "공이 넘어졌어." 교사: "공이 넘어졌어." 교사: "다시 말해 볼래?" 아동: "공이 떨어졌어."
	자기교정 요청하기	교사가 아동의 말을 되묻거나 맞았는지 물어서 아동이 자신의 말을 스스로 교정하게 한다.	아동: "공이 넘어졌어." 교사: "공이 어떻게 되었다고?" 아동: "공이 떨어졌어."
	이해하지 못했음을 표현하기	아동의 말을 알아듣지 못했다고 말하거나 "응?" "어?"와 같이 말해서 아동이 다시 수정하게 한다. 이 방법은 '자기교정 요청하기'보다는 다소 자연스럽다.	아동: "공이 넘어졌어." 교사: "어?" 아동: "공이 떨어졌어."
	확장 요청하기	아동에게 완성된 구나 문장을 말하도록 한다.	아동: "공." 교사: "공이 어떻게 되었는데?" 아동: "공이 떨어졌어."
	반복 요청하기	아동이 바르게 말했을 경우에 다시 반복하도록 하여 강화하는 것이다.	아동: "공이 떨어졌어." 교사: "공이 떨어졌어." 교사: "다시 말해 볼래?" 아동: "공이 떨어졌어."
	주제 확대하기	아동에게 알아들었다는 표시를 해 주고 난 다음에 아동에게 좀 더 이야기하도록 요청하는 것이다.	아동: "공이 넘어졌어." 교사: "응, 공이 떨어졌구나!" 교사: "어디에서 공이 떨어졌는데?"
ⓑ 아동의 반응을 요구하지 않는 방법	아동의 요구 들어주기	아동이 요구한 사물을 집어 주거나 행동을 함으로써 아동의 말을 알아들었다는 것을 알게 한다.	아동: "색연필." 교사: 색연필을 준다. 아동: "밀어." 교사: 차를 밀어 준다.
	이해했음을 표현하기	아동이 말을 했을 때 고개를 끄덕이거나, "응." "그래." "그렇구나." "그랬니?" 하고 말해 주어서 아동의 말을 이해했다는 것을 알려 준다.	아동: "바지 샀어." 교사: "그렇구나!"
	모방하기	아동의 말을 그대로 모방함으로써 아동에게 알아들었다는 것을 표현한다. 특히 아동이 목표언어를 바르게 사용했을 때 "맞아." "그래." 등의 긍정적인 표현과 함께 아동의 말을 모방하여 준다.	아동: "공 떨어졌어." 교사: "그래, 공 떨어졌어."

확장하기	아동의 문장구조는 유지한 채로 문법적으로 바르게 고쳐서 다시 말해 준다.	아동: "누나." 교사: "누나 가."
확대하기	아동의 주제는 유지한 채로 정보를 더 첨가해서 말해 주는 것이다.	아동: "공." 교사: "노란 공."
분리와 합성	아동이 표현한 말을 작은 단위로 나누어서 말했다가 다시 합쳐서 말해 주는 것이다.	아동: "철수, 엄마하고 놀이터 가서 그네 탔어." 교사: "철수, 엄마하고 갔구나!" "엄마하고 놀이터 갔구나!" "엄마하고 그네 탔구나!" "철수, 엄마하고 놀이터 가서 그네 탔구나!"
문장의 재구성	아동이 말한 문장의 뜻은 유지한 채로 문장의 형태를 재구성해서 말해 준다.	아동: "아빠하고 유치원에 왔어." 교사: "아빠가 유치원에 데려다 주셨구나!"

출처: 김영태(2006), pp. 310-311; 박승희 외(2008), pp. 213-215에서 발췌 · 재구성함.

2) 환경중심 언어중재법

두 번째로 소개하고자 하는 환경중심 언어중재법(milieu language intervention; Hart & Risley, 1975)은 기능적인 의사소통을 자연스럽게 유도할 수 있는 자연스러운 환경 속에서 아동의 관심과 흥미에 따라서 언어중재를 한다는 다소 포괄적인 중재 접근법으로, 1980년대 이후의 많은 연구자가 언어장애아들에게 효과적이라고 보고한 여러 가지 기법을 종합한 것이다(김영태, 2006; Hart & Risley, 1975; Rogers-Warren & Warren, 1980).

이들 연구자는 환경중심 언어중재법을 결핍 아동들(Hart & Riley, 1975), 언어발달지체 아동들(Rogers-Warren & Warren, 1980), 중증 지적장애 아동들(Halle, Baer, & Spradlin, 1981; Halle, Marshell, & Spradlin, 1979) 그리고 자폐 아동들(McGee, Krantz, Mason, & McClanahan, 1983)에게 실시하였는데, 특히 발화 빈도, 반응도, 어휘 및 문장 등의 증가와 자극 일반화 및 상황 일반화의 증가에 대한 효과를 보고하였다. 환경중심 언어중재법의 구성 절차 또는 기법들은 다음과 같다(김영태, 2006).

(1) 아동 중심의 모델방법

환경중심 언어중재에서의 모델링은 아동 위주의 언어적 시범을 의미하는데, 이 기법에서 부모, 교사 또는 임상가는 우선 아동의 관심이 어디에 가 있는지를 살피다가 그 물건이나 행동에 같이 참여하면서(joint attention & joint activity) 그에 적절한 언어를 시범 보인다. 흔히 모델을 제시하기 전에 아동의 언어 사용에 대한 강화가 될 수 있도록 교재나 활동을 통제하였다가, 아동이 바르게 반응하면 언어적 확장과 강화(교재나 활동)를 제공한다. 아동이 바르게 반응하지 못하였을 때는 다시 모델을 제시하고 그에 따른 강화를 제공한다.

(2) 시간지연 기법

시간지연 기법(time-delay technique)에서는 부모, 교사 또는 임상가가 아동과 함께 쳐다보거나 활동하다가 아동의 언어적 반응을 가만히 기다려 주는 과정을 포함한다. 아동이 말해야 하는 상황임을 눈치채고 말하게 되면 그에 적절하게 교정 또는 시범을 보이는 것이다. 지연은 보통 3~5초간 하는데, 좀 더 나이가 많은 아동의 경우에는 10초 이상 지연하기도 한다. 만약 아동이 지연에 반응하지 않으면, 부모, 교사 또는 임상가는 다른 지연을 제시하거나 혹은 요구 모델 절차나 모델링을 사용한다. Halle 등 (1981)은 6명의 3~4세 발달장애 아동에게 시간지연 기법을 사용하여 자발적 발화의 증가 효과가 있었음을 보고하기도 하였다.

(3) 선 반응-요구-후 시범 기법

선 반응-요구-후 시범 기법(mand-model procedure)은 Rogers-Warren과 Warren (1980)에 의하여 일대일 언어훈련에서 학급으로의 일반화를 위하여 개발된 것이다. 앞의 모델방법에서와 같이 아동과 부모, 교사 또는 임상가가 함께 주목 또는 활동을 하다가 아동에게 언어적인 반응을 구두로 요구해 본 후에 시범을 보이는 것이다. 모델방법과 다른 점은 아동에게 반응할 기회를 주고 나서 언어적인 시범을 보인다는 것이다(앞의 〈표 13-4〉 중 직접적인 구어적 단서 참조).

(4) 우발교수

우발교수(incidental teaching procedures)는 환경중심 언어중재의 핵심적인 부분으로 아동의 의사소통 기능 및 기술을 증진시키는 데 매우 효과적인 방법이다. 부모, 교사 또는 임상가는 목표하는 의사소통 기능(예: 거부하기)을 가진 언어적 표현(예: "싫어요." "치워요.")을 자연스럽게 유도하는 상황(예: 흥미로운 장난감을 가지고 노는데 갑자기 그림

책을 제시한다)을 만들어 그 상황에서 바람직한 언어 또는 의사소통 행동을 학습하게
한다(김영태, 2006).

3) 놀이활동을 통한 의사소통 지도방법

언어발달이 지체된 아동의 경우에는 일반 아동보다도 부모 또는 교사와의 관계에서
더 자연스럽게 언어발달이 이루어질 수 있는 언어환경을 제공해 주어야 하는데, 놀이
활동은 언어적 요소를 많이 포함하고 있고 언어학습을 촉진시킬 수 있는 자연스러운
환경을 제공해 줄 수가 있어서 언어발달이 지체된 아동에게 매우 도움이 된다(이금진,
1997).

놀이활동은 특히 영유아의 의사소통 능력발달을 위하여 부모를 교육할 때 주요한
자료로도 활용될 수 있다. 그 필요성과 환경구성 방법, 놀이활동의 제시방법, 놀이활
동 계획, 놀이활동의 활용방법에 대해서 살펴보도록 한다(이금진, 1997, 2002).

(1) 놀이활동의 필요성

놀이활동은 영유아 시기에는 생활 그 자체이며, 이 놀이활동을 통하여 자신의 세계
를 탐색해 감으로써 지식과 기술을 습득하고, 이미 알고 있는 것을 연습해 보기도 하여
또 다른 새로운 정보들을 획득하게 된다. 또한 놀이활동은 아동으로 하여금 지식과 기
술을 습득하게 하는 가장 자연스러운 방법으로, 이를 통해 신체적·사회적 언어발달
이 자연스럽게 이루어지게 된다. 그중에서 특별히 놀이활동과 언어발달은 매우 밀접
한 관계를 가지고 있다. 놀이활동이 아동의 언어발달에 영향을 미칠 수 있는 몇 가지
의 요인을 살펴보면 다음과 같다.

- 놀이활동은 사회적인 활동으로 재미가 있다.
- 놀이활동에는 비언어적 의사소통이 포함되어 있다.
- 놀이활동은 대화의 필수요소인 차례 지키기(turn-taking)에 도움이 된다.
- 놀이활동은 반복적인 과정으로 같은 행동이나 말을 여러 차례 반복하게 되어 행
  동이나 말을 습득하기가 쉽다.
- 놀이활동은 여러 감각 통로를 통합하는 과정으로 언어학습을 촉진시킨다.

그러므로 놀이활동은 언어발달에 문제를 보이는 아동의 경우 언어 및 의사소통 능력 발달에 많은 도움을 줄 수 있다.

(2) 놀이활동을 위한 환경 조성

아동의 언어발달을 촉진시키기 위하여 놀이활동을 제공하고자 할 때 '환경구성'과 '제시방법'에 대해서 살펴보기로 한다.

① **놀이활동의 환경구성**

놀이는 놀이 공간에 있는 불필요한 모든 산만함을 제거하고, 가능한 한 조용한 방에서, 부드러운 조명이나 놀이 공간에 스포트라이트를 켜 놓은 방에서 아동이 집중을 더 잘할 수 있다. 놀이시간은 짧게 하여 아동이 싫증내거나 지치기 전에 놀이를 끝내야 하고, 하루에 2~3회의 짧은 놀이시간이 되게 한다. 그리고 책상 앞에 앉는 것보다 편안하게 바닥에 앉는 것이 더 재미있을 수도 있다.

② **놀이활동의 제시방법**

효과적인 놀이활동이 되기 위해서는 다음과 같은 사항들을 유의해야 한다.

- 부모가 아동과 눈높이를 맞추고 아동과 함께 놀이에 참여한다.
- 아동의 강점을 이용한다. 아동이 특별히 좋아하거나 잘할 수 있는 활동을 활용하여 아동과 놀이를 시도한다.
- 새로운 활동을 시도해 본다. 아동이 시도해 보지 않은, 아동의 현재 능력보다 약간 상위의 활동을 시도해 본다.
- 한 번에 너무 많은 게임이나 활동을 소개하지 않는다. 아동들에게는 한 번에 한 가지 활동에 집중하게 하는 것이 보다 효과적이다.
- 아동이 언어적 지시를 잘 이해하지 못한다면 시범을 보여 주거나 신체적인 도움을 준다. 이때 언어적 지시를 보다 간단하게 하고 아동과 특정한 활동을 할 때마다 동일한 핵심어나 행동을 해 준다. 이때 일상생활을 통한 의사소통 지도방법에서 소개된 맥락의 활용을 참고하면 도움이 된다.
- 활동을 작은 단계로 세분화하여 한 번에 한 단계씩 시도한다.
- 주위 사람, 예컨대 형제자매를 놀이에 동참시켜 행동이나 언어의 모델 제공자로

서의 역할을 담당하게 할 수 있고 놀이활동을 유도하게 할 수 있다.

- 아동이 할 수 있다고 생각되는 활동부터 시작하여 활동을 통해 성취감을 느끼게 하고, 보다 어려운 활동에 대해 계속 시도할 수 있도록 격려할 수 있다.
- 아동이 시도하고자 하는 활동과는 다른 놀이를 원할 경우에는 따라 준다.
- 아동의 행동에 대해 바람직하고 일관된 한계를 지어 준다. 예를 들어, 아동이 화장실의 물을 가지고 놀기 원한다고 하면, "안 돼."라고 말해 주고는 싱크대 또는 욕조의 물을 가지고 노는 방법을 보여 준다.

(3) 놀이활동 방법

아동과 놀이활동을 하는 동안 아동과 잘 조화된 부모나 교사의 태도는 곧 아동의 언어학습에 매우 중요한 역할을 담당한다. 놀이시간에 언어를 학습할 수 있고, 유익한 놀이활동 시간이 되기 위해서는 다음과 같은 방법으로 놀이활동을 실시하도록 한다. 다음의 방법들은 캐나다의 Hanen 프로그램에서 소개한 3A(Adapt, Add, Allow) 방법과 OWL(Observation, Wait, Listen) 방법에 초점을 맞춘 것이다(이금진, 2002).

① 순간 공유하기에 적응하기

부모 또는 교사가 순간 공유하기에 적응할 수 있을 때 아동에게 관심을 갖고 있다는 것을 알게 할 수 있고, 부모 또는 교사의 말이나 행동에 관심을 갖도록 유도할 수 있다. 그리고 아동과 부모 또는 교사가 서로 가깝게 느낄 수 있으며, 재미있는 시간을 함께 보낼 수 있다. 순간 공유하기를 위한 방법을 살펴보면 다음과 같다.

- 마주 보며 놀이한다.
- 아동의 행동이나 소리를 그대로 모방한다.
- 일어나고 있는 일에 대해 아동이 말하거나 말해 주었으면 하는 말을 설명해 준다.
- 어떤 일이 어떻게 일어나고 있는지에 대해 이야기해 준다.
- 질문을 활용하여 대화를 유지시킨다. 이때 질문은 아동이 이해하고 있어서 대답하기를 원하는 것을 먼저 한 다음에 대답을 기다린다. 대답이 없을 때는 모방할 수 있도록 언어적으로 답을 제시해 준다.
- 주고받기를 한다. 이때 아동의 웃음소리, 미소, 꿈틀거림까지도 아동의 의사표현으로 사용한다.

② 새로운 경험과 말을 첨가하기

새로운 경험과 말을 첨가했을 때 아동의 언어학습을 돕고 아동이 할 말을 아동에게 제공해 주게 된다. 새로운 경험과 말을 첨가하기 위한 방법은 다음과 같다.

- 행동 사용: 아동이 말하고 있는 단어를 신체를 사용하여 보여 준다.
- 이름 말해 주기: 활동이나 보는 사물에 대해 이름을 말해 준다. 아동이 관심을 갖고 있거나, 부모 또는 교사가 하는 행동 또는 방금 일어난 일이나 일어날 일에 대해서 말해 준다.
- 단어 또는 행동을 모방하거나 첨가: 아동이 한 행동이나 말을 모방한 후에 다른 단어나 행동을 첨가한다.
- 중요한 핵심 단어 사용: 중요한 단어를 강조하여 말해 준다.
- 반복: 같은 행동이나 단어를 사용할 수 있는 여러 가지 다른 방법을 찾아본다.
- 새로운 개념 첨가: 아동이 이미 알고 있는 행동이나 단어를 기초로 하여 세계에 대한 이해를 넓혀 주고 아동에게 사고하고 말하는 새로운 방법을 제공해 준다.
- 일어난 일에 대해 이야기한다(예: "차가 빠르게 가네.").
- 설명해 준다(예: "자동차 바퀴가 부서져서 움직일 수가 없어.").
- 미래에 대한 이야기를 한다(예: "우리 내일 차 타고 가자!").

③ 아동이 이끄는 대로 따라 해 보기

아동이 이끄는 대로 따라 해 보기란 앞에서 살펴본 아동 주도의 의사소통 행동과도 유사한 점이 많다. 이를 위해서는 다음과 같은 시간을 반드시 가져 보도록 한다.

- 관찰하기: 아동이 관심을 가지는 것과 느끼는 것에 대해 관찰해 본다(아동이 쳐다보는 것, 얼굴의 표현, 몸짓).
- 기다리기: 아동이 무엇을 할 것인지에 대하여 기다려 준다. 이 시간 동안에 아동 자신이 스스로 수행하는 데 필요한 시간을 제공해 주게 된다.
- 청취하기: 아동이 말하려는 것에 대해 잘 살펴보면 아동이 말하기 원하는 것을 잘 들을 수 있게 된다.

4) 스크립트 문맥을 통한 언어 및 의사소통 지도방법

(1) 스크립트 문맥

스크립트(script)란 '어떤 특정한 문맥 속에서 진행되는 단계적인 일련의 사건들을 설명하는 구조'(Schank & Abelson, 1977)로, 일상적인 상황 문맥은 그 즉각적인 상황에 대하여 화자 간에 공유하는 상황 지식을 제공해 주며, 그 결과 아동에게 그 상황에서 늘 쓰이는 상황적 언어를 배우는 학습의 기회를 제공해 준다(김영태, 2006).

스크립트를 사용할 때 Kim과 Lombardino(1991)는 스크립트 안에서 주고받는 대화(turn-taking)의 기회를 많이 가질 것, 상황적 언어를 활동 속에서 많이 사용할 것 그리고 아동이 일단 스크립트에 익숙해지면 의도적으로 스크립트를 위반하는 사건을 만들어 아동의 자발적인 언어를 유도하기를 권유하고 있다.

(2) 스크립트 문맥의 활용 절차

스크립트 문맥을 활용하기 위해 필요한 절차는 다음과 같다(김영태, 2006).

- 단기적인 목표언어의 구조를 계획한다.
- 아동에게 익숙하며, 주제가 있는 일상적인 활동(스크립트)을 선정한다.
- 선택한 스크립트 속에 포함될 하위행동들을 나열한다.
- 선택한 하위행동마다 구체적인 목표언어를 계획한다.
- 불필요한 하위행동을 삭제한다.
- 목표언어를 유도할 수 있는 상황이나 발화를 계획한다.
- 계획한 활동들을 체계적으로 변화시키면서 여러 회기 동안 반복하여 실시한다.

(3) 스크립트의 예

생일잔치 스크립트의 예를 〈표 13-5〉를 통해 살펴보도록 한다.

〈표 13-5〉 생일잔치 스크립트의 예

스크립트	하위행동	유도 상황/발화	가능한 목표언어	목표언어 구조	
				의미관계	화용적 기능
생일잔치	상자에서 케이크/ 작은 빵 꺼내기	잘 안 열리는 케이크 상자를 아동에게 준다.	"케이크/빵 꺼내 주 세요." "이거 열어 주세요."	대상-행위	물건요구
	상자 위에 케이크 올려놓기	케이크를 다시 상자 속이나 책상 아래에 놓으려고 한다.	"위에 놓아요."	장소-행위	행동요구
	초 꽂기	초를 꽂지도 않고 성 냥을 켜려고 한다.	"초/이거 꽂아요."	대상-행위	행동요구
	성냥으로 촛불 켜기	"이걸로 뭐 할까?"	"성냥 켜요." "촛불 켜."	대상-행위	행동요구
	생일 노래 부르기	"누가 노래 부를까?"	"선생님이 부르세요."	행위자-행위	행동요구
	촛불 끄기	"누가 촛불 끌까?"	"내가 불래요."	행위	요청
	초 빼기	"누가 뺄까?"	"내가 뺄래요."	행위자-행위	주장
	칼로 자르기	"선생님이 자를까?"	"내가 자를래요."	행위자-행위	주장

출처: Kim, Yang, & Hwang (2001): 김영태(2006), p. 358 재인용.

5) 부모교육 프로그램을 통한 언어 및 의사소통 지도방법

언어 및 의사소통 장애 영유아들이 하루의 많은 시간을 집에서 부모와 함께 지내게 됨으로써 부모와의 의사소통 기회가 더 많아 부모의 효과적인 역할 수행이 매우 중요한 의미를 지니고 있다(이성희, 전길양, 2004). 발달이 지체되는 영유아들의 언어 및 의사소통 장애문제를 해결하기 위하여 제공되는 부모교육 프로그램에 대한 연구들은 그다지 많지는 않으나 그 효과는 입증되고 있다.

이금진(2007)의 연구에서는 발달지체 영유아들에게 개별 언어치료를 제공함과 동시에 그들의 어머니에게도 소집단 부모참여 프로그램을 실시하고 비디오 피드백을 위주로 한 개별상담을 제공하였다. 연구 결과, 소집단 부모참여 프로그램에 참가한 영유아와 그 부모의 상호작용 행동과 영유아의 언어능력이 향상되었다. 이금진(2007)의 연구에서 사용된 소집단 부모교육 프로그램의 예는 〈표 13-6〉과 같다.

〈표 13-6〉 **소집단 부모교육 프로그램의 구성 예**

회기	교육 내용	실시방법
시작 회기	• 부모참여 프로그램의 목적 및 목표 • 부모참여 프로그램의 참여시간 및 소집단 구성	
1	• 부모참여 중재의 필요성 　- 부모의 태도 변화시키기 • 부모참여 중재 전과 후의 아동과 부모의 놀이과정을 담은 샘플 비디오 관찰 　(비디오 관찰 후 중재 전과 후의 차이점 적어 보기)	강의 및 비디오 관찰
2	• 영유아의 의사소통 발달 　- 영유아의 의사소통 발달 순서 이해 　- 영유아의 의사소통에 대한 프로파일 작성해 보기 • 영유아의 의사소통 기능 　- 영유아의 의사소통에 대한 기능 이해 　- 의사소통 기술 증진의 목표 설정(영유아의 의사소통표 작성해 보기)	강의 및 토론
3	• 영유아의 의사소통 증진 전략 　- 낱말단계 영유아 언어지도: 영유아의 언어발달 수준에 따라 의사소통 능력 증진을 위한 질문방법 연습하기 • 가정에서의 전략 사용 후 발표 및 토의 준비(가정에서 비디오 촬영해 오기)	강의
4	• 영유아의 의사소통 증진 전략 　- 놀이활동을 통한 의사소통 지도 　- 놀이활동을 통한 의사소통 지도에 관한 비디오 관찰	강의 및 비디오 관찰
5	• 첫 번째 개별상담	강의 및 비디오 관찰
6	• 가정에서의 적용에 대한 토의: 지난 회기에서 배운 내용을 집에서 실시해 본 결과 발표 • 적절한 언어 촉진 방법 및 중재전략 학습 재강의	비디오 관찰 및 토의
7	• 영유아의 상호작용 기술 　- 질문, 지시, 반응 기회 시 주의사항 　- 행동에 반응할 때의 주의사항 • 영유아와의 관계 형성 방법 • 부모가 아동의 현재 언어기술에 대한 평가를 보면서 중재자로서의 자신의 역할 점검(중간평가를 위해 가정에서 아동과의 상호작용 비디오 녹화해 오기 과제 부여)	강의 및 토론
8	• 두 번째 개별상담	강의, 비디오 촬영 및 피드백

9	• 아동의 진전에 대한 토론 • 아동과 부모가 의사소통하는 장면을 비디오로 녹화한 것을 보면서 상호작용 분석하기	토의 및 비디오 분석
10	• 일상생활에서의 의사소통 지도(다음 회기까지 장애를 가진 자녀와 그 형제 자매 또는 또래와의 상호작용을 관찰해 오는 과제 부여)	강의 및 비디오 관찰

11	• 의사소통 중재 어려움에 대한 토의
	  - 의사소통 중재와 관련하여 경험하고 있는 특별한 어려움 나누기
	  - 함께 문제 해결 방안 모색
	• 형제자매 또는 또래 친구와의 상호작용 관찰 결과 발표
		토의 및 발표

12	• 세 번째 개별상담	강의, 비디오 촬영 및 피드백
종결회기	• 프로그램 종료모임 및 만족도 평가	

출처: 이금진(2007), pp. 57-59.

6) 학령기 또래아동과의 사회-의사소통 촉진방법

지적장애 아동의 사회-의사소통 발달을 증진시키기 위한 방법으로는 여러 가지가 있으나, 대표적인 것으로는 언어교수 이전 인지적 기초능력의 습득을 전제로 하는 인지적 접근방법과 기능적인 언어 사용을 강조하는 화용적 접근방법으로 나누어 볼 수 있다. 이 절에서는 지적장애 아동의 의사소통 능력을 발달시킬 수 있는 방법으로 화용적 접근방법 또는 기능적 접근방법에 강조점을 둔 또래아동과의 사회-의사소통 촉진 방법에 대해 살펴보기로 한다.

화용적 접근방법은 학생이 기능적으로 곧 사용할 수 있을 만한 언어나 의사소통 수단을 실생활이나 그와 유사한 환경 속에서 먼저 지도하고자 하는 것이다. 타인과의 상호작용을 중시하고, 언어의 훈련 상황이 학생의 실제 생활환경과 가능한 한 유사하게 될 수 있도록 배려하면서 훈련할 목표언어의 기능적인 측면을 고려한다.

김영태(1997)는 다음과 같은 요소를 화용적인 언어중재의 기본 원칙으로 설명하고 있다.

• 자연스러운 상황에서 언어훈련을 실시하여 학생의 반응 결과로 발생하거나 학생의 정상적인 환경 내에 존재하는 자연적인 강화물이나 강화방법을 사용한다.
• 발달의 위계만을 무분별하게 고집하는 것은 부적절하나 일반 학생의 언어발달은

훈련목표에 지침이 될 수 있다.
- 교재와 과제 혹은 대화 주제 선택에 있어서 학생의 주도적인 의사소통 행동에 따라 중재하는 것은 학생의 참여를 도와주며 적극적인 의사소통자의 역할을 촉진해 줄 수 있다.
- 학생의 일상생활 속에서 의사소통을 하기에 충분한 여러 가지 기능을 습득시키기 위해서 비구어적·구어적 맥락을 활용한다.

한편, 지적장애 아동들의 의사소통 기술을 촉진시키는 방법으로 여러 가지가 있으나, 여기에서는 교사의 개입이 가장 적은 최소제한환경(LRE) 개념의 순서에 따라 다음과 같이 네 가지 유형으로 분류해서 고찰하고자 한다(이소현, 2002; Brown, Odom, & Conroy, 2001; Conroy & Brown, 2002; Odom, Zercher, Marquart, Sandall, & Wolfberg, 2002).

(1) 학급대상 중재: 환경구성
학급대상 중재란 아동들의 또래 상호작용을 촉진하기 위해 환경을 체계적으로 구성하는 것으로, 학급 전체의 물리적·사회적 상황을 의도적으로 변화시키는 것을 의미한다. 특히 최근에는 장애 아동에 대한 또래들의 태도에 영향을 미치기 위한 전략(Favazza & Odom, 1997)도 포함되고 있다. 이 방법을 사용하기 위한 방법으로는 다음과 같은 전략을 활용할 수 있다. 첫째는 발달상 적합한 교재, 둘째는 교실의 물리적인 요소, 셋째는 활동의 구조화, 넷째는 사회적으로 유능하고 반응적인 또래의 존재이다. 장점으로는 환경구성에 실행이 용이하고 부작용이 없으며, 교사들이 직접적인 중재를 실행하기보다 환경구성을 선호하고 있다는 연구 보고가 있고, 좀 더 강력한 교수방법인 직접적인 교수(예: 교사 및 또래 주도의 중재)와 함께 또래-의사소통 능력을 증진시킬 수 있다.

따라서 지적장애 아동의 사회-의사소통 능력을 증진시키기 위해서는 활동과 공간이 또래와의 참여를 촉진하도록 구성되어야 하고, 적극적인 참여를 유도하기 위해서 교재가 발달상 적합해야 한다. 그리고 무엇보다도 그들의 의사소통적 시도의 노력이 보상될 수 있도록 사회적으로 반응적인 또래들과 함께 지내도록 해 주어야 한다.

(2) 자연적 중재

자연적 중재(naturalistic intervention)는 사회적 상호작용 및 의사소통 기술의 교수를 위해서 사용되어 온 방법들 중 '자연적인 교수법(naturalistic teaching)'으로 분류되는 방법들을 의미한다. 자연적 중재는 방법론적 측면에서 다음과 같은 특성을 지닌다. 첫째, 학급 내 놀이활동과 같은 자연적인 상황에서 발생한다. 둘째, 아동이 특정 사회적 기술을 보이거나 또래 문화에 참여할 수 있는 기회를 포착해야 한다. 셋째, 필요한 자원이 발생하거나 제공될 수 있도록 활동을 구성해야 한다. 넷째, 학습 기회에 참여함으로써 발생하는 자연적 결과가 아동에게 흥미롭고 보상적이어야 한다.

자연적 중재의 방법으로는 우발교수(incidental teaching)와 우정활동(friendship activities)을 들 수 있다. 이들 방법은 자연적 중재의 방법에서 가장 많이 사용되는 방법으로 다음과 같은 절차에 따라 사용된다(Brown, McEvoy, & Bishop, 1992; Brown et al., 2001).

먼저 우발교수를 살펴보면, 첫째, 지적장애 아동이 놀이활동 중에 있는 다른 아동들 근처에 있게 함으로써 또래 상호작용에 참여할 수 있는 기회를 구성한다. 둘째, 다른 아동의 놀이나 학습에 관심을 보일 때까지 기다린 후, 사회-의사소통 행동을 보이도록 촉진한다. 셋째, 필요하다면 아동의 반응을 정교화하거나 시범을 보인다. 넷째, 긍정적인 피드백이나 칭찬을 제공한다. 이 중재의 장점으로는 적용이 용이하고, 전략의 특성이 아동 주도적이면서 자연적인 후속결과가 적절한 행동을 강화하고 유지시켜 준다는 것이다.

두 번째 중재방법인 우정활동이란 집단 애정활동이나 집단 사회화 등으로 사용되어 온 상호작용 증진을 위한 개별화된 자연적 교수법들을 총칭하는 용어이다. 노래나 게임, 활동 등에 친사회적인 반응을 삽입함으로써 교사가 직접 활동을 수정하고 실행하는 것이다. 교사의 직접적 교수는 또래 상호작용을 격려하고, 긍정적인 또래 상호작용을 관찰할 수 있도록 사회적 행동에 대한 또래 모델을 제공하며, 또래 상호작용과 관련된 친사회적 행동을 연습시키고, 또래 상호작용을 인지하고 칭찬하는 것을 포함한다(Brown et al., 1992).

여기에서 우발교수와 우정활동의 유사점과 차이점을 살펴보면, 유사점은 새로운 사회-의사소통 기술을 학습하고 이미 학습한 기술을 정교화하고 일반화할 수 있는 부가적인 기회를 제공한다는 것이다. 그러나 우정활동은 매일 10~15분 동안 집단을 대상으로 실시되기 때문에 교사의 더 많은 준비를 필요로 하며, 우발교수보다 더 많은 사회-의사소통 기술의 기회를 제공할 수 있다는 차이점이 있다.

(3) 사회적 통합활동

사회적 통합활동(social integration activities)은 앞의 자연적 중재와 유사한 방법이다. 이 활동은 소집단의 아동들이 특정 놀이활동을 하도록 구성함으로써 또래 관련 사회-의사소통 행동을 증가시키는 방법이다(Frea, Craig-Unkefer, Odom, & Johnson, 1999; Odom & Choi, 1998). 교사가 2~3명의 사회적 및 의사소통 기술이 우수한 또래들을 선정하여 1~2명의 대상 아동들과 함께 교실의 정해진 구역에서 짧은 시간 동안 구조화된 사회적 활동을 하게 하는 것으로, 교사는 활동을 계획하고 소개하는 역할을 하지만 놀이에 함께 참여하지는 않는다. 그리고 점차적으로 활동에서 빠져나감으로써 아동들이 스스로 활동을 주도하게 해 준다. 따라서 사회적 통합활동은 사회적 상호작용에 어려움을 보이는 아동들이 교사와 또래로부터 체계적인 지원을 받게 해 주며, 이러한 지원적 상호작용 맥락에서 사회-의사소통 능력이 뛰어난 또래들의 놀이를 관찰하고 함께 놀이 및 상호작용에 참여하면서 긍정적인 또래 상호작용 경험을 하게 한다. 이 경우 자연적 중재에서의 사회적 상호작용 증진과의 차이점으로는 활동 자체가 좀 더 구조적이고 정교화되며, 일반 또래아동의 모델링 역할이 중요하다는 것이다.

이 방법은 교사가 얼마나 활동을 잘 계획하고 실행하는가에 따라 결정된다. 그러므로 교사는 사회적 통합활동의 실행을 위해 다음과 같은 기본적인 요소 네 가지를 포함해야 한다. 첫째, 또래 상호작용에 문제를 보이는 아동과 사회적으로 반응적이고 능력 있는 또래들을 활동에 함께 참여하게 한다. 둘째, 정해진 장소에서 약 5~15분의 짧은 시간 동안 활동을 실시한다. 셋째, 긍정적인 놀이 경험이나 또래 상호작용을 위한 다양한 기회가 제공되는 활동을 선정한다. 넷째, 놀이 주제를 소개하고 촉진이나 비계설정(scaffolding) 전략을 사용하여 또래들과 상호작용하도록 체계적으로 유도한다. 사회적 상호작용 활동에 적절한 활동으로는 기능활동, 구성활동, 사회극놀이, 규칙 있는 게임 등이 제시되고 있다(이소현, 2002; Odom & McEvoy, 1988).

(4) 교사 주도 및 또래 주도 교수

사회-의사소통 기술의 직접적 교수는 개별 아동에 따라서 특정 기술을 목표로 한 좀 더 집중적인 교수를 필요로 할 때 활용할 수 있으며, 이 훈련을 위해서는 교사 주도 및 또래 주도 전략이 사용된다. 이 교수는 주로 교사의 주의 깊은 계획과 실행을 통해서 소집단 규모로 특정 사회-의사소통 기술을 또래들과 어떻게 사용할 수 있는지를 시범 보임으로써 이루어지며, 교수 직후에는 학습한 기술을 연습할 수 있도록 사회적 통합으로 연결시킨다.

첫째, 교사 주도 교수는 교사들이 대상 아동의 사회-의사소통 기술의 사용을 직접 촉진하고 상호작용에 대한 긍정적인 피드백과 칭찬을 제공하는 방법이 사용된다. 또한 또래 상호작용 훈련집단을 구성해서 역할놀이나 집단놀이 등을 주도하며 특정 기술들을 교수하기도 한다. 둘째, 또래 주도 교수는 적절한 사회적 상호작용 기술을 지니고 있으면서 성공적으로 의사소통할 수 있는 또래들을 선정하여 또래들이 중재자의 역할을 할 수 있게 하는 방법이다. 이 교수를 위해서는 적절한 또래의 선정, 또래훈련, 목표기술이 잘 사용될 수 있는 환경구성, 또래들의 역할이 지속될 수 있도록 하는 긍정적인 피드백 제공이 필요하다(이소현, 2002 재인용).

이상과 같이 지적장애 아동들의 사회-의사소통 발달을 위하여 적용되는 화용적인 방법은 앞서 살펴본 기능적인 진단 및 교수계획, 화용적인 교수방법 등을 통하여 발달을 도울 수 있다. 그리고 무엇보다도 지적장애 아동이 최선의 자아를 실현하도록 돕기 위해서는 장애 아동, 일반 아동, 일반교사, 특수교사, 일반 아동의 부모, 장애 아동의 부모, 교육행정가 간의 협조와 이해가 요구되며, 지역사회 및 지역학교와 더불어 모든 생활과 교육이 함께 이루어져야 한다.

4. 보완대체의사소통 개념과 지도방법

1) 보완대체의사소통 개념

사람들은 다양한 목적에서 의사소통을 하며 때때로 한 번에 하나 이상의 목적을 위해 의사소통을 한다. 이러한 의사소통 기술은 타인의 행동 조정을 위한 요구와 바람 표현, 타인과 정보를 공유하기 위한 정보전달, 타인과의 관계 형성 및 유지를 위한 사회적 친밀감, 사회적 관습을 따르기 위한 사회적 에티켓(Light, 1988), 자신의 생각을 상기시키고, 반복 또는 반추하기 위한 자신과의 의사소통(Beukelman & Mirenda, 2013)이라는 다섯 가지 의사소통 목적을 가지고 있다.

그러나 지적장애 아동의 경우, 대부분의 아동이 사회적 상호작용이나 학습적 상호작용을 위하여 의사소통의 목적에 맞는 자신의 의사표현을 하는 데 많은 장애를 나타내고 있다. 그러므로 이러한 말이나 글을 통해 독립적으로 의사표현을 할 수 없는 사람의 자기 표현력을 증진시키기 위해 제스처나 발성, 얼굴표정, 머리 끄덕임, 지적하기 등의 비언어적인 방법을 사용하거나, 그림, 사진 낱말판 등의 의사소통판이나 컴퓨터 보조기구를 활용하여 표현능력을 신장시킬 수 있고, 주변과 의사소통 및 상호작용에 참여할 수 있는 수단을 제공함으로써 언어발달을 촉진하고, 학습활동 및 사회적 관계에서의 참여도를 높이기 위하여 보완대체의사소통 방법을 사용할 수 있다(이소현, 박은혜, 2016).

보완대체의사소통(Augmentative and Alternative Communication: AAC)의 정의를 살펴보면, McCormick(2003)은 보완대체의사소통이란 표현적 의사소통의 결함을 보상하기 위하여 사용되는 다양한 중재를 의미하는 용어로, 여기서 '보완'이란 개인의 말을 강화하기 위하여 중재로 사용되는 방법과 도구를 의미하며, '대체'란 구어를 습득하지 못하였거나 습득할 수 없는 사람을 위하여 말을 대신하여 사용되는 기술의 적용을 의미한다고 하였다. Mirenda(2001)는 보완대체의사소통 체계는 의사소통판, 지갑, 폴더, 음성출력기, 컴퓨터와 같은 보조도구를 사용하거나 보조도구를 사용하지 않는 자연적인 몸짓, 수화, 발성과 같은 특정 방법을 통하여 아동의 의사소통 성과를 향상시키고자 하는 모든 시도를 의미한다고 하였다. 과거에는 이러한 보완대체의사소통을 지도하면 구어의 발달을 저해할지도 모른다는 오해 때문에 뒤늦게 적용되는 사례가 많았지만, 최근에는 유아기에도 언어 발달 및 상호작용을 촉진하고자 도입하는 경우가 늘고 있고, 최근에 들면서 점점 더 많은 말/언어장애 아동에게 사용되고 있으며 실제로 그 효과가 입증되고 있다(이소현, 박은혜, 2016; Binger & Light, 2006; Millar, Light, & Schlosser, 2006).

Lloyd와 Kangas(2010)는 보완대체의사소통 체계란 ① 표현을 위한 일련의 상징 또는 어휘 목록, ② 상징을 선택하기 위한 방법, ③ 상징을 전달하는 방법의 세 가지 구성요소로 이루어지고 있으며, 이 요소들은 그 각각에 있어서 매우 다양하다고 하였다. 즉, 아동이 메시지를 입력하기 위하여 조작하는 방법과 그 수준이 다양할 뿐만 아니라 메시지가 표현되는 상징체계 자체도 매우 다양하다는 것이다. 예를 들어, 어떤 AAC 사용자는 스위치, 헤드포인터, 조이스틱 등으로 단순하게 조작함으로써 선택하거나 예/아니요 대답으로 자신의 의사를 표현할 수도 있고, 또 어떤 AAC 사용자는 상징 조합으로 문장을 만들거나 타자를 치는 등 더 높은 수준의 신체적·인지적 능력을 필요로 하기도 하며, 또한 표현방법도 그림, 사진, 단어나 문장, 상징, 음성출력 등 다양한 방법으로 사용된다는 것이다. 따라서 AAC를 지도할 때 교사가 간단하게 제작해서 사용할 수 있는 단순한 형태로부터 고도의 기술이 적용된 시판되는 상품에 이르기까지 매우 다양한 도구가 사용될 수 있다. 최근에는 크고 무거운 기존의 상업용 의사소통 도구 대신 휴대폰이나 아이패드 등에서 의사소통을 지원하는 다양한 프로그램이 선보이고 있으나(예: proloque2Go), 우리나라는 아직까지 전자 의사소통 도구를 거의 수입품에 의존하고 있으므로 그 사용에 한계가 있으며, 앞으로 우리의 언어와 문화에 적합한 도구의 개발 및 사용을 활성화하기 위한 노력이 요구되고 있다(박은혜, 김정연, 김주혜, 2005 재인용).

2) 보완대체의사소통 지도

(1) AAC 평가방법

Binger와 Kent-Walsh(2010)는 보완대체의사소통 지도를 위한 AAC 평가의 기본 원리로 ① 모든 사람은 의사소통할 수 있으며 또한 의사소통을 한다, ② AAC 사용자와 가족의 필요와 요구에 반응해야 한다, ③ AAC 사용자의 가족과 관련 전문가로 구성된 협력적 팀을 이루어 실시해야 한다, ④ 기능적이고, 일상생활에서 이루어지는 실제 활동에 초점을 두어야 한다, ⑤ 장애 자체가 아니라 장애의 기능적인 측면에 초점을 두어야 한다, ⑥ AAC 사용자의 강점과 능력에 초점을 두어야 한다, ⑦ AAC 사용자의 능력에 맞는 AAC 체계 적용에 초점을 맞추어야 한다, ⑧ 간소화 법칙을 지켜야 한다, 즉 절약적인 방법을 통해 단순하고 간결한 원칙으로 진행되어야 한다, ⑨ 평가는 지속적으로 진행되어야 한다, ⑩ AAC 평가를 통해 긍정적인 변화가 나타나야 한다라는 10가지를 말하고 있다.

AAC 사용자의 전체적인 평가를 위해서는 자세 및 앉기 능력 평가, 운동능력 평가, 인지능력 평가, 언어 및 의사소통 능력 평가, 문해(읽기/쓰기)능력 평가, 감각/지각 능력 평가 등이 있다(박현주 역, 2017). 그러나 이 절에서는 주로 언어 및 의사소통 능력을 중심으로 한 AAC 평가하기를 소개하기로 한다.

언어 및 의사소통 능력 평가에서는 AAC 상징을 이해하고 사용하기 위해서 아동에게 맞는 반응 형태와 어휘의 선택이 중요하기 때문에 AAC 적용대상자의 표현언어와 수용언어에 대한 평가가 필요하며, 대상자의 한 낱말 어휘능력뿐 아니라 일반적인 언어 구조(즉, 형태소나 구문)의 사용을 평가해야 한다. 특히 학교에 다니는 학생의 경우,

기능적 중재 접근법에서는 언어문제의 원인이자 해결책으로 아동을 바라보기보다는 아동과 아동의 언어 사용 학습전략, 맥락적 요구, 다른 사람의 기대, 상호작용, 맥락 그리고 아동의 의사소통 대상자를 모두 포함하는 전체론적인 관점을 강조한다(김영태, 이윤경, 정부자, 홍경훈, 2016).

김영태, 박은혜, 한선경, 구정아(2016a)의 한국 보완대체의사소통 평가(Korean AAC Assessment: KAA)에서 효과적인 AAC 평가 및 중재를 위한 절차를 살펴보면 다음과 같다. 첫째는 AAC 사용자와 가족, 언어치료사, 특수교사, 보조공학사, 물리치료사, 작업치료사, 일반교사, 특수보조교육원(특수교육실무사), 사회복지사, 직업재활사 등으로 구성된 핵심 AAC 팀을 만든다. 둘째는 초기면담을 통해 AAC 사용자에 대한 기본 정보 및 발달사항, 현재와 과거의 치료 및 교육활동, 감각 및 운동·언어능력, AAC 사용 경험 등에 대한 정보를 얻는다. 셋째는 공식평가와 의사소통하는 환경과 맥락에서의 관찰을 통한 AAC 사용자의 언어 및 의사소통을 평가한다. 넷째, 언어 및 의사소통 평가 결과를 기초로 하여 의사소통 단계 설정 및 단계별 평가와 세부 평가를 실시하여 감각 및 운동능력 평가, 상징이나 의사소통판, 도구와 관련된 평가들을 실시한다. 다섯째, 사용자와 가족, 교사로부터 얻은 평가 및 진단 정보와 의사소통 요구를 검토한 후, 이를 토대로 사용자에게 가장 적절한 의사소통 도구가 무엇인지, 어떠한 도구를 제공해야 할지, 제공되었을 때 예상되는 점들을 고려하여 가장 적합한 의사소통 도구를 선정하는 사용자 특성에 맞는 의사소통 도구를 평가한다. 여섯째, 앞의 자료를 활용하여 중재환경과 목표를 설정한다.

앞서 살펴본 이러한 절차 속에서 언어 및 의사소통 능력을 평가하기 위한 방법으로 KAA에서 소개하는 AAC 환경 및 어휘조사와 선호도 조사방법과 자연스러운 환경 및 맥락에서의 관찰, 의사소통 기능 표본 수집, 언어평가를 통한 언어 및 의사소통 능력 평가방법을 살펴보고자 한다.

① AAC 환경 및 어휘조사, 선호도 조사

AAC 사용자의 일상활동 및 AAC 사용환경을 분석하고 필요한 어휘를 수집하기 위해서는 〈표 13-7〉의 활동 스케줄표와 〈표 13-8〉의 환경 어휘 기록지에 수집된 정보를 기입한다.

〈표 13-7〉 **활동 스케줄표**

월요일부터 일요일까지 AAC 사용자의 시간과 일정을 기입한다. 각 일정 아래 칸에 장소 및 대화 상대자를 기입한다.

출처: 김영태 외(2016a), p. 41.

〈표 13-8〉 **환경 어휘 기록지**

- 날짜: '환경 어휘 기록지'를 작성한 날짜를 기입한다.
- AAC 사용자: AAC 사용자의 이름을 기록한다.
- 작성자: '환경 어휘 기록지'를 작성한 사람의 이름을 기입한다.
- 정보 제공자: 만약 치료사가 면담을 통해 작성했을 경우, 정보 제공자의 이름을 기입한다.
- AAC 사용 환경: AAC를 어디서 사용할 것인지에 대한 AAC 환경을 기입한다.
- 시간: 활동 시작 시간부터 활동이 끝나는 시간까지 주요 활동 시간을 기입한다(예: 가정에서 AAC를 사용할 경우, 7시 기상 시간부터 10시 취침 시간까지 주요 활동 시간을 기입한다).
- 활동: 활동 시작 시간부터 활동이 끝나는 시간까지 주요 활동 내용을 기입한다(예: 가정에서 AAC를 사용할 경우, 기상, 씻기, 아침식사, 운동, 취침 등을 기입한다).
- 장소 및 대화 상대자: 각 활동이 일어나는 장소와 대화 상대자를 기입한다(예: 기상 장소는 AAC 사용자의 방, 대화 상대자는 배우자, 어머니 등이 될 수 있다).
- AAC 사용자가 표현하고 있는 어휘 및 형태: 각 활동의 시간에 AAC 사용자가 현재 표현하고 있는 어휘 및 의사소통 형태를 기입한다.
- AAC 사용자가 필요한 어휘: 각 활동에서 AAC 사용자가 표현해야 하는, 표현하고 싶어 하는 어휘들을 기입한다(예: 기상 시간에 AAC 사용자에게 필요한 어휘는 '더 자고 싶어요' '목말라요' '배고파요' 등이 될 수 있다).

출처: 김영태 외(2016a), p. 41.

그리고 평가 및 중재 시 대화 상대자와 면담을 통하여 〈표 13-9〉의 선호도 조사 기록지에 기록하도록 하고 각 항목마다 특이한 사항은 따로 옆에 기록한다. AAC 사용자의 선호도를 파악하면, AAC 사용자들의 동기 유발과 참여도를 높일 수 있다.

〈표 13-9〉 **선호도 조사 기록지**

- 날짜: '선호도 조사'를 작성한 날짜를 기입한다.
- AAC 사용자: AAC 사용자의 이름을 기록한다.
- 작성자: '선호도 조사'를 작성한 사람의 이름을 기입한다.
- 정보 제공자(관계): 만약 치료사가 면담을 통해 작성했을 경우, 정보 제공자의 이름을 기입한다. 작성자 또는 정보 제공자와 AAC 사용자와의 관계(예: 어머니, 아버지, 직장 상사 등)를 기입한다.
- 선호 활동
  - 자주 먹는 음식(좋아하는 음식): AAC 사용자가 자주 먹는 음식을 기입하고, 좋아하는 음식에

○ 표기를 한다.
- 자주 사용하는 물건(좋아하는 물건): 자주 사용하는 물건을 기입하고, 좋아하는 물건에 ○ 표기를 한다.
- 자주 하는 활동: 시간이 있을 때 자주 하는 활동(놀이, 취미 등)을 기입한다.
- 기타: AAC 사용자가 해당 카테고리 외에 선호하는 목록을 기입한다.

출처: 김영태 외(2016a), p. 42.

② 언어 및 의사소통 능력 평가

AAC 사용자의 언어 및 의사소통 능력을 파악하기 위하여 자연스러운 환경 및 맥락에서의 관찰, 의사소통 기능 표본수집, 언어평가 방법을 사용한다. 이를 살펴보면 다음과 같다.

- 자연스러운 환경 및 맥락에서의 관찰: 자연스러운 상황에서 AAC 사용자와 대화 상대자의 의사소통 행동을 관찰하여 의사소통의 기능 및 의사소통의 형태를 알아본다. 이때 '선호도 조사'를 통해 얻은 대상자가 좋아하는 활동이나 물건을 제시하고 대화 상대자와 의사소통하는 모습을 관찰하고, 가능하면 반복적인 행동 관찰 및 직접 관찰 시 놓쳐 버린 행동들을 확인하기 위해 비디오 촬영을 권한다. 그리고 이를 기초로 하여 비도구적 형태(표정, 제스처, 시선, 발성 및 기타 등)와 도구적 형태(사물, 사진 및 그림, 글자, 구어 등)를 파악한다.
- 의사소통의 기능 표본 수집: 의사소통의 기능 표본을 구하기 위해서는 환경을 구조화시켜 구체적인 의사소통 행동을 이끌어 내기 위한 기회를 의도적으로 제공한다. 의사소통 행동이 수긍하기, 부정 및 거부하기, 물건 요구하기, 행동 요구하기, 기분 및 감정 표현하기, 고르기, 인사하기, 질문하기, 설명하기 등을 나타내는지 그 기능을 평가하고, 이때에도 관찰 시 비디오 촬영을 권하고 있다.
- 언어평가: 현재 AAC 사용자가 가지고 있는 수용 및 표현 어휘, 의사소통의 형태, 구문능력을 파악하여 적절한 상징 및 어휘 항목을 선택하기 위해서는 의사소통 행동 관찰 및 표본을 분석하여 얻은 결과를 바탕으로 적절한 언어평가 도구를 선택하여 실시한다[예: K M-B CDI, 수용 어휘 검사, 표현 어휘 검사, 구문의미 이해력 검사, 학령 전 아동의 한국어 초기 읽기 능력 프로토콜(김영태, 2014) 등을 통하여 구문, 읽기, 쓰기 능력을 파악한다]. 이는 특히 학령기의 아동들에게는 꼭 필요한 평가도구이다.

(2) 중재방법

김영태 등(2016b)은 언어치료사(SLP) 또는 특수교사나 부모, 주위 사람은 아동이 의사소통 할 수 있도록 다음과 같은 방식으로 도와주어야 한다고 하였다.

- 사회적으로는 아동의 역할을 조정하고 적절한 역할의 시범을 보이거나 다양한 역할을 맡을 수 있는 상황을 만들어 준다.
- 정서적으로는 아동이 따돌림을 당하지 않도록 막아 주고 스스로 갈등을 해결하거나 다른 사람의 필요를 알아차리도록 돕는다.
- 기능적으로는 아동의 필요에 맞게 맥락을 조정해 주고 아동이 자신의 의사소통 목적을 이루도록 돕는다.
- 물리적으로는 아동이 최대한 참여할 수 있도록 환경을 배치한다.
- 의사소통적으로는 아동이 참여할 수 있는 스크립트를 제시한다.

이와 같은 중재목적은 언어 및 의사소통자들이 자신의 의사소통 수준에서 의사소통 능력을 향상시켜 주는 데 매우 중요하다고 할 수 있다. 김영태 등(2016a)의 한국 보완대체의사소통 중재(Korean AAC Intervention: KAI)에서는 앞에서 살펴본 한국 보완대체의사소통 평가(KAA)를 기초로 의사소통 단계를 1단계(전의도적 의사소통자), 2단계(목표지향적/비도구적 상징 의사소통자), 3단계(도구적 상징 의사소통자)의 세 단계로 구분하고 그 특징과 그에 따른 중재목표 및 중재방법을 다음과 같이 설명하고 있다.

① 의사소통 단계별 특징
- 1단계 의사소통자
  - 자신의 행동이 의사소통 상대자에게 영향을 미치는지 인식하지 못한다.
  - 주로 표정, 발성, 시선 등 비도구적인 행동으로 표현한다.
  - 의사소통 상대자가 의사소통자의 행동을 해석해야 한다.
- 2단계 의사소통자
  - 자신의 행동이 의사소통 상대자에게 미치는 영향을 인식한다.
  - 표정, 발성, 시선 등 비도구적인 행동으로 표현한다.
- 3단계 의사소통자
  - 자신의 행동이 의사소통 상대자에게 미치는 영향을 인식한다.

- 그림, 글자, 말, 물체 등 구체적인 상징이나 추상적인 상징으로 표현할 수 있다.

② 의사소통 단계별 중재목표

- 1단계 의사소통자 중재목표
  - 비도구적(예: 제스처)·도구적(예: 그림) 형태로 의사소통 상대자와 자발적이고 비촉진적인 '요구하기'를 하고, 습득된 '요구하기'를 지속시킨다(중재목표의 예: AAC 사용자는 제스처나 사진, 그림을 이용하여 자발적인 '요구하기'를 할 수 있다).
- 2단계 의사소통자 중재목표
  - 비도구적 상징(표정, 발성, 시선 등)으로 표현하고 있기 때문에, 도구적 상징(예: 사진이나 그림)을 제공하여 비도구적 및 도구적 상징으로 의사소통 기능을 증진시킨다(중재목표의 예: AAC 사용자는 놀이활동 시간에 '선택하기' 사진이나 상징 등과 같은 도구적 상징을 제공하여 비도구적 상징뿐 아니라 도구적 상징 표현을 증진시키도록 한다).
- 3단계 의사소통자
  - 이미 상징으로 의사소통을 하고 있는 단계이므로 AAC 사용자가 현재 사용하고 있는 상징을 파악하여 인지적으로 높은 단계에 있는 상징으로 전환시켜 주는 것(선화 → 글자)을 목표로 한다. 이때 중재목표는 AAC 사용자의 의사소통 기능 중 나타나지 않는 기능, 일부 발화가 나타날 경우에는 조음음운 능력을 향상시키기, 수용 및 표현 어휘 증진시키기, 구문론적 분석을 통하여 나타나지 않는 구문 유형, 의미론적 분석을 통하여 나타나지 않는 의미 유형 등을 선택하여 목표를 설정한다.

③ 각 단계에 따른 중재전략의 예

- 1단계 의사소통자
  - 1단계 의사소통자는 의도성이 있는 의사소통 행동을 나타내지 않기 때문에, 의사소통 상대자가 AAC 사용자의 행동을 의도적인 것처럼 지속해서 해석하고 반응한다면 점차적으로 의도적인 행동으로 표현하는 법을 배우게 된다.
  - 기본적인 의사소통 행동인 요구하기, 주의 끌기 신호의 사용 등을 지도한다.
  - 예를 들어, 자기선택 가르치기 단계의 전략은 다음과 같다. 첫째, 식당에서 식판 위에 강화 가능성이 있는 항목들(음식이나 음료수 등)을 올려놓는다. 둘째,

10~20초 정도 AAC 사용자가 닿을 수 있는 위치에 식판을 놓아두고 사물을 선택하도록 한다. 셋째, AAC 사용자가 손을 뻗거나 가리키면 이를 수용한다. 넷째, 항목이 선택되면 식판을 치우고 그 항목을 제공한 다음, 선택된 항목을 자료로 기록한다. 다섯째, 만일 10~20초 내에 반응이 없으면 식판을 치우고 기다렸다가 다시 시도한다. 여섯째, 네 번째 단계가 연속적으로 세 번 일어날 때까지 첫 번째 단계에서 여섯 번째 단계를 반복한다. 일곱째, 개인의 선호도가 무엇인지, 그리고 각각의 연습 세션을 얼마나 지속해야 하는지 결정하기 위해 3~4일 이상 반복한다.

- 환경적 교수, 우연적 교수인 자연적 교수전략을 사용하여 매일의 활동과 일과 속에서 기능적인 언어기술을 가르친다. 이러한 기술을 가르치기 위해서는 요구하도록 시간 지연시키기, 빠뜨리기/닿지 않는 곳에 물건 놓아두기, 불완전하게 제시하기, 행동 중단하기, 도움 지연시키기, 다른 항목 제공하기, 구어적 촉진 제공하지 않기 등의 방법을 사용하도록 권장하고 있다.

• 2단계 의사소통자
- 사진이나 상징 등과 같은 도구적 상징을 제공하여 비도구적 상징뿐만 아니라 도구적 상징표현을 증진시키도록 한다.
- 시각 스케줄을 활용하여 도구적 의사소통을 소개한다.
- 시각 스케줄의 작성방법으로는, 첫째, 가정, 학교 및 지역사회 환경에서 이루어지는 개인의 일상적인 스케줄을 파악하고 목록을 만든다. 둘째, 활동을 나타내기 위해 사용할 수 있는 상징을 선택하고 모은다. 셋째, 시각 스케줄을 담을 도구를 마련하고 상징을 배열한다. 넷째, 활동을 마친 후 끝마친 활동을 확인할 수 있도록, 시각 스케줄에서 활동상징을 마침 상자에 넣기 또는 상징을 떼거나 하는 방법을 마련하도록 하였다.
- 의사소통 기능, 즉 선택하기, 거부하기, 예/아니요 등을 지도하여 사회적 상호작용 능력을 신장시키도록 한다.

• 3단계 의사소통자
- 화제 구성 및 농담 등을 통한 의사소통 시도전략, 대화 단절 시 의사소통을 복구할 수 있는 능력을 신장시키기 위한 의사소통 능력 강화를 위한 대화기술을 중재한다. 그리고 '멋져' '안 돼' '대단해' 등의 감탄사나 언급하기 기술 등을 지도한다.

- 문법적인 형태소와 구문을 지도한다.
- 읽기와 쓰기의 문해력을 지도하여 학습능력을 향상시킨다.

이와 같이 앞에서 살펴본 보완대체의사소통 방법은 AAC 사용자 개인의 의사소통 단계에 따라 각 단계에 따른 중재방법과 중재전략으로 언어 및 의사소통 능력을 신장시켜 줄 수 있다.

(3) AAC 지도의 예

각각의 AAC 사용자들은 의사소통을 사용할 연령이나 환경이 모두 다를 수 있다. 즉, 가정, 어린이집 및 유치원, 학교 중에서 통합학급은 교과학습, 학교 일과, 학급 재량시간 및 학교 행사, 교직원 및 또래관계의 환경이 있으며, 또한 특수학급이나 특수학교 등이 있을 수도 있다. 그리고 마트나 병원, 여가활동 장소 등의 지역사회 등이 포함된다. 그러나 AAC 사용자들이 이러한 환경에서 의사소통을 해야 함에도 언어 및 의사소통 능력의 결함으로 활동 한계, 참여 제약 등을 받고 있어서 이들을 위한 보완대체의사소통 지도방법은 이들의 언어 및 의사소통 능력을 향상시킬 뿐만 아니라 사회에서의 사회적 상호작용이나 학습적 상호작용 능력을 향상시켜 줌으로써 일상생활에 도움을 줄 수 있다. 이에 따라 이 절에서는 연령이 다른 유아의 참여 증진을 위한 마이크로 스위치 기술 사용을 위한 방법(〈표 13-10〉 참조)과 학령기 아동의 AAC를 활용한 교과활동 지도안의 예(〈표 13-11〉 참조), 그리고 지역사회 마트에서 사용할 수 있는 자료(〈표 13-12〉 참조)를 소개하고자 한다.

〈표 13-10〉 유아의 참여 증진을 위한 마이크로 스위치 사용 제안

환경	활동	마이크로 스위치 사용을 통한 참여
학교	활동 전이	아동은 아이팟에 부착된 스위치를 활성화한다. 그 안에는 교사의 청소 노래나 '~할 시간'이라는 말이 녹음되어 있다.
가정 · 학교	간식시간	아동은 식탁에 앉아 있는 친구들 각자에게 그날의 간식을 '배달하는' 장난감 차나 트럭을 조작하기 위해 스위치를 사용한다.
	자유놀이시간	아동은 친구와 간단한 컴퓨터 게임을 하기 위해 스위치를 사용한다. 아동은 다양한 활동 영역에서 배터리로 작동되는 장난감(예: 분쇄기, 자동차, 회전판)을 조절한다.

	놀이시간	요람 속의 아동은 자극적이고 즐거운 피드백(예: 불빛이 깜박이거나 음악 소리가 나거나 모빌이 움직이는)을 제공하는 장난감을 켜기 위해 움직일 수 있는 자신의 신체 부위 옆에 놓인 스위치를 활성화한다.
	가상놀이시간	아동은 가상놀이의 주제에 따라 배터리로 작동되는 자동차, 트럭, 로봇, 장난감 분쇄기 또는 장난감 믹서기 등을 활성화하기 위해 스위치를 사용한다.
	미술시간	아동은 소용돌이 모양을 만들기 위해 Paint 'N' Swirl 도구(AbleNet, Inc.)를 조작하고자 스위치를 사용한다. 아동은 친구나 어른이 종이를 자르기 위해 사용하는 전기 가위에 전기를 공급한다.
	이야기시간	아동은 녹음된 책 내용(성인이 '그날의 이야기'를 읽어 주는)을 스위치로 조작하면서 책을 따라 읽는다.
	요리시간	아동은 밀크셰이크를 만들기 위한 분쇄기, 케이크 반죽을 만들기 위한 믹서, 샐러드를 만들기 위한 만능조리도구(food precessor) 등을 조작하기 위해 스위치를 활성화한다.
	음악시간	아동은 같은 성별의 또래 아동이 부르는 노래가 녹음된 CD 플레이어나 아이팟을 켜기 위해 스위치를 활성화한다.

출처: 박현주 역(2017), p. 338.

〈표 13-11〉 **학령기 아동의 AAC를 활용한 교과활동 지도안의 예**

교과	사회	단원	우리 동네	제재	우리 동네 지도 만들기	차시	10/12

본시 학습목표

- 특정 장소를 나타내는 사진 단서를 보고, 해당하는 장소의 상징을 선택할 수 있다.
- 선택한 상징을 지도 위의 적절한 위치에 배치할 수 있다.
- 각 장소를 나타내는 상징으로 지도 책을 완성할 수 있다.

단계	학습 내용	교수학습 활동		시량 (분)	자료
		교사 활동	학생 활동		
도입	전시 학습 상기	• 전시에 학습한 장소를 실제 지도로 보여 준다.	• 교사가 부르는 장소가 표시된 곳을 하나씩 짚는다.	5	• 이전 시간까지 사용한 실제 지도 • 학교 주변 지도
	동기 유발	• 오늘 활동할 지도를 보여 준다.	• 바른 자세로 교사의 말에 집중한다. • 교사의 질문에 대답한다.		
	학습목표 제시	• 오늘의 학습목표를 제시한다.	우리 동네 지도를 만들 수 있다.		

전개	활동 1 (동네 한바퀴)	• 지도 위를 자석 자동차로 달리며 각 장소에 무엇이 있는지 실제 지도와 비교하여 대답하도록 한다. • 지정된 장소에 알맞은 모형을 붙이도록 한다. • 각 장소를 나타내는 여러 상징으로 지도를 완성하도록 한다.	• 사진 단서를 보고 관련된 간판을 찾아 배치한다. • 교사가 말하는 단어를 듣고 해당하는 AAC를 누르고 지정된 자리에 붙인다. 각 장소를 나타내는 그림, 단어 병원 / 구급차, 의사 / 아파요 / 병원 소방서 / 소방차, 소방복 / 소방서 지하철역 / 지하철역 제과점 / 빵 사진 / 얼마예요?, 주세요 / 제과점 학교 / 선생님, 버스 / 화장실 가요 / 학교 약국 / 약 사진, 약국 간판 / 약국 산 / 산에 올라요 / 산	20	• 각 기관의 건물 반입체 모형 • 버스 모형 • AAC 음성출력 기구 • 학교 주변 지도 • 각 장소를 나타내는 그림, 단어 카드
	활동 2 ('우리 동네' 지도 책 만들기)	• 완성된 지도를 보고 여러 상징의 스티커를 사용하여 지도 책을 완성한다.	• 각 장소를 나타내는 여러 기관의 간판 스티커를 위치에 맞게 지도 책에 붙인다.	10	• 우리 동네 그림, 사진, 스티커 • 우리 동네 지도 책자
정리	내용 정리	• 각자 만든 책자를 칠판에 전시하도록 한다.	• 앞에 나와 자신의 지도 책을 펼쳐 전시한다. • 자신의 이름이나 사진이 붙은 자리에 자신의 지도 책을 전시한다.	5	
	차시 예고	• 다음 시간의 수업 내용을 예고한다.	• 화면을 보고 바른 자세로 교사의 말을 듣는다.		

출처: 김영태 외(2016a), p. 123.

〈표 13-12〉 **지역사회 마트에서 사용할 수 있는 자료**

예	점원	손님
1	안녕하세요. 안녕하세요.	
2		안녕하세요 어디 있어요? 안녕하세요. ○○ 있어요?
3	네. 있어요.	
4		○○ 주세요.
5	여기 있어요 (○○을 주며) 여기 있어요.	
6		얼마에요? (○○을 받으며) 얼마예요?
7	천원이에요 천 원이에요.	
8		여기 있어요 (천 원을 주며) 여기 있어요.
9	감사합니다 (천 원을 받으며) 감사합니다.	
10		안녕히 계세요 안녕히 계세요.

출처: 김영태 외(2016a), pp. 126-127.

요약

1. 지적장애 아동의 언어 및 의사소통 특성 이해

- 언어 및 의사소통은 지적장애 아동이 가장 어려움을 겪는 영역이다.
- 지적장애 아동의 통합교육이 성공하기 위해서는 또래들과의 성공적인 상호작용 능력이 필요하므로 또래 관련 사회-의사소통 능력의 지도가 중요하다.

2. 지적장애 아동의 언어 및 의사소통 능력 진단 및 평가

- 지적장애 아동의 언어 및 의사소통 능력 진단 및 평가에는 생태학적 접근의 진단 및 교수 절차, 지적 수준 평가, 언어 및 의사소통 능력 평가가 필요하다.
- 언어 및 의사소통 능력 평가는 면담 및 질문지, 규준참조검사, 준거참조검사, 기술적 평가 방법인 자발화 분석 등 다양한 방법으로 이루어진다.
- 기능적 의사소통 지도를 위한 언어환경 평가: 아동의 일과표, 가장 많은 시간을 보내는 활동, 언어적 의사소통에서 가장 두드러진 문제, 언어적 의사소통이 가장 잘 되는 상황, 언어적 의사소통이 가장 잘 되지 않는 상황, 아동이 좋아하는 상황 및 사물 또는 학습활동, 아동이 좋아하는 사람 및 기타 사항을 평가한다.

3. 지적장애 아동의 언어 및 의사소통 지도방법

- 지적장애 아동을 위한 언어 및 의사소통 지도방법으로 학령전기에는 일상생활을 통한 의사소통 지도방법, 환경중심 언어중재법, 놀이활동을 통한 의사소통 지도방법, 스크립트 문맥을 통한 언어 및 의사소통 지도방법, 부모교육 프로그램을 통한 언어 및 의사소통 지도방법 등이 있다.
- 학령기 또래아동과의 사회-의사소통 촉진방법에는 학급대상 중재, 자연적 중재, 사회적 통합활동, 교사 주도 및 또래 주도 교수방법 등이 사용될 수 있다.

4. 보완대체의사소통 개념과 지도방법

- 지적장애 아동이 자신의 의사를 표현하는 데 제한을 가질 때 적용할 수 있는 방법으로는 보완대체의사소통이 있다.
- AAC 체계를 이용한 의사소통 지도방법으로는 수화, 제스처, 그림, 선화, 그래픽 상징 또는 음성출력 의사소통 도구(VOCA) 등이 있다.
- AAC 평가방법에는 AAC 환경 및 어휘조사, 선호도 조사, 언어 및 의사소통 능력 평가 등이 사용된다.
- AAC 중재방법은 의사소통 단계별에 따른 중재목표 및 중재전략이 있다.

참고문헌

국립특수교육원(1999). 중등부 발달장애 학생의 언어교육 프로그램. 경기: 국립특수교육원.

국립특수교육원(2011). 특수교육 교육과정 및 국립특수교육원 자료 활용 세미나. '2011 개정 특
　　수교육 교육과정' 및 특수교육 교과용 도서 적용 방안(pp. 35-36).

김영태(1997). 언어장애의 화용론적 접근방법에 관한 고찰. 인간발달연구, 25, 115-135.

김영태(2006). 중도장애학생의 읽기교육을 위한 AAC 활용방안. 2005 이화여자대학교 특수교육연
　　구소 하계연수자료집 II(pp. 161-171).

김영태(2014). 아동언어장애의 진단 및 치료(2판). 서울: 학지사.

김영태, 박은혜, 한선경, 구정아(2016a). 한국 보완대체의사소통 평가 및 중재 프로그램. 서울: 학지사.

김영태, 이윤경, 정부자, 홍경훈(2016b). 언어장애: 기능적 평가 및 중재. 서울: 시그마프레스.

김예리(2014). 마이토키 상징을 이용한 AAC 북. https://www.youtube.com/watch?v=xMnRn77Gupk

김은주(1999). 중등부 발달장애학생의 언어교육 프로그램. 경기: 국립특수교육원.

박승희, 장혜영, 이소현, 신소니아(2008). 장애관련 종사자의 특수교육 입문. 서울: 학지사.

박은혜(1996). 보완/대체의사소통체계를 위한 기초어휘 조사. 특수교육논총, 13(1), 91-115.

박은혜, 김영태, 김정연(2008). 보완대체의사소통 기초능력평가. 서울: 파라다이스복지재단.

박은혜, 김정연, 김주혜(2005). 중도장애아동을 위한 보완·대체의사소통도구 개발 및 교사 지
　　원에 관한 연구조사. 언어청각장애연구, 10(1), 97-115.

박현주 역(2017). 보완대체의사소통(개정판). (Beukelman, D. R., & Mirenda, P. 저). 서울: 학지사.

배소영(1995, 2006). 아동의 낱말이해 및 표현진단: MCDI-K를 중심으로. 언어장애연구, 1, 154-
　　170.

배소영(2002). 학령전기 전반적 발달장애아동의 언어 및 의사소통 진단평가(pp. 3-20). 발달장애아동
　　전문가를 위한 치료교육 워크숍 주제 II. 학령전기 전반적 발달장애아동의 치료교육 프로
　　그램. 서울: 이화여자대학교 발달장애아동센터.

보이스웨어(2015). 스마트폰과 태블릿PC에 탑재된 마이토키 프로그램. http://www.voiceware.
　　co.kr/kor/customer/customer2_list.php

심현섭, 김영태, 김진숙, 김향희, 배소영, 신문자, 이승환, 이정학, 한재순(2007). 의사소통장애의
　　이해. 서울: 학지사.

심현섭, 김영태, 김진숙, 김향희, 배소영, 신문자, 이승환, 이정학, 한재순, 윤혜련, 김정미, 권미
　　선(2010). 의사소통장애의 이해(2판). 서울: 학지사.

이금진(1997). 언어장애아동을 위한 창조적 놀이활동. 이화여자대학교 발달장애아동센터 부모교육
　　자료집 I(pp. 1-13). 서울: 이화여자대학교 발달장애아동센터.

이금진(2002). 언어장애아동의 부모교육 길잡이: 엄마도 할 수 있어요. 서울: 학지사.

이금진(2007). 언어치료와 함께 실시한 소집단 부모참여 프로그램이 어머니와 발달지체 영유아

의 상호작용행동 및 영유아의 언어능력에 미치는 영향. 이화여자대학교 대학원 미간행 박사학위논문.

이성희, 전길양(2004). 발달장애아 어머니들의 경험과 부모교육 프로그램 개발에 관한 연구: 자폐아, 정신지체아 어머니들을 중심으로. 한국가족관계학회지, 9(1), 57-83.

이소현(2002). 장애유아의 사회-의사소통 능력 증진: 유치원 교육과정 내에서의 적용을 위한 이론과 실제. 제7회 이화 특수교육 학술대회: 장애학생과 일반학생의 상호작용 및 의사소통 증진을 위한 지원방안. 서울: 이화여자대학교 특수교육과.

이소현(2003). 유아특수교육. 서울 : 학지사.

이소현, 박은혜(2016). 특수아동교육(3판). 서울 : 학지사.

임지현, 김유진, 한연이, 박은혜(2014). AAC 활용계획안을 활용한 국어수업이 지적장애 초등학생의 독립적 의사소통 수준에 미치는 영향. *AAC Research & Practice*, *2*(2), 173-191.

정해동, 김주영, 박은혜, 박숙자(1999). 장애학생을 위한 보완대체의사소통 지도. 경기: 국립특수교육원.

한선경, 김영태(2014). 전환기 지적장애 청소년을 위한 직무환경에서의 AAC 적용: 사례 연구. 보완대체의사소통연구, 2(1), 99-117.

황보명, 김경신(2010). 지적장애 아동의 언어치료. 서울: 학지사.

Beukelman, D. R., & Mirenda, P. (2005). *Augmentative and alternative communication. Supporting children and adults with complex communication needs* (2nd ed.). Baltimore, MD: Paul H. Books Publishing Co.

Beukelman, D. R., & Mirenda, P. (2013). *Augmentative and alternative communication: Supporting children and adults with complex communication needs* (4th ed.). Baltimore, MD: Brookes.

Binger, C., & Light, J. (2003, November). Grammar assessment and intervention with individuals who use AAC. Paper presented at the annual convention of the America Speech-Lange-Hearing Association, Chicago, IL.

Binger, C., Kent-Walsh, J. (2010). Teaching educational assistants to facilitate the multisymbol message productions of young students who require augumentative and alternative communication. *American Journal of Speech-Language Pathology*, *19*, 108-120.

Brolin, D. E. (1995). *Career education: A functional life skills approach* (3rd ed.). Englewood Cliffs, NJ: Prentice Hall.

Brown, W. H., McEvoy, M. A., & Bishop, J. N. (1992). Incidental teaching of social behavior: A naturalistic approach to promoting young children's peer interactions. *Teaching Exceptional Children*, *24*, 35-58.

Brown, W. H., Odom, S. L., & Conroy, M. S. (2001). An intervention hierarchy for promoting young children's peer interacting in natural environment. *Topics in Early Childhood*

Special Education, 21(3), 161-175.

Brown, W. H., Ragland, E., & Bishop, J. N. (1989). A naturalistic teaching strategy to promote young children's peer interactions. *Teaching Exceptional Children, 21*, 8-10.

Champman, R. S., Kay-Raining Bird, E., & Schwartz, S. E. (1990). Fast mapping of words in event contexts by children with down syndrome. *Journal of Speech and Hearing Disorders, 18*, 355-371.

Cohen, L. J., & Spenciner, L. G. (1994). *Assessment of young children*. New York: Ongman.

Conroy, M. A., & Brown, W. (2002). Preschool children: Putting reach into practice. In S. F. Warren, J. Reichle, H. Goldstein, L. A. Kaczmar, & K. M. English (series & vol Eds.), *Communication and language intervention series* (vol. 10). *Promoting social communication: Children with developmental disabilities from birth to adolescence* (pp. 211-237). Baltimore, MD: Paul H. Brooks Publishing Co.

Craig, H. K., & Washington, J. A. (1993). Access behaviors of children with specific language impairment. *Journal of Speech and Hearing Research, 36*, 322-327.

Craig-Unkefer, L. A., & Kaiser, A. P. (2002). Improving the social communication skill of at-risk preschool children in a play context. *Topics in Early Childhood Education, 22*(1), 3-13.

Durand, V. M., & Crimmins, D. B. (1988). Identifying the variables maintaining self-injurious behavior. *Journal of Autism and developmental Disorders, 18*, 99-117.

Favazza, P. C., & Odom, S. L. (1997). Promoting positive attitudes of kindergarten age children toward people with disabilities. *Exceptional Children, 63*, 405-418.

Frea, W., Craig-Unkefer, L., Odom, S. L., & Johnson, D. (1999). Differential effects of structures, social integration and group friendship activities for promoting social interaction with peers. *Journal of Early Intervention, 22*, 230-242.

Guaralnick, M. J., & Paul-Brown, D. P. (1984). Communitive adjustments during behavior request episodes among children at different developmental levels. *Child Development, 55*, 911-919.

Halle, J. W., Baer, D. M., & Spradlin, J. E. (1981). An analysis of teachers' generalized use of delay in helping children. *Journal of Applied Behavior Analysis, 14*, 389-409.

Halle, J. W., Marshell, A., & Spradlin, J. E. (1979). Time delay: A technique to increase language use and facilitate generation in retarded children. *Journal of Applied Behavior Analysis, 12*, 431-439.

Hart, B., & Risley, T. (1975). Incidental teaching of language in the preschool. *Journal of Applied Behavior Analysis, 8*, 411-420.

Hart, B., & Rogers-Warren, A. (1978). A milieu approach to teaching language. In R. Schifelbusch (Ed.), *Language intervention strategies* (pp. 193-236). Baltimore, MD:

University Park Press.

Heller, K. W. (2005). Adaptations and instruction in literacy and language arts. In S. J. Best, K. W. Heller, & J. L. Bigge (Eds.), *Teaching individuals with physical or multiple disabilities* (5th ed., pp. 401-439). Upper Saddle River, NJ: Merrill.

Heller, K. W., & Bigge, J. L. (2005). Augmentative and alternative communication. In S. J. Best, K. W. Heller, & J. L. Bigge (Eds.), *Teaching individuals with physical or multiple disabilities* (5th ed., pp. 227-274). Upper Saddle River, NJ: Merrill.

Kaiser, A. P, & Grim, J. C. (2004). Teaching functional communication skills. In M. Snell & F. Brown (Eds.), *Instruction of students with severe disabilities* (6th ed., pp. 447-487). Hoboken, NJ: Prentice-Hall Inc.

Kaiser, A. P., Alpert, C. L., & Warren, S. F. (1987). Teaching functional language: strategies for language intervention. In M. E. Snell (Ed.), *Systematics instruction of persons with severe handicaps*. Columbus, OH: Merrill Publishing.

Kim, Y. T., & Lombardino, L. T. (1991). The efficacy of script context in language comprehension in intervention with children who have mental retardation. *Journal of Speech and Hearing Research, 34,* 845-857.

Kim, Y. T., Yang, Y. S., & Hwang, B. S. (2001). Generalization effects of script-base intervention on language expression of preschool children with language disorders. *Education and Training in Mental Retardation and Developmental Disabilities, 36,* 413-425.

Klink, M., Gerstman, L., Raphael, L., Schlanger, B., & Newsome, L. (1986). Phonological process usage by young EMR children and nonretarded preschool children. *American Journal of Mental Deficiency, 91,* 190-195.

Kunze, L., Lockhart, S., Didow, S., & Caterson, M. (1983). Interactive model for the assessment and treatment of the young child. In H. Winits (Ed.), *Treating language disorders: For clinicians by clinicians* (pp. 19-96). Baltimore, MD: University Park Press.

Lee, S. H., & Odom, S. L. (1996). The Relationship between stereotypic behavior and peer social interaction for children with severe disabilities. *Journal of the Association for Persons with Severe Handicaps, 21*(2), 88-95.

Light, J. (1988). Interaction involving individuals using augmentative and alternative communication system: State of the art and future directions. *Augmentative and Alternative Communication, 4,* 66-82.

Lloyd, L. L., & Kangas, K. A. (2010). Augmentative and alternative communication. In N. B. Anderson & G. H. Shames (Eds.), *Human communication disorders: An Introduction* (8th ed., pp. 406-439). Boston, MA: Allyn and Bacon.

Lucariello, J., & Nelson, K. (1982). Situational variation in mother-child interaction. Paper presented at the Third Interactional Conference on Infant Studies, Austin, TX.

McCormick, L. (2003). Supporting augmentative and alternative communication. In L. McCormick, D. F. Loeb, & R. L. Schiefelbusch (Eds.), *Supporting children with communication difficulties in inclusive settings* (2nd ed., pp. 433–466). Boston, MA: Allyn and Bacon.

McGee, G., Krantz, P., Mason, D., & McClanahan, L. (1983). A modified incidental teaching procedure for autistic youth: Acquisition and generalization of receptive object labels. *Journal of Applied Behavior Analysis, 16*, 329–338.

McLeavy, B., Toomey, J., & Dempsey, P. (1982). Nonretarded and mentally retarded children's control over syntactic structures. *American Journal of Mental Deficiency, 86*, 485–494.

Merril, E., & Bilsky, L. (1990). Individual differences in the representation of sentences in memory. *American Journal of Mental Retardation, 95*, 68–76.

Miller, D., Light, J., & Schlosser, R. W. (2006). The impact of augmentative and alternative communication intervention on the speech production of individuals with developmental disabilities: A research review. *Journal of Speech, Language, and Hearing Research, 49*, 248–264.

Mirenda, P. (2001). Autism, augmentative communication and assistive technology: What do we really know? *Focus on Autism and other Development Disabilities*, 16, 141–151.

Murphy, J. W., & Newby, S. (2002). *Can do fun: Adapted communication and motor activities for rett syndrome and other developmental disabilities.* Solana Beach, CA: Mayer–Johnson Inc.

Nelson, K., & Gruendel, J. M. (1979). At morning it's lunchtime: A scriptal view of children's dialogues. *Discourse Processes, 2*, 73–94.

Nelson, K., & Gruendel, J. M. (1981). Generalized event presentations: Basic bilding block of cognitive development. In A. Brown & M. Lamb (Eds.), *Advances in Developmental Psychology* (Vol. 1). Hillsdale, NJ: Lawrence Erlbaum.

Odom, S. L., & Brown, W. H. (1993). Social interaction skills interventions for young children with disabilities in integrated settings. In C. A. Peck, S. L. Odom, & D. D. Bricker (Eds.), *Integrating young children with disabilities in community programs: Ecological perspectives on research and implementation* (pp. 39–64). Baltimore, MD: Paul H. Brookers Publishing Co.

Odom, S. L., & Choi, Y. (1998, December). Specialized interventions for promoting inclusion of children with disabilities. Paper presented at symposium entitled Inclusion of Stories: Current Findings of the Early Childhood Reach Institute on Inclusion at the DEC International Conference on Children with Special Needs, Chicago.

Odom, S. L., & McEvoy, M. A. (1988). Integration of young children with handicaps and normally developing children. In S. L. Odom & M. B. Karnes (Eds.), *Early Intervention for Infants and Children with Handicaps: An Empirical Base*. Baltimore, MD: Paul R. Brooks.

Odom, S. L., & Ogawa, I. (1991). Direct observation of young children's social interaction with peers: A review of methodology. *Behavioral Assesment, 14*, 407–441.

Odom, S. L., McEvoy, M. A., Ostrosky, M., & Bishop, L. (1987, May). Observing the functional classes of social interactions of preschool children. Paper presented at the annual convention of the Association for Behavior Analysis, Nashiville.

Odom, S. L., Zercher, C., Marquart, J., Li, S., Sandall, S. R., & Wolfberg, P. (2002). Social relationships of children with disabilities and their peers in inclusive preschool classrooms. In S. L. Odom (Ed.), *Widening the circle: Including children with disabilities in preschool programs* (pp. 61–80). New York: Teachers College Press.

Ogletree, B. T., Wetherby, A. M., & Westling, D. L. (1992). Profile of the prelinguistic intentional communicative behavior of children with profound mental retardation. *American Journal of Mental Retardation, 97*, 188–196.

Olswang, L., Bain, B., & Johnson, G. (1990). Using dynamic assessment with children with language disorders. In S. Warren & J. Reichle (Eds.), *Causes and effects in communication and language intervention* (pp. 87–215). Baltimore, MD: Paul H. Brookes.

Ostrosky, M. M., Kaiser, A. P., & Odom, S. L. (1993). Facilitating children's social communitive interactions through the use of peer-mediated interventions. In S. F. Warren & J. Reichle (Series Eds.) and A. P. Kaiser & D. B. Gray (Vol. Eds.), *Communication and language intervention series* (Vol. 2). *Enhancing children's communication: Research foundations for intervention* (pp. 159–187). Baltimore, MD: Paul H. Brookes Publishing Co.

Owens, R. E. (1999). *Language Disorders: A functional approach to assessment and intervention*. Needham Heights, MA: Allyn and Bacon.

Owens, R. E. (2002). Mental retardation: Difference and delay. In D. K. Bernstein & E. Tiegerman-Farber (Eds.), *Language and communication disorders in children* (pp. 436–509). Boston, MA: Allyn and Bacon.

Owens, R. E,. & MacDonald, J. (1982). Communication uses of the early speech of nondelayed and Down syndrome children. *American Journal of Mental Deficiency, 86*, 503–510.

Paul, R. (2001). *Language disorders: From infancy through adolescence* (2nd ed.). St. Louis, MO: Mosby, Inc.

Reiter, S., & Levi, A. (1980). Factors affectioning social integration of non institutionalized mentally retarded adults. *American Journal of Mental Deficiency, 85*, 25-30.

Ress, N., & Wollner, S. (1981). Toward a taxonomy of pragmatic abilities in children Apr. Presented at the ASHA Northeast Regional Conference, Philadelphia.

Rogers-Warren, A., & Warren, S. (1980). Mands for verbalization: Facilitating the display of newly trained language in children. *Behavior Modification, 4*, 361-382.

Rubin, K. H., Bream, L., & Rose-Krasnor, L. (1991). Social problem solving and aggression in childhood. In D. J. Pepler & K. H. Rubin (Eds.), *The development and treatment of childhood aggression* (pp. 219-248). Mahwah, NJ: Lawrence Erlbaum Associates.

Schank, R. C., & Abelson, R. P. (1977). *Scripts, plans, goals and understanding.* Hillsdale, NJ: Lawrence Erlbaum.

Sigafoos, J., & Drasgow, E. (2001). Conditional use of aided and unaided AAC: A review and clinical case demonstration. *Focus on Autism and Other Developmental Disabilities, 16*(3), 152-161.

Stabb, C. (1983). Language functions elicited by meaningful activities: A new dimension in language programs. *Language, Speech and Hearing Services in Schools, 14*, 164-170.

Taylor, J. C., & Carr, F. G. (1992). Severe problem behaviors related to social interaction: I. Attention seeking and social avoidance. *Behavior Modification, 16*, 305-335.

Tremblay, A., Strain, P. S., Hendreckson, J. M., & Shores, R. E. (1981). Social interaction of normally developing preschool children: Using normative data for subject selection and target behavior selection. *Behavior Modification, 5*, 237-253.

제14장

사회적 능력 지도의 실제

정귀순

사회적 능력은 아동 및 청소년기의 성공적인 학교생활과 나아가 성인기의 삶의 여러 장면에서 중요한 필수 요소로 인식되어 왔다. 그러나 지적장애 학생들은 인지능력 및 적응능력의 결함으로 인해 사회적 능력이 부족하며 학업성취 및 학교생활 적응에 어려움을 겪게 된다. 특히 통합교육 상황에서 지적장애 학생들은 사회적 능력의 부족으로 또래들에게 거부당하거나 상대적으로 낮은 사회적 지위에 있는 경우가 많기 때문에, 지적장애 학생들에게 필요한 사회적 능력의 지도가 필요하다.

사회적 능력 발달의 중요성이 부각되면서 지적장애인의 사회적 발달에 대한 관심도 높아졌고 지적장애 학생의 사회적 능력의 특성에 관한 연구가 이루어지고 있으며 이들의 사회적 능력을 증진시키기 위한 다양한 중재전략 및 프로그램에 대한 연구가 활발히 진행되었다. 지적장애 학생의 사회적 능력 증진을 위하여 사회성 기술 중재가 많이 사용되고 있지만 우리나라에서 진행된 사회성 기술 중재 프로그램들은 아직 증거기반의 실제를 충족하지 못하고 있다. 최근 외국의 선행연구에서 증거기반의 실제를 입증한 스킬스트리밍 프로그램을 적용한 연구가 아동 및 청소년기 지적장애 학생을 대상으로 이루어지고 있다.

이 장에서는 사회적 능력의 개념에 따른 정의와 하위 영역을 먼저 알아보고, 지적장애 학생의 사회적 능력의 특성과 평가방법을 살펴본 후 지적장애 학생의 장애 정도와 연령별 중재전략과 실제 지도 사례를 알아보고자 한다.

1. 사회적 능력의 개념 및 정의

1) 사회적 능력의 개념

사회적 능력(social competence)은 사회적 행동들을 표현하기 위하여 사용되는 광범위한 용어(Haager & Vaughn, 1995)로, 아동 및 청소년이 성공적인 학교생활과 나아가 성인기 삶의 여러 장면에서 중요한 필수 요소로 인식되어 많은 연구자가 사회적 능력의 개념을 설명하고 정의해 왔다. 사회적 능력이 높은 아동 및 청소년들은 학업성취도와 의사소통 기술에 문제가 없지만 사회적 능력이 부족한 아동들은 성장하는 과정에서 반사회적 행동이나 공격성, 비행, 학업성취 문제, 정신건강상의 문제를 일으킬 수 있다. 특히 지적장애를 가진 학생들은 사회적 능력이 상대적으로 부족하여 학업성취나 성인기 삶에 부정적인 영향을 미칠 수 있다. 따라서 아동 및 청소년의 사회적 능력을 증진시키는 방안에 대한 노력이 필요하며, 먼저 사회적 능력에 대한 개념과 정의를 명확히 한 후 그에 적합한 중재를 실시하여야 할 것이다. 여기에서는 사회적 능력에 대한 개념 및 정의를 행동적 개념과 다차원적인 구조의 개념으로 살펴보고자 한다.

첫째, 사회적 능력에 대한 행동적 정의는 다음과 같다. Foster와 Ritchey(1979)는 주어진 상황 내에서 타인과 상호작용을 할 수 있고, 긍정적인 효율성을 극대화하고 유지할 수 있는 것으로 정의하였다. 더 나아가 MacFall(1982)은 사회적 능력과 사회성 기술을 구별하여 차이점이 있다고 보았다. 즉, 사회성 기술은 개인이 능숙하게 사회적 과제를 수행하는 특정 행동이며, 사회적 능력은 개인이 사회적 과제를 정확히 수행하였는지를 판단하는 평가적 용어라는 것이다. 이러한 판단은 교사, 부모 그리고 또래의 의견, 명확한 비교기준(예: 어떠한 기준에 입각하여 정확히 수행된 사회적 과제의 수) 또는 기준집단들과의 비교에 근거할 수 있다.

둘째, 사회적 능력에는 적응행동과 사회성 기술이 포함되며, 적응행동과 사회성 기술은 서로 관련이 있다고 보는 관점이다(Gresham & Elliott, 1987). 적응행동은 일상생활에서 기능하기 위하여 배워 온 개념적 · 사회적 · 실제적 기술들을 모은 것이다(AAIDD, 2010). 사회적으로 유능하다는 의미의 행동에 대한 이론적 개념에서 보면, 지적장애 아동은 적응행동에 제한이 있다. 사회성 기술은 타인과의 긍정적 행동을 시도하고 유지하기 위한 긍정적 관계성 가운데 하나이고, 성공적으로 학급에 적응하고 또래들에게 수용되는 데 영향력을 미치며, 사회적 환경에 효율적이고 효과적으로 대처하는 것이다. 사회성 기술은 타인과의 효율적인 상호작용을 위해 사회적으로 받아들여질 수 있는 학습된 행동, 즉 물건의 공유, 다른 사람 돕기, 다른 사람과의 관계 시도, 도움 요청하기, 칭찬·부탁·감사의 말을 할 줄 아는 것으로 정의할 수 있다(Gresham & Elliott, 1990).

셋째, 사회적 능력을 지능과 유사한 다차원적인 구조로 개념화한 것이다(Vaughn & Haager, 1994). 다차원적인 구조는 하위 영역 혹은 요소로 분리될 수 있고, 사회적 능력 행동들을 산출하는 하위 영역들 사이에는 서로 관련성이 있다(Brown & Heath, 1998). 이 하위 영역들은 ① 사회성 기술, ② 방해하는 문제행동(interfering problem behaviors), ③ 또래관계(또래 수용 및 거부), ④ 사회적 자기관점으로 구분할 수 있다(Gresham, 1997).

이상의 사회적 능력에 대한 여러 가지 개념과 정의를 종합해 볼 때, 사회적 능력은 적응행동과 사회성 기술요인을 포함한 다차원적인 구조로 볼 수 있으며, 주어진 사회적 상황에서 문제를 해결하고 설정한 목표를 향해 나아가거나 타인과 자신을 조절하는 기술을 적절하게 사용할 수 있는 능력으로 설명할 수 있다. 사회적 능력의 구성요소에 대한 개념을 좀 더 구체화하기 위해서는 사회적 능력의 하위 영역들을 살펴볼 필요가 있다.

2) 사회적 능력의 개념화에 따른 하위 영역

(1) 적응행동과 사회성 기술

앞에서 언급한 바와 같이, 사회적 능력은 적응행동과 사회성 기술의 2개의 하위 능력으로 나눌 수 있다(Gresham & Elliott, 1987). [그림 14-1]은 사회적 능력에 대한 2개의 하위 능력 개념을 묘사한 것으로, 적응행동과 사회성 기술이 서로 연관되어 있음을 보여 준다. 적응행동이란 독립적 기능, 신체적 발달, 자기주도, 개인적 책임감, 경제적-직업 활동과 같은 기능적인 기술을 의미하고, 사회성 기술은 대인관계 행동, 자기 관련 행동, 학업 관련 기술, 주장하기, 또래 수용과 의사소통 기술 등을 의미한다. 적응행동과 사회성 기술의 하위 영역 내용들은 개념의 변화에 따라 달라질 수 있다.

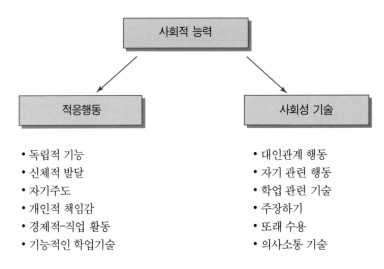

[그림 14-1] **사회적 능력의 영역**

출처: Gresham & Elliott (1987), p. 169.

(2) 사회적 능력의 다차원적 개념에 따른 하위 영역

① 사회성 기술

사회성 기술은 다양한 사회적 맥락 속에서 효과적으로 상호작용 및 기능을 할 수 있도록 하는 목표지향적이고 학습된 행동을 말한다. 개인이 긍정적인 사회적 상호작용을 유지하며, 다른 사람에게 받아들여지고, 학교 및 다른 중요한 사회적 환경에 적절히 적응하는 데 필요한 기술이다(Gresham, MacMillan, Ferguson, & Ferguson, 1997).

사회성 기술의 개념을 대표하는 것으로 협동하기, 도움 요청하기, 존대하기, 감사하기 등은 사회적으로 수용될 수 있는 행동들이다(Elliott, Racine, & Bruce, 1995). 한편, Gresham과 Elliott(1990)의 사회기술평정체계(Social Skills Rating System: SSRS)에 근거하여 사회성 기술 영역을 협력, 자기주장, 책임, 공감, 자기통제의 다섯 가지 영역으로 구분하였다.

② 방해하는 문제행동

문제행동은 긍정적인 사회성 기술의 발달과 수행을 방해하는 행동으로 정의된다(Gresham, 1997; Gresham & Elliott, 1990). 문제행동에는 공격성, 충동성과 같은 외현적 행동과 불안, 우울과 같은 내현적 행동이 모두 포함된다(Gresham et al., 1997).

　문제행동들에는 사회성 기술과 반대되는 면이 있지만, 여러 가지 문제행동을 보이는 학생들의 사회성 기술이 모두 부족한 것은 아니다. 사회적 능력은 네 가지 구성요소 간에 강점과 약점의 독특한 패턴을 보인다(Vaughn & Hogan, 1990). 예를 들면, 어떤 학생들은 또래들과 사회적으로 잘 관계를 맺을 수 있는 반면에 교사들에게 대들거나 교사들을 화나게 만들 수도 있다(Gresham, 1997). 그러므로 사회성 기술과 문제행동은 학생의 사회적 능력을 이해하는 데 중요한 정보를 제공하기도 한다(Vaughn & Hogan, 1990).

③ 또래관계

　또래관계는 학교에서 아동이 경험하는 중요한 부분이다. 친구가 있고 또래에게 수용된다고 느끼는 아동들은 외롭거나 고립되었다고 느끼는 아동보다 학교활동에 보다 잘 참여할 수 있다. 또래에게 수용되거나 거부되는 것과 관련된 또래 지위는 아동들의 사회성 기술 및 문제행동과 관련이 있다(Juvonen, 1997).

　또래 지위는 인기 아동, 양면적인 아동, 무시당하는 아동, 거부되는 아동, 보통 아동으로 나눌 수 있다(Newcomb, Bukowski, & Pattee, 1993). 일반적으로 모든 아동이 좋아하면 인기 아동으로 분류되는데, 인기 아동들은 협동적이며 문제가 발생했을 때 잘 해결하는 능력을 가졌다. 양면적인 아동들은 사회적으로 유능하지만 공격적인 경향도 있어서 일부 아동에게는 인기가 있지만 다른 아동들은 좋아하지 않을 수 있다. 무시당하는 아동들은 대개 수줍어하고 비사교적이다. 따라서 활동적이지도 않고 활동을 좋아하지도 않기 때문에 의견을 제시했을 경우에도 다른 또래들에게 무시당하거나 잊히는 경향이 있다. 거부되는 아동들은 공격적이고 반사회적이고 방해하는 행동들 때문에 또래들이 아주 싫어하게 된다. 마지막으로, 보통 아동은 적절하고 유능한 사회성 기술이 있기 때문에 대부분의 또래가 좋아하게 된다(Juvonen, 1997).

④ 사회적 자기관점

　아동들이 스스로를 지각하는 자기관점(self-perception)은 아동들의 동기와 행동에 영향을 미친다(Clever, Bear, & Juvonen, 1992). 자기관점에 대해서는 연구자들마다 의견이 조금씩 다르지만, 가장 많이 받아들여지고 있는 견해는 다차원적 개념이다. 다차원적 개념에 따르면, 자기 자신에 대한 개인의 관점은 고정된 것이 아니라 다차원적 요소에 의해 영향을 받는다. 즉, 개인이 경험하고 해석하는 환경과 자신이 중요하게 생각하는 사람의 평가와 강화, 자기 행동의 귀인에 따라 자기관점은 달라질 수 있다. 그러므로 다차원적으로 자기관점을 개념화하는 경우, 자아개념에 대한 개인 점수를 전체로 나타내기보다는 신체적 용모, 학업기술, 사회성 기술들과 같은 특정 영역으로 자기관점을 평가하는 편이 바람직하다(Bear et al., 1997).

또한 연구자들은 종합적인 자기관점을 단계적인 영역으로 개념화하였다. 자기관점의 단계적인 영역을 어떻게 조직해야 하는가에 대하여 여러 가지 의견이 있다. 예를 들면, Harter(1987)의 모델은 학문적 능력, 사회적 수용, 신체적 용모와 같은 하위 영역들을 종합적 자아개념 아래 설정하였다. 이에 반해 Marsh, Byrne과 Shavelson(1988)은 2~3개(예: 학문적 대 비학문적)의 하위 영역을 광범위한 자기관점 영역 아래에 두는 것으로 정했다.

이상의 자기관점에 대한 개념들을 종합하면, 자기관점의 구성이 여러 가지 특성 영역의 요소들로 이루어졌기 때문에 개인들이 스스로 학업 수행과 관련하여 부정적으로 자기 자신을 볼 수도 있지만 사회적 관계에서는 긍정적으로 볼 수도 있다. 결과적으로 학생들의 사회적 자기관점을 이해하려고 할 경우에는 단지 사회적 요소만 평가하여야 한다(Vaughn & Haager, 1994).

2. 지적장애 아동의 사회적 능력 특성

1) 지적장애 아동의 사회적 능력 위계모형

지적장애 아동의 사회적 능력을 이해하기 위해서는 사회적 능력이 특정 영역을 포함하여 복합적이고 다차원적으로 구성되어 있고, 사회적으로 유능한 행동을 산출하는 구성요소들 간에 서로 관련이 있으며 상호작용을 한다는 것을 알아야 한다(Loveland, 2001). Guralnick(1992)은 장애 아동의 사회적 능력에 영향을 미치는 주요 요인과 과정을 이해하기 쉽게 위계모형으로 제시하였다. [그림 14-2]의 모형에 따르면, 사회적 능력의 위계에서 상위 능력은 하위 능력의 영향을 받게 된다. 이 모형에는 2개의 큰 능력 수준이 담겨 있는데, 그 첫째가 사회-의사소통 기술(social-communicative skills)로서 가장 중요한 핵심 요소이다. 여기에는 언어·인지·정서·운동능력의 하위 영역

들이 포함된다. 이러한 각각의 하위 능력들이 통합되어 나타난 사회-의사소통 기술
은 사회적 맥락 내에 존재하는 사회적 과제, 즉 대인 간 문제를 해결하는 데 사용된다.
사회-의사소통 기술들이 통합, 조직, 계열화되어 후속적으로 나타나는 능력이 사회적
과제 내의 전략(strategies within a social task)이다. 사회적 전략은 또래관계에서의 사회
적 능력에 지대한 영향을 미치게 한다. 사회적 과제를 수행하는 데 인지능력은 중요
하며, 인지능력(cognitive ablity)은 사회-인지 기술(social-cognitive skills)과 정서 조절
(emotional regulation)을 포함한다. 사회-인지 기술과 정서 조절은 장애 아동이 생활연
령이 같은 또래와 공유하고 있는 환경과 그 또래의 특성과 관련이 있다. 즉, 장애 아동
이 현재 처한 환경에서 또래의 감정표현, 목소리, 놀이 유형과 같이 부호화된 사회적

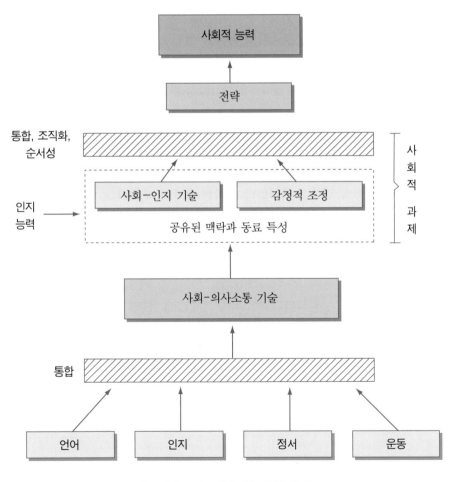

[그림 14-2] **사회적 능력의 위계**

출처: Guralnick (1992), p. 41.

단서를 이해하는 것은 매우 중요하다. 이러한 사회적 단서를 잘못 해석하는 경우 또
래들과의 사회적 상호작용의 목적을 적절하게 감지하는 데 실패하게 된다. 예를 들어,
거부(rejection)에 대하여 지나치게 민감한 경우, 거부를 당할 때 과도하게 부정적인 정
서적 반응을 하여 또래 집단에 참여하지 않게 되는 경향이 있다. 아동의 정서 조절 능
력은 사회적 과제를 수행하는 과정에서 중요한 요인이 될 수 있으며, 특히 대립하거나
충돌 상황일 때 명백하게 드러날 수 있다.

2) 지적장애 아동의 사회적 능력의 결함 유형

앞서 살펴본 바와 같이, 사회적 능력 및 사회성 기술에 대해서는 학자마다 다양한
정의를 내리고 있다. 지적장애 아동들에게 사회성 기술 중재를 하기 위해서는 먼저 지
적장애 아동의 사회성 기술 결함 유형을 파악할 필요가 있다.

지적장애 아동의 적응행동과 사회성 기술의 결함은 행동을 수행하는 방법에 대한
아동의 지식과 분노나 충동성과 같은 정서적 각성 반응(emotional arousal response) 존
재 여부에 따라 ① 기술 결함, ② 수행력 결함, ③ 자기통제 기술 결함, ④ 자기통제 수
행력 결함의 네 가지 결함 유형으로 분류된다(Gresham & Elliott, 1990).

[그림 14-3]은 이러한 네 가지 측면의 분류체계를 나타낸 것이다. 이러한 분류체계
는 아동의 사회적 능력 결함을 개념화하기 위한 일차적 체계이다. 이 분류체계는 결함
의 유형에 따라 다양한 중재 절차 마련에 기초를 제공한다.

	획득 결함	수행력 결함
정서적 각성 반응의 부재	기술 결함	수행력 결함
정서적 각성 반응의 존재	자기통제 기술 결함	자기통제 수행력 결함

[그림 14-3] **지적장애 아동의 사회적 기술문제에 대한 개념적 분류체계**
출처: Gresham & Elliott (1987), p. 172.

(1) 기술 결함

사회성 기술 결함(social skill deficit)은 적응적이거나 사회적인 방법으로 행동하는 데

필수적인 사회적 능력이 없거나 위계적인 행동을 수행하는 데 있어서 중요한 단계를 알지 못하는 것이다. 이 기술 결함은 Bandura(1977)의 습득 결함 혹은 학습 결함과 비슷하다. 예를 들면, 지적장애 아동이 또래와 협력하거나, 인사를 건네거나, 독립적으로 이동하는 방법을 알지 못하는 것이다. 기술 결함을 결정하는 데 사용되는 지표는 과거에 수행한 기술과 기술에 대한 지식에 근거한다. 만일 아동이 행동 수행방법을 전혀 알지 못하거나 행동 수행이 나타나지 않았다면 기술 결함이 있을 수 있다. 기술 결함은 기본 학습과정에서의 심한 결함(예: 중도 혹은 최중도 지적장애), 기술을 배우는 기회의 부재(예: 심리사회적 불리, 행동에 대한 적절한 모델의 부재 등)가 원인이 될 수 있다(Gresham & Elliott, 1987). 사회성 기술의 습득을 촉진하기 위한 중재를 할 때는 직접지도, 모델링, 행동시연, 코칭 등의 기법을 이용하는 것이 효과적이다.

(2) 수행력 결함

개인의 수행력 결함(performance deficit)은 주어진 행동을 수행하는 방법은 알지만 인정할 만한 수준에서 행동을 수행하지 못하는 것이다. 수행력 결함은 동기 유발 부족과 관련이 있고 행동을 수행하는 기회 부족이 그 원인이 될 수 있다. 아동이 학급 상황에서 행동을 수행하지 못하지만 학급 밖에서 행동을 수행할 수 있는 경우는 수행력 결함이다. 또한 과거에 행동을 수행하는 것이 관찰된 경우 기술 결함이기보다는 수행력 결함이라고 볼 수 있다. 수행력 결함은 선행사건과 후속결과를 조절함으로써 개선될 수 있으며, 또래 주도, 유관강화, 집단강화를 중재방법으로 사용한다(Elliott & Gresham, 1987).

(3) 자기통제 기술 결함

자기통제 기술 결함(self-control skill deficit) 유형의 사회적 능력 결함을 가진 사람은 특정 유형의 정서적 각성 반응이 기술의 습득을 방해하기 때문에 특정한 기술을 배우지 못한다. 학습을 방해하는 정서적 각성 반응으로는 불안을 들 수 있다. 불안은 학습 과정을 방해하거나 그에 장벽이 되기 때문에 아동이 사회적 능력을 학습하지 못할 수 있다. 사회적으로 불안한 아동은 친구를 피하거나 위축된 행동을 보이는데, 이는 불안을 줄이기 위하여 사회적 상황을 회피하며, 부정적으로 강화된 사회적 위축행동이 나타나는 것으로 볼 수 있다. 불안으로 인하여 사회성 기술을 획득하지 못할 때는 불안을 줄이기 위한 둔감법(desensitization)이나 홍수법(flooding)과 더불어 자기대화(self-talk), 자기감독(self-monitoring), 자기강화(self-reinforcement) 등을 함께 사용한다.

분노는 사회적 능력의 습득을 방해하는 또 다른 정서적 각성 반응이다. 자주 화를 내거나 공격적인 아동은 또래로부터 거부당하기 때문에 그러한 사회적 행동을 소거하는 계획에 배치되어야 한다. 즉, 신체적 및 언어적 공격, 부주의, 과도한 움직임 등과 같은 행동장애로 인하여 사회성 기술을 획득하지 못할 경우에는 강화기법, 집단강화, 가벼운 혐오기법(꾸중, 격리, 반응대가, 과잉교정)과 같은 행동 감소 절차를 적용한다.

(4) 자기통제 수행력 결함

자기통제 수행력 결함(self-control performance deficit)이 있는 아동은 그들의 사회성 기술 목록에 특정 기술이 있지만 정서적 각성 반응과 선행사건 또는 후속결과 통제문제 때문에 기술을 수행하지 못한다. 아동은 기술을 수행하는 방법을 알고 있지만 부적절하고 일관성 없이 사용한다. 충동성은 자기통제 수행력 결함의 예이다. 충동성이나 불충분하게 반응하는 경향은 정서적 각성 반응으로 고려할 수 있다. 충동적인 아동은 또래나 교사와 적절하게 상호작용하는 방법을 알고 있지만 부적절한 행동을 초래하는 반응양식인 충동성 때문에 일관성이 없다.

이러한 아동들을 지도하기 위하여 부적절한 행동을 억제하는 자기통제 전략, 변별기술을 지도하는 자극통제 훈련, 적절한 사회적 행동을 증대시키는 유관강화 등을 이용한다. 문제행동이 지속되면 행동 감소법을 이용할 수도 있다. 따라서 일부 학생의 경우에는 그들이 보이는 문제행동에 따라 중재방법을 사용할 필요가 있다. 문제행동을 수반하는 사회성 기술을 가진 아동은 그 기술을 지속시키고 문제행동은 감소시키도록 지도하고, 강화 절차 등을 사용하여 바람직한 사회적 행동을 유지시켜야 한다(국립특수교육원, 1994).

이상에서 설명한 사회성 기술 결함 유형을 종합·정리하면, 사회성 기술을 습득하지 못한 경우와 기술은 습득했으나 수행이나 실패가 잦은 경우의 두 가지로 나눌 수 있다. 따라서 지적장애 아동이 보이는 공격성 행동이 기술 결함인지 또는 수행력 결함인지를 먼저 파악하고 그에 적합한 중재전략을 마련해야 한다.

3. 지적장애 아동의 사회적 능력 평가

1) 전통적 평가와 대안적 평가

전통적 평가는 표준화 검사 혹은 선다형 중심의 지필검사를 통하여 아동의 성취 수준, 능력, 잠재력 등에 대한 자료를 수집하는 방법을 의미한다(Taylor, 2005). 대표적으로 사용되는 전통적인 사회성 기술 평가도구에는 사회적 행동평가(Social Behavior Assessment: SBA), 사회성 기술 교사 평정척도(Teacher Rating of Social Skills: TROSS), 사회성숙도검사(김승국, 김옥기, 1985), 적응행동검사(김승국, 1990), 워커-매코널(Walker-McConnell) 검사(Walker & McConnell, 1988) 등이 있다.

대안적 평가는 전통적 평가를 지양하는 일련의 사정방법을 총칭하는 용어(Taylor, 2005)로, 전통적 평가에 대한 보완적·대용적 의미로 받아들여 사용되고 있다. 대안적 평가는 학습자의 특성을 반영하고, 실제 상황이나 지식·기술의 적용능력에 대한 자료를 수집하는 것이 가능하다. 사회성 기술 평가에 사용되는 대안적 평가방법으로는 관찰, 면담, 포트폴리오 평가, 자기평가 등이 대표적이라 할 수 있다(Friend & Bursuck, 2002).

2) 분류를 위한 평가

분류를 위한 평가 절차는 타인에 의한 평가, 사회관계를 측정하는 기술, 자기보고 평가 그리고 행동적 역할놀이 과제이다(Gresham & Elliott, 1984). 이들 절차의 대부분은 관리가 상대적으로 쉽고 시간 소모적이지 않기 때문에 가장 실용적이다.

교사, 학부모, 상담교사 등이 제공한 점수는 행동문제를 가진 아동과 청소년을 평가하는 데 중요한 근거가 된다(Edelbrock, 1983). 특히 교사가 제공한 점수는 사회성 기술을 평가하는 데 유용하다. 교사들은 3점 척도나 5점 척도로 아동의 행동을 평가할 수 있다. 교사는 중요한 척도를 사용하여 행동을 평가함으로써 평가받고 있는 행동의 사회적 가치를 보장하고 중재를 위해 표적이 되는 행동을 뽑아낼 수 있다(Elliott & Gresham, 1987). 예를 들어, 교사는 낮은 점수를 받는 행동과 중요하다고 평가되는 행동을 가려내어 사회성 기술 중재를 할 수 있다.

소시오매트릭스 기법은 아동이 잘 수용되지 않고, 거부되거나 인기가 없는지를 결정하는 데 유용하다. 소시오매트릭스 절차는 또래지명과 또래평정의 두 가지 유형이 있다. 둘 다 비행동적 및 행동적 기준의 단서가 될 수 있다. 비행동적 기준은 특정 행동보다는 아동의 활동이나 특성에 기초를 둔다. 비행동적 기준의 단서가 되는 소시오매트릭스 기법에서는 또래의 행동에 대한 관점보다 또래들과 어떤 활동에 참여하는 동안 나타나는 아동의 태도나 선호도가 평가된다. 대조적으로, 행동기준은 대상 아동의 특정 행동에 대한 또래의 관점에 기준을 둔다.

자기보고 측정은 교사평정이나 소시오매트릭스 기법처럼 자주 사용되지는 않지만 평가에 있어서 잠재적으로 중요한 정보를 제공할 수 있다. 일부 자기보고 평가기법은 사회성 기술 중재 프로그램을 설계하기 위해 유용한 정보를 얻는 데 편리하다. 이 평가 결과는 기능적 행동분석(예: 선행사건 혹은 후속결과 조절을 이해하기 위한)을 통한 중재-처치 평가방법에 유용하다.

3) 중재를 위한 평가

행동적 면담은 중재 초기 단계에서 가장 빈번하게 사용되지만 사회성 기술 평가기법만큼 체계적으로 연구되지는 않았다(Gresham, 1983). 행동적 면담에는 ① 관찰 가능한 용어로 사회적 행동을 규정하기, ② 목표행동에 대한 선행사건, 후속결과, 후속사건을 확인하기, ③ 목표행동을 측정하기 위한 관찰체계 설계하기의 절차가 있다.

자연스러운 상황(예: 학급, 운동장)에서 아동의 행동을 분석하는 것은 아동의 사회성 기술을 평가하는 데 생태적으로 가장 타당한 방법이다. 자연스러운 관찰은 행동이 발생하는 장소와 시간에서 기능적 행동분석을 가능하게 한다. 관찰해야 할 행동을 결정하는 것은 교사 평정 빈도와 중요도를 기준으로 하며, 아동들은 행동적 면담을 통해 관찰될 수 있다. 〈표 14-1〉은 장애 아동들의 사회성 기술을 평가하기 위한 관찰방법에 대한 조작적 정의와 관찰방법을 예시로 든 것이다.

〈표 14-1〉 아동의 중재행동 목표에 대한 조작적 정의와 관찰방법

목표행동	유형	조작적 정의/관찰방법
상호작용 지도하기	언어	또래에게 자발적인 언어적 상호작용 시도하기 / 횟수와 내용 기술
	제스처	또래에게 자발적인 제스처(신체적) 상호작용 시도하기 / 횟수와 내용 기술

상호작용에 반응하기	언어	또래의 상호작용 시도에 자발적인 언어 반응하기 / 횟수와 내용 기술
	제스처	또래의 상호작용 시도에 자발적인 제스처 반응하기 / 횟수와 내용 기술
문제 상황에 자기주장 하기	적절	또래와의 갈등 및 문제 상황에서 자신의 입장을 상황에 적절한 언어로 표현하기 / 횟수와 내용 기술
	부적절	또래와의 갈등 및 문제 상황에서 자신의 입장을 상황에 적절한 언어로 표현하지 못하고 짜증 내기, 칭얼대기, 울기 또는 회피하기 / 횟수와 내용 기술
놀이에 참여하기	이탈 횟수	교사가 이끄는 집단활동 중에 이탈하기 / 이탈 횟수 기록
	이탈 지속 시간	교사가 이끄는 집단활동 중에 이탈하여 있는 동안 / 시간 기록
	촉구 참여 하기	활동에서 이탈한 아동에게 교사가 참여를 제안 또는 요구하기 / 횟수 기록

4. 지적장애 아동의 사회적 능력 및 사회성 기술 증진

1) 유아기 사회적 능력 증진 중재

유아의 사회적 능력의 중요성이 강조되면서 유아교육 현장에서는 또래관계나 사회성 향상을 위한 활동이 유아교육 프로그램에 포함되어야 한다는 점을 인식하고 다양한 '사회성 기술 중재'가 개발되기 시작하였다. 그러나 효과가 검증된 사회성 기술 교수를 사용하는 대신 명백하게 입증되지 않은 사회성 증진 프로그램들을 섞어서 사회성 기술 교수를 하고 있는 것으로 나타났다. 1998년부터 2007년까지 국내에서 실행된 사회성 기술 중재를 분석한 오자영과 김진호(2008)의 연구에서도 연구자가 임의로 개발한 프로그램이 독립변인의 상당수를 차지하고 있는 것으로 나타났다. 이러한 경향은 최근까지도 이어져서 장애 유아의 사회성 향상 프로그램에 증거기반 실제를 적용한 연구를 확인하는 것이 쉽지 않다. 황지영(2021)은 2010년부터 2021년 5월 사이에 발표된 통합환경 내 발달지체 유아의 사회성 증진 중재와 관련된 논문 22편을 분석한 결과 대부분의 연구가 미국 특수아동협회(Council of Exceptional Children: CEC)가 증거기반 실제 평가 준거로 제시한 질적 지표(quality indicator)를 충족시키지 못한 것으로 나타났다. 따라서 향후 장애 유아의 사회성 기술 중재에서는 반복 연구를 통해 그 효과가 검증된 증거기반의 프로그램을 적극적으로 도입할 필요가 있겠다.

장애 아동을 위한 사회성 기술 중재에서 중요한 또 하나의 쟁점은 중재를 실시하는 환경과 관련된 것이다. 통합교육 환경에 배치된 장애 유아는 전형적인 발달을 보이는 또래 유아의 적절한 행동을 관찰할 기회를 가질 수 있으며 나아가 그들과 상호작용함으로써 인지 및 언어발달이 촉진될 수 있다는 것이다(Justice, Logan, Lin, & Kaderavek, 2014). 그뿐만 아니라 통합교육 환경은 장애 유아로 하여금 또래와의 사회적 상호작용 기회를 통해 사회적 능력을 형성하고 지원할 수 있는 환경을 제공해 준다(이소현, 2020). 유아기 사회성 및 의사소통 영역의 발달은 또래와의 성공적인 상호작용을 가능하게 하며 나아가 다른 사람과 원만한 사회적 관계를 형성하고 유지할 수 있는 능력을 함양하도록 한다(권귀진, 2005). 원만한 사회적 상호작용 촉진은 장애 유아에게 사회적인 기술 습득과 발달은 물론 학업성취에도 매우 중요한 역할을 하며, 특히 대인관계 형성 및 문제행동을 조절하는 데도 중요하다고 강조하고 있다(이제화, 2010; Reed, McIntyre, Dusek, & Quintero, 2011). 이와 같이 사회적 상호작용은 장애 아동의 전반적인 발달에 영향을 미칠 수 있다. 따라서 장애 유아와 또래 유아 간에 성공적인 사회적 상호작용 경험을 할 수 있는 통합환경이 제공되어야 할 것이다.

대부분의 일반 유아는 자연스럽게 사회적 능력이 발달하지만 장애 유아는 그렇지 않다. 보통 장애 유아들은 또래를 향한 사회적 행동의 발생이 낮고 친구 사귀기가 어렵다(Guralnick, Gottman, & Hammond, 1995). 즉, 발달지체 아동들은 자유놀이 시간에 집단활동에 참여하고 상보적인 우정을 형성하는 것이 어렵다. 또한 장애 유아들은 일반 유아들에 비하여 사회적 행동이 덜 성숙한 경향이 있고, 일반적으로 또래들과 관계를 유지하는 것이 어려우며, 사회적 능력·기술에 결함이 있다. 따라서 대부분의 장애 유아에게는 사회적 능력을 증진시키기 위하여 별도의 중재가 필요하다.

Vaughn 등(2003)은 3~5세 장애 유아들을 위한 사회성 기술 중재를 ① 목표행동 촉진 및 연습, ② 놀이 관련 활동, ③ 자유놀이 일반화, ④ 적절한 행동에 대한 강화, ⑤ 특정한 사회성 기술 모델링, ⑥ 스토리텔링, ⑦ 직접교수, ⑧ 적절한 행동 모방의 여덟 가지로 분류하였다.

첫째, 목표행동 촉진 및 연습이다. 특정한 환경에서 기대되는 목표행동의 시범을 촉진하기 위한 안내를 포함한다. 촉진의 목표는 아동들이 적절한 행동에 반응하도록 하는 것이다. 아동은 목표행동을 학습하였을 때 그 행동을 유지하기 위하여 연습이나 실행을 하여야 한다(Hundert & Houghton, 1992).

둘째, 놀이 관련 활동이다. 놀이와 사회적 기능에 대한 연구에 의하면 둘 사이에는 높은 관련성이 있다(Bretherton, Prentiss, & Ridgeway, 1990). 이에 장애 유아의 사회적 기능을 증진하기 위한 중재로 놀이를 많이 이용한다(Hundert & Houghton, 1992). 장애 유아의 사회성 기술 증진을 위해 사용되는 놀이의 구성은 가상놀이, 장난감 조작, 놀이 동안 성인과의 상호작용의 양과 유형 변인, 그리고 사회성 기술을 향상시키기 위한 놀이활동 패키지 등을 포함한다.

셋째, 자유놀이 일반화(free-play generalization)는 그 자체가 중재는 아니지만, 중재를 하는 과정에서 중요한 부분을 차지한다(LeBlanc & Matson, 1995). 사회성 기술훈련이 끝난 후 일반화 기간 동안에는 어떤 방법이든지, 무슨 장난감을 선택하든지 아동이 서로 함께 놀도록 허용한다. 이것은 아동이 학습한 사회성 기술을 연습할 수 있게 해 준다. 종종 체계적인 관찰과 바람직한 사회적 행동이 일어나는 빈도는 일반화 기간 동안 아동들이 배웠던 환경에서 자유놀이 환경으로 사회성 기술이 일반화된 범위를 반영한다.

넷째, 적절한 행동에 대한 강화이다. 바람직한 행동을 증가시키기 위한 강화에는 적절한 행동을 한 아동에게 체계적인 보상을 하는 것이 포함된다(Walker & Shea, 1999). 보상은 아동이 목표행동을 보다 자주 하도록 동기를 부여한다. 강화는 연령, 성별, 흥미에 따라 달라져야 한다. 초콜릿과 같은 상품 강화물, 칭찬이나 안아 주기 같은 사회적 강화물이 유아들에게 가장 보편적으로 사용되는 강화이다. 스티커와 같은 강화물도 많이 사용된다. 사회적 상황에서는 자연적으로 발생하는 후속결과가 어떤 행동을 강화하기도 한다.

다섯째, 특정한 사회성 기술 모델링이다. 유아들에게 또래들의 바람직한 사회성 기술을 모델링하는 것은 장애 유아의 사회적 기능을 촉진하기 위해서 사용된다(Odom & McEvoy, 1988). 특히 사회성 기술이 부족하고 위축된 유아의 사회성 기술을 촉진하는 데 효과적인 방법이다(Kohler, Strain, Maretsky, & Decesare, 1990).

여섯째, 스토리텔링(storytelling)은 3세 정도의 유아들이 화자와 청자로 참여할 수 있는 활동으로, 의사소통을 통하여 정서 및 학업 발달을 연계하는 특별한 기회를 제공한다(Bauer & Balius, 1995). 스토리텔링 치료는 다양한 장애 유아의 사회·정서적 발달을 성공적으로 증진한다. 유아들이 자발적으로 스토리텔링과 듣기에 참여하여 즐거운 활동을 찾아내기 때문에, 장애 유아들의 사회성 기술 중재로 스토리텔링 요소가 포함될 수 있다.

일곱째, 직접교수(direct instruction)는 체계적인 교수 접근이다. 기술을 숙련하기 위하여 분리된 기술을 가르치게 된다. 직접교수는 장애 유아들에게 공유하기, 종합적 인지과정, 감정표현 같은 특정한 행동을 직접 가르치는 데 사용된다(Hundert & Houghton, 1992).

여덟째, 적절한 행동 모방이다. 모방(imitation)은 자폐 유아들에게 주로 사용되는 사회성 기술훈련이다(Dawson & Galpert, 1990). 자폐 유아들이 다른 사람의 얼굴 표정이나 신체 움직임을 모방하고 상보적인 상호작용에 참여하는 것이 어렵기 때문에 모방은 사회성 기술을 증진하는 데 도움이 된다. 그러나 지적장애 유아들도 우발교수나 행동 모방이 일어나기 어렵기 때문에 모방을 할 수 있는 기회를 제공하고 교수를 하는 것이 필요하다.

최근 장애 유아의 사회성 증진을 위한 중재에 관심이 증가하면서 해외에서 입증된 증거기반의 실제를 적용한 연구가 이루어지고 있다. 그중 하나가 1973년 Goldstein이 처음 소개한 스킬스트리밍(skill-streaming)이다. 스킬스트리밍은 대상 연령을 유아, 아동, 청소년으로 나누어 각 발달단계에 맞는 사회적 영역 및 기술이 제시되어 있어, 각 시기에 필요한 기술을 선택하여 체계적으로 교수할 수 있다. 스킬스트리밍은 처음에는 초등학생을 위한 사회성 기술 프로그램으로 개발되었기 때문에 우리나라에서는 주로 초등학생을 대상으로 연구가 진행되었고 유아 대상으로 한 연구는 아직 많지 않다. 2021년도까지 스킬스트리밍 프로그램을 유아에게 적용한 연구는 총 4편(김성희, 2011; 문희원, 박지연, 2014; 이지원, 2021; 정지영, 2009)이다. 이 중 가장 최근에 이지원(2021)이 장애 유아를 대상으로 협력교수 기반 확장된 스킬스트리밍 교수를 제공하여 일반 유아의 친사회적 행동과 장애 유아의 사회적 상호작용에 미치는 영향에 대하여 연구를 하여 긍정적임을 입증하였다.

유아용 스킬스트리밍 교육과정은 유아의 친사회적 행동을 증진시키기 위해 계획된 프로그램으로 또래에게 거부당하며 인기가 없는 유아, 낮은 협력, 두려움, 파괴행동, 빈약한 상호 문제 해결 등 부적응 행동을 보이는 유아를 위한 기술들이 포함되어 있고 (McGinnis, 2012), 집단에서 과제를 수행하고 교사의 지시와 피드백에 적절히 반응하며 우정을 형성 및 유지하는 기술들도 포함되어 있는데, 크게 여섯 가지 영역과 40개의 세부 기술로 구성되며 관련 내용을 요약하여 제시하면 〈표 14-2〉와 같다(McGinnis, 2012).

〈표 14-2〉 **유아용 스킬스트리밍 교수 하위 영역 및 세부 기술**

Ⅰ. 사회성 기술을 시작하기	1. 경청하기	Ⅳ. 감정 다루기	21. 나의 마음을 말하기
	2. 상냥하게 말하기		22. 혼자라고 생각되면
	3. 용감하게 말하기		23. 하고 싶은 말하기
	4. 고맙다고 이야기하기		24. 무서움 견디기
	5. 나 칭찬하기		25. 친구의 마음 알기
	6. 도움 요청하기		26. 좋아하는 것 나타내기
	7. 원하는 것 말하기		
	8. 무시하기		
Ⅱ. 학교 관련 기술들	9. 물어보기	Ⅴ. 공격에 대한 대안 행동	27. 친구가 괴롭힐 때
	10. 지시 따르기		28. 화가 날 때 참기
			29. 공평함 알기
	11. 힘들지만 해 보기		30. 문제 해결하기
			31. 사과하기
	12. 끼어들기		32. 마음이 떨릴 때 편안한 마음 가지기
Ⅲ. 우정 형성하기	13. 인사하기	Ⅵ. 스트레스 다루기	33. 잘못(실수)했을 때
	14. 친구의 마음 알기		34. 정직하게 말하기
	15. 친구 사이에 들어가기		35. 말해야 할 때를 알기
	16. 차례 기다리기		36. 경기(게임)에서 졌을 때
	17. 친구들과 서로 나누기		37. 최고가 되고 싶을 때
	18. 도와주기		38. 하고 싶지 않을 때
	19. 놀이 요청하기 싫다고 말하기		39. 거절 수용하기
	20. 게임을 하기		40. 할 일 결정하기

출처: McGinnis (2012); 이지원(2021) 재인용.

스킬스트리밍 교수 절차로는 모델링, 역할극, 시연에 대한 피드백, 일반화 4단계로 진행되며 총 9단계로 세분화되어 이루어진다. 1~2단계는 모델링, 3~6단계는 역할극, 7단계는 시연에 대한 피드백, 그리고 8~9단계는 일반화이며, 구체적인 실행 단계는 다음과 같다.

1단계는 '기술 정의하기'로, 이 단계는 유아에게 필요한 사회성 기술을 선택하여 유아들이 이해하기 쉽도록 쉬운 언어와 사례 등을 통하여 기술의 필요성을 인식시키고 기술카드를 사용하여 기술이 어떤 행동인지 설명한다. 사용되는 기술카드는 단계를 도식적이고 직관적으로 이해할 수 있는 상징으로 구성되어 유아의 이해를 돕는다.

2단계는 '기술 모델링하기'로, 기술카드를 보여 주면서 문제 상황을 제시된 단계로 해결하여 결국 긍정적인 결과를 보여 준다. 이때 유아의 연령, 의사소통 능력, 경제적 배경 등을 고려하여 예시와 모델링을 제공한다. 수업 한 차시에 한 가지 기술을 교수하는 것이 좋고 예시와 모델링은 두 가지 정도 제시하여 다양한 상황에서 기술이 사용될 수 있다는 것을 교수한다. 더불어 이 단계에서 강조하는 것은 모델링을 통해 긍정적인 결과가 나올 수 있어야 하며, 선정된 사례는 유아들의 실제 생활과 관련성이 높은 것으로 선정되어야 한다.

3단계는 '기술에 대한 유아의 필요 정하기'인데, 모델링한 기술이 실제로 필요한지에 대해 이야기 나누고 역할극을 위한 준비를 한다. 유아들은 모델링에서 살펴본 기술을 어떤 상황에서 필요한지 이야기를 나누며 기술의 필요성을 다시 한번 이해하게 한다. 이때 나눈 이야기들은 칠판에 적어 보여 줄 수 있으며 다음 역할극 주제로도 활용될 수 있다.

4단계는 '첫 번째 역할극 할 사람 정하기'로, 역할극을 하는 것에 거부감이 있는 유아도 다른 친구들의 역할극을 관찰할 기회를 제공하면서 나중에 역할극을 할 준비를 시킬 수 있으므로 자유로운 분위기 안에서 자발적으로 주인공이 되고 싶은 유아를 선정하도록 한다.

5단계는 '역할극 설정하기'인데, 유아들과 이야기 나눈 상황 중 하나를 설정하고 상황에 필요한 친구, 소품 등을 설정하고 준비한다.

6단계는 '역할극 실행하기'인데, 등장인물이 결정되면 해당 등장인물들이 해야 할 대사와 상황에 대해 다시 한번 설명하고 그때 해결할 기술카드도 한 번 더 짚어 가며 역할극에서 해야 할 행동에 대해 확인한다. 또한 이를 지켜보는 유아들도 기술 단계에 맞게 등장인물들이 잘 수행하는지 관찰하도록 지시한다. 필요할 경우 교사가 언어적 촉진을 제공하여 주인공이 기술 단계에 맞게 잘 수행할 수 있도록 돕는다.

7단계는 '역할극에 대해 피드백 나누기'인데, 주인공이 기술 단계를 얼마나 잘 수행했는지 공동 연기자, 관찰했던 관람 유아들, 함께 있었던 교사들, 주인공 순으로 이야기를 나눈다. 피드백은 일반적인 내용보다 구체적인 내용으로 제시하고 긍정적인 부분을 수정할 부분보다 먼저 제시한다.

8단계는 '역할극을 할 다음 유아 정하기'인데, 모든 유아가 한 번씩은 주인공을 해 보는 것을 강조하며 교실의 모든 유아가 주인공이 되어 연기를 해 볼 것을 제시한다. 이처럼 모든 유아가 주인공이 되어 역할극을 같은 방식으로 실행하고 관련 피드백도 주고받는다.

9단계는 '과제(숙제) 내기'로, 수업시간에 활동한 내용을 가정에서 부모님과 함께 다시 실행해 보면서 현실에 적용하도록 한다. 이는 일반화를 강조하는 스킬스트리밍의 철학을 반영한 것으로 집에서 다양한 상황에서 벌어질 일들을 배운 기술을 적용하여 적절하게 사용할 수 있도록 독려한다.

2) 초등학교 지적장애 학생의 사회적 능력 증진 중재

초등학교 지적장애 아동은 일반학교에서 통합교육을 받는 경우가 특수학교에서 분리교육을 받는 경우보다 월등히 많다. 학령기 학생이 줄어드는 추세지만 초등학교 특수학급은 2018년 5,480학급, 2019년 5,807학급 2020년 6,132학급, 2021년 6,330학급으로 꾸준히 증가하는 추세이며, 통합교육을 받는 학생 역시 지속적으로 늘어나고 있다(교육부, 2021b). 통합된 환경에서 또래와의 접촉을 통해 사회적인 관계 및 정서 발달, 사회적 유능감 형성을 기대할 수 있다(최경일, 박경현, 2007). 또한 통합된 환경에서 일반 학생과 상호작용하는 기회를 경험한 학령기 장애학생은 사회성 및 의사소통 영역에서 큰 효과를 얻을 수 있다(정귀순, 2004). 통합교육에서 물리적 통합만이 아니라 장애학생이 학급 구성원으로서 비장애 친구들과 의미 있는 상호작용을 하며, 더불어 생활할 수 있도록 하는 사회적 통합은 매우 중요하다. 그러나 많은 통합학급 환경 내의 장애학생들은 또래와의 상호작용 및 관계 형성에 장벽을 경험하며, 통합학급 일원으로서의 소속감을 느끼지 못하고 있다. 통합학급 장애학생들은 친구관계에서 어려움을 느끼고, 비장애 또래에게 사회적으로 낮은 평가를 받는 것으로 나타났다(김진구, 2017; 이숙향, 안혜신, 2011). 이는 장애학생의 사회적 능력과 관련된 기술이 부족하기 때문이며, 따라서 장애학생이 통합학급에서 비장애 학생들과 상호작용을 하고 사회적 상황에 적절하게 대처하는 데 필요한 사회성 기술을 갖추도록 지도하는 것이 중요하다.

McCay와 Keyes(2002)는 통합된 상황에서 필요한 초등학교 지적장애 아동의 사회성 기술 영역과 이에 대한 교사의 중재에 대하여 독립성, 주장하기, 사회적 민감성, 우정 형성, 사회적 문제 해결하기의 다섯 개 영역으로 나누어 설명하였다.

(1) 독립성

독립성(independence)은 대인관계 기술의 목표는 아니지만 사회성 발달의 기본이다(Erikson, 1963). 아동들은 스스로 계획을 세워 자기 활동을 관리하고 결정하는 것을 배워야 한다. 덧붙여서 아동들은 다른 사람들이 가까이 있을 경우에 스스로 독립적으로 활동에 집중하고 계속하는 것을 배워야 한다. 그리고 아동들은 자신이 선택한 행동의 후속결과를 수용하고 관리하는 것을 배워야 한다.

지적장애 아동들은 자신의 방법에 대하여 고집을 부리는 경향이 있기 때문에 부수적인 문제에 직면한다. 이러한 경우에 교사들은 소란스러운 대결을 피하도록 노력해야 하지만(소란을 피할 수 있도록 가르치기), 아동의 요구에 포기하여 완전히 굴복해서는 안 되며, 아동들에게 타협하는 방법을 가르쳐야 한다. 이때 교사는 지나치게 권위적이지 않아야 하고 융통성이 있어야 한다.

교사들은 개인 과제 평가, 선택 기회 제공, 독립적으로 수행한 아동에게 자유시간 제공, 개인적 목표 수립 교수, 학습의 진보 점검 교수를 함으로써 통합학급에서 지적장애 아동의 독립성을 증진시킬 수 있다. 예를 들면, 낮은 지적 기능을 가진 아동들은 하루에 두 문장 쓰기를 목표로 수립하는 반면, 보다 나은 능력을 가진 아동은 매일 한 페이지를 쓰도록 목표를 수립할 수 있다. 일부 아동은 주간 혹은 매일의 목표를 수립하고 다른 아동들은 시간단위로 할 때 효과적일 수 있다. 목표 간격이나 목표 수준과 관계없이, 각 아동은 자신의 향상 정도를 평가하는 것이 필요하다. 자기평가는 자기관리를 배우는 데 매우 효과적인 방법이다. 사회적 학습이론가들은 아동들은 스스로 자신의 수행기준을 개발하고 달성했을 때 자기효능감을 느끼기 때문에 외적인 강화나 벌보다 자기평가가 자기조절을 지원하는 데 있어서 더 효과가 있다고 주장한다(Bronson, 2000).

(2) 주장하기

지적장애 아동들은 통합학급에서 적응하고 요구를 충족하고 친구를 만들며, 괴롭힘 같은 행위에 희생되지 않기 위해서 자기주장 기술을 배울 필요가 있다. 자기주장 기술은 가장 중요한 기술 중 하나로, 어렵기는 하지만 여러 가지 이유로 가르쳐야 할 사회성 기술이다.

주장하기(assertiveness) 기술을 가르치는 것은 지적장애 아동들이 위험한 상황에 직면했을 때 바르게 반응하는 데 필요하다. 예를 들면, 낯선 사람과 마주쳤을 때 도망가는 방법, 다른 사람의 관심을 얻기 위한 소리 지르기 등은 아동들이 잠재적인 위험에서 스스로를 보호할 수 있는 방법이다. 이러한 기술을 학습하는 것은 위험한 상황을 식별하는 인지기술과 피할 수 있는 신체적 능력 혹은 도움 구하는 능력이 부족한 지적장애 아동에게 보다 중요한 문제일 수 있다. 교사들은 주장하기 기술을 가르칠 때 아동들의 요구와 개별적인 상황을 파악하여 역할놀이 상황을 확인할 필요가 있다. 〈표 14-3〉은 적절한 주장하기 기술과 관련된 행동 목록이다.

〈표 14-3〉 **적절한 주장하기 기술과 관련된 행동**

• 요구와 원하는 것 표현하기	• 생각과 의견 공유하기
• 새로운 사람에게 자신을 소개하기	• 대화 시작하기
• 부당한 취급을 받을 때 감정 표현하기	• 다른 사람을 상호작용하기 위하여 초대하기
• 불공정한 규칙과 관례에 대해 질문하기	• 또래 압력에 저항하기
• 개인적 신념을 지키기	• 충돌로부터 빠져나오기
• 또래활동에서 지도자 역할을 맡기	• 도움 요청하기

출처: McCay & Keyes (2002), p. 73.

(3) 사회적 민감성

타인의 욕구와 기분을 이해하고 해석하여 공손한 행동을 하는 방법을 배우는 것은 그들의 기능 수준과 관계없이 모든 아동에게 중요하다. 이와 관련하여 첫 번째로 가르쳐야 할 것은 공유하기 개념이다. 학교나 가정에서는 모든 아동에게 도구, 경험 그리고 타인의 관심을 공유하도록 요구하지만, 장애 아동에게는 그것이 어려울 수 있다. 장애 아동들은 집에서 관심을 많이 받기 때문에 학교에서도 똑같은 수준의 관심을 기대할지 모른다.

교사들은 아동들이 자기중심적 행동을 할 때는 무시하고 다른 또래들과 관심을 공유하거나 다른 아동의 활동을 칭찬할 때는 긍정적인 관심을 주게 된다. 이러한 모델링과 강화를 지속적이고 주의 깊게 반복한다면 지적장애 아동들이 바람직한 행동을 배울 수 있는 기회를 증진시킬 수 있다. 〈표 14-4〉는 사회적 민감성(social sensitivity)과 관련된 행동 목록이다.

〈표 14-4〉 **사회적 민감성과 관련된 행동**

일반성
- 물건 공유하기
- 공정한 놀이감각 갖기
- 차례 지키기
- 예의 갖추기(부탁, 감사, 사과의 말 등)
- 규칙 따르기

의사소통
- 다른 사람들이 이야기할 때 방해하지 않고 듣기
- 말하는 사람에게 응답하기
- 대화 공유하기(대화 독점하지 않기)

존중하기
- 다양한 견해 수용하기
- 다른 사람의 관점 평가하기
- 다른 사람의 소유와 공간 존중하기
- 다른 사람의 권리 존중하기
- 고정관념과 편견 피하기
- 개인적 차이에서 오는 강점 인정하기

정서적 인식
- 다른 사람의 정서적 상황을 정확하게 파악하기
- 감정이입과 동정심 표시하기
- 사람들을 편하게 하기

출처: McCay & Keyes (2002), p. 74.

(4) 우정 형성

우정 형성(friendship building)과 관련된 기술들은 모델링을 통해서 교수될 수 있고, 특히 이러한 기술들을 직접 가르치는 것은 더욱 효과적이다. 가장 기본적으로, 학급담임교사는 협력적이고 다른 사람을 배려하는 따뜻한 학급 환경을 만들어야 한다. 학년이 시작할 때의 상호 간 관심과 존경의 규칙적인 의사소통 기대(예: '우리는 서로를 보살펴 주는 공동체에 속해 있다.'라는 급훈 제시)는 우정을 증진시키고 동료 거부를 예방한다

(Bredekamp & Copple, 1997).

교사들은 학생들이 우정 형성 기술을 연습할 수 있도록 기회를 충분히 제공할 필요가 있다. 아동들이 공통적으로 흥미 있는 분야를 발견할 수 있는 활동은 우정 형성을 위해 중요하다. 우정 형성을 위한 또 다른 효과적인 전략은 '짝꿍 만들어 주기' 또는 '또래 친구' 접근법이다. 이 접근법은 전형적으로 성장하는 아이들이 학창 시절 동안 계속적인 학업과 사회적 활동에서 장애를 가진 아이들과 상호작용하게 해 준다(Odom et al., 1999). 장애 아동들에게는 학급에서의 지도자 역할을 할 기회를 제공해 주는 것이 필요하다. 예를 들어, 그들이 자료들을 나누어 주거나 모으고, 아침운동에 앞장서고, 완제품을 검사하고, 과제를 바로잡는 것을 도울 수 있다. 이러한 책임은 장애 아동이 집단 구성원들에게 기여하도록 하면서 그들 자신의 자기인식과 다른 학생들의 장애에 대한 인식을 높여 준다(Lewis & Doorlag, 1999). 〈표 14-5〉는 아동기 동안 필요한 또래관계 기술 목록이다.

〈표 14-5〉 **아동기에 필요한 또래관계 기술**

• 자신과 다른 사람들을 소개하기	• 놀이 역할 협상하기
• 집단활동에 참여하기	• 칭찬하고 받기
• 같이 놀거나 활동하기 위해 타인을 초대하기	• 사과하기
• 장난감, 자료 그리고 개인 물품을 공유하기	• 용서하기
• 부탁하기	• 또래들과 미소 짓고 웃기
• 놀이 아이디어 교환하기	• 감각을 이해하고 공유하기
• 도움 주기	

출처: McCay & Keyes (2002), p. 75.

(5) 사회적 문제 해결 능력

사회적 상황에서 아동들이 문제 해결 능력의 이점을 익히는 것은 더욱 중요하다. 아동들은 새로운 사회성 기술을 익힌 후에 언제 새로운 기술을 쓸지, 어디에서 쓸지, 그리고 배운 기술 중에서 어떤 기술을 선택해서 사용해야 할지를 알아야 한다. 사회적 문제 해결 상황에서 아동들은 다음과 같은 상호작용 기술들을 사용하는 법을 배운다.

- 모든 관련 사항을 만족시키기 위한 결과를 얻기 위해 다른 점을 협상하기
- 집단 프로젝트에서 타협하고 협동하기
- 무책임한 행동을 하는 것을 피하거나 거부하기

- 다른 아동들의 희롱(놀림, 괴롭힘과 같은)을 처리하기
- 책임감 있는 선택하기
- 다른 사람들의 도움을 구하고 받기

　사회적 문제 해결을 위해서는 사회성 기술뿐만 아니라 분석, 종합, 평가, 초인지전략들과 같은 고차원의 사고기술도 요구된다. 아동들은 사회적 상황을 판단하고, 적절한 기술을 선택하여 문제 해결에 그 기술이 효과가 있는가를 입증한다. 교사들은 유용한 전략을 제시하고 의식적으로 그들이 이미 쓰고 있는 전략을 인식하게 만듦으로써 초등학교 아동들의 문제 해결 기술을 향상시킨다. 대부분의 아동은 성숙과 더불어 경험이 쌓이면서, 자신의 행동을 관찰하고, 필요할 경우 사용하고 있는 문제 해결 전략을 수정하는 것을 배울 수 있다(Bronson, 2000).

　한편, 지적장애 학생을 포함한 발달장애 학생을 위한 사회성 기술 중재의 중요성이 강조되면서 국내에서도 관련 연구들이 꾸준히 진행되어 왔다. 최근 김지영과 김유리(2021)는 2010년부터 2020년까지 국내 학술지에 게재된 논문 중 통합교육 환경에서 이루어진 15편의 연구를 분석한 결과 지적장애 학생을 대상으로 한 경우가 많았음을 밝히면서 논문에서 사용된 전략은 강화 제공, 또래 참여 및 지원, 놀이 및 게임 활용, 자기점검 및 자기평가, 특수학급 차원의 장애학생 중재와 통합학급 차원의 모든 학생 중재가 함께 이루어진 다층전략, 스크립트 활용, 스킬스트리밍, 협동학습전략 등으로 향후 통합학급 담임교사의 역할 강화와 대상 학생의 사회성 기술 특성에 알맞은 교수전략이 필요하다고 하였다. 이 연구에서는 중재에 대한 증거기반의 실제 충족 여부는 평가하지 않았다.

　앞에서도 소개한 것처럼 사회성 기술훈련 중 하나인 스킬스트리밍 교수는 통합환경에서 자연스러운 교수를 통해 일반화를 중시한 사회성 기술 교수로서(Reed, Feibus, & Rosenfield, 1998), 현재까지 미국에서 수많은 학교, 아동과 청소년을 위한 기관에서 사용하는 대표적인 증거기반 사회성 기술 중재이다(Leonardi, Roberts, & Wasoka, 2001; Lerner, & Mikami, 2012; McGinnis, 2012). 스킬스트리밍 프로그램은 구조화된 교수를 기반으로 친사회적 행동(학업기술, 또래관계, 감정 조절, 대처방법)을 직접적으로 전달한다(Goldstein & McGinnis, 1997).

　주로 초등학생을 대상으로 하며 친사회성 기술훈련의 과정을 바탕으로 모델링과 역할극을 통하여 강화와 피드백을 받는다(이근민, 2008). 역할극은 상황 속 인물의 역할

을 맡아 연기하여 그 과정이나 결과를 평가하여 스스로 문제를 해결할 수 있도록 돕는
다(주경희, 2007). 이러한 과정에서 학생들은 다른 사람의 입장과 감정을 이해하게 되
며, 실제 관계 속에서 적용할 수 있는 사회성 기술을 배우게 된다(주경희, 2007). 우리나
라에서도 지적장애 초등학생에게 스킬스트리밍 프로그램을 제공하여 사회성 기술을
증진한 연구들이 이루어졌다(고기쁨, 2015; 구미숙, 최하영, 2016; 김경석, 김자경, 백은정,
2021; 김혜선, 박지연, 2015).

〈표 14-6〉은 스킬스트리밍 프로그램을 적용한 연구의 교수전략과 중재 내용을 제
시한 것이다.

〈표 14-6〉 **스킬스트리밍 프로그램을 적용한 사회성 기술 연구**

연구자	교수전략	적용 관련 특성
구미숙, 최하영 (2016)	강화 제공	• 통합학급 학생들이 연구자에게 배운 사회성 기술을 꾸준히 복습할 수 있도록 사회성 기술 연습용 강화판을 학급에 제공한다.
	스킬스트리밍 전략	• 스킬스트리밍의 9단계를 따르되, 8단계 과제 부여 단계에서 기술을 사용할 수 있는 구체적인 상황에 대한 예를 들며 과제를 부여하고, 과제가 통합학급 및 가정에서 활용할 수 있는 통신문 형태로 제시되었기 때문에 8단계와 9단계의 순서를 바꾸어 수행한다.
김혜선, 박지연 (2015)	강화 제공	• 학급 차원 프로그램에서 만든 규칙을 준수하는 학생에게 규칙 지킴이 쿠폰을 발행하고, 쿠폰을 다 모을 시 학생의 선호도를 고려하여 통합학급 교사와 협의를 통해 집단 강화를 제공한다.
	자기점검 및 자기평가	• 장애학생 개인 차원 지원인 사회성 기술 교수에서 배운 기술을 일상생활에서 활용하는지 점검하는 자기점검표를 제공하고 매일 특수학급에서 작성하게 한다. 자기점검표 작성 초기에는 언어적 촉진을 제공하여 학생이 자기점검 방법을 습득하게 하고 학생이 방법을 습득한 후에는 스스로 자기점검표를 작성하게 한다. 자기점검 결과에 근거하여 자기평가를 실시하고 이 내용을 바탕으로 강화를 제공한다.
	다층전략	• 학급 차원 지원과 개인 차원 지원을 구성하고, 학급 차원 지원은 학급 규칙 작성 및 점검을 포함한 학급 차원의 통합 증진 프로그램, 장애학생에게 제공되는 개인 차원 지원은 사회성 기술 교수(소그룹, 일대일)와 자기관리기술 교수를 포함하여 실시한다.
	또래 참여 및 지원	
	스킬스트리밍 전략	• 장애학생 개인 차원 사회성 기술 교수의 짝수 회기를 소그룹 사회성 회기로 구성하여 소수의 또래가 참여하도록 한다. 소그룹 사회성 회기는 스킬스트리밍 교수 절차를 따르되, 기술 적용 단계에서 구조화된 놀이 활동을 제공하여 소그룹 사회성 기술 교수에 참여한 또래와 장애학생이 우정 관계를 맺을 수 있도록 독려한다.

김경석, 김자경, 백은정 (2021)	스킬스트리밍 전략	• 1단계는 오늘 배울 사회성 기술을 정의하고 목표가 무엇인지 알려 준다. 그리고 수행할 사회성 기술의 순서에 대해 설명한다. • 2단계는 사회성 기술이 필요한 상황을 설정하고 기술의 이름과 행동 단계가 나열된 자료를 함께 보면서 모델링을 제공한다. • 3단계는 해당하는 사회성 기술이 왜 중요하고, 언제, 어디에서, 누구에게 사용하는 것이 유용한지 알려 준다. • 4단계는 필요한 역할극 상황으로 학교, 가정 상황 모두 고려하여 마련하며, 역할극을 함께 수행할 파트너를 선택한다. • 5단계는 역할놀이 하는 방법을 알려 주고, 파트너와 함께 주어진 상황에 필요한 대본으로 연습할 시간을 제공한다. 6단계에는 할당한 행동 단계에 따라 역할놀이를 실시한다. • 7단계는 학생의 수행을 평가하고 피드백을 제공한다. • 8단계는 다음으로 역할 맡을 학생을 정하고 역할극을 수행한다. 참여한 모든 아동이 역할극을 수행할 수 있도록 6~8단계를 반복한다. • 9단계는 오늘 배운 사회성 기술이 가정이나 학교에서 일반화될 수 있도록 과제와 함께 가정 통신문을 제공한다.

3) 지적장애 청소년의 사회적 능력 증진 중재

중학교 이후 시기는 학업적 · 사회적 요구 수준이 초등학교보다 높아지는 시기로 교육목표에서 학업과 사회성이 함께 강조된다. 그러나 지적장애 학생의 학년이 올라갈수록 일반교사는 장애학생 지도를 기피하고, 장애학생의 학교 부적응 사례가 빈번하게 나타난다(김경민, 2003). 또한 일반중학교에 통합된 장애학생의 장애 영역 중 가장 큰 비율을 차지하는 지적장애 학생의 사회성 기술 결함 문제는 성공적인 통합을 제한하는 주요한 요인이다(김향지, 1996; 박찬웅, 2006). 이는 사회성 기술문제가 단순히 학교생활 적응뿐만 아니라 학업적 · 심리적 적응과 관련이 있고 사회적 통합을 위한 출발점이기 때문이다(이신령, 박승희, 2007; Walker, Colvin, & Ramsey, 1995).

지적장애 청소년은 다른 사람의 관점을 이해하고 주변 사람의 감정을 해석하는 데 어려움을 보이고(Carter & Hughes, 2005), 다른 사람과 공통된 관심사를 공유하고 지속적인 관계를 유지하는 데 곤란을 겪을 수 있으며, 이로 인해 동료의 낮은 수용, 사회적 배제, 외로움과 우울증 등을 경험하며, 이는 학교로부터 성인기 삶으로의 성공적인 전환 실패의 원인이 되기도 한다(Elksnin & Elksnin, 2001). 이와 관련하여 박상희, 김남순, 전보성(2006)은 지적장애 학생이 자신의 삶에 대한 주인의식을 가지고 가능한 한 독립적이고 생산적인 성인이 되기 위해서는 학교에서 지역사회로의 성공적인 전환을 위한 중요한 지도요소 중 하나인 사회성 기술 증진이 필요하다고 하였다. 사회성 기술을 증진할 수 있는 전환교육 프로그램의 구성요소로 ① 일상생활 기술, ② 자기관리 기술, ③ 경제생활, ④ 의사소통 기술, ⑤ 오락/여가 기술 등을 주장하였다. 이신령과 박승희(2007)는 일반학교에 통합되어 있는 지적장애 중학생에 대한 사회성 기술들의 중요도를 알아보는 연구에서 일반교사와 동료 학생이 중요하다고 인식한 사회성 기술 27개와 30개를 각각 확인하였고, 이 시기에 가장 우선적으로 필요한 사회성 기술은 자기통제, 협동, 주장하기 영역임을 밝혀내었다.

지적장애 청소년에게 사회성 기술을 교수할 때 과학적으로 효과가 입증된 증거기반 실제를 선택하는 것은 중요하다(서민경, 김유리, 2017; Carter & Hughes, 2005). 그러나 지적장애 유아나 아동의 사회적 능력 중재 연구에 비하여 청소년기 지적장애 학생의 사회적 능력 증진방안에 대한 국내 연구는 많지 않은 상황이다.

김유리(2011)는 지적장애 청소년을 위한 사회성 기술 중재 관련 국내 연구 23편을 분석하여 지적장애 청소년들에게 교수되는 사회성 기술 중재 프로그램과 교수방법에 대한 동향을 정리하여 몇 가지 시사점을 다음과 같이 제기하였다. 첫째, 지금까지 국내에서 개발된 사회성 기술 중재 프로그램들은 지적장애 청소년에게 자기표현 기술, 대인관계 기술, 이성관계 기술, 문제 해결 기술, 학업-직업 관련 기술에 대해 교수하고 있으나 대부분 2개 혹은 3개의 기술을 단편적으로 가르치고 있으므로 앞으로는 모든 사회성 기술 영역의 하위기술들을 총체적으로 교수할 수 있도록 계획되고 실행되어야 한다. 둘째, 지적장애 청소년들에게 사회성 기술들을 가르칠 때 지식과 개념(예: 대화예절, 적절한 성행동 등) 위주로 교수하지 말고 때와 장소에 적절하게 활용할 수 있도록 실제적 기술을 교수하는 노력을 기울여야 한다. 셋째, 사회성 기술 중재 프로그램의 교수가 주로 강의, 토론, 역할놀이를 사용하고 있는데 일상생활에서 기술을 연습하도록 과제를 내주고 그것을 점검하는 방법을 통해 일반화를 촉진하여야 한다. 넷째, 사회성 기술 중재 프로그램의 효과를 측정하기 위하여 다양한 평가방법을 사용하도록 한다. 즉, 검사도구들을 활용한 사회성 기술 평가뿐 아니라 자연스러운 환경에서 사회성 기술의 실제 변화를 측정하는 직접관찰법을 적극 활용해야 할 것이라고 하였다.

김유리와 김진(2018)은 2010년부터 2018년 4월까지 발표된 국내 14편과 국외 논문 22편을 분석하여 발달장애(지적장애와 자폐성장애) 청소년 대상 사회성 기술 중재의 연구 동향과 증거기반 실제 평가를 한 결과, 앞에서 언급한 초등학교 장애학생을 대상 연구 결과와 마찬가지로 모든 사회성 기술 중재 연구가 증거기반의 실제를 충족하지 못했다.

외국의 경우 선행연구를 통해 효과가 입증된 증거기반의 사회성 기술 중재들이 있다. 구조화된 사회성 기술 교수 프로그램은 스킬스트리밍(Skillstreaming; McGinnis, & Goldstein, 1997), 사회성 기술 향상 체계(Social Skills Improvement System: SSIS; Gresham & Elliott, 2007), 청소년을 위한 사회성 기술 프로그램(A Social Skills Program for Adolescent: ASSET; Hazel, Schumaker, Sherman, & Sheldon, 1995), 청소년을 위한 의사소통과 효과적 사회성 기술 교육과정(Adolescent Curriculum for Communication and Effective Social Skills: ACCESS; Walker, Holmes, Todis, & Horton, 1988), 나는 문제를 해결할 수 있어요(I Can Problem Solve: ICPS; Shure, 2000) 등이다(김예리, 박지연, 2020 재인용). 이 프로그램들은 대상 학생의 연령, 지도하려는 사회성 기술의 범주와 항목 등의 측면에서 조금씩 차이가 있지만, 오랜 기간 반복연구를 통하여 효과가 입증되어 왔다. 그러나 이 중 국내 번역본이 존재하는 것은 스킬스트리밍 초등학생용(한현민, 2012)뿐이며, 그 외 프로그램들은 국내 연구자들이 일부 내용을 번안하고 수정하여 활용해 왔다. 또한 대부분의 사회성 기술 프로그램이 초등학생이나 경도의 발달장애를 가진 중 · 고등학생을 대상으로 하고 있다(구미숙, 최하영, 2016; 김경애, 2011).

이에 김예리와 박지연(2020)은 특수학교에 재학 중인 중도의 발달장애 고등학생에게 사회과 수업시간에 사회성 기술 교수 프로그램을 개발 · 실시하여 효과를 입증하였다. 발달장애 학생에게 적합한 프로그램을 개발하기 위하여 먼저 국외의 사회성 기술 교수 프로그램 중 그 효과가 입증된 ACCEPTS(Walker et al., 1988), ACCESS, 스킬스트리밍(McGinnis & Goldstein, 1997), SSIS, 특별한 요구를 가진 중등학생을 위한 사회성 기술 활동(Social skills activities for secondary students with special needs; Mannix, 2009)을 참고하여 각 프로그램에 포함된 사회성 기술 목록을 비교 분석하였다. 이 중 중도의 발달장애 학생에게 요구되는 학교 생존 기술(school survival skills)을 중심으로 사회성 기술을 목록화하여 10가지 핵심 기술로 정리하였고, 7단계 회기별 주제 및 목표를 수립하여 프로그램을 실행하고 효과를 측정하였다(〈표 14-7〉〈표 14-8〉[그림 14-4] 참조).

〈표 14-7〉 학교 생존 기술 중심의 10가지 핵심 사회성 기술

구분	주제
대화기술	이야기 듣기, 행동으로 말하기, 표정으로 말하기
존중협동기술	도움 요청하기, 도움 주기, 나누기
우정기술	인사하기, 규칙 지키기
학급참여기술	지시 따르기, 정해진 시간에 자리에 앉아 있기

출처: 김예리, 박지연(2020), p. 30.

〈표 14-8〉 회기별 주제 및 목표

회기	주제	목표
1	이야기 듣기	타인과 눈 맞추고 이야기를 듣고 반응할 수 있다.
2	행동과 표정으로 말하기	행동과 표정으로 말하고 상대방의 행동과 표정을 읽을 수 있다.
3	원하는 것 말하기(고 1-1)	행동, 표정, 말로 원하는 것을 표현할 수 있다.
	인사하기(고 2-1)	행동, 표정, 말로 인사하는 방법을 학습할 수 있다.
4	도움 요청하기	행동, 표정, 말로 도움 요청하는 방법을 표현할 수 있다.
5	지시 따르기	말과 행동으로 지시 따르는 방법을 학습할 수 있다.
6	정해진 시간에 해야 할 일하기	정해진 시간에 해야 할 일을 확인하고 수행할 수 있다.

출처: 김예리, 박지연(2020), p. 31.

〈표 14-9〉 사회성 기술 교수 프로그램(행동은 멋지게!) 실행 절차

구분	단계	내용	비고
도입	정의, 토론	• 인사하기, 지난 시간에 배운 내용 복습, 실천 확인하기 • 오늘 배움 주제 소개하기	그림 자료
		• 사회성 기술 정의하기(실행 단계 안내하기)	시각적 단서 제시
		• 사회성 기술이 중요한 이유에 대해 이야기 나누기	○× 퀴즈
전개	긍정적인 예 제시	• 사회성 기술을 바르게 실천한 예 제시하기	연구자, 보조 연구원
	부정적인 예 제시	• 사회성 기술을 바르게 실천하지 못한 예 제시하기	연구자, 보조 연구원
	복습, 정의 확인	• 사회성 기술 실천 단계 다시 한번 확인하기	시각적 단서 제시
	활동	• 사회성 기술에 대한 교사 모델링 제시하기 • 학생과 일대일 연습 진행하기	관련 활동 제시
	역할극	• 사회성 기술 적용 사례 제시하고 도움받아 참여해 보기	보조 연구원, 담임교사, 특수교육 실무사 지원
마무리	실천계획	• 실천 다짐 외치기	강화판 확인

출처: 김예리, 박지연(2020), p. 33.

〈표 14-10〉 사회성 기술 교수 프로그램 지도안 예시(5회기)

회기	5회기	일시		2018. 6. 7.(목) 2교시	
주제	지시 따르기				
구분	활동			시간	자료 및 유의사항
도입	• 복습하기 　- 우리의 멋진 행동 약속을 복습하며 활동을 시작한다. 　- 지난 시간에 배운 '도움 요청하기'의 4단계를 다시 한번 점검하며 다음 기술을 안내한다. • 주제 소개하기 　- '지시 따르기'의 시각적 단서와 함께 주제를 소개한다. • 1단계: 정의(단계) 안내 및 토론 이끌기 　1. 정의 안내하기 　　- 지시 따르기란 말하는 사람의 이야기를 잘 듣고 생각하고 행동하는 것을 의미한다. 　　- 지시 따르기 기술을 시각적 단서와 함께 다음 3단계로 지도한다. 　　　① 듣고: 말하는 사람의 이야기를 잘 듣는 것 　　　② 생각하고: 듣고 해야 할 것이 무엇인지 생각하는 것 　　　③ 행동하고: 생각한 내용을 행동으로 옮기는 것 　　- 각 단계를 정확히 익힐 수 있도록 여러 번 따라 말하도록 지도한다. 　2. 토론 이끌기 　　- 지시 따르기가 중요한 이유에 대하여 이야기 나눈다. 자발적인 토론이 어려울 경우 ○× 퀴즈로 풀어 나간다. 　　　① 내가 해야 할 일을 알려 주기 때문에 중요하다. (○) 　　　② 지시한 내용을 잘 따르면 나에게 도움이 된다. (○) 　　　③ 지시한 내용을 잘 따르면 선생님, 부모님이 기뻐하신다. (○)			3분 7분	• 수업 관련 PPT • 수업 관련 PPT • 시각적 단서: '듣고, 생각하고, 행동하고'를 상징하는 그림 자료 • ○× 팻말
전개	• 2단계: 긍정적인 예 제시하기 　- 먼저 준비한 역할극을 보여 주면서 주인공이 지시 따르기 기술을 바르게 실천했는지 아닌지를 확인한다. 　- 긍정적인 예 역할극: 교사가 학생에게 책상에 있는 휴지를 쓰레기통에 버리고 수학책을 가져와서 자리에 앉으라고 한다. 학생은 휴지를 쓰레기통에 버리고 수학책을 가져와 자리에 앉는다. 　- 방금 본 역할극에 대하여 지시 따르기 기술을 바르게 실천한 학생인지 아닌지, 그리고 그렇게 생각한 이유에 대하여 이야기 나눈다. 자발적인 토론이 어려울 경우 ○×로 답한다.			3분	• 긍정적인 예 스크립트, ○× 팻말
	• 3단계: 부정적인 예 제시하기 　- 두 번째 역할극을 보여 주면서 주인공이 지시 따르기 기술을 바르게 실천했는지 아닌지를 확인한다.			3분	• 부정적인 예 스크립트, ○× 팻말

	– 부정적인 예 역할극 1: 교사가 학생에게 책상에 있는 휴지를 쓰레기통에 버리고 수학책을 가져와서 자리에 앉으라고 한다. 학생은 "네." 라고 대답하고 그대로 앉는다. – 부정적인 예 역할극 2: 교사가 학생에게 책상에 있는 휴지를 쓰레기통에 버리고 수학책을 가져와서 자리에 앉으라고 한다. 학생은 책상에 있는 휴지를 쓰레기통에 버리고 자리로 돌아와 앉는다. – 방금 본 역할극에 대하여 지시 따르기 기술을 바르게 실천한 학생인지 아닌지, 그리고 그렇게 생각한 이유에 대하여 이야기 나눈다.		
	• 4단계: 복습 및 정의(단계) 다시 확인하기 – 지시 따르기에 대한 정의(단계)를 다시 한번 확인하면서 학생들이 각 단계를 따라 말하도록 지도한다. 　① 듣고, ② 생각하고, ③ 행동하고	2분	• 시각적 단서
	• 5단계: 일반화를 위한 활동 연습하기 1. 교사 모델링 　– 교사와 보조 연구원은 다음 상황을 통하여 지시 따르기 기술을 실천하는 방법을 보여 준다. 　　① 스트레칭하기: 교사 지시에 따라 보조 연구원이 스트레칭 동작을 하면 학생들은 보조 연구원의 행동을 보고 따라 한다. 　– 학생들은 보조 연구원의 행동을 보고 지시 따르기 기술을 실천한다. 2. 학생 연습 및 일반화 　① 내가 1등: 책상 위에 ○× 팻말 ○○에게 주기, 미션 바구니 가져오기, 그림카드 순서대로 놓기 　② 미션 수행: 학생들이 미션 바구니에서 그림카드를 한 장씩 고르고 그림의 장소에 가서 물건 가져오기(각 물건은 샌드위치 재료임) 　③ 샌드위치 만들기: 교사의 지시에 따라 그림단서를 보고 순서에 맞게 샌드위치 만들기 (ㄱ) 종이 호일을 한 장씩 책상 위에 둔다. (ㄴ) 식빵을 두 장씩 종이 호일 위에 놓는다. (ㄷ) 한쪽 식빵에 마요네즈를 바른다. (ㄹ) 마요네즈를 바른 빵 위에 햄을 놓는다. (ㅁ) 햄 위에 딸기잼을 바른다. (ㅂ) 그 위에 치즈를 한 장씩 얹는다. (ㅅ) 다른 식빵에 허니 머스타드 소스를 바르고 치즈 위에 반대로 얹는다. (ㅇ) 식빵을 반으로 잘라 완성한다.	20분	• ○× 팻말 • 미션 바구니, 그림카드 • 샌드위치 만들기 관련 PPT
마 무 리	• 6단계: 실천계획 세우기 – 다음 수업까지 각자 '지시 따르기' 기술을 학교, 가정에서 연습해 오기로 약속한다. – 마지막으로 '지시 따르기' 실천 3단계를 다시 한번 연습하고 정리한다. – 다음 수업에 대해 안내하고 인사로 마무리한다.	2분	• 수업 관련 PPT

출처: 김예리, 박지연(2020), pp. 43-44.

사회성 기술 실천 단계와 단서 예

강화판 예

[그림 14-4] **사회성 기술 실천 단계와 강화판 예시**

출처: 김예리, 박지연(2020), p. 44.

 요약

1. 사회적 능력의 개념 및 정의

• 사회적 능력은 다양한 사회성 기술 및 능력을 포함하고 있으며 아동기 및 청소년 발달에 중요한 역할을 한다.

• 사회적 능력은 행동적 개념, 적응행동과 사회성 기술이 서로 관련이 있다고 보는 개념, 지능과 유사한 다차원적 구조로 개념화할 수 있다.

2. 지적장애 아동의 사회적 능력 특성

• 지적장애 아동의 사회적 능력에 영향을 미치는 주요 요인은 사회-의사소통 기술로, 통합, 조직, 계열화되어 후속적으로 사회적 과제 내의 전략으로 나타난다.

• 지적장애 아동의 사회적 능력 결함이론에 의하면 기술 결함, 수행력 결함, 자기통제 기술 결함, 자기통제 수행력 결함의 네 가지로 구분되며 이에 따라 중재가 이루어져야 한다.

3. 지적장애 아동의 사회적 능력 평가

• 아동의 성취 수준, 능력 및 잠재력 등을 알아보기 위하여 표준화 검사 혹은 선다형의 지필 검사와 같은 전통적 평가를 실시한다.

• 전통적 평가의 문제점을 보완하기 위하여 관찰, 면담, 포트폴리오 평가, 자기평가 등의 대안적 평가를 사용할 수 있다.

• 분류를 위한 평가 절차에는 타인에 의한 평가, 사회적 관계를 측정하는 자기보고 평가, 행

동적 역할놀이 과제 등이 있다.

- 중재를 위한 평가로는 행동적 면담과 자연스러운 상황에서 아동의 행동을 분석하는 방법이 있다.

4. 지적장애 아동의 사회적 능력 및 사회성 기술 증진

- 장애 유아의 사회성 발달에 대한 관심이 증진되면서 많은 연구가 진행되고 있으나 증거기반의 실제 평가기준을 충족시키는 연구가 별로 없다.
- 장애 유아와 또래 유아 간에 성공적인 사회적 상호작용 경험을 할 수 있는 통합환경이 제공되어야 한다.
- 초등학교 통합학급에 배치되어 있는 지적장애 학생은 또래와의 상호작용 및 관계 형성에 어려움을 느끼고, 사회적으로 낮은 평가를 받을 수 있으므로 통합된 상황에 필요한 사회성 기술을 가르쳐야 한다.
- 지적장애 청소년은 다른 사람의 관점을 이해하고 주변 사람의 감정을 해석하는 데 어려움을 보이고, 다른 사람과 공통된 관심사를 공유하고 지속적인 관계를 유지하는 데 곤란을 겪을 수 있다.
- 국내에는 지적장애 청소년의 사회성 발달 연구가 부족하고 아직 증거기반 실제가 확인되지 않았기에, 향후 다양한 연구가 필요하며, 해외에서 효과가 입증된 사회성 기술 교수 프로그램을 참고하여 국내 상황에 맞게 수정하여 중재를 제공한 연구를 살펴보고 중재방법을 제시하였다.

참고문헌

강영심, 차수연(2002). 장애아동에 대한 초등학교 비장애아동의 태도변화를 위한 중재전략간 효과성 비교. 학교심리연구, 6(1), 78-84.

고기쁨(2015). 초등 통합학급 내 스킬스트리밍 교수가 지적장애 학생의 사회성 기술 및 문제 행동과 일반 학생의 장애 수용 태도에 미치는 영향. 서울교육대학교 교육전문대학원 석사학위논문.

교육부(2021a). 2021 특수교육연차보고서. 세종: 교육부.

교육부(2021b). 2021 특수교육통계.

구미숙, 최하영(2016). 교실에서 살아남기 기술 교수가 지적장애학생의 사회적 참여 및 통합학급교사-장애학생관계에 미치는 영향. 정서·행동장애연구, 32(4), 1-21.

국립특수교육원(1994). 사회성 기술 훈련 프로그램. 경기: 국립특수교육원.

권귀진(2005). 동료모델 비디오를 활용한 사회극 놀이가 발달장애 아동의 사회적 기술에 미치는 효과. 대구대학교 특수교육대학원 석사학위논문.

권정혜, 이봉건, 김수현(1992). 부모양육변인들과 교우관계변인들이 청소년초기의 숨은 비행에 미치는 효과. 한국심리학회 학술대회 자료집, 1, 515-524.

김경민(2003). 중학교 특수학급 운영 실태 분석: 특수학급 담당교사의 현실인식을 중심으로. 대구대학교 대학원 석사학위논문.

김경석, 김자경, 백은정(2021). 스킬스트리밍 프로그램이 지적장애 초등 고학년 학생의 사회성 기술, 자기표현능력, 교우관계에 미치는 효과. 지적장애연구, 23(3), 205-226.

김경애(2011). 사회적 기술 훈련 프로그램이 시설거주 지적장애 학생의 사회적 적응 행동과 반사회적 행동에 미치는 효과. 지적장애연구, 13(3), 227-239.

김성희(2011). 친사회 행동기술 훈련이 위축유아의 사회적 상호작용에 미치는 효과. 대진대학교 대학원 석사학위논문.

김승국(1990). 적응행동검사. 서울: 중앙적성출판사.

김승국, 김옥기(1985). 사회성숙도검사. 서울: 중앙적성출판사.

김예리, 박지연(2020). 발달장애 학생을 위한 사회성 기술 교수 프로그램의 개발과 평가. 정서·행동장애연구, 36(1), 25-45.

김유리(2011). 지적장애 청소년의 성공적 전환을 위한 사회성 기술 중재 프로그램 고찰. 지적장애연구, 13(3), 47-68.

김유리, 김진(2018). 발달장애청소년을 위한 사회성 기술 중재: 연구동향 및 증거기반실제평가. 특수아동교육연구, 20(3), 159-188.

김자경, 김기주(2007). 특수학급에 입급된 장애아동의 사회적 지위와 정서/행동특성에 관한 연구. 특수교육저널: 이론과 실천, 8(1), 173-188.

김지영, 김유리(2021). 통합교육 환경 내 발달장애 학생의 사회성 기술 중재에 관한 연구 동향. 통합교육연구, 16(1), 1-28.

김진구(2017). 통합학급 초등학생의 공격성과 친사회성이 지각된 인기에 미치는 영향. 특수아동교육연구, 19(1), 137-158.

김향지(1996). 사회성 기술 중재전략이 정신지체아의 사회성 기술, 문제행동 및 학업능력에 미치는 효과. 대구대학교 대학원 박사학위논문.

김혜선, 박지연(2015). 장애 학생의 사회적 통합을 위한 다층적 하모니 프로그램이 초등 통합학급 학생들의 친사회성, 또래 수용도와 학급 분위기에 미치는 영향. 정서·행동장애연구, 31(3), 177-201.

나선희, 김자경(2004). 중학교 재량활동 장애이해 프로그램을 통한 비장애학생의 장애학생에 대한 태도변화. 특수교육학연구, 38(4), 209-229.

문희원, 박지연(2014). 학급차원의 확장된 스킬스트리밍 교수가 정서·행동장애 위험 유아의 사회성 기술, 문제행동, 일반유아와의 상호작용에 미치는 영향. 특수교육, 13(1), 29-57.

박상희, 김남순, 전보성(2006). 지역사회 중심의 전환교육 활동이 경도 정신지체학생의 사회성 기술에 미치는 효과. 정신지체연구, 8(1), 233-253.

박찬웅(2006). 통합교육 환경에 배치된 정신지체아의 사회관계망 특성. 정신지체연구, 89(1), 15-33.

서민경, 김유리(2017). 자폐 범주성 장애 청소년 및 성인을 위한 직업기술 중재 연구의 연구동향 및 질적 분석: 국내외 단일대상연구를 중심으로. 특수아동교육연구, 19(3), 263-290.

오자영, 김진호(2008). 사회성 기술 중재프로그램과 효과에 관한 국내 실험연구 분석. 정서 · 행동 장애연구, 24(4), 227-255.

이근민(2008). 스킬스트리밍프로그램이 저소득층 가정 초등학생의 사회적 기술, 문제행동, 학업 능력에 미치는 효과. 대진대학교 대학원 석사학위논문.

이소현(2020). 유아특수교육(2판). 서울: 학지사.

이소현, 박은혜(2011). 특수아동교육(3판). 서울: 학지사.

이숙향, 안혜신(2011). 중등 통합교육의 현실 및 지원요구에 대한 질적 연구. 장애학생과 부모의 통합교육 경험 및 인식을 중심으로. 지적장애연구, 13(1), 203-235.

이신령, 박승희(2007). 일반중학교에 통합된 지적장애 학생의 학교생활 적응에 필요한 사회성 기술: 일반교사와 동료학생의 평정. 정서 · 행동장애연구, 23(3), 233-263.

이제화(2010). 학급수준의 긍정적 행동지원이 통합된 발달지체 유아의 문제행동과 활동참여행동에 미치는 영향. 특수교육 저널: 이론과 실천, 11(1), 359-383.

이지원(2021). 협력교수 기반 확장된 스킬스트리밍 교수가 일반 유아의 친사회적 행동 및 장애 유아의 사회적 상호작용에 미치는 영향. 이화여자대학교 교육대학원 석사학위논문.

정계숙, 이정희, 이은하, 노진형(2006). 동화를 활용한 노래극 중심의 사회적 유능성 증진 프로그램의 효과: 발달지체유아를 대상으로. 열린유아교육연구, 11(2), 1-29.

정귀순(2004). 중도 및 복합 장애아동의 통합교육 효과에 대한 문헌분석 연구. 특수교육, 3(1), 57-80.

정지영(2009). 아동양육시설 유아의 친사회행동기술 훈련의 효과. 대진대학교 대학원 석사학위논문.

주경희(2007). 역할극과 토론학습을 통한 초등학생의 집단따돌림 인식과 태도의 변화. 서울여자대학교 교육대학원 석사학위논문.

최경일, 박경현(2007). 장애학생의 또래관계 향상을 위한 프로그램의 효과성연구. 임상사회사업연구, 4(2), 279-297.

한현민 역(2012). 초등학생의 스킬스트리밍: 수업계획과 활동(McGinnis, E., & Goldstein, A. P. 저). 서울: 시그마프레스.

황지영(2021). 통합교육 환경 내 발달지체 유아의 사회성 증진 중재연구 특성 및 질적지표 분석: 국내 학술지를 중심으로. 유아특수교육연구, 21(3), 27-52.

American Association on Intellectual and Developmental Disabilities (AAIDD). (2010). *Intellectual disability: Definition, classification, and system of support.* Washington, DC: Author.

Bandura, A. (1977). *Social learning theory*. Englewood Cliffs, NJ: Prentice-Hall.

Bauer, M. S., & Balius, F. A. (1995). Storytelling: Integrating therapy and curriculum for students with serious emotional disturbances. *Teaching Exceptional Children*, *27*(2), 24-28.

Bear, G. G., Minke, K., Griffin, S. M., & Deemer, S. A. (1997). Self-concept. In G. G. Bear, K. M. Minke, & A. Thomas (Eds.), *Children's needs II: Development, problems, and alternatives* (pp. 257-269). Washington, DC: NASP.

Bredekamp, S., & Copple, C. (Eds.). (1997). *Developmentally appropriate practice in early childhood programs* (Rev. ed.). Washington, DC: National Association for the Education of Young Children.

Bretherton, I., Prentiss, C., & Ridgeway, D. (1990). Family relationships as represented in a story-completion task at thirty-seven and fifty-four months of age. *New Directions for Child Development*, *48*, 85-105.

Bronson, M. B. (2000). Recognizing and supporting the development of self-regulation in young children. *Young Children*, *55*(2), 32-37.

Brown, A., & Heath, N. (1998). Social competence in peer-accepted children with and without learning disabilities. Poster session presented at the annual national convention of the National Association of School Psychologist. Orlando, FL.

Carter, E. W., & Hughes, C. (2005). Increasing social interaction among adolescents with intellectual disabilities and their general education peers: Effective interventions. *Research and Practice for Persons with Severe Disabilities*, *30*(4), 179-193.

Clever, A., Bear, G., & Juvonen, J. (1992). Discrepancies between competence and importance in self-perceptions of children in integrated classes. *The Journal of Special Education*, *26*(2), 125-138.

Dawson, G., & Galpert, L. (1990). Mothers' use of imitative play for facilitating social responsiveness and toy play in young autistic children. *Development and Psychopathology*, *2*, 151-162.

Diamond, K. E., Huang, H., & Steed, E. A. (2014). The development of social competence in children with disabilities. In P. K. Smith & C. H. Hart (Eds.), *The Wiley Blackwell Handbook of Childhood Social Development* (pp. 627-645). Chichester, UK: Wiley Blackwell.

Edelbrock, C. (1983). Problems and issues in using rating scales to assess child personality and psychopathology. *School Psychology Review*, *12*, 293-299.

Ehrhardt, J., Huntington, N., Molino, J., & Barbaresi, W. (2013). Special education and later academic achievement. *Journal of Developmental & Behavioral Pediatrics*, *34*(2), 111-119.

Elksnin, N., & Elksnin, L. K. (2001). Adolescents with disabilities: The need for occupational social skills training. *Exceptionality*, *9*(1–2), 91–105.

Elliott, S. N., & Gresham, F. M. (1987). Children's social skills: Assessment and classification practices. *Journal of Counseling and Development*, *66*, 96–99.

Elliott, S. N., Racine, C. N., & Bruce, R. T. (1995). Best practices in preschool social skills training. In A. Thomas & J. Grimes (Eds.), *Best practices in school psychology III* (pp. 1009–1020). Washington, DC: NASP.

Erikson, E. (1963). *Childhood and society*. New York: Norton.

Foster, S. L., & Ritchey, W. L. (1979). Issues in the assessment of social competence in children. *Journal of Applied Behavior Analysis*, *12*, 625–638.

Friend, M. M., & Bursuck, W. D. (2002). *Including students with special needs: A practical guide for classroom teachers* (3rd ed.). Boston, MA: Allyn and Bacon.

Fryxell, D., & Kennedy, C. H. (1995). Placement along the continuum of services and its impact on students' social relationships. *Journal of Association Persons Severe Handicaps*, *20*, 259–269.

Garrison-Harrell, L., Kamps, D., & Kravits, T. (1997). The effects of peer networks on social-communicative behaviors for students with autism. *Focus Autism Other Developmental Disabilities*, *12*, 241–254.

Goldstein A. P., & McGinnis E. (1997). *Skillstreaming the elementary school child: New strategies and perspectives for teaching prosocial skills*. Champaign, IL: Research Press.

Gresham, F. M. (1997). Social skills. In G. G. Bear, K. M. Minke, & A. Thomas (Eds.), *Children's needs II: Development, problems, and alternatives* (pp. 39–50). Washington, DC: NASP.

Gresham, F. M., & Elliott, S. N. (1984). Assessment and classification of children's social skills: A review of methods and issues. *School Psychology Review*, *13*, 292–301.

Gresham, F. M., & Elliott, S. N. (1987). The relationship between adaptive behavior and social skills: Issues in definition and assessment. *The Journal of Special Education*, *21*(1), 167–181.

Gresham, F. M., & Elliott, S. N. (1990). *Social skills rating system*. Circle Pines, MN: American Guidance Service.

Gresham, F. M., & Elliott, S. N. (2007). *Social skills improvement system: Teacher's guide*. Bloomington, MN: Pearson Assessments

Gresham, F. M., Elliott, S. N., Vance, M. J., & Cook, C. R. (2011). Comparability of the social skills rating system to the social skills improvement system: Content and psychometric comparisons across elementary and secondary age levels. *School Psychology Quarterly*,

26(1), 27-44.

Gresham, F. M., MacMillan, D. L., Ferguson, D. L., & Ferguson, P. L. (1997). Social competence and affective characteristics of students with disabilities. *Review of Educational Research, 67*(4), 377-415.

Gresham, R. M. (1983). Behavioral interview in school psychology: Issues in psychometric adequacy and training. *School Psychology Review, 12*, 17-25.

Guralnick, M. J. (1990). Social competence and early intervention. *Journal of Early Intervention, 14*, 3-14.

Guralnick, M. J. (1992). A hierarchical model for understanding children's peer-related social competence. In S. L. Odom, S. R. McConnell, & M. A. McEvoy (Eds.), *Social competence of young children with disabilities: Issues and strategies for intervention* (pp. 37-64). Baltimore, MD: Paul H. Brookes.

Guralnick, M. J., Gottman, J. M., & Hammond, M. A. (1995). Effects of social setting on the friendship formation of young children differing in developmental status. *Journal of Applied Developmental Psychology, 17*, 525-651.

Haager, D., & Vaughn, S. (1995). Parent, teacher, peer, and self-reports of the social competence of students with learning disabilities. *Journal of Learning Disabilities, 28*(4), 205-215.

Harter, S. (1987). The determinants and mediational role of global self-worth in children. In N. Eisenberg (Ed.), *Contemporary topics in developmental psychology* (pp. 219-242). New York: John Wiley.

Hazel, J. S., Schumaker, J. B., Sherman, J., & Sheldon, J. (1995). *ASSET: A social skills program for adolescent.* Champaign, IL: Research Press.

Hundert, J., & Houghton, A. (1992). Promoting social interaction of children with disabilities in integrated preschools: A failure to generalize. *Exceptional Children, 58*, 311-320.

Justice, L. M., Logan, J. A., Lin, T. J., & Kaderavek, J. N. (2014). Peer effects in early childhood education: Testing the assumptions of special-education inclusion. *Psychological Science, 25*(9), 1722-1729.

Juvonen, J. (1997). Peer relations. In G. G. Bear, K. M. Minke, & A. Thomas (Eds.), *Children's needs II: Development, problems, amd alternatives* (pp. 65-74). Washington, DC: NASP.

Kennedy, C. H. (2001). Social interaction interventions for youth with severe disabilities should emphasize interdependence. *Mental Retardation and Developmental Disabilities Research Reviews, 7*, 122-127.

Kohler, F., Strain, P., Maretsky, S., & DeCesare, L. (1990). Promoting positive and supportive interactions between preschoolers: An analysis of group-oriented contingencies.

Journal of Early Intervention, 14, 327–341.

LeBlanc, L. A., & Matson, J. L. (1995). A social skills training program for preschoolers with developmental delays: Generalization and social validity. *Behavior Modification, 19*, 234–246.

Leonardi, R., Roberts, J., & Wasoka, D. (2001). *Skillstreaming: A report to the Vermont State Department of Education*. Montpelier: Vermont State Department of Education.

Lerner, M. D., & Mikami, A. Y. (2012). A preliminary randomized controlled trial of two social skills interventions for youth high-functioning autism spectrum disorders. *Focus on Autism and Other Developmental Disabilities, 27*(3), 147–157.

Lewis, R., & Doorlag, D. (1999). *Teaching special students in general education classrooms* (5th ed.). Columbus, OH: Merrill.

Loveland, T. E. (2001). The inclusive classroom context: Integration with and influence on the social competence of students with mild disabilities. Indiana University Doctor of Philosophy.

MacFall, R. M. (1982). A review and reformulation of the concept of social skill. *Behavioral Assessment, 4*, 1–33.

Mannix, D. (2009). *Social skills activities for secondary students with special needs*. San Francisco, CA: Jossey-Bass.

Marsh, H. W., Byrne, B. M., & Shavelson, R. J. (1988). A multifaceted academic self-concept: Its hierarchical structure and its relation to academic achievement. *Journal of Educational Psychology, 80*, 366–380.

McCay, L. O., & Keyes, D. W. (2002). Developing social competence in the inclusive primary classroom. *Childhood Education, 78*(2), 70–78.

McGinnis, E. (2012). Skillstreaming in early childhood: A guide for teaching prosocial skills. Research Press.

McGinnis, E., & Goldstein, A. (1997). *Skillstreaming the elementary school child*. Champaign, IL: Research Press.

Newcomb, A. F., Bukowski, W. M., & Pattee, L. (1993). Children's peer relations: A meta-analytic review of popular, rejected, neglected, controversial, and average sociometric status. *Psychological Bulletin, 113*, 99–128.

Odom, S. L., & McEvoy, M. A. (1988). Integration of young children with handicaps and normally developing children. In S. L. Odom & M. B. Karnes (Eds.), *Early intervention for infants and children with handicaps* (pp. 241–267). Baltimore, MD: Paul H. Brookes.

Odom, S. L., McConnell, S. R., McEvoy, M. A., Peterson, C., Ostrosky, M., Chandler, L. K., Spicuzza, R. J., Skellenger, A., Creighton, M., & Fazza, P. C. (1999). Relative effects of interventions supporting the social competence of young children with disabilities. *Topics in Early Childhood Special Education, 19,* 75-91.

Reed, F. D. D., McIntyre, L. L., Dusek, J., & Quintero, N. (2011). Preliminary assessment of friendship, problem behavior, and social adjustment in children with disabilities in an inclusive education setting. *Journal of Developmental and Physical Disabilities, 23*(6), 477-489.

Reed, J. G., Feibus, M. L., & Rosenfield, S. (1998). *A Conceptual Framework For Choosing Social Skills Programs.* Poster presented at the Annual meeting of the National Association of School Psychologists, April, 1998, Orlands, Florida.

Shure, M. B. (2000). *I can problem solve: An interpersonal cognitive problemsolving program: Preschool.* Champaign, IL: Research Press Publishing.

Taylor, C. S. (2005). *Classroom assessment: Supporting teaching and learning in real classrooms.* Upper Saddle River, NJ: Pearson.

Vaughn, S., & Haager, D. (1994). Social competence as a multifaceted construct: How do students with learning disabilities fare? *Learning Disability Quarterly, 17,* 253-266.

Vaughn, S., & Hogan, A. (1990). Social competence and learning disabilities: A prospective study. In H. L. Swanson & B. K. Keogh (Eds.), *Learning disabilities: Theoretical and research issues* (pp. 175-191). Hillsdale, NJ: Erlbaum.

Vaughn, S., Kim, A. H., Sloan, V. M., Hughes, M. T., Elbaum, B., & Sridhar, D. (2003). Social skills interventions for young children with disabilities: A synthesis of group design studies. *Remedial and special Education, 24*(1), 2-15.

Walker, H. M., Holmes, D., Todis, B., & Horton, G. (1988). *The walker social skills curriculum: The ACCESS program.* Austin, TX: Pro-Ed.

Walker, H., & McConnell, S. (1988). *Walker-McConnell scale of social competence and school adjustment.* Austin, TX: Pro-Ed.

Walker, H., Colvin, G., & Ramsey, E. (1995). *Antisocial behavior in school: Strategies and best practices.* Pacific Grove, CA: Brooks/Cole.

Walker, J. E., & Shea, T. M. (1999). *Behavior management: A practical approach for educators.* Upper Saddle River, NJ: Merrill.

Zirpoli, T. J., & Melloy, K. J. (1997). *Behavior management: Applications for teachers and parents* (2nd ed.). Upper Saddle River, NJ: Merrill.

제15장

지적장애인 관련 특수교육 제도 및 정책

김은주

　　이 장에서 설명하는 특수교육 제도 및 정책은 지적장애인을 포함한 모든 장애 유형의 특수교육 대상 학생 또는 장애인을 위해 마련된 것이 대부분이다. 간혹 특정 장애 유형의 학생에게만 적용되는 교육 제도나 정책이 있기도 하다. 「헌법」 제31조에서 교육에 관한 중요 사항은 반드시 법률로 정하도록 하고 있는바, 특수교육 제도나 정책 등도 관련 교육법규에 그 근거를 두고 있다. 각 법률의 적용대상은 해당 법에서 규정하게 되는데, 우리나라에서는 「장애인 등에 대한 특수교육법」에 따라 특수교육을 필요로 하는 특수교육대상자를 선정하고 그들을 적절한 교육기관에 배치함으로써 특수교육과 그와 관련된 서비스를 제공하고 있다. 국가 차원에서 추진되고 있는 제도나 정책 중에는 법적 근거가 마련되기 전에 추진되기도 하지만, 대체적으로 법적 근거에 따라 추진되고 있다. 지적장애인 관련 제도와 정책 중에는 교육 관련 법규가 아닌 다른 법률에 근거를 두기도 하는데, 이 장에서는 「장애인 등에 대한 특수교육법」을 중심으로 지적장애인들에게 적용되는 제도와 정책들에 대해 설명하고, 추가적으로 지적장애인과 관련이 있는 법률에 대해서 간략하게 소개하고자 한다.

1. 특수교육 제도 및 행정조직

1) 특수교육 관련 법규

모든 교육법규는 교육제도의 기초가 되며, 학교제도는 교육법규에 의해 공인된다 (윤정일, 송기창, 조동섭, 김병주, 2021). 근대국가의 성립 이후에 학교제도는 법규에 기반을 둔 제도가 중심이 되어 왔고, 6-3-3-4학제도 관련 법규에 근거를 두고 있다. 이와 같이 교육법규와 제도는 불가분의 관계에 있다고 볼 수 있으며, 특수교육 분야 역시 예외는 아니다. 따라서 특수교육 관련 제도와 행정에 대한 이해를 돕기 위해서는 특수교육 분야에도 그대로 적용되는 일반적인 교육법규는 물론 특수교육과 관련된 법규에 대한 이해가 필요하다. 여기서는 특수교육에 대해 직접적으로 규정하고 있는 교육 관련 법규와 특수교육 제도와 행정의 근간이 되는 특수교육법에 대해 간략히 살펴보고자 한다.

(1) 「교육기본법」의 이해

「교육기본법」은 교육에 관한 국민의 권리·의무 및 국가·지방자치단체의 책임을 정하고 교육제도와 그 운영에 관한 기본적 사항을 규정함을 목적으로 하는 법률로 교육의 근간을 정하고 있다.

이 법에 따르면 우리나라 교육이념은 다음과 같다. 교육은 홍익인간(弘益人間)의 이념 아래 모든 국민으로 하여금 인격을 도야(陶冶)하고 자주적 생활능력과 민주시민으로서 필요한 자질을 갖추게 함으로써 인간다운 삶을 영위하게 하고 민주국가의 발전과 인류공영(人類共榮)의 이상을 실현하는 데에 이바지하게 함을 목적으로 한다. 「교육기본법」 중 특수교육과 직접적으로 관련 있는 조문으로는 제3조(학습권), 제4조(교육의 기회균등), 제8조(의무교육), 제18조(특수교육)가 있다.

「교육기본법」 제3조는 모든 국민의 학습권에 대해 규정하고 있다. 모든 국민은 평생에 걸쳐 학습하고 능력과 적성에 따라 교육받을 권리를 가지게 된다. 장애로 인해 특별한 교육적 지원을 필요로 하는 지적장애인들도 「헌법」 제31조와 「교육기본법」 제3조에 따라 교육받을 권리를 가지게 되는 것이다.

교육의 기회균등에 대해 규정하고 있는 제4조에 따라 모든 국민은 성별, 종교, 신념,

인종, 사회적 신분, 경제적 지위 또는 신체적 조건 등 어떠한 이유로도 교육에서 차별을 받지 아니한다. 국가와 지방자치단체는 학습자들에 대한 평등한 교육 제공을 위해 교육여건 격차 최소화 시책을 마련하고 시행해야 할 의무를 지닌다.

「교육기본법」 제8조에 따라 의무교육의 연한은 6년의 초등교육과 3년의 중등교육으로 하며, 모든 국민은 의무교육을 받을 권리를 가진다. 이 조문은 모든 국민이 공통적으로 받게 되는 의무교육 연한을 규정하고 있는데, 「장애인 등에 대한 특수교육법」 제3조에서는 특수교육대상자에 대하여 6년의 초등교육과 3년의 중등교육뿐 아니라 유치원과 고등학교 과정의 교육도 의무교육으로 규정하고 있다.

「교육기본법」 제18조(특수교육)에서는 국가 및 지방자치단체가 신체적 · 정신적 · 지적 장애 등으로 특별한 교육적 배려가 필요한 자를 위한 학교를 설립 · 경영하여야 하며, 그들의 교육을 지원하기 위하여 필요한 시책을 수립 · 실시하여야 한다는 특수교육에 관한 기본적인 사항을 규정하고 있다.

(2) 「초 · 중등교육법」의 이해

장애가 있든 없든 모든 국민은 국가가 정하는 교육제도에 따라 교육을 받는 대상이기 때문에 지적장애인도 교육과 관련된 모든 법규에 적용을 받는다. 지적장애 유아의 교육과 관련하여 「유아교육법」을 살펴보는 것이 필요하지만, 「유아교육법」은 2005년부터 「초 · 중등교육법」에서 분리된 법으로 기본적인 교육의 틀은 「초 · 중등교육법」과 유사하다. 따라서 여기서는 「유아교육법」에 대한 설명은 생략하고 「초 · 중등교육법」에 대해 설명하고자 한다.

「초 · 중등교육법」은 「교육기본법」 제9조(학교교육)에 따라 초 · 중등교육에 관한 사항을 정하고 있는 법률이다. 「초 · 중등교육법」에는 초 · 중등교육 기관의 학교교육 및 교육제도와 그 운영에 관한 기본적인 사항을 비롯하여 학생, 교직원 및 학부모 등 모든 교육 당사자의 권리와 의무에 관한 사항을 규정하고 있다. 「초 · 중등교육법」은 1997년 12월 13일 제정된 법률로, 제1장 총칙, 제2장 의무교육, 제3장 학생과 교직원, 제4장 학교 및 제4장의2 교육비 지원 등, 그리고 제5장 보칙 및 벌칙 등 모두 5개 장 68개 조문으로 구성되어 있다. 학교의 한 종류로 포함되는 특수학교는 전반적인 학교 운영, 학생 및 교직원에 관한 사항 등 이 법률의 거의 모든 조항의 적용을 받게 된다. 그러나 이 법률에서 규정하고 있지 않거나 이 법률에서 규정하고 있어도 조금 다른 내용으로 「장애인 등에 대한 특수교육법」에서 규정하는 사항인 경우 「장애인 등에 대한 특수교육법」의 규정을 따르게 된다.

「초·중등교육법」에서 특수교육 관련 사항을 직접적으로 다루고 있는 조문은 제4장 제7절 '특수학교 등'에 포함되어 있다. 제55조(특수학교), 제56조(특수학급), 제58조(학력의 인정), 제59조(통합교육)의 4개 조문이 있고, 제57조(전공과의 설치)는 2016년 2월 3일 「장애인 등에 관한 특수교육법」 제24조(전공과의 설치·운영)와 중복되는 규정이라는 이유로 삭제되었다.

제55조에서는 특수학교란 신체적·정신적·지적 장애 등으로 인하여 특수교육이 필요한 사람에게 초등학교·중학교 또는 고등학교에 준하는 교육과 실생활에 필요한 지식·기능 및 사회적응 교육을 하는 것을 목적으로 한다고 정하고 있다. 유치원에 준하는 교육을 실시하는 특수학교에 대한 규정은 「유아교육법」에서 정하고 있는데, 그 내용은 「초·중등교육법」에서 정하는 바와 같다. 다만, 「유아교육법」에서는 국가 및 지방자치단체는 특수교육이 필요한 유아가 유치원에서 교육을 받으려는 경우에는 따로 입학절차·교육과정 등을 마련하는 등 유치원과의 통합교육 실시에 필요한 시책을 마련하여야 한다고 정하고 있다.

「초·중등교육법」 제56조에서는 고등학교 이하의 각급학교에 특수교육이 필요한 학생을 위한 특수학급을 둘 수 있다고 규정하고 있다. 제58조에서는 특수학교 또는 특수학급에서 초등학교·중학교 또는 고등학교 과정에 상응하는 교육과정을 마친 사람은 그에 상응하는 학교를 졸업한 사람과 같은 수준의 학력이 있는 것으로 본다고 학력의 인정에 대해 정하고 있다. 통합교육에 대해서는 제59조에서 정하고 있는데, 즉 국가 및 지방자치단체는 특수교육이 필요한 사람이 초등학교·중학교 및 고등학교와 이에 준하는 각종학교에서 교육을 받으려는 경우에는 따로 입학절차, 교육과정 등을 마련하는 등 통합교육을 하는 데에 필요한 시책을 마련하여야 한다는 것이다.

(3) 「장애인 등에 대한 특수교육법」의 이해

「장애인 등에 대한 특수교육법」은 2007년 5월 25일 제정·공포되었다. 그 이전까지는 1977년 12월 31일 법률 제3053호로 제정·공포된 「특수교육진흥법」이 우리나라 특수교육 정책의 법적 근거가 되었다. 「특수교육진흥법」은 당시 우리나라 장애인 교육을 공적으로 보장할 수 있게 하는 데 크게 기여하였고, 이 법이 제정되면서 전국 시·도에 공립 특수학교 및 특수학급이 본격적으로 신·증설되는 등 특수교육 발전의 기틀이 마련되었다. 「특수교육진흥법」은 지금까지 아홉 차례 개정되었고, 그중 1994년 전면개정에서는 통합교육 및 개별화교육 등 새로운 교육사조의 도입, 장애학생의 적절한 선정·배치 등 절차적 권리강화를 위한 특수교육운영위원회의 도입 등 획기적인 조치가 포함되었다(교육과학기술부, 2008a).

하지만 시간이 흐름에 따라 다양하게 분출되고 있는 새로운 요구들을 제도권으로 수용하여 보다 체계적으로 접근할 필요가 있고, 「특수교육진흥법」이 실제 특수교육의 현장을 적절히 지원하기 위한 법적 근거로서 제 역할을 하는 데 미흡하다는 인식이 대두되기 시작했다(교육인적자원부, 2006; 박지연, 정대영, 김주영, 김두식, 김은주, 2005; 장애인교육권연대, 2006). 특히 「특수교육진흥법」은 초·중등교육 중심으로 규정되어 있어 장애 영유아 및 장애 성인을 위한 교육 지원 근거가 없고, 국가 및 지방자치단체의 특수교육 지원에 대한 구체적인 역할을 제시하지 못하여 법의 실효성을 담보하지 못한다는 한계가 있었다(교육과학기술부, 2008a).

주변 상황의 변화와 특수교육의 세계 동향 등을 반영하기 위해 당시 교육부인 교육인적자원부에서는 2006년 「특수교육진흥법」 전부개정(안)을 마련하였고, 국회에서는 최순영 의원을 비롯한 229명의 국회의원이 장애인의 교육 지원에 관한 법률안을 마련하였다. 그 외 지난 2005년부터 의원안으로 발의된 「특수교육진흥법」 일부개정법률안 7건 등 총 9건이 병합심의를 거쳐 국회 교육위원회의 대안인 「장애인 등에 대한 특수교육법」으로 제정되었다.

「장애인 등에 대한 특수교육법」은 장애인 및 특별한 교육적 요구가 있는 사람들에 대해 단순한 교육 기회 제공뿐 아니라 영아기부터 성인에 이르기까지 생애주기별로 교육을 지원하여 그들이 자아실현과 사회통합을 하는 데 기여하고자 새롭게 제정된 것이다.

「장애인 등에 대한 특수교육법」은 특수교육대상자에 대한 유치원 및 고등학교 과정의 의무교육을 도입하고, 장애의 조기발견 체제를 구축하면서 장애 발견 즉시 만 3세 미만인 영아에 대해서도 조기에 무상교육 기회를 부여하고 있다. 모든 시·군·구 교육청에 특수교육지원센터를 설치하여 지역중심의 교육서비스가 원활하게 제공될 수 있도록 규정하고 있다. 대학에 대해 장애학생지원센터의 설치와 장애인에 대한 편의 제공을 의무화하고, 국가 및 지방자치단체 등이 장애 성인 평생교육시설을 설치하여 장애인에 대한 생애주기별 교육 지원체계를 확립하도록 함으로써 장애인의 고등교육 및 평생교육을 지원할 수 있도록 하였다. 또한 학급설치 기준과 특수교육 교원 배치 기준을 낮춤으로써 특수교육의 질을 제고하고자 하였다. 특수교육대상자에 대하여 가족 지원, 치료 지원, 보조인력 지원 등 관련서비스의 제공을 규정함으로써 장애인의 교육권을 실질적으로 보장하고자 하였다.

「장애인 등에 대한 특수교육법」은 2007년 제정 이래 2020년까지 모두 열 차례의 개정과 다른 법률 개정에 따른 자구 변경이나 조항 삭제 등도 10회에 걸쳐 이루어졌다. 2013년 4월 5일 개정에서는 기숙사를 둔 특수학교에 생활지도원 외에 간호사나 간호조무사를 두도록 하여 장애학생들의 안전을 강화하였다. 2013년 12월 30일 개정에서는 학교에서의 특수교육대상자에 대한 인권 보호 대책의 일환으로 특수교육 교원의 자질 향상을 위한 교육·연수과정과 통합교육을 하고 있는 일반학교 교원의 교육·연수과정에 특수교육대상자 인권 존중에 관한 내용을 포함하도록 하였다. 2018년 2월 21일 개정에서는 차별금지의 규정을 강화하여 입학·전학, 학생자치활동, 학생생활지도에 있어서의 차별을 금지하고 해당 차별행위에 대한 벌칙을 규정하여 특수교육대상자의 인권침해를 방지하도록 하였다. 2019년 12월 10일 개정에서는 특수교육대상자의 교육을 더욱 효율적으로 실시하기 위하여 지역교육지원청 단위에만 설치하던 특수교육지원센터를 시·도교육청에도 설치할 수 있도록 하고, 특수교육대상자에 대한 인권침해 예방을 위해 교육감이 매년 인권침해 실태조사를 실시하도록 하고 신고 시스템을 설치·운영하도록 하는 등 현행 제도의 운영상 나타난 미비점을 보완하였다. 2020년 10월 20일 개정에서는 장기 입원 또는 통원 치료 등 계속적인 의료 지원 때문에 학교생활 및 학업 수행에 어려움이 있는 일부 장애학생이 시설이나 병원 및 가정 등에서 원격수업을 통해 체계적이고 원활한 교육이 이루어질 수 있도록 법적 규정을 마련하였다.

한편, 2016년 5월 29일 개정에서는 제33조(장애인 평생교육과정)와 제34조(장애인평생교육시설의 설치)의 규정이 삭제되었는데, 이는 같은 날 개정된 「평생교육법」(법률 제14160호, 시행일 2017. 5. 30.)과 연관되어 있다. 즉, 개정된 「평생교육법」 제20조의2에 '장애인 평생교육시설 등의 설치'를, 제21조의2에 '장애인 평생교육과정'을 규정함으로써 「장애인 등에 대한 특수교육법」의 제33조와 제34조의 내용이 이관되었기 때문이다.

2007년 제정 이래 「장애인 등에 대한 특수교육법」은 그동안 큰 변화 없이 내용의 개선과 보완에 초점을 맞추어 개정되어 왔다. 개정의 주요 사항은 안전한 교육환경 마련과 인권 강화 및 차별 금지에 집중되어 있다. 이는 정상화와 자립생활 운동에 영향을 받아 1990년대 후반부터 본격화된 장애인들의 결집된 욕구가 지속적으로 반영된 결과라 할 수 있다. 특히 2016년 「평생교육법」 개정에 따라 동시 조치로 이루어진 「장애인 등에 대한 특수교육법」 제33조 및 제34조의 삭제는 우리나라 법제 사상 처음 있는 '분리된 법률체계를 통합된 법률체계로 변화'시킨 첫 사례라 할 수 있다(김주영, 김은주, 2021).

2) 특수교육 관련 학교제도

한국의 학교제도는 6-3-3-4제를 근간으로 하는 학제로, 관계 법규에 근거를 두고 있다. 학교는 교육을 의도적·조직적으로 하는 곳이다(윤정일 외, 2021). 학교제도의 개념은 각종의 학교를 고립적으로 보는 것이 아니라 각 학교 간에 존재하는 일종의 관련성과 전체 구조를 파악하려는 것이다. 따라서 각종의 학교는 학교제도를 구성하는 하나의 단위이다. 학교제도의 구조는 다양하겠지만, 한국의 학제는 6-3-3-4제의 단선형이고, 횡적으로 구분된 초등학교, 중학교, 고등학교, 대학교라는 4개의 단계가 하나의 계통을 이루고 있다.

「교육기본법」 제9조에 따르면 유아교육·초등교육·중등교육 및 고등교육을 하기 위하여 학교를 둔다고 하였고, 이에 근거하여 「초·중등교육법」과 「유아교육법」에서는 각각 학교와 유치원에 대한 정의를 내리고 있다. 유치원은 취학전 교육으로서 유아의 교육을 위하여 「유아교육법」에 따라 설립·운영되는 학교를 말한다. 유치원에 취학할 수 있는 자는 만 3세부터 초등학교 취학 시기 전까지의 유아이다. 초등학교는 국민생활에 필요한 기초적인 초등교육을 하는 것을 목적으로 하며, 기초학교인 동시에 의무교육기관으로서의 성격을 지니며, 수업연한은 6년이다. 중학교는 초등학교에서 받은 교육의 기초 위에 중등교육을 하는 것을 목적으로 한다. 중학교도 의무교육기관으로, 수업연한은 3년이다. 고등학교는 중학교에서 받은 교육의 기초 위에 중등교육 및 기초적인 전문교육을 하는 것을 목적으로 한다. 고등학교에는 특정 분야가 아닌 다양한 분야에 걸쳐 일반적인 교육을 실시하는 일반고등학교, 소질과 적성 및 능력이 유사한 학생을 대상으로 특정 분야의 인재양성을 목적으로 하는 교육 또는 자연 현장실습 등 체험 위주의 교육을 전문적으로 실시하는 특성화 고등학교가 있다. 또 기존의 고등학교 체제와 더불어 지식기반사회에 적합한 인재를 양성하기 위하여 다양한 학교 체제가 마련되어 특수 분야의 전문적인 교육을 목적으로 하는 특수목적고등학교도 있다. 예를 들어, 과학 인재 양성을 위한 과학계열의 고등학교, 외국어에 능숙한 인재 양성을 위한 외국어계열의 고등학교와 국제 전문 인재 양성을 위한 국제계열의 학교, 예술인 양성을 위한 예술계열 혹은 체육인 양성을 위한 체육계열의 고등학교 등 특수목적고와 자율형 사립고등학교와 자율형 공립고등학교 등 다양한 학교체제가 존재하고 있다. 고등학교의 수업연한은 3년이다(윤정일 외, 2021). 한국의 고등교육기관에는 「고등교육법」상 대학(대학원 및 대학원대학 포함), 산업대학, 교육대학, 전문대학, 방송대학 · 통신대학 · 방송통신대학 및 사이버대학, 기술대학, (대학과정의) 각종 학교 등이 있다. 이 중에서 기본학제에 포함되는 것은 대학, 교육대학, 전문대학이라고 할 수 있다. 대학의 수업연한은 4년에서 6년, 대학원 석사 · 박사 학위과정의 경우 각각의 수업연한은 2년 이상이다. 교육대학은 초등학교 교원을 양성함을 목적으로 하며, 대학의 사범대학은 중등학교 교원을 양성함을 목적으로 한다. 수업연한은 4년이다. 전문대학은 사회 각 분야에 관한 전문적인 지식과 이론을 교수 · 연구하고 재능을 연마하여 국가사회의 발전에 필요한 전문직업인을 양성함을 목적으로 하며 수업연한은 2년 내지 3년이다.

한편, 「초 · 중등교육법」 제55조과 「유아교육법」 제15조에 따라 특수학교는 신체적 · 정신적 · 지적 장애 등으로 인하여 특수교육을 필요로 하는 자 혹은 유아에게 초등학교 · 중학교 또는 고등학교에 준하는 교육 혹은 유치원에 준하는 교육과 실생활에 필요한 지식 · 기능 및 사회적응 교육을 하는 것을 목적으로 설립된 교육기관이다. 고등학교 이하의 각급학교, 즉 유치원, 초등학교, 중학교, 고등학교에는 관할청의 인가를 받아 특수교육을 필요로 하는 학생들을 위한 특수학급을 둘 수 있으며, 특수학교의 수업연한, 입학자격 등에 관하여는 각 교육 수준별 정규학교의 규정을 중용토록 하고 있다. 특수학교나 특수학급에서 초등학교 · 중학교 또는 고등학교 과정에 상응하는 교육과정을 마친 사람은 그에 상응하는 학교를 졸업한 사람과 같은 수준의 학력이 있는 것으로 보며, 국가와 지방자치단체는 특수교육이 필요한 사람이 초등학교 · 중학교 및 고등학교와 이에 준하는 각종학교에서 통합교육을 받으려는 경우에는 따로 입학절차, 교육과정 등을 마련하는 등 통합교육을 하는 데에 필요한 시책을 마련해야 한다.

다만 특수교육대상자의 경우 3세 미만의 영아와 고등학교 이후의 전공과 과정에 대해서도 무상교육이 제공되고 있으므로 특별학제로 볼 수 있다. 만 3세 미만 영아의 경우 「영유아보육법」과 「유아교육법」에 따라 교육대상이 아닌 보육대상에만 포함되므로 일반유치원을 이용할 수 없다. 「영유아보육법」 제2조 제1호에서 '영유아'란 6세 미만의 취학 전 아동을 말하고 있고,「유아교육법」제2조 제1호에서 '유아'라 함은 만 3세부터 초등학교 취학 전까지의 어린이를 말하고 있어서 만 3세 미만의 영아를 교육대상으로 볼 수가 없다. 그러나 특수교육대상 만 3세 영아에 대해「장애인 등에 대한 특수교육법」에서는 무상의 교육을 제공하도록 하고, 다만 교육을 제공할 수 있는 교육기관에서 일반유치원은 제외하였다. 따라서 장애가 없는 일반 유아들은 다닐 수 없는 특수학교의 유치원과정에 설치된 영아학급 또는 특수교육지원센터에 배치하여 무상교육을 받을 수 있도록 하였다.

또한「장애인 등에 대한 특수교육법」제24조에 따라 특수학교와 특수학급을 포함하는 특수교육기관에는 고등학교 과정을 졸업한 특수교육대상자에게 진로 및 직업교육을 제공하기 위하여 수업연한 1년 이상의 전공과를 설치·운영할 수 있다. 전국의 187개 특수학교 중 전공과가 설치된 특수학교는 158개교이다(교육부, 2021a). 이 중 대부분의 학교에서 수업연한 1~2년 과정의 전공과를 운영하고 있고, 시각장애 특수학교의 경우 이료과정 운영을 위해 수업연한 3년 과정으로 운영하고 있다.

이렇게 특수교육대상자들이 이용하는 특수학교는 [그림 15-1]에 제시된 바와 같이 0세부터 최고 20세까지 이용할 수 있는 학교제도가 된다. 물론 특수학교가 아닌 인문계 혹은 전문계 일반고등학교에 특수학급이 있고, 전공과가 설치되어 있는 경우라면 일반학교라 하더라도 특수교육대상자는 20세까지 이용할 수 있다. 하지만 이료과정을 운영하는 맹학교의 전공과에는 대부분 중도실명자들이 재학하기 때문에 실제 연령대는 20세를 훨씬 넘어 최고 70세 학생이 재학하기도 한다.

이상과 같이 특수교육대상자들이 이용하는 교육기관으로 일반유치원, 초등학교, 중학교, 고등학교, 대학교도 있지만, 취학전 교육 이전의 만 3세 미만 영아에 대한 교육제공 기관으로 특수학교 유치부과정의 영아학급과 특수교육지원센터 영아학급이 있고, 고등학교 이후 과정으로서 전공과가 있다. 또한 학교 외 교육으로 평생교육을 제공하고 있는 여러 기관이 있다. 장애인평생교육시설은 물론, 일반 평생교육기관으로 대학 부설, 원격 형태, 사업장 부설, 시민사회단체 부설이나 언론기관 부설, 지식·인력개발 형태와 평생학습관 등의 평생교육기관에서 다양한 연령층의 장애인이 평생교육을 받고 있다.

학령

연령

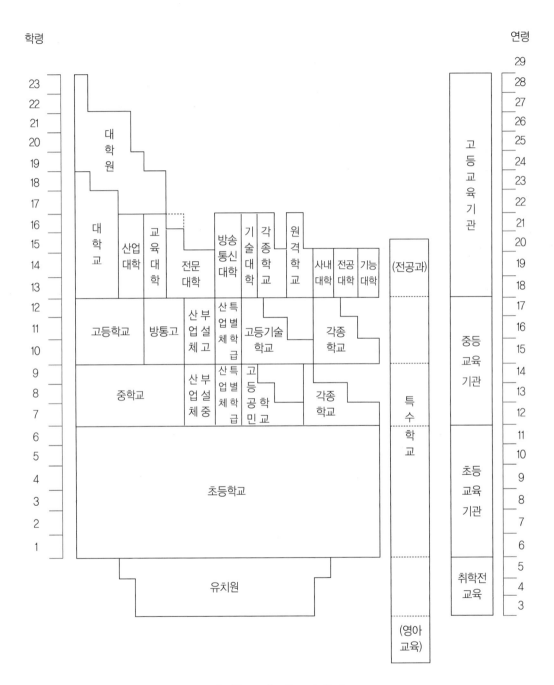

[그림 15-1] **한국의 학제**

출처: 윤정일 외(2021), p. 252의 [그림 8-2]를 수정 · 보완함.

3) 중앙 및 지방의 특수교육 관련 행정조직

특수교육행정은 특수교육을 위한 지원체제로, 한 국가의 특수교육행정은 그 나라의 교육행정 하위체제이므로 특수교육행정의 체제를 파악하기 위하여 일반교육행정의 체제를 전체적으로 파악할 필요가 있다. 대부분의 나라에서는 교육행정의 체계는 중앙교육 행정조직과 지방교육 행정조직, 그리고 학교단위 교육행정조직으로 구성되어 있다(주삼환 외, 2021). 이 중에서 중앙교육행정은 나라마다 차이는 있지만, 지방교육행정의 상위체계라고 할 수 있다. 우리나라의 경우 중앙교육 행정조직은 '교육부'가 핵심 부서인데, 그 범위를 확대하여 대통령-국무총리-국무회의-교육부 장관 등으로 이어지는 지휘 권한 체계를 이해하는 것이 필요하다.

우리나라의 교육행정조직의 체제는 중앙의 대통령을 정점으로 하여 지방의 각급학교에 이르기까지 '대통령 → 국무총리 → 교육부 장관 → 시 · 도교육감 → 시 · 군 · 구 교육장 → 학교장'의 계선으로 이루어져 있다. 이를 다시 중앙과 지방으로 나누어 보면 중앙의 교육행정조직은 '대통령 → 국무총리 → 교육부 장관 → 차관 → 실 · 국장 → 과장 또는 담당관'과 같은 계선을 형성하고 있다. 과장 또는 담당관 아래 교육전문직으로 교육연구관 또는 교육연구사로 이어지기도 하고, 일반교육행정직으로는 사무관 또는 주무관으로 이어진다고 볼 수 있다.

지방의 교육행정조직에서는 '시 · 도교육감 → 국장 → 과장 및 시 · 군 · 구교육장'과 같은 계선을 이루고 있다. 그리고 단위학교에서는 '교장 → 교감 → 부장교사 → 교사'와 같은 계선으로 이루어져 있다.

우리나라 특수교육행정 지원체계는 [그림 15-2]과 같다(백종면, 김영표, 2018). 중앙 단위 차원에서 특수교육을 담당하는 주무부서인 교육부와 그 직속기관인 국립특수교육원이 있으며, 교육서비스 이외의 의료 및 사회복지 서비스, 직업적 서비스 등을 제공하는 보건복지부, 고용노동부, 문화체육관광부 등이 관련부처라고 할 수 있다. 지방단위 차원에서는 17개 시 · 도교육청과 각 시 · 도교육청 아래에 있는 시 · 군 · 구 교육지원청이 특수교육에 관한 주무 행정기관이라고 할 수 있으며, 이들 행정기관이 자체적으로 설치 · 운영하는 특수교육지원센터가 있다. 일반 광역자치단체 및 기초자치단체는 사회복지, 의료, 직업적 서비스 및 재정 지원과 관련하여 일정한 부분의 역할과 책임을 분담하고 있다. 단위학교 차원에서는 장애 유형이나 장애 정도별, 또는 통합 형태로 운영되는 국 · 공 · 사립의 특수학교를 비롯하여 통합교육을 위해 설치된 일반학교의 특수학급, 그리고 특수교육대상자를 직접 방문하여 실시하는 순회교육 등이 특수교육 행정기능의 일부를 담당하고 있다(백종면 외, 2018).

한편, 특수교육행정은 관료제 혹은 위원회제 조직에 의해 수행된다. 즉, 특수교육행정은 정책 실현과정이라고 볼 때 관료제 조직을 통하여 정책의 결정 · 집행이 주로 이루어지는 반면, 위원회제 조직을 통하여 정책의 심의 · 의결이 주로 이루어지는 이원구조를 형성하고 있다(정희섭, 한현민, 김향지, 2004). [그림 15-2]에서 볼 때 교육부의 중앙특수교육운영위원회와 시 · 도교육청 및 시 · 군 · 구 교육지원청의 특수교육운영위원회는 정책의 심의 · 의결 기구가 된다.

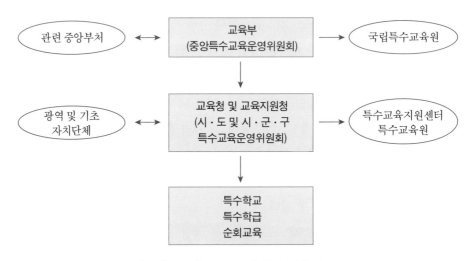

[그림 15-2] **특수교육행정 지원체계**
출처: 백종면, 김영표(2018), p. 739의 [그림 1]을 수정 · 보완함.

(1) 중앙 특수교육 행정조직과 기능

한국의 특수교육 지원 중앙행정 체제로 교육부의 특수교육 행정조직과 기능을 살펴볼 필요가 있다. 「정부조직법」에 따르면 교육부는 인적자원개발정책, 학교교육 · 평생교육, 학술에 관한 사무를 관장하는 행정부처로 동법 제26조에 따른 행정각부, 즉 기획재정부, 교육부, 과학기술정보통신부, 외교부, 통일부, 법무부, 국방부, 행정안전부, 문화체육관광부, 농림축산식품부, 산업통상자원부, 보건복지부, 환경부, 고용노동부, 여성가족부, 국토교통부, 해양수산부, 중소벤처기업부 등 18개 부처 중 하나이며, 교육부 장관은 기획재정부 장관과 같이 부총리를 겸임하고 있는 2개 부처 중 하나이다. 따라서 교육부는 인적자원개발정책, 학교교육 · 평생교육 및 학술에 관한 사무와 함께 교육·사회·문화 분야 정책의 총괄·조정을 담당하고 있다.

　교육부에는 차관 외에 차관보 1명을 두고 있다.「교육부와 그 소속기관 직제」에 따르면 교육부에 운영지원과·고등교육정책실·학교혁신지원실·교육복지정책국·학생지원국·평생교육국 및 교육안전정보국을 두고 있고, 장관 밑에 대변인 1명 및 장관정책보좌관 2명을 두고, 차관 밑에 기획조정실장, 사회정책협력관 및 감사관 각 1명을 둔다. 차관보는 사회정책 분야 협력에 관한 사항, 평생교육 관련 업무에 관한 사항에 관하여 장관과 차관을 보좌하고, 그 밖에 장관이 명하는 업무에 관한 사항을 처리하고 있다.

　교육부 내 특수교육 지원 행정조직은 [그림 15-3]과 같다. 교육부 장관의 관장사무를 지원하기 위하여 교육부 장관 소속으로 국사편찬위원회·국립특수교육원 및 중앙교육연수원을 두고 있고, 그중 국립특수교육원은 특수교육과 관련하여 교육부 장관이 관장해야 하는 사무를 지원하기 위해 설립된 교육부 직속 특수교육 관련 기관이며, 중앙특수교육위원회는 중앙 차원의 심의·의결기관이다. 특수교육과 직접 관련된 계선

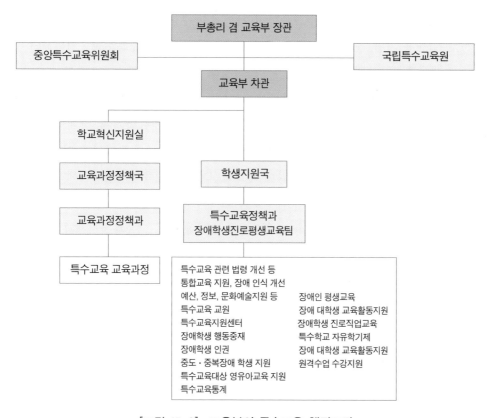

[그림 15-3]　**교육부의 특수교육 행정조직**

출처: 김은주, 우이구, 백가인(2021), p. 15의 [그림 Ⅱ-3]을 참고하여 제시함.

조직으로는 특수교육정책과가 있는데, 특수교육정책과는 교육기회보장과, 학교생활
문화과, 학생건강정책과 등과 함께 학생지원국에 속한다. 특수교육정책과가 속한 학
생지원국은 학교혁신지원실에 속한 교육과정정책국과 다르게 바로 교육부 차관, 부총
리 겸 교육부 장관으로 결재 라인이 연결된다.

　　교육부 학생지원국 국장은 국에 소속된 교육기회보장과, 학교생활문화과, 학생건강
정책과, 특수교육정책과 등 각 과에서 담당하는 사항들을 분장하고 있다. 즉, 교육소
외 계층, 다문화교육, 북한이탈 학생 교육, 학업중단의 예방 및 대안교육, 학교 폭력과
학교부적응 예방, 학생의 신체적 · 정신적 건강 증진 정책, 학교급식 기본정책에 관한
사항 등 타과 관련 사무와 함께 특수교육 관련 사무를 관장하고 있다. 특수교육정책과
에는 과 업무를 총괄하는 장학관으로 보한 과장이 있고, 그 밑에는 교육연구관 1명, 교
육연구사 7명, 시설사무관 1명과 주무관 2명 그리고 [그림 15-3]에 제시된 바와 같이
장애학생진로평생교육팀이 특수교육정책과 안에 별도로 조직되어 있어서 업무를 총
괄하는 서기관 팀장 밑에 행정사무관 2명, 주무관 1명, 교육연구사 3명이 소속되어 있
다. 특수교육정책과에서는 특수교육발전 기본계획 수립 · 시행, 특수교육 관련 법령
개선, 통합교육 지원, 장애 인식 개선 사업 추진, 특수교육 교원, 특수교육지원센터, 장
애학생 행동중재, 장애학생 인권, 중도 · 중복장애 학생 지원, 특수교육대상 영유아교
육 지원, 예산, 정보, 문화예술 지원 등, 특수교육통계 등을 담당하고 있고, 장애학생진
로평생교육팀에서는 장애학생 진로 · 직업교육, 특수학교 자유학기제, 장애 대학생 교
육활동 지원, 원격수업 수강 지원, 장애인 평생교육 관련 업무를 담당하고 있다.

　　한편, [그림 15-3]에 제시된 바와 같이 학교혁신지원실 교육과정정책국에 속한 교육
과정정책과에는 교육연구사 1명이 특수교육 교육과정을 전담하고 있다. 그동안 비전
문가가 다른 업무와 함께 특수교육 교육과정을 담당했지만, 교육과정정책과에 특수교
육 교육과정 전담자가 배치되어 있고, 이와 함께 교육부 직속기관인 국립특수교육원
에는 교육과정정책팀이 조직되어 특수교육 교육과정 총론, 유치원 통합교육 및 특수
교육대상 영 · 유아 발달단계별 교육과정 운영 지원, 시각 · 청각장애 학생 보조교과서
개발, 국정 교과용 도서 편찬 및 개발, 중도 · 중복장애 학생 보조교과서 개발, 포스트
코로나 대비 미래지향적 교과용 도서 개발, 장애학생 통합교육 교수학습 자료 개발, 시
각장애 학생용 대체교과서 제작 지침 및 적용방안 연구, EBS 방송교재 · 시각장애 학
생용 대체자료 제작 등의 업무를 담당하고 있다.

　　교육부 직속 기관인 국립특수교육원은 「교육부와 그 소속기관 직제」 제23조에 따라

특수교육에 관한 실험·연구, 학습 자료의 개발·보급, 특수교육 담당 교원 등의 연수에 관한 사무를 관장함으로써 특수교육 정책 수행을 위해 지원하고 있다. 최근에는 특수교육 교육과정·교과서 개발, 장애학생 인권보호 및 진로·직업교육 지원, 장애인 고등교육 및 평생교육 지원 등 그 기능과 역할을 대폭 확대해 나가고 있다.

한편, 국가 및 지방자치단체의 업무 수행에 관한 주요 사항을 심의하기 위하여 교육부 장관 소속으로 중앙특수교육운영위원회가 있다. 중앙특수교육운영위원회의 위원장은 교육부 차관이고, 위원장을 포함하여 당연직 위원과 위촉위원 등 총 15명 이내로 구성된다. 당연직 위원은 교육부, 행정자치부, 문화체육관광부, 보건복지부, 고용노동부, 여성가족부의 고위공무원단 소속 공무원, 위촉위원은 특수교육 교원 자격이 있는 사람으로서 7년 이상 특수교육대상자를 교육하거나 교육하였던 사람, 특수교육대상자의 학부모 또는 보호자로서 특수교육 분야에서 활동하거나 활동 경험이 있는 사람, 「고등교육법」 제2조 제1호 또는 제3호에 따른 학교에서 특수교육에 관한 학문을 가르치는 부교수 이상으로 재직하거나 재직하였던 사람 등 특수교육 분야의 주체로서 특수교육에 대한 전문성을 갖춘 자로 구성된다.

(2) 지방 특수교육 행정조직과 기능

지방의 교육행정을 위한 전반적인 조직과 구조를 지방교육 행정조직이라 할 수 있는데, 우리나라의 지방교육 행정조직은 교육자치를 기본으로 하고 있다(윤정일 외, 2021). 교육자치제란 인사와 재정을 비롯하여 교육행정을 일반행정으로부터 분리·독립시킴으로써 행정의 제도, 조직 면에서 교육의 자주성을 보장하려는 것이다. 「교육기본법」에 따르면 국가와 지방자치단체는 교육의 자주성과 전문성을 보장하여야 하며, 지역 실정에 맞는 교육을 실시하기 위한 시책을 수립·실시하여야 하는 의무를 지니게 된다. 따라서 「지방교육자치에 관한 법률」에서는 교육의 자주성 및 전문성과 지방교육의 특수성을 살리기 위하여 지방자치단체의 교육·과학·기술·체육, 그 밖의 학예에 관한 사무의 집행기관으로 시·도에 교육감을 두고 있고, 시·도의회에는 시·도의 교육·학예에 관한 의안과 청원 등을 심사·의결하는 상임위원회로서 교육위원회를 두도록 하고 있다.

지방교육행정기관은 특별시·광역시 및 도의 교육·학예에 관한 사무를 담당하기 위해 설치된 행정기관으로서 시·도교육청과 시·군·자치구를 관할구역으로 하여 설치된 하급교육행정기관인 교육지원청으로 나뉜다([그림 15-4] 참조).

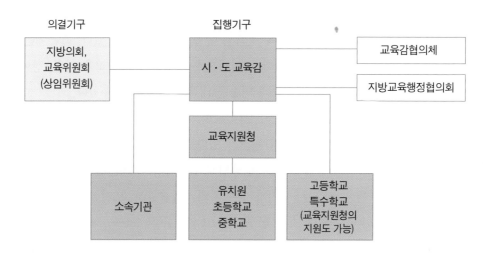

[그림 15-4] **지방교육자치 조직도**
출처: 신현석, 안선회(2017), p. 280의 [그림 9-3]을 일부 수정함.

시·도교육청은 교육감을 보조하는 기관으로 부교육감을 두어 교육감을 보좌하도록 하고 있으며, 시·도의 규모에 따라 실·국 등 기구의 설치와 과·담당관 등의 설치를 대통령령으로 정하고 있다. 특수교육정책의 결정·집행을 위한 지방 행정조직을 이해하기 위해서는 시·도교육청과 교육지원청 내 특수교육 관련 행정조직을 살펴보는 것이 필요하다. 일반적으로 모든 교육·학예에 관해 심사·의결하는 기구가 지방의회의 상임위원회로서 교육위원회라면([그림 15-4] 참조), 특수교육에 있어서 심의·의결 기구는 시·도 특수교육운영위원회 그리고 시·군·구 특수교육운영위원회이다([그림 15-5] 참조). 그리고 특수교육 관련 교육감의 관장사무를 지원하기 위해 직속기관으로 시·도 특수교육원을 두고 있거나 시·도교육청에 특수교육지원센터를 설치하고 있다.

「지방교육행정기관의 행정기구와 정원기준 등에 관한 규정」 제8조 제1항과 관련한 [별표 1]에 따르면 서울특별시교육청은 3실·국 이상 5실·국 이하, 경기도교육청은 4~6실·국, 그 밖의 교육청은 2~3실·국을 설치하도록 하고 있다. 이러한 기준에 따라 지방 특수교육 행정조직은 시·도에 따라 큰 차이가 있는데, 시·도교육청의 규모와 정책의지가 반영되어 크게 네 가지 유형으로 구분된다(백종면, 김영표, 2018). 첫째, 비교적 조직 규모가 큰 교육청의 경우로 교육국 산하에 특수교육 지원을 전담하는 독립된 과 단위 조직, 즉 특수교육과를 두고 있는 교육청(경기도), 둘째, 조직 규모가 크지

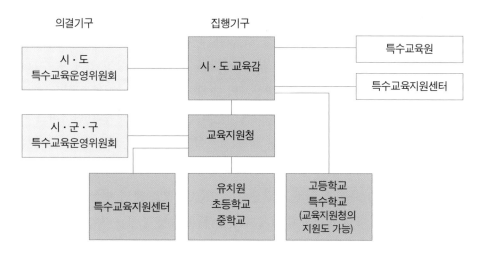

[그림 15-5]　**지방특수교육 행정조직**

출처: 김은주 외(2021), p. 31의 [그림 Ⅱ-7]을 참고하여 제시함.

만 전담 조직이 없고 특수교육 업무가 관련 국 및 과 단위 조직에 분산된 교육청(2018년 당시 서울시교육청), 셋째, 특수교육이라는 명칭이 포함된 복합 업무를 수행하는 교육국 또는 교육정책국 산하의 과 단위 조직(예: 유아특수교육과, 유아특수복지과)에서 특수교육팀 또는 특수교육 담당을 운영하는 교육청(대구, 충북 등), 넷째, 특수교육 명칭을 사용하지 않는 교육국 또는 교육정책국 산하의 과 단위 조직에서 특수교육팀 또는 특수교육담당을 운영하는 교육청이다. 2022년 기준으로 볼 때 백종면 등(2018)의 구분과 차이가 있는 것은 서울시교육청도 경기도교육청처럼 특수교육 지원을 전담하는 독립된 '과'를 두기 시작했다.

　일부 시·도교육청에서는 시·도교육청 차원의 특수교육 전담 직속기관, 즉 특수교육원을 설립하여 특수교육에 대한 교육청의 정책적 의지를 보여 주기도 한다. 도교육청 특수교육원에 전문 인력과 교사를 배치하여 특수교육 관련 행정, 지원 업무를 수행하기도 하고, 일부 교육청에서는 본청에 시청각장애특수교육지원센터를 두어 지역교육지원청에서 다룰 수 없는 장애 영역에 대한 중점 센터 역할을 하기도 한다. 시·도교육청 대부분은 본청에 특수교육지원센터를 두고 관내에 있는 특수교육지원센터를 전체적으로 관리하면서 센터 고유의 업무, 즉 순회교육, 영아교육, 진로·직업교육, 연수 및 교육 등의 운영을 지원하거나, 장애 유형별 거점 특수교육지원센터 운영이나 장애학생 인권지원단 운영, 건강장애 및 요보호학생 교육 지원, 병원학교 및 원격교육 운영 협조, 특수학교(급) 방과후학교 지원 등의 업무를 담당하고 있다. 가장 규모가 작은 세종시를 제외하고 모든 시·도교육청에는 2개에서 많게는 25개의 교육지원청이 있고, 이 교육지원청에는 최소한 1개 이상의 특수교육지원센터를 두고 있다. 특수교육지원센터에서는 해당 지역의 특수교육대상자의 조기발견과 진단·평가는 물론 관내 일반학교 특수학급이나 일반학급의 특수교육대상자에 대한 특수교육 관련서비스 제공, 순회교육과 같이 직접적으로 서비스를 제공하는 역할도 하지만, 대부분의 특수교육지원센터 배치 인력은 해당 교육지원청 특수교육행정 업무를 담당하고 있다.

교육청에서 특수교육행정 업무를 담당하고 있는 인력을 보면 전국 17개 시·도교육청 모두 특수교육 담당 장학관이 배치되어 있다. 교육청 중에는 특수교육 담당 장학관이 특수교육만 전담하지 않고 다른 업무와 함께 복합 업무를 담당하고 있고, 특수교육 자격을 미소지한 장학관도 있다(교육부, 2021a). 물론 2015년만 하더라도 17개 시·도 중 6개 시·도교육청에 특수교육 전담 장학관이 없었다(교육부, 2015). 교육부에서는 매년 시·도교육청별 특수교육 전담 장학관 배치 여부 그리고 특수교육 전문직의 특수교육 자격 소지 여부를 조사하여 특수교육행정을 담당하는 인력이 특수교육 전문성을 갖출 수 있도록 하고 있다. 이러한 국가 차원의 관심으로 전국 시·도교육청에 배치된 특수교육 담당 장학사는 전원 특수교육 자격을 소지한 것으로 조사되었다(교육부, 2021a). 물론 시·도교육청의 특수교육행정 업무가 증가하면서 인턴장학사나 파견교사가 교육청 행정 업무를 담당하기도 하고, 일부 교육청에서는 특수교육지원센터나 시·도 특수교육원의 전문직과 순회교사가 담당하기도 한다. 시·도교육청 홈페이지 조직표나 기구표, 과별 혹은 팀별 업무분장표를 보면, 시·도교육청별 특수교육 담당 부서의 배치 인력은 장학관, 장학사, 파견교사나 인턴장학사 외에 행동중재 전문가 등이 배치되어 있기도 하고, 전반적으로 주무관이 배치되어 일반행정 업무를 지원하고 있다. 지역별 특성과 형편에 따라 교육청의 특수교육 행정조직 구성이나 인력 배치가 매우 다양하다.

한편, 중앙 차원과 마찬가지로 지방자치단체의 특수교육 관련 업무 수행에 관한 주요 사항을 심의하기 위하여 교육감 소속으로 시·도 특수교육운영위원회를, 교육장 소속으로 시·군·구 특수교육운영위원회를 각각 두고 있다. 시·도 특수교육운영위원회 및 시·군·구 특수교육운영위원회의 구성·운영 등에 관하여는 특별시·광역시·도 및 특별자치도의 교육규칙으로 각각 정하고 있다.

2. 지적장애인 관련 특수교육 정책

지적장애 학생의 교육 등과 관련이 있는 특수교육 정책은 관련 법률에 따라 계획되고 추진된다. 또한 그 내용에 따라서는 특정한 장애 유형의 학생에게만 적용되는 정책도 있지만, 대체적으로 특수교육 정책은 지적장애 학생을 포함한 모든 장애 유형의 학생에게 적용되는 내용들로 구성되어 있다. 특수교육 정책은「장애인 등에 대한 특수교육법」에서 규정하고 있는 주요 내용 그 자체가 되기도 하지만, 정책에 따라서는 법적 근거 없이 '특수교육발전 5개년 계획'과 같은 중장기 계획이나 '특수교육 운영계획'과 같은 연간 계획 혹은 별도의 정책방안에 포함하여 정책적으로 추진되는 것도 있다. 여기서는「장애인 등에 대한 특수교육법」에서 규정하고 있는 내용 중 중점 정책 과제 혹은 중장기계획 등에 포함된 주요 특수교육 정책에 대해 살펴보고자 한다.

1) 장애의 조기발견 체제 구축 및 장애 영아의 무상교육

「장애인 등에 대한 특수교육법」제14조(장애의 조기발견 등), 제18조(장애영아의 교육지원), 동법 시행령 제9조(장애의 조기발견 등)와 제13조(장애영아의 교육지원), 동법 시행규칙 제2조(특수교육대상자의 발견 절차 등)에 따라 장애를 조기에 발견할 수 있는 체제가 마련되고 장애 영아에 대한 교육이 무상으로 제공되고 있다.

교육장 또는 교육감은 영유아의 장애 및 장애 가능성을 조기에 발견하기 위하여 지역 주민과 관련 기관을 대상으로 조기교육의 필요성 등을 매년 1회 이상 홍보해야 하고, 지역 내 보건소, 병·의원에서 장애 및 장애 가능성 여부를 확인할 수 있는 선별검사를 무상으로 실시하여야 한다. 그리고 교육장 또는 교육감은 어린이집·유치원 및 학교의 영유아 또는 학생을 대상으로 수시로 선별검사를 실시하여야 하는데, 이때 사회성숙도검사, 적응행동검사, 영유아발달검사 등을 활용하여 장애를 선별하여야 한다. 다만, 보건·의료기관에서「국민건강보험법」제47조 제1항,「의료급여법」제14조 제1항에 따라 만 6세 미만 영유아를 대상으로 건강검진을 실시하므로 교육청에서는 이 결과를 장애 선별자료로 활용할 수 있다. 그러나 보건·의료기관에서는 영유아 건강검진 결과, 장애가 있는 영유아를 발견하더라도「공공기관의 개인정보보호에 관한 법률」제3조에 따라 다른 기관에 개인 정보를 전달할 수 없으므로 교육청에서는 보건·의료기관 등 유관기관과 협의체를 구성하고 항상 부모 또는 보호자의 동의를 받은 후 진단·평가 절차 안내, 정보 전달 등의 공공서비스가 제공될 수 있도록 하고 있다.

동법 제14조 제3항에 따라 보호자 또는 각급학교의 장은 장애를 가지고 있거나 장애가 의심되는 영유아 및 학생을 발견한 때에는 교육장 또는 교육감에게 진단·평가를 의뢰하여야 한다. 이때 각급학교의 장은 자녀의 진단·평가 실시에 대해 부모 또는 보호자의 사전 동의를 받아야 한다.

동법 시행령 제9조 제3항에 따라 교육장 또는 교육감은 선별검사를 한 결과, 장애가 의심되는 영유아 등을 발견한 경우에는 병원 또는 의원에서 장애 진단을 받도록 보호자에게 안내하고 상담을 하여야 한다. 교육장 또는 교육감은 선별검사를 받은 영유아 등의 보호자가 특수교육대상자로 선정받기를 요청할 경우 영유아 등의 보호자에게 자녀의 건강검진 결과통보서 또는 진단서를 제출하도록 하여 영유아 등이 특수교육대상자에 해당하는지 여부를 판단하기 위한 진단·평가를 하여야 한다. 이러한 진단·평가 결과, 영유아 등에게 특수교육이 필요하다고 판단되면 보호자에게 그 내용과 특수교육대상자 선정에 필요한 절차를 문서로 알려야 한다.

미국, 독일 등 OECD 주요 국가 대부분은 장애아에 대해 0세부터 교육 및 특수교육 관련서비스를 무상으로 제공하고 있고,「장애인 등에 대한 특수교육법」제정으로 인해 우리나라도 2009년부터 특수교육대상으로 선정된 만 3세 미만 영아는 무상교육을 받을 수 있게 되었다. 하지만 우리나라의 경우 만 3세 미만의 영아는「유아교육법」및「영유아보육법」에 따라 교육대상이 아닌 보육대상으로만 규정되어 있으므로 특수교육대상으로 선정된 영아라도 유아만을 대상으로 교육하고 있는 일반유치원에 다닐 수 없다. 장애가 있거나 장애가 있는 것으로 의심되는 영아는 거주지 교육지원청의 교육장에게 교육을 요구할 수 있고, 특수교육지원센터의 진단·평가 결과를 기초로 동법 제18조 제2항에 따라 특수학교의 유치원 과정, 영아학급 또는 특수교육지원센터에 배치되어 무상의 교육을 받게 된다.

특수교육대상 영아에 대한 교육을 담당할 수 있는 특수학교가 없는 경우 해당 지역 내 특수교육지원센터가 이를 담당하게 되는데, 이러한 특수교육지원센터에 대해 동법 시행령 제13조 제3항에서는「특수학교시설·설비기준령」별표에 따라 보통교실을 갖추도록 규정하고 있다. 이때 보통교실은 50㎡ 이상이어야 하나 유치부만을 설치·운영하는 경우에는 25㎡ 이상도 가능하도록 규정하고 있으므로, 장애 영아가 배치된 특수교육지원센터에서 영아학급을 만들어 직접 교육할 경우 최소한 25㎡ 이상의 교실을 설치해야 한다.

영아의 경우 자연스러운 가정환경에서 부모 혹은 보호자가 함께 참여하는 가운데 중재를 하는 것이 필요하므로 가정에서 교육을 받아야 할 경우에는 순회교육을 실시하게 되며, 의료기관, 복지시설 등에 있을 경우에도 특수교육 교원 및 특수교육 관련서비스 담당 인력 등으로 하여금 순회교육을 제공하도록 하고 있다.

장애 영아교육의 수업 일수는 연간 150일을 기준으로 하되, 장애 영아의 건강 상태 및 교육과정의 운영상 필요한 경우에는 관할청의 승인을 받아 30일의 범위에서 줄일 수 있어 최소 연간 120일의 수업을 받을 수도 있다. 특수교육대상 영아에 대한 교육은 「장애인 등에 대한 특수교육법」이 제정되면서 처음 도입된 것으로, 영아에 대한 교육은 물론 보호자 교육, 가족 지원 등도 매우 중요하게 다루어져야 한다. 따라서 가장 유사한 분야의 경력교사가 담당하는 것이 바람직하다고 보고, 동법 시행령 제13조 제4항에 특수학교 유치원 교사자격증을 소지한 사람이 장애 영아를 담당하도록 하고 있다.

2) 학령기 지적장애 학생 관련 주요 특수교육 정책

(1) 유치원 과정부터 고등학교 과정까지 특수교육대상자에 대한 의무교육 실시

의무교육이란 교육의 기회균등 사상에 입각하여 모든 국민에게 사회적 · 경제적 지위에 관계없이 최소한의 필수적인 공통교육을 보장하기 위한 제도이다. 장애가 있든 없든 모든 학생은 「교육기본법」 제8조에 따라 초등학교와 중학교 과정에 한하여 의무교육을 받고 있다. 그러나 특수교육이 필요한 대상으로 선정된 학생은 「장애인 등에 대한 특수교육법」 제3조(의무교육 등)와 동법 시행령 제2조(의무교육의 실시) 및 제3조(의무교육의 비용 등)에 따라 초등학교와 중학교 과정은 물론 유치원과 고등학교 과정까지도 의무교육으로 받고, 고등학교 이후 전공과와 장애 영아 교육을 무상으로 받게 된다.

유치원 과정의 의무교육은 「장애인 등에 대한 특수교육법」이 제정된 후 지난 2010년부터 2012년에 이르기까지 연차적으로 실시되었고, 이로써 우리나라는 〈표 15-1〉에 제시된 바와 같이 OECD 주요 국가 중 장애학생에 대한 의무교육 연한이 가장 긴 국가가 되었다.

〈표 15-1〉 주요 국가별 특수교육대상자 의무교육 및 무상교육 현황

국가명		한국	일본	미국	영국	독일	호주
의무교육 연한		3~17세	6~15세	6~17세	5~15세	6~16세	6~15세
무상 교육 연한	장애학생	0~20세	3~19세 (도도부현별로 다름)	0~21세 (주에 따라 3~21세)	-	0세~전과정	-
	일반 학생	6~14세	6~15세	0~21세	-	5세~전과정	초·중·고

출처: 국립특수교육원 역(2005).

「장애인 등에 대한 특수교육법」 제19조(보호자의 의무 등)에 따라 보호자는 유치원 과정의 자녀에 대한 의무교육을 이행하기 위해 일정한 교육요건을 갖춘 어린이집을 이용할 수 있다. 동법 시행령 제15조에 따르면 일정한 교육요건을 갖춘 어린이집이란 「영유아보육법」 제30조 제1항에 따른 평가인증을 받은 어린이집으로 장애아 3명마다 보육교사 1명을 배치한 어린이집을 말하며, 이때 보육교사가 3명 이상인 경우에는 보육교사 3명 중 1명은 특수학교 유치원교사 자격증을 소지한 교사여야 한다.

의무교육에 드는 비용은 동법 시행령 제3조(의무교육의 비용 등)에 따라 국가 또는 지방자치단체가 입학금, 수업료, 교과용 도서대금과 학교급식비를 부담하게 되고, 그 외 학교운영지원비, 통학비, 현장·체험학습비 등은 예산의 범위에서 부담하거나 또는 보조할 수 있다.

(2) 지역중심 특수교육지원센터를 통한 서비스 제공

그동안 특수교육계의 요구를 반영하여 제2차 특수교육발전 종합계획(2003~2007년)의 추진 과제로 선정되어 정책사업으로 추진되었던 '특수교육지원센터의 설치 및 운영'의 법적 근거가 「장애인 등에 대한 특수교육법」 제정으로 동법 제11조(특수교육지원센터의 설치·운영)와 동법 시행령 제7조(특수교육지원센터의 설치·운영)에 마련되었다.

교육감은 특수교육대상자의 조기발견, 진단·평가, 정보 관리, 특수교육 연수, 교수학습 활동의 지원, 특수교육 관련서비스 지원, 순회교육 등을 담당하는 특수교육지원센터를 시·도교육 및 모든 하급교육행정기관에 설치·운영하여야 한다. 시·도교육청, 하급교육행정기관이나 특수학교, 특수학급이 설치된 일반 초·중·고등학교 또는 관할 지역의 관공서(장애인복지관을 포함한다) 등 특수교육대상자를 비롯한 지역주민의

접근이 편리한 곳에 특수교육지원센터를 설치하도록 하고 있다. 또한 지역의 지리적 특성 및 특수교육의 수요 등을 고려하여 필요한 경우에는 하나의 하급교육행정기관에 두 곳 이상의 특수교육지원센터를 설치·운영할 수 있다. 특수교육지원센터를 설치할 때는 그 업무를 수행할 수 있는 독립된 공간을 확보해야 하고, 업무를 전담하는 특수교육 분야의 전문인력을 배치해야 한다.

특수교육지원센터에서 수행해야 하는 담당 업무는 「장애인 등에 대한 특수교육법」 전반에 걸쳐 규정되어 있는데, 특히 제23조에는 특수교육지원센터가 특수교육대상자에게 효과적인 진로 및 직업 교육을 지원하기 위하여 관련 기관과의 협의체를 구성하여야 함을 명시하고 있다. 동법 제25조는 교육장 또는 교육감이 일반학교에서 통합교육을 받고 있는 특수교육대상자를 지원하기 위하여 일반학교 및 특수교육지원센터에 특수교육 교원 및 특수교육 관련서비스 담당인력을 배치하여 순회교육을 실시하여야 한다고 정하고 있어, 특수교사가 없는 일반학교에 장애학생이 있는 경우 특수교육지원센터에 배치한 순회교육 담당교사가 교육을 제공하게 된다.

(3) 통합교육의 강화

「장애인 등에 대한 특수교육법」 제2조(정의)에 따르면, 통합교육이란 특수교육대상자가 일반학교에서 장애 유형 및 정도에 따라 차별을 받지 아니하고 또래와 함께 개개인의 교육적 요구에 적합한 교육을 받는 것을 말한다. 최근 10년간 특수교육대상자의 교육환경별 배치 현황을 보면 〈표 15-2〉에 제시된 바와 같이 특수학교나 일반학교에 배치된 학생이든 특수교육대상자의 수가 꾸준히 증가하고 있음을 알 수 있다. 그리고 일반학교에서 통합교육을 받고 있는 특수교육대상자와 특수학교나 특수교육지원센터에서 분리된 특수교육을 받고 있는 특수교육대상자의 비율을 보면 대략 7 대 3의 비율을 유지하고 있는 것으로 나타났다. 이렇게 통합교육을 받고 있는 특수교육대상자 수가 전체 특수교육대상자의 70% 정도를 차지하고 있는 비율은 지적장애 학생들의 교육환경별 배치 현황에서도 비슷하게 나타나고 있다([그림 15-6] 참조).

⟨표 15-2⟩ **연도별 특수교육대상자 배치 현황** (단위: 명, %)

연도	특수학교 및 특수교육지원센터 배치 학생 수	일반학교 배치 학생 수			전체 학생 수
		특수학급	일반학급	소계	
2012	24,932 (29.3)	44,433 (52.3)	15,647 (18.4)	60,080 (70.7)	85,012 (100)
2013	25,522 (29.5)	45,181 (52.2)	15,930 (18.4)	61,111 (70.5)	86,633 (100)
2014	25,827 (29.6)	45,803 (52.5)	15,648 (17.9)	61,451 (70.4)	87,278 (100)
2015	26,094 (29.6)	46,351 (52.6)	15,622 (17.7)	61,973 (70.4)	88,067 (100)
2016	25,961 (29.5)	46,645 (53.0)	15,344 (17.4)	61,989 (70.5)	87,950 (100)
2017	26,199 (29.3)	47,564 (53.2)	15,590 (17.4)	63,154 (70.7)	89,353 (100)
2018	26,337 (29.0)	48,848 (53.8)	15,595 (17.2)	64,443 (71.0)	90,780 (100)
2019	26,459 (28.5)	50,812 (54.7)	15,687 (16.9)	66,499 (71.5)	92,958 (100)
2020	26,615 (27.9)	52,744 (55.3)	16,061 (16.8)	68,805 (72.1)	95,420 (100)
2021	27,288 (27.8)	54,266 (55.3)	16,600 (16.9)	70,866 (72.2)	98,154 (100)

출처: 교육부(2021b).

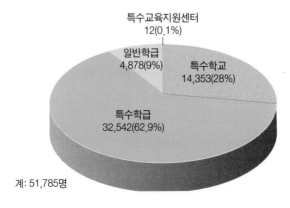

[그림 15-6] **지적장애 학생의 교육환경별 배치 현황**

출처: 교육부(2021a)의 특수교육통계를 참고하여 작성함.

세계적인 동향에 따라 우리나라도 1994년 「특수교육진흥법」의 전면개정과 함께 통합교육에 대한 토대가 마련된 후, 통합교육에 있어서 다양한 변화를 가져왔고, 특히 제1~5차에 걸친 '특수교육발전 종합계획'을 통하여 학령기 아동의 통합교육 내실화, 일반학교에 배치된 특수교육대상 학생의 지원을 확대해 나가고 있으며, 일반교육 교원 및 특수교육 교원의 통합교육 역량강화를 통해 통합교육의 성과를 제고하고 있다(교육과학기술부, 2008b; 교육부, 1997, 2003, 2013, 2017). 2021년 현재 통합교육에 대한 정책은 법적 근거에 따라 수립된 5개년 계획의 통합교육 관련 정책 과제가 '2021년도 특수교육 운영계획'에 반영되어 추진되고 있다(교육부, 2020).

통합교육은 「장애인 등에 대한 특수교육법」 제17조(특수교육대상자의 배치 및 교육), 제21조(통합교육), 동법 시행령 제11조(특수교육대상자의 학교 배치 등), 제12조(배치에 대한 이의), 제16조(통합교육을 위한 시설·설비 등), 그리고 「초·중등교육법」 제59조(통합교육)에 법적 근거를 두고 있다. 특수교육대상자를 배치할 때 특수교육대상자의 장애 정도, 능력, 보호자의 의견 등을 종합적으로 판단하여 거주지에서 가장 가까운 곳에 배치하도록 하고 있으며, 무엇보다 일반학교의 일반학급에 먼저 배치하도록 하고 있고 그다음 일반학교의 특수학급, 특수학교 순으로 배치하도록 하고 있다.

또한 각급학교의 장이 각종 시책을 시행함에 있어 통합교육의 이념 실현에 노력하여야 한다고 규정함으로써 통합교육의 실현에 대한 국가 차원의 강력한 의지를 담고 있다. 일반학교의 장은 특수학급 설치 여부에 상관없이 특수교육대상자에 대하여 교육과정의 조정, 보조인력의 지원, 학습 보조기기의 지원, 교원연수 등을 포함한 통합교육계획을 수립·시행하여야 한다. 특수교육대상자를 위한 통합교육계획 수립은 특수학급이 없는 일반학교도 예외가 되지 않으므로 해당 지역의 특수교육지원센터 전문인력이나 인근 학교 특수학급 교사의 지원을 받아 통합학급계획을 수립하여야 한다(교육과학기술부, 2008a).

또한 학교 시설·설비의 세부적인 설치기준을 시·도교육감에게 이양하였으나 특수교육대상자의 기본적인 접근권 및 이동권이 보장될 수 있도록 특수학급의 적정 위치와 시설 규모를 동법 시행령 제16조(통합교육을 위한 시설·설비 등)에서 규정하고 있다. 동법 시행령 제11조에 따라 교육장 또는 교육감은 특수학급 미설치 일반학교에 배치된 특수교육대상자에게 특수교육을 제공하기 위하여 특수교육지원센터에서 근무하는 교사로 하여금 학교를 방문하여 학습을 지원하도록 하고 있고, 특수교육지원센터를 중심으로 특수교육 관련서비스도 제공하고 있다. 그동안 특수학교 중심으로 서비스가 제공되어 왔다면, 이제는 지역별로 설치된 특수교육지원센터를 통해 일반학교의 특수학급, 특수학급 미설치 일반학교에서 통합교육을 받고 있는 학생에 대해서도 적합한 특수교육 및 특수교육 관련 서비스를 제공하여 교육의 내실화를 기하고 있다고 볼 수 있다.

정책적으로는 장애 유형별 통합교육 지원을 확대하고자 특수교사, 심리상담사, 사회복지사 등으로 구성된 '통합교육지원단'을 운영하여 현장의 요구와 장애 유형별 특성에 따른 신속한 지원을 하고 있다(교육부, 2020). 또한 지역 여건과 특성에 적합한 장애 유형별 거점지원센터를 확대하여 시각장애, 청각장애, 지체중복장애, 자폐성장애 등 통합된 교육환경에서 장애 유형에 적합한 전문적인 교육을 지원하게 되었다(교육부, 2020). 통합교육의 성과를 제고하기 위해 특수교사와 일반교사의 협력 강화를 정책 과제에 포함하여 가이드북이나 사례집을 개발하여 보급하기도 하고, 일반·특수교사 통합교육 협력모형 개발을 위한 '정다운학교' 운영을 확대하고 있다(교육부, 2020). '정다운학교'에 통합교육 지원교사를 우선 배정하고, 특수·일반교사 협력수업 등 다양한 협력모형을 개발·운영하고, 통합교육 협력 우수사례를 발굴·보급함으로써 통합교육을 내실화하고 있다.

한편, 특수교육대상자에 대한 통합교육은 장애인에 대한 인식 개선에서 출발한다고 볼 수 있는데, 범국민 장애공감 문화를 조성하기 위해 유·초·중·고 모든 학교에서 모든 학생을 대상으로 연 2회 이상 장애이해교육을 의무적으로 실시하고 있다(교육부, 2020). 또 장애이해교육 내실화를 위해 국가인권위원회, 한국장애인고용공단 등 장애인식 개선 교육 전문가 인력풀을 활용하여 지원하기도 한다. 체험중심 장애이해교육 프로그램을 지원하여 장애공감 문화를 조성하고 통합된 교육환경에서 특수교육 여건을 개선하고자 다양한 정책이 추진되고 있다.

(4) 진로 및 직업교육 강화

장애학생의 자립생활과 직업재활 역량 등 미래생활 역량을 강화하고, 진학, 취업, 평생교육 참여 등 개인의 진로희망에 따른 사회참여 기회를 확대하고자 '진로·직업교육 전문화'는 주요 정책 과제로 추진되고 있다(교육부, 2020). 이에 대한 법적 근거로는 「장애인 등에 대한 특수교육법」 제5조(국가 및 지방자치단체의 임무), 제23조(진로 및 직업교육의 지원), 제24조(전공과의 설치·운영), 동법 시행령 제17조(전문인력의 자격 기준 등)~제19조(전공과의 설치·운영) 등뿐 아니라 「산업교육진흥 및 산학연협력촉진에 관한 법률」 제2조(정의), 제36조(학교기업) 및 동법 시행령 제31조(학교기업의 설치·운영계획 등)~제41조(학교기업 운영 세칙), 「직업교육훈련촉진법」 제7조(현장실습), 제25조(지도·점검) 및 동법 시행령 제5조(현장실습 지도·점검 계획의 수립·시행), 「진로교육법」 제9조(진로전담교사) 및 동법 시행령 제4조(진로전담교사)를 들 수 있다.

먼저 중학교 과정 이상의 각급학교의 장은 특수교육대상자의 특성 및 요구에 따른 진로 및 직업교육을 지원하기 위하여 직업평가·직업교육·고용지원·사후관리 등의 직업재활훈련 및 일상생활 적응훈련, 사회적응훈련 등의 자립생활훈련을 실시해야 한다. 그리고 특수학교의 정교사·준교사·실기교사의 자격이 있는 사람으로서 대학이나 대학원에서 직업재활에 관한 전공을 이수하였거나, 진로 및 직업교육 관련 국가자격증 또는 민간자격증을 소지한 사람 혹은 진로 및 직업교육 관련 직무연수를 이수한 사람 등 자격이 있는 전문인력을 두어야 한다. 또한 중학교 과정 이상 각급학교의 장은 진로 및 직업교육을 위하여 66㎡ 이상의 교실을 1개 이상 설치하여야 한다. 특수교육지원센터는 특수교육대상자에게 효과적인 진로 및 직업교육을 지원하기 위하여 특수교육기관, 한국장애인고용공단지부 등 해당 지역의 장애인 고용 관련 기관, 직업재활시설, 장애인복지관, 산업체 등 관련 기관과 협의체를 구성하여야 한다. 교육감은 특수교육대상자의 취업을 위하여 직업훈련실을 특수학교에 설치하고, 이에 필요한 인력과 경비를 지원하도록 노력하여야 한다.

특수교육기관에는 고등학교 과정을 졸업한 특수교육대상자에게 진로 및 직업 교육을 제공하기 위하여 수업연한 1년 이상의 전공과를 설치·운영할 수 있다. 교육부 장관 및 교육감은 지역별 또는 장애 유형별로 전공과를 설치할 교육기관을 지정할 수 있는데, 2021년 현재 187개 특수학교 중 158개 학교에 전공과가 설치되어 있고, 694개 학급에 5,393명의 학생이 재학하고 있다(교육부, 2021a).

전공과를 설치한 각급학교는 「학점인정 등에 관한 법률」 제7조에 따라 학점인정을 받을 수 있다. 전공과를 설치·운영하는 특수교육기관의 장은 66㎡ 이상의 전공과 전용 교실을 1개 이상 설치하여야 하며, 세부적인 시설·설비의 기준은 교육감이 정한다. 전공과를 설치한 교육기관의 장은 그 설치 목적을 달성하기 위하여 현장실습이 포함된 직업교육계획을 수립하여야 한다. 전공과의 수업연한과 학생의 선발방법은 교육감의 승인을 받아 전공과를 설치한 교육기관의 장이 정하며, 전공과를 전담할 인력은 전공과를 설치한 특수교육기관의 고등학교 과정과 같은 수준으로 배치하게 된다.

제5차 특수교육발전 5개년 계획(2018~2022년)에서는 제4차까지 추진해 온 정책들을 근간으로 더욱 촘촘한 정책적 지원방안을 마련하고 있으며 주요 정책은 현장중심 진로 · 직업교육 활성화를 위한 교육과정 운영을 확대하고, 특수학교 학교기업, 통합형 직업교육 거점학교 운영을 전문화하는 등 특수교육대상자의 진로 · 직업교육과정 운영을 전문화하고 특성화하는 데 중점을 두고 있다. 또한 일반 사업장과 유사한 형태의 직업환경을 조성하여 장애학생의 현장실습 중심 직업교육 강화를 위한 특수학교 학교기업을 내실화하고자 했다(교육부, 2017).

먼저 진로체험 지원 전산망 '꿈길'을 통해 체험활동을 활성화할 수 있도록 지원하는 정책이 포함되어 있다. 특수학교별 여건에 따라 일회성 체험이 아닌 교실수업과 연계된 체계적인 진로교육 프로그램을 설계할 수 있도록 하고, 특히 거점특수교육지원센터 중심으로 꾸준한 모니터링을 실시하여 효율적인 질 관리가 이루어질 수 있도록 지원하고 있다. 현장실습을 근로중심에서 학습중심으로 전환하여 조기 취업 형태가 아닌 직무체험 등의 취업 준비과정으로 운영방식을 전환함으로써 학생을 보호하고, 특수교육 진로 및 직업교육 교육과정을 보다 충실하게 운영할 수 있도록 지원한다. 「진로교육법 시행령」에 따라 특수학교에 진로전담교사를 의무적으로 배치할 수 있게 되어 2020년 3월부터 중등 특수학교에 각 1명씩 의무 배치하여 특수교육대상자에게 질 높은 진로교육을 제공하는 정책 과제가 추진 중이다.

또한 장애인의 공공영역 일자리 참여 기회를 꾸준히 확대하고 있는데, 특히 대학 내 장애인 일자리 발굴을 위해 요구와 상황에 적합한 장애인 고용방안을 강구하고, 공공기관의 장애인 근로자 고용부담금 해결방안과 연계하여 적합한 직무훈련을 개발하며, 지역 내 고용 성공 사례가 장애인 일자리로 전환 · 확대될 수 있도록 맞춤형 컨설팅을 강화하고 있다. 산업체와 연계한 현장중심 맞춤형 일자리를 확대하기 위해 다양한 방안을 추진한다는 계획을 중 · 장기계획에 포함하고 있다. 지역사회에 기반을 두고 장애 유형 · 정도, 특성에 적합한 직무가 있는 사업체 및 장애인 의무고용 적용 사업체 중심으로 산업체 현장 직업훈련 기관을 발굴 · 개발하는 데 역점을 두며, 지역사회 장애인 직업재활 서비스 전문기관, 즉 직업재활센터, 직업재활시설, 장애인단체 등 한국장애인개발원에서 지원하는 전국의 172곳과 협력체계를 구축하여 위탁 운영도 추진한다. 직무지원인을 배치함으로써 현장실습과 취업 조기 직장 적응력을 높여 취업 성공으로 이어질 수 있도록 지원한다.

한편, 장애학생의 개별 욕구와 능력에 적합한 진로설계 컨설팅, 취업준비 프로그램, 학교 교육과정과 연계한 현장중심의 사업체 실습 기회를 통해 직장 적응능력 및 직무

능력 향상을 지원하는 취업지원 서비스, 부모교육 등 취업을 위한 지원서비스를 효율적이고 단계적으로 지원하고 있다. 또한 교육·복지·고용 협업 시스템 구축을 위해 교육부, 복지부, 고용노동부의 3개 부처, 그리고 국립특수교육원, 한국장애인고용공단, 한국장애인개발원의 3개 기관이 상설 협의체를 구성하여 장애학생의 직업평가·직업교육·고용지원·사후관리가 원스톱으로 지원되도록 체계를 확립하고, 지역 단위 지원협의체 구성과 운영의 활성화를 위해 진로·직업교육 거점센터를 지정하여 운영하고 있다.

(5) 특수교육 관련서비스 제공

「장애인 등에 대한 특수교육법」 제2조의 정의에 따라 특수교육은 특수교육대상자의 교육적 요구를 충족시키기 위하여 특성에 적합한 교육과정과 특수교육 관련서비스 제공을 통하여 이루어지는 교육을 말한다. 특수교육 관련 서비스란 '특수교육대상자의 교육을 효율적으로 실시하기 위하여 필요한 인적·물적 자원을 제공하는 서비스'이다. 동법 제28조(특수교육 관련서비스)와 동법 시행령 제23조(가족지원), 제24조(치료지원), 제25조(보조인력), 제26조(각종 교구 및 학습보조기 등 지원), 제27조(통학지원), 제28조(기숙사의 설치·운영), 제29조(기타 특수교육 관련서비스의 제공) 등에 따라 지적장애 학생은 특수교육 관련서비스를 제공받고 있다.

동법 제16조(특수교육대상자의 선정 절차 및 교육지원 내용의 결정)에 따라 교육장 또는 교육감은 특수교육대상자 선정 여부를 결정하여 부모 등 보호자에게 서면으로 통지할 때에 특수교육 관련서비스를 포함한 구체적인 교육 지원 내용도 결정하여야 한다. 이 과정에서 특수교육 관련서비스 내용이 결정되므로 지적장애 학생마다 각기 다른 내용의 관련서비스가 제공되고 있다. 이렇게 제공하도록 결정된 관련서비스를 국가, 지방자치단체, 각급학교의 장이 임의로 제공하지 않는 경우 동법 제4조(차별의 금지) 및 제38조의2(벌칙)에 따라 특수교육 관련서비스 제공에서의 차별금지 조항을 위반한 것이므로 300만 원 이하의 벌금에 처하게 된다.

먼저 동법 제28조 제1항 및 동법 시행령 제23조에 따라 교육감은 특수교육대상자와 그 가족에 대하여 가족상담, 양육상담, 보호자교육, 가족지원 프로그램 운영 등의 방법으로 가족 지원을 제공해야 하는데, 가족 지원은 건강가정지원센터, 장애인복지시설 등과 연계하여 실시할 수 있다.

동법 제28조 제2항 및 동법 시행령 제24조에는 교육감으로 하여금 특수교육대상자가 필요로 하는 경우 물리치료, 작업치료 등 치료 지원을 제공하도록 하고 있다. 이때 필요한 인력은 「의료기사 등에 관한 법률」 제4조에 따른 면허 또는 「자격기본법」 제19조 제1항에 따라 주무부 장관이 공인한 민간자격을 소지한 사람으로 정하고 있다. 교육감 또는 특수학교의 장은 특수교육지원센터 또는 특수학교에 치료실을 설치 · 운영할 수 있고, 교육감은 공공보건의료기관 및 장애인복지시설 등과 연계하여 치료 지원을 할 수 있다.

진단 · 평가 과정에서 각 장애학생에게 필요한 교육 지원 내용을 결정해야 하는데, 이때 학부모 또는 보호자를 대상으로 자녀의 치료 지원에 대한 희망을 조사하도록 하고 있다. 또한 치료 지원을 희망하는 학생을 대상으로 진단 · 평가를 실시할 때도 치료사 등을 반드시 포함하도록 하고 있다. 시 · 도교육청별 의료적 지원이 필요한 학생지원 계획을 수립하고, 특수교육 지원센터 또는 특수학교에서 의사, 관련학과 교수, 치료사 등 전문가로 구성된 '치료지원전담팀'을 통해 학생의 건강과 안전에 필요한 사항 컨설팅을 제공하도록 하고 있다(교육부, 2020).

치료 지원 대상자가 선정된 후에도 치료 지원의 방법을 학교 내 치료사 채용, 바우처, 유관기관 활용 등 학부모가 희망하는 치료 지원의 방법에 대한 의견 수렴을 거치도록 하고 있으며, 개별화교육계획에 치료 지원의 내용과 방법 등을 기재하여 지속적인 관리가 이루어지도록 하고 있다.

「장애인 등에 대한 특수교육법 시행령」 제25조는 각급학교의 장이 특수교육대상자를 위한 보조인력을 원활하게 제공할 수 있도록 교육감으로 하여금 보조인력 수급에 관한 계획을 수립하고 보조인력의 채용 · 배치 등 보조인력의 운영에 필요한 업무를 수행하도록 하고 있다. 교육감 또는 교육장은 보조인력의 자질 향상을 위하여 특수교육에 관한 연수를 실시하여야 하고, 동법 시행규칙 제5조에 따라 보조인력은 교사의 지시에 따라 교수학습 활동, 신변처리, 급식, 교내외 활동, 등하교 등 특수교육대상자의 교육 및 학교활동에 대하여 보조 역할을 담당하게 된다.

특수교육 보조인력은 용변 및 식사 지도, 보조기 착용, 착탈의, 건강보호 및 안정생활 지원, 학습 자료 및 학용품 준비, 이동보조, 교실과 운동장에서의 학생활동 보조, 학습 자료 제작 지원, 적응행동 촉진 및 부적응행동 관리 지원, 또래와의 관계 형성 지원, 행동지도를 위한 프로그램 관리 등과 같이 구체적인 역할을 담당해야 하며, 교사의 고유 업무인 수업 · 학생지도 · 평가 · 상담 · 행정 업무 등을 대리해서는 안 된다(교육부, 2020). 한편, 보조인력의 자격은 고등학교를 졸업한 자 또는 이와 같은 수준 이상의 학력이 있다고 인정된 자로 하고 있다. 특수교육 보조인력은 국고나 지방비 등으로 지원되는 유급 특수교육 보조인력이 있고, 공공근로나 사회복무요원과 같은 무급 특수교육 보조인력이 있다.

특수교육 관련서비스에는 각종 교구나 학습보조기, 보조공학기기 등의 설비 제공도 포함되는데, 동법 시행령 제26조에 따라 교육감은 각급학교의 장이 지적장애 학생에게 필요한 각종 교구, 학습보조기, 보조공학기기를 제공할 수 있도록 특수교육 지원센터에 필요한 기구를 갖추어 두어야 한다.

각급학교의 장은 동법 제28조 제5항에 따라 지적장애 학생의 취학 편의를 위하여 통학차량 지원, 통학비 지원, 통학 보조인력 지원 등 통학 지원 대책을 마련하여야 하며, 특히 동법 시행령 제27조에 따라 지적장애 학생이 현장체험학습, 수련회 등 학교 밖 활동에도 참여할 수 있도록 조치를 취해야 한다.

동법 제28조 제6항에 따라 각급학교의 장은 특수교육대상자의 생활지도 및 보호를 위하여 기숙사를 설치·운영할 수 있고, 기숙사를 설치·운영하는 특수학교에는 특수교육대상자의 생활지도 및 보호를 위하여 교육부령으로 정하는 자격이 있는 생활지도원을 두는 것 외에 간호사 또는 간호조무사를 두고 있다. 생활지도원은 교사자격이 있는 자이어야 하나, 그렇지 않은 경우 고등학교를 졸업한 자 또는 이와 같은 수준 이상의 학력이 있다고 인정된 자로서 물리치료사 또는 작업치료사, 사회복지사, 보육교사 중 어느 하나에 해당하는 자격이 있는 사람으로 하고 있다. 생활지도원은 국립학교의 경우 동법 시행규칙 제6조 제2항에 따라 학생 5명마다 1명 이상을 배치하여야 한다. 공립 및 사립학교의 경우에는 시·도 교육규칙으로 각각 생활지도원의 배치기준을 정하도록 하고 있다. 간호사의 경우 국립학교는 기숙사에 간호사를 1명 이상 배치하되, 기숙사에 기숙하는 학생이 50명을 초과하는 경우에는 그 초과 인원 50명마다 간호사 또는 간호조무사를 1명 이상 추가로 배치하고 있다. 동법 시행령 제28조에 따라 교육감은 기숙사의 운영에 필요한 경비를 예산의 범위에서 부담하거나 보조할 수 있고, 공립 및 사립 학교의 기숙사 시설·설비 기준은 시·도 교육규칙으로 정하도록 하고 있다.

(6) 학급 설치 기준 및 교사 배치 기준

「장애인 등에 대한 특수교육법」 제27조(특수학교의 학급 및 각급학교의 특수학급 설치 기준), 동법 시행령 제22조(특수학교 및 특수학급에 두는 특수교육 교원의 배치기준)에 따라 특수학교 또는 일반학교 내 특수학급을 설치할 때 유치원, 초등학교, 중학교, 고등학교 과정별로 각각 4명, 6명, 6명, 7명을 기준으로 한 학급을 설치하게 되어 지적장애 학생 개개인의 특성과 능력에 따라 개별화된 교육 실행이 현실화되어 가고 있다.

특수학교 및 특수학급에 배치하는 특수교육 담당교사는 학생 4명마다 1명으로 하되, 도시와 농촌·산촌·어촌 교육의 균형발전, 특수교육 지원센터의 운영 현황 및 특수교육대상자의 지역별 분포 등을 고려하여 특별시, 광역시·도·특별자치도별 교사는 교육부 장관이, 단위 학교·학급별 교사는 해당 교육감 또는 교육장이 배치기준의 40%의 범위에서 가감하여 배치할 수 있도록 하고 있다. 이 기준이 단위 학교나 학급에 교사를 배치할 때 적용하는 기준은 아니다. 중앙에서 시·도별 교사 정원을 배정하기 위한 기준이다. 예를 들어, 어느 한 교육청에 특수학교 재학생 1,110명, 특수학급 재학생 2,311명과 일반학급 배치 장애학생 210명 등 총 3,631명의 장애학생이 있다면 학생 4명당 1명의 교사를 배치할 수 있으므로 908명의 교사 정원을 배정받게 된다. 908명을 배정받는 교육청에서는 특수학교와 특수학급, 일반학급 순회교사 등 교육환경의 여건이나 학생 특성 등을 고려하여 다시 학교별 배치기준을 정하여 배치할 수 있다. 2021년 기준 특수학교와 특수학급의 전국 평균 학급당 학생 수는 〈표 15-3〉에 제시된 바와 같이 유치원 3.4명, 초등학교 4.5명, 중학교 4.6명, 고등학교 5.7명(교육부, 2021b)으로 평균적으로 보면 급당 인원수가 법률로 규정한 기준치보다 훨씬 낮아져 교육 여건은 상당히 좋아졌다고 볼 수 있다.

〈표 15-3〉 **학교과정별 특수학교(급)의 학급당 학생 정·현원**   (단위: 명)

구분	특수학교				특수학급				계			
	유	초	중	고	유	초	중	고	유	초	중	고
정원	4	6	6	7	4	6	6	7	4	6	6	7
현원	3.1	4.6	4.9	6.3	3.8	4.5	4.2	5.1	3.4	4.5	4.6	5.7

출처: 교육부(2021b), p. 44를 참고하여 작성함.

3) 장애인의 고등교육 및 평생교육 지원

(1) 장애인에 대한 고등교육 지원
모든 국민은 능력에 따라 균등하게 교육받을 권리를 가지고 있다고 「헌법」은 명시하고 있으며,「교육기본법」에도 사회적 신분, 경제적 지위 또는 신체적 조건 등을 이유로 교육에서 차별을 받지 않는다고 명시되어 있다. 그럼에도 불구하고 장애학생의 대학 진학률은 턱없이 부족한 형편이며 대학 내 장애학생에 대한 지원체계는 부실한 상황이라고 보고 있다(「장애인 등에 대한 특수교육법」 일부개정 법률안, 의안번호 9765, 2021. 4. 28.). 사실 장애인이 대학 등에서 차별받지 않고 고등교육을 제대로 받을 수 있도록 대학 내 각종 관련서비스 제공이 원활하게 이루어질 수 있는 법적 근거는 2007년에 제정된「장애인 등에 대한 특수교육법」에 마련되어 있다.

지적장애가 있어도 대학 캠퍼스를 자유로이 다니며 또래 친구들과 청년 문화를 대학에서 누릴 기회가 주어져야 한다고 보는 사람들도 있다. 대학에서의 수학능력이 부족한 지적장애인 당사자들도 대학에서 고등교육을 받고자 하는 요구가 증가함에 따라 일부 대학교에서는 경도 지적장애 등의 장애학생들에게 고등교육 차원에서 재활과 자립을 지원하는 특정 학과를 설치 · 운영하기 시작하였다. 지방의 한 대학 내 특정 학부는 발달장애 학생이 고등교육을 통해 민주시민으로서의 교양과 소양을 갖추고 졸업한 뒤 지역사회에 주체적으로 참여하는 것을 목적으로 설립되었다. 이에 지적장애 학생 교육에 있어서 장애인 고등교육 지원 제도와 정책에 대한 기본적인 이해가 필요하다고 본다.

「장애인 등에 대한 특수교육법」 제29조에서 제31조는 장애인의 고등교육을 지원하기 위해 대학의 장으로 하여금 특별지원위원회, 장애학생지원센터를 설치 · 운영하고, 해당 학교에 재학 중인 장애학생의 교육활동 편의를 위하여 각종 수단을 적극적으로 강구하고 제공하여야 하는 의무를 부과하고 있다. 1995학년도부터 특수교육대상자 대학 특별전형제도의 시행으로 대학에 입학하는 장애학생이 증가하는 추세에 비해 그들에 대한 지원은 미흡하였고, 이에 따라 장애학생 고등교육 지원 강화가 강조되기 시작했다(교육과학기술부, 2008a).

먼저 대학의 장은 대학의 장애학생 지원을 위한 계획, 심사청구 사건에 대한 심사 · 결정, 그 밖에 장애학생 지원을 위하여 대통령령으로 정하는 사항 등을 심의 · 결정하기 위하여 '특별지원위원회'를 설치 · 운영하여야 한다. 대학의 장은 그 대학에 장애학생이 10명 이상 재학하는 경우에는 특별지원위원회를 설치 · 운영하여야 하고, 장애학생이 10명 미만인 경우에는 장애학생 지원부서 또는 전담직원이 특별지원위원회의 기능을 수행할 수 있다. 특별지원위원회의 위원자격, 구성 및 회의 개최 시기 등은 해당 대학의 장이 정한다.

또 대학의 장은 장애학생이 10명 이상인 경우 장애학생의 교육 및 생활에 관한 지원을 총괄·담당하는 '장애학생지원센터'를 설치·운영하여야 한다. 다만, 장애학생이 재학하고 있지 아니하거나 9명 이하인 소규모 대학 등은 장애학생 지원부서 또는 전담직원을 두어도 된다. 장애학생지원센터는 장애학생을 위한 각종 지원, 편의 제공, 교직원·보조인력 등에 대한 교육, 장애학생 교육복지의 실태조사 등에 관한 사항과 그 밖에 대학의 장이 부의하는 사항에 관한 업무를 담당한다. 장애학생지원센터, 장애학생 지원부서 또는 전담직원은 장애학생 지원계획을 수립하고, 그 사실을 장애학생에게 알려야 한다.

대학의 장은 해당 학교에 재학 중인 장애학생의 교육활동 편의를 위하여 각종 학습보조기기 및 보조공학기기 등의 물적 지원, 교육 보조인력 배치 등의 인적 지원, 취학편의 지원, 정보 접근 지원, 「장애인·노인·임산부 등의 편의증진 보장에 관한 법률」제2조 제2호에 따른 편의시설 설치 지원 등의 수단을 적극적으로 강구하고 제공하여야 한다. 국가 및 지방자치단체는 편의 제공에 필요한 경비를 예산 범위 안에서 지원하여야 하고, 대학의 장은 장애학생의 지원 등에 관하여 필요한 내용을 학칙에 규정하여야 한다.

대학에는 장애학생의 교육 및 생활 지원을 총괄·담당하는 전담기구를 두어서 장애로 인한 교육활동상의 불이익이 없도록 하여, 향후 장애인에 대한 고등교육 기회가 확대되고 궁극적으로는 장애인들의 사회진출 기회가 확대될 것으로 전망된다. 장애인의 고등교육을 지원하기 위한 조항들은 「장애인차별금지 및 권리구제 등에 관한 법률」에 따라 교육책임자가 재학 중인 장애인의 교육활동에 불이익이 없도록 정당한 편의를 제공해야 하는 규정과 같다.

한편, 국가 차원에서 특수교육대상자 대학 특례입학과 같은 적극적인 장애인 고등교육 지원 정책을 추진하면서 대학에 입학하는 장애인 수는 증가하였다. 교육 기회 확대뿐 아니라 교수학습에서의 실질적인 지원에 대한 요구에 부응하여 장애인 고등교육 지원 정책은 특수교육발전 5개년 계획에 주요 정책 과제로 포함되었고, 특히 「장애인 등에 대한 특수교육법」에서 장애인 고등교육 지원에 필요한 법적 근거가 마련된 이후, 2011년 12월 '장애인 고등교육 발전 방안'을 수립·추진하기 시작했다(교육과학기술부, 2011). 또한 2013년부터 시작된 제4차 계획에 장애인 고등교육 관련 정책이 주요 과제로 포함되어 장애인 고등교육 지원을 위한 체계가 만들어지게 되었다. 교육부에서 매년 주요 정책 과제들의 추진계획을 담고 있는 '특수교육운영계획'이 주로 시·도교육청에서 시행해야 하는 유·초·중등교육 관련 내용들만을 다루었는데, 제4차 계획에서부터는 장애인의 고등교육과 평생교육 지원 내용도 포함하기 시작했고, 2018년 제5차 계획부터는 '장애대학생 교육복지 지원 내실화'를 독립적인 정책 과제로 다루기 시작했다.

그리고 무엇보다 장애인에 대한 대학교육 기회 확대를 위한 정책으로 장애학생 대학 특례입학제도를 꾸준히 실시하고 있고, 장애인특성화대학으로 한국재활복지대학교(현 한국복지대학교)를 설립하여 장애인 고등교육 기회를 확대하고, 장애학생 지원 모델로서의 역할을 수행하도록 하였다.

또한「장애인 등에 대한 특수교육법」제13조 제2항에 따라 대학에 취학하는 장애학생의 교육여건을 개선하기 위하여 장애학생의 교육복지 실태조사를 3년마다 실시하고 있다. 장애대학생 복지 지원 실태를 평가할 때는 대학의 특성에 따라 선발, 교수학습, 시설·설비 영역의 비중과 항목 수에 차이를 두어 평가를 한다. 대학에 대한 장애대학생 교육복지 지원 실태평가 결과를 최우수, 우수, 보통, 개선요망 등 등급별로 구분하고 발표함으로써 대학이 장애 대학생의 교육활동을 적극적으로 지원할 수 있도록 유도하고 있다.

한편, 장애 대학생 맞춤형 학습 지원 강화를 위해 국가 차원으로 '장애대학생 교육활동 지원 사업'을 마련, 대학 내 강의·시험 대필 등 학습 지원 및 학습활동을 위한 이동·편의 지원을 하는 일반교육 지원인력과 수어통역사, 속기사, 점역사 등을 통해 학습 의사소통을 면대면 또는 원격으로 지원하는 전문교육 지원인력의 두 가지 유형의 교육 지원 인력을 지원하고 있다. 또한 2020년부터 코로나19로 인해 원격수업이 급속하게 확산되면서 장애학생 학습권 침해에 대한 문제가 제기되어 이에 대한 조치가 요구되기 시작했다. 즉, 재택학습을 하는 과정에서 시청각 배리어프리 보장을 위해 보조공학기기 지원체계를 보완하기 시작했다.

한편, 장애 대학생의 진학 및 취업 기회를 확대하기 위한 정책 과제가 제5차 특수교육발전 5개년 계획에 포함되었다(교육부, 2017). 장애 대학생의 진로·취업교육을 지원하는 권역별 거점센터 운영을 통해 진로·취업지원 프로그램 개발, 교수학습 역량강화 및 학사와 연계된 통합 지원, 취업 관련 정보 확보 및 취업체 발굴·연계, 각종 네트워크 활성화 및 우수모델 확산 등의 역할을 하게 했다. 또한 대학·전문대학 글로벌 현장학습 대상 학생 선발 시 장애학생을 우대 선발하여 장애 대학생의 해외연수 기회를 확대함으로써 다양한 진로를 탐색하고 역량을 개발하는 정책들이 추진되기 시작했다.

(2) 장애인에 대한 평생교육 지원

'평생교육'이란 학교의 정규교육과정을 제외한 학력보완교육, 성인 문자해득교육, 직업능력 향상교육, 인문교양교육, 문화예술교육, 시민참여교육 등을 포함하는 모든 형태의 조직적인 교육활동을 말한다(「평생교육법」 제2조). 「평생교육법」이 제정되던 1999년에는 '평생교육'을 학교교육을 제외한 모든 형태의 조직적인 교육활동으로 정의하고 있다. 장애로 인해 학령기 교육을 제대로 받지 못했거나 교육을 받았더라도 장애가 없는 사람들과 같이 학력보완교육, 직업능력 향상교육, 인문교양교육 등 평생교육을 장애인도 받을 수 있게 된 것은 법적 근거가 마련되기 전인 2000년대 초반이다. 장애인에 대한 평생교육은 이렇게 정책적 차원에서 먼저 시작되었고, 그 이후 2007년 「장애인 등에 대한 특수교육법」 제정과 함께 법적 근거가 마련되어 좀 더 본격적인 정책 추진이 가능하게 되었다.

그러나 현행 「발달장애인 권리보장 및 지원에 관한 법률」에 따라 교육부 장관은 발달장애인의 의사소통 도구 개발·지원과 평생교육 지원의 의무가 있으며, 「장애인 등에 대한 특수교육법」은 평생교육진흥원이 장애인의 평생교육 진흥 프로그램을 개발하고 장애인 평생교육기관을 지원하도록 규정하고 있으나, 실제 운영되고 있는 장애인 평생교육기관은 극소수로 교육 내용도 문자해득교육에 머물러 있다는 분석하에 2016년 5월 「평생교육법」 일부개정으로 장애인 평생교육에 큰 변화가 일어났다. 즉, 국가와 지방자치단체가 장애인 평생교육에 대한 정책을 수립·시행하도록 하고, '국가장애인평생교육진흥센터'를 두도록 하는 등 장애인에 대한 평생교육을 체계적으로 지원하는 한편, 「장애인 등에 대한 특수교육법」상 장애인 평생교육 관련 규정을 「평생교육법」에 이관하여 일원화된 장애인 평생교육 진흥체계를 구축하도록 하였다.

「평생교육법」 제5조 제2항, 제3항에 따라 국가와 지방자치단체는 장애인이 평생교육의 기회를 부여받을 수 있도록 장애인 평생교육에 대한 정책을 수립·시행하여야 하고, 장애인 평생교육을 체계적이고 지속적으로 실시하기 위하여 유기적인 협조체제를 구축하여야 한다. 「평생교육법」 제9조에 따라 교육부 장관은 5년마다 평생교육진흥기본계획을 수립하여야 하는데, 이 기본계획에 장애인의 평생교육 진흥에 관한 사항, 장애인 평생교육 진흥정책의 평가 및 제도 개선에 관한 사항을 포함하여야 한다.

동법 제10조와 제12조에 따라 평생교육 진흥정책에 관한 주요 사항을 심의하기 위하여 교육부 장관 소속으로 평생교육진흥위원회, 시행계획의 수립·시행에 필요한 사항을 심의하기 위하여 시·도지사 소속으로 시·도평생교육협의회를 두며, 각 위원에

2. 지적장애인 관련 특수교육 정책

장애인교육 관련 전문가, 장애인 평생교육 전문가를 위원으로 위촉하도록 하고 있다.

또한 동법 제15조의2에 근거하여 국가는 장애인 평생교육 활성화를 위해 특별자치시, 시·군 및 자치구를 대상으로 장애인 평생학습도시를 지정·지원할 수 있고, 장애인 평생학습도시 간의 연계·협력 및 정보교류 증진을 위해 '전국장애인평생학습도시협의회'를 둘 수 있다. 동법 제19조의2에는 장애인 평생교육 진흥 관련 업무 지원을 위해 국가장애인평생교육진흥센터를 두도록 하였고, 「교육부와 그 소속기관 직제 시행규칙」제13조 제7항에는 국립특수교육원에 장애인평생교육과장의 분장사항이 포함되면서 국립특수교육원에 '국가장애인평생교육진흥센터'를 두고 다음과 같은 사무를 분장하고 있다. ① 장애인 평생교육 진흥을 위한 지원 및 조사, ② 장애 유형별 평생교육 프로그램 개발·지원, ③ 장애인 평생교육 종사자의 양성·연수와 공무원의 장애인 의사소통교육에 관한 사항, ④ 장애인 평생교육기관 간의 연계체제 구축에 관한 사항, ⑤ 발달장애인 평생교육과정 개발, ⑥ 발달장애인 의사소통 도구 개발·보급, ⑦ 장애인 평생교육 프로그램을 운영하는 각급학교와 평생교육기관 양성을 위한 지원, ⑧ 장애 유형별 평생교육 교재·교구의 개발·보급, ⑨ 장애 대학생 교육복지 지원 내실화, ⑩ 그 밖에 장애인의 평생교육 진흥·지원에 관한 사항 등이다.

장애인 평생교육 지원을 위해 가장 중요한 것은 평생교육 기회를 제공하는 것이다. 국가가 장애인 평생교육에 관심을 갖기 시작하면서 가장 중점을 둔 것은 바로 장애 성인이 평생교육을 받을 수 있도록 다양한 기관에서 장애인 대상 평생교육 프로그램을 많이 운영하는 것이었다. 하지만 이제 단순한 평생교육 기회 제공 이상으로 양질의 평생학습권이 보장될 수 있도록 하고, 장애인의 지역사회 참여 역량을 강화하는 데 정책의 추진 목적을 두고 있다. 이로써 장애인의 평생교육 지원을 위한 환경을 구축하고 지원 기반을 강화하는 정책 과제들에 집중하기 시작하였다. 2018년부터 시작된 제5차 특수교육발전 5개년 계획과 2019년 정부의 관계부처 합동으로 마련한 장애인 평생교육 활성화 방안(2020~2022년), 2020년 장애인 평생교육 진흥 시행계획 및 2021년도 특수교육 운영계획 등 현재 진행되고 있는 정책을 중심으로 장애인 평생교육 관련 정책의 주요 내용을 살펴보면 다음과 같이 크게 세 가지로 정리할 수 있다.

첫째, 장애인 친화적 평생학습 환경을 구축하는 것이다. 장애인 평생교육을 활성화하고 지역 학습공동체 기반 조성을 위한 기초지방자치단체 단위의 '장애인 평생학습도시'를 확대하고 있다. 평생학습도시란 「평생교육법」제15조 규정에 따라 국가가 지역사회의 평생교육 활성화를 위하여 특별자치시, 시·군 및 자치구를 대상으로 평생학습도시를 지정하여 지원하는 것이다(네이버 지식백과, 2021. 12.). 지역민 모두 언제 어디서나 원하는 학습을 하고 이를 통해 지역의 미래 역량을 키울 수 있도록 하기 위해 추진하는 사업으로 작은 단위의 지역별로 평생교육이 가능하도록 지원하기 위해 시작된 것이다. 이와 같이 장애인을 위해서도 지역사회 내 평생교육 활성화가 가능하도록 장애인 평생학습도시 확대를 추진하기 시작했다.

장애인 평생학습도시가 조성된다는 것은 지역 내 평생교육관 등 다양한 평생교육시설에서 장애인 평생교육 프로그램을 다양하게 운영하여 자연스럽게 양질의 평생교육 기회가 제공되도록 하는 것이다. 아울러 '국가장애인평생교육진흥센터' 내 장애인 평생교육 정보 시스템(평생배움세상)을 마련, 온라인 콘텐츠를 탑재하여 장애인들이 편하게 이용할 수 있도록 하고, 이 정보 시스템을 이용하여 국가 및 시 · 도 평생학습 포털의 콘텐츠를 활용할 수 있도록 온라인 연계체제를 시범 운영하기 시작했다. 또한 장애인 평생교육 편의 제공 지원을 강화하고자 장애인평생교육시설의 시설과 설비 표준안을 마련하여 보급하고, 점자정보단말기, 휠체어, 기능성 의자 등 장애 유형별 맞춤형 보조공학기기를 확충하고 있다. 평생교육 프로그램을 이용하기에 거주지가 먼 장애인에 대해서는 장애인자립생활센터, 장애인복지과, 장애인직업재활시설, 장애인체육시설, 장애 친화적 사회적 기업이나 협동조합 등 관계기관과 연계하여 장애인 맞춤형 찾아가는 평생교육 프로그램을 지원하는 과제도 마련하고 있다. 장애인 평생교육 정책 수립을 위한 장애인 평생교육과정 및 장애인평생교육시설 등 운영 현황에 대해 조사하고 결과를 공표하는 계획을 포함하고 있다.

둘째, 장애 특성과 요구를 고려한 맞춤형 평생교육 지원을 강화하는 것이다. 장애 유형에 따라 필요로 하는 평생교육 프로그램의 특성이 다르므로 이를 감안하여 발달장애인을 위한 계획을 별도로 수립하고 있다. 발달장애인의 특성을 반영한 전문적이고 체계적인 발달장애인 평생교육과정 운영자료와 교육 프로그램 개발 · 보급을 계획하고 있고, 발달장애인 평생교육기관뿐 아니라 보건복지부 소속 발달장애인지원센터 및 고용노동부 소속 발달장애인훈련센터와도 연계하여 평생교육 프로그램을 지원하고 있다. 발달장애인의 지역사회 참여를 확대하고자 이들의 도전적 행동중재방안 및 담당자 교육자료 개발 · 보급 그리고 생애주기별 발달 특성에 적합한 발달장애인 보완대체의사소통 도구 기능 개선 및 지원방안을 마련하고 있다. 중도 · 중복장애인을 위해서도 이들의 장애 유형에 따른 특화된 프로그램을 시 · 도별 평생교육기관에서 시범 운영하도록 함으로써 장애인 맞춤형 평생교육 지원이 강화되도록 하고 있다. 또한 학령기 교육 기회를 놓친 장애인을 위해서는 문해교육을 증진하고 학력인정 체제를 구축하는 정책을 추진하고 있다. 장애 유형을 고려한 장애인 문해교육 교과용 도서 및 자료를 개발하여 보급하고, 학교 형태의 장애인평생교육시설(야학)에 대한 지원계획도 지속적으로 마련하고 있다.

셋째, 장애인 평생교육 지원 기반을 강화한다는 것이다. 장애인 평생교육을 지속적이고 안정적으로 지원할 수 있는 기반을 마련하기 위해 장애인 평생교육기관을 확대하고 제도적 기반을 마련하고 있다. 지자체별로 장애인 평생교육 지원 조례를 제정하여 관련 예산을 편성할 수 있도록 시·도 및 교육청과 연계하여 국가 차원의 지속적인 권고가 이루어지고 있다. 장애인 평생교육 종사자 및 관계기관의 전문성을 강화하고자 기관 설치·운영자, 교육담당자, 교육보조원 등 장애인 평생교육 종사자 양성 프로그램을 운영하고 매년 실적을 관리하고 있다. 종사자들의 역량강화, 인권 역량강화, 장애인 평생교육 담당 공무원 대상 장애인 의사소통 역량강화 연수 등을 통해 장애인 평생교육을 지원할 수 있는 기반을 강화하고 있다. 특히 교육부와 시·도교육청별 장애인 평생교육 담당자들 간의 유기적 연계·협조 체제를 마련하여 장애인 평생교육의 지원이 지역별 현장중심으로 정착될 수 있도록 하고 있다.

3. 기타 지적장애인 관련 법규의 이해

지적장애인을 포함하여 모든 장애인의 삶에 영향을 미치는 주요 제도와 정책들은「장애인차별금지 및 권리구제 등에 관한 법률」과「장애인복지법」그리고 가장 최근에 제정된 법으로 2014년 5월 20일 제정되어 2015년 11월 21일부터 시행된「발달장애인 권리보장 및 지원에 관한 법률」, 그 외에「장애인고용촉진 및 직업재활법」과「장애인·노인·임산부 등의 편의 증진보장에 관한 법률」등 주요 법규에 그 근거를 두고 있다. 여기에서 간략하게 소개하는 법률 이외에도 지적장애인의 교육이나 삶과 관련성이 있는 법규들이 많이 있겠으나 여기서는 이상 5개 법률 중심으로 그 내용을 소개하고자 한다.

1)「장애인차별금지 및 권리구제 등에 관한 법률」에 대한 이해

지금까지 장애인에 대한 차별은 기회의 박탈과 같은 명백한 차별에서부터 물리적·

사회적 장벽으로 인한 소외 · 배제 · 격리와 같은 암묵적인 형태의 차별에 이르기까지 다양한 형태로 지속되어 왔다(조형석, 2008). 이러한 차별을 근절시키기 위한 노력들이 다양한 방법으로 시도되었지만, 장애인 차별의 특수성이 충분히 반영되지 못하여 장애인 당사자의 실질적인 구제가 이루어지지 못하거나 사법부의 판결도 차별행위 자체의 개선으로 연결되지 못하는 경우가 많았다. 2007년 장애인에게 실질적인 권리를 보장하기 위해 적극적인 차별시정의 노력이 필요하고, 특히 장애인 차별의 특수성을 충분히 담아낼 수 있는 별도의 법률이 필요하다는 공감대가 형성되면서 「장애인차별금지 및 권리구제 등에 관한 법률」이 제정되었다.

「장애인차별금지 및 권리구제 등에 관한 법률」은 장애인의 고용이나 교육, 재화와 용역의 제공 및 이용, 사법 · 행정 절차 및 서비스와 참정권, 모 · 부성권, 성 등, 그리고 가족 · 가정 · 복지시설, 건강권 등에서의 장애인에 대한 차별금지와 이에 대한 권리구제를 내용으로 한다. 총칙, 차별금지, 장애여성 및 장애 아동 등, 장애인차별시정기구 및 권리구제 등, 손해배상 입증책임 등, 그리고 벌칙의 총 6장, 50개의 조문으로 구성되어 있다.

이 법에서 금지하는 차별행위는 '장애인을 장애를 사유로 정당한 사유 없이 제한 · 배제 · 분리 · 거부 등에 의하여 불리하게 대하는 경우'인 직접 차별, '장애인에 대하여 형식상으로는 제한 · 배제 · 분리 · 거부 등에 의하여 불리하게 대하지 아니하지만 정당한 사유 없이 장애를 고려하지 아니하는 기준을 적용함으로써 장애인에게 불리한 결과를 초래하는 경우'인 간접 차별 그리고 정당한 편의 제공 거부, 광고를 통한 차별 등이 있다. 또한 장애 아동의 보호자 또는 후견인, 기타 장애인을 돕기 위한 장애인 관련자와 장애인이 사용하는 보조견 및 장애인 보조기구 등에 대한 부당한 처우도 차별에 해당하는 것으로 규정하고 있다. 여기에서 '정당한 편의'라 함은 장애인이 장애가 없는 사람과 동등하게 같은 활동에 참여할 수 있도록 장애인의 성별, 장애의 유형 및 정도, 특성 등을 고려한 편의 시설 · 설비 · 도구 · 서비스 등 인적 · 물적 제반 수단과 조치를 의미한다.

아울러 장애를 사유로 한 차별의 조사와 구제 업무를 전담하는 '장애인차별시정소위원회'를 국가인권위원회에 설치하도록 규정하고 있다. 이러한 장애인차별시정소위원회가 차별행위에 대하여 권고를 한 경우 국가인권위원회는 그 내용을 법무부 장관에게 통보해야 한다. 차별 행위자가 시정권고를 정당한 사유 없이 이행하지 않고 차별행위의 양태가 심각하며 공익에 미치는 영향이 중대한 경우 법무부 장관은 신청에 의하거나 직권으로 시정명령을 할 수 있도록 하고, 시정명령을 불이행했을 경우에는 3천만 원 이하의 과태료를 부과하도록 규정하고 있다.

또한 「장애인차별금지 및 권리구제 등에 관한 법률」에서 금지한 차별행위를 행하고 그 행위가 악의적인 것으로 인정되는 경우 법원은 차별을 한 자에 대하여 3년 이하의 징역 또는 3천만 원 이하의 벌금에 처할 수 있으며, 차별행위로 인한 피해를 입은 사람에 대하여 손해배상을 하도록 할 수 있다.

「장애인차별금지 및 권리구제 등에 관한 법률」은 장애인의 교육과 관련하여 광범위하게 규정하고 있다. 이와 관련된 조항은 제13조(차별금지), 제14조(정당한 편의 제공 의무)이다. 제13조(차별금지)는 교육책임자가 ① 장애인의 입학 지원 및 입학에 대한 거부 금지, 전학 강요 금지, 전학 거절 금지, ② 「장애인 등에 대한 특수교육법」 제17조(특수교육대상자의 배치 및 교육) 준수, ③ 편의 제공 요청에 대해 정당한 사유 없이 거절 금지, ④ 모든 교내외 활동에서 장애인의 참여를 제한·배제·거부하는 행위 금지, ⑤ 취업 및 진로교육, 정보 제공에 있어서 장애인의 능력과 특성에 맞는 진로교육 및 정보 제공, ⑥ 교육기관에 재학 중인 장애인 및 장애인 관련자, 특수교육 교원, 특수교육 보조원, 장애인 관련 업무 담당자에 대한 모욕·비하 금지, ⑦ 장애인의 입학 지원 시 장애인 아닌 지원자와 달리 추가 서류, 별도의 양식에 의한 지원 서류 등을 요구하거나, 장애인만을 대상으로 한 별도의 면접이나 신체검사, 추가시험 등 요구 금지, ⑧ 학업시수 위반 금지 등 장애인에 대한 차별행위를 해서는 안 된다는 내용을 규정하고 있다.

제14조(정당한 편의 제공 의무)는 교육책임자에 대해 당해 교육기관에 재학 중인 장애인의 교육활동에 불이익이 없도록 다음의 수단을 적극적으로 강구하고 제공할 의무를 부여하고 있다. ① 장애인의 통학 및 교육기관 내에서의 이동 및 접근에 불이익이 없도록 하기 위한 각종 이동용 보장구의 대여 및 수리, ② 장애인 및 장애인 관련자가 필요로 하는 경우 교육보조인력의 배치, ③ 장애로 인한 학습 참여의 불이익을 해소하기 위한 확대 독서기, 보청기기, 높낮이 조절용 책상, 각종 보완대체의사소통 도구 등의 대여 및 보조견의 배치나 휠체어의 접근을 위한 여유 공간 확보, ④ 시·청각 장애인의 교육에 필요한 한국수어 통역, 문자통역(속기), 점자자료 및 인쇄물 접근성 바코드(음성변환용 코드, 청각이나 촉각 등의 감각을 통하여 습득할 수 있도록 인쇄물 정보를 변환시켜 주는 전자적 표시 등)가 삽입된 자료, 자막, 큰 문자자료, 화면낭독·확대프로그램, 보청기기, 무지점자단말기, 인쇄물음성변환출력기를 포함한 각종 장애인보조기구 등 의사소통 수단, ⑤ 교육과정을 적용함에 있어서 학습진단을 통한 적절한 교육 및 평가방법

의 제공, ⑥ 그 밖에 장애인의 교육활동에 불이익이 없도록 하는 데 필요한 사항으로서 대통령령으로 정하는 사항(원활한 교수 또는 학습 수행을 위한 지도자료 등 통학과 관련된 교통편의, 교육기관 내 교실 등 학습시설 및 화장실, 식당 등 교육활동에 필요한 모든 공간에서 이동하거나 그에 접근하기 위하여 필요한 시설·설비 및 이동수단)이다. 또한 교육책임자는 이러한 편의 제공을 제공하는 데 필요한 업무를 수행하기 위하여 장애학생 지원부서 또는 담당자를 두어야 한다.

이와 같은 정당한 편의 제공의 의무를 지니는 교육기관에 대해 「장애인차별금지 및 권리구제 등에 관한 법률」 제3조 제6항에 규정하고 있는데, 즉 유·초·중·고 및 대학교, 어린이집, 평생교육시설, 직업교육훈련기관, 평가인정을 받은 교육훈련기관이 해당되고, 그 밖에 대통령령으로 정하는 기관으로 영재학교와 영재교육원, 한국학교, 연수기관, 국가공무원인재개발원 및 전문교육훈련기관 등도 포함된다. 동법 제정 당시에는 모든 교육기관에 대해 장애인에 대한 정당한 편의 제공을 의무화하는 것이 부담이 될 것으로 보고 그 적용대상 교육기관의 단계적 범위를 대통령령에서 정하였으나, 2013년 4월 이후부터는 모든 교육기관이 정당한 편의 제공 의무를 지니게 되었다.

장애인에 대한 차별을 교육권 보장이라는 측면에서 살펴보면 크게 교육기관으로의 진입과정과 진입 후 교육기관 내에서의 차별로 볼 수 있으며, 이는 '교육 기회에서의 차별'과 '교육환경에서의 차별'로 나누어 파악할 수 있다(조형석, 2008).

'교육 기회에서의 차별'이 금지되어야 하는 이유는 교육 자체가 장애인의 사회통합의 한 과정으로 일반학교에서 통합교육을 받을 수 있는 권리가 부여되어 장애인의 교육 기회 평등이 실현되어야 하기 때문이다. 이러한 차별금지와 관련해서는 「장애인차별금지 및 권리구제 등에 관한 법률」 제13조에서 장애인의 입학 지원 및 입학에 대한 거부 금지, 전학 강요 금지, 전학 거절 금지와 이를 위반 시 앞에서 언급한 구제 절차가 진행되어 통합교육을 받을 권리가 보장된다고 할 수 있다.

'교육환경에서의 차별'은 정당한 편의 제공 의무와 깊은 관련이 있다. 앞에서 언급하였듯이 차별의 한 종류로 정당한 편의 제공을 규정하여 이를 위반하였을 시에도 권리구제 절차가 진행될 수 있다. 이러한 정당한 편의 제공과 관련된 내용이 바로 「장애인차별금지 및 권리구제 등에 관한 법률」과 동법 시행령에 자세히 언급되어 있다. 즉, 「장애인차별금지 및 권리구제 등에 관한 법률」은 통합교육을 받을 권리와 정당한 편의 제공 의무의 부여를 통하여 장애인의 교육권을 보장하고 있으며, 이를 제8조에서 국가 및 지방자치단체의 의무로 규정하고 있다.

2) 「장애인복지법」에 대한 이해

「장애인복지법」은 장애인의 인간다운 삶과 권리보장을 위한 국가와 지방자치단체 등의 책임을 명백히 하고, 장애 발생 예방과 장애인의 의료, 교육, 직업재활, 생활환경 개선 등에 관한 사업을 정하여 장애인복지대책을 종합적으로 추진하며, 장애인의 자립생활·보호 및 수당지급 등에 관하여 필요한 사항을 정하여 장애인의 생활안정에 기여하는 등 장애인의 복지와 사회활동 참여 증진을 통하여 사회통합에 이바지함을 목적으로 제정된 법이다. 1981년 「심신장애자복지법」으로 처음 제정되었고, 1989년 전면개정을 통해 '심신장애자'라는 용어를 '장애인'으로 변경하고 이에 따라 법의 제명도 「장애인복지법」으로 바뀌었다. 이때 장애인의 교육에 관한 규정이 처음 마련되었다. 「장애인복지법」은 2007년 장애인의 권익을 신장하고, 중증장애인 및 여성 장애인을 포함한 장애인의 자립생활 등을 실현하기 위한 각종 제도를 도입하는 한편, 법적 간결성·함축성과 조화를 이루는 범위에서 법 문장의 표기를 한글화하고 어려운 용어를 쉬운 우리말로 풀어쓰며 복잡한 문장은 체계를 정리하여 쉽고 간결하게 다듬으려고 전부개정을 하였다.

「장애인복지법」은 총칙, 기본정책의 강구, 복지 조치, 자립생활의 지원, 복지시설과 단체, 장애인보조기구, 장애인복지 전문인력, 보칙, 벌칙의 총 9장 90조로 구성되어 있다.

1989년 전면 개정된 「장애인복지법」 제12조에서 교육에 관한 사항을 규정하기 시작하여 현행 「장애인복지법」 제20조에서도 교육에 관한 사항이 일부 개정되었다. 제20조(교육)에는 국가와 지방자치단체가 사회통합의 이념에 따라 장애인이 연령·능력·장애의 종류 및 정도에 따라 충분히 교육받을 수 있도록 교육 내용과 방법을 개선하는 등 필요한 정책을 강구해야 한다고 정하고 있다. 또한 국가와 지방자치단체는 장애인의 교육에 관한 조사·연구를 촉진해야 하고, 장애인에게 전문 진로교육을 실시하는 제도를 강구하여야 한다. 각급학교의 장은 교육을 필요로 하는 장애인이 그 학교에 입학하려는 경우 장애를 이유로 입학 지원을 거부하거나 입학시험 합격자의 입학을 거부하는 등의 불리한 조치를 하여서는 안 되고, 모든 교육기관은 교육대상인 장애인의 입학과 수학(修學) 등에 편리하도록 장애의 종류와 정도에 맞추어 시설을 정비하거나 그 밖에 필요한 조치를 강구하여야 한다.

2007년 「장애인복지법」이 전면 개정되면서 '장애인에 대한 사회적 인식 개선'이 제

25조에 새롭게 규정되었다. 즉, 국가와 지방자치단체는 학생, 공무원, 근로자, 그 밖의 국민들을 대상으로 장애인에 대한 인식 개선을 위한 교육 및 공익광고 등 홍보사업을 실시하여야 하고, 학교에서 사용하는 교과용 도서에 장애인에 대한 인식 개선을 위한 내용이 포함되도록 해야 한다. 동법 시행령 제16조(사회적 인식 개선 교육)에 따라 공공기관과 지방공사 및 지방공단, 그리고 특수법인 등 대통령령으로 정하는 교육기관 및 공공단체에서는 소속 직원·학생을 대상으로 장애인에 대한 인식 개선을 위한 교육을 매년 1회 이상, 1시간 이상 실시해야 한다. 따라서 「초·중등교육법」에 따른 학교의 장은 학생을 대상으로 ① 장애의 정의, ② 장애인의 인권과 관련된 법과 제도, ③ 장애인의 행동특성 및 능력, ④ 장애인과 의사소통하는 방법, ⑤ 장애인보조기구 및 장애인 편의시설, ⑥ 그 밖에 장애인에 대한 인식을 개선할 수 있는 내용 등이 포함된 인식 개선교육을 실시해야 한다.

「장애인복지법」은 장애인, 그 법정대리인 또는 보호자가 장애 상태와 그 밖의 보건복지부령이 정하는 사항을 특별자치도지사·시장·군수 또는 구청장에게 등록하도록 하고 있다. 2017년 12월 동법이 일부 개정되면서 장애등급제 개편사항이 반영되어 '장애 등급'이 '장애 정도'로 규정되기 시작했고, 실제로 장애의 정도에 따라 1급에서 6급으로 정하던 장애 등급이 폐지되고, 장애의 정도에 따라 '장애의 정도가 심한 장애인'과 '장애의 정도가 심하지 않은 장애인'으로 구분하게 된 것은 2019년 7월부터이다. 「장애인복지법 시행령」 제2조(장애의 종류 및 기준에 따른 장애인)에 따라 지적장애인(知的障碍人)은 "정신 발육이 항구적으로 지체되어 지적 능력의 발달이 불충분하거나 불완전하고 자신의 일을 처리하는 것과 사회생활에 적응하는 것이 상당히 곤란한 사람"을 말한다. 동법 시행규칙 제2조(장애인의 장애 정도)에 따라 지적장애인은 "지능지수가 70 이하인 사람으로서 교육을 통한 사회적·직업적 재활이 가능한 사람"이며, 모두 '장애의 정도가 심한 장애인'에 해당한다. 이렇게 장애인 등록을 한 후, 법에서 정하는 대로 재활 및 자립지원 서비스, 의료비 지급, 산후조리도우미 지원, 자녀교육비 지급, 자동차 등에 대한 지원, 보조견의 훈련·보급 지원, 자금 대여, 생업 지원, 자립훈련비 지급, 생산품 구매, 장애수당, 장애 아동수당과 보호수당 등 법에서 규정한 다양한 복지 중에서 개인에게 해당되는 복지를 제공받게 된다.

3) 「발달장애인 권리보장 및 지원에 관한 법률」에 대한 이해

지적장애인, 자폐성장애인 등을 포함하는 발달장애인은 전체 등록 장애인 중 소수에 불과하지만 성인이 되어서도 세수, 화장실 사용 등의 간단한 일상생활조차도 타인의 도움이 없이 영위하기가 어려워 일생 돌봄이 필요한 경우가 대부분이다. 발달장애인은 인지력 · 의사소통능력 등이 부족하여 자신의 권리를 주장하거나 스스로 보호하는 것에 상당한 어려움이 있어 학대 · 성폭력, 인신매매, 장기적인 노동력 착취 등의 피해자가 되는 경우가 지속적으로 발생하고 있다(국가법령정보센터, 2014). 발달장애인에 대한 복지서비스와 인프라는 그 필요량에 비해 지원 규모가 부족하여 발달장애인을 돌보고 있는 부모나 보호자들의 신체적 · 정신적 · 경제적 · 정서적 부담이 상당히 높은 수준이고, 발달장애인 직업훈련이나 평생교육 등 능력계발을 위한 지원체제도 상당히 미흡한 실정이다. 이에 발달장애인에 대한 구체적인 장애 범위, 그 가족이나 보호자 등의 특수한 수요에 부합될 수 있는 지원체계 및 '발달장애인지원센터' 설립의 근거를 제정함으로써 발달장애인의 권리를 보호하고, 그 보호자 등의 삶의 질을 향상시켜 국민 전체의 행복에 기여할 수 있도록 「발달장애인 권리보장 및 지원에 관한 법률」이 2014년 5월 새롭게 제정되어 2015년 11월 21일부터 시행되기 시작했다.

「발달장애인 권리보장 및 지원에 관한 법률」은 아동 및 성인 발달장애인과 그 보호자를 지원대상으로 정하고 있다. 발달장애인의 권리를 보장하기 위해 자기결정권의 보장, 성년후견제 이용 지원, 의사소통 도구 개발 및 지원, 발달장애인 전담조사제, 발달장애인 대상 범죄의 신고의무, 발달장애인지원센터에 조사권 부여 등을 정하고 있다. 또한 발달장애인에 대해서 정밀진단 비용 지원, 행동문제 교정을 위한 행동발달증진센터 설치 및 운영을 포함하는 치료 및 재활 체계 구축, 발달장애인에 특화된 직업훈련 서비스 제공, 평생교육 지원 등의 서비스를 제공하도록 하고 있다. 발달장애인의 보호자에 대한 교육 및 상담, 정보 제공, 휴식 지원 및 비장애 형제자매에 대한 지원 등의 근거를 마련하고 있다. 아울러 복지정보 제공, 발달장애인 학대 등 신고접수 시 현장출동조사보호조치, 상담 및 인식 개선 홍보 등의 업무를 수행하는 중앙 및 지역 발달장애인지원센터의 설치 근거가 마련되었다.

4)「장애인고용촉진 및 직업재활법」에 대한 이해

「장애인고용촉진 및 직업재활법」은 장애인이 그 능력에 맞는 직업생활을 통하여 인간다운 생활을 할 수 있도록 장애인의 고용촉진 및 직업재활을 꾀하는 것을 목적으로 하고 있으며, 총칙, 장애인 고용촉진 및 직업재활, 장애인 고용 의무 및 부담금, 한국장애인고용공단, 장애인 고용촉진 및 직업재활 기금, 보칙의 총 6장 87조로 구성되어 있다.

「장애인고용촉진 및 직업재활법」은 1990년 장애인들의 직업재활 및 고용 기회 확대를 통하여 자활여건을 조성하고 복지를 향상시키고자 「장애인고용촉진 등에 관한 법률」이라는 법명으로 처음 제정되어 1991년부터 시행되어 오다가, 2000년 전부개정을 통해 현재의 법명으로 바뀐 것이다. 제정 당시 일정 규모 이상의 사업주는 일정 비율 이상의 장애인을 고용하도록 하되, 미달하는 부분은 고용부담금을 납부하도록 하고, 기준 이상을 고용하는 사업주에게는 고용지원금을 지급하도록 하였다. 2007년 전부 개정된 법에 따라 국가ㆍ지방자치단체는 정원의 3% 이내에서 장애인을 고용해야 하는 의무를 지녔는데, 2021년 7월 20일 일부개정을 통해 장애인 의무고용률은 상향 조정되었다. 장애인은 비장애인에 비하여 여전히 노동취약계층으로 경제활동참가율과 고용률이 낮고, 코로나19의 지속으로 기업의 경영여건이 악화되고 있어 고용 취약계층인 장애인의 일자리에 대한 우려도 커지고 있다. 이에 장애인 고용문제를 보다 적극적으로 해결하기 위하여 국가와 지방자치단체 및 공공기관의 장애인 의무고용률을 2021년 현행 '3.4%'에서 2022년부터 2023년까지 '3.6%'로, 2024년 이후에는 '3.8%'까지 상향 조정하여 장애인 고용을 활성화하고 장애인 실업문제를 해결하고자 하였다.

또한 장애인이 직업생활을 통하여 자립할 수 있도록 지원하고, 사업주의 장애인 고용을 전문적으로 지원하기 위하여 한국장애인고용촉진공단(현 한국장애인고용공단) 설립 근거를 마련하고, 공단 운영ㆍ부담금 및 지원금의 관리 등을 위하여 기금을 설치ㆍ운영하는 것에 대한 조항을 규정하고 있다.

2000년 전부개정을 하면서 근로 능력과 의욕이 있는 모든 장애인에게 일자리를 제공할 수 있도록 하고 중증장애인의 특별지원을 위한 제도적 장치를 마련하며, 기타 장애인고용의무제 시행과정에서 나타난 문제점을 개선ㆍ보완하려고 관련 규정들이 마련되었다. 2007년 전부개정에서는 사업주가 거짓, 그 밖의 부정한 방법으로 지원받는 것을 방지하기 위하여 부당한 융자ㆍ지원금 및 고용장려금 수급에 대한 제재를 강화하고, 부담금 징수 및 고용장려금 지급 등의 소멸시효 중단 사유에 「민법」이 정하는 시효 중단 사유를 추가하였다.

5)「장애인 · 노인 · 임산부 등의 편의증진 보장에 관한 법률」에 대한 이해

「장애인 · 노인 · 임산부 등의 편의증진 보장에 관한 법률」은 장애인 · 노인 · 임산부 등이 생활을 영위함에 있어 안전하고 편리하게 시설 및 설비를 이용하고 정보에 접근할 수 있도록 보장함으로써 이들의 사회활동 참여와 복지 증진에 이바지함을 목적으로 한다.

편의시설을 설치하여야 하는 대상에는 공원, 공공건물 및 공중이용시설, 공동주택, 통신시설, 그 밖에 장애인 등의 편의를 위하여 편의시설을 설치할 필요가 있는 건물 · 시설 및 그 부대시설이 포함된다. 특수학교를 포함한 모든 학교는 편의시설을 설치해야 하는 공공건물인데, 편의시설에는 매개시설, 내부시설, 위생시설, 안내시설, 그 밖의 시설이 포함되며 각 시설별 의무, 권장사항이 다르게 적용된다. 학교의 경우 주 출입구 접근로, 장애인전용 주차구역, 주 출입구 높이 차이 제거 등이 포함되는 매개시설과, 출입구(문), 복도, 계단 또는 승강기가 포함되는 내부시설, 그리고 점자블록, 유도 및 안내 설비, 경보 및 피난 설비가 포함되는 안내시설은 모두 의무로 설치해야 한다. 위생시설에는 대변기, 소변기, 세면대 등이 있는 화장실과 욕실, 샤워실 · 탈의실이 있는데, 이 중 대변기과 소변기만 의무시설이고 세면대는 권장시설이다. 기타 시설에는 객실 · 침실, 관람석 · 열람석(권장), 접수대 · 작업대(권장), 매표소 · 판매기 · 음료대, 임산부 등을 위한 휴게시설(권장)의 5개 하위 시설 중 3개 시설이 권장되는 편의시설이다.

 요약

1. 특수교육 제도 및 행정조직
- 지적장애인과 관련된 제도와 행정조직 이해를 위해 특수교육 관련법에 대한 이해가 필요하다.
- 지적장애인의 교육을 이해하려면 교육의 근간이 되는「교육기본법」, 특수학교를 포함하여 모든 학교에 대한 기본적인 제도의 법적 근거가 되는「초 · 중등교육법」에 대한 기본적

인 이해가 필요하다.

- 지적장애인을 포함하여 모든 장애인에 대한 교육 제도와 정책의 법적 근거로「장애인 등에 대한 특수교육법」이 있다. 특수교육 관련 학교제도는 일반교육과 마찬가지로 유치원, 초등학교, 중학교, 고등학교, 대학교 등의 과정으로 구성되어 있다. 고등학교 이후 과정으로서 전공과는 일반교육과 다르게 특수교육 관련 학교제도에만 포함된 특별한 하나의 과정이며, 3세 미만의 영아에 대한 무상교육도 장애가 있는 영아에 한해 제공되고 있는 특별한 지원이다.

- 특수교육과 관련된 대표적인 행정조직으로는 중앙 차원의 교육부 특수교육정책과, 지방 차원의 시·도교육청, 교육지원청에 특수교육 담당 부서 혹은 팀이 있거나 담당자가 배치되어 있다.

2. 지적장애인 관련 특수교육 정책

- 지적장애인 관련 특수교육 정책은 모든 유형의 장애인에 대해 적용되는「장애인 등에 대한 특수교육법」에 그 근거를 두고 있다.

- 특수교육 정책은「장애인 등에 대한 특수교육법」에 따라 크게 장애의 조기발견 체제 구축 및 장애 영아의 무상교육, 학령기 지적장애 학생 관련 주요 특수교육 정책, 장애인의 고등교육 및 평생교육 지원의 세 가지로 나누어 설명할 수 있다.

- 유치원 과정부터 고등학교 과정까지 적용되는 의무교육 실시, 특수교육 지원센터를 통한 서비스 제공, 통합교육 강화, 진로·직업교육 전문화 등 학령기 지적장애 학생 교육과 관련된 특수교육 정책에 대해 소개하고 있다.

3. 기타 지적장애인 관련 법규의 이해

- 지적장애인의 교육과 관련된 다양한 제도와 정책을 알기 위해 기본적인 이해, 필요한 장애인 복지 전반에 대해 규정하고 있는「장애인복지법」, 장애로 인한 차별행위가 금지되도록 하기 위한「장애인차별 및 권리구제 등에 관한 법률」, 최근에 제정되어 지적장애인의 삶과 가장 밀접한 연관성을 지닌「발달장애인 권리보장 및 지원에 관한 법률」, 장애인의 고용을 촉진하는 법적 근거로서의「장애인고용촉진 및 직업재활법」, 모든 기관의 시설·설비에 대한 법적 근거가 되는「장애인·노인·임산부 등의 편의증진 보장에 관한 법률」등을 간략히 설명하였다.

참고문헌

교육과학기술부(2008a). 장애인 등에 대한 특수교육법령 해설자료.

교육과학기술부(2008b). 제3차 특수교육발전 5개년 계획(2008~2012년).

교육과학기술부(2011). 장애인 고등교육 발전 방안.

교육부(1996). 특수교육 발전 방안.

교육부(1997). 교육복지종합대책(2), 더불어 사는 복지사회를 향한 특수교육 발전방안(1997~2001).

교육부(2003). 특수교육발전 종합계획(2003~2007년).

교육부(2013). 제4차 특수교육발전 5개년 계획(2013~2017년).

교육부(2015). 2015 특수교육통계.

교육부(2017). 제5차 특수교육발전 5개년 계획(2018~2022년).

교육부(2020). 2021년도 특수교육 운영계획.

교육부(2021a). 2021 특수교육통계.

교육부(2021b). 특수교육연차보고서.

교육인적자원부(2006). 특수교육진흥법 개정을 위한 공청회 자료집.

국립특수교육원 역(2005). OECD 특수교육 통계 및 지표(OECD 저). 경기: 국립특수교육원.

김원경, 이석진, 김은주, 권택환(2009). 특수교육법 해설. 경기: 교육과학사.

김은주(2009). 특수교육법 및 장애인 관련법의 이해. 특수학교(초등) 1급 정교사 자격연수교재. 경기: 국립특수교육원.

김은주, 우이구, 백가인(2021). 네팔 특수교육 지원 행정 체제 개선을 위한 컨설팅 자료 개발 연구. 미간행자료. 경남: 창원대학교 국제협력선도대학사업단.

김주영, 김은주(2021). 네팔 특수교육 지원 법 체제 개선을 위한 컨설팅 자료 개발 연구. 미간행자료. 경남: 창원대학교 국제협력선도대학사업단.

박지연, 정대영, 김주영, 김두식, 김은주(2005). 특수교육 관련 법령 개정을 위한 기초연구.

백종면, 김영표(2018). 지방분권 강화에 따른 특수교육 행정지원체계 개선 방향. *Asia-pacific Journal of Multimedia Services Convergent with Art, Humanities, and Sociology*, 8(5), May, 735-747.

신현석, 안선회(2017). 학습사회의 교육행정 및 교육경영. 서울: 학지사.

윤정일, 송기창, 조동섭, 김병주(2021). 교육행정학 원론(7판). 서울: 학지사.

장애인교육권연대(2006). 장애인교육 지원법 제정을 위한 대토론회-자료집.

정희섭, 한현민, 김향지(2004). 특수교육 행·재정 지원 실태 분석. 충남: 국립특수교육원.

조형석(2008). 장애인차별금지 및 권리구제 등에 관한 법률과 장애인 교육권. 현장특수교육, 15(1), 31-33. 경기: 국립특수교육원.

주삼환, 천세영, 김택균, 신붕섭, 이석열, 김용남, 이미라, 이선호, 정일화, 김미정, 조성만(2021). 교육행정 및 교육경영. 서울: 학지사.

국가법령정보센터 https://www.law.go.kr

강원도교육청 조직도 https://www.gwe.go.kr/module/jojik/jojikUserList.do?siteId=kr&id=kr_070500000000

경기도교육청 조직도(남부청사) https://www.goe.go.kr/home/organ/workList.do?organId=0200000000000&contentId=20151209145435

경기도교육청 조직도(북부청사) https://www.goe.go.kr/home/organ/workList.do?organId=2500000000000&contentId=20151209181342

경상남도교육청 기구표 https://www.gne.go.kr/index.gne?menuCd=DOM_000000107005000000

경상북도교육청 기구표 http://www.gbe.kr/main/cm/cntnts/cntntsView.do?mi=4140&cntntsId=2235

광주광역시교육청 조직도 http://www.gen.go.kr/sub/page.php?page_code=introduce_06_02

대구광역시교육청 기구표 http://www.dge.go.kr/main/cm/cntnts/cntntsView.do?mi=2038&cntntsId=1015

대전광역시교육청 조직도 https://www.dje.go.kr/sub/info.do?page=050801&m=050801&s=dje

부산광역시교육청 조직도(부서안내) https://www.pen.go.kr/index.pen?menuCd=DOM_000000105004002000

서울특별시교육청 조직안내 기구표 https://www.sen.go.kr/web/services/page/viewPage.action?page=kor/intro/intro_06_01.html

세종특별자치시교육청 조직도 https://www.sje.go.kr/sub/info.do?page=060805&m=060805&s=sje

울산광역시교육청 조직도 https://www.use.go.kr/jsp/info/info04_01.jsp

인천광역시교육청 조직도 http://www.ice.go.kr/sub/info.do?m=0603&s=ice

전라남도교육청 기구표 https://www.jne.go.kr/main/sub.do?ci=261&mi=261

전라북도교육청 기구도 https://www.jbe.go.kr/index.jbe?menuCd=DOM_000000106007001000

제주특별자치도교육청 조직도 https://www.jje.go.kr/index.jje?menuCd=DOM_000000106005001000

충청남도교육청 기구표 http://www.cne.go.kr/sub/info.do?m=060501&page=060501&s=cne

충청북도교육청 기구표 https://www.cbe.go.kr/home/sub.php?menukey=783

찾아보기

〈인명〉

〈내용〉

저자 소개

송준만(Song, Joon Mahn)
서울대학교 사범대학 교육학과 졸업
미국 미주리대학교 대학원 Ph.D.
전　Fulbright Scholar British Council Fellow
　　한국 특수교육학회 회장
　　이화여자대학교 언어청각센터 소장
　　이화여자대학교 특수교육연구소 소장
　　영국 엑시터대학교 방문 교수
　　미국 웰슬리대학교 방문 교수
　　이화여자대학교 교수
현　이화여자대학교 명예교수

강경숙(Kang, Kyungsook)
이화여자대학교 대학원 특수교육학과 특수교육학박사(지적장애 전공)
전　미국 워싱턴대학교 연구교수
　　교육부 국립특수교육원 교육연구사
　　대통령직속 국가교육회의 1기 본회의 위원
현　원광대학교 중등특수교육과 교수
　　국무총리실 장애인정책조정위원회 위원

김미선(Kim, Mi Sun)
이화여자대학교 대학원 특수교육학과 특수교육학박사(지적장애 전공)
전　육영학교, 마천초등학교 교사
현　유원대학교 초등특수교육과 교수

김은주(Kim, Eun Joo)
이화여자대학교 대학원 특수교육학과 특수교육학박사(지적장애 전공)
전　교육과학기술부 특수교육과 과장
　　교육부 국립특수교육원 원장
　　한국경진학교 교장
현　서울맹학교 교장
　　이화여자대학교 특수교육과 겸임교수

김정효(Kim, Jeong Hyo)
이화여자대학교 대학원 특수교육학과 특수교육학박사(지적장애 전공)
전   경인교육대학교 특수통합교육과 겸임교수
　　이화여자대학교, 가톨릭대학교 특수교육과 강사
현   성베드로학교 교사

김현진(Kim, Hyeun Jin)
이화여자대학교 대학원 특수교육학과 특수교육학박사(지적장애 전공)
전   교육부 국립특수교육원 연구과장, 연수과장, 정보운영과장
　　서울정문학교 교장
현   서울정진학교 교장
　　서울교육대학교 교육전문대학원 강사

이경순(Lee, Kyoung Soon)
이화여자대학교 대학원 특수교육학과 특수교육학박사(지적장애 전공)
전   서울시 초등학교 및 서울정애학교 특수교육교사
　　이화여자대학교 특수교육연구소 연구원
　　경기대학교 교육대학원 초빙교수

이금진(Lee, Keum Jin)
이화여자대학교 대학원 특수교육학과 특수교육학박사(지적장애 전공)
전   이화여자대학교 발달장애아동센터 부소장
　　극동대학교 중등특수교육학과 교수

이정은(Lee, Juengeun)
이화여자대학교 대학원 특수교육학과 특수교육학박사(지적장애 전공)
전   이화여자대학교 특수교육연구소 책임연구원
　　미국 콜로라도주립대학교 보조공학연구소(ATPs) 연구원
현   대전대학교 중등특수교육과 교수

정귀순(Jung, Kui Soon)
이화여자대학교 대학원 특수교육학과 특수교육학박사(지적장애 전공)
전   인천광역시교육청 특수교육담당 장학관
　　인천청선학교 교장
현   인하대학교 교육학과 초빙교수

지적장애 학생 교육 (3판)

Teaching Students with Intellectual Disabilities (3rd ed.)

2012년 2월 29일 1판 1쇄 발행
2015년 8월 20일 1판 6쇄 발행
2016년 2월 25일 2판 1쇄 발행
2021년 2월 25일 2판 10쇄 발행
2022년 3월 10일 3판 1쇄 발행
2023년 8월 10일 3판 3쇄 발행

지은이 • 송준만 · 강경숙 · 김미선 · 김은주 · 김정효
　　　　김현진 · 이경순 · 이금진 · 이정은 · 정귀순
펴낸이 • 김 진 환
펴낸곳 • (주) **학지사**

　　　　04031 서울특별시 마포구 양화로 15길 20 마인드월드빌딩 5층
대표전화 • 02) 330-5114　　팩스 • 02) 324-2345
등록번호 • 제313-2006-000265호

홈페이지 • http://www.hakjisa.co.kr
페이스북 • https://www.facebook.com/hakjisabook

ISBN 978-89-997-2636-1 93370

정가 25,000원

출판미디어기업 **학지사**

간호보건의학출판 **학지사메디컬** www.hakjisamd.co.kr
심리검사연구소 **인싸이트** www.inpsyt.co.kr
학술논문서비스 **뉴논문** www.newnonmun.com
원격교육연수원 **카운피아** www.counpia.com